신판 한국근대사회사상사연구

신판 한국근대사회사상사연구

신 용 하

경인문화사

신판 머리말

한국민족은 19세기 중엽~20세기 초엽 안팎 양면에서 발생한 도전으로 매우 심각한 민족적 위기에 직면했었습니다. 밖으로부터는 선진 자본주의 열강 (일본도 뒤늦게 포함)의 도전은 이질문명의 도전이었을 뿐 아니라, 산업혁명을 거친 '함포'와 막강한 '군사력'을 대동한 '근대체제'의 도전이어서 이에 적절하게 응전하지 않으면 민족과 국가가 식민지로 떨어질 매우 큰 위험을 내포한 것이었습니다. 안으로부터의 도전은 당시 양반신분사회의 조선왕조 '전근대' 체제를 사회신분제 폐지 등 구체제를 폐지하여 좀 더 자유롭고 평등하게 살 수 있는 새로운 체제로의 대개혁 단행을 하라는 하위신분층 백성들의 강렬한 요구의 체제개혁 요구였습니다. 이 백성들의 요구는 19세기를 '민란'의 세기로 부를 수 있을 만큼 끊임없는 '민란'을 일으킬 정도의 강렬한 것이었습니다. 만일 조선왕조가 이 요구를 수용하여 적절히 체제 개혁을 하지 않으면, 외부로부터의 심각한 도전 앞에서 민족공동체가 분열할 위험을 내포한 것이었습니다. 19세기 중엽부터는 이러한 안팎의 도전이 중첩되어 왔기 때문에 한국민족은 긴급하게 존망을 건 대책을 세우지 않으면 안 되었습니다.

19세기 이전의 외부로부터의 도전은 전근대 체제의 전근대체제에 대한 도전이었기 때문에 용감히 단결하여 싸우면 물리칠 수 있는 것들이었습니다. 그러나 19세기 이후의 도전은 산업혁명을 거친 '근대체제'의 '전근대체제'에 대한 도전이었기 때문에 용감히 싸운다고 해결될 수 있는 것이 아니었습니다. 문제를 해결할 수 있는 새로운 사상과 새로운 전략과 새로운 설계를 작성하여 치밀하게 대개혁을 단행하면서 적절하게 응전해야 민족적 위기를 타개하고 독립과 발전을 성취할 수 있는 것이었습니다.

이에 19세기 중엽부터 한국민족의 지식인들 사이에서는 당면한 민족적 위기와 체제적 위기를 객관적으로 인지하고 이에 대응하기 위한 새로운 사상과 대책을 설계한 선각적 지식인들이 나타나게 되었습니다.

이 선각적 지식인들이 민족적 위기를 타개하여 나라와 백성을 구하고 나라와 겨레의 독립과 발전을 추구한 새로운 사상과 설계가 한국의 개화사상과 동학사상, 그리고 유림들의 위정척사 사상이었습니다. 개화사상과 동학사상은 한국의 근대적 민족주의 사상의 두 개의 큰 골간을 형성했고, 위정척사 사상은 전근대적 민족주의 흐름을 형성하였습니다. 이 책은 이러한 한국 민족주의의 기원과 개화사상·동학사상·위정척사사상·애국계몽사상을 창도한 선각적 지식인과 주역들의 사상과 활동을 실증적으로 해명한 책입니다.

이 책의 논문들은 원래 저자가 현역 교수로 재직한 젊은 시절에 써서 1987년에 출판했던 것인데, 그 출판사의 사장님이 갑자기 별세하여 출판사가 문을 닫았기 때문에 초판만 발행하고 그 후 발간이 중단되었습니다. 그러나 이 책에 수록한 논문들은 당시 이 주제들을 처음 개척한 논문들이었고, 당시 학계가 거의 모두 받아들였으며, 대부분이 교과서에도 반영된 내용들이었습니다. 저자가 젊은 시절에 심혈을 기울여 쓴 논문들이고 요즘도 대학·대학원생들이 복사 제책해 읽으면서 일부 찾고 있다고 하므로, 이번에는 이전의 '국한문혼용'을 읽기 쉽도록 '국문전용'의 '신판'으로 바꾸어 발행하게 되었습니다.

최근 출판계 사정이 어려운 상황에서도 이 책 출판을 맡아주신 경인문화사 한정희 사장님과 편집과 교정 색인에 정성을 기울여 주신 편집부 여러분께 감사드립니다. 또한 이 책의 '한자'를 '국문전용'으로 바꾸고 원고 타자와 교정에 정성을 기울여 준 서울대학교 대학원 사회학과 조재훈 조교 등 여러 조교들에게도 깊이 감사하는 바입니다.

이 책이 독자들의 한국근대사회사상사와 선각자들의 사상 및 활동의 이해에 조금이라도 도움이 되기를 간절히 바랍니다.

2023년 1월

저자 신용하 삼가 씀

구판 머리말

한국 민족은 19세기 중엽 서양 세력과 일본 세력의 침입으로 말미암아 조성된 민족적 위기 속에서 나라의 자주독립과 사회의 근대적 발전을 위한 새로운 사회사상을 정립하여 민족운동을 열정적으로 전개하였다. 널리 아는 바와 같이 이 시기 한국인들이 형성한 대표적 3대 사회사상은 개화사상, 동학사상, 위정척사사상이었다. 이 책은 저자가 그동안 한국 근대 사회사상에 대하여 쓴 논문들 중에서 9편을 뽑아 묶은 것이다.

제 1장 「한국 근대 민족주의의 기원」은 학계에서 주요 관심의 하나인 한국 근대 민족주의 '기원'의 문제를 고찰한 것이다. 이 논문에서는 조선 후기 실학의 민족적 대각성을 한국 근대 민족주의의 '맹아'로 보고, 19세기 중엽의 개화사상과 동학사상의 형성을 한국 '근대' 민족주의의 형성, 위정척사 사상의 대두를 '전근대' 민족주의의 민족적 위기에 대한 대응으로 보는 저자의 견해를 제시하고 설명하였다.

제 2장 「오경석의 개화사상과 개화활동」은 한국 개화사상의 기원을 오경석에서 찾아 처음으로 구명한 논문이다. 이 논문에서는 한국 개화사상의 형성 기점을 종래의 1860·70년대 설에서 1853년으로 끌어올리고 초기개화사상의 형성과정과 오경석의 개화활동을 새로이 실증적으로 구명하였다.

제 3장 「동학의 사회사상」은 지식사회학의 관점과 방법으로 동학 형성의 사회적·개인적·지적 배경을 고찰하고, 최제우의 동학이 갑오농민혁명운동을 주도한 농민층과 높은 친화력을 가져 결속하게 된 요인인 그 사회사상의 내용·구조·특징을 구명한 논문이다. 이 논문은 이 책을 묶기 위하여 쓴 신고이다.

제 4장 「김옥균의 개화사상」은 갑신정변을 주도한 김옥균의 개화사상의 내용과 특징을 종합적으로 처음 새로이 밝힘으로써 초기개화파의 사상과 갑신정변의 사상적·정책적 배경을 구명한 논문이다.

제 5장 「독립협회의 의회주의사상과 의회설립운동」은 한국 근대사 최초의 의회 설립 운동을 실증적으로 밝히고, 독립협회·만민공동회의 사상과 민권운동이 한국 민주주의의 큰 기원임을 구명한 논문이다.

제 6장 「한말 지식인의 위정척사사상과 개화사상」은 ① 개항 ② 과학기술 ③ 국가 ④ 입헌정치 ⑤ 사회신분제 ⑥ 의발 등의 주제에 대한 두 사상의 관점의 유사성과 차이성을 비교함으로써 두 사상의 특징을 밝힌 논문이다.

제 7장 「한말 애국계몽사상과 운동」은 1905~1910년의 애국계몽운동의 '개념'을 처음으로 정의하고, 이 운동의 '내용'과 '구조'를 밝힘과 동시에, 해방 후 이에 대한 학계의 새로운 연구성과를 소개하고 정리한 논문이다.

제 8장 「주시경의 애국계몽사상」은 한말 한자문화가 지배하는 속에서 주시경에 의하여 한글이 재발견되어서 연구·교육·보급되는 과정과 주시경의 어문민족주의 사상을 밝히고, 그 역사적·사회적 의미를 고찰한 논문이다. 이 글은 한글학회에서 주시경 탄신 100주년 기념강연을 학술논문으로 고친 것이다.

제 9장 「신채호의 초기민족주의사관과 후기민족주의사관」은 신채호에 의하여 '신역사'로 창립된 1908년 전후의 한국 근대민족사학의 사관을 고찰하고, 그 후 신채호가 중국에 망명하여 일련의 저작을 하던 시기의 후기민족주의사관으로의 발전 과정과 그 특징을 구명한 논문이다.

한국학 발전을 위하여 채산이 닿지 않는 연구서적을 간행해 주신 일지사 김성재 사장님께 사의를 표하며, 교정에 많은 성의를 기울여 주신 일지사 직원 여러분께도 깊은 감사를 드리는 바이다.

1987년 7월
서울대학교 사회과학대학 연구실에서
저　자

목 차

I. 한국 근대 민족주의의 기원

1. 머리말

한국 근대 민족주의와 근대 사회사상의 기원은 어디서부터 시작되는가? 여러 가지 관점이 있을 수 있어서, 어떤 분들은 조선 전기까지 거슬러 올라가기도 하고, 또는 20세기 초의 애국계몽운동 시기까지 내려오기도 한다.

그러나 엄밀한 사회과학적 관점을 지키면, 우리는 18세기의 '실학'에서 그 맹아를 찾아볼 수 있다. 그리고 19세기 중엽인 1850년대의 민족적 위기 속에서 성립된 개화사상과 동학사상의 형성을 한국 근대 민족주의의 초기의 형성이라고 말할 수 있다.

물론 이 문제를 밝히려면 실학사상·개화사상·동학사상의 근대적 내용을 구명해야 할 뿐 아니라 '근대 민족주의'의 개념을 명료하게 밝힐 필요가 있다. 그러나 민족주의를 연구하는 전 세계의 학자들이 지적하고 있는 바와 같이 '민족주의'의 개념은 학자에 따라 천차만별이어서 합의될 수 있는 명료한 개념은 아직 정립되어 있지 못한 실정이다.

뿐만 아니라 민족주의에는 반드시 구분해 보아야 할 최소한 2가지 유형이 있다. 그 하나는 서양 및 일본 등 자본주의 열강의 민족주의로서 역사적으로 제국주의와 결합하여 후진국을 침략하고 착취한 민족주의이다. 이 것은 인류사회의 발전에 해독을 끼친 침략적인 사상이다. 다른 하나는 일찍이 제국주의의 침략을 받자 자기 조국의 독립을 지키려고 싸우고, 그에 실패하자 식민지·반식민지 상태에서 외세와 제국주의로부터 자기 민족의 해방과 독립을 위하여 싸운 민족주의이며, 해방 후에는 오늘날 제3세계의 민족주의와 같이 초강대국들의 지배를 받음이 없이 전 세계 모든 민족이 자유롭고 평등하게 발전하여 세계 평화와 인류의 공동번영을 달성하려는 민족주의이다. 이것은 인류사회의 발전에 큰 도움이 되는 사상이다. 민족주의의 역사 실제에는 이와 같이 서로 완전히 다른 유형의 사상과 운동이 존재해 왔음에도 불구하고 이것이 하나의 '민족주의'라는 용어로 표현되어 왔기 때문에 막심한 혼란과 오해가 조성되어 왔다.

한국의 민족주의는 후자의 유형의 민족주의이다. 한국의 근대 민족주의는 그 맹아와 기원에서부터 외세로부터의 자기 민족의 해방과 독립과 자주적 발전을 추구해 왔을 뿐이지 다른 나라와 민족을 '침략'하려는 사상은 그 씨앗마저 배태한 적이 없었다. 한국의 근대 민족주의는 그 기원에서부터 봉건적 대국주의(大國主義)와 제국주의(帝國主義)와 외세침략으로부터 자기의 민족과 국가의 자유와 독립을 지키고 자주적으로 발전하고자 하는 사상으로 구성되어 있었으며, 다른 나라와는 오직 호혜적(互惠的)이며 평화적 선린(善隣)관계만을 추구하는 사상으로 구성되어 있었다. 따라서 서양의 역사 실제에 관련된 민족주의의 개념으로서 한국의 근대 민족주의를 보는 데에는 문제점이 있음을 주의할 필요가 있을 것이다.

신채호는 구한말에 민족주의의 개념을 "한 민족이 다른 민족의 간섭을 받지 않는 주의이며, 아민족의 국가는 아민족이 주장한다는 주의[1]"라는 요지의 정의를 내렸다. 신채호의 이러한 민족주의의 개념은 ① 민족 자주독립 사상(다른 민족의 간섭을 받지 않는다는 주의)과 ② 민족국가의 자결주의(아민족의 국가는 아민족이 주장한다는 주의)를 골간으로 하고 있다고

---

1 申采浩, 「帝國主義와 民族主義」, 『改訂版 丹齋申采浩全集』(단재신채호선생기념
  사업회, 1977) 하권, pp.108~109 참조.

말할 수 있다.

신채호는 민족주의가 수행하는 역할로서 ①민족보전의 역할, ②국가보전의 역할, ③민족국가 발전의 역할, ④국권회복의 역할, 제국주의 침략 격퇴의 역할 등을 들었다.[2] 신채호는 특히 제국주의의 침략을 막는 데에는 민족주의가 가장 효과적인 방법임을 다음과 같이 지적하였다.

> 然則 此 제국주의에 저항하는 방법은 何인가. 曰 민족주의(타민족의 간섭을 不受하는 주의)를 奮揮함이 是이니라.
> 此 민족주의는 민족 보전의 不二的 法門이라. 此 민족주의가 강건하면 拿破崙 같은 대영웅으로도 露都殘焰에 窮鬼를 作하고, 민족주의가 薄弱하면 亞刺飛 같은 大傑男으로도 錫蘭孤島에 離黍를 哭하였다니, 오호라, 민족을 보전코자 하는 자가 此 민족주의를 捨하고 何를 當取하리요.
> 是故로 민적주의가 팽창적 웅장적 堅忍的의 광휘를 揚하면 여하한 극력적 怪惡的의 제국주의라도 감히 參入하지 못하나니, 요컨대 帝國主義는 民族主義가 박약한 國에만 參入하나니라.[3]

이 논문에서는 신채호의 민족주의에 대한 개념을 현대적으로 해석하여 한국 근대 민족주의의 기원을 고찰하기로 한다. 여기서 한국의 '민족주의'라고 하지 않고 '근대 민족주의'라고 하여 '근대'를 붙이는 이유는 한국 민족과 같이 이미 '전근대(前近代)' 시대에 '민족'을 형성한 곳에서는 '전근대적' 민족주의도 있을 수 있기 때문이다. 중세 시대에 지방분권적 봉건사회를 장기간 경험한 서구에서는 '민족'은 근대에 이르러 형성되었으며, 따라서 '민족주의'도 형용사가 필요 없이 그 자체가 '근대 민족주의'를 가리키는 것이라고 할 수 있다. 그러나 한국민족은 아득한 '전근대' 시대에 이

---

2 신용하, 『申采浩의 社會思想研究』, 한길사, 1984, pp.334~338 참조.
3 신채호, 「帝國主義와 民族主義」, 『改訂版 丹齋申采浩全集』 하권, p.108.

미 민족을 형성한 오래된 민족이다.[4] 이러한 민족에 있어서는 '전근대적(前近代的) 민족국가'와 '전근대적 민족주의'가 존재할 수 있고, '근대(近代) 민족주의'는 '전근대 민족'과 '전근대 민족국가'를 '근대 민족'과 '근대 민족국가'로 발전시키면서 자기 민족의 독립과 통일과 발전을 추구하는 것이기 때문에 구태여 '근대' 민족수의라고 표현한 것이다.

2. 실학(實學)에서의 근대 민족주의의 맹아(Ⅰ)

한국 근대 민족주의의 기원은 중국 중심의 세계관과 세계질서였던 화이사상(華夷思想)을 깨뜨리고 조선의 독자성(獨自性), 독립성(獨立性), 중심성(中心性) 등 자주의식(自主意識)을 자각하여 이론화하기 시작한 곳에서부터 맹아가 나타나고 있다.

화이사상은 중국(中國)을 세계의 중심이요 '화(華, 문명국)'라고 보고, 그 밖의 주변의 모든 민족과 국가를 '이(夷, 오랑캐)'로 보는 세계관이었다. 이 화이사상은 일부 고대 중국 지식인들의 주관적 사고였으나 중국 내에서는 국민들 사이에서도 광범위한 지지와 호응을 얻었고, 이것이 외국에 수출되어 신봉자가 나타남에 따라 동아시아의 중세 시기에 중국 중심의 보편주의적 사상으로서 널리 수용되기에 이르렀다.

중국에서 화이사상은 공자(孔子)의 『춘추(春秋)』에서 형성되어 주자(朱子)에 와서 중국 중심의 천문학(天文學)의 이론적 뒷받침을 받으면서 성리학(性理學) 체계의 일부로서 더욱 튼튼하게 정교화되었다.[5] 또한 화이사상

---

4 신용하, 「民族形成의 理論」, 『한국사회학연구』(서울대학교 社會學硏究會) 제7집, 1984 ; 신용하 편, 『民族理論』, 문학과지성사, 1985, 수록 참조.
5 '中國'이라는 국호 자체가 '중화사상', '존화사상'을 나타내는 용어로서 고대 중국인들이 대국주의적 관점에서 지은 이름이라고 할 수 있다.

은 중국의 강대한 무력에 기초하여 국제질서에까지 실현되어서 '중화(中華)'를 중심으로 하고 주변 '사이[四夷, 동이(東夷)·서융(西戎)·남만(南蠻)·북적(北狄)]'를 명분상으로 중국에 종속시킨 하이어라르키적 세계질서가 수립되었다. 소위 중국에 대한 다른 나라들의 조공(朝貢)제도라는 것이 그 대표적 상징이었다.

이 화이사상의 가장 견고한 이론적 기초는 자연과학(특히 천문학)에 있어서의 천원지방설(天圓地方說)과 천동지정설(天動地靜說)이었다. 중국에서 화이사상의 이론가들은 지구는 평평하고 네모나며, 하늘은 둥근 것이고, 평평하며 네모진 지구의 중심에 있는 것이 중국이라고 주장하였다. 또한 지구는 움직이지 않고 고정되어 있는데, 하늘이 지구를 중심으로 하여 도는 것이라고 설명하였다. 이러한 천원지방설과 천동지정설을 화이사상과 결합시키면 중국은 지구의 중심일 뿐 아니라 우주의 중심까지 되는 것이다.

이러한 중국 중심의 화이사상은 고려 말부터 성리학(性理學)이 조선에 깊숙이 침투해 들어옴에 따라 조선 유학자들 사이에서도 신봉자를 획득하여 갔다. 특히 조선왕조 시대에는 유학이 국가 이데올로기로 채택되고 성리학(주자학)이 사상계를 지배함에 따라 화이사상은 조선의 주자학자(朱子學者)들 사이에서도 널리 수용되었다. 물론 조선왕조 시대의 사상계에는 주자학뿐만 아니라 불교, 도교(선교)와 유학 내의 양명학(陽明學) 등 다른 학파와 다른 사상들이 존재하지 않았던 것은 아니었으나, 국가권력과 지배 신분층의 강력한 지원을 받은 주자학의 지배적 지위와는 비교될 수 있는 것이 아니었다.

화이사상의 세계관 속에서는 조선은 '이(夷)', '동이(東夷)'의 하나였다. 화이사상을 보편적 세계사상으로 수용한 조선의 성리학자들은 중국을 '중화'로 조선을 '소중화(小中華)'라고 주장했으며, 명(明)이 멸망한 후에는 중화의 정통은 소중화인 조선만 가지고 있다고 주장했지만, 그것은 주관적

〈그림 1〉 18세기 실학자
성호 이익 초상화
(출처: 위키미디어 커먼즈)

생각이었을 뿐 아니라 사상적으로 언제나 중화에 종속된 것이었다. 실제로 중국의 화이론자들은 조선을 시종일관하여 '동이'의 하나로 인식했지 '화'의 하나로 인정한 일이 전혀 없었다.

한국의 근대 민족주의는 무엇보다도 이러한 화이사상을 그대로 받아들이고 서는 성립될 수 없는 것이었다.

18세기 후반에 조선의 선각적 실학자들 중에는 이 화이사상을 정면으로 비판 극복하는 사상가들이 출현하였다. 그 대표적 실학자로 성호(星湖) 이익(李瀷, 1681~1763), 담헌(湛軒) 홍대용(洪大容, 1731~1783), 연암(燕巖) 박지원(朴趾源, 1737~1805), 다산(茶山) 정약용(丁若鏞, 1762~1836), 오주(五洲) 이규경(李圭景, 1788~?) 등을 들 수 있다.

이익은 일찍이 서학을 수용하여 서양의 자연과학에 대한 지식을 갖고 있었다.[6] 그는 아직 홍대용처럼 철저하고 천원지방설과 천동지정설을 부수고 화이사상을 철저히 부수지는 못했지만, 매우 일찍이 지구는 네모지고 평평한 것이 아니라 둥근 것이라는 지원(구)설(地圓(球)說)을 주장하고 하늘이 도는 것이 아니라 지구가 도는 것이라는 지전설(地轉說)을 제기하였다.

圓의 둘레를 산출하는 법은 직경이 1이면 둘레는 3이 된다. ······ 그러므로 지구의 둘레를 한 바퀴 돌아오면 9만 리로서 365도가 모두

---

6 韓㳓劤, 『星湖 李瀷研究』, 서울대 한국문화연구소, 1980, pp.46~61 참조.

끝난다. …… 莊周가 '하늘이 운행하는 것인가 땅이 운행하는 것인가' 했으니, 또한 의심이 여기에 미친 것이다. 하늘이 과연 운행하는 것인가? 땅이 과연 그 자리에 있는 것인가? 그렇다면 어찌 하늘이 제자리에 있고 땅이 운행하는 것이 아님을 알랴? 땅이 안에서 운행한다면 三光이 선회함이 마치 배에 타고 배가 돌면 오직 언덕이 돌아감을 볼 뿐 스스로 그 몸이 돌아감을 깨닫지 못하는 것과 같을 것이다 ……[7]

이익은 천원지방설에 대한 부정과 지원(구)설·지전설에 기초하여 매우 일찍이 사회개혁 의식을 갖고[8] 중화와 엄격히 구별되는 조선을 찾을 것을 추구하였다. 특히 그는 역사와 제도에서 조선의 독자적인 것을 찾아 연구할 것을 주장하였다.

지금 사람들은 東邦(朝鮮)에서 났으면서도 오직 東事(朝鮮 일)를 전혀 알지 못하고 있다. 『東國通鑑』에 대하여 말하더라도 어느 누가 읽은 사람이 있는가? 그 어긋남이 이러하다. 東國(朝鮮)은 다름아닌 東國(朝鮮)이며, 그 制度와 形勢가 中國과는 區別이 있다.[9]

이익은 "동인(東人, 조선인)이 동사(東史, 조선사)를 읽지 않고, 버려진 대로 내버려 두어 자고(自古)로 누구도 이에 뜻을 두는 사람이 없다"[10]고 개탄하였다. 이익은 중국 사서(史書)들의 우리나라 역사에 대한 왜곡된 서

---

7 『星湖僿說』 권3, 天地門 「天行建」, 「開圓之法 徑一圍三也. …… 故周地環復九萬里 而三百六十五度盡矣, …… 莊周云 天其運乎 地其運乎 亦疑及此也. 謂天果運乎 地果處乎. 安知非天處而地運乎. 地運於內則 三光旋回如乘舟 而舟回只見岸回 而不自覺其身旋也.」
8 金彩潤, 「李朝後期 實學의 社會移動論小考」, 『曉崗 崔文煥博士追念論文集』, 1977 참조.
9 『星湖先生文集』 卷 25, 「答安百順」(乙亥), 「今人生乎東邦 惟東事全不省覺 至曰東國通鑑 有誰讀之 其乖戾如此 東國自東國 其規制體勢 自與中史有別」
10 『星湖先生文集』 권26, 「答安百順」(丙子) 別紙.

〈그림 2〉담헌 홍대용 초상화
[북경 체류 때 청나라
嚴誠(엄성)이 그려준 그림]

술을 신랄하게 비판하고,[11] 또한 우리나라 선비들이 중국사만 배우고 우리나라 역사도 사대주의적으로 기술하는 것을 통렬히 비판했으며, 조선의 독립적 역사를 새로 지어야 할 필요를 강조하였다.[12] 그는 과거 시험의 과목 중에도 중국사뿐만 아니라 무엇보다도 조선사(본조사)를 넣어 시험 보일 것을 주장하였다.[13]

이익의 이러한 사상과 주장들은 조선 후기 실학자들의 '위대한 민족적 자각(自覺)'의 초기의 대표적인 것이라고 말할 수 있다.

홍대용은 친우 대곡(大谷) 김석문(金錫文)을 계승하여 지원설(地圓說)과 지전설(地轉說) 지구자전설(地球自轉說)을 주장하면서 자연과학에 기초하여 화이사상을 철저하게 분쇄하였다. 그에 의하면 지구는 모난 것이 아니라 공과 같이 둥글고 하루 한 번씩 자전(自轉)하므로 중국만이 세계의 중심이 되고 정계(正界)가 될 하등의 근거가 없는 것이다. 중국의 북쪽에 있는 러시아(鄂羅, 악라)와 남쪽에 있는 캄보디아(眞臘, 진랍)를 보면 러시아는 자기 나라를 정계로 삼고 캄보디아를 횡계(橫界)로 삼는 반면에 캄보디아는 자기 나라를 정계로 삼고 러시아를 횡계로 삼는다. 중국과 서양은 180도의 경도(經度)의 차이가 있는데, 중국 사람은 중국을 정계로 삼고 서양을 도계(倒界)로 삼지만, 서양사람은 서양을 정계로 삼고 중국을 도계로

---

11 『星湖先生文集』권9, 상, 「東史多諱」참조.
12 『星湖先生文集』권20, 「答尹幼章」別紙.
13 『星湖先生文集』권30, 「貢擧私議」.

삼는다. 즉 중국만이 세계의 중심이 될 수 있는 것이 아니라, 러시아나 캄
보디아나 서양이나 그 밖의 어느 나라도 정계가 되고 세계의 중심이 될 수
있는 것이다. 그는 다음과 같이 쓰고 있다.

> 지금 中國에서 배와 수레가 통하는 곳으로 북쪽에 鄂羅(러시아)가
> 있고 남쪽에 眞臘(캄보디아)이 있다. 악라의 天頂은 북쪽으로 北極과
> 의 거리가 20度요 진랍의 천정은 남쪽으로 南極과의 거리가 60도가
> 되며, 두 천정의 相距는 2만 2천 5백 리가 된다. 그러므로 악라 사람은
> 악라로서 正界를 삼고 진랍으로서 橫界를 삼으며, 진랍 사람은 진랍
> 으로써 正界를 삼고 악라로서 橫界를 삼는다.
> 또 中國과 西洋의 經度는 차이가 180도나 된다. 중국 사람은 中國
> 으로써 正界를 삼고 西洋으로써 倒界를 삼는다. 반면에 서양사람은
> 西洋으로써 正界를 삼고 中國으로써 倒界를 삼는다. 그러나 실제로
> 하늘을 이고 땅을 밟고 사는 사람으로서 界를 따름이 모두 이와 같으
> 니, 橫界도 없고 倒界도 없으며 다 같이 正界인 것이다.[14]

홍대용의 이러한 관점에서는 중국만이 '화(華)'이고 '내(內)'요 사위(四
圍 ; 사방의 주위)는 '이(夷)'이고 '외(外)'라는 화이사상은 근본적으로 잘못
된 것이다. 그에 의하면 사람은 중국사람이나 다른 어느 나라 사람이나 다
같은 사람(均是人也)이고, 군왕(君王)은 중국의 군왕이나 다른 어느 나라의
군왕이나 다 같은 군왕(均是君王也)이며, 나라는 중국이나 다른 어느 나라
나 다 같은 나라(均是邦國也)이고, 습속(習俗)은 중국의 습속이나 다른 어

---

14 『湛軒書』內集 補遺 권4, 「毉山問答」, 「今中國舟車之通 北有鄂羅 南有眞臘. 鄂
羅之天頂 北距北極爲二十度 眞臘之天頂 南距南極爲六十度 兩頂相距爲九十度
兩地相距爲二萬二千五百里. 是以鄂羅之人 以鄂羅爲正界 以眞臘爲橫界 眞臘
之人 以眞臘爲正界 以鄂羅爲橫界. 且中國之於西洋 經度之差 至于一百八十。
中國之人 以中國爲正界 以西洋爲倒界. 西洋之人 以西洋爲正界 以中國爲倒界.
其實戴天履地隨界皆然 無橫無倒 均是正界.」

느 나라의 습속이나 다 같은 습속(均是習俗也)이다. 여기에는 내외(內外)의
구별이나 화이(華夷)의 차별이 있을 수 없으며, 화(華)와 이(夷)는 다 같이
하나인 것(華夷一也)이다.

> 하늘이 넣고 땅이 기른 것으로서 血氣가 있는 것은 다 같이 사람(均
> 是人也)이다. 무리에서 출중하고 풍채가 뛰어나 한 지방을 다스리는
> 자는 다 같이 君王(均是君王也)이다. 문을 몇 겹으로 설치하고 참호를
> 파서 강토를 지키는 것은 다 같이 나라(均是邦國也)이다. 章甫(殷代의
> 冠)도 委貌(周代의 습속인 피부에 먹물 그리기)도 彫題(南蠻의 습속인
> 이마에 그림 새기기)도 다 같이 習俗(均是習俗也)이다.
> 하늘에서 이를 본다면 어찌 內外의 區別이 있겠는가? 이로써 각기는
> 그 사람을 친하고, 각기는 그 君王을 높이고, 각기는 그 나라를 지키고,
> 각기는 그 습속을 편하게 여기니, 華와 夷는 하나(華夷一也)이다.[15]

홍대용이 여기서 말하는 '화(華)와 이(夷)는 하나이다'라는 말은 '화와
이는 평등(平等)하게 동일(同一)하다'는 것을 말하는 것이다.

홍대용의 이 사상 속에는 화이사상을 철저히 분쇄하고 '민족'들 사이의 균
등(均等), 군왕들 사이의 균등, 국가들 사이의 균등, 문화(습속)들 사이의 균등
의 사상이 확고하게 정립되어 있으며, 중국과 다른 나라들 사이의 완전하고
철저한 평등이 결론적으로 확고하게 강조되고 있다. 여기서 홍대용이 중국과
다른 나라들 사이의 정치적 평등만이 아니라 습속을 비롯한 문화적 평등(또
는 문화적 상대주의)까지 강조한 것은 특히 주목할 필요가 있는 것이다.

홍대용은 이러한 관점에서 중국이 주변의 다른 나라를 침략하는 것은

---

15 『湛軒書』內集 補遺 권4, 「毉山問答」, 「天之所生 地之所養 凡有血氣 均是人也.
出類拔萃 制治一方 均是君王也. 重門深濠 謹守封疆 均是邦國也. 章甫委貌 文
身雕題 均是習俗也. 自天視之 豈有內外之分哉. 是以各親其人 各尊其君 各守其
國 各安其俗 華夷一也.」

'적(賊)'이라고 하고 주변의 나라들이 중국을 침략하는 것은 '구(寇)'라고 더 나쁘게 차별하여 표현하는 것까지도 지적하여 강력하게 비판하였다.

> 四夷가 中國을 침략하는 것을 寇라 말하고, 中國이 四夷에 무력을 남용하는 것은 賊이라고 말해 왔는데, 남의 강토를 서로 침략하는 것은 그 義가 한가지로 같은 것이다.[16]

홍대용의 이러한 사상 속에는 중국과 다른 나라를 정치적·문화적으로 완전히 대등한 것으로 놓고, 자기 나라의 중국과 대등한 중심성과 독립성을 보위하려는 강력한 의지가 표현되고 있다.

홍대용은 화이사상을 철저히 분쇄하기 위하여 이 사상의 대표적 창시자인 공자의 경우도 그가 중국에서 낳고 살았기 때문에 화이사상을 담은 『춘추』를 썼지 만일 그가 다른 나라에서 낳고 살았다면 그 나라 중심의 『역외춘추』를 썼을 것이라고, 공자의 화이사상부터 그 객관성을 뿌리에서 부정하였다.

> 孔子는 周나라 사람이다. 王室이 날로 낮아지고 諸侯가 쇠약해지자 吳와 楚가 중국을 어지럽혀 도둑질하고 해치기를 싫어하지 않았다. 春秋는 周나라 史記이니 內外를 엄격히 나눈 것이 마땅할 수 있다. 그러나 만일 공자가 바다를 건너 九夷에 들어와서 살았다면 夏의 法으로 九夷의 風俗을 변화시키고 周나라 道를 域外에 일으켰을 것이다. 그러므로 內外의 구분과 尊攘의 의리에 마땅히 다른 『域外春秋』를 썼을 것이다. 이것이 孔子의 聖人된 까닭이다.[17]

---

16 『湛軒書』 內集 補遺 권4,「毉山問答」,「四夷侵疆中國 謂之寇 中國瀆武四夷 謂之賊 相寇相賊 其義一也.」
17 『湛軒書』 內集 補遺 권4,「毉山問答」,「孔子周人也 王室日卑 諸侯衰弱 吳楚滑夏 寇賊無厭 春秋者周書也 內外之嚴 不亦宜乎. 雖然使孔子 浮于海 居九夷 用夏變夷 興周道於域外 則內外之分 尊攘之義 自當有域外春秋. 此孔子之所以爲聖人也.」

홍대용의 이러한 사상을 조선과 중국에 적용시키면 조선 사람과 중국 사람은 균등한 사람들이며, 조선의 국왕과 중국의 황제(천자)는 균등한 군왕이고, 조선의 국가나 중국의 국가는 균등한 국가이며, 조선의 습속이나 중국의 습속은 각각 자기에게 편리한 균등한 습속으로서, 모든 부분에서 조선과 중국은 대등하고 균등한 것이다. 여기서 화이사상은 무너지고 조선의 자주의식이 정립되는 것이다.

홍대용은 이러한 관점에서 중국의 청암(靑巖) 주린(朱璘)이 쓴 『명기집략(明記輯略)』이 임진왜란 때의 이순신(李舜臣)의 활동을 왜곡하여 격하하는 등 사실도 정확히 알지 못하면서 조선역사를 왜곡한 것을 낱낱이 통렬하게 비판하는 「명기집략변설(明紀緝略辨說)」을 지어 그의 중국인 친구에게 보내서 왜곡된 조선역사를 바로잡도록 촉구하였다.[18] 그는 여기에서 임진왜란 때 왜군이 곧바로 배를 몰아 중국의 산동반도에 상륙하여 중국을 치지 못한 것은 이순신이 그 요충을 장악했기 때문이었다고 지적하고, 중국인들이 조선에서 일어난 일을 마치 번국(藩國)에서의 일처럼 모독적으로 기술하여 공의(公議)를 만드는 것은 '동방(조선)의 역대 원수(東方世讎)'[19]라고 중국의 조선역사 왜곡을 신랄하게 비판하였다.

홍대용은 중국인 친우에게 율곡(栗谷) 이이(李珥)의 『성학집요(聖學輯要)』를 보내면서 조선에는 대학자가 많음을 설명하고 중국인도 이를 터득할 뿐 아니라 이를 판각하여 간행에서 중국에 널리 유포시킬 것을 촉구하였다.[20] 홍대용은 조선조에 들어와서도 학문이 찬란하여 볼 만해서 경(經)·예(禮)·시(詩)·문(文)을 저술하여 독자적인 문집을 이루어 놓은 사람들이 수백 명이나 됨을 자랑하면서 조선의 문화의 발전된 상태를 중국인들에게 설명하였다.[21]

---

18 『湛軒書』外集 권1, 「與秋庄書」의 「明紀緝略辨說」 참조.
19 『湛軒書』外集 권1, 「與秋庄書」 참조.
20 『湛軒書』外集 권1, 「與鐵橋書」 참조.

홍대용은 한편 당시 조선의 지식인들이 조선의 역사와 문헌을 연구하지 아니하고 중국의 역사와 문헌에만 매달리어 자기 나라의 좋은 법과 아름다운 정치와 이름난 인물과 큰 학자를 연구하지 않는 것을 개탄하였다.

동방의 풍속이 儒學을 숭상하여 著述이 다양하나, 다만 선비들이 늙어 죽도록 일삼아 하는 것이라곤 오직 中國의 文獻에만 매달리고 東方의 歷史와 典故는 대개 빼어 놓고 講究하지 아니하여, 먼 것만 바라보고 가까운 것을 소홀히 하니 괴이한 일이다.

그러므로 新羅 시대와 高麗 시대는 고증할 만한 典籍이 없고, 특히 本朝 四百年 동안은 좋은 法과 아름다운 政治, 이름난 신하와 큰 선비가 어느 代에도 떨어지지 않았으나, 서적이 매우 적어 고증하기 어렵다.[22]

홍대용은 여기서 우리나라 지식인들이 중국에 대한 존화주의적(尊華主義的) 태도를 버리고 자기나라의 역사와 문화와 정법을 연구할 필요를 강조한 것이었다.

홍대용의 이러한 자주의식과 애국주의는 자기의 국토에 대한 애정으로도 나타나고 있다. 그는 중국인 친우들에게 조선의 국토를 설명하여, "삼면이 바다에 연하여 어염(魚鹽)이 매우 풍족하고 토지가 비옥한 곳이 많아 농상(農桑)의 업이 생겼으니 또한 바다 왼쪽의 한 낙토(樂土)라 할 수 있다."[23]고 하였다. 그는 특히 조선의 산들의 아름다움을 들고 금강산 등에 대하여 다음과 같이 쓰고 있다.

---

21 『湛軒書』 外集 권1, 「與鄧汶軒師閔書」 참조.
22 『湛軒書』 外集 권1, 「與秋串書」, 「東俗崇信儒學 著述多門 但士子沒齒從事 惟 矻矻於中華文獻 而東史典故 多闕不講 鶩遠忽近 殊爲詫异. 以是 羅麗之際 典籍無徵 惟本國四百年間 良法美政 名臣鉅儒 代不乏人 而書籍甚寡 有難考證.」
23 『湛軒書』 外集 권2, 「乾淨衕筆談」 15日조, 「但三面瀕海 魚鹽甚饒 土地多沃 農桑有業 亦可謂左海之一樂土也.」

그중 金剛山과 智異山과 漢挐山은 호하여 三神山이라 하여 영이한 고적이 많으며, 금강산은 그 가장 奇秀한 산이다. 중국인이 일찍이 시를 지어 "원컨대 고려국에 태어나서 한번 급강산을 봤으면 하네(願生高麗國 一見金剛山)"라고 하였고, 본국인의 시에도 "은대궐은 새벽에 금열쇠로 열리고 푸른 하늘은 가을에 흰 부용을 묶었네(銀闕曉開金瑣鑰 瑤空秋束白芙蓉)"라고 하였다.[24]

홍대용의 이러한 사상은 화이사상을 부수고 한국의 근대 민족주의와 애국주의를 싹틔운 새로운 사상이었다.

박지원은 홍대용과 비슷하게 당시 집권자들의 사대존명(事大尊明) 존화양이(尊華攘夷)를 내세운 '북벌론(北伐論)'이 화이사상에 입각한 공허한 명분론(名分論)이며 나라를 해롭게 하는 것이라고 비판하였다. 그는 오랑캐의 것이라도 선진적인 것은 모두 배워 이용후생(利用厚生)에 힘써서 나라를 부강케 하고 민생(民生)을 편안케 하자는 '북학론(北學論)'을 주장하였다.

〈그림 3〉 연암 박지원의 초상화

박지원은 북벌론에 대하여 "우리나라 사대부들은 건성으로 『춘추(春秋)』만 들먹이며 존왕양이를 주장하는 공담(空談)을 해온 지 1백여 년이 되었다."[25]고 비판하고, 화이사상에 입각한 중화중심주의(中華中心主義)를 다른 사람의 글

---

24 『湛軒書』外集 권2, 「乾淨衕筆談」 15日조, 「其中金剛智異漢挐 號稱三神山 多靈異故蹟而金剛其最奇秀者也. 中國人曾有詩曰 願生高麗國 一見金剛山. 本國人有詩曰 銀闕曉開金瑣鑰 瑤空秋束白芙蓉.」

25 『熱河日記』口外異聞, 「羅約國書」, 「我國士大夫 白地春秋 空談尊攘 百有餘年.」

에 가탁하여 다음과 같이 비판하였다.

三皇이 처음 나오고 五帝가 뒤를 이어 하늘을 대신하여 億兆蒼生 위에 군림할 때 하필 '中國에만 임금이 있으랴' 하고 '오랑캐에게는 임금이 없으랴'는 법이 있었겠는가. 하늘과 땅은 넓고 커서 한 사람이 獨主할 바가 못 될 것이요, 宇宙는 광대하여 한 사람의 독차지할 바가 못 된다. 천하는 곳 천하인의 천하요 한 사람의 천하가 아닐 것이다.[26]

박지원은 중국에 대한 정치적 대등(對等)을 강조했을 뿐 아니라 김부식 (金富軾) 유의 사대주의적 역사를 극복하고 사실에 일치하는 새로운 자주적 역사의 체계화를 주장하였다. 그는 김부식의 『삼국사기』가 중국을 사대하여 우리나라에서 전해 내려오는 사실(예컨대 당 태종의 고구려 침입 때의 패전과 눈의 잃음)도 한 마디 제대로 쓰지 못한 것을 통렬히 비판하였다.

대개 金富軾이 『三國史記』를 지을 때에 다만 中國의 史書에서 한 번 골라 베껴 내서 모든 사실을 그대로 인정하였고, 또 柳公權의 小說을 끌어와서 唐太宗의 被圍된 사실을 입증까지 했으나, 다만 『唐書』와 司馬光의 『通鑑』에 기록되지 않았은즉, 이는 아마 그들이 中國의 수치를 忌한 것이 아닌가 싶어 조심하여 金富軾이 우리 본토에서 옛 날부터 전해 내려오는 사실을 단 한 마디도 감히 쓰지 못했으니, 그 사실의 미더운 것이건 아니건 간에 다 빠뜨리고 말았던 것이다.[27]

---

26 『熱河日記』口外異聞,「羅約國書」,「三皇首出 五帝繼作 臨御億兆 代天立極 豈 特中華之有主而抑亦夷狄之無君乎. 乾坤浩蕩 非一人之獨主 宇宙曠大 非一人 之能專 天下乃天下人之天下 非一人之天下也.」

27 『熱河日記』「渡江錄」6월28일조,「盖富軾爲三國史 只就中國史書 抄謄一番 以 作事實 至引柳公權小說 以證駐蹕之被圍 而唐書及司馬通鑑 皆不見錄 則疑其 爲中國諱之 然至若本土舊聞 不敢略載一句 傳信傳疑之間 盖闕如也.」

박지원은 당시 사대주의 역사가들이 지금의 평양을 중심으로 고조선(古朝鮮)을 비정하며, 지금의 평양을 옛날의 평양과 동일시하고, 패수(浿水)를 대동강(大同江)에 비정하며, 한사군을 압록강 이남의 지역에 비정하는 모든 당시의 '정설'들을 존화주의에 젖어 위축된 '자소지론(自小之論)'이라고 모두 반대하고 비판하면서 그의 독사적인 새로운 자주적 견해를 제시하였다.

박지원은 고조선이 원래 요동(遼東)에 있었다고 '요동고조선설(遼東古朝鮮說)'과 '요동패수설(遼東浿水說)'과 '요동평양설(遼東平壤說)'을 주장하였다.

漢 이후로 중국에서 말하는 浿水가 어딘지 일정하지 못하고, 또 우리나라의 선비들은 반드시 지금의 平壤으로서 표준을 삼아서 이러쿵저러쿵 패수의 자리를 찾는다. 이는 다름 아니라 옛날 중국 사람들은 遼東 이쪽의 강을 모두 '浿水'라 하였으므로, 그 里數가 서로 맞지 않아 사실이 어긋나는 것이다. 그러므로 古朝鮮과 高句麗의 地境을 일려면, 먼저 女眞을 우리 국경 안으로 치고, 다음에는 浿水를 遼東에서 찾아야 할 것이다. 그리하여 浿水가 一定한 연후에야 疆域이 밝혀지고, 강역이 밝혀진 연후에야 고금의 사실이 부합될 것이다.

그러므로 鳳凰城(요동에 있음)을 틀림없는 平壤이라 할까 하고 묻는다면, 이곳이 만일 箕氏·衛氏·高氏 등이 도읍한 곳이라면, 이 역시 한 개의 平壤이라고 답할 수 있을 것이다.

『唐書』의 裵矩傳에 "高麗는 본시 孤竹國인데, 周가 이에 箕子를 봉하였더니 漢에 이르러 四郡으로 나누었다" 하였으니, 그 이른바 孤竹國이란 지금의 永平府(요동에 있음)에 있었으며, 또 廣寧縣(요동에 있음)에는 전에 箕子廟가 있어서 哩冠(殷의 갓 이름)을 쓴 塑像을 앉혔더니, 明의 嘉靖 때 兵火에 불살리었다 하여, 廣寧縣을 어떤 이들은 '平壤'이라고 부르고, 『金史』와 『文獻通考』에는 "廣寧·咸平은 모두 箕子의 封地이다"라고 했으니, 이로 미루어보면 永平·廣寧의 사이가 한 개의 平壤일 것이다.

『遼史』에 "渤海의 顯德府는 본래 朝鮮 땅으로 箕子를 封한 平壤

城이었던 것을, 遼가 渤海를 부수고 '東京'이라고 고쳤으니, 이는 곳 지금의 遼陽縣이다."라고 했으니, 이로 미루어본다면 遼陽縣도 또한 한 개의 平壤일 것이다.

나는 "箕氏가 애초에 永平·廣寧의 사이에 있다가 나중에 燕의 장 군 秦開에게 쫓기어 땅 2천 리를 잃고 차츰 동쪽으로 옮아가니, 이는 마치 중국의 晋·宋이 남으로 옮겨감과 같았다. 그리하여 머무는 곳마 다 平壤이라 하였으니, 지금 우리 大同江 기슭에 있는 平壤도 그 중의 하나일 것이다'라고 생각한다.

그리고 저 浿水도 역시 이와 같다. 高句麗의 지경이 때로 늘기도 하고 줄기도 하였을 터인즉, '浿水'란 이름도 따라 옮김이 마치 중국 의 南北朝 때에 州·郡의 이름이 서로 바뀌어짐과 같다.[28]

여기서는 한 부분만 인용했지만, 박지원은 도처에서 고조선과 패수와 평양이 요동에 있었으며, 패수와 평양은 고조선의 후예 세력이 동쪽으로 옮아감에 따라 여러 단계로 옮겨온 것이라고 주장하였다.

박지원은 한사군이 압록강 이남에 있었다는 유학자들의 소위 정설을 신 랄히 비판하고, 한사군은 본래 요동에 있었고 여진 땅에 걸친 것이었다고 하여 한사군을 압록강 이북의 요동을 중심으로 비정하는 '요동한사군설(遼 東漢四郡說)'을 제시하였다.

나는 일찍이 漢四郡의 땅을 遼東에만 있는 것이 아니고 마땅히 女 眞에까지 들어간 것이라고 했다. 무엇으로 그런 줄 아느냐 하면 『漢書』 地理志에 玄菟나 樂浪은 있으나 眞蕃과 臨屯은 보이지 않는다.

대체 漢昭帝의 始元 5년에 4郡을 합하여 2府로 하고 元鳳 원년에 다시 2府를 2郡으로 고쳤다. 현토 세 고을 중에 高句麗縣 이 있고, 낙 랑 스물다섯 고을 중에 朝鮮縣이 있으며, 遼東 여덟 고을 중에 安市縣 이 있다. 다만 진번은 長安으로부터 7천 리, 임둔은 장안으로부터 6천

[28] 『熱河日記』「渡江錄」 6월 28일조.

1백 리에 있다. 이는 金崙(朝鮮 世祖 때의 학자)의 이른바 "우리나라 지경에서 이 고을들을 찾을 수 없고 의당히 지금 寧古塔 등지에 있었을 것이다"라고 한 것이 옳을 것이다.

이로 본다면 진번·임둔은 漢末에 바로 扶餘·挹婁·沃沮에 들어간 것이니, 부여는 다섯이고 옥저는 넷이던 것이 혹 변하여 勿吉이 되고 혹 변하여 말갈이 되며 혹 변하여 발해가 되고 혹 변하여 여진으로 된 것이다.

발해의 武王 大武藝가 日本의 聖武王에게 보낸 글 중에 "고구려의 옛터를 회복하고 扶餘의 풍속을 불러받았다"고 했으니, 이로써 미루어 보면 漢四郡의 절반은 요동에, 절반은 여진에 걸쳐 있어서 서로 포옹하고 잇달렸은즉, 이는 본시 우리의 幅員 안에 있었음은 더욱 명확한 일이다.[29]

박지원은 이렇게 하여 우리나라 고대사의 역사무대를 매우 일찍이 압록 강 이북의 광활한 요동과 만주에 옮겨 놓아 화이사상과 사대주의 역사관에 젖어 있던 당시 주자학자들의 역사인식을 처음으로 극복하였다. 박지원은 요동이 본시 조선 땅이며 만주가 본시 고구려의 옛 땅임을 알지 못하고 한사군을 모두 압록강 남쪽에 몰아넣어서 패수를 대동강으로 고정시켜 생각하는 당시 주자학자들의 사대주의적 역사관에 대하여 조선의 강토를 싸우지도 않고 저절로 줄어들이는 견해라고 다음과 같이 통박하였다.

---

29 『熱河日記』「渡江錄」6월28일조,「吾嘗以爲漢四郡地 非特遼東 當入女眞. 何以
知其然也. 漢書地理志 有玄菟樂浪 而眞番臨屯 無見焉. 盖昭帝始元五年 合四郡
爲二府 元鳳元年 又改二府爲二郡. 玄菟三縣 有高句麗 樂浪二十五縣 有朝鮮
遼東十八縣 有安市. 獨眞番 去長安七千里 臨屯 去長安六千一百里. 金崙所謂我
國界內不可得 當在今寧古塔等地者 是也. 由是論之 眞番臨屯. 漢末卽入於扶餘
挹婁沃沮 扶餘五而沃沮四 或變而爲勿吉 變而爲靺鞨 變而爲渤海 變而爲女眞.
按渤海武王大武藝答日本聖武王書 有曰 "復古麗之舊居 有扶餘之遺俗" 以此推
之 漢之四郡半在遼東 半在女眞 跨踞包絡 本我幅員 益可驗矣.」

그런데 우리나라 선비들은 단지 지금의 平壤만 알기 때문에 箕子가 (지금의) 평양에 도읍했다 하면 이를 믿고, (지금의) 평양에 井田이 있다 하면 이를 믿으며, (지금의) 평양에 箕子墓가 있다 하면 이를 믿어서, 만일 鳳凰城이 곧 平壤이라 하면 크게 놀랄 것이다. 더구나 遼東에도 또 하나의 平壤이 있었다 하면 이는 해괴한 일이다 하고 나무랄 것이다. 그들은 아직 遼東이 본시 朝鮮의 땅이며, 肅愼·濊·貊 등 東彝의 여러 나라가 모두 衛滿의 朝鮮에 예속되었던 것을 알지 못하고, 또 烏刺·寧古塔·後春 등지가 본시 고구려의 옛 땅임을 알지 못하는 것이다.

아아, 후세 선비들이 이러한 경계를 밝히지 않고 망령되게 漢四郡을 모두 압록강 이쪽에다 몰아넣어서, 억지로 사실을 이끌어다 분배하고 다시 浿水를 그 속에서 찾되, 혹은 압록강을 패수라 하고, 혹은 淸川江을 패수라 하며, 혹은 大同江을 패수라 한다. 이리하여 조선의 疆土는 싸우지도 않고 저절로 줄어들었다.[30]

박지원은 또한 김부식을 날카롭게 비판하고 발해를 고구려의 후예로 우리나라의 역사 안에 편입할 것을 강력하게 주장하였다.[31]

박지원의 이런 역사관은 혜풍(惠風) 유득공(柳得恭, 1740~?)과 수산(修山) 이종휘(李種徽, 1731~1786)와 더불어 공유한 사상이었으며, 다시 개화기에 단재(丹齋) 신채호(申采浩)에게 계승되어 근대 민족주의 역사학을 창건하는 데 모태가 되었다.

박지원은 우리나라의 선비들이 청(淸)에 복수한다는 명분으로 존화양이

---

30 『熱河日記』「渡江錄」 6월28일조, 「然吾東之士 只知今平壤言箕子都平壤則信 言平壤有井田則信 言平壤有箕子墓則信 若復言鳳城爲平壤則 大驚. 若曰 遼東 復有平壤則 叱爲怪駭. 獨不知遼東 本朝鮮故地 肅愼濊貊 東彝諸國 盡服屬衛滿 朝鮮 又不知烏刺寧古塔後春等地 本高勾麗疆. 嗟乎 後世不詳地界 則妄把漢四 郡地 盡局之於鴨綠江內 牽合事實 區區分排 乃復覓浿水於其中 或指鴨綠江爲 浿水 或指淸川江爲浿水 或指大同江爲浿水. 是朝鮮舊疆 不戰自蹙矣.」
31 『熱河日記』「渡江錄」 6월28일조 참조.

(尊華攘夷) 사상에 입각하여 쇄국(鎖國)해서 청에 있는 선진문물조차 배우려 하지 않으면서 「북벌론」의 공담(空談)만 1백 년간이나 읊조리고 있음을 개탄하였다. 그는 나라를 든든히 지키는 것은 농업·공업·상업 등에서 이용후생에 힘써 이에 필요한 선진 과학기술을 오랑캐로부터도 열심히 배워서 민생이 튼튼하고 나라가 부강하도록 만든 다음에야 외국의 침략조차 잘 막을 수 있는 것이라고 다음과 같이 주장하였다.

> 남이 열 가지를 배우면 우리는 백 가지를 배워서 먼저 우리 백성들에게 利益을 주어야 할 것이다. 그 다음에 우리나라 백성들로 하여금 튼튼한 회초리를 준비해 두도록 했다가 저들의 굳은 갑옷과 날카로운 무기를 매질할 수 있도록 한 연후에야 비로소 배울 만한 것이 없다고 말할 수 있을 것이다.[32]

박지원의 이러한 사상은 정유(貞蕤) 박제가(朴齊家, 1750~?)에도 공유된 사상이었으며, 뒤에 개화사상의 형성에도 지대한 영향을 끼쳤다.

3. 실학에서의 근대 민족주의의 맹아(II)

다산 정약용도 화이사상을 비판하고 조선의 중심성과 자주의식을 강조하였다. 정약용은 그의 친우 한치응(韓致應)이 서장관(書狀官)으로 중국에 가는 것을 자못 자랑으로 여기자 그 '중(中)'과 '동(東)'의 개념을 다음과 같이 바로잡아 주었다.

---

32 『熱河日記』「馹迅隨筆」, 秋 7월 15일조, 「人十己百 先利吾民 使吾民制梃 而足以撻彼之堅甲利兵然後 謂中國無可觀可也.」

만리장성의 남쪽, 五嶺의 북쪽에 있는 나라를 中國이라 하고 遼河의 동쪽에 있는 나라를 東國이라고 한다. 동국 사람으로서 중국에 가는 자가 있으면 사람들은 서로 부러워하면서 치하하지 않는 사람이 없다. 그러나 나의 보는 바로는 그 이른바 中國이라고 하는 것은 무엇이 中이고, 東國이라고 하는 것은 무엇이 東인지 나는 모를 일이다. 무릇 해가 머리

〈그림 4〉 다산 정약용의 초상화

위에 떴을 때를 正午라고 하는데, 이 正午로부터 해 뜨는 시간과 해 지는 시간이 동일하다면 곧 내가 서 있는 곳이 동서의 '中'이 되는 것이다. 또한 北極 쪽의 地球의 緯度의 度數와 南極쪽의 위도의 도수가 전체 도수의 절반이 된다면 내가 서 있는 곳이 남북의 '中'인 것이다.

이와 같이 東西 南北의 '中'이라면 어느 곳을 막론하고 中國이라 해서 안 될 것이 없다. 그렇다면 이른바 東國이란 것이 또 어디에 있 겠는가? 또한 어느 곳을 막론하고 中國이라 해서 안 될 것이 없다면, 소위 中國이란 것은 또 어디에 있겠는가?[33]

정약용은 천원지방설(天圓地方說)의 그름을 잘 인식하고 지원설(地圓說)

---

33 『與猶堂全書』 제1집, 「送韓校理致應使燕序」, 「國於長城之南 五嶺之北 謂之中 國 而國於遼河之東 謂之東國. 東國之人 而游乎中國者 人莫不歆詫歆豔. 以余觀 之 其所謂中國者 吾不知其爲中 而所謂東國者 吾不知其爲東也. 夫以日在頂上 爲午 而午之距日出入 其時刻同焉 則知吾所立得東西之中矣. 北極出地高若干 度 而南極入地低若干度 唯得全之半焉 則知吾所立 得南北之中矣. 夫旣得東西 南北之中 則無所往而非中國 烏覩所謂東國哉. 夫旣無所往而非中國 烏覩所謂 中國哉.」

을 주장하였다.[34] 정약용도 홍대용과 마찬가지로 새로운 자연과학의 지식에 기초해서 화이사상을 철저히 분쇄하여 이를 극복하고 있는 것이다. 그에게 있어서는 지구가 둥글고 자전(自轉)하여 어느 곳이나 태양이 하루 한 번씩 머리 위에 와서 정오의 '중(中)'이 되므로 어느 곳이나 '중국(中國)'이 되는 것이다. 이 원리를 조선에 적용하면 중국만 '중국'이 아니라 조선도 '중국'이며, 그 밖의 모든 나라가 다 '중국'이 될 수 있는 것이다.

정약용은 여기에 그치지 않고 문화가 높은 것을 '중(中)'이라고 할 수 있는데, 우리나라의 문화는 이미 높은 수준에 도달하여 '중'의 단계에 이르렀음을 다음과 같이 시사하였다.

> 즉 소위 中國이란 것은 무엇을 두고 말함인가? 이는 곧 堯·舜·禹·湯의 정치가 있었음을 가리켜 中國이라 말하며, 孔子·顔子·子思·孟子의 학문이 있었음을 가리켜 中國이라 말하는 바다. 어찌 다른 점을 말하는 것이겠는가? 그런데 옛 성인의 정치나 옛 성인의 학문은 東國이 이미 받아들여 옮긴 지 오래이다. 이제 다시 그 먼 곳까지 가서 배우려고 할 것이야 무엇이 있겠는가?[35]

정약용이 자연과학에 의거하여 화이사상을 분쇄했을 뿐만 아니라, 문화의 측면에서 중국만이 이미 '중'이 아니며 조선도 이미 '중'이라는 생각은 조선의 문화의 수준에 대한 그의 높은 자부심과 함께 그의 화이사상 비판과 조선의 자기문화 발전의 중요성을 극히 강조한 사상이었다.

정약용은 이러한 관점에서 그의 두 아들에게 당시 사대부의 자제들이 중국의 학문만 배우려 하고 자기 나라의 학문을 배척하는 것을 다음과 같

---

34 『與猶堂全書』 제1집, 「地理策」 참조.
35 『與猶堂全書』 제1집, 「送韓校理使燕序」, 「卽所謂中國者 何以稱焉 有堯舜禹湯之治之謂中國 有孔顔思孟之學之謂中國 今所以謂中國者 何存焉. 若聖人之治 聖人之學 東國旣得而移之矣. 復何必求諸遠哉.」

이 개탄하였다.

> 수십 년 이래로 일종의 괴이한 의론들이 유행하고 있다. 즉 東方의
> 文과 學問을 열심히 배척한다. 무릇 先輩들의 文獻은 처음부터 눈주어
> 보려고 하지 않으니 이것은 큰 병통이다. 士大夫의 자제들이 자기 나
> 라의 故事를 알지 못하고 선배들의 議論을 읽지 않으면 제 아무리 학
> 문이 고금을 꿰뚫는다 할지라도 이는 한갓 無知를 면치 못할 것이다.[36]

정약용이 양반 자제들에게 (그의 두 아들을 통하여) 중국 등 외국의 학
문에 통달하여 고금을 꿰뚫는 경지에 오를지라도 자기나라의 역사와 학문
을 알지 않으면 한갓 무지(無知)에 불과한 것이라고 지적한 것은 그가 자
기나라의 학문과 역사를 얼마나 중시하고 민족주의적 사상을 갖고 있었는
가를 잘 나타내 주는 것이다.

정약용은 이러한 관점에서 그의 아들에게 『삼국사기(三國史記)』, 『고려
사(高麗史)』, 『국조보감(國朝寶鑑)』, 『여지승람(輿地勝覽)』, 『징비록(懲毖
錄)』, 『연려실기술(燃藜室記述)』 등을 비롯하여 우리나라의 문헌들에서 사
실을 채록하고 우리나라의 현실을 연구할 것을 권하였다.[37]

뿐만 아니라, 정약용은 그 스스로 우리나라의 강역과 역사와 지리를 연
구하여 「아방강역고(我邦疆域考)」를 저술해서 개화기의 근대 민족주의 지
리서의 선구가 되었으며,[38] 우리나라의 강과 지리를 연구한 『대동수경(大

---

36 『與猶堂全書』 제1집, 「寄二兒」, 「數十年來 怪有一種議論 盛斥東方文學. 凡先
  獻文集 至不欲寓目 此大病痛. 士大夫子弟 不識國朝故事 不見先輩議論 雖其學
  貫穿今古 自是鹵莽.」
37 『與猶堂全書』 제1집, 「寄二兒」 참조.
38 『與猶堂全書』 제6집, 「我邦疆域考」 참조. 개화기에 張志淵은 정약용의 이 저술
  을 계승, 발전시켜 『大韓疆域考』를 저술하고, 다시 이를 개정하여 『大韓新地誌』
  를 저술하였다. 같은 시기에 柳瑾도 정약용의 이 저술을 발전시켜 『大韓地誌』를
  저술하였다.

東水經)』을 저술하여 자기의 역사와 국토에 대한 깊은 애정을 학문적으로 체계화했다.[39] 또한 정약용의 일표이서(一表二書, 『경세유표(經世遺表)』, 『목민심서(牧民心書)』, 『흠흠신서(欽欽新書)』)를 비롯해서 사회과학(政法集)에 관련된 모든 저술이 자기나라의 개혁에 관련된 것이며, 론(論)·책(策)·의(議)에 관한 논문들의 대부분이 자기나라의 개혁에 관련된 것임을 고려하면, 그가 자기나라의 역사와 독자적 문화를 재발견하고 자기나라의 정치와 경제와 사회와 법률과 과학과 국방을 개혁하기 위하여 얼마나 정열을 쏟았는가를 잘 알 수 있게 된다.

한편 이규경(李圭景)은 실학자이며, 규장각 사검서(四檢書)의 하나였던 청장관(靑莊館) 이덕무(李德懋, 1741~1793)의 친손자로서 그의 할아버지의 실학을 비롯한 그 이전의 실학을 더욱 발전시키면서 민족적 자각을 강조하였다. 그는 특히 국문과 국사와 국토에 대한 강렬한 애정을 갖고 그 연구를 주장하였다.

이규경은 국문(國文, 훈민정음, 당시의 통칭 언문)이 세종조에 창제되어 간단한 자모(字母)로서 만물의 표현하기 어려운 모든 음을 다 표현할 수 있는 '천지(天地)의 기문(奇文)'[40]이라고 격찬하고 감탄하였다. 그는 언문이 자음과 모음을 조합하여 소리를 따라 글자를 만들면 무궁무진하게 어떠한 글자라도 만들 수 있는 탁월한 문자여서 창사(倉史)로 하여금 글자를 만들도록 해도 여기에 보탤 것이 없는 우수한 문자임을 다음과 같이 기술하였다.

(國文은) 14행에 1행이 11字인즉 14행의 字數는 모두 154자이며, 字母는 모두 9자인즉 총 163자이다. 만약 소리를 따라 글자를 이룬즉 얼

---

39 『與猶堂全書』 제6집, 「大東水經」 참조. 이 저술은 정약용의 제자 李淸에 의하여 당시에 보완되었을 뿐 아니라 그 후에 더욱 발전되어 『대한신지지』 등에 흡수되고 계승되었다.
40 『五州衍文長箋散稿』 권28, 「諺文辨證說」.

마든지 글자를 더 만들어 내어 무궁한 것이다. 비록 倉史로 하여금 글자를 만들도록 해도 여기에 무엇을 加할 것이 있겠는가.[41]

이규경은 세계의 모든 나라가 그 나라의 글자가 있음을 강조하고, 알파벳으로 된 문자일지라도 인도의 산스크리트 문자, 만주 문자, 몽고 문자, 서양 문자, 러시아 문자, 아랍 문자, 버마 문자, 타이 문자 등은 모두 우리나라의 국문자(國文字)의 간단하고 배우기 쉬움과 같지 못하다고 국문자의 우수성을 다음과 같이 지적하였다.

> 무릇 天下 萬國이 각각 그 나라의 글자가 있다. 내가 일찍이 淸의 三通譯番書를 고찰해 보니 三合切音(알파벳)이 있는데, 글자 모양이 번거롭고 복잡하여 비록 매우 총명한 사람일지라도 기억하여 쓰기가 어려운 것이었다. 기타 西域의 산스크리트 문자, 淸의 만주 문자, 몽고 문자, 서양 문자, 러시아 문자, 버마 문자, 타이 문자 …… 등은 모두 우리나라의 諺文字의 간이하고 배우기 쉬움만 같지 못하다.[42]

이규경은 국문에 대한 연구저서로서 『언문지(諺文志)』, 『삼운통고(三韻通考)』, 『정음통석(正音通釋)』, 『화동정음(華東正音)』, 『사성통해(四聲通解)』 등과 같은 책들을 들면서 이를 격찬하고, 국문(國文)이 알기 쉽기 때문에 식자들이 이를 멸시하고 연구하지 않는 것을 개탄하면서 국문의 연구와 보급을 강력히 주장하였다.[43]

---

41 『五州衍文長箋散稿』 권28, 「諺文辨證說」, 「爲十四行 而一行爲十一字則 竝十四行字數一百五十四 竝字母九字則 總一百六十三字. 若隨聲成字則 增衍幾何字生 生不窮焉. 雖使倉史製字 何以加此.」

42 『五州衍文長箋散稿』 권28, 「諺文辨證說」, 「夫天下萬國 各有其國之書. 嘗考≪淸三通≫譯番書 有三合切音 字畫繁冗 雖極聰明者 恐難記臆描寫也. 其他西域梵書 淸之滿洲字 蒙古字(畏元兒字) 西隅字 鄂羅字 回回字 緬甸字 暹羅字 喇提諾託多烏祖克等字 俱不如我東諺字之簡易易曉也.」

이규경은 또한 우리나라의 국사를 '전사(全史)'로서 새로이 자주적으로 체계화할 것을 주장하였다. 그는 '전사' 편찬의 중요성을 다음과 같이 강조하였다.

> 史書는 나라의 거울이다. 과거를 밝혀 미래를 계도하고 옛것을 법받아 이제를 증명할 수 있는 것은 오직 史書 뿐이다. 중국에는 歷代와 全史가 있는데 우리나라에는 없으니, 비록 文獻은 徵據할 수 없다고 하나 그렇다고 폐할 수는 없는 것이다.[44]

이규경은 우리나라에도 전사(全史)를 체계화할 수 있는 상당한 정도의 사류(史類)가 있음을 낱낱이 책 이름을 들고 해설하였다.[45] 그는 중국과 달리 우리나라는 사적(史籍)이 없어 전사를 새로이 체계화할 수 없다는 사대주의자들의 견해를 다음과 같이 비판하였다.

> 세상에서 논하는 자들은 우리나라의 史籍은 증거할 수 없다 하고 황당무계하다 하고 비루하여 말할 것이 못 된다고 하는데, 이는 事理에 맞는 의론이 아니다. 나는 그렇지 않다고 생각한다. 中國 古代의 史籍을 우리나라 古代의 史籍과 비교한다면 오십 보로 백 보를 비웃는 것과 무엇이 다르겠는가? 없어져 전해지지 않게 되는 것보다는 차라리 옛것으로 인하여 보수하고 윤색해서, 우리나라 역사의 상고할 수 없는 것에 대비한다면, 비록 상세하고 간략함은 다르더라도 오히려 증거가 될 수 있거니와, 만일 스스로 증거할 수 없음을 혐의하여 史書가 되기에 부족하다 하고서 버리고 취하지 않아 점점 散亡流失되어 길이 증거할 수 없게 된다면, 후세 사람이 무엇으로 그 사실을 알아 徵信하

---

43 『五州衍文長箋散稿』 권28, 「諺文辨證說」 참조.
44 『五州衍文長箋散稿』 권27, 「東國全史重刊辨證說」, 「史者國之鑑也. 彰往啓來 憲古證今 惟有史也. 中原則歷代有全史 我東則闕焉 雖曰文獻無徵 亦不可廢也.
45 『五州衍文長箋散稿』 권50, 「東國諸家史類辨證說」 참조.

겠는가?[46]

이규경은 그 자신이 전사를 쓰지는 못했지만, 우리나라 국사를 자주적으로 체계화하기 위한 단편적인 글들은 다수 기술하고 새로운 견해를 제시하였다. 예컨대, 그는 중국 역대사가들의 우리나라 역사에 대한 왜곡을 날카롭게 비판했으며, 소위 '기자조선(箕子朝鮮)'을 한반도 안에 설정하려는 시도를 낱낱이 비판하였다.[47] 그는 사대주의자들이 고죽국(孤竹國)을 황해도 수양산(首陽山)에 비정한 학설들도 통렬히 비판하고 그것을 요동에 비정하였다.[48] 그는 요동을 '삼한'이라고 불렀다는 사실을 구명하여 요동이 조선의 고토임을 밝혔다.[49] 그는 발해에 대해서도 그것이 요동과 만주에 있던 우리나라의 일부이며, 발해를 우리나라 역사에 편입하지 않는 것은 우리나라 사서의 잘못이므로 마땅히 고구려 다음에 넣어야 한다고 다음과 같이 주장하였다.

> 渤海는 고구려를 이어 일어났는데, 그 국경의 크기와 문물의 찬란함은 족히 海東盛國이라고 일컬을 만하다. 발해가 遼東·瀋陽·寧古塔 사이에 있었다 하여 우리나라 歷代에 編入하지 않는 것은 우리나라 史書의 缺典이니, 마땅히 고구려의 다음에 넣어야 한다.[50]

---

46 『五州衍文長箋散稿』권27,「東國全史重刊辨證說」,「而世之論者 以東方事蹟 爲無徵 爲荒怪 爲鄙穢 不足道者 此非通論. 予獨以爲不然. 中國上世之蹟 比我 東邃古之事 奚異於以五十步笑百步耶. 與其湮沒無傳 無寧仍舊修補潤色 以備 東史之無稽 則雖有詳略之不同 猶有可徵者也. 若自慊無徵而不足爲史 棄而不 取 漸至散亡遺佚 永爲無徵 則後世從何得其事實而徵信者乎.」

47 『五州衍文長箋散稿』권7,「箕子事實墳墓辨證說」참조.

48 『五州衍文長箋散稿』권7,「孤竹國首陽山辨證說」참조.

49 『五州衍文長箋散稿』권35,「三韓始末辨證說」참조.

50 『五州衍文長箋散稿』권27,「東國全史重刊辨證說」,「至於渤海 卽繼高句驪而起 其幅員之大 文物之彬 足稱左海盛國 以其在於遼瀋靈古塔之間 不編於東國歷代 之中 似是東史之缺典 宜列于句麗之下者也.」

이규경은 또한 우리나라의 국토에 대한 연구를 주장하였다. 그는 우리 나라의 대표적인 지리지로서 한백겸(韓百謙)의 『동국지리변(東國地理辨)』, 정조(正祖) 때의 『동국팔도군읍지지(東國八道郡邑地誌)』, 유득공(柳得恭)의 『사군고(四郡攷)』와 『발해고(渤海考)』, 실명씨의 『동국지지(東國地誌)』, 지 광진(池光晋)의 『여지궤범(輿地軌範)』, 이만운(李萬運)의 『기년이람(紀年 兒覽)』을 비롯한 다수의 지지(地誌)를 들었다.[51] 이규경은 자기 세대의 국 토에 대한 연구로서는 김정호(金正浩)의 『대(해)동여지도(大(海)東輿地圖)』 의 저작을 들고, 이를 다음과 같이 상찬하였다.

> 근자에 金正皥(浩)란 사람이 『大東輿地圖』 2권을 지었는데, 따로 바둑판처럼 만들어 글자로 부호를 붙이고 서울과 郡·邑에 각각 그림 하나씩을 만들어 책에 넣고 글자의 부호에 따라 찾아보면 나란히 나 타나서 착란하지 않으니, 그는 생각한 바가 다른 사람보다 뛰어나고 정밀하기가 보통이 아니었다. 그가 또 『方輿考』 20권을 지었는데, 『輿 地勝覽』을 가지고 잘못된 것을 바로잡고 詩文을 산삭하여 빠진 것을 보충하여 매우 해박하였으니, 그의 『輿地圖』와 『方輿考』는 꼭 전포 할 만한 것이다.[52]

이규경은 국토에 대한 이러한 관심과 애정을 갖고 울릉도와 독도[獨島, 우산도(于山島)] 또는 삼봉도(三峯島)에 대한 상세한 고증을 하여 이것이 조선의 고유의 영토임을 변증하였다.[53] 그는 또한 울릉도와 독도에 침입한 일본인을 몰아내고 일본까지 건너가서 이를 밝혀 일본측의 승복하는 서계

---

51 『五州衍文長箋散稿』 권46, 「志地辨證說」 참조.
52 『五州衍文長箋散稿』 권46, 「志地辨證說」, 「近者有金正皥者 著海東輿地圖二卷 別爲碁盤字號 圻郡邑各作一圖入册 隨字號取見 眉列掌示 不爲掌錯 其所思遠 過前人 精密超凡. 復著方輿考二十卷 取輿地勝覽 釐正謬誤 删祛詩文 補其闕略 亦甚該博 其圖輿考必可傳者也.」
53 『五州衍文長箋散稿』 권35, 「鬱陵島事實辨證說」 참조.

(書契)를 갖고 돌아온 동래부의 전선(戰船) 노군 안용복(安龍福)의 활동을 자세히 기록하고 이익(李瀷)의 말을 빌어 다음과 같이 그의 업적을 상찬하였다.

생각건대, 지금까지 왜인들이 다시는 울릉도(및 독도)를 가리켜 일본 땅이라 하지 못하는 것은 모두 龍福의 공로이다. 星湖 李瀷은 말하기를, '安龍福은 바로 영웅호걸이다. 미천한 일개 군졸로 만 번 죽음을 무릅쓰고 국가를 위하여 强敵과 겨루어 간사한 마음을 꺾어 버리고 累世에 걸쳐 온 분쟁을 종식시켰으며 一州의 땅을 되찾았으니, 傳介子와 震湯의 일보다도 더 어려운 일이었다. 이야말로 뛰어난 인물이 아니면 할 수 없는 일이다. 그런데도 조정에서는 賞을 주지 않을 뿐 아니라, 앞서는 참형을 운운하고 뒤에는 귀양을 보내어 꺾어 버리기에 급급하였으니 참으로 애통한 일이다.[54]

특히 주목할 것은 이규경이 우리나라의 고유한 풍속과 문화를 매우 귀중히 여겨 이를 연구하고 밝힌 사실이다. 그는 우리나라 향리의 좋은 풍속을 구체적 예를 들면서 밝히고,[55] 복식,[56] 갓(笠) 제도,[57] 관건(冠巾),[58] 부녀의 머리장식,[59] 상원절(上元節)의 약밥과 추석절의 가회놀이,[60] 석전(石戰)과 목봉(木棒)놀이,[61] 빠른 걸음과 잘 달리기,[62] 불놀이와 물놀이,[63] 널뛰

---

54 『五州衍文長箋散稿』권35, 「鬱陵島事實辨證說」, 「倭至今不復指鬱陵爲日本地
    皆龍福之功也. 星湖李瀷曰 龍福直是英雄儔匹 以一卒之賤 出萬死之計 爲國家
    抗强敵折奸萌 息累世之事 復一州之土 比諸傳介子陳湯 其事尤難 非傑然者不
    能也. 朝廷不惟不之賞 前刑後配 摧陷之不暇 哀哉.」
55 『五州衍文長箋散稿』권33, 「域中善俗辨證說」 참조.
56 『五州衍文長箋散稿』권4. 「服飾裁量辨證說」 및 같은 책 卷 37, 「衣服裁縫辨證
    說」 참조.
57 『五州衍文長箋散稿』권45, 「笠制辨證說」 참조.
58 『五州衍文長箋散稿』권4, 「古今冠巾制度辨證說」 참조.
59 『五州衍文長箋散稿』권15, 「東國婦女首飾辨證說」 참조.
60 『五州衍文長箋散稿』권37, 「上元藥飯秋夕嘉會辨證說」 참조.

기,[64] 각시놀이,[65] 연등놀이,[66] 윷놀이,[67] 속악(俗樂)[68] 등을 비롯하여 수많은 풍속과 민속에 대하여 이를 치밀하게 고증했으며, 이들은 우리나라 사람들이 관심을 갖고 연구해야 할 동국의 독자적 민속임을 강조하였다. 이규경의 관심이 고유한 풍속과 민속의 중요성을 강조하고 그 연구에까지 이른 것은 실학자들의 민족적 자각이 매우 깊은 곳까지 도달했음을 나타내는 것이라고 할 수 있다.

지금까지 고찰한 실학자들의 이러한 사상과 주장은 당시 주자학적 존화사상이 봉건 지배권력을 등에 업고 압도적으로 지배하는 속에서 일어난 새로운 '위대한 민족적 자각'이었으며, 우리나라 근대 민족주의 형성의 선구가 되는, 근대 민족주의의 급속히 성장하는 맹아였다고 할 수 있다.

4. 근대 민족주의의 맹아와 사회사상의
   전반적 근대지향

필자가 여기서 이 시기 실학자들의 민족자주의식을 '근대'민족주의의 맹아라고 자신 있게 말할 수 있는 것은 그것이 고립된 지적(知的)·사상적 현상이 아니라 사회사상의 전반적인 근대지향적 전환과 관련되어 있는 것

---

61 『五州衍文長箋散稿』 권36, 「石戰木棒辨證說」 참조.
62 『五州衍文長箋散稿』 권31, 「東人善走辨證說」 참조.
63 『五州衍文長箋散稿』 권24, 「華東火戲辨證說」 및 같은 책 권23, 「煙戲辨證說」 참조.
64 『五州衍文長箋散稿』 권11, 「板舞辨證說」 참조.
65 『五州衍文長箋散稿』 권55, 「紫姑戲辨證說」 참조.
66 『五州衍文長箋散稿』 권21, 「燈夕燃燈辨證說」 참조.
67 『五州衍文長箋散稿』 권10, 「栖戲辨證說」 참조.
68 『五州衍文長箋散稿』 권19, 「俗樂辨證說」 참조.

이었기 때문이다.

이 시기 실학자들이 가졌던 한국 근대 민족주의의 맹아는 특히 다음과 같은 사회사상의 변화와 흐름을 같이한 것이었음을 주목할 필요가 있다.

첫째, 그것은 예컨대 이익의 「금민매노(禁民賣奴)」와 「논노비(論奴婢)」와 「비(婢)」, 홍대용의 「임하경륜(林下經綸)」, 박지원의 「양반전(兩班傳)」과 「호질문(虎叱文)」과 「민공전(閔公傳)」, 박제가의 「과거론(科擧論)」, 정약용의 「발고정림생원론(跋顧亭林生員論)」과 「통새의(通塞議)」와 「감사론(監司論)」과 「전론(田論)」, 이규경의 「이학양반변증설(理學兩班辨證說)」 등에서 전개되고 있는 바와 같은 양반신분제도에 대한 날카로운 비판과 흐름을 같이한 것이었다.

둘째, 그것은 예컨대, 박지원의 「원사(原士)」, 정약용의 「탕론(湯論)」과 「원목(原牧)」과 「원정(原政)」 등에서 전개되고 있는 바와 같은, 백성을 통치권력의 근본으로 보는 새로운 민주주의적 요소의 아래로부터의 민본사상(民本思想), 즉 민주주의적 맹아의 대두와 흐름을 같이한 것이었다.

셋째, 그것은 예컨대, 박지원의 『열하일기(熱河日記)』, 박제가의 『북학론(北學論)』 등 북학파의 거의 모든 저술들에서 전개되고 있는 바와 같은 자본주의 맹아의 사상의 전개와 흐름을 같이한 것이었다.

넷째, 그것은 예컨대, 김석문(金錫文)의 지원설(地圓說)과 지전설(地轉說), 홍대용의 「의산문답(毉山問答)」과 「주해수용(籌解需用)」과 「답서성지론심설(答徐成之論心說)」, 박지원의 「곡정필담(鵠汀筆談)」, 정약용의 「지리책(地理策)」, 이규경의 「매탄변증설(煤炭辨證說)」과 「인체내외총상변증설(人體內外總象辨證說)」 등에서 보이는 바와 같은 근대적 자연과학 사상의 형성과 흐름을 같이한 것이었다.

다섯째, 그것은 예컨대, 박지원의 『열하일기(熱河日記)』와 「과농소초(課農小抄)」와 「서홍범우익서(序洪範羽翼序)」, 박제가의 『북학의(北學議)』, 정약용의 「기예론(技藝論)」과 「군기론(軍器論)」과 「성설(城說)」과 「기중도

〈그림 5〉 박제가 초상화

[청나라 羅聘(나빙)이 그려준 그림]

설(起重圖說)」과 「종두설(種痘說)」, 이규경의 「비차변증설(飛車辨證說)」과 「방차변증설(紡車辨證說)」과 「자행차변증설(自行車辨證說)」과 「비선륜선변증설(飛船輪船辨證說)」과 「종두변증설(種痘辨證說)」과 「직구변증설(織具辨證說)」 등에서 보는 근대적 과학기술의 개발 및 그 산업에의 응용을 주장한 사상과 흐름을 같이한 것이었다.

여섯째, 그것은 예컨대, 박제가의 「통강남절강상박의(通江南浙江商舶議)」, 이규경의 「여번박개시변증설(與番舶開市辨證說)」과 「제선제도변증설(諸船制度辨證說)」, 최한기의 『기측체의(氣測體義)』 등에서 주장되고 있는 대외통상 및 개국론과 흐름을 같이한 것이었다.

뿐만 아니라, 이 시기 실학자들의 근대 민족주의 사상의 맹아는 이 시기 조선왕조 봉건사회의 사회적 조건의 변동과 직접적으로 연관된 것이었다. 여기서는 이 시기의 사회사를 서술할 여유가 없으나, 사회적 조건의 변동의 대표적인 것으로서는 대내적으로 ① 사회신분제의 해이와 해체 추세, ② 사적 지주제도의 확대와 토지겸병의 진전, ③ 상품·화폐경제의 성장과 자본주의 맹아의 대두, ④ 중앙집권적 통치 질서의 해이, ⑤ 하위신분층의 성장과 서민문화의 성장 등이 특징적으로 나타났다. 또한 대외적으로는 ① 서양세계의 존재가 널리 알려지고, ② 서학(西學)이 국내에 유입된 것을 들 수 있다.

이러한 사회적 조건 위에서 조선 후기 실학자들에 의하여 형성된 근대 민족주의의 맹아가 19세기 중엽에 이르러 사회적 조건의 급격한 변동과 관련해서 근대 민족주의의 형성으로 계승 발전된 것이었다.

5. 민족적 위기와 근대 민족주의의 형성

한국의 근대 민족주의의 맹아가 성장하고 있을 때에 19세기 중엽에 이르러 한국 민족은 두 개의 방향으로부터 커다란 도전을 받게 되었다.[69]

첫째는 외부로부터 들어온 도전으로서 선진 자본주의 열강의 침입의 시작이 그것이었다. 이 새로운 도전은 ① 서학[천주교(天主敎)]의 국내 포교와 민중에의 침투, ② 이양선(異樣船, 증기선)의 연안에의 출몰, ③ 서양 상선(西洋商船)의 통상 요구, ④ 서양 자본주의 열강과 일본의 개항 요구, ⑤서양 상품의 상류사회와 궁궐에의 출현,[70] ⑥ 선진 자본주의 열강에 의한 식민지화의 위협 등으로 나타났다.

이 외부로부터의 선진 자본주의 열강의 도전은 한국민족에 대하여 민족사상 가장 위협적이고 응전하기 어려운 매우 심각한 도전이었다. 왜냐하면, 이 도전은 조선을 그들의 식민지로 점유해 버리려는 도전이었으며, 서양 이질문명의 도전이었을 뿐만 아니라 산업혁명을 거친 막강한 '근대' 체제의 취약한 '전근대' 체제에 대한 도전이었기 때문이었다.

예컨대, 그것은 정치적으로는 제국주의적 침략정책을 채택한 근대 국민국가의 전근대 전제군주국가에 대한 도전이었다. 경제적으로 그것은 산업

---

69 신용하, 『韓國近代史와 社會變動』, 문학과지성사, 1980, pp.11~13 참조.
70 중국이 아편전쟁에 패하여 1842년의 남경조약의 결과 서양 열강에 대규모 개항을 하게 되자 서양 상품이 중국에 쏟아져 들어오게 되고, 이것이 상해, 북경, 천진을 거쳐 조선에서 비공식적으로 유입되어 1850년에는 조선의 궁정과 고위 관료사회에는 상당한 정도의 서양 상품이 출현하였다.

혁명을 거쳐 이룩한 공장제 기계생산 체제라는 근대 산업사회의 전근대 수공업체제에 대한 도전이었다. 사회적으로 그것은 자유롭고 더욱 평등한 근대 시민사회 체제의 전근대 양반신분사회 체제에 대한 도전이었다. 문화적으로 그것은 근대 합리적 과학기술 문화의 전근대적 고전교양문화에 대한 도전이었다. 또한 군사적으로 그것은 증기력을 동력으로 한 절제군함과 함포와 근대군대의 전근대적 군사 장비와 구식 군대에 대한 도전이었다.

새로운 선진 자본주의 열강의 이러한 성격의 도전에 대해서 만일 한국 민족이 종전과 같은 방식의 응전을 택한다면 어느 쪽이 승리할 것인가는 쉽게 내다볼 수 있는 것이었다. 이제 한국민족은 이 도전에 적절하게 응전하지 못하면 조선은 선진 자본주의 열강의 식민지로 떨어질 위기에 직면하게 되었다. 이것은 한국민족이 19세기 중엽에 맞은 심각한 '민족적 위기'라고 부를 수 있는 것이었다.

둘째의 도전은 조선왕조의 전근대 봉건사회 내부에서 나온 도전으로서 양인·농민층을 비롯한 광범위한 민중의 가렴주구 폐지와 양반신분사회 폐지의 요구가 그것이었다. 이 요구는 19세기에 들어오면 더욱 격렬하게 되어 크고 작은 '민란'으로 폭발하기에 이르렀다. 예컨대, 1811년 '홍경래(洪景來) 농민전쟁'을 하나의 전환점으로 하여 그후 해마다 끊임없이 대소 규모의 민란(民亂)이 일어나서 조선왕조의 북부 지방에 대한 통치가 근저에서부터 흔들리게 되었다.[71] 또한 1862년에는 '진주민란(晉州民亂)'이 일어나서 조선왕조의 남부 지방에 대한 통치가 근저에서부터 흔들리게 되었다.[72] 예컨대 1862년 이 한 해에만 전국 30여 개 군에서 '민란'이 일어났다.

이러한 하위신분층의 격렬한 전근대 봉건체제 개혁 요구는 양인·농민층

---

71 ① 정석종, 「洪景來亂의 성격」, 『韓國史研究』 제7집, 1972.
　② 이이화, 「19세기 전기의 民亂 연구」, 『韓國學報』 제33집, 1984 참조.
72 ① 박광성, 「壬戌民亂의 연구」, 『仁川教大論文集』 제3집, 1969.
　② 김진봉, 「晉州民亂에 대하여」, 『白山學報』 제8집, 1972 참조.

이 앞장섰지만, 그밖에도 ① 종래의 노비(천민) 신분제, ② 새로이 대두하기 시작한 시민층, ③ 광산노동자층과 모군·유민 등 광범위한 신흥사회계층이 이에 참가하고 이를 지지하고 있었으므로 거대한 힘과 압력을 가진 것이었으며, 그 개혁은 더 이상 미루어 둘 수 없는 긴급히 실행해야 할 과제였다.

또한 주목할 것은 사회학적으로 농민층을 선두로 한 광범위한 하위신분층의 체제개혁 요구는 양반신분사회라는 기존의 사회체제를 근본적으로 폐지하고, 새로운 형태의 사회구조를 창출하고자 하는 요구였기 때문에 하위신분층과 특권적 양반신분층 사이에 매우 심각한 사회적 갈등을 수반한 것이었다는 사실이다.

만일 한국민족이 조선왕조의 봉건사회의 내부로부터 일어난 이러한 아래로부터의 양반신분사회 폐지의 요구를 흡수하여 실현하지 못할 때에는 선진 자본주의 열강의 심각한 도전 앞에서 민족공동체가 분열하게 될 심각한 위험이 내포되어 있었다. 조선왕조 전근대 봉건사회의 모순에 의하여 조성된 이 위기는 한국민족이 19세기 중엽에 맞은 심각한 '전근대 봉건적 체제 위기'라고 부를 수 있는 것이었다.

주목해야 할 것은 19세기 중엽에 한국민족은 이러한 '민족적 위기'와 전근대 '봉건적 체제 위기'를 중첩하여 맞게 되었다는 사실이다. 이제 한국민족은 그들의 자주독립을 지키면서 세계의 다른 나라 사람들과 공존하여 살아가기 위해서는 민족적 위기와 봉건적 위기를 '동시에' '중첩하여' 해결해야 할 과제에 직면하게 된 것이었다.

19세기 중엽 조선왕조 사회의 지식인들 중에는 한국민족이 당면한 민족적 위기와 전근대 봉건적 체제 위기를 객관적으로 인식하고 이를 적절하게 극복하여 나라와 겨레의 독립과 발전을 추구한 선각적 지식인들이 나타나게 되었다.

특히 19세기 중엽에 이웃나라 중국에서 일어난 큰 사건들은 이러한 조선의 선각적 지식인들에게 큰 충격을 주었다. 중국은 영국과의 아편전쟁 (1840~42)에서 패배하여 1842년에 굴욕적 불평등조약인 남경조약(南京條約)을 맺고 차례로 개항하여 열강의 침투가 가중되자, 1850년 광동(廣東)에서 홍수전(洪秀全)의 '태평천국혁명(太平天國革命)'이 일어나 3년이나 계속되고 있던 사실이 조선의 선각적 지식인들에게 일정한 충격을 주었다. 뒤이어 '애로우(Arrow)호 사건'이 일어나자, 영국과 프랑스는 이를 구실로 1858년 청을 공격하여 천진조약(天津條約)을 체결하였다. 청나라가 이 조약의 비준을 지연하자 1860년 영국과 프랑스의 동양함대가 연합하여 중국을 공격해서 1개월 만에 대청제국의 수도 북경을 점령해 버리는 대사건이 일어나 조선의 관료와 지식인들에게 큰 충격을 주었다.[73]

당시 조선의 지식인들은 조선과 중국의 이웃관계를 이와 입술의 관계로 생각하고 있었으므로 입술인 중국의 몰락이나 멸망은 조선의 이를 시리게 만든다고 보고 있었다. 조선 조정이 세계에서 가장 강대한 나라라고 생각했던 중국이 서양의 총력도 아닌 두 나라의 동양함대의 공격 앞에 수도를 점령당하고 청나라 황제가 열하(熱河)로 피난가는 형편을 보고, 조선 조정도 경악하여 1861년 1월에 위문사절단을 파견하는 형편이었다.[74]

중국이 서양의 무력 앞에 무력하게 굴복하여 수도가 점령당했다는 사실은 곧 서양의 무력이 조선에서 닥쳐와 공격을 시작할 것임을 예고해 주는 것이었다. 그것은 한국민족이 만일 이에 적절히 응전하지 못하고 실패하는 경우에는 열강의 강대한 침략의 힘에 의해서 나라가 식민지로 떨어질 위험에 놓이게 되는 민족적 위기를 맞게 되었음을 예고해 주는 것이었다. 19세기 중엽의 조선의 선각적 지식인들은 이 새로운 도전들을 적절히 극복하고 민족적 위기를 타개하려면 종래와 같은 전근대적 응전의 방법으로써

---

73 『哲宗實錄』 哲宗 12년 辛酉 3월 乙卯조.
74 『哲宗實錄』 哲宗 12년 辛酉 正月 丁未조.

는 불가능하고 새로운 응전의 방법을 고안해야 한다는 사실을 자각하게 되었다.[75] 서양 자본주의 열강의 도전에 대하여 당시 조선의 지식인들이 실학에 있어서의 근대 민족주의의 맹아를 계승 발전시켜서 응전의 새로운 사상을 만든 것이 바로 한국 근대 민족주의의 형성인 것이다.

서양 자본주의 열강의 도전에 대한 응전의 사상으로 19세기 중엽에 한 국민족이 만든 사상은 기본적으로 ① 개화사상(開化思想), ② 동학사상(東學思想), ③ 위정척사사상(衛正斥邪思想)의 세 개의 사조였다. 이 중에서 개화사상과 동학사상은 근대 민족주의의 범주에 드는 것이고, 위정척사사 상은 전근대적 민족주의의 범주에 드는 것이라고 말할 수 있다.

조선의 개화사상은 1853년부터 1860년대에 걸쳐 중인 출신 지식인들과 양반 출신 지식인들 사이에서 조선왕조 후기의 실학사상을 계승하여 형성 발전된 근대 민족주의 사상의 하나였다.

박제가의 실학을 가학(家學)으로서 공부한 중인 출신의 중국어 역관 오 경석(吳慶錫, 1831~1879)은 1853년에 청나라의 수도 북경에 갔다가 서양 자본주의 열강의 침입으로 중국이 위기에 빠지고 남방에서는 이에 대응하 여 태평천국(太平天國) 혁명 운동이 벌어지고 있는 것을 견문하고, 자기의 조국인 조선도 일대 민족적 위기에 직면해 있음을 자각하게 되었다.[76] 이 에 그는 북경에서 서양 각국에 관한 신서(新書)들과 서양 열강의 침입에 대한 대응책을 논의한 중국 선각자들의 신서들인 위원(魏源)의 『해국도지 (海國圖志)』, 서계여(徐繼畬)의 『영환지략(瀛環志略)』 등을 구입해 가지고 돌아와서 연구하여 새로운 사상을 갖게 되었다. 그는 그 후에도 1853~58년 사이에 4차례나 북경에 다녀왔는데, 그때마다 영국인 합신(合信)의 『박물 신편(博物新編)』, 요척산(姚滌山)의 『월비기략(粤匪紀略)』, 하추도(河秋濤)

---

75 古筠研究會編, 『金玉均傳』, 1944, pp.48~49 참조.
76 吳慶錫, 『天竹齋箚錄』 ; 吳世昌, 『槿域書畫徵』, pp.251~252 참조.

의 『북요휘편(北徼彙編)』, 『양수기제조법(揚水機製造法)』 등과 그밖에 다수의 신서들을 구입하거나 필사하여 갖고 돌아와서 연구하였다. 그 결과 오경석은 1953년~59년 사이에 조선 최초의 개화사상을 형성하게 되었다.[77]

오경석은 1860년 영·불 연합군의 북경 점령사건에 다시 충격을 받고 더욱 절박하게 민족적 위기를 의식하여 그가 북경에서 구입한 신서들을 절친한 친우 유홍기(劉鴻基, 1831~?)에게 주어 나라를 구할 방책을 연구하도록 권하였다. 그 결과 유홍기도 개화사상을 갖게 되었다.[78]

한편, 연암 박지원의 손자인 박규수(朴珪壽, 1807~1877)는 조선 조정이 1861년 1월에 영·불 연합군의 북경 점령 사건에 대한 위문사절단을 파견할 때에 부사(副使)로 중국에 파견되었다가 서양의 막강한 힘 앞에 중국이 붕괴되어 가는 것을 직접 보고 조선의 민족적 위기를 절감한 나머지 귀국할 때 역시 서양에 대한 신서를 사 가지고 돌아왔다. 박규수도 오경석의 도움을 받아가며 이 신서들을 연구한 결과 개화사상을 갖게 되었다.

오경석과 유홍기는 중인으로서 당시의 사회신분제도 하에서는 자기들이 정치 담당층이 아니므로 나라를 구하기 위해서 그들이 형성한 개화사상을 장래 정치를 담당할 서울 북촌의 양반층의 영민한 자제들에게 교육하여 그들의 정치적 활동을 통해서 나라를 구하기로 하였다.[79] 이에 박규수·오경석·유홍기의 3인의 개화사상의 선구자들의 합의 하에 1869년 말~1870년 초부터 박규수의 사랑방에서 김윤식(金允植)·김홍집(金弘集)·김옥균(金玉均)·박영교(朴泳敎)·홍영식(洪英植)·박영효(朴泳孝)·서광범(徐光範)·유길준(兪吉濬) 등 양반층의 영민한 자제들에 대한 개화사상의 교육이 시작되었다. 박규수의 사랑방에서 이 청년들이 학습한 것은 ① 오경석·유홍기·박규수 등이 가진 새로운 사상, ②『연암집(燕巖集)』을 비롯한 실학

77 신용하, 「吳慶錫의 開化思想과 開化活動」, 『歷史學報』 제107집, 1985 참조.
78 이광린, 「숨은 開化思想家 劉大致」, 『開化黨硏究』, 일조각, 1973, pp.67~78 참조.
79 『金玉均傳』 上卷, pp.48~49의 吳世昌의 回顧談 참조.

자의 각종 저서, ③ 오경석·박규수 등이 청나라 북경에서 구입해 온 신서(新書) 등이었다. 이러한 학습을 통하여 김옥균의 세대도 개화사상을 갖게 되고, 1874년부터는 김옥균을 중심으로 한 정치적 결사(結社)로서의 개화파(開化派)가 형성되기 시작하였다.[80]

오경석·유홍기·박규수 등 조선 개화사상의 세 비조가 형성한 개화사상은 한국 근대 민족주의의 한 흐름을 형성한 것이었다. 그들의 근대 민족주의의 특징은 ① 서양 열강의 침입으로 중국이 붕괴되어 가고 있으며, 조선도 곧 마찬가지의 민족적 대위기에 직면하고 있는 바, ② 이를 타개하기 위해서는 부패하고 세계 대세에 뒤떨어져 있는 당시의 조선왕조의 봉건적구 사회체제(舊社會體制)로서는 위기의 극복이 불가능하고, 오직 나라의 정치 전반에 걸친 일대 혁신을 일으켜야 위기의 극복이 가능하며, ③이러한 일대 혁신은 조정의 대부분의 대관들의 생각처럼 열강의 침략으로 붕괴되어 가는 중국에 조금이라도 의뢰해서는 불가능하며, 오직 조선이 완전 독립하여 조선 사람의 힘으로 수행해서 자주 부강한 근대국가를 수립해야 한다는 사상의 체계였다. 그들은 서양 열강이 다투어 중국을 침략하고 약탈하는 것을 보고 조선의 자주 부강을 위해서는 중국은 물론이요 그 밖의 외국(특히 서양 자본주의 열강)에게 조금이라도 의존하는 것은 침략의 뜻을 가진 자들에게 나라의 운명을 의존하는 위험한 것이라고 보고 자주독립하여 자기의 힘으로 대혁신을 단행해서 부강한 근대국가를 만들어야 한다는 강고한 완전자주독립사상을 갖고 있었다. 그들은 이러한 대혁신 사상으로서 ④ 당시의 서양이 과학기술의 선진성과 당시의 동양의 과학기술의 후진성을 전면적으로 인정하고 조선도 적극적으로 서양의 선진 과학기술을 도입하여 채용해야 나라를 부강케 할 수 있다고 주장하였다. 그들은 ⑤ 조선도 높은 과학기술을 응용하여 철과 석탄과 기계를 이용하는 공장제도

---

80 신용하, 「金玉均의 開化思想」, 『東方學志』 제46·47 48 합집, 1985 참조.

에 의거하여 공업과 상업을 일으켜야 나라를 부강케 할 수 있다고 주장했으며, 광업과 공업의 천시 관념을 비판하고, 도리어 상업과 공업이 부국의 원천임을 강조하였다. 그들은 ⑥ 조선의 폐해 많고 나라를 망치는 양반신분제도를 폐지해야 하며, 모든 국민과 하위신분에서도 능력 있는 인재를 모든 관직에 채용하여 나라를 구하고 발전시키는 일에 써야 한다고 주장하였으며, ⑦ 나라의 정치도 전제군주와 소수의 양반 벌열이 독점할 것이 아니라 각계각층의 재능 있는 인재들이 사회신분을 폐지한 위에서 모두 정치에 참여해야 한다고 입헌군주제를 지향하였다. 그들은 ⑧ 문화적으로는 종래의 중국의 경서, 사서, 시문 중심의 문화에서 벗어나 무엇보다도 자기 민족인 조선의 역사와 언어·문자와 학문과 예술을 발전시켜야 한다고 주장하였다. 그들은 ⑨ 서양 열강이 침입해 들어오는 조건 속에서 조선도 시급하게 군함을 구비하고 국방을 근대적으로 튼튼히 하여 조선 사람의 실력으로 조선을 방위해야 한다고 주장하였다. 그들은 또한, ⑩ 조선은 종래의 쇄국정책을 탈피하여 준비와 실력을 갖추고 자주적 개국을 단행해서 세계 각국과 통상도 하고 서양의 선진문물과 조선이 손실을 입지 않는 교류를 해야 나라를 부강하게 발전시킬 수 있다고 주장하였다. 즉 그들의 사상의 핵심은 조선에 자주 부강한 근대 민족국가와 자본주의 시민사회를 수립하기 위한 일대 혁명을 단행하려는 것이었다.[81]

이러한 개화사상에는 근대 민족주의 사상뿐만 아니라 시민적 민주주의 사상과 근대화 사상이 포함되어 있었다. 그러나 이 개화사상의 골간에 있는 것은 근대 민족주의 사상이며, 넓은 의미의 근대 민족주의 사상은 민주주의 사상과 근대화 사상을 그 안에 포용한 것이었다고 볼 수 있다. 이 면에서 개화사상은 한국의 시민적 근대 민족주의 사상의 흐름을 형성한 것이었다고 말할 수 있다.[82]

---

81 신용하, 「吳慶錫의 開化思想과 開化活動」, 『歷史學報』 제107집, 1985 참조.

한편, 동학사상은 몰락한 양반의 서자(따라서 중인) 출신인 수운(水雲) 최제우(崔濟愚, 1824~1864)에 의하여 1860년부터 포교되기 시작한 민족적 종교 사상이었다. 동학사상이 1860년을 기점으로 성립된 것은 1860년 영·불 연합군의 북경 점령에 충격을 받고 조선과 동양을 구하기 위한 문제의식 때문이었다. 최제우는 『동경대전(東經大全)』에서 다음과 같이 쓰고 있다.

> 庚申년에 이르러 전하여 들으니 하나님의 뜻이라고 하여 서양 사람들은 부귀를 취하지 않고 中國(天下)를 공격하여 취해서 敎堂을 세우고 그 道를 행하니, 그런고로 나도 역시 그러할까, 어찌 그러할까 하였다.[83]

경신(庚申)년은 바로 1860년이고, 영·불 연합군은 북경 점령 후 청나라와의 북경조약(北京條約)에서 서교(西敎)의 완전한 포교의 자유를 획득하여 침략을 강화하였다. 동학의 일부 종교적 해설자들은 동학의 성립을 최제우의 온갖 신비체험이라는 종교적·주술적 설명을 하고 있지만, 사회사적으로 보면 동학사상은 1860년의 영·불 연합군의 북경 점령에 큰 충격을 받고 조선의 민족적 위기를 타개하여 민족을 구제하기 위한 사상의 하나로 성립된 것이었다.

동학사상은 서양 열강의 힘의 원천을 서학에 있다고 보고 서학에 대항하는 민족종교를 만들어 포교함으로써 이에 응전하려고 한 사상이었다. 따라서 동학(東學)은 반서학(反西學)의 대결의식에 크게 지배되었다. 동학이라는 이름도 서학에 대립하여 지어진 것이었다. 최제우는 다음과 같이 쓰

---

82 개화사상은 시민적 민족주의의 특성을 갖고 형성되었으나, 당시 조선왕조 사회에서 시민층의 성장이 취약하여 개화사상의 추진층과 지지층은 미약하였다. 따라서 개화사상은 사회적 필요에 의하여 시민적 민족주의로 형성되기는 했으나 그 추진층은 중인과 양반신분 출신의 선각적 지식인들이 이를 담당하였다.

83 『東經大全』「布德文」,「至於庚申 傳聞西洋之人 以爲天主之意 不取富貴 攻取天下 立其堂行其道 故吾亦有其然豈其然之疑.」

고 있다.

> 나 역시 東에서 태어나서 東에서 받았으니, 道는 비록 天道일지라
> 도 學은 곧 東學이다. 하물며 지구가 東·西로 나뉘어 있는데 西를 어
> 찌 東이라 하며 東을 어찌 西라 하겠는가.[84]

여기서도 볼 수 있는 바와 같이 동학사상에는 그 이름에서부터 민족주
의적 특성이 강하게 투영되어 있는 것이다.

뿐만 아니라, 동학사상은 또한 척왜양(斥倭洋)과 함께 탈중화(脫中華)의
문제의식을 갖고 있었다. 이 점에서 동학은 위정척사사상과는 달리 중국에
대한 민족자주의식을 강하게 갖고 있었다.

또한 동학사상은 당시의 조선의 위기를 대외적인 민족적 위기로 한정하
여 보지 않고 대내적으로 양반신분제도 하에서 민중이 도탄에 빠져 있는
상태의 봉건적 위기가 중첩되어 있다고 본 데 특징이 있었다. 따라서 동학
사상은 대외적으로 보국안민(輔國安民)할 뿐 아니라 대내적으로 동시에 광
제창생(廣濟蒼生)해야 위기를 타개할 수 있다고 주장하였다.[85]

동학사상은 이 점과 관련하여 특히 당시 도탄에 빠진 절대 다수의 농민
층에 큰 관심을 쏟았다. 동학사상은 종래의 천인합일 사상을 새로이 창조
적으로 발전시켜 '시천주(侍天主)' 사상과 '인시천(人是天)' 사상을 정립해
서 독특한 평등사상을 형성하여 양반신분제도를 폐지하려고 노력하였다.
동학사상에 의하면 사람들은 모두 똑같은 하느님(한울님)을 각각 마음 속
에 모시고 있으므로 본질적으로 평등한 존재이다. 양반도 하느님을 하나

---

84 『東經大全』「論學文」「吾亦生於東 受於東 道雖天道 學則東學. 況地分東西 西
何謂東 東何謂西.」
85 『東經大全』「布德文」「我國 惡疾滿世 民無四時之安 是亦傷害之數也. 西洋 戰
勝功取 無事不成 而 天下盡滅 亦不無脣亡之歎 輔國安民 計將安出.」 참조.

마음속에 모시고 있고 상민도 똑같은 하느님을 하나 마음속에 모시고 있으므로 양반(兩班)과 상민(常民)은 본질적으로 다를 것이 없이 모두 평등한 것이다.

뿐만 아니라 동학사상은 하느님이 지고지귀하신 것처럼 하느님을 모시고 있는 인간도 지고지귀한 존재이며, 따라서 사람을 섬김에 있어 하느님을 섬김과 같이 해야 한다고 설교하였다. 이것은 매우 격조 높은 휴머니즘의 사상이었다.

동학의 이러한 평등사상은 당시 농민을 비롯한 하위신분층의 주장인 반상차별 폐지의 요구와 사회신분의 평등의 요구를 잘 반영하여 대변해 준 것이었다. 그 결과 사회학적으로 동학사상은 농민층과 고도의 '선택적 친화성'(elective affinity)을 갖고 결합하여 농민층의 사상이 되었다. 이에 동학세력은 농민층을 주체로 한 체제개혁을 수행하고 평등사회를 실현함으로써 민족적 위기를 타개하려고 하였다.

이러한 동학사상에는 근대 민족주의 사상뿐만 아니라 농민적 민주주의 사상이 강력하게 포함되어 있었다. 그러나 동학사상의 이러한 민주주의 사상도 궁극에 있어서는 동학의 근대 민족주의 사상과 별도로 분리되는 것이 아니었으며, 넓은 의미의 그것은 농민적 민주주의 사상도 그 안에 포용한 것이었다고 볼 수 있다. 이 면에서 동학사상은 한국의 농민적 근대 민족주의 사상의 흐름을 형성한 것이라고 말할 수 있다.

한편, 위정척사사상은 한마디로 말해서 당시의 양반유생들이 정통과 주자학의 사상으로 단결하여 정신무장을 하고 구체제를 강화하여 서양 열강의 침략으로 말미암아 조성된 민족적 위기를 타개하려고 한 사상이라고 볼 수 있다.[86]

---

86 ① 李離和, 「衛正斥邪論의 비판적 검토」, 『韓國史研究』 제18집, 1977.
　　② 陳德奎, 「衛正斥邪論의 民族主義的 비판의식」, 『梨大韓國文化研究論叢』 제

위정척사사상은 주자학의 화이사상에 입각하여 중국(중화)과 조선(소중화)만을 '화(華)'고 보고, 일본과 서양을 금수와 다름없는 '이(夷)'로 보며, 주자학의 삼강오륜(三綱五倫)의 윤리에 기준을 두어 '화'만이 문명국이요 '이'인 일본과 서양은 금수와 다름없는 오랑캐이므로 '이(夷)=사(邪)'를 배척하여 그 오염으로부터 '화(華)=정(正)'을 지켜야 한다고 주장하였다.

또한, 위정척사사상은 서양 열강의 막강한 힘의 원천의 하나인 과학기술을 '기기음교(奇技淫巧)'라고 규정하고, 그 선진성을 부인하였다. 따라서 그들에 의하면, 서양의 과학기술은 '음교(淫巧)'에 불과하므로 주자학의 '정도(正道)'로서 윤리적·사상적으로 통하지 못하게 만들어 극복할 수 있는 것이라고 보았다.

위정척사사상은 '음교'인 서양의 과학기술과 그에 기초한 서양 상품의 도전을 극복하는 방법은 서양이 요구해 오더라도 서양과의 통상을 절금시켜 서양 상품이 나라 안에 들어오지 못하게 하는 것이라고 주장하였다. 그들은 왜양(倭洋)과 통상하여 '기기음교'로 된 서양 문물이 나라 안에 통용되면 풍속을 문란케 할 뿐 아니라, 세계(歲計)인 농산물로서 일계(日計)인 공산품과 교역하게 되므로 조선은 날로 빈곤하게 되고 왜양은 날로 부유하게 된다고 주장하였다.[87]

또한 위정척사사상은 주자학의 주리론(主理論)의 입장에서 중국과 조선

31집, 1978.

③ 金度亨, 「毅庵柳麟錫의 政治思想연구」, 『韓國史硏究』 제25집, 1979.

④ 文昭丁, 「衛正斥邪運動에 관한 知識社會學的 연구」, 『韓國學報』 제36~37집, 1984 참조.

87 李恒老, 『華西先生文集』 권3, 「辭工曹參判疏再疏」, 「且況彼之爲物也 生於手而 日計有餘 我之爲物 産於地而歲計不足. 以不足交有餘 我胡以不困 以日計接歲 計 彼胡以不贍.」 참조. 이항로의 이 주장은 후진국 농산물과 선진국 공산물의 부등가 교역에서 오는 불이익을 예리하게 지적한 정곡을 찌른 것으로서, 위정척사사상 중에서 가장 합리적 판단과 예견을 한 빛나는 부분이라고 할 것이다.

을 '이(理)'로 보고 왜양을 '기(氣)'로 규정하였다. 그들의 주리론 철학에 의하면 '이'가 언제나 '기'를 제압하고 기는 이의 명령에 복종해야 하는 것이므로, 서양의 도전은 현상적으로는 우세한 듯하지만 본체(本體)에 있어서는 동양(중국과 조선)이 우세하므로 왜양은 족히 두려워할 것이 못 된다고 주장하였다.

위정척사사상은 이러한 사상에 의거하여 봉건적 양반신분사회의 구체제의 기강의 해이를 주자학을 중심으로 하여 바로잡고, 모든 다른 사상과 학설을 이단(異端)으로서 척결하여 주자학에 의거한 국론의 통일을 주장하였다. 그들은 주자학을 이념과 상징체계로 하여 구체제를 강화하는 방향으로 사상 통일과 내부 단결을 이룸으로써 서양의 침략을 극복하려고 하였다.[88]

이러한 위정척사사상은 정사(正邪)의 판단 기준을 주자학에만 둔 주관주의적인 생각이었을 뿐 아니라, 당시의 서양의 침략성을 날카롭게 포착하면서도 대내적으로 하위신분층의 구체제 개혁 요구는 외면하고, 오히려 구체제를 강화하는 대응책을 구상하였다는 면에서 '근대' 민족주의의 범주에는 들어올 수 없고, '전근대' 민족주의의 범주에 넣을 수 있는 것이라고 볼 수 있다.

물론 위정척사사상의 구조에는 주체성의 기준을 '중국'에 두고 '조선'에 두지 않은 측면이 있으므로, 이를 '민족주의'의 한 유형으로 볼 수 있는가의 근본적인 의문이 있다. 그러나 그들은 일본과 서양에 대해서는 확고한 민족주의적 사상과 운동을 전개했으므로, 이 점을 특히 고려하여 '전근대적' 민족주의로는 범주화할 수 있을 것이라고 생각한다.[89]

---

88 신용하, 「舊韓末 知識人의 守舊意識과 開化意識」, 『韓國의 社會와 文化』 제5집, 1985 참조.

89 위정척사사상은 화이사상을 극복하지 못했고 존중화의식을 갖고 있었기 때문에, 이를 '전근대적'이라는 범주를 설정하고서도 과연 '민족주의'의 범주에 포함시킬 수 있는가에 의문이 남는다. 그러나 당시 '중화'의 상징으로서의 明나라는 멸망한

위정척사사상은 당시의 지배신분인 양반신분층의 생각을 반영한 사상이었으며, 19세기 중엽에 화서(華西) 이항로(李恒老, 1792~1868), 노사(蘆沙) 기정진(奇正鎭, 1798~1876), 중암(重菴) 김평묵(金平默, 1819~1888) 등 다수의 유학자들에 의하여 정교하게 이론화되었다. 위정척사사상은 양반 유생층의 확고한 시지 위에서 1866년 '병인양요(丙寅洋擾)' 전후에는 치성하여 조선왕조의 지배적 사상으로서 커다란 힘을 발휘하였다.

즉 19세기 중엽의 민족적 위기와 전근대 봉건적 체제 위기에 직면하여 한국민족은 위정척사사상이라는 하나의 흐름의 전근대적 민족주의 사상과, 개화사상 및 동학사상이라는 두 개의 흐름의 근대적 민족주의를 형성하여 이를 타개하려 하고 자기 민족과 국가와 사회의 자주독립과 발전을 추구하게 된 것이다.

6. 맺음말

한국의 근대 민족주의는 이상과 같이 조선 후기 실학사상에서 맹아가 형성되고, 뒤이어 서양 자본주의 열강의 도전으로 말미암아 조성된 민족적 위기와 중세사회의 해체 과정에서 조성된 전근대 봉건적 체제 위기 속에서 그에 응전하여 외세를 물리치고 민족을 구제하는 사상으로 형성된 것이었다. 그 내용으로는 개화사상이 시민적 민족주의의 유형으로 형성되었고, 동학사상이 농민적 민주주의의 유형으로 형성되었으며, 이 두 유형의 민족주의가 한국 근대 민족주의의 두 개의 큰 흐름을 형성하였다. 반면에

후였고, 조선이 '華(화)'의 마지막 내용을 갖고 있다는 조선에 대한 '자부심'이 강했으며, 침략자가 왜양으로 되어 위정척사파의 행동이 결과적으로 극히 민족주의적이었다는 점에서 여기서는 잠정적으로 '전근대적' 민족주의의 범주에 포함하여 볼 수 있다고 생각된다.

위정척사사상은 외세의 침입을 주자학(성리학)을 이념으로 전근대 봉건적 구체제를 강화하여 물리치려 함으로써 전근대적 민족주의의 특성을 갖게 되었다.

한국 근대 사회사상사를 보면, 밖으로 외세의 침략에 대항하는 문제가 절실할 때에는 근대 민족주의로서의 개화사상과 동학사상은 물론이요, 전근대적 민족주의로서의 위정척사사상도 운동에 있어서 연합하는 일이 많았다. 그러나 안으로 개혁 문제가 대두할 때에는 근대 민족주의 내부의 개화사상과 동학사상도 갈등과 충돌을 일으켰을 뿐만 아니라, 전근대 민족주의인 위정척사사상과는 혁명과 반혁명의 극한적 대결과 상호 투쟁이 전개되는 일이 많았다. 1884년의 갑신정변과 1894년 동학농민혁명운동, 1894년의 민비 구체제 정권, 갑오개혁, 갑오·을미의병운동 등은 이러한 갈등과 투쟁의 전형적 경우였다고 볼 수 있을 것이다.

시민적 근대 민족주의 흐름으로서의 개화사상은 초기 개화사상 → 독립협회·만민공동회 → 애국계몽사상으로 크게 발전하였고, 농민적 근대 민족주의 흐름으로서의 동학사상은 초기 동학사상 → 동학농민혁명운동 → 천도교로 발전하여 결국 종교에 귀결되었다.

반면에 전근대적 민족주의 흐름으로서의 위정척사사상은 병인양요 → 신미양요 → 갑오·을미의병운동을 거쳐 1905년 국권을 빼앗긴 이후에는 각계각층의 항일 의병 무력투쟁에 주도적으로 연합하였다.

두 개의 흐름의 한국 근대 민족주의와 한 개의 전근대 민족주의는 서로 갈등을 일으키면서 합류하지 못하고 있다가 1919년 3·1운동에 이르러 완전히 합류되어 한국 근대 민족주의의 발전에 한 단원을 이루게 되었다고 볼 수 있을 것이다.

(『社會構造와 社會思想』(仁谷 黃性模 博士 華甲紀念論文集), 1986 수록)

II. 오경석(吳慶錫)의 개화사상과 개화활동

1. 머리말

조선왕조 사회가 밖으로부터는 서양 자본주의의 침입으로 민족적 위기에 직면하기 시작하고 안으로는 전근대적 봉건사회의 구조적 모순으로 봉건적 위기에 직면했을 때, 선각자들에 의하여 개화사상이 형성되고 뒤이어 개화파가 형성된 것은 그 후의 조선의 근대적 사회변동과 한국민족의 근대적 발전에 매우 중요한 공헌과 영향을 끼쳤다.

우리나라 개화사상의 비조(鼻祖)는 널리 아는 바와 같이 오경석(吳慶錫, 1831~1879)·박규수(朴珪壽, 1807~1876)·유홍기(劉鴻基, 1831~?) 등이다. 이 중에서 가장 먼저 개화사상을 형성한 이는 오경석이었다.

오경석은 역관(역관)으로 23세 때인 1853년부터 중국의 수도 북경(北京)에 가서 청나라가 서양 열강의 침입으로 위기에 빠진 것을 견문하기 시작한 이래 1875년까지 전후 13차례나 중국에 왕래하면서 자본주의 열강이 침입으로 중국이 붕괴되어 가고 있는 과정을 관찰하고, 자기의 조국인 조선도 일대 민족적 위기에 직면해 있음을 깨달아 서양 각국에 관한 새로운 서적들과 서양 열강의 침입에 대한 대응책을 논의한 중국 선각자들의 새로운 저서들을 구입하여 연구한 결과 새로운 사상으로서 개화사상을 스스로 형성하게 되었다.

오경석은 자기 자신만 개화사상을 형성한 것이 아니라 중국으로부터 귀국할 때에는 매번 반드시 신서들을 구입하여 가지고 들어와서 그의 절친한 친우인 유홍기에게 주어 읽고 연구하도록 권고해서 유홍기도 개화사상을 형성하도록 했으며, 두 사람은 개화사상의 동지로 결합하기에 이르렀다.

우리나라 개화사상의 비조는 오경석·박규수·유홍기의 3인이지만, 이 중에서 최초로 개화사상을 형성하여 다른 두 사람의 개화사상의 형성에 영향을 끼친 것은 오경석이라고 할 수 있다.

그러므로 우리나라 개화사상과 개화파의 형성을 밝히기 위해서는 무엇보다도 먼저 오경석의 개화사상의 형성과 개화 활동을 밝혀야 될 것임은 명백한 일이다. 그러나 아직 오경석의 개화사상의 형성과 개화 활동에 관한 연구논문은 한 편도 나오지 못하였다. 그 이유는 무엇보다도 자료가 부족하여 이를 자세히 밝히기 어려운 까닭인 것으로 보인다.

이 논문에서는, 부족한 자료에 의거해서일지라도, 최대한으로 새로운 자료를 발굴해 가면서, 오경석이 1831년에 태어나서 49세의 짧은 생애를 마칠 때까지의 그의 개화사상의 형성과 개화 활동을 자료로 증명할 수 있는 범위 안에서 밝히려고 한다.[1]

2. 오경석의 가계(家系)와 역관 중인(中人)신분층

오경석은 1831년(순조 31년) 음력 1월 21일(양력 3월 3일) 서울 중부(中

---

1 이 논문은 1983년 봄에 쓰기 시작했다가 자료 부족으로 두 차례나 중단되었다. 그러나 주제가 반드시 밝혀야 할 중요한 과제이기 때문에 자료 부족의 어려움을 극복하는 최후의 방법으로 1985년 4월 오경석의 후손(친손자)인 오일룡(吳一龍)씨와 오일륙(吳一六) 씨를 방문하여 자료의 협조를 구하였다. 그 결과 오경석의 유물은 메모 쪽지까지도 모두 볼 수 있는 협조를 받고 오경석에 대한 가전(家傳)의 참고 이야기를 들을 수 있어서 이 논문을 완성하였다. 두 분께 감사의 뜻을 표한다.

部)의 장교동(長橋洞, 당시의 속명 시궁골)에서 한역관(漢譯官)이며 지중추부사(知中樞府事)를 지낸 오응현(吳應賢)의 3남 1녀 중의 장남으로 태어났다. 오경석의 본관은 해주(海州)이며, 자(字)는 원거(元秬)였고, 호는 처음에는 진재(鎭齋)라고 했다가 중국에 여행할 무렵부터 역매(亦梅), 야매(野梅), 일매(逸梅)라고 썼는데, 역매가 널리 쓰였다. 당호(堂號)는 천죽재(天竹齋)였다.[2]

오경석의 집안은 아들 오세창(吳世昌)까지 포함하면 8대가 대대로 역관이었다. 이 집안의 신분의 변동 과정을 추적해 보면 해주 오씨의 중시조인 오인유(吳仁裕, 제1세)는 고려왕조에서 검교군기감감(檢校軍器監監, 정 4품에 해당)을 지내고, 그 후 제11세 오인수(吳麟壽, 조선왕조 중종 때 사람) 때까지는 거의 대대로 문과 합격자를 낸 문반(文班) 집안이었다. 제12세인 오동(吳棟)이 과거에 합격하지 못하여 목청전(穆淸殿) 참봉(參奉)의 미관말직을 한 것을 전환점으로 해서 제13세 오구가(吳久佳)와 제14세 오대종(吳大宗)은 방향을 바꾸어 무과(武科)에 합격하여 무반(武班)의 집안으로 가계를 바꾸었다.[3] 그러나 오대종의 큰아들 오인량(吳仁亮, 제15세)은 무과에 응시하지 아니하고 역과(譯科)에 응시하여 합격해서 역관(사역원 판관)이 되었고, 오경석의 직계선조인 둘째아들 오제량(吳悌亮)은 아버지를 따라 무과에 합격하여 무과(훈련원 첨정)을 지냈다. 여기서 해주 오씨 가문은 역

---

2 오경석은 어려서 家塾에서 공부할 때부터 元나라 화가 吳鎭(오진, 1280~1354)을 숭모하였다. 오진은 원나라 시대의 서화 4대가 중의 하나로 자는 仲圭(중규), 호는 梅花道人(매화도인) 또는 梅道人(매도인)이라 하였다. 그는 시·서·화에 모두 능하여 당시 三絶이라고 칭송을 받았다. 그의 그림은 대나무·매화·산수가 장기였으며 특히 墨竹은 최고의 경지를 이루어 사람들로부터 天竹이라는 칭송을 받았다고 한다. 오경석의 처음의 호인 鎭齋(진재)는 오진의 이름에서 취한 것이며, 다음의 호 亦梅(역매)는 오진의 호인 매화도인에서 취한 것이고, 오경석의 당호인 天竹齋(천죽재)는 오진의 작품에서 취한 것이다.
3 『海州吳氏派譜』(吳世昌 저) pp.1~12 참조.

관으로서 중인신분층이 되는가 무관으로서 무반이 되는가의 갈림길에 들어섰는데, 무반 오제량의 아들 오정화(吳鼎和, 제16세)는 아버지를 따라 무과에 응시하지 않고 잡과(雜科)의 의과(醫科)에 응시하여 의관(醫官, 활인서 별제)이 되었다.[4] 이것이 조선왕조 숙종(재위 1674~1720) 때의 일로서 여기서 해주 오씨는 완전히 중인(中人)으로서의 신분이 굳어지게 되었다. 제17세 오지항(吳志恒)은 아버지를 따라 의관이 되지 않고 역과에 응시하여 역관이 되고, 그 이후는 제23세 오경석에 이를 때까지 대대로 역과에 응시하여 역관이 되었으며, 결혼도 역관을 중심으로 한 중인신분층 내부에서만 시행하여 우리나라의 전형적 역관 중인신분의 가계가 되었다.[5]

『해주오씨파보(海州吳氏派譜)』에 의하여 오경석의 직계 가계의 신분과 변동을 찾아보면 다음 표와 같다.[6]

제1세 ① 吳仁裕(고려 검교군기감감, 정 4품에 해당) → ② 周裔(정 8품) → ③ 民政(문과) → ④ 札(문과) → ⑤ 昇(문과) → ⑥ 孝冲(문과) → ⑦ 士廷(없음) → ⑧ 先敬(문과) → ⑨ 甲童(없음) → ⑩ 有璿(없음) → ⑪ 麟壽(문과) → ⑫ 棟(殿 참봉) → ⑬ 久佳(무관) → ⑭ 大宗(무관) → ⑮ 悌亮(무과) → ⑯ 鼎和(의관) → ⑰ 志恒(역관) → ⑱ 德讓(역관) → ⑲ 弼儉(혜민서 봉사) → ⑳ 道源(역관) → ㉑ 繼淳(역관, 교회지중추부사) → ㉒ 慶錫(역관) → ㉓ 世昌(역과)

조선왕조의 중인신분층은 좁은 개념으로는 의학(醫學), 관상학(觀象學, 天文氣象學), 역학(譯學), 산학(算學), 도화(圖畵), 사자(寫字) 등에 종사하는

---

4 『譯科等第譜』海州吳氏조 및 『海州吳氏派譜』 pp.13~14 참조.
5 『譯科八世譜』海州吳氏조 참조.
6 『海州吳氏派譜』에서는 최종관직이 기록되어 있으나 여기서는 신분이동을 알고자 하는 것이기 때문에 생략하고 문과·무과·역과 등만을 구분하였다. ○ 안의 번호는 제1세로부터의 세대를 나타낸다. / 표는 신분이동의 전환점을 나타내고 있다.

기술관(技術官)을 의미하고, 넓은 개념으로는 기술관에다 다시 서얼(庶孽), 서리(胥吏), 향리(鄕吏, 아전(衙前)), 군교(軍校) 등을 포함하였다. 그러나 조선 후기 당시에는 기술관들은 자기들만이 중인이라고 생각했으며, 서얼(庶孽) 이하는 별도의 것으로 생각하는 것이 보통이었다. 중인신분의 기술관 중에서도 의관과 역관이 가장 핵심이 되고 경쟁이 치열하였다.

역관들은 잡과의 역과 시험에 합격하면 최고 직위가 정 3품의 아문(衙門)인 사역원(司譯院)에 배치되었다.[7]

7 『大典會通』 吏典 諸科조에서 보면, 잡과 합격자 중에서 '역과' 일등 합격자는 종 7품부터 서용하고 2등 합격자는 종 8품부터 서용하는 데 비하여, 음양과·의과·율과 등은 1등 합격자를 종 8품부터 서용해서 역과를 의과 등 다른 잡과보다 1등급 우대했음을 알 수 있다.

『大典會通』 吏典 京官職조에서 역관을 포함한 중인신분층으로서의 기술관의 중앙정부에서의 관직의 종류와 위계를 간추려 보면 다음과 같다.

① 正三品衙門 內醫院 官員

正 1員(정 3품), 僉正 1員(종 4품), 判官 1員(종 5품), 主簿 1員(종 6품), 直長 1員(종 7품), 奉事 2員(종 8품), 副奉事 2員(정 9품), 參奉 1원(종 9품).

② 正三品衙門 觀象監 官員

正 1員(정 3품), 副正 1員(종 3품), 僉正 1員(종 4품), 判官 1員(종 5품), 主簿 1員(종 6품), 天文學敎授 1員(종 6품), 地理學敎授 1員(종 6품), 天文學兼敎授 1員(종 6품), 地理學兼敎授 1員(종 6품), 命課學兼敎授 1員(종 6품), 直長 2員(종 7품), 奉事 2원(종 8품), 副奉事 1員(정 9품), 天文學·地理學訓導 各 1員(정 9품), 命課學訓導 1원(정 9품), 參奉 2員(종 9품), 天文學習讀官.

③ 正三品衙門 典醫監 官員

正 1員(정 3품), 副正 1員(종 3품), 僉正 1員(종 4품), 判官 1員(종 5품), 主簿 1員(종 6품), 醫學敎授 1員(종 6품), 直長 2員(종 7품), 奉事 1員(종 8품), 副奉事 2員(정 9품), 醫學訓導 1員(정 9품), 參奉 2員(종 9품), 醫學習讀官.

④ 正三品衙門 司譯院 官員

正 1員(정 3품), 副正 1員(종 3품), 僉正 1員(종 4품), 판관 1員(종 5품), 主簿 1員(종 6품), 漢學敎授 4員(종 6품), 直長 1원(종 7품), 奉事 2員(종 8품), 漢學訓導 4員(정 9품), 淸學·蒙學·倭學訓導 各 2員(정 9품), 參奉 2員(종 9품), 漢學習讀官.

⑤ 從六品衙門 惠民署 官員

主簿 1員(종 6품), 醫學敎授 1員(종 6품), 直長 1員(종 7품), 奉事 1員(종 8품), 醫

즉, 오경석은 중인신분의 역관으로서 최고 정 3품 당상역관(堂上譯官)까지 올라가면 그 상한에까지 도달하게 되고, 그 이상의 승진은 실제로는 불가능하며, 가능한 경우에는 명예직으로 주어지는 것이었다. 또한, <주 7>에서도 알 수 있는 바와 같이 중인신분층의 직업으로서 의(醫)·역(譯)·약(藥)·화(畵)·산(算)·서(書) 등은 서로 긴밀히 연계되어 있어서 한 집안의 형제들 사이에 또는 세대들 사이에 교호하기 쉬웠음을 알 수 있다.

역관들은 비록 중앙관서의 관직에서는 상한이 제한되어 있고, 그 직위수도 제한되어 있었으나, 전문가로서의 그들의 학문적 실력이나 자부심은 대단히 컸다. 역관들은 전문가이므로 문관(文官)들과는 달리 어학(語學)의 실력이 즉각 판별되기 때문에 실력 있는 사람만이 역관이 될 수 있었다.

學訓導 1원(정 9품), 參奉 4員(종 9품).
⑥ 從六品衙門 圖畵署 官員
別提 2員(종 6품), 兼敎授 1員(종 6품.)
⑦ 從六品衙門 活人署 관원
別提 2員(종 6품), 참봉 2員(종 9품).
⑧ 戶曹 所屬 官員
算學敎授 1員(종 6품), 兼敎授 1員(종 6품), 別提 1員(종 6품), 算士 1員(종 7품), 計士 1員(종 8품), 算學訓導 1員(정 9품), 會士 1員(종 9품).
⑨ 刑曹 所屬 官員
律學敎授 1員(종 6품), 兼敎授 1員(종 6품), 別提 2員(종 6품), 明律 1員(종 7품), 審律 1員(종 8품), 律學訓導 1원(정 9품), 檢律 1員(종 9품).
⑩ 承文院 所屬 官員
寫字官 正字 2員(정 9품), 副正字 2員(종 9품)
여기서도 알 수 있는 바와 같이 역관은 자기의 전공 어문과 함께 의학·천문학·지리학·도화·산학·율학·사자(寫字)에 친숙할 수 있게 되어 있었다. 또한 역관 중에서도 한학을 중시하여 우대해서 한학교수(종 6품)와 훈도(정 9품)는 각 4명씩 두고 있는 데 반하여, 청학(만주어학)·몽학·왜학은 교수는 두지 않고 훈도(정 9품)만 각 2명씩 두고 있다. 이 직제는 오경석의 학문과 활동을 이해하는 배경으로서 매우 중요한 것이다. 오경석은 한학으로 역과에 합격했으므로 전공으로서는 역관 중에서 가장 유리했으며, 관직으로 정 3품까지 승급할 수 있었고, 그 이상은 實職으로서는 불가능하였다.

또 중앙 관서의 직책 수가 극히 한정되어 있기 때문에 설령 역과에 합격한 경우에도 실력이 부족하면 중앙관서에서 직위를 지킬 수 없었다. 따라서 사역원의 역관들의 학문과 실력은 일부 양반들의 서투른 실력에는 비교할 수 없으리만큼 월등한 것이 보통이었다.

또한 역관들은 경제적으로도 실력 있는 자산가들이 매우 많았다. 특히 한어(漢語) 역관들은 그러하였다. 그들은 중국에 다녀올 때 무역을 하기 때문이었다. 이것은 법률에는 없는 일이나 정부도 공공연히 묵인하는 관행이었다. 이 때문에 역관들은 중국에 인삼 등을 가져다 팔고 중국으로부터 비단과 보석 등을 수입하여 일종의 역관자본가로서 부를 축적하는 것이 보통이었다.

역관이 이러한 성격의 신분과 직책이었기 때문에 역관 집안의 아들들이 모두 역관이 될 수 있는 것이 아니었다. 중인신분의 자제들 사이에서 치열한 교육 경쟁을 거쳐 한학(漢學), 왜학(倭學), 몽학(蒙學)의 역과에 합격한 후에야 역관이 될 수 있었을 뿐 아니라 그 중에서도 실력이 출중해야 중국행을 자주 할 수 있는 것이었다. 이 때문에 대체로 경제적 실력이 있는 역관들은 자기의 자제가 역과 시험 준비를 할 나이가 되면 아예 집안에 가숙(家塾)을 설치하여 동료 역관들 중에서 최고 실력자를 전공별로 2~3명 초빙하여 시험 준비를 시키는 것이 관행이었다. 오경석이 그의 아들 오세창에게 시행한 것을 보면 세창이 8세(1871) 때 가숙을 설치하여 16세(1879년 음력 5월)에 역과에 합격하자, 그 달에 바로 가숙을 철거시키고 있다.[8] 즉 8세 때부터 8년간 집중적으로 역과 시험 준비를 중심으로 한 자제 교육을 가숙을 설립하여 실시하고 있는 것이다. 이것은 바로 오경석이 소년기에 받은 교육과정과 완전히 동일한 것이었으며, 성공한 중인 역관 가문의 전형적 교육 양식이기도 하였다.

---

8 「吳慶錫·吳世昌年譜」 참조.

오경석의 가문은 역관 가문 중에서도 가장 성공한 가문의 하나였다.

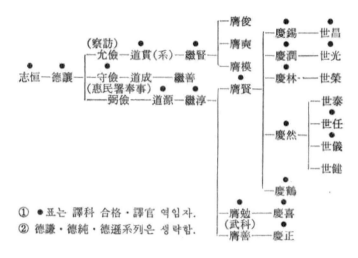

〈그림 6〉 오경석 가문 8대의 역관표

『역과팔세보(譯科八世譜)』를 보면 해주 오씨들은 역관을 많이 배출했는데, 특히 오대종(吳大宗)의 후손과 오경업(吳景業)의 후손 및 오계생(吳癸生)의 후손이 역관을 많이 내었다.[9] 이 중에서도 오경석의 계통인 오대종의 후손이 가장 번성하였다. 『해주오씨파보(海州吳氏派譜)』와 『역과팔세보』, 『역과방목(譯科榜目)』에 의거하여 오경석의 직계 조상이 역관이 되기 시작한 이후의 이 집안의 역관과 비역관의 구성을 1870년대 출생자까지에 한하여 보면 위의 표와 같다.

위의 표에서도 알 수 있는 바와 같이 오경석의 가문이 중인신분층으로 고착되고, 그 중에서 역관 집안으로 된 이후 8세대의 남자 31명 중에서 무려 20명이 역관으로 진출하고 있다. 이것은 온 가문의 64.5%에 해당하는

---

9 『譯科八世譜』 海州吳氏조 참조.

놀라울 만큼 높은 비율이다. 물론 나머지 35.5%에 해당하는 가족원은 1명의 무과 합격자를 제외하고는 역과에 실패한 것으로 추정되지만, 한 가계에 이렇게 높은 비율의 역과 합격자를 내면서 8대나 역관을 지속하기는 매우 어렵고 드문 일이었다.

특히 오경석의 아버지 오응현(吳膺賢, 1810~1877)은 매우 성공한 역관이었다. 그는 1825년에 16세의 나이로 역과 식년시(式年試)에 한학(漢學)으로 1등급의 둘째 번이라는 우수한 성적으로 합격하였다.[10] 그는 역관의 실직으로서는 최고직위인 당상역관(堂上譯官, 정 3품)을 거쳐 지중추부사(知中樞府事)의 명예지위에 임명되어서 역관으로서는 최고의 지위에까지 올랐다. 오응현은 정처(正妻)에서 경석(慶錫, 1831~1879), 경윤(慶潤, 1833~1890), 경림(慶林, 1835~?), 경연(慶然, 1841~1882)의 아들 4형제와 딸 하나(李昌鉉에게 출가)를 두고 제2부인에서 아들 경학(慶鶴, 1843~1881)을 얻어 모두 5남 1녀를 두었으며, 모두 역과에 합격시키는 데 성공하였다. 그는 또한 경제적으로도 성공하여 장남인 오경석에게는 2,000석 분의 재산과 가옥 2채(長橋洞의 후에 天竹齋라 부른 집과 梨花洞의 후에 駱山齋라 부른 집)을 유산으로 상속해 주었다.[11] 오경석의 아우들에게는 훨씬 더 적은 유산을 상속해 주었을 터이지만, 이것으로만 보아도 오경석의 아버지 오응현이 경제적으로 매우 부유한 역관이었음을 알 수 있다.

오경석은 1831년 이러한 부유한 중인 역관의 집안에 1831년 태어나서 어려서부터 가숙에서 교육을 받기 시작하여 16세 때인 1846년(헌종 12년)에 역과의 식년시에 한학(漢學)으로 합격하였다.[12] 『역과방목』에 보면 이 해에는 1등 3명, 2등 7명, 3등 9명 등 모두 19명의 합격자를 뽑았는데, 오경석은 19명의 합격자 중에서 2등급에 속한 10번째의 합격자로 기록되어 있다.

---

10 『譯科榜目』 제2책, 道光 乙酉式年試, p.26 참조.
11 「吳一龍·吳一六씨의 증언」(1985년 4월 2일 및 4월 13일 녹음) 참조.
12 『譯科榜目』 제2책, 道光 乙酉式年試, p.37 참조.

〈그림 7〉 오경석의 1872년의 사진

북경에서 주 북경 프랑스 공사관 참찬관(參贊官) 매휘립(梅輝立)이 촬영해 주었음. 사진 설명에 '先府君 四十二世 高宗九年 壬申寫眞 世昌記. 北京法國公使館 參贊官 梅輝立攝影. 不肖在 東京複寫本'이라고 쓴 오세창의 설명문이 좌우 양단에 있음

그는 역과 합격 후에 사역원(司譯院)의 한학습독관(漢學習讀官)으로부터 한역관(漢譯官)의 생활을 시작하였다. 가숙에서 교육을 받을 때에 숙사(塾師)의 하나가 아버지의 동료이며 당대의 탁월한 시서가인 우선(藕船) 이상적(李尙迪)이어서 그의 심대한 영향을 받고 어려서부터 금석문과 서화에 취미를 갖게 되었으며, 스스로 글씨의 예서, 그림의 매화를 즐겨 습작하였다. 어려서부터 매우 영민하고 어른스러워서 스승의 총애를 받았다고 한

다. 오경석은 18세(1848년) 때에 사역원 당상역관이었던 이시렴(李時濂)의 중매로 그의 조카딸이며 사역원 첨정(僉正)을 지낸 이정(李挺)의 21세 된 딸 금산이씨(金山李氏)와 결혼하였다. 오경석의 처가(금산이씨)도 대대로 역관의 집안이었다. 오경석 부부의 금슬은 매우 좋았으나 이부인이 소생을 두지 못한 채 1853년 26세의 젊은 나이로 유행병(장티푸스로 추정)에 걸려 별세하였다. 오경석은 3년 후에 중인 집안의 김승원(金承源)의 딸 김해김씨(金海金氏)와 재혼하여 딸 하나와 아들 오세창(吳世昌, 1864년 생)을 낳았다. 딸은 1872년에 사역원 판관(判官)을 지낸 역관 이석주(李碩柱)의 아들인 이용백(李容白, 算學別提를 지냄)에게 출가시키고, 아들 오세창은 역관이며 지중추부사의 직위를 가진 우봉김씨(牛峰金氏) 김재신(金載信)의 딸에게 1875년 결혼시켜 며느리를 취하였다.

오경석의 생애와 사상에 결정적 전환점을 가져온 것은 그가 23세 때인 1853년 4월에 청나라의 수도 북경에 가서 이듬해 3월까지 머물면서 새로운 문물에 접하고 중국 동남지방 출신의 인물들과 교유하여 견문과 시야와 사상에 큰 변화를 일으키기 시작한 때부터였다.

오경석은 그 후 13차례나 북경에 왕래하면서 중국이 서양 열강의 침입으로 붕괴되어 가는 것을 관찰하고, 그것이 자기의 조국인 조선에 다가오는 민족적 위기라고 판단하여 신서를 다시 구입해 가지고 와서 연구한 결과 우리나라 최초의 개화사상을 형성하게 되었다. 또한 그는 자기가 읽은 신서를 친우 유홍기에게 읽고 연구하도록 권하여 유홍기로 하여금 개화사상을 형성하도록 했으며, 박규수에게도 건의와 자료를 제공하여 박규수의 개화사상 형성에 큰 도움을 주었다.

오경석은 대원군이 집정하는 기간에 1865년 2월부터 1867년 6월까지 의주감세관(義州監稅官)의 직책을 잠깐 역임했다.[13] 그밖에는 역관과 외교관

---

13 「吳慶錫·吳世昌年譜」 참조. 義州監稅官은 義州開市(청나라와의 국경무역 허용)

으로서 49세의 짧은 일생을 개화사상의 보급과 금석학의 연구에 전념하였다. 그는 우리나라 개화사상의 비조일 뿐 아니라 금석학과 서화에서도 일가를 이루어 여러 가지 업적을 내었다.

3. 오경석의 저작

오경석이 49세의 짧은 생애에 쓴 저작물로는 다음과 같은 것이 있다.

1) 『삼한금석록(三韓金石錄)』

오경석이 28세 때인 1858년에 완성한 우리나라 금석문의 집성이다. 모두 156쪽의 비교적 방대한 분량이다. 삼국시대부터 고려시대까지의 금석문 146종을 수록하여 해설을 붙이고 있다. 그는 1853년~54년에 북경에 가서 중국의 금석학 전문가들과 교제하는 동안에 우리나라의 금석문의 정리의 필요를 절감한 위에 정조경(程祖慶)의 권고도 있어서[14] 귀국하자 바로 각지의 비석과 유적을 조사하고 김정희(金正喜)의 『금석과안록(金石過眼錄)』을 대폭 발전시켜 당시까지로서는 가장 정확하고 소상한 고려말기까지의 금석문집성을 편찬하였다. 그는 이것을 1858년 북경에 갈 때 가지고 가서 중국 금석학자에게도 보여 서문을 얻고 있다.

제·발문은 그의 스승 이상적(李尙迪)이 쓰고, 서문은 중국의 하추도(何秋濤), 후서(後序)는 중국의 반조음(潘祖蔭)이 썼다.[15] 『삼한금석록(三韓金

때 청나라와의 교역에 대하여 상업세의 징수를 감독하는 관리로서, 오경석이 對淸 關係 전문가이므로 대원군이 그를 신임하여 한때 의주감세관에 임명했던 것으로 보인다.

14 『燕京書簡帖』「程祖慶(无礙)으로부터 亦梅에게의 正月 九일자의 書簡」 참조.

石錄)』에 수록된 금석문의 총목은 「고구려고성각자이종(高句麗故城刻子二種)」부터 시작하여 「원오대사비(圓悟大師碑)」에 이르기까지 삼국시대로부터 고려시대 말기까지의 모두 146개이다.[16]

　오경석의 『삼한금석록』은 금석학상에 획기적 저술이었으며, 우리나라에서뿐만 아니라 저술된 후 원고본을 중국에 그 자신이 갖고 가서 중국의 금석학자들 사이에도 필사되어 다투어 읽히었다.[17]

2) 『삼한방비록(三韓訪碑錄)』

　오경석이 『삼한금석록』을 쓰기 위하여 국내 각지의 비석과 유적을 현지 답사한 기록인데, 7쪽의 미완성의 저작이다. 『삼한금석록』과 같은 시기에 동일한 「천죽재초서(天竹齋鈔書)」의 용지에 저술을 하다가 북경에 가게 되어 중단한 듯하다.

　오경석은 앞의 그의 『삼한금석록』에서 근일의 금석서에는 「대방록(待訪錄)」이 있는 것이 많으니 이 예에 따라 다음에 「대방록」을 편찬하여 붙이겠다고 쓰고 있는데,[18] 이 「대방록」의 미완성본이 『삼한방비록』으로 추정된다.

　『삼한방비록』에 기록되어 있는 것은 경기도의 ① 양주목(楊州牧), ② 적성현(積城縣), ③ 장단부(長湍府), ④ 풍덕군(豐德郡), ⑤ 경도(京都, 서울), ⑥ 함경도의 회령부(會寧府) 뿐이었다. 그 나머지는 계속 기록하려고 제책을 하여 써 내려가다가 중단되고 있다.

---

15 『燕京書簡帖』 「潘祖蔭의 亦梅에게의 書簡」 참조.
16 『三韓金石錄』은 현재 국립중앙도서관의 葦滄文庫에 수장되어 있는데, 「海州吳氏天竹齋鈔書」라는 가로 20행, 세로 21자의 오경석의 용지에 그의 친필로 정성스럽게 精書되어 있다.
17 『燕京書簡帖』, 「楊傳第의 亦梅에게의 二月朔書簡」 참조.
18 『三韓金石錄』 범례 참조.

3) 『천죽재차록(天竹齋箚錄)』

오경석이 만년(1870년경)에 쓴 중국 북경에 왕래한 기록이다. 현재 이 책을 발견하지 못하여 그 정확한 내용은 알 수 없으나 책 제목과 오세창 (吳世昌)이 『근역서화징(槿域書畫徵)』에서 인용하고 있는 부분에서 보면 중국으로부터의 서화의 수입과 뇌자관(賚咨官)·통역관으로 북경을 왕래하 면서 견문한 것을 기록한 것이라고 추정된다.

오세창이 1917년에 쓴 『근역서화징』에서 이 책을 자주 인용한 것을 보 면 1917년까지는 이 책이 그의 집안에 보관되어 있던 것이 분명한데, 지금 은 행방불명이 되었다. 오세창의 『근역서화징』에 인용된 부분을 통하여 이 책의 서화에 대한 부분의 한 단면을 엿볼 수 있다.

4) 『수의쾌독(隨意快讀)』

중국의 명문인 「별부(別賦)」 「한부(恨賦)」 등을 비롯해서 오경석이 좋아 하는 문장(文章)들과 시부(詩賦) 감상문을 모아놓은 책이다. 표지의 제명 (題名) 밑에 「열상역매(洌上亦梅)」라는 그의 저작에 맞는 인장을 정성스럽 게 찍어 놓았다. 그러나 엄밀한 의미에서는 저서가 아니라 간행되지 않은 편서라고 하는 것이 정확할 것이다. 13쪽으로 된 간단한 첩책이다.

5) 『양요기록(洋擾記錄)』

1866년의 병인양요(丙寅洋擾)에 대하여 자료를 수집하여 기록해 놓은 원고본이다. 앞부분과 뒷부분이 몇 장씩 떨어져 나간 채로 보관되어 있다.

오경석은 1866년 음력 5월에 청나라 북경에 뇌자관(賚咨官)으로 가서 10 월까지 5개월간 체류했는데, 그 사이 8월에 프랑스 동양함대의 침략인 병인양요가 있었다.[19] 이 보고에 접한 사절단 일행은 북경에서 활발한 외교 활동을 했는데, 정사(正使)와 부사(副使)가 직위는 높았으나 외교 전문가가 아니기 때문에 역관이면서 북경의 조야에 넓은 교우관계를 가지고 있던 대(對)중국외교 전문가인 오경석이 주요한 활동을 하게 되었다.

이 책은 오경석이 1866년 음력 10월 귀국한 후에 병인양요에 관련된 기록을 정리해 둔 원고로 보인다. 이 책의 앞부분은 오경석 등이 병인양요를 당하여 양요에 경험과 식견을 가진 중국의 남방 인물들인 장병염(張丙炎, 翰林院 編修), 왕헌(王軒, 兵部 郎中), 오무림(吳懋林, 湖南人, 군공으로 고관 역임), 유배분(劉培棻, 江蘇 昆陸人, 역시 군공으로 福建省 通判에 임명된 인물), 만청려(萬靑藜, 禮部尙書) 기타 다수의 인물들을 만나 의견을 들은 기록과, 주청(駐淸) 프랑스 공사관과 청국총리아문(淸國總理衙門) 사이의 병인양요에 관한 왕복외교문서(往復外交文書), 청나라의 조선정부에 대한 자문(咨文), 사절단의 외교 활동을 중심으로 하여 기록되어 있다. 뒷부분은 병인양요의 기간 중에 일어난 국내의 동향을 일자별로 1866년 음력 10월 7일까지 정부 중심으로 기록하고 있다. 그 이후의 일자의 기록도 있었던 것 같은데 여기서부터 낙장되어 있다.

이 책은 비록 앞뒤 부분이 몇 장씩 떨어져 나갔다고 할지라도 현재 234쪽이 남아 있어서 그 양이 비교적 방대하고 자세하며, 특히 앞부분은 다른 자료에서 찾아볼 수 없는 귀중한 자료들이 있기 때문에 오경석의 연구뿐만 아니라 병인양요의 연구에도 매우 중요한 자료라고 볼 수 있다.

6) 『초조보리달마대사설(初祖菩提達磨大師說)』

오경석이 만년에 불경(佛經) 중에서 달마대사(達磨大師)의 가르침을 혈

---

19 「吳慶錫·吳世昌年譜」 丙寅년조 참조

맥론(血脈論)과 관심론(觀心論)을 중심으로 뽑아 모은 책이다. 47쪽으로 되어 있다. 표제 바로 밑에 「역매지송(亦梅持誦)」이라고 자필로 써 놓았다. 따라서 이 책은 엄밀한 의미에서 오경석의 저작이라고 볼 수는 없고, 그가 가장 좋아하는 불경의 가르침을 뽑아 항상 가지고 다니면서 외우려고 편집한 책이라고 볼 수 있다. 불교 중에서도 그가 만년에 심취했던 부분이 어떠한 것이었는가를 알 수 있는 책이고, 그의 「천죽재초서」 용지에 친필로 매우 정성들여 써 둔 특이한 것이기 때문에 편찬이라고 볼 수도 있을 것 같아 여기에 포함시켜 두었다.

4. 오경석의 학문과 국내 교우관계

오경석의 학문과 사상은 어떠한 학통을 이어받았을까? 오경석의 학문적 스승은 누구인가?

오경석의 학통과 사사(師事)한 스승으로서 첫째로 들어야 할 것은 정유(貞蕤) 박제가(朴齊家)의 학문이다. 필자는 오경석의 후손을 만나 보기 이전까지는 당연히 상식적으로 오경석의 학문은 김정희(金正喜)→이상적(李尙迪)을 계승하는 것인 줄 알고 있었다. 그러나 후손은 이를 부정하고 그의 집안의 가학(家學)은 박제가(朴齊家)라고 단호하게 설명하였다.[20] 후손의 설명에 의하면, 오경석의 아버지 대부터 박제가의 학문을 매우 높이 평가하여 후손들에게 박제가의 저작을 반드시 읽고 배우라고 가르쳤으며, 오경석은 국내 학자와 선비로서는 박제가를 가장 숭상하여 언제나 서재에 박제가의 그림과 글씨 한 폭씩을 걸어 놓고 그의 저작을 애독했다는 것이다. 이 전통은 오세창의 별세 때까지 계속되어 오세창은 그의 아버지가 서

---

20 「吳一六씨의 증언」(1985년 4월 13일 증언, 녹음) 참조.

재에 걸어 놓았던 박제가의 바로 그 그림과 글씨를 자기의 서재에도 걸어 놓고 박제가의 저작들을 역시 애독했으며, 그의 아들들에게도 할아버지 때부터의 가학이니 반드시 박제가의 저작을 읽도록 가르쳤다는 것이다. 이 전통은 오세창의 별세 후 아들들이 분가한 후에야 소멸되었다고 한다.

오경석과 같은 금석학과 서화의 대가가 수많은 애장품 중에서 특히 박제가의 서화를 서재에 뽑아 걸고 그의 저작을 애독했다는 것은 오경석이 박제가를 얼마나 깊이 사사했는가를 보여준다고 할 것이다. 후손들의 설명을 재확인할 길이 없어서 하나의 방법으로 오경석이 남긴 서책을 위창문고에서 조사해 보니, 오경석은 ①『정유고략(貞蕤稿略)』 사본 1책, ②『정유고략(貞蕤稿略)』 청판 1책, ③『정유시초(貞蕤詩抄)』 사본 1책, ④『초정소고(楚亭小稿)』 사본 1책의 4종을 남겨놓고 있었다. 내용은 박제가의『북학의(北學議)』와 시문(詩文)들을 정성스럽게 필사한 것들이다. 이 중에서 한 권은 정유집(貞蕤集) 일부를 청나라에서 활자로 간행한 책인『정유고략』을 다시 정성스럽게 친필로 옮겨 쓴 것으로, 오경석이 박제가를 얼마나 열심히 그리고 정성스럽게 사사했는가를 나타내 주고 있었다. 오경석이 남긴 장서 중에서 이처럼 정성을 들여 필사하고 있는 것은 정유(貞蕤) 박제가(朴齊家)와 우선(藕船) 이상적(李尙迪)의 문집들뿐이었다.

오경석은 그의『천죽재차록(天竹齋箚錄)』에서 박제가에 대하여 다음과 같이 언급하였다.

　　朴楚亭 齊家는 일찍이 正祖에게 인정을 받아 別賽官이 되어 세 차례나 燕京에 가서 당시의 名士들과 교제하지 않음이 없었으며, 주고받은 詩文들은 陳雲伯의『畫林新詠』에 수록되어 있다. 그러므로 그가 극단적이었다고 하는 것은 잘못 전해진 것이다. 楚亭은 일찍이 어떠한 事物에든지 點染되는 일이 없었다.[21]

<hr>

21『天竹齋箚錄』, 吳世昌『槿域書畫徵』, p.201,「朴楚亭齊家 嘗受知於正廟 以別賽

박제가의 학문과 시문이 극단적이었다고 전해지는 세평에 대하여, 오경석이 그것은 오전(誤傳)이라고 자신 있게 단정하고, 박제가는 어떠한 사물에든지 혹(惑)하여 염(染)되는 일이 없었다고 자신 있는 설명을 하고 있는 것이 그가 박제가를 깊이 연구했다는 사실을 간접적으로 나타내고 있는 것이라고 볼 수 있다.

다음으로 들어야 할 것은 추사(秋史) 김정희(金正喜)의 학문이다. 김정희가 제주(1840~1848)와 북청(1851~1852)에서 유배생활을 했고, 오경석도 생애의 많은 부분을 중국행에 보냈기 때문에 오경석이 직접적으로 김정희의 지도를 많이 받을 수는 없었을지도 모른다.[22] 그러나 객관적으로 오경석의 금석학이나 그 방법론이 김정희의 큰 영향을 받았음은 의문의 여지가 없다.

그 구체적 증거로 오경석의 『삼한금석록(三韓金石錄)』의 맨 앞에 수록되어 있는 「고구려고성각자이종(高句麗故城刻子二種)」 중의 1종과 「진흥왕순수비(眞興王巡狩碑)」는 바로 김정희가 발견했거나 판독한 것을 오경석이 현지 답사하여 수록한 것이었다. 김정희는 1830년(순조 30년, 44세 때)에 평양에 유람차 들렀다가 그 전년인 1829년에 대창구첩성(大漲九疊城)이 무너질 때 나온 2개의 지석(誌石)에 새겨져 있는 27자의 글자를 찾아 읽어 보고, 그 속에 나오는 '소형'(小兄) 등이 고구려 관직명임을 들어서 이들이 고구려의 석각(石刻)이라고 판단하였다. 오경석은 이를 계승하여 그의 『삼한금석록』에서 이 고구려고성(高句麗古城)의 석각의 남은 금석문을 판독하여 처음으로 전문을 수록하고, 이것이 고구려가 환도성(丸都城)에서 평양으로 천도하면서 축성할 때 새긴 금석문임을 고증하였다.

官 三入燕京 與當時名士 莫不證交 唱酬載於陳雲伯畫林新詠 故致有誤傳也. 楚亭未曾窺點染是何物.」 참조.

22 「吳一龍·吳一六씨의 증언」(1985년 4월 2일 및 4월 11일). 오경석의 후손들은 오경석이 김정희에게서 배웠다는 것을 부정하고, 김정희는 이상적의 스승이라고 증언하였다. 또한 오경석의 서화의 계통과 영향도 김정희의 그것과는 다르다고 하였다.

또한 「진흥왕순수비」는 김정희가 이보다 앞선 1816년(순조 16년: 31세 때)에 서울 북한산 비봉(碑峰)에 올라가서 그때까지 무학대사(無學大師, 自超)가 한양도읍에 임하여 세운 비라는 지방 전설을 가진 고비(古碑)의 비문을 판독하고 처음으로 이것이 신라 진흥왕(眞興王)의 순수비(巡狩碑)인 것을 밝힌 것을 오경석이 다시 답사하여 재확인하고 비문의 전문을 수록함과 동시에 해설을 붙인 것이었다.

오경석은 금석학과 실사구시(實事求是)의 방법론에서 김정희를 계승하고 있으며, 오경석의 『삼한금석록(三韓金石錄)』은 김정희의 『금석과안록(金石過眼錄)』을 더욱 발전시킨 것이라고 볼 수 있다.

김정희의 서체와 서법에 대한 오경석의 상찬도 대단하여 그는 북경에서 중국의 금석학자들과 서화가들에게 김정희의 서폭(書幅)을 빌려 주고 그를 높이 평가하였다.[23] 비록 오경석의 서체는 김정희의 그것을 추종하지는 않았지만 금석학과 실사구시의 방법을 중심으로 하여 김정희의 오경석에 대한 영향은 상당히 큰 것이었다고 보아야 할 것이다.

다음으로 들어야 할 것은 우선(藕船) 이상적(李尙迪, 1804~1865)의 학문이다. 이상적은 오경석의 아버지 오응현의 친우였으며, 오경석을 직접 가르친 오경석의 스승이었다. 이상적은 역관의 서자로 태어나서 1825년의 역과 식년시에 수석으로 합격하였다. 이 해에 역과는 1등 3명 2등 5명 3등 11명 등 19명을 뽑았는데, 이상적은 1등의 수석, 오경석의 아버지 오응현은 1등의 차석으로 나란히 합격하였다.[24] 그 후 이상적은 한역관으로서 12차례나 중국을 다녀왔으며, 국내에서는 추사 김정희에게 배우고 중국에서는 옹방강(翁方綱)·오숭량(吳崇梁)·유희해(劉喜海) 등 금석학 및 서화의 대가들과 교유하면서 자기의 독자적 경지를 이룩한 대가였다. 그는 서필과

23 『燕京書簡帖』, 「周棠의 亦梅에게의 正月十七일자 書簡」 참조.
24 『譯科榜目』 제2책, 道光 乙酉式年試, p.26 참조.

금석에 일가를 이루었을 뿐만 아니라 시문에도 매우 능하여 그의 시는 국왕 헌종이 애송하였다. 이 때문에 그의 문집을 낼 때에 헌종이 이를 애송했다고 해서 『은송당집(恩誦堂集)』이라고 이름했고, 이 책은 오경석이 중국에도 가지고 가서 오경석이 북경에서 교제한 친우들 사이에 널리 애독되었다.[25] 이상적과 스승 김정희와의 관계는 매우 두텁고 긴절한 것이어서, 예컨대 김정희의 유명한 『세한도(歲寒圖)』는 김정희가 제주도에 유배되어 있을 때 이상적을 생각하며 그려서 보낸 것이었다.[26]

이러한 이상적이 직접 오경석의 스승이 되어 그에게 중국어뿐만 아니라 금석과 서화와 시문을 가르쳐 준 것이었다. 오경석은 이에 어려서부터 이상적의 지도를 받고 금석과 서화에 눈을 떠 그의 학문을 형성 발전시켰다. 그리고 오경석이 1853년 처음으로 북경에 갔을 때 처음부터 중국의 금석학과 서화의 대가들과 교유할 수 있었던 것도 그의 스승 이상적의 소개와 닦아 놓은 친교에 의거했음은 말할 것도 없다.

오경석이 남긴 문고에는 현재 이상적의 문집으로서 ①『은송당집(恩誦堂集)』(1837년 간행의 석판본 1책), ②『은송당집(恩誦堂集)』(1847년 간행의 청판 12책), ③『은송당집(恩誦堂集)』(1847년 간행의 목판본 4책), ④『우선정화록(藕船精華錄)』(1869년 간행의 목판본 1책) 등 4종의 문집이 남아 있어서 오경석이 스승 이상적의 문집을 동일한 내용의 것일지라도 판이 다르면 모두 갖추어 애장하고 애독했음을 알려 주고 있다.

여기서 우리는 오경석의 학문과 사상 형성에 결정적 영향을 미친 국내의 두 개의 흐름을 볼 수 있다. 첫째는 북학파 실학자인 박제가의 학문의 영향이다.[27] 둘째는 김정희→이상적의 실사구시적 금석학과 서화학의 영

---

25 『燕京書簡帖』, 「吳鴻恩의 亦梅에게의 初六일자 書簡」 및 「李士棻의 亦梅에게의 二月三일자 書簡」 참조.
26 吳世昌은 「歲寒圖」가 발견되자 그 제발문(題跋文)을 써서 첨부하여 이 그림이 김정희가 이상적에게 보낸 것임을 밝히고 두 사람의 두터운 情誼를 설명하였다.

향이다. 이 두 개의 흐름은 모두가 넓은 의미의 '실학(實學)'으로서 오경석은 직접적으로 실학을 배우고 계승하여 그의 학문을 정립했다고 할 수 있다. 그 실학의 두 갈래의 흐름이 하나는 박제가의 북학(北學)이고, 다른 하나가 김정희·이상적의 실사구시적(實事求是的) 금석학(金石學)이라고 볼 수 있으며, 이 양자가 합하여 오경석의 학문과 사상 형성의 모체가 되었다고 볼 수 있는 것이다.

역관들은 사대부처럼 직접적으로 정파에 밀착되지는 않았으나, 그들의 중앙관직과 중국에의 파견 여부는 정치적으로 결정되는 일이 많았기 때문에 정치적 연관을 갖지 않을 수 없었다. 오경석은 어떠한 정파와 관련되어 있었을까? 오경석의 1863년까지의 북경에의 파견은 그의 스승인 이상적의 추천에 힘입은 바가 컸던 것으로 보인다. 그 이후의 정치적 연관은 석파(石坡) 이하응(李昰應, 홍선대원군)과 관계가 깊었고 후기에는 환재(瓛齋) 박규수(朴珪壽)와 관계가 깊었다.

오경석은 초기에는 대원군과 매우 절친한 관계였고 심복과 같이 대원군을 따랐으며, 대원군도 오경석을 크게 신임했던 것이 틀림없다. 오경석이 북경에서 중국인과 대원군과의 사신(私信)을 전달한 자료도 보인다.[28] 이 때문에 대원군이 집정하고 있는 동안에 그가 청나라에 자문(咨文)을 구할 중요한 일이 있을 때에는 정·부사는 누구이든 간에 뇌자관(賫咨官)에는 오

---

27 '北學'을 우리나라에서는 대부분 '북방(청)에게서 배우는' 뜻으로서 해석하고 있는데, 박제가의 원래 뜻과는 다른 것이다. 북학은 『맹자』의 「陳良은 楚나라 사람으로서 周公과 仲尼의 道에 감복하여 北으로 中國에 와서 배웠다.」(陳良楚產也 悅 周公仲尼之道 北學中國)에서 취해온 것으로, 진량이 남방 사람이기 때문에 북을 든 것이고 「周公·孔子의 道가 있는 文明한 中國에서 배운다(學中國)」는 뜻이다. 따라서 『북학의(北學議)』는 "다른 나라에 있는 보다 선진한 것을 배우는 의론"의 뜻을 가진 것이며, 오경석도 처음에 이 전통을 계승하고 있다고 볼 수 있다.

28 『燕京書簡帖』, 「樊彬의 亦梅에게의 六일자 書簡」 및 「樊彬의 亦梅에게의 十六일자 書簡」 참조.

경석을 임명하여 딸려 보내었다. 그러나 이 친밀한 관계는 오경석이 비밀리에 개화사상을 갖게 됨으로써 틈이 생기기 시작하였다. 대원군은 여전히 오경석을 신임했으나 1866년 병인양요 후에는 오경석은 대원군으로부터 멀어지기 시작하고 있던 것으로 보인다. 1869년 박규수가 상경한 이후부터 1872년 박규수와 함께 그의 수역(首譯)으로 북경을 다녀온 전후에는 오경석은 박규수와 함께 대원군의 방법으로는 나라를 구할 수 없다는 확신을 갖고 별도의 길을 가는 것이 확실하게 나타나고 있다. 1876년 2월 개국에 당하여 박규수와 오경석이 개국의 불가피함을 판단하고 행동했을 때에 대원군과 오경석의 관계는 완전히 파국으로 치달아서 대원군은 격노하여 사람을 보내서 오경석을 힐책하였고, 오경석은 대원군의 격심한 힐책을 무릅쓰고 박규수와 함께 개국이 불가피하게 되었음을 주장하였다.

한편, 오경석과 박규수의 관계는 1860년대에 들어와서부터 자료에 분명하게 나타나고 있다. 오경석의 후손은 오경석과 박규수가 1860년대에 이미 절친한 사이였음을 증언했으며, 이를 증명하는 문헌자료를 집요하게 추구했더니 박규수가 오경석에게 보낸 날짜가 적혀 있지 않은 편지 한 통을 보여 주었다. 박규수는 이 편지에서 오경석을 정삼품 당하관(正三品堂下官) 이하의 인물에게 쓰는 「혜인(惠人)」이라는 예의상의 호칭을 사용하면서 매우 친밀한 안부와 중국인과의 관계에 대한 문의를 하고 있는데, 오경석은 1869년 음력 7月에 '정삼품당상역관(正三品堂上譯官)'이 되었으므로, 그 편지는 그 이전에 쓰인 것이 명백한 것이다.

오경석은 정례의 진하겸사은사(進賀兼謝恩使)의 역관으로 1860년(庚申) 10월 서울을 출발하여 1961년 3월에 귀국하였고,[29] 박규수는 열하사(熱河使)로 1861년 1월에 출발하여 열하와 북경을 갔다가 6월에 귀국하였으므로[30] 길이 어긋나서 동행하지는 못하였다. 그러나 두 사람이 모두 1860년

---

29 『燕京書簡帖』, 「何秋濤의 亦梅에게의 辛酉二월四일자 書簡」 참조.

의 영·불연합군의 북경점령사건의 충격을 바로 현장에서 체험하고 관찰했으므로 귀국 후에는 자연히 가까워지게 되었다고 추정된다. 특히 1866년의 제너럴셔먼호 사건과 병인양요를 전환점으로 하여 오경석과 박규수는 급속히 사상적으로 연계되었으며, 박규수가 제너럴셔먼호 사건을 처리하고 평안도 관찰사로부터 1869년 음력 4월 한성 판윤으로 전임되어 상경하고 오경석이 뇌자관으로 북경에서 귀국한 이 해 연말부터는 완전히 사상적 동지로 결합되어 구국의 문제를 의논하게 되었다고 분석된다.[31] 오경석과 박규수의 이러한 동지적 관계 위에서 신미양요(辛未洋擾)의 뒤처리와 관련하여 1872년 박규수가 정사로서 북경에 가게 되었을 때에는 특히 오경석을 수역(首譯)으로 지명하여 그의 참모로 수행케 한 것이라고 볼 수 있다.

오경석의 친우들로서 가장 절친한 인물들을 그의 유물을 통하여 들어 보면 고람(古藍) 전기(田琦), 대치(大致) 유홍기(劉鴻基), 성안(成安) 김경수(金景遂), 소당(小棠) 김석준(金奭準), 몽인(夢人) 정학교(丁學敎), 동재(桐齋) 안재복(安載僼), 길운(吉雲) 변원규(卞元圭), 국인(菊人) 이용숙(李容肅), 남주(南舟) 고영문(高穎聞), 소산(蕭山) 김경림(金景林) 등을 들 수 있다.

전기(田琦, 1825~1854)는 그림과 글씨에 탁월한 인물로서 오경석보다 6년 선배였으나 오경석과 가장 절친한 친우였다. 오경석은 스승 이상적과 함께 선배 전기의 지도로 금석학과 서화에 대한 학문의 기초를 닦았다. 오경석이 역관이 되어 처음으로 1853~54년에 북경에 다녀온 직후 전기는 30세의 젊은 나이로 요절하였다. 오경석은 그의 비통한 심정을 20년 후에도 다음과 같이 기록하였다.

---

30 『哲宗實錄』哲宗 12년 正月 丁未조 및 6월 丙子조 참조.
31 愼鏞廈, 「金玉均의 開化思想」, 『東方學志』 제46·47·48 합집, 白樂濬박사추념특집호 참조.

내가 이들(古書畵와 金石文)을 얻음에 모두 수십 년의 오랜 시간이 걸렸고, 千萬里 밖의 것이라 心身을 大費치 않고서는 가히 쉽게 얻을 수 없었다. 나와 함께 이러한 癖을 가진 분이 田琦공이었는데, 불행히 일찍 세상을 떠나서 내가 수장한 것들을 미처 보지 못하였다. 저승의 田琦공을 깨워 같이 토론하면서 감상할 수 없을까. 이 제문을 쓰면서 더욱 눈물을 금치 못하겠다.[32]

오경석은 또한 田琦의 書畵에 대하여 다음과 같이 평하였다.

田琦공은 詩와 畵에 工하고 鑒別에 精할 뿐 아니라 八法 篆·隷·行·楷의 글씨에 이르기까지 超妙하지 않음이 없었다. 대개 그의 天分이 高邁하고, 趙彝齋(중국 宋의 趙孟堅 ― 필자)와 柯敬仲(元의 柯九思 ― 필자)을 극히 좋아했다. 그는 매번 名蹟을 볼 때마다 까무라칠 것같이 소리를 외쳐 감탄하며, 그것을 어루만지고 愛頑하며, 그 流源을 詳訂하고 미세한 부분까지도 연구하고 분석하였다. 그러므로 그 藝의 精進이 족히 가히 옛사람을 따라잡았고 바로 절정에 도달하였다. 애석하다. 中年에 이르지도 못하여 갑자기 이 세상을 떠나니 그의 筆墨의 전하는 것이 또한 매우 적다.[33]

유홍기(劉鴻基, 1831~?)는 금석과 서화의 분야와는 다른 면에서 어려서부터 오경석과 절친한 친우였다. 유홍기도 오경석과 마찬가지로 역관의 아들로 태어나서 처음에는 역관으로 입신하려 하다가 방향을 바꾸어 한의학을 연구해서 의약을 업으로 하였다. 오세창이 그의 회고담에서 "나의 아버지 오경석은 …… 평소에 가장 친교 있는 友人 중에 대치(大致) 유홍기(劉鴻基)라는 동지가 있었다. 이 대치라는 사람은 학식과 인격이 모두 고매 탁월하였고, 또한 교양이 심원한 인물이었다"[34]고 한 바와 같이 학식·인

32 『天竹齋箚錄』, 『槿域書畵徵』, p.252.
33 『天竹齋箚錄』, 『槿域書畵徵』, p.247.

격·교양의 면에서 오경석과 절친한 친교를 맺은 인물이었다.

특히 놀라운 일은 오경석이 아들 오세창(吳世昌)의 역과(譯科) 시험 준비 겸 학문을 위하여 1871년 집안에 가숙을 차렸을 때 유홍기는 오경석의 요청에 응하여 숙사(塾師)가 되어 주었을 만큼 절친한 관계였다는 사실이다.[35] 유홍기는 그의 고매한 학식·인격·교양을 높이 평가하여 오경석이 자기의 외아들을 맡긴 친우였으며, 유홍기는 오세창의 직접적 스승이었다. 이 때문에 유홍기는 오세창에 대하여 남다른 애정을 갖고 있어서, 예컨대 오경석이 1879년 별세한 후 1884년 갑신정변이 실패했을 때 개화파의 비조인 오경석 집 안에 보복이 있을 것을 두려워하여 유홍기가 21세의 오세창을 데리고 경기도 광주군 석촌(石村)에 피란까지 갔었다고 한다.[36]

오세창과 유홍기의 이러한 절친한 관계 위에서 두 사람의 개화사상의 형성과 동지적 결합이 이루어진 것이었다.

김경수(金景遂, 1818~?)는 1837년에 역과에 합격한 선배로서 오경석의 처형이 되는 절친한 관계였으며, 뒤에 『공보초략(公報抄略)』을 편찬하였다.[37]

김석준(金奭準, 1831~1915)은 1852년에 역과에 합격한 역관이면서 서예가로서 오경석의 절친한 동료였다.

정학교(丁學敎, 1832~1914)는 양반 출신이었으나 서화로서 오경석과 친교가 두터웠다.

안재복(安載偲, 1834~?)은 역시 역관이면서 서예가로서 오경석의 절친한 동료였다.

변원규(卞元圭, 1837~1884)는 역시 역관이면서 시문과 서예에 능했으며, 후에 개화파가 되어 갑신정변에 참가했다가 피살되었다.

---

34 『金玉均傳』, 上卷, 日本 慶興出版社, 1944, p.49.
35 「吳一龍씨와 吳一六씨의 증언」(1985년 4월 2일 및 4월 13일) 참조.
36 「吳一龍씨의 증언」(1985년 4월 2일) 참조.
37 『承政院日記』高宗 19년 8월 23일조 「池錫永疏」 참조.

이용숙(李容肅, 1818~?)은 역관이면서 서화의 수집으로 오경석과 절친한 선배·동료였다. 이용숙의 중매로 그의 족제(族弟)인 이용백(李容白)을 오경석은 그의 사위로 삼았다.

고영문(高穎聞, 1841~?)은 중인인 화원 고진승(高鎭昇)의 아들로 역관이 되어 오경석을 따른 후배이며, 1882년 개화를 주장하는 매우 진취적인 상소를 하였다.[38]

김경림(金景林)은 역관의 아들로 무과에 합격한 오경석의 손아래 처남이었다.

오경석의 유물들에는 그 밖에 몇 사람의 이름이 더 보이나, 이들이 병인양요 전후까지 가장 절친한 국내 친우들이라고 볼 수 있다.

이 중에서 본고의 주제와 관련하여 가장 중요한 오경석의 친우는 대치 유홍기였음은 두말할 필요조차 없다.

5. 오경석의 북경에서의 교유관계

역관 오경석은 23세의 감수성이 예민한 청년기인 1853년 4월에 처음으로 청국의 수도 북경에 가서 이듬해 3월까지 중국의 동남지방의 새로운 지식을 가진 박아지사(博雅之士)들과 교유하여 견문과 시야와 사상에 큰 변화를 일으키기 시작하게 되었다. 오경석은 다음과 같이 스스로 기록하고 있다.

> 癸丑年(1853년)으로부터 甲寅年(1854년)에 걸쳐서 비로소 燕京에 遠游하게 되어 東南의 博雅之士들과 交際하고 見聞이 더욱 넓어졌다. 元明 이래의 書畫 百十品을 차츰 購得하게 되고 三代·秦·漢의

---

38 『承政院日記』 高宗 19년 9월 22일조 「高穎聞疏」 참조.

金石, 晉·唐의 碑版도 수백 종을 넘었다. …… 내가 이들을 구득함이 모두 수십 년의 오랜 기간이 걸렸고, 千萬里 밖의 것이라 心神을 大費치 않고서는 가히 쉽게 얻을 수 없었다.[39]

이러한 시기에 1853년 중국에 처음 여행하여 이듬해 3월까지 북경에 체류한 청년역관 오경석은 정유 박제가의 사상과 학문을 가학으로서 학습한 기초 위에서 중국의 위기가 곧 조선에 다가올 위기임을 깨닫게 되었으며 중국의 동남지방의 개혁을 주장하는 청년들과 교류하는 과정에서 조선의 실학사상과 중국의 신서(新書)들 및 중국 청년들과의 교류 과정에서의 토론이 기초가 되어 그의 개화사상을 형성하게 되었다.

그러면 오경석은 1853년 이후 중국에 몇 번이나 다녀왔으며, 중국에서 어떠한 인물들과 교제했을까? 오경석의 아들 오세창이 그가 태어난 1864년(고종 6년) 음력 7월 이후부터 1899년(광무 3년)까지의 그의 가문의 연보(年譜)를 친필로 기록해 둔 것이 후손에게 있으므로 1864년 이후의 것은 정확하게 이를 알 수 있다. 이 자료는 매우 중요하므로 다른 연구자의 이용을 위하여 「오경석·오세창 연보(吳慶錫·吳世昌 年譜)」라는 이름을 붙여서 전문을 그대로 옮겨 수록하면 다음과 같다.

〈표 1〉 오경석·오세창 연보(1864~1899)

開國 473년 皇上 卽位元년	甲子	(7月 15日 余生)	1864
2년	乙丑	(2月 父主差義州監稅官赴任) (10月 11日 曾祖母慶州崔氏 下世 11月 5日 行喪禮於果川先塋)	1865

---

39 『天竹齋箚錄』, 『槿域書畫徵』, pp.251~252, 여기서는 서화를 중심으로 설명되고 있으나 서화·금석 이외에도 시무에 견문이 더욱 넓어진 것은 두말할 필요가 없는 것이다.

3년	丙寅	(5月 父主差使清賚咨官赴淸京) (8月 洋艦來侵擧家避擾于石村 翌月遷) (10月 父主遞宅)(余患痘疹) (11月 日行祖妣完山李氏 緬禮於坡州雲川面)(父主再赴義州任所)	1866
4년	丁卯	(6月 父主遞監稅官還宅) (12月 19日 行祖妣回甲茶禮)	1867
5년	戊辰	(正月 6日 行曾祖考曾祖妣慶州李氏曾祖妣慶州崔氏緬禮於積 城山德里合窆) (閏4月 父主差賚咨官赴淸京 8月還宅)	1868
6년	己巳	(4月 母主以患候避寓于城北洞余侍件) (7月 父主陞正三品通 政) (8月 母主還宅) (父主差憲書賚咨官赴淸京 12月 還宅)	1869
7년	庚午	(12月 19日 祖父主回甲設宴)	1870
8년	辛未	(正月 設家塾余入學)	1871
9년	壬申	(2月 7日 外祖父金海金公下世) (6月 26日 姊氏嫁于全州李容 白) (7月 父主差使淸首堂上赴淸京 12月 還宅)	1872
10년	癸酉	(正月 父主陞從二品嘉善) (4月 父主往箕營居幕 5月 還宅) (10 月 父主差使淸首堂上赴淸京) (12月 母主往楊根看親 旬日還 宅) (27日 外祖母羅州朴氏下世)	1873
11년	甲戌	(3月 父主還宅) (7月 余及姊氏往居于積城邑第五十餘日而還) (10月 父主差使淸首堂上赴淸京)	1874
12년	乙亥	(4月 父主還宅陞正二品資憲) (8月 17日 余加冠) (10月 16日 余娶牛峰金氏) (12月 日本軍艦來泊仁川海父主啣命赴艦)	1875
13년	丙子	(2月 朝日和約成于江華父主還宅) (4月 父主患風症右半身不擧 5月 避居于駱山第 9月 還時洞第) (10月 26日 行先妣金山李氏 緬禮於長湍板門里)	1876
14년	丁丑	(8月 父主陞從一品崇政) (11月 3日 祖父主下世 29日 行喪禮於 水原日用面) (12月 父主陞崇祿)	1877
15년	戊寅	(10月 23日 搬家于水標橋南巷)	1878
16년	己卯	(2月 家後新舍創設) (閏3月 28日 余登司譯院科) (4月 4日 行 祖考緬禮於坡州合窆) (5月 29日 放榜) (撤家塾)(6月 父主患候 添劇避寓于道峯山寺翌月還宅) (8月7日搬家于束洞) (全日母主 下世 13日 行喪禮于果川) (22日 父主下世 9月 2日行喪禮于果 川) (10月 19日 行先考先妣金山李氏先妣金海金氏緬禮於楊根 北面栗大里合窆)	1879
17년	庚辰	(4月 20日 差司譯院等第) (7月 患痢疾翌月始痊) (9月 11日 搬 家于上黎谷) (19日 女兒生) (10月 室人大患乳腫) (12月 18日 女兒死)	1880
18년	辛巳	(10月 9日 始行八代祖考妣七代祖考妣時享於蘆原先塋)	1881
19년	壬午	(正月 21日 女妊喜生) (6月 軍變起絜眷避擾于坡州文山浦 8月 還) (9月 差後苑駐衛淸營差備官)	1882
20년	癸未	(2月 停後苑差備官) (5月 患虐疾累月而痊) (9月 1日 子一績生)	1883

21년	甲申	(9月 充赴燕遞兒代免) (10월 亂作 23日 絜眷往寓于石村 27日 余下廣州糜厄復歸居石村 12月 還)	1884
22년	乙酉	(3月 1日 搬家于束洞) (12月 20日 差司譯院直長)	1885
23년	丙戌	(正月 一續患痘疹) (9月 10日 納姬人鄭氏) (11月 室人大病) (12日 差博文局主事) (20日 放姬人)	1886
24년	丁亥	(7月 22日 娣夫死余往吊于加平鄉第) (9月 迎娣氏上京) (與美國商人訂約設舖不利)	1887
25년	戊子	(正月 16日 陞六品) (6月 6日 廢博文局余解官付司果) (7月 20日 行先妣金山李氏回甲茶禮)	1888
26년	己丑		1889
27년	庚寅	(3月 14日 掌汽船一船航黃海運穀) (一續入學) (9月 差清使引禮差備官)	1890
28년	辛卯	(正月 21日 行先考回甲茶禮) (9月 25日 往三角山寺懺祈 28日 而還)	1891
29년	壬辰	(5月 27日 搬家于竹洞) (12月 看車務于軍器寺)	1892
30년	癸巳	(5月 辭車務) (10月 設家塾)	1893
31년	甲午	(6月 25日 差內務部主事軍國機務處郎廳) (7月 19日 任議政府主事)	1894
32년	乙未	(正月 13日 陞正三品差工務衙門參議) (撤家塾一續入小學校) (4月 1日 任農商工部叅書官敍奏任官三等) (9月 6日 兼任通信局長)	1895
建陽元년	丙申	(1月 1日 斷髮) (2月 25日 解叅書官) (5月 2日 解通信局長) (陰曆 9月 2日 一續加冠)	1896
光武元년	丁酉	(2月 再設家塾一續退小學校) (陰曆 3月 11日 一續娶豊壤尹氏) (8月 14日 與日本公使結東京語學教師約) (25日 起程 9月 2日 抵日本東京)	1897
2년	戊戌	(1月 5日 患疥癈入病院 16日 痊還) (陰曆 2月 27日 先妣金海金氏回甲禮續兒行祀) (9月 3日 請暇於日本文部省) (10月 18日 東京起程 29日 抵家) (11月 19日 賃居一屋) (12月 1日 械淸解約) (17日 歸家) (30日 塚本氏生子一轍於日本東京)	1898
3년	己亥	(1月 8日 寓及人屋 2月 26日 歸家蟄居)	1899

  한편 1864년 이전의 오경석의 북경 여행을 정확히 추적하기는 지난한 일이지만, 주로 오경석이 북경에 체류하는 동안에 중국 인사들이 오경석에 보낸 편지들을 통하여 대체로 연도만은 정확히 알아볼 수 있다.[40] 이 편지들에서 중국 청년들이 연도를 적은 것은 매우 드물고 대부분 월·일만 표시

했으며, 심지어 어떤 것은 오직 일자만 표시하였다. 그러므로 연도가 표시된 것으로서 북경에서 주고받은 편지들에 한정하여 1853년부터 1864년까지 오경석의 북경행의 빈도를 정리하고,[41] 1864년 7월 이후부터는 「오경석·오세창 연보」에서 발췌하여 나온 자료들을 참조해서 오경석의 북경행의 일람표를 작성해 보면 다음과 같다.

〈표 2〉 오경석의 북경행 일람표

회차	연도·기간	正使·府使·書狀官 名
1	1853년 4월[42] ~ 1854년 3월[43]	正) 姜時永 副) 李謙在 書) 趙雲卿[44]
2	1855년 10월[45] ~ 1856년 3월[46]	正) 趙得林 副) 俞章璟 書) 姜長煥[47]
3	1856년 10월[48] ~ 1857년 3월[49]	正) 徐載淳 副) 任白經 書) 李容佐[50]
4	1857년 10월[51] ~ 1858년 3월[52]	正) 慶平君李晧 副) 任白秀 書) 金昌秀[53]
5	1860년 10월[54] ~ 1861년 3월[55]	正) 申錫愚 副) 徐衡淳 書) 趙雲周[56]
6	1862년 10월[57] ~ 1863년 4월[58]	正) 李宣翼 副) 朴永輔 書) 李在聞[59]
7	1863년 10월[60] ~ 1864년 3월[61]	正) 趙然昌 副) 閔泳緯 書) 尹顯岐[62]
8	1866년 5월 ~ 1868년 10월[63]	正) 柳厚祚 副) 徐堂輔 書) 洪淳學[64]
9	1868년 윤4월 ~ 1868년 8월	
10	1869년 9월 ~ 1869년 12월	正) 李承輔[65]
11	1872년 7월 ~ 1872년 12월	正) 朴珪壽 副) 成彝鎬 書) 姜文馨[66]
12	1873년 10월 ~ 1874년 3월	正) 鄭健朝 副) 洪遠植 書) 李鎬翼[67]
13	1874년 10월 ~ 1875년 3월	正) 李會正 副) 沈履澤 書) 李建昌[68]

---

40 오세창은 중국인들이 북경에서 오경석에게 보낸 편지 292통을 표제 없이 7개의 서간첩으로 제책해 놓았는데, 여기서는 이를 편의상 『燕京書簡帖(연경서간첩)』이라는 이름을 붙여 자료로 사용하기로 한다.

41 『燕京書簡帖』에서 명백하게 북경에서의 왕래서간으로 年紀가 있는 것만을 취하고, 『韓齋雅集帖』의 年紀만을 취했으므로 자료의 성격상 오경석이 북경에 갔음에도 불구하고 증명한 자료가 남아 있지 않아서 빠진 것이 있을 수 있다. 따라서 여기서 정리한 것은 확실한 것만을 선택한 것이다.

42 『燕京書簡帖』, 「程祖慶의 亦梅에게의 癸丑 七月二十일자 書簡」 및 『哲宗實錄』

위의 표에서도 알 수 있는 바와 같이 오경석은 1853년부터 1875년까지의 22년간에 전후 13차례나 중국의 수도 북경에 다녀왔다. 이때 오경석은

哲宗 4년 癸丑 4월 甲午조 참조.

43 『哲宗實錄』 哲宗 5년 甲寅 3월 乙卯조 참조.

44 『哲宗實錄』 哲宗 4년 癸丑 4월 甲午조 참조.

45 『燕京書簡帖』, 「程祖慶의 亦梅에게의 乙卯十二月條 書簡」 및 『哲宗實錄』 哲宗 6년乙卯 10월 乙酉조 참조.

46 『哲宗實錄』 哲宗 7년 丙辰 3월 己卯조 참조.

47 『哲宗實錄』 哲宗 6년乙卯 10월 乙酉조 참조.

48 『燕京書簡帖』, 「符葆森의 亦梅에게의 丁巳 立春日 書簡」 및 『哲宗實錄』 哲宗 7년 丙辰 10월 辛亥조 참조.

49 『哲宗實錄』 哲宗 8년丁巳 3월 丙子조 참조.

50 『哲宗實錄』 哲宗 7년 丙辰 10월 辛亥조 참조.

51 『燕京書簡帖』, 「劉子重의 亦梅에게의 戊午 新正二十二일자 贈詩」, 「何秋濤의 亦梅에게의 咸豊戊午 孟春 贈詩」, 「敖册賢의 亦梅에게의 咸豊戊午 春 贈詩」 및 『哲宗實錄』 哲宗 8년丁巳 10월 乙亥조 참조.

52 『哲宗實錄』 哲宗 9년戊午 3월 甲辰조 참조.

53 『哲宗實錄』 哲宗 8년丁巳 10월 乙亥조 참조.

54 『燕京書簡帖』, 「何秋濤의 亦梅에게의 辛酉 2월 4일字 書簡」 및 『哲宗實錄』 哲宗 11년 庚申 10월 壬午조 참조.

55 『哲宗實錄』 哲宗 12년 辛酉 3월 乙卯조 참조.

56 『哲宗實錄』 哲宗 11년 庚申 10월 壬午조 참조.

57 『韓齋雅集帖』 및 『哲宗實錄』 哲宗 13년 壬戌 10월 庚子조 참조.

58 『哲宗實錄』 哲宗 14년 癸亥 4월 庚辰조 참조.

59 『哲宗實錄』 哲宗 13년 壬戌 10월 庚子조 참조.

60 『燕京書簡帖』, 「程祖慶의 亦梅에게의 甲子 正월 24일字 書簡」 및 『哲宗實錄』 哲宗 14년 癸亥 10월 辛丑조 참조.

61 『高宗實錄』 高宗 元년 甲子 3월 초9일조 참조.

62 『哲宗實錄』 哲宗 14년 癸亥 10월 辛丑조 참조.

63 「吳慶錫·吳世昌年譜」 참조.

64 『高宗實錄』 高宗 元년 甲子 3월 초9일조 참조.

65 『高宗實錄』 高宗 6년 己巳 7월 29일조 참조.

66 『高宗實錄』 高宗 9년 壬申 7월 초1일조 참조.

67 『高宗實錄』 高宗 10년 癸酉 10월 24일조 참조.

68 『高宗實錄』 高宗 11년 甲戌 10월 28일조 참조.

광범위하게 중국의 젊은 명사들과 교제했는데, 초기의 교제의 매개 기능을 해 준 것은 금석학과 서화와 서책의 동호(同好)를 통해서였다. 오경석에게 부낸 중국인들의 편지와 오경석의 유물들을 통하여 오경석이 북경에서 교제한 중국의 인사들을 정리해 보면 다음 표와 같다.

〈표 3〉 오경석의 북경에서의 교제 인사

	이 름	비 고
1	高繼珩	字는 寄泉, 河北省 遷安人, 廣東鹽場大使를 지냄. 才優博學하고 墨蘭을 잘 그림. 저서에 『培根堂詩集』, 『蝶階外史』 등이 있음.
2	顧肇熙	書畵家.
3	孔憲穀	孔憲彝의 형제.
4	孔憲康	孔憲彝의 형제.
5	孔憲彝	字는 敘仲. 호는 繡山 또는 秀珊. 堂號는 韓齋. 山東省 曲阜人. 孔子의 73代孫. 1837年 擧人. 內閣中書를 지냄. 詩·畵·篆刻을 잘함. 저서에 『對嶽樓詩集』이 있음.
6	觀 祜	본명은 奕繪. 觀祜는 字임. 滿洲人. 書에 능함.
7	陶彦壽	서화가
8	萬靑藜	號는 藕舲. 江西省 德化人. 進士가 되어 內閣學士를 역임. 洪秀全의 「太平天國亂」 때 江西를 지킴. 禮部尙書와 吏部尙書를 지냄. 시호는 文敏.
9	明 基	性은 不明. 明基는 이름. 字는 和南.
10	潘祖蔭	字는 伯寅 또는 東鏞. 號는 鄭盦. 潘曾綬의 아들. 百家를 섭렵하고 金石文을 많이 수집함. 進士에 합격하여 工部尙書를 역임. 저서에 『攀古廔彝器款試』, 『功順堂叢書』 등이 있음. 시호는 文勤
11	潘曾綬	字는 紱庭. 潘祖蔭의 아버지. 內閣侍讀을 역임. 時文으로 유명.
12	方聯彝	서화가
13	樊觀玉	樊彬의 아들.
14	樊 彬	字는 質夫. 號는 文卿 또는 問靑. 天津人. 金石을 매우 좋아하고 山水畵를 잘 그림. 저서에 『問靑閣詩集』이 있음.
15	范維卿	書籍商 骨董品商.
16	符保林	서화가
17	濮 林	字는 又栩. 浙江省 杭縣人. 篆刻을 잘함.
18	謝維藩	字는 慶伯. 長沙人. 進士에 합격하여 翰林院編修를 역임. 文章과 宋儒의 學과 政學에 밝고 張之洞과 절친함.
19	徐樹銘	字는 壽衡. 1847년에 進士에 합격. 工部尙書를 지냄.
20	徐志泗	詩書家
21	徐蒼崖	蒼崖는 字인 듯. 堂號는 寶文齋. 金石文蒐集家. 書藝家.

22	葉名澧	字는 潤臣. 號는 翰源. 內閣侍讀을 역임. 저서에 『敦夙好齋詩集』, 『橋西雜記』 등이 있음.
23	孫稿淸	詩書家
24	孫 浩	書藝家
25	楊傳第	字는 聽臚. 號는 汀鷺. 河南知府를 역임. 文章을 잘했고 저서에 『汀鷺遺文』이 있음.
26	呂佑孫	서화가
27	吳大澂	字는 止敬 또는 淸卿. 호는 恒軒 또는 愙齋. 蘇州省 吳縣人. 1868년 進士에 합격하여 湖南巡撫를 역임. 李鴻章 계통의 洋務派政治家로서 國境 문제로 러시아와 外交交涉했으며, 1884년 甲申政變 후 欽差大臣으로 朝鮮에 出張함. 金石學者 및 金石文蒐集家로서도 유명하며, 書藝家로서 篆書를 잘했고, 저서에 『愙齋集古錄』, 『恒軒所見所藏古金錄』, 『說文古籒補』, 『戰功紀略』, 『俄國疆界風俗誌』, 『愙齋詩文集』, 『權衡度量考』, 『字說』 등이 있음.
28	吳懋林	湖南人. 軍功으로 候選됨.
29	吳鴻恩	字는 澤民. 號는 春海. 福建省 龍巖人. 1855년에 進士에 합격하여 吳慶錫과 交際할 때에는 工部主事에 이름.
30	敖册賢	서화가
31	敖忠翰	서화가
32	王維珍	字는 頴初 또는 席卿. 號는 蓮西, 蓮谿 또는 大井逸人. 天津人. 1860년 進士에 합격하여 通政司副司를 역임. 書藝와 詩文에 능함. 저서에 『蓮西詩賦集』이 있음
33	王懿榮	字는 濂生 또는 康生. 山東省 福山人. 進士에 합격하여 翰林院庶吉士를 거쳐 國子監祭主를 역임. 訓詁學과 金石學에 뛰어났으며 『尙書』 연구에 탁월. 그의 제자 劉鶚과 함께 최초로 甲骨文字를 발견함. 1900년 義和團事件 이 일어나서 外國聯合軍의 北京侵入이 임박하자 다른 大臣들은 西安으로 도망쳤으나 團練大臣이었던 그는 北京에 남아 防禦에 활동하다가 마침내 독약을 마시고 우물에 투신하여 殉國했음. 시호는 文敏.
34	王 軒	字는 霞擧. 號는 顧齋. 洪洞人. 進士에 합격하여 兵部主事를 역임. 經書에 매우 깊었고 時文에 뛰어났음. 저서에 『繂經廬詩集』이 있음.
35	王憲成	서화가
36	劉景澤	字는 世愚. 號는 棘人. 書藝家.
37	劉培棻	江蘇省 昆陵人. 武功으로 福建省 通判을 역임.
38	劉銓福	字는 子重. 大興(現 北平市에 속함)人. 刑部主事를 지냄. 時務의 學問이 뛰어나고 花卉를 잘 그림.
39	劉在仁	書藝家
40	陸以煊	서화가
41	恩 埕	姓은 不明. 恩埕은 이름
42	李暻緒	서화가

43	李文田	字는 仲約. 號는 芍農. 廣東省 順德人. 進士에 합격하여 禮部左侍郎을 역임. 金·元史와 地理에 밝고 文章에 뛰어났음. 저서에 『宗伯詩文集』이 있음.
44	李炳勳	서화가
45	李士棻	字는 芋仙. 忠州人. 博學하고 詩를 잘했음. 저서에 『天瘦閣詩草』, 『天補樓行記』가 있음.
46	張啓泰	뒤에 이름을 張齊로 바꿈, 號는 仰山. 河北省 大興人. 隸書와 楷書에 능함.
47	長丙炎	字는 午橋. 號는 竹山. 江蘇省 儀徵人. 安保의 아들. 1859년 進士에 합격하여 翰林院編修를 역임. 篆書·篆刻에 능함.
48	張祥河	原名은 公璠. 字는 元卿. 號는 詩舲, 鶴在 또는 法華山人. 婁縣人. 1820년 進士試에 합격하여 陝西巡撫를 거쳐 工部尙書를 역임. 詩詞를 매우 잘했고 山水畫와 花卉를 잘 그렸음. 시호는 溫和. 저서에 『小重山房集』이 있음.
49	張世準	號는 魚齋, 書藝家, 『楷書千字文』 등이 있음.
50	張之洞	字는 香濤 또는 香巖. 號는 孝達, 壺公 또는 無競居士. 1863년 進士에 합격하여 翰林院編修·侍講博士·山西巡撫를 거쳐 兩廣總督(1884~89)·湖廣總督(1889~1907)을 역임하고, 軍機大臣(1907~)을 지냈음. 兩廣總督 시절에 廣東水陸師學堂, 槍礮廠, 廣雅書院 등을 설립하고 軍艦을 도입하여 海軍을 强化하며 『沿海險要圖說』 등을 저술하는 등 改革政策을 실시하고, 湖廣總督 시절에는 漢陽製鐵所, 大冶鐵鑛, 각종 兵工廠, 織布局 등의 近代工場의 설립과 경영에 힘써 李鴻章에 비견되는 洋務派 官僚가 됨. 시호는 文襄. 저서에 『張文襄公全集』(229卷), 『書目答門』 등이 있음
51	程祖慶	字는 无礙. 號는 忻有, 稚蘅, 穉蘅 또는 无碍居士. 江蘇省 嘉定人. 庭鷺의 아들. 山水畫를 잘 그렸고 隸書와 篆刻에 뛰어났으며 書·畫·書冊 수집가.
52	周　棠	字는 少白. 號는 蘭西 또는 諸生. 浙江省 山陰人. 光祿寺署正을 역임. 畫石으로 유명했으며, 淸代 제일의 畫石화가로 칭송되었고, 山水畫에도 뛰어났음.
53	周壽昌	字는 應甫 또는 荇農. 號는 自庵. 長沙人. 進士에 합격하여 翰林院編修·內閣學士 兼 禮部侍郎을 역임. 詩文과 書畫와 漢書 연구에 모두 뛰어나 이름이 높았음. 저서에 『思益堂詩集』, 『思益堂日札』, 『前漢書注校補』, 『後漢書注校補』, 『三國志證遺』, 『五代史注纂注校補』, 『宮閨文選』 등이 있음.
54	曾可傳	서화가
55	秦炳文	字는 硯雲. 號는 誼亭. 無錫人. 吳江敎諭를 지냄. 山水畫를 매우 잘 그렸고 書畫蒐集家.
56	陳昌年	서화가
57	蔡兆槐	서화가, 瀛州人.

58	何秋濤	字는 願船. 號는 光澤. 福建省 光澤人. 1884년 進士에 합격하여 刑部主事를 지냄. 經史·小學을 연구했으며 특히 輿地에 탁월했음. 北邊으로부터 다가오는 러시아 세력의 압력에 留意하여『北徼彙編』 6卷을 저술했다가 후에 이를 增補하여 80卷을 편술했으며, 咸豊帝는 이 책에『朔方備乘』의 이름을 붙여서 1881년에 李鴻章의 주선으로 간행되었음. 저서에『刑律統表』,『北徼彙編』,『朔方備乘』,『一鐙精舍甲部藁』,『王會篇箋釋』 등이 있음
59	許春榮	서화가
60	胡義贊	字는 叔襄, 號는 石樵, 또는 烟視翁. 河南省 光山人. 浙江知縣과 署海寧知州를 역임. 山水畫를 매우 잘 그렸고 篆刻에도 뛰어났음. 金石·書冊蒐集家. 저서에『廣印人傳』,『甌鉢羅室書畫過目考』가 있음.
61	黃雲鶴	이름은 不明. 雲鶴은 號임.

위의 표에서도 알 수 있는 바와 같이 오경석이 중국에서 친밀히 교제한 중국인사는 무려 60여 명이나 된다. 이 중에서 개인적으로 가장 친밀한 관계를 갖고 많은 도움을 준 이는 서화가 정조경(程祖慶)이었다. 그는 오경석의 서화(書畫)와 신서(新書) 구입에 많은 도움을 주었다. 그와 함께 오경석이 절친하게 우의를 돈독히 한 인물로는 하추도(何秋濤, 1823~1862)가 있다. 그는 젊은 학자로서 1843년에『형률통표(刑律統表)』라는 법률서(法律書)를 저술했으며, 1844년에 진사시(進士試)에 합격하여 오경석이 그를 만났을 때에는 형부주사(刑部主事)로 있었다. 하추도는 금석학에도 밝았지만 시무지학(時務之學)에 뜻을 두고 특히 여지(輿地, 地理)에는 탁월했으며, 러시아 세력이 압박을 가해오자 중·러관계에 관한 역사·지리서인『북요휘편(北徼彙編)』 6권을 1858년경에 저술하고, 이를 증보하여 80권의 대작으로 편집해서 1860년 초에 청의 함풍제(咸豊帝)에게 보이자 청국 황제는 이 책에『삭방비승(朔方備乘)』의 이름을 붙여 주었다. 이 책이 인쇄로 간행된 것은 이홍장(李鴻章)에 의하여 1881년에 이루어졌지만 하추도가 오경석에 보낸 다수의 편지들에 포함된 내용을 보면 오경석은 80권으로 된『삭방비승(朔方備乘)』은 읽지 못했지만 간행되기 이전의 6권으로 된『북요휘편』

은 읽은 것이 분명하다. 오경석과 하추도의 우정은 돈독하여 오경석의 『삼한금석록(三韓金石錄)』을 정독하고 여러 가지 충고의 편지와 함께 그 서문을 써 주기도 하였다. 하추도가 1861년 2월에 오경석이 북경을 출발하기 직전에 보낸 편지의 한 구절을 보면 다음과 같다.

亦梅先生閣下(前略)

보내드리는 이 石刻 一紙는 福建 泰寗縣에 있는 朱子의 手書刻石이라는 탑본입니다. 지금까지 金石家들이 모두 몰랐던 것이므로 記室에 드려서 널리 알리고자 합니다. 붓으로 하고 싶은 말씀을 다할 수 없습니다. 다음에 新著가 있으시면 보내주시면 감사하겠습니다.

愚弟 何秋濤 頓首. 辛酉二月四日[69]

서로 저서들을 교환하여 보여주어 가며 친밀한 우정을 나누던 두 사람의 관계는 하추도가 39세의 젊은 나이로 1862년에 별세함으로써 더 나아가지 못하였다. 그러나 1861년 2월까지 하추도와의 교제에서 오경석은 많은 자극을 받고 견문을 넓힌 것이 틀림없다.

오경석이 또한 북경에서 절친한 관계를 가진 인물은 반증수(潘曾綬, 1810~1883), 반조음(潘祖蔭, 1830~1890) 부자이다. 반증수는 오경석의 스승 이상적과 친우였으며, 반조음은 새로이 사귄 친우로서 오경석의 『삼한금석록』에 후서를 써 주었고 많은 충고를 해준 친우였다.[70] 반조음은 금석학에 밝고 많은 금석문을 수장했을 뿐 아니라 산업에 매우 관심이 많아서 일찍이 진사시에 합격하여 좌사농(佐司農)을 지낼 때에 왕수기(王守基)가 『염

---

69 『燕京書簡帖』, 「何秋濤의 亦梅에게의 辛酉 二月四日자 書簡」.
70 『燕京書簡帖』, 「潘祖蔭의 亦梅에게의 일자不記 書簡」 14통 참고.

법의략(鹽法議略)』을 지어 놓고 죽자 바로 그 해인 1873년에 이를 간행했으며 공부상서(工部尙書)를 지냈다. 오경석과 반조음이 친하게 지내던 시기는 이보다 젊은 20~30대였으나 오경석이 그러부터 많은 자극을 받고 견문을 넓혔음은 틀림없다.

오경석은 북경에 갈 때 인삼을 많이 싣고 가서 판매하여 풍부한 자금으로 중국인들도 구입하기 어려운 금석문과 서책을 자유로이 구입했으므로 중국인 친우들은 중국서까지도 희귀본을 그에게 부탁하는 형편이었다. 1864년 초엽에 번빈(樊彬)이 오경석에게 보낸 편지의 예를 들면 다음과 같다.

亦梅仁兄大人閣下(前略)

弟는 문 닫고 들어앉았으니 늙음만 더해질 뿐입니다. 다행스러운 것은 건강이 전과 같고 온 眷口가 별탈이 없는 것입니다. 玉兒는 요즈음 집에 와 있으나 알려드릴 만한 일이 없습니다. 답장해 드리기 위해 소회를 대강 여쭈었습니다. 通候安寧을 빕니다.

愚弟 樊彬 頓首 季冬六日

보내드린 俚句와 아울러 劉文淸公 鏞의 편지를 잘 보아 주시면 감사하겠습니다. 李石坡(大院君 李昰應)에게 드리는 편지를 신실히 전해 주십시오. (後略) 彬又啓

尊處에 만약 史志書가 있거든 한 부만 보내주시어 見聞을 넓히도록 해 주시면 감사하겠습니다. 弟는 지금 宣武門 밖으로 집을 옮겼습니다. 爛麵胡同의 안이고 箭捍胡同路의 동쪽입니다.[71]

오경석과 북경에서 절친하게 교제한 또 하나의 인물로 오홍은(吳鴻恩,

---

71 『燕京書簡帖』, 「樊彬의 亦梅에게의 季冬六일자 書簡」.

1830~?)을 들 수 있다. 그는 복건성(福建省) 출신으로서 1855년에 진사시에 합격하여 오경석과 절친하게 지낼 무렵에는 공부주사(工部主事)를 하였다. 오경석과 오홍은은 동종(同宗)이라 하여 서로 종형(宗兄)이라고 부르면서 오경석에게 많은 도움을 주었다.[72]

또한 앞서의 표에서 볼 수 있는 인물 중에서 주목되는 것은 다음의 두 개의 집단이다. 그 첫째는 1863년(淸의 同治 2년 癸亥) 음력 1월 7일 수산(繡山) 공헌이(孔憲彝)의 당재(堂齋)인 한재(韓齋)에 보여서 '수산각독집동인(繡山閣讀集同人)'이라는 이름으로 시문집을 공동으로 읽고 감상하며 시회(詩會)를 연 집단이다.[73] 이때의 동인(同人)은 ① 왕헌(王軒), ② 진병문(秦炳文), ③ 왕헌성(王憲成), ④ 도언수(陶彥壽), ⑤ 공헌이(孔憲彝), ⑥ 공헌강(孔憲康), ⑦ 진창년(陳昌年), ⑧ 공헌각(孔憲殻), ⑨ 오경석(吳慶錫), ⑩ 이용숙(李容肅, 조선 역관, 호는 국인(菊人) 등이며, 후에 ⑪ 만청려(萬靑藜)가 참가하였다. 후에 이들 중에서 오경석이 병인양요에 당하여 외교 활동을 할 때 왕헌(병인양요의 해에 병부낭중)과 만청려(병인양요의 해에 예부상서)는 특히 많은 도움을 주었다.

또 하나의 다른 집단은 같은 시기에 북경의 순치문(順治門) 밖 서전(西塼) 아호동사공사(兒胡同謝公祠)라는 요리집에 오경석을 연명으로 초대한 인사들이다.[74] 이때 오경석을 연명(連名)으로 초대한 인사들은 ① 고조희

---

72 『燕京書簡帖』, 「吳鴻恩의 亦梅宗兄先生에게의 咸豊七年丁巳 五月下旬紀事 贈詩」 참조.

73 『韓齋雅集帖』 참조. 이때 모인 중국인 친우들은 오경석에게 詩賦(시부)를 지어 주었는데, 오경석은 이를 『韓齋雅集帖』이라 製帖하여 남겨 놓았다. 이 帖에서 당시 韓齋(한재)에 모인 중국인들은 자기들을 '繡山閣讀集同人(수산각독집동인)'이라고 부르고 있다.

74 張之洞 등의 이 招待狀에는 年紀가 없다. 철해진 순서와 당시의 교제 형편으로 보아서 1858년이 아니면 1863년으로 추정되는데 어느 쪽이 정확한지 현재로서는 속단할 수 없다.

(顧肇熙), ② 장지동(張之洞), ③ 온충한(溫忠翰), ④ 주수창(周壽昌), ⑤ 사유번(謝維藩), ⑥ 왕의영(王懿榮), ⑦ 오대징(吳大澂) 등 7명이었다.

이들은 그 후 모두 양무파(洋務派) 개혁사상가가 된 인물들로서, 당시에는 아직 20대의 청년들이었지만 청나라 조정의 보수정치에 불만을 갖고 개혁을 주장하던 혈기 왕성한 청년들이었다. 참고로 이들이 오경석에게 보낸 초대장을 원형대로 소개하면 다음과 같다.

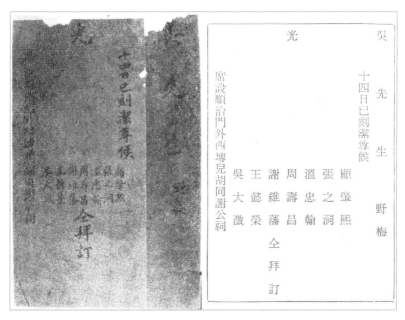

〈그림 8〉 장지동 등이 오경석에게 보낸 초대장

이 중에서 장지동(張之洞, 1837~1909)은 양무파 개혁사상가의 대표적 인물로서 오경석과 상당한 친교를 쌓았다. 그는 원해 하북성 남피(南皮) 출신인데 1863년 진사에 합격한 후 한림원(翰林院) 수찬(修撰), 시독학사(侍讀學士) 등을 거쳐서 1881년에는 산서순무사(山西巡撫使)가 되고, 1884~89년에는 양광총독(兩廣總督), 1889~1907년에는 호광총독(湖廣總督)의 중임을 거친 인물이었다. 그는 양광총독 시기에 광동수륙사학당(廣東水陸師學堂)이라는 사관학교를 설치하고 창포창(槍礮廠)이라는 병기공장과 광무국(礦務局)을 설립하여 군함을 도입해서 해군을 강화하고 스스로『연해험요도설(沿海險要圖說)』을 지었으며, 광아서원(廣雅書院)을 설립하여 문화의 진흥에도 힘썼다. 또한 그는 호광총독의 시기에는 한양제철소(漢陽製鐵所), 대야철광(大冶鐵鑛), 각종 병기공창(兵器工廠), 직포국(織布局) 등과 같은 근대 공장을 설립했으며, 이홍장(李鴻章)과 어깨를 나란히 하는 대표적 양무파 관료였다. 1900년 의화단사건(義和團事件) 후에는「변법회주(變法會奏」라는 개혁안을 제출하여 양광총독 류곤일(留坤一)과 함께 정치·군사·교육의 대개혁을 제안했으며, 스스로 무창신군(武昌新軍)을 창설하고, 철도 부설을 위하여 지도적 역할을 수행하였다. 장지동과 오경석이 친교를 맺었을 때에는 장지동이 진사시를 보던 전후 시기의 청년시절로서 개혁사상을 형성하기 직전의 20대 초반이었다. 장지동과 오경석의 교우관계는 상당히 친밀하게 진전되었던 모양으로 장지동이 오경석에게 보낸 시가 한 편 전해지고 있다.[75]

오대징(吳大澂, 1835~1902)도 역시 양무파 개혁사상가로서 오경석과는 종문(宗門)이라고 하여 매우 밀접한 친교관계를 가진 인물이었다. 그는 원래 소주성(蘇州省) 오현(吳縣) 출신으로 1868년 진사시에 합격한 후 호남순무(湖南巡撫)를 역임했으며, 러시아와의 국경 문제에 대한 협상을 담당했고, 조선의 갑신정변 직후에는 일본과의 문제로 흠차대신(欽差大臣)이 되어 조선에도 와서 개혁을 건의하고 돌아갔다. 그는 양무파 개혁정치가였을 뿐 아니라 어려서부터 금석학을 좋아하여 금석학자와 금석문 수집가로

---

75 『槿域書畫徵』, p.253, 「張香坡之洞詩曰 百傳詩篇海外欽 曾聞購取返鷄林 莫嘲 今日文章賤 爲畵梅花代餠金. (君許畵梅見贈) <金冬心墨梅幀跋>」 참조.

서도 대성했으며, 서예가로서도 전서(篆書)로 일가를 이루었고, 많은 금석
학과 서예 관계 저서를 남겼다. 오대징과 오경석의 교우는 매우 깊고 절친
하여 오대징이 오경석에 보낸 시문이 남아 있다.[76]

주수창(周壽昌)은 일찍이 진사시에 합격하여 한림원편수(翰林院編修)·
내각학사(內閣學士) 겸 예부시랑(禮部侍郎)을 거친 학자로서 오경석과 교
제할 때에는 한림원편수로 있던 시기였다.

온충한(溫忠翰)은 서화에 뛰어난 양무파로서 오경석을 위하여「천죽재
(天竹齋)」의 제문(題文)을 지어주기까지 한 친우였다.[77]

사유번(謝維藩)은 일찍이 진사시에 합격하여 한림원편수를 지낼 때부터 개
혁을 주장한 장지동의 동지였으며 문장과 학문에 모두 뛰어난 인물이었다.

왕의영(王懿榮, 1845~1900)은 이 중에서 나이는 가장 어렸지만 어려서부
터 학문의 소양이 뛰어나서 선배들과 벗했으며, 그 후 진사시에 합격하여
한림원서길사(翰林院庶吉士)·국자감제주(國子監祭主)·단련대신(團練大臣)
을 역임하면서 금석학에 일가를 이루고 갑골문자를 발견한 학자이며 정치
가였다.

오경석이 1853년 이후 13차례나 북경에 왕래하면서 중국의 동남의 박아
지사(博雅之士)와 교제하며 견문을 넓혔다고 한 중국의 동방과 남방의 인
사들은 정조경(程祖慶), 하추도(何秋濤), 반증수(潘曾綬), 반조음(潘祖蔭),
번빈(樊彬), 오홍은(吳鴻恩), 공헌이(孔憲彝), 왕헌(王軒), 만청려(萬靑藜),
고조희(顧肇熙), 장지동(張之洞), 온충한(溫忠翰), 주수창(周壽昌), 사유번
(謝維藩), 왕의영(王懿榮), 오대징(吳大澂) 등을 비롯한 60여 명의 인물들이
었다. 오경석은 이들과의 교제를 통하여 비단 서화와 금석문뿐만 아니라

---

76 『槿域書畵徵』, p.253,「吳淸卿大澂詩曰 君身合是孤山鶴 飛度瀛東作散仙 縞素
　衣裳來上國 淸癯骨相似當年 偶因春草尋詩夢 更與冬心證畵禪 我憶故鄕銅井路
　一枝欲贈思茫然.」참조.
77 『燕京書簡帖』,「溫忠翰의 亦梅에게의 書簡」5통 참조.

시무(時務)에 있어서도 서로 많은 자극을 주고받으며 견문을 넓혔음이 틀림없다.

6. 오경석의 개화사상의 형성

오경석이 역관으로서 북경을 왕래하면서 개화사상을 형성한 것은 언제부터인가? 먼저 오세창의 회고담에서 문제를 설정하여 보기로 한다.

> 나의 아버지 吳慶錫은 한국의 譯官으로서 당시 한국으로부터 중국에 파견되는 冬至使及 기타의 使節의 通譯으로서 자주 중국을 往來하였다. 중국에 체재 중 세계 각국의 角逐하는 상황을 見聞하고 크게 느낀 바 있었다. 뒤에 列國의 歷史와 각국 興亡史를 硏究하여 自國政治의 腐敗와 世界의 大勢에 失脚되고 있음을 깨닫고, 앞으로는 悲劇이 일어날 것이라고 하여 크게 慨嘆하는 바가 있었다. 이로써 중국에서 歸國할 때에 각종의 新書를 持參하였다. (중략) 아버지 오경석이 중국으로부터 新思想을 품고 귀국하자, 평상시 가장 친교가 있는 友人 중에 大致 劉鴻基란 동지가 있었다. 그는 學識과 人格이 모두 고매 탁월하고 또한 敎養이 深遠한 인물이었다. 오경석은 중국에서 가져온 각종 新書를 同人에게 주어 硏究를 권하였다. 그 뒤 두 사람은 思想的 同志로서 結合하여 서로 만나면 自國의 形勢가 실로 風前의 燈火처럼 危殆하다고 크게 탄식하고 언젠가는 一大革新을 일으키지 않으면 안 된다고 相議하였다. 어느 날 劉大致가 吳慶錫에게 우리나라의 改革은 어떻게 하면 成就할 수 있겠는가 하고 묻자, 吳는 먼저 同志를 北村(북촌이라고 하는 서울의 北部는 당시 上流階級의 거주구역임)의 兩班子弟 중에서 구하여 革新의 氣運을 일으켜야 한다고 하였다.[78]

---

78 『金玉均傳』(上卷) pp.48~49.

여기서 문제로 설정할 것은, ① 오경석이 중국에 체재 중에 세계 각국의 각축하는 상황을 견문하고 크게 느낀 바가 있던 시기, ② 다음에 열국의 역사와 각국 흥망사를 연구하여 자국 정치의 부패와 세계 대세에 뒤떨어져 있음을 깨닫고 앞으로 언젠가 나라의 비극이 일어날 것이라고 개탄하여 오경석이 개화사상을 형성한 시기, ③ 중국에서 귀국할 때 각종의 신서(新書)를 구입하여 지참해 온 시기, ④ 오경석이 자기가 구입해 온 신서들을 가장 절친한 친우 유홍기에게 주어 연구를 권고한 시기, ⑤ 유홍기가 신서를 연구한 결과 개화사상을 형성한 시기, ⑥ 오경석과 유홍기가 개화사상의 사상적 동지로 결합한 시기, ⑦ 우리나라의 형세가 풍전의 등화와 같이 위태하게 되었다고 보고 일대 혁신을 일으켜야 한다고 합의한 시기, ⑧ 우리나라의 개혁을 성취하기 위해서 북촌의 양반 자제 중에서 인재를 구하여 개화사상을 교육해서 혁신의 기운을 일으키기로 합의한 시기, ⑨ 그 결과 오경석과 유홍기가 북촌의 양반 자제 김옥균(金玉均) 등과 접촉하게 된 시기 등이 언제이며 그 계기는 무엇인가 하는 점이다.

자료를 검토하고 얻은 필자의 견해로는 ① 오경석이 "세계 각국의 각축하는 상황을 견문하고 크게 느낀 바가 있었던" 것은 그가 "계축(1853)년으로부터 甲寅(1854)년에 걸쳐서 비로소 연경(燕京)에 원유(遠遊)하게 되어 (중국) 동남의 박아지사(博雅之士)들과 교제하고 견문이 더욱 넓어졌다"[79] 고 기록한 바와 같이 그의 첫 번째 북경 체류 때라고 본다.

이때의 중국의 형편은 1840년 영국의 침략에 의한 아편전쟁이 발발하여 2년간 분전했으나 청나라가 패배하고 말아, 결국 1842년 8월 남경조약을 체결해서 막대한 배상금을 영국에 지급했을 뿐만 아니라 홍콩을 영국에 할양해 주고 광동(廣東)·하문(廈門)·복주(福州)·녕파(寧波)·상해(上海)의 5개 항구를 개항하여 영국을 비롯한 구미 열강과 본격적 통상무역을 시작

---

79 『天竹齋箚錄』, 『槿域書畵徵』, p.251.

했으며, 서양 열강들이 중국에서 각축하면서 침략을 본격적으로 감행하기 시작한 때였다. 또한 1850년에는 홍수전(洪秀全)이 남방에서 무장봉기하여 1851년에 태평천국(太平天國)의 수립을 선포했으며, 청나라 조정은 이의 '진압'을 위해서 영국군을 차병(借兵)하여 오경석이 북경에 간 1853년에는 남방에서 선투가 벌어지고 있던 때였다. 이에 따라 중국의 선각적 인사들과 예민한 청년들 사이에서는 위기의식이 팽배하게 되고, 서양 열강의 침략으로부터 중국을 구하기 위한 「신서」들이 간행되기 시작하고 있었다.

특히 주목해야 할 것은 이러한 시기에 처음으로 오경석이 청나라의 수도 북경에 가서 11개월이나 체류했다는 사실이다. 평상의 진하겸사은사(進賀兼謝恩使)는 전년 10월에 출발하여 이듬해 3월에 귀국하는 5개월 여정이었으며 북경에의 실제의 체류 기간은 2~3개월밖에 되지 않는 것이 보통이었다. 그러나 1853년에는 이례적으로 그해 4월에 출발하여 이듬해 3월에 귀국한 11개월 여정이었으며 북경에서의 실제 체류 기간도 8~9개월이나 되었다. 이 기간에 감수성이 예민한 23세의 청년 오경석이 처음 북경에 가서 중국에서 일어나고 있는 새로운 사태와 세계 열강의 각축하는 상황을 보고 큰 충격을 받았을 것임은 추정하기 어려운 일이 아니다.

오경석에게 보낸 중국인들의 편지를 보면, 오경석이 북경에서 가장 많은 친우를 사귄 것은 ㉠ 1853~54년의 제1차 북경행과 ㉡ 1856~57년의 제3차 및 ㉢ 1857~58년의 제4차 북경행 때였다. 오경석과 꾸준히 우정을 깊이 쌓아 간 중국인 친우들을 그는 이때 사귀고 있다. 따라서 그가 후에 동남의 박아지사(博雅之士)라고 표현한 정조경(程祖慶), 하추도(何秋濤), 반증수(潘曾綬), 반조음(潘祖蔭), 번빈(樊彬), 오홍은(吳鴻恩), 공헌이(孔憲彛), 왕헌(王軒), 만청려(萬靑藜), 고조희(顧肇熙), 장지동(張之洞), 온충한(溫忠翰), 주수창(周壽昌), 사유번(謝維藩), 왕의영(王懿榮), 오대징(吳大澂) 등 60여 명의 중국 친우들은 이때 만나 사귄 것이 대부분이었다. 그 후는 우의의 발전의 성격이 강한 것이라고 볼 수 있다. 오경석이 이때 사귄 동남의 박아지사들은 아직 개화사상을 형성하기 이전이었고 진사시(대과)에 합격하기 직전의 오경석 또래의 청년들이었으나, 그 때문에 오히려 자유스러운 교제와 토론이 가능하였다. 청나라의 개혁 문제를 논의하는 이들의 토론 속에서 오경석이 조선의 개혁의 필요를 스스로 생각할 자극을 얻었을 것임은 추정해볼 수 있는 일이다.

오경석이 ③ 중국에서 귀국할 때 각종의 '신서'를 구입하여 지참해 온 시기는 의문의 여지없이 1853~54년이 제1차 북경행 때부터였다. 참고로 좀 길지만 생생한 자료를 통해 이를 알아보기 위해서 이때(제1차 북경행 때)에 정조경(程祖慶)이 오경석에게 북경에서 보낸 편지를 인용해 보면 다음과 같다.

亦梅仁兄大人 閣下
전일 편지에 물으신 韓齋 座客의 성명은, 兄과 어깨를 대고 아래에 앉았던 사람은 彭農部인데 이름은 祖賢이요 長淵 사람이며, 맨 나중에 왔던 사람은 王比部인데 이름은 振錫이고, 詩人 元氷衛과 얼굴을 맞대고 潘翰林 다음에 앉았던 사람은 內閣侍讀 孫名揖이었습니다. 그 외에는 다 아는 분들이었는데, 그날 鄭盦(潘祖蔭 - 필자)만은 한마디 말도 통하지 못했습니다. 이는 그가 병이 나은 지 얼마 안 되어서 홍취도 없고 술도 끊었기 때문입니다. 어제 그가 편지를 보내왔는데, 나에게 부탁하기를 "貴國人의 詩文集을 얻어 보면 좋겠다"고 했습니다. 몇 책 보내주어서 그의 眼界를 넓히도록 하는 것이 좋지 않겠습니까? 弟는 함께 거처하는 친구가 매우 많습니다. 그러므로 며칠 전에 나에게 蔘값을 묻는 이도 있고 또 紙貨도 묻는 이가 있었습니다. 이는 貴國의 書籍과 碑版 등을 서로 교환하고 싶다는 것입니다. 혹 그런 일이 있게 되면 너무 번거로우시겠습니까?
전에 보내온 書目은 돌려드린 후에 또 어떤 이가 청구하고 싶어합니다. 아직 購入하지 않은 것도 있으니 書目 한 벌을 다시 붙여 주시면 시기에 따라 모두 구입할 수 있고 또 糾纏(包裝 - 필자)에 대한 비용도 줄일 수 있을 것입니다.
潛研堂全書는 이 친구 宗卿이 가지고 있는데, 어제 또 와서 말하기를 "書舖에서 파는 값보다 헐합니다"라고 하면서 반드시 이 書目을 읽어보아야 한다 하기에 하는 수 없이 이 친구에게 빌려 주었습니다. 내 생각에는 옛날 碑版은 裱單이 없는 것을 사야 값이 헐하리라고 여겨집니다. 만약 裱工의 손을 한번 거치면 글자도 제 모양으로 있지 않고 또 글자를 반쯤 잘라버리는 폐단도 있기 때문입니다.

目錄 속에 魯峻碑가 들어 있으나, 이는 弟에겐 重複本이기 때문에 어떤 친구에게 주려고 했습니다. 오늘 蔘값을 보내 주겠다고 약속했는데 아직 와서 바꾸어 가지 않았습니다. 이 친구가 교환해 가기를 기다려야 하니 나에게 있는 돈으로 書帖 값을 갚는 것이 좋을 듯합니다. 이렇게 하면 서로 오가는 煩弊도 줄어들고 나중에 만나 淸算하면 양쪽이 다 편리할 것입니다. 그렇게 하시려는지요?

貴邦에 있는 碑刻舊輯은 모두 총괄적으로 이루어진 書目이 있습니까? 혹 摠目提綱이 있다면 상고하기가 아주 쉬울 것입니다. 兄이 왜 모든 金石文을 모아서 한 書目을 만들지 않습니까? 이것이 바로 옛말에 이른 不朽의 盛事라는 것입니다. 弟로서도 간절히 바라는 바입니다.

어떤 친구는 또 貴邦 鄭氏史를 찾는 이가 있습니다. 혹 얻어낼 수 있겠습니까? 전에 부쳐드린 두 地圖는 다 模寫하신 후에 바로 내려주시면 감사하겠습니다.

拙刻畵象은 아직 부쳐오지 않았습니다. 지난번에 어떤 이가 이 畵本을 琉璃廠 火眼舖에서 보았다고 하는 이가 있으니 그에게 부탁하여 구입해 와야겠습니다. 만약 구입하게 되면 바로 보내 드리겠습니다. 나에게는 다만 搨本으로 된 한 部가 있을 뿐인데 兄의 題跋을 붙이려고 합니다. 또 몇 귀를 써서 주시면 더욱 감사하겠으나 허락해 주시겠습니까?

正月 九日 저녁 无礙筆談
이 두서없이 적은 편지는 다른 사람에게 보이지 마시기 바랍니다. 전에 몇 번의 筆談紙도 인편이 있거든 돌려주시면 감사하겠습니다.[80]

---

80 『燕京書簡帖』, 「程祖慶(无礙)의 亦梅에게의 正월九일자 書簡」.

이 편지에서도 알 수 있는 바와 같이, 오경석은 서목(書目)을 만들어 정조경(무애)을 통해서 다수의 서책과 금석문을 구입하고 있으며, 지도 두 장을 모사하고 있다. 그가 구입한 서목 속에는 당시 중국에서 서양 문물제도를 소개한 '신서(新書)'들이 일부 끼어있었을 것임은 쉽게 미루어 알 수 있는 일이다.

오경석의 서책 구입은, 중국인 친우들이 오경석에게 보낸 편지들을 보면, 그 이후 매번 북경에 다녀올 때마다 실행된 일이었다. 또한 오경석은 북경의 '유리창(琉璃廠)'이라고 하는 서점가에 가서 신서를 구입하고 친구들을 사귀기도 하였다.[81] 1855년에 유리창에서 출판한 신서인 요척산(姚滌山)의 『월비기략(粤匪紀略)』을 구입하여 온 것이나,[82] 하추도(何秋濤)가 오경석에게 보낸 편지에서 "지난 무오년 오월 경도(京都) 유리창에서 서로 만나 마치 옛 친구처럼 한껏 즐긴 다음 졸렬한 시(詩)를 지어 드렸더니 각하께서는 묵매(墨梅) 한 폭을 그려 주시기에 고맙게 간직하였습니다."[83]라고 회고하고 있는 곳에서도 이를 잘 알 수 있다.

따라서 오경석이 ② 다음에 열국의 역사와 각국 흥망사를 연구하여 국가정치의 부패와 세계 대세에 뒤떨어져 있음을 깨닫고 그의 개화사상을 형성한 시기는 제1차 북경행(1853~54)에서 돌아온 직후부터라고 볼 수 있다. 오경석은 제1차 북경행 때부터 신서를 구입하여 북경의 객사(客舍)에

---

81 朴趾源, 『熱河日記』, 黃圖紀略, 「琉璃廠」에서 다음과 같이 설명하고 있다. "琉璃廠은 正陽門 밖 南城 밑으로 가로 뻗쳐 宣武門 밖까지 이르니 곳 延壽寺의 옛터이다. …지금은 廠이 되어 여러 가지 빛깔의 유리기와와 벽돌을 만든다. …廠 바깥은 모두 점포로서 거기에는 재화와 보물이 넘치고 있다. 서점으로서 가장 큰 곳은 文粹堂·五柳居·先月樓·鳴盛堂등이다. 천하의 擧人과 海內 知名之士들이 많이 이곳에서 묵고 있다." 참조.

82 『粤匪紀略』은 咸豐乙卯 5년 12월에 京都(北京) 琉璃廠에서 新書로서 간행한 餘杭 姚滌山이 지은 '太平天國亂'의 史書이다.

83 『燕京書簡帖』, 「何秋濤의 亦梅에게의 辛酉 二월 四일자 書簡」.

서도 읽고 귀국한 후에도 연구하여 개화사상을 형성하기 시작하였다. 오경석이 이 때 구입한 신서들인 "열국의 역사와 각국 흥망사를 '연구'"[84]했다는 사실을 주목할 필요가 있다. 그는 1858년까지 4차례나 북경을 다녀왔는데, 이때마다 신서 구입을 추가하여『해국도지(海國圖志)』『영환지략(瀛環志略)』,『박물신편(博物新編)』,『월비기략(粤匪紀略)』등의 중요한 신서는 이 기간에 거의 모두 오경석에 의하여 구입되고 독파되었다고 추정된다. 따라서 오경석이 개화사상을 형성한 시기는 1853~1859년의 기간이라고 볼 수 있으며, 이것은 오경석의 개화사상의 제1기라고 말할 수 있다.

필자는 오경석이 우리나라에서 최초로 1853~1859년 사이에 개화사상을 형성한 최초의 선각자라고 보고 있으며, 이때는 오직 그만이 스스로 신사상을 갖고 있었다고 보고 있다. 그는 이때 자기의 신사상을 다른 사람에게 전파할 단계에는 와 있지 않았다고 추정된다. 또한 그의 신사상이 박제가(朴齊家)의 실학(實學)과『해국도지』,『영환지략』,『박물신편』등에 깊이 기초를 두고 있었음을 추정하는 것은 어려운 일이 아니다.

오경석이 1853~58년 사이에 4차계 북경을 왕래하면서 왜 그만이 신사상을 형성하게 되고 북경행을 같이한 다른 양반 출신 고관들은 그렇지 못하였는가? 물론 어려서부터 매우 영민했던 오경석의 개인적 자질도 있지만, 무엇보다도 다음의 세 가지 사실을 지적하지 않을 수 없다.

첫째는 오경석이 초정(楚亭) 박제가의 실학을 가학(家學)으로 공부했기 때문이었다. 즉 박제가의 실학이 그의 새로운 개화사상 형성의 기초가 되어 준 것이었다.

둘째는, 그가 중국에서 교제한 친우들의 자극과 중국에서의 견문이었다. 오경석이 북경에서 사귄 인물들의 대부분이 그 후 오경석이 자기의 개화사상을 형성시킨 시기와 같은 시기에 중국의 양무파 개화사상을 갖게 되

84『金玉均傳』(上卷), p.49.

었다는 사실을 주목할 필요가 있을 것이다. 오경석은 북경에서의 견문과 자극으로 중국인들이 통칭 '고려국 회관(高麗國會館)'[85]이라고 부르던 북경의 조선사신단 객사에서[86] 신사상을 구상했을 가능성이 높다.[87]

셋째는, 그의 출신 신분이 역관이었다는 사실이다. 역관은 기술관직이기 때문에 양반 출신의 문관보다 훨씬 더 예민하게 봉건제도의 낙후성과 서양의 과학기술 및 자본주의제도의 우수성을 파악할 수 있었을 것이다. 또한 역관은 규칙적으로 북경에 여러 번 가기 때문에 서양 열강의 침략과 각축 속에서 위기에 빠져 붕괴되어 가는 중국의 모습을 비교 관찰할 기회가 많았다고 볼 수 있다.

오경석의 개화사상의 형성과 불교의 관계는 개화사상의 형성이 먼저였으며, 그가 개화사상을 형성했기 때문에 후에 유교를 탈피하여 불교를 신앙하게 되었다. 이것은 그의 묘지명에서 그의 아우 오경림(吳慶林)이 "만년에는 선리(禪理)를 좋아하여 불경(佛經)을 많이 갖추고 읽어서 불교의 심오한 의미를 깊이 궁리하여 삼계(三界)의 화택(火宅, 물욕)을 버리고"[88]라고 한 곳에서도 알 수 있다. 오경석의 만년이란 빨리 잡아도 1870년대를 의미하는 것이므로, 오경석은 불교를 먼저 신앙했기 때문에 개화사상을 형성한 것이 아니라 1853년부터 개화사상을 형성했기 때문에 종교에 대한

---

85 『燕京書簡帖』, 「李暻緖의 吳老爺에게의 二十四日午刻 書簡」 참조. 여기서는 인편으로 보내는 편지의 送達處가 '高麗國 會館 吳老爺'로 되어 있다.

86 『熱河日記』, 謁聖退述 「朝鮮館」, "'朝鮮使館'은 애초에 玉河館이라 이름하여 玉河橋 위에 있었는데, 아라사 사람들에게 점령되고, 지금은 正陽門 안 東城 밑 乾魚衕洞 翰林庶吉士院과 담 하나를 사이에 두고 있다. 年貢使가 먼저 와서 館에 머물게 되고, 別使가 왔을 때는 西館에 나누어 들게 되므로 여기를 南館이라 한다." 참조.

87 吳世昌이 그의 회고담에서 "아버지 吳慶錫이 中國으로부터 新思想을 품고 귀국하자…"(『金玉均傳』 上, p.49)라고 표현하고 있는 것은 이 점을 시사하고 있는 것이라고 볼 수 있다.

88 「吳慶錫墓誌銘」, 『海州吳氏派譜』 부록 참조.

자유주의적 사고를 갖게 되어 유교를 탈피하고 만년에는 결국 불교를 믿게 된 것이라고 볼 수 있다.

오경석의 개화사상의 제2단계는 1860년~1865년의 기간이다. 오경석은 1860년 10월에 정례의 진하겸사은사(進賀兼謝恩使)인 신석우(申錫愚, 正使)·서형순(徐衡淳, 副使)·조운주(趙雲周, 書狀官) 일행을 따라서 역관으로 다시 북경에 갔다가 이듬해인 1861년 3월에 귀국하였다.[89] 그러나 중국은 1860년 8월에 영·불연합군의 북경점령 사건이 있었고 청나라 황제는 열하(熱河)로 피난가는 형편에 떨어지게 되었으며, 9월에 굴욕적 천진조약(天津條約)을 체결하여 영·불연합군을 철수는 시켰지만 중국은 대혼란과 위기에 빠져 있엇다. 조선사신단 일행은 청나라 황제는 만나보지도 못하고 북경에 체류하다가 돌아왔는데, 정사 신석우도 이때에는 충격을 받은 모양으로 귀국하여 국왕의 물음에 "양이(洋夷)는 평화를 늑탈했으며 외국의 침입은 더욱 치열해지고 있습니다. 황가(皇駕)는 북수(北狩)에 도착해 있는데 천하가 난(亂)에 빠져 있다고 말하지 않을 수 없습니다."[90] 라고 보고할 정도였다. 오경석도 이때 심대한 충격을 받았을 것임은 논란의 여지가 없다.

조선 조정은 오경석이 역관으로 포함된 정례의 진하겸사은사를 북경에 파견한 3개월 후에 청나라 황제가 열하에 피난했다는 소식을 듣고 1861년 정월에 위문을 위한 열하사(熱河使)로 조휘림(趙徽林, 正使)·박규수(朴珪壽, 副使)·신철구(申轍求, 書狀官) 일행을 열하로 파견하였다.[91] 오경석과 박규수는 서로 다른 사신단에 포함되어 길이 어긋나서 동행하지는 못했지

---

89 『燕京書簡帖』,「何秋濤의 亦梅에게의 辛酉 二월四일자 書簡」,『哲宗實錄』哲宗 11년 庚申 10월 壬午조 및 哲宗 12年辛酉 3월 乙卯조 참조.

90 『哲宗實錄』哲宗 12년 辛酉 3월 乙卯조,「召見回還三使臣, 上曰 中原賊匪之何 如, 人心之何如, 隨聞見詳陳可也. 申錫愚曰 洋夷勒和, 外寇滋熾, 皇駕至於北狩, 天下不可謂不亂矣.」운운 참조.

91 『哲宗實錄』哲宗 12년 辛酉 正월 丁未조 참조.

만 오경석은 이때 영·불연합군의 북경점령 사건의 충격을 생생하게 체험하고 돌아온 것은 마찬가지였다.

오경석은 그 이전에도 그가 구입해 온 신서를 친우인 유홍기(劉鴻基)에게 빌려주었을 터이지만, 오경석이 명백한 개화사상 전파의 의도를 갖고 적극적으로 유홍기에게 신서를 주어 연구를 요청한 것은 1860년의 충격과 관련된 것이라고 추정된다. 필자는 ④ 오경석이 자기가 구입한 신서를 유홍기에게 주어 적극적으로 연구를 권고한 시기, ⑤ 유홍기가 신서를 연구한 결과 개화사상을 형성한 시기, ⑥ 오경석과 유홍기가 개화사상의 사상적 동지로서 결합한 시기는 모두 1860~1865년의 시기라고 판단하고 있다. 이 시기에는 유홍기뿐만 아니라 박규수도 개화사상을 형성하기 시작하여 비로소 우리나라에는 오경석·유홍기·박규수의 3인의 개화사상의 비조가 있게 되었다.

오경석의 개화사상의 제3단계는 1866년부터 1869년의 시기이다. 오경석은 1866년 5월에 대원군의 천주교 탄압 사건과 관련된 주청사(奏請使)로 유후조(柳厚祚, 正使)·서당보(徐堂輔, 副使)·홍순학(洪淳學, 書狀官) 일행의 역관이 되어 다시 북경에 가게 되었다.[92] 바로 한 달 후인 1866년 6월에 프랑스 동양함대의 강화도 앞바다에의 정찰 작전이 있었고 8월에는 대규모 침공이 자행되어 강화도가 점령되고 통진(通津)에의 상륙과 서울 침공이 시도된 병인양요(丙寅洋擾)가 일어났다. 오경석은 북경에서 병인양요의 격퇴를 위한 외교 활동을 하면서 이 사건에 심대한 충격을 받았다. 이 사실은 그가 편찬한 『양요기록(洋擾記錄)』이 잘 증명해 준다. 또한 「오경석·오세창연보」를 보면 서울에서 오경석 일가는 병인양요를 피하여 1866년 8월 온 가족이 석촌(石村)으로 피난을 갔다가 다음 달 프랑스 함대가 철퇴한 후에 돌아오고 있는데,[93] 서울 시민들도 병인양요에 얼마나 큰 충격을

---

92 「吳慶石·吳世昌年譜」, 丙寅조 및 『高宗實錄』 高宗 3년 丙寅 4월 초9일조 참조.

받았는가를 미루어 알 수 있다.

대원군은 프랑스 동양함대를 격퇴한 후 기고만장하여 쇄국과 위정척사를 소리 높여 외쳤지만, 오경석은 이미 개화사상을 갖고 북경에서 병인양요의 수습을 위한 외교활동을 하면서 열강의 힘과 조선의 힘의 정확한 대비를 할 과학적 지식을 갖고 있었기 때문에 우리나라가 실로 풍전등화와 같은 위기에 직면하게 되었다고 생각한 것이 틀림없다.

필자는 오경석이 ⑦ 우리나라의 형세가 풍전의 등화와 같이 위태하게 되었다고 보고 일대 혁신을 일으켜야 한다고 유홍기와 합의한 시기, ⑧ 우리나라의 개혁을 성취하기 위해서 북촌의 양반 자제 중에 인재를 구하여 개화사상을 교육해서 혁신의 기운을 일으키기로 합의한 시기, ⑨ 그 결과 박규수의 사랑방에서 북촌의 양반 자제들이 모이기 시작하게 결정된 시기가 모두 1866년~1869년의 이 시기에 있었던 일이라고 보고 있다.

오경석과 유홍기를 하나로 하고 박규수를 다른 하나로 하여 형성된 우리나라의 개화사상이 완전히 합류하여 북촌의 양반 자제들을 박규수의 사랑방에 모으기로 한 시기는 1869년으로 보인다.[94] 박규수는 1861년 1월 열하사(熱河使)의 부사(副使)로 중국을 다녀온 이래 개화사상을 갖기 시작하여 1866년의 병인양요와 제너럴셔먼 호 사건의 충격을 받고는 개화사상을 확고하게 정립하기에 이르렀다. 박규수가 평안도 관찰사로 임명된 것은 1866년 2월 4일(양력 3월 20일)이었고,[95] 제너럴셔먼 호 사건을 처리한 후 서울의 예문관제학(藝文館提學)으로 발령을 받아 상경하게 된 것은 1869년 4월 3일(양력 5월 14일)이었다.[96] 상경하자 박규수는 바로 4월 23일(양력 6월 3일) 한성판윤(漢城判尹)으로 임명되었고[97] 뒤이어 6월 15일(양력 7월

---

93 「吳慶石·吳世昌年譜」, 丙寅條 참조.
94 慎鏞廈, 「金玉均의 開化思想」 참조.
95 『高宗實錄』 高宗 3년 丙寅, 2월 초3일조 참조.
96 『高宗實錄』 高宗 6년 己巳 4월 초3일조 참조.

22일) 형조판서에 겸무로 임명되었다.[98] 이때 박규수의 집은 재동(齋洞)에 있었다. 박규수가 제너럴셔먼 호 사건을 처리하고 평안도 관찰사의 중임에 3년이나 있다가 오랜만에 귀경했으므로 그의 친지들이 그의 집을 인사차 방문하게 될 것은 당연한 것이었고, 그 중에는 그 해 12월에 뇌자관으로 북경에 갔다가 돌아온 오경석이 귀국하자마자 그를 방문했었을 것은 의문의 여지가 없다. 오경석의 후손들이 증언하는 바와 같이 북학파인 박규수 가문과 한어역관인 오경석 가문은 대대로 친분을 맺어 왔고, 후손이 보관하고 있는 박규수가 오경석에게 보낸 편지에는 3품 이하의 관리에게 붙이는 경칭인 '혜인(惠人)'이라는 용어로 오경석을 부르고 있어서 이 시기에 박규수와 오경석이 서로 친교가 있었음을 증명해 주고 있다.[99]

오경석이 박규수를 방문했을 때 화제의 초점이 제너럴셔먼 호 사건과 병인양요에 집중되고 그에 대한 견해의 교환과 조선의 대책에 맞추어졌을 것임은 너무나 당연한 일이라 할 수 있다. 더구나 박규수는 제너럴셔먼 호 사건을 처리한 당사자이고, 오경석은 북경에서 병인양요의 외교 활동을 담당한 주무자였다. 이때 오경석이 앞서 유홍기에 제시한 북촌의 양반 자제에게 개화사상을 교육하여 혁신의 기운을 일으켜야 한다는 제안을 당연히 박규수에게도 제시했을 것이라고 볼 수 있다. 양반 신분제사회에서 처음에는 중인신분이 영민한 양반 자제들을 불러모을 능력은 없는 것이므로, 이 작업은 고관대작인 박규수가 담당하지 않을 수 없는 것이었다. 이에 1869년부터 오경석과 박규수 사이에 북촌의 양반 자제에게 개화사상을 교육하기로 합의되어 박규수는 그의 사랑방에 박영교·김옥균 등 북촌의 양반 자제들을 모으기 시작한 것이었다.[100]

---

97 『高宗實錄』高宗 6년 己巳 4월 23일조 참조.
98 『高宗實錄』高宗 6년 己巳 6월 15일조 참조.
99 「朴珪壽의 吳慶錫에게의 日字不記 惠人 書簡」(吳一六씨 소장) 참조.
100 여기서는 오경석과 박규수의 동지적 결합만을 논의했으나, 박규수와 유홍기의 친

오경석의 개화사상의 제4단계는 1870년~1879년의 시기이다. 이 시기에는 박영교(朴泳敎)·김옥균(金玉均)·홍영식(洪英植)·박영효(朴泳孝)·서광범(徐光範) 등 양반 자제들이 박규수의 사랑방 등에서 오경석이 북경에서 구입해 온 신서들을 읽으며 본격적으로 개화사상의 교육을 받던 시기이다. 유홍기(劉洪基)와 김옥균이 서로 알게 된 것이 김옥균의 20세 전후인 1870년 전후라고 한 것으로 보아서 오경석이 직접 김옥균 등과 접촉한 것도 1870년 전후부터로 보인다.[101]

이 시기에 오경석이 중국으로부터 가져온 신서들은 한편으로는 박규수(朴珪壽), 다른 한편으로는 유홍기를 통하여 김옥균 등 다음 세대들에게 읽혀지고 오경석과 유홍기의 개화사상은 다음 세대들에게 전수되어 발전하게 되었다. 오세창은 다음과 같이 기록하고 있다.

> 劉大致는 (중략) 吳로부터 얻은 世界各國의 地理·歷史譯本과 新書史를 金玉均에 읽도록 모두 이를 제공하였다. 또한 열심히 天下의 大勢를 설명하고, 韓國改造의 急한 뜻을 力說하였다. 오경석이 중국에서 感得한 新思想은 이를 유대치에게 전하고, 劉는 이를 김옥균에게 전하여, 이에 김옥균의 新思想을 낳기에 이른 것이다.[102]

이 시기에 오경석·박규수·유홍기의 3인은 긴밀히 결합하여 동지로서 활

교와 동지적 결합도 오경석을 매개로 하여 이때에 이루어졌다고 본다. 개화사에 있어서 1869년은 개화사상의 3인의 비조가 완전히 사상적 동지로 결합하여 다음 세대에게의 개화사상의 교육 활동을 시작한 획기적 해라고 볼 수 있다.

101 『金玉均傳』(上卷) p.50, 吳世昌의 회고담. "劉大致가 金玉均과 相知한 것은 金玉均이 20세 전후의 무렵이다. 김옥균은 劉大致로부터 新思想을 배웠으며, 일면에서는 世間의 交遊를 널리 구하고, 또 壯年科擧에 응하여 문과에 等第하고 官場에 올랐으며, 새로이 官途에 나아가자 同志를 구하는 대 汲汲하게 노력하였다." 참조.

102 『金玉均傳』(上卷) pp.49~50.

동하였다. 1871년 음력 4월(양력 6월)에 신미양요가 있었는데, 이에 관련하여 1872년 7월 청나라에 파견하는 중요한 사신단에 정사(正使)로 박규수가 가게 되었을 때 오경석을 수역(首譯)으로 선발해서 동행하게 하였다. 여기서 박규수가 이때 처음으로 오경석을 알게 되어 중국에 다녀온 후에 박규수와 오경석이 개화사상을 갖게 되어 사상적 동지가 된 것이 아니라, 그 이전인 1869년부터 사상적 동지로 결합한 결과 1872년의 연경행(燕京行) 때 정사 박규수가 오경석을 역관으로 선정한 것이라고 해석할 수 있다.

또한 1876년 연초에 일본이 군함을 끌고 와서 개국을 요구하며 방자한 무력위협을 가하여 조선 조정이 크게 당황해 할 때, 박규수와 오경석이 완전히 일심동체가 되어 '개항'의 방향으로 공동행동을 취한 것도 그 이전의 동지적 결합에 의거한 것이라고 볼 수 있다.

오경석의 개화사상은 이상의 4단계를 거치면서 꾸준히 발전하였다. 그러나 그가 중국에 왕래하는 동안에 개화사상을 형성한 것은 제1단계인 1853~59년의 시기임을 명기해 둘 필요가 있을 것이다.

그러면 오경석의 개화사상의 기본 내용은 어떠한 것인가? 그가 이에 관한 자료를 충분히 남기지 않아서 자세하고 정밀한 것은 지금으로서는 도저히 알 길이 없다. 그러나 그 기본 골격은 단편적 자료들에서나마 다음과 같이 간단히 정리할 수 있을 것이다.

첫째, 오경석은 조선왕국과 조선민족은 민족적 대위기에 직면하였다는 생각과 판단을 갖고 있었다. 이것은 일차적으로 서양 열강이 동양에 침입함으로써 발생한 것이다. 중국(청)은 서양 열강의 침입을 받고 그 각축장이 되어 지금 붕괴되고 있다. 이것은 중국에 그칠 일이 아니고 곧 조선에도 불어닥칠 위기이다. 오경석은 이것을 매우 큰 민족적 대위기로 생각하여, "앞으로 언젠가는 비극이 일어날 것"[103]이며 "자국(自國)의 형세가 풍전(風

---

103 『金玉均傳』(上卷), p.49.

前)의 등화(燈火)처럼 위태하다"[104]고 생각하고 판단하였다.[105]

둘째, 오경석은 이러한 민족적 대위기 속에서 조선의 정치는 부패해 있고 조선의 사회와 경제는 세계 대세에서 매우 낙후되어 있다고 보았다. 그는 이것을 "자국정치의 부패와 세계 대세에 실각(失脚)되고 있음"을 깨달은 것으로 표현하였다. 따라서 오경석은 부패하고 세계 대세에서 매우 뒤떨어진 당시의 조선왕조의 낡은 양반신분 사회체제로서는 이러한 민족적 대위기를 타개해 나갈 수 없다고 생각하고 판단하였다.[106]

셋째, 오경석은 이러한 민족적 위기를 타개하려면 나라의 "일대 혁신(一大革新)을 일으키지 않으면 안 된다"[107] 는 사상을 갖고 있었다. 오경석이 여기서 말한 '일대 혁신'은 조선왕조의 부분적인 소개혁이 아니라 국정 전반에 걸친 대개혁을 가리킨 것이었으며, 사회체제 전반의 대경장개혁(大更張改革)을 의미한 것이었다. 따라서 오경석의 사상은 중국에 의뢰하여 위기를 타개하려고 생각하는 사상이나 조선왕조의 기존체제를 그대로 유지하면서 위기를 극복하려는 위정척사사상과는 정면으로 첨예하게 대립되는 것이었다.[108]

---

104 주 103과 같음.

105 오경석은 서구 자본주의의 장점과 선진성도 잘 알고 있었지만 서양 자본주의 열강의 약소국에 대한 침략성과 식민지화의 악랄함도 잘 알고 있었다. 따라서 그는 조선의 다가오는 위기가 서양 자본주의 열강의 침략성으로 말미암아 조성되는 '민족적 위기'임을 명확히 알았다. 이를 막지 못할 경우의 그가 말한 '비극'은 '식민지화'를 시사한 것이었다.

106 오경석이 "자국정치의 부패와 세계 대세에 실각되고 있음"을 깨달은 것은 당시 안동김씨 세도정치의 부패나 조선왕조 정부의 부패만을 의미한 것이 아니라 조선 전근대 봉건사회 체제 전체의 부패와 낙후성을 지적한 것이었다. 이것은 "자국정치의 부패"에 "자국정치의 세계 대세에 실각되고 있음"을 결합시킨 것에서 잘 알 수 있다. 오경석은 부패한 조선왕조뿐만 아니라 세계 대세에 낙후(실각)된 봉건적 사회체제로서는 자본주의의 침입으로 조성된 민족적 위기를 극복할 수 없다고 생각한 것이었다.

107 『金玉均傳』(上卷), p.49.

넷째, 오경석은 나라를 구하는 일대 혁신은 반드시 자주독립적으로 단행되어야 하고, 열강의 침략으로 붕괴되어 가는 중국에 조금이라도 의뢰해서는 실현 불가능하며, 조선이 완전독립하여 조선사람의 힘으로 부강한 근대국가를 세워야 한다는 사상을 갖고 있었다. 중국의 형편을 누구보다도 잘 알고 있던 오경석은 조선 조정의 일부 대관들이 중국에 의존하려는 생각을 가진 것을 개탄하였다. 열강이 중국을 다투어 침략하고 약탈하는 것을 생생하게 견문한 오경석은 외국(특히 자본주의 열강)에 조금이라도 의존하는 것은 침략의 뜻을 가진 자들에게 나라의 운명을 의존하는 위험한 것이라고 보고 자주독립하여 자기의 힘으로 대혁신을 단행해서 부강한 나라를 만들어야 한다는 자주독립사상을 갖고 있었다.[109]

다섯째, 오경석은 나라의 일대 혁신을 일으키려면 새로운 혁신적 정치세력을 형성해야 한다는 사상을 갖고 있었다. 오경석이 가리킨 이 혁신적 정치 세력은 바로 개화파 또는 개화당의 형성을 의미한 것이었다. 그는 부패하지 않고 나라를 구할 수 있는 개화혁신세력이 형성되어 정치와 정권을 주도하고 온 나라에 혁신의 기운을 일으켜야 한다고 생각하고 판단하였다.[110]

여섯째, 오경석은 조선은 세계 대세에 보조를 같이하는 나라가 되어야

---

108 오경석이 말한 '일대개혁'은 직설적으로 설명하면 조선의 봉건사회를 철폐하고 조선의 새로운 자본주의 시민사회를 수립하는 혁신을 의미한 것이었다. 이 점에서 오경석의 개화사상은 그 이전의 실학사상의 범주를 뛰어넘은 것이었으며, 전근대 봉건사회의 구체제를 유지함으로써 봉건적 위기와 민족적 위기를 타개하려는 동시대의 위정척사사상과는 정면에서 첨예하게 대립되는 것이었다.

109 오경석의 자주독립사상은 두 가지 측면을 갖고 있다. 그 하나는 종래의 봉건적 통치층들의 중국에 대한 의존으로부터 벗어나야 한다는 자주독립사상이었다. 다른 하나는 일대혁신도 자주독립하여 수행해야 서양 열강의 침략으로부터 조선의 자주독립을 지킬 수 있다는 자본주의열강에 대한 개화혁신의 자주독립이다. 이 때문에 그는 양요에는 단호하게 대처하였다.

110 『金玉均傳』(上卷), p.49 참조.

한다는 사상을 갖고 있었다. 오경석이 자기 나라가 "세계 대세에 실각되고 있다"고 개탄한 것은 기본적으로 자본주의세계에서 실각되어 있다는 것을 의미한 것이었으며, 조선이 세계 대세에 보조를 같이해야 함을 시사한 것은 조선도 근대국가와 자본주의 시민사회를 수립해야 한다는 것을 전망하고 시사한 것이었다.[111]

일곱째, 오경석은 조선도 서양과 같이 철과 석탄을 이용하는 공장과 공업과 산업을 일으켜야 부강한 나라가 될 수 있다는 사상을 갖고 있었다. 오경석은 강화도조약 때 문정관(問情官)으로 일본 군함에 승선하여 일본 외교관들에게 "우리나라도 철과 석탄의 채굴법을 알게 되면 나라는 반드시 부강하게 된다"[112]고 말하였다. 오경석은 서양 열강이 철과 석탄을 골간으로 한 산업혁명을 수행하여 부강해졌음을 알고 있었으며, 우리나라도 철과 석탄을 채굴하고 서양과 같이 그에 기초하여 공장을 세우고 공업과 산업을 일으키면 반드시 부강하게 된다고 생각하고 판단하였다.[113]

여덟째, 오경석은 서양의 과학기술의 선진성을 전면적으로 인정하고 조선도 적극적으로 서양의 과학기술을 도입하고 채용해야 나라를 부강하게 만들 수 있다는 사상을 갖고 있었다. 오경석은 역관들의 거의 모두가 그러한 것과 같이 중국에 들어와 있는 서양의 과학기술을 보고 감탄하여 매우

---

111 오경석이 말한 '세계 대세'는 본질적으로 '자본주의세계'를 가리킨 것이었고, 그가 '세계 대세에 보조를 같이하는 조선'을 생각한 것은 '자본주의의 조선'을 건설하여 자본주의 열강의 침략을 자본주의의 사회경제체제로 막아보려고 생각한 것이었다고 볼 수 있다.

112 『日本外交文書』第9卷, 文書番號 6, 1876年 1月 30日字, 「黑田辨理大臣一行, 江華府前往二關スル件」, p.38.

113 오경석이 근대적 부강의 요체를 '철과 석탄'에 둔 것은 그가 자기의 시대를 정확히 파악하고 있었음을 단적으로 나타내는 것이다. 19세기는 바로 '철과 석탄의 시대'였다. 여기서 오경석이 말한 철과 석탄은 단순히 광업을 의미하는 것이 아니라, 석탄은 증기기관을 돌리는 동력을 의미한 것이었고 철은 공장과 기계와 기차 등 철의 산업문명을 의미한 것이었다.

예민하게 이에 반응하였다. 그가 북경에서 바쁜 일정 속에서도 서양의 과학기술서인『양수기제조법(揚水機製造法)』이라는 책을 필사해 온 것이라든지, 철과 석탄의 이용을 강조한 것은 그가 얼마나 서양의 과학기술의 도입과 채용에 열의를 가졌었는가를 잘 증명해 주는 것이다.[114] 또한 그는 강화도조약 직전에 문정관으로서 일본 외교관과 담화 중에 일본의 전신(電信) 상태를 물어보고 전신기(電信機)가 전국을 종횡하는 망을 이루었다는 대답을 듣자, "그렇게 해야만 인간이 살 만한 세계라고 말할 수 있다"[115]고 그의 과학기술에 대한 일찍부터의 생각을 피력하였다.

아홉째, 오경석은 조선이 양반신분제도를 폐지해야 하며, 능력 있는 인재를 모두 관직에 채용해야 한다는 사상을 갖고 있었다. 그는 중인 출신의 역관으로서 무능한 양반들에게 신분차별을 받으면서 양반신분제도의 폐해와 불합리성을 누구보다도 잘 알고 절감한 인물이었다. 또한 그는 양반신분제도의 폐지가 쉬운 일이 아니며 당장은 어려운 일임을 누구보다도 잘 알고 있었다. 이 때문에 그는 시급한 개화혁신 세력의 형성을 북촌의 양반 자제를 발탁하여 개화사상을 교육함으로써 이루려고 하였다. 그러나 그의 궁극적 목적은 폐해 많고 나라를 망치는 양반신분제도를 폐지해야 한다는 사상을 확고히 가졌음은 그의 행적에 뚜렷이 나타나는 의문의 여지가 없는 것이다.[116]

열째, 오경석은 조선도 군함을 구비하고 국방을 근대적으로 튼튼히 하여 나라를 자기의 힘으로 방어해야 한다는 사상을 갖고 있었다. 오경석은

---

114 오경석이 '철과 석탄'을 이용하고 '화륜선'(증기선)을 구비할 것을 말한 것은 모두 서양의 선진 과학기술을 배우고 채용해야 나라를 부강하게 할 수 있다는 사실을 표현한 것이라고도 볼 수 있다.

115 『日本外交文書』第9卷, 전게번호문서, p.37.

116 오경석이 중국의 실력 있는 명사들과는 넓고 깊이 교유하면서도 국내의 양반들과는 극히 선택적으로 교유한 것은 그의 양반신분제도에 대한 적의와 실력 없는 양반층에 대한 경멸에 깊이 관련되어 있었다.

병인양요 때 중국에서 외교 활동을 하면서 프랑스 동양함대의 무력을 정밀하게 조사하여 본국에 보고했었다.[117] 그는 강화도조약 직전에 일본 군함 일진호(日進號)에 승선하여 일본 외교관들에게 "우리나라가 화륜선(火輪船)을 구비하게 되려면 약간의 시간이 걸릴 것이다. 언제 이것을 보는 날이 될까"[118]라고 말하였다. 여기서의 화륜선은 직접적으로는 군함을 가리키는 것으로, 이것은 오경석이 군함을 구비하고 근대적 국방을 충실히 하여 나라를 자기의 힘으로 방위하고자 한 열망을 나타낸 것이라고 볼 수 있다.[119]

열한째, 오경석은 조선이 종래의 쇄국정책을 탈피하여 자주적 개국을 단행해야 한다는 사상을 갖고 있었다. 오경석은 대원군의 쇄국정책으로써는 궁극적으로 나라를 구할 수 없으며, 조선도 자주적으로 개국하여 세계 각국과 통상도 하고 서양의 선진문물도 채용하여야 나라를 부강하게 발전시켜야 궁극적으로 나라를 구할 수 있다고 생각하였다. 그러나 오경석은 외국의 침략에 의한 개국은 단연코 반대하였다. 이 때문에 그는 병인양요 때에는 프랑스 동양함대의 침입을 막기 위하여 헌신적 외교활동을 전개하였다.[120] 오경석은 1871년에 미국이 수교를 요청하자 대원군에게 '개항을 건의했으며, 이후 '개항가'로 지목받았다.[121] 그러나 미국이 야만적으로 무력행사를 하여 신미양요(辛未洋擾)를 일으켰을 때에는 단호히 대결하여 외교활동을 하였다. 그가 생각한 개국은 조선이 준비와 실력을 갖추고 조선의 필요에 의하여 단행하는 자주적 개국이었다.[122]

---

117 『洋擾記錄』, pp.4~10 참조.
118 『日本外交文書』第9卷, 전게번호문서, p.37.
119 오경석의 군함을 구비한 근대적 국방에 대한 열망은 그가 편집한 『洋擾記錄』 전편을 관철하고 있다.
120 『洋擾記錄』, pp.38~44 참조.
121 『日本外交文書』第9卷, 전게번호문서, p.33 참조.
122 오경석은 박제가의 사상을 계승·발전시켜 개국론자가 되어 있었으나, 그가 주장

열두째, 오경석은 조선이 손실을 입지 않는 통상을 할 것을 주장하였다. 그는 중국이 통상을 잘못하여 나라 경제가 빈약해지는 것을 견문하고 조선은 물(物)과 물(物)의 균형무역을 해야 하며, 조선의 금은과 외국의 물품을 교역하여 금은을 외국에 누출시키거나, 조선이 수출보다 수입을 많이 하여 손실을 입어서 그 대가로 금은을 내보내서는 나라 경제가 메마르게 된다고 주장하였다.[123] 그는 통상이 반드시 조선을 부강하게 하는 방법으로서만 실행되어야 통상이 나라를 부강케 하는 방법의 하나가 될 수 있다는 사상을 갖고 있었다.[124]

자료가 너무 부족하여 오경석의 개화사상을 보다 정밀하게 밝힐 수 없음은 참으로 유감스러운 일이다.

그러나 여기까지 그 기본 골격만을 보아도 그의 개화사상의 기본적 구조는 이해할 수 있다. 오경석은 1876년 1월 30일 강화도조약 체결 직전에 일본 외교관과 개화에 관한 의견교환을 한 다음 "개화의 담을 한 정의(情意)가 특히 즐겁다."[125]고 말하고 있는데, 이것이 조선에서 공식적으로 '개화'라는 용어를 쓴 처음의 일이 아닌가 한다. 오경석의 이러한 개화사상은 아직 초기의 개화사상이어서 1880년대의 개화사상과 같이 발전된 것은 아

한 개국은 조선이 자주적 주도권을 갖고 조선의 이익과 부강을 위한 방법으로서의 자주적 개국이었다.

123 『洋擾記錄』, p.45 참조.

124 오경석은 외국과의 통상에 일가견을 갖고 있었다. 그는 중국 북경행 때마다 약간의 인삼과 보석의 원석 무역에 스스로 관여하기도 하여 여기서 나온 대금으로 북경에서 중국 인사들도 부러워할 만큼 고가의 금석문·서화·서책을 마음대로 구입했으며, 중국인 친우들에게도 후하게 대접하였다. 그는 49세의 짧은 일생에도 당시 국내 최고의 서화·금석 수장가가 되었는데, 이에 거대한 비용을 지출했기 때문에 그는 유산을 많이 축내었다. 이것은 그가 인삼과 보석의 원석 무역에 때때로 관여했음에도 그러하였다. 대원군이 한때 오경석을 의주 감세관으로 임명했던 것도 통상무역에 대한 그의 식견을 알고 있었기 때문이었다.

125 『日本外交文書』第9卷, 전게번호문서, p.38.

니었지만, 당시 완고한 위정척사사상이 국론으로서 전국의 사상계를 지배하던 1860년대의 상황에서는 참으로 획기적인 새로운 사상이었다고 말하지 않을 수 없다.

7. 오경석의 개화활동

1) 신서(新書)의 구입과 반입

오경석은 중국에 왕래하면서 견문하고 연구한 결과 형성된 개화사상을 보급하고 실천하기 위하여 여러 가지 개화 활동을 하였다.

이 중에서 먼저 들어야 할 것은 중국에서 신서를 구입하여 우리나라에 가져온 일이다. 여기서 신서라 함은 당시에 중국에서 새로이 간행된 서양문물을 소개하고 그에 대한 대응책을 논의한 신간서적을 가리키는 것이다. 오세창의 회고담에서 "뒤에 열국의 역사와 각국 흥망사를 연구하여 자국정치의 부패와 세계 대세에 실각되고 있음을 깨닫고, 앞으로 언젠가는 반드시 비극이 일어날 것이라고 하여 크게 개탄하는 바가 있었다. 이로써 중국에서 귀국할 때에 각종의 신서를 지참하였다"고 한 것이 이를 가리키는 것이다. 오경석이 중국에서 구입하여 국내에 가져온 책은 방대한 것이었다. 이 중에서 직접적으로 개화에 관련된 서적들은 친우들에 읽히기 위하여 가내에 보관하지 않았으므로 현재 위창문고에 수장되어 있는 것은 몇 권밖에 없다. 위창문고에 아직도 남아 있는 신서와 다른 기록들을 통하여 오경석이 구입해서 국내에 반입했다고 확실히 판단되는 신서들의 도표를 만들어 보면 다음과 같다.

〈표 4〉 오경석이 구입해 온 신서의 일부

	서 명	저(편)자	간행 연도	비고·내용
①	海國圖志	魏源	1844	이 책의 刊本에는 세 가지가 있는바, 1844년 刊本은 50권(古微堂活字印本), 1849년 刊本은 60권(同重訂刊本), 1952년 刊本은 100권으로서 이 100권본이 重刊定本이다. 그 내용은 洋夷의 침입에 대비하기 위한 문제의식으로 세계 각국의 地理와 歷史, 國防, 籌海, 兵器戰術을 설명한 것으로서, 英國을 중심으로 西洋의 科學技術과 選擧制度 등도 소개되었다.
②	瀛環志略	徐繼畬	1850	10권으로 된 세계 각국의 地理書이다. 六大洲別로 世界地理를 地圖로 설명하고 西洋列强의 나라별 地圖와 地志를 상세하게 해설하였다. 역시 洋夷의 침입에 대비하기 위하여 서양과 세계를 알게 하기 위한 洋務 목적의 新書이다.
③	博物新編	(英)合信著 中國人譯	1855	上海의 海墨海書館에서 간행한 전 3권으로 된 西洋科學의 해설서이다. 제1집에는 ① 地氣論, ② 熱論(蒸汽機關圖, 火輪圖 등과 그 해설 포함), ③ 水質論(漕運 포함), ④ 光論(렌즈, 顯微鏡圖와 해설 포함), ⑤ 電氣論(각종 電氣機器圖와 그 해설 포함), ⑥ 天文略論, ⑦ 地球論(地球形像圖, 自轉公轉 해설 포함) ⑧ 晝夜論, ⑨ 行星論, ⑩ 日體圓轉論, ⑪ 倣倣地球緯法論, ⑫ 各國土地人物不同論, ⑬ 四大洲論, ⑭ 萬國人民論, ⑮ 地球亦行星論, ⑯地球圜日成四季論, ⑰ 月輪圓缺論, ⑱ 月輪本體論, ⑲ 月蝕定例論, ⑳ 潮汐隨月論, ㉑ 水星論, ㉒ 金星論, ㉓ 火星論, ㉔ 小行星論, ㉕ 木星論, ㉖ 土星論, ㉗ 唹呢拿土星論, ㉘ 彗星論, ㉙ 經星異見論, ㉚ 經星位遠論, ㉛ 衆星合論 등이 실려 있다. 제3집에는 ㉜鳥獸論, ㉝ 猴類, ㉞象論, ㉟ 犀論, ㊱ 虎類論, ㊲虎論, ㊳ 豹論, ㊴ 犬類, ㊵ 熊羆論, ㊶ 馬論, ㊷ 駱駝論, ㊸ 貽獸論, ㊹ 胎生魚論, ㊺ 鷹類論, ㊻ 無翼禽論, ㊼涉水鳥論이 실려 있다.
④	粤匪紀略	姚滌山	1855	1850년 廣西省, 桂平縣 金田村에서 洪秀全이 중심이 되어 農民蜂起를 일으켜서 太平天國을 선포했다가 '鎭壓'될 때까지의 太平天國運動의 歷

				史書이다. 北京 琉璃廠刊本이며 현재까지도 葦滄文庫에 收藏되어 있다.
⑤	北徼彙編	何秋濤	1858 ~60	吳慶錫의 친우 何秋濤가 1858년경에 저술한 중·러관계에 대한 地理와 歷史로 처음에는 6卷이었다. 오경석은 이 本의 일부를 筆寫하였다. 何秋濤는 여기에 資料를 增補하여 80卷으로 만들어 1860년에 淸皇帝에게 보여서 『朔方備乘』이라는 책명을 얻었다. 원고 형태로 보관되고 일부 轉寫되다가 그 아들 何芳徠의 요청에 의하여 李鴻章의 주선으로 1881년에야 活字로 간행되었다.
⑥	揚水機 製造法	不明		風力을 이용하여 江邊에서 揚水하는 揚水機製造法을 龍尾車記, 玉衡車記(專筩車附), 恒升車記(雙升車附)의 3부로 나누어 圖解까지 넣으며 설명한 中國本이다. 吳慶錫이 親筆로 北京에서 筆寫해 온 것인데, 著者와 刊紀는 기록되어 있지 않다. 현재 葦滄文庫에 收藏되어 있다.
⑦	地理問答	西洋人著書의 編譯	1865	世界地理를 83回의 問答으로 해설한 책이다. ① 地球(地球全圖, 地球方圖, 東半地球圖, 西半地球圖 포함, 제1~제27회), ② 亞細亞各國志(亞細亞地圖, 印東, 東南亞, 淸國地圖 포함, 제28~제47회), ③ 中國各省圖說(地圖 포함, 제48~제65회), ④ 歐羅巴各國志(歐羅巴, 西歐羅巴圖 포함, 제66~제70회), ⑤ 亞非利加各國志(亞非利加圖 포함, 제71~제73회), ⑥ 北亞美利駕各國志(北亞美利駕圖, 合衆國圖 포함, 제74~제77회), ⑦ 南亞美利駕各國志(南亞美利駕圖 포함, 제78~제80회), ⑧ 阿西亞尼亞州 群海島志(阿西亞尼亞圖 포함, 제81~제83회)가 실려 있다.
⑧	海國勝遊草	斌椿	1868	斌椿이 5개월간에 거쳐 輪船을 타고 佛·英 등 歐州各國을 여행한 見聞을 詩와 紀行으로 쓴 책이다. 저자는 中國 → 越南 → 新嘉坡(싱가포르) → 印度錫蘭島(스리랑카) → 수에즈운하 → 改羅(카이로) → 地中海 → 馬塞(마르세유) → 里昂(리옹) → 巴黎斯(파리) → 倫敦 → 荷蘭國 安特坦(네덜란드 암스테르담) → 丹麻爾(덴마크) → 瑞典(스웨덴) → 波羅的海(발틱 해) → 伯爾靈(베를린) → 比利時(프러시아) → 巴黎斯(파리)까지의 여행을 하면서 西洋文物에 대한 所感

				을 기록했다. 특히 鐵道와 汽車, 高層建物, 가스燈과 電燈, 파리 市街의 화려함에 감탄을 연발하고 있으며 地球의 圓形과 自轉을 인정하고 西洋科學技術의 先進性을 전폭적으로 인정하고 있다. 이 책은 현재도 葦滄文庫에 수장되어 있다.
⑨	天外歸帆草	斌椿	1868	斌椿이 5개월간의 歐州 여행을 마치고 3개월에 걸쳐 歸國하면서 견문한 것을 詩와 紀行으로 쓴 책이다. 저자는 巴黎斯 → 馬塞 → 黑西拿(이탈리아의 항구) → 수에즈운하 → 紅海 → 印度洋 → 印度南錫蘭島 → 新嘉坡 → 安南 → 香港 → 廈門 → 黃浦江 → 天津까지의 견문을 기록하였다. 이 책은 현재도 葦滄文庫에 수장되어 있다.
⑩	中西聞見錄		1872~74	北京의 京都施醫院에 고빙되어 있던 美國宣敎師 醫師들이 西洋의 自然科學, 技術, 歷史, 政治, 經濟, 文化 등을 중국인에게 소개하던 月刊誌이다. 英語名은 Peking Magazine이다. 현에도 1874년도분까지 葦滄文庫에 수장되어 있다.

위의 신서들은 어느 것이나 국내에서 개화사상을 형성하고 보급하는 데 큰 기여를 할 수 있는 새로운 서적들이었다. 오경석과 중국인 친우들 사이의 편지들에서 언급되는 수많은 서적들로 보아 오경석이 중국에서 구입해 온 신서들은 매우 많았던 것이 분명함에도 불구하고 여기서는 그 작은 일부밖에 더 이상 찾을 수 없는 것이 참으로 유감스러운 일이다.

오경석은 간행본을 구입했을 뿐 아니라 구입할 수 없는 서책으로서 필요한 것은『북요휘편(北徼彙編)』과『양수기제조법(揚水機製造法)』의 예에서 볼 수 있는 바와 같이 그 스스로 필사하여 가지고 돌아왔다. 이것은 그가 신서의 반입과 개화사상 형성의 자료의 수집에 얼마나 열성적이었는가를 잘 나타내 주는 것이라고 말할 수 있다.

이러한 신서들의 구입과 반입은 육로에 의한 서울과 북경의 거리가 매우 먼 거리인 것을 고려하면 참으로 큰 열성이 없고서는 가져올 수 없는 것임은 물론이다.

오경석은 이러한 신서 이외에 그가 북경에서 교제한 친우들의 문집들도 다수 가져왔는데 참고로 위창문고에 아직도 남아 있는 것을 몇 가지 들면 다음과 같다.

〈표 5〉 오경석이 가져온 중국인 친우들의 문집

	서 명	저 자	비 고
①	對嶽樓詩續集	孔憲彝	1857년간, 淸板 1책
②	蜨園詞	潘曾綬	木版本 1책
③	顧齋詩綠	王軒	木版本 1책
④	吳鴻恩試卷	吳鴻恩	石版本 1책
⑤	敦夙好齋詩	葉名澧	1856년 간행, 木版本 1책
⑥	樊氏印譜	樊彬	寫本 1책
⑦	說文古榴補	吳大澂	石版本 6책
⑧	古泉叢話	吳大澂	石版本 1책
⑨	書畫過目攷	李士棻	石版本 4책(1876년 간행)

이밖에 오경석은 다수의 금석문과 금석·서화에 관한 서책을 구입해 들여와서 지금도 일부가 보관되어 있는데, 여기서는 소개를 생략한다.

오경석이 북경에서 구입하여 가져온 이러한 신서들이 오경석 자신의 개화사상의 형성뿐만 아니라 그 후 국내의 개화사상과 개화파의 형성에 결정적으로 중요한 계기와 소재를 제공했음은 더 말할 필요도 없을 것이다.

2) 세계지도와 신문물의 반입

오경석이 중국으로부터 가져온 위의 신서 이외에 반드시 들어야 할 것은 그의 세계지도(世界地圖)의 구입과 반입이다. 오경석은 세계 대세를 알리고 개화사상을 형성 보급함에는 서양을 소개하고 조선과 중국의 위치를 지리상으로 정확히 알게 하는 신지도를 가져다 보급하는 것이 매우 효과적이라고 보고 세계지도를 다수 구입해다가 나누어 준 것으로 보인다. 이동인(李東仁)이 있던 봉원사(奉元寺)에는 오경석이 북경에서 구입해서 나누어 준 세계지도가 최근까지 보존되어 있었다고 한다.

오경석이 세계지도에 관심을 갖고 이를 구입할 수 있던 통로에는 중국의 금석학자이며 지리학자인 하추도(何秋濤)와의 교제가 도움이 되었을 것임은 물론이다 하추도는 오경석의 『삼한금석록(三韓金石錄)』에 1858년 서문까지 써 준 오경석의 절친한 친우로서 금석학자였을 뿐 아니라 대(對)러시아 관계 지리서인 『북요휘편(北徼彙編)』을 지은 지리학자로서 이 책은 후에 『삭방비승(朔方備乘)』, 『삭방비승도설(朔方備乘圖說)』 등으로 간행되어 중국에 큰 영향을 미친 지리학서였으며, 오경석과 하추도의 왕래한 서신도 현재 많이 남아 있다. 오경석은 중국에서 중국인 친우들을 통하여 서양인과 중국인들이 제작한 새로운 세계지도와 동·서반구 지도들을 구입해 들여와서 보급함으로써 조선인들에게 세계에 눈을 뜨도록 노력한 것으로 보인다.

또한 오경석은 북경에 다녀올 때마다 서양의 문물을 다수 구입해 가져왔다고 한다. 후손들의 증언에 의하면 오경석의 사랑채에는 그가 중국에서 가져온 진기한 서양물품들이 진열되어 있어서 친지들이 구경을 오기도 했으며, 이들은 1884년까지 잘 보관되어 있다가 1884년 12월 갑신정변의 실패 때 오세창이 피난 다니게 된 것을 계기로 모두 없어졌다고 한다.

오경석이 북경에서 가져온 서양문물 중에서 가장 수가 많았고 또 친우들에게 널리 나누어 준 것은 자명종(自鳴鐘) 시계이었다. 봉원사에는 오경석이 중국에서 구입해다가 나누어 준 자명종이 최근까지 골동품으로 보관되어 있었다.

이러한 세계지도와 자명종 등 서양문물이 당시 조선에서의 개화사상 형성과 보급의 자료로 사용되었을 것임은 의문의 여지가 없다고 할 것이다.[126]

3) 동지들에게의 개화사상의 전파

오경석은 중국에서 구입해 온 신서, 세계지도, 신문물 등을 친우들에게 읽히고 보게 하여 친우들도 개화사상을 형성케 해서 친우들을 개화사상의 동지로 만들었다. 오세창의 회고담 중에 "아버지 오경석이 중국에서 신사상을 품고 귀국하였을 때 평상시 가장 친교가 있는 우인(友人) 중에 대치(大致) 유홍기(劉鴻基)란 동지가 있었다. 그는 학식과 인격이 모두 고매 탁월하고 또한 교양이 심원한 인물이었다. 오경석은 중국에서 가져온 각종 신서를 동인에게 주어 연구를 권하였다. 그 뒤 그 사람은 사상적 동지로서 결합하여 ……"라고 한 것은 이것을 가리킨 것이었다.

즉 오경석은 중국에서 가져온 신서들을 절친한 친우인 유홍기에게 주어 이를 연구하도록 권함으로써 이를 읽고 연구한 결과 유홍기도 개화사상을 형성하게 된 것이다. 이 과정에서 오경석과 유홍기 사이에 토론이 있었을 것임은 물론이다. 또한 오경석의 이미 형성된 개화사상의 견해가 유홍기에게 피력되었을 것임은 두말할 필요도 없는 것이다. 오경석이 먼저 개화사상을 형성하고, 그의 권고와 안내(영향)에 의하여 뒤이어 유홍기도 개화사상을 형성하게 되자 두 사람은 개화사상의 사상적 동지로 결합한 것이었다.

이동인은 원래 유홍기의 문인으로서 이동인의 도일로부터의 활동은 밝혀지고 있으나, 이동인이 최초로 개화사상을 갖게 된 계보가 밝혀지고 있지 않다. 이를 추적해 보면 이동인도 처음에는 오경석이 가져온 신서를 유홍기를 통하여 읽고 개화사상을 형성하게 된 것을 알 수 있다. 즉 오경석이 유홍기에게 한 일을 유홍기는 다시 이동인에게 한 것이었다. 그러므로 우리나라 개화사상 형성의 이 흐름은 '오경석→유홍기→이동인'으로 전파되었다고 말할 수 있을 것이다.

---

126 吳一龍·吳一六씨의 증언(1985년 4월 2일 및 4월 13일) 참조.

오경석은 박규수(朴珪壽)와도 친교가 있었다. 현재 남아 있는 박규수가 오경석에게 보낸 편지를 보면 두 사람의 친교는 1869년 이전에 이미 돈독했음을 알 수 있다.[127] 박규수가 오경석으로부터 신서를 빌려 읽었는지, 그가 스스로 북경으로부터 구입한 신서만을 읽었는지는 분명치 않으나 두 사람이 친교를 가진 한 훨씬 선각한 오경석의 사상이 박규수의 사상에 더 영향을 끼쳤을 것임은 용이하게 추정할 수 있는 것이다. 특히 1860년대 말까지에는 박규수는 1861년에 단 한 번 북경을 다녀왔으나, 오경석은 10번 북경을 다녀왔으며, 북경에서의 중국 사상가들과의 교제도 박규수는 1860년대에는 거의 없었던 데 비하여 오경석은 수십 명의 친우를 갖고 있었다. 비록 오경석의 신분은 중인으로서 낮았기 때문에 고위 양반인 박규수와 대등하게 교제를 할 수 없었다고 할지라도 오경석이 박규수에게 미친 영향을 결코 간과할 수 없는 것이다.

오경석·유홍기·박규수 등 우리나라 개화사상의 3비조 중에서 오경석이 제일 먼저 개화사상을 형성하여 다른 두 사람이 개화사상을 형성하도록 유도하고 권고한 측면이 있음을 주목할 필요가 있을 것이다.

즉 오경석은 중인신분의 제약 때문에 활동에 큰 제약을 받기는 했지만 그의 개화사상을 일정하게 전파하는 데 성공한 것이며, 결국 유홍기·박규수가 사상적 동지로 되어 3인의 개화사상의 비조가 오경석의 선도로 공동으로 우리나라 개화사상을 확립하게 된 것이라고 볼 수 있는 것이다.

4) 개화파 형성 방안의 제시

오경석·유홍기·박규수 등이 개화사상을 형성하여 사상적 동지로 되자 오경석은 나라를 구하기 위한 정치적 결사로서의 개화파의 형성 방안을

---

127 「朴珪壽의 吳慶錫에게의 惠人 書簡」(吳一六氏 소장) 참조.

유홍기에게 제시하였다. 오세창의 회고담 중에 "그 뒤 두 사람은 사상적 동지로 결합하여 서로 만나면 자국의 형세가 실로 풍전의 등화처럼 위태하다고 크게 탄식하고 언젠가는 일대 혁신을 일으키지 않으면 안 된다고 상의하였다. 어떤 날 유대치가 오경석에게 우리나라의 개혁은 어떻게 하면 성취할 수 있겠는가 하고 묻자, 오는 먼저 동지를 북촌(북촌이라고 하는 서울의 북부는 당시 상류계급의 거주구역임)의 양반자제 중에서 구하여 혁신의 풍운을 일으켜야 한다고 하였다"고 한 것은 이것을 가리키는 것이다.

당시의 사회신분제도 하에서는 중인 출신인 오경석·유홍기 등이 개화사상을 형성했다 할지라도 신분적 제약 때문에 개혁정파를 형성하여 전면에서 정치활동을 하기는 불가능하였다. 정치활동은 오직 양반신분의 독점물이었기 때문이었다. 중인신분층이 자유로운 정치활동을 하기 위해서는 먼저 사회신분제를 폐지해야 했으나, 서구열강의 침략이 급박하게 다가오는 형편 속에서는 기존의 구조를 활용한 긴급한 대책이 필요하였다. 이에 유홍기가 그들의 신사상을 실천할 방책을 묻자, 오경석은 먼저 북촌에 사는, 앞으로 자유로운 정치활동이 가능한, 양반 자제 중에서 영민한 청소년들을 발탁하여 개화사상을 교육 보급해서 동지를 만들어 나라 정치에 혁신의 기운을 일으켜야 한다고 개화파 형성 방안과 정치개혁 방향을 제안한 것이었다.

오경석의 이 제안이 받아들여진 결과 그 후 주로 박규수의 사랑방에서 박영교·김윤식·김옥균·박영효·유길준·서광범 등 다수의 양반자제들이 개화사상을 공부하여 개화파가 형성되었는바, 그 제안자가 바로 오경석이었던 것이다.

당시의 고질적인 사회신분제 하에서 개화사상의 3비조인 오경석·유홍기·박규수 중에 양반 출신은 박규수뿐이었으므로 초기에 양반 출신 자제들을 뽑아 보아서 개화사상의 교육을 시작할 수 있는 위치에 있는 사람은 오직 박규수뿐이었다. 그리고 박규수로 하여금 초기에 이러한 개화파 형성의 사업을 하도록 제안한 사람이 오경석이었으며, 박규수와 오경석(과 유홍기) 사이에 사전의 합의가 있었을 것임은 용이하게 추정할 수 있는 일이다.[128]

오경석은 박규수·유홍기를 중심으로 하여 북촌의 영민한 양반자제들을 발탁하여 개화사상을 교육해서 초기개화파를 형성하도록 방안을 제시한 인물이었다.

5) 병인양요 때의 외교활동

오경석은 대원군이 집정하던 시기인 1866년(병인년) 음력 5월에 조선 정부가 파견한 주청사(奏請使) 일행의 역관으로 다시 북경에 가게 되었다. 당시 대원군 정부는 정초부터 천주교도에 대한 대탄압을 감행하여 조선인 교도는 물론이고 국내에 잠입해 있던 프랑스인 선교사 12명 중에서 9명을 체포하여 처형하였다. 체포를 면하여 탈출한 프랑스인 신부가 톈진에 있는 프랑스 동양함대 사령관에게 구원과 보복을 요청하자 주북경 프랑스 공사 벨로네(Henrie de Bellonet)와 프랑스 동양함대 사령관 로즈(Pierre-Gustave Roze)는 이 기회에 조선을 심공하여 대원군 정부를 응징하고 가능하면 조선왕국을 그의 지배하에 둘 계기를 만들고자 하였다. 프랑스 동양함대의 조선 침공이 준비되자 조선 정부는 청나라에 사태를 해명하고 정세도 탐지하기 위하여 소위 '주청사'라는 이름으로 정사에 유후조(柳厚祚), 부사에 서당보(徐堂輔), 서장관(書狀官)에 홍순학(洪淳學)을 임명하여 파견하게 되었다.[129] 이 사절단의 뇌자관 겸 통역으로 오경석이 파견된 것이었다.[130]

---

128 오경석이 당시 사회신분제의 특성과 자본주의 열강의 침입의 긴박성을 고려해서 북촌의 영민한 양반자제들을 의도적으로 발탁하여 개화사상을 교육시켜서 시급히 개화파를 형성하는 방안을 제시하여 개화사상의 비조 사이에 채택된 결과, 조선의 초기개화파는 최상층의 양반자제 중심으로 형성된 특징을 갖게 되었다. 이 특징은 그 후의 개화운동의 성격에 여러 가지 특이한 영향을 미쳤다.

조선 사절단이 북경에 도착하여 의례 행사가 끝난 후 3일째에 청나라의 각국총리아문(各國總理衙門)은 조선 사절단 숙소에 관리를 보내어 금년 봄에 프랑스인 선교사를 처형한 일이 있는가의 사실 여부를 물어 왔다. 이에 역관들까지 참가한 삼사(三使)회의가 열려 이 문제를 논의 결정하게 되었는데, 수역(당상역관)은 그러한 사실을 숨기자고 주장하였다. 그러나 역관 오경석은 사실을 숨길 필요가 없다고 이에 반대하였다.

오경석은 조선 정부가 프랑스인 신교사 처형의 사실을 숨겨서 응답할 필요가 없는 이유로 다음의 세 가지를 들었다.[131]

① 청나라의 각국총리아문이 이러한 질문을 해온 것은 그들이 사실을 이미 알고 한 일일 것이므로 이제 그들에게 이를 숨기어 속일 수 없다는 점.

② 우선 총리아문에 숨긴다고 하면 뒤에 프랑스와 어떠한 사단이 벌어질지 모르는 형편에 그때에는 장차 중국 조정에 문의와 협조를 요청하는 논의를 할 수 없다는 점.

③ 책문(柵門)·요동(遼東)·심양(瀋陽)의 사람들이 모두 이를 들어 알고 있으며 중국인들이 다수 알고 있는 바인데, 총리아문을 숨길 수 없다는 점.

그러나 삼사회의에서는 의견이 합일되지 않아서 오경석의 제안은 채택되지 않았다. 이에 오경석은 나라의 일을 크게 우려하여 그 스스로 능동적인 독자적 외교활동을 전개하였다.

오경석은 그동안 자기가 닦아 놓은 중국 인사들과의 친교와 외교적 기반에 의거하여 혼자서 또는 정사나 부사를 안내하여 연 3일간 서양의 침략에 경험을 가진 중국의 정책가들인 장병염(張丙炎)·왕헌(王軒)·오무림(吳懋林)·유배분(劉培棻)·만청려(萬靑藜)·동(董)모·황(黃)모·왕(王)모·장(張)

129 『高宗實錄』高宗 3년 丙寅 4월 초9일조 참조.
130 「吳慶錫·吳世昌年譜」, 丙寅조 참조.
131 『洋擾記錄』pp.38~39 참조.

모·방(方)모·왕(汪)모·손(孫)모 등을 방문하여 프랑스 동양함대의 동태와 프랑스 동양함대의 조선침략의 경우의 대책 수립을 위한 조언을 들어 수집하거나 필담을 모아서 정리하여 정사의 반당(伴倘) 심유경(沈裕慶)을 본국에 보내어 녹송(錄送)하였다.[132] 오경석이 이때 프랑스 함대의 침공에 대비하는 조선의 대책에 크게 도움이 될 것이라고 판단하여 정리해서 보낸 중국인들의 조언을 요약하면 다음과 같다.

張丙炎(호는 오교(午橋), 당시 한림원 편수)
"서양의 宗敎施行(行敎) 운운하는 것은 奸細(첩자)와 결탁해서 他國의 情狀을 탐지하는 것을 요체로 하고 있다. 그러므로 奸細의 暗導가 없으면 감히 他國의 地境에 침입하지 못한다. 그들의 성격은 피하면 사납게 공격하여 들어오고 대기하면 도리어 달아난다. 그러므로 禦洋策은 자기의 國境을 固守하고 奸細를 엄금하며 그들과 더불어 相戰하지 않는 것이 최선의 방법이며, 그리하면 마침내 自退하게 된다. 부득이 通商을 하는 경우에는 반드시 物과 物을 交易하도록 하고 金銀과 바꾸어 貿易하지 말라. 그리하면 저들이 역시 利가 없으므로 自退한다. 金銀은 한 번 他國의 손에 들어가면 다시 돌아오지 않기 때문에 中國의 재정·경제가 고갈된 것을 참조하는 것이 좋을 것이다."[133]

王軒(號는 顧齋, 당시 兵部 郎中)
"먼저 우리(자기)나라의 奸細를 금하여 저들이 우리의 虛實을 偵探할 수 없도록 하면 염려할 것이 없다. 이미 奸細가 있으면 어려움이 있다. 그러나 저들의 大舶은 수심이 낮은 물가(水濱)에 정박하지 못하므로 다른 길(道)을 금하고 地形을 이용하여 衆智를 모다 도모하는 것이 좋다."[134]

---

132 『洋擾記錄』 pp.39~44 참조.
133 『洋擾記錄』 pp.1~2 참조.
134 『洋擾記錄』 p.2 참조.

吳懋林(湖南人으로서 역시 軍功으로 候選)

"서양인의 욕심은 土地에 있지 않고 世界(天下)를 모두 商業에 따르게 만들어 그 중에서 利를 취하려는 계책이다. 서양인이 가져오는 재화인 鴉片烟은 본래 1錢도 안 되는 물건을 수 배의 가격으로 속여 팔면서 사람의 기력을 약하게 하고 수명을 단축시킨다. 만약 그러한 재화를 통상하고 저들의 종교를 시험케 하면 오직 ㄱ 나라가 망하는 것은 시간문제일 뿐이다.

저들은 陸戰은 長技가 아니다. 그러나 가벼이 나아가 接戰하는 것은 불가하다. 저들의 海上의 大砲는 船竹의 사이에 걸려 있으므로 사격술이 정교하지 않으면 명중하지 않는다. 그러므로 水戰도 불가하며, 大舶이 아니면 砲를 거는 것도 불가능하다. 저들은 高處의 城郭을 격파하고 싶으면 砲를 걸어 발포한다. 그러나 貴國은 들으니 山城이라 하는데, 山城은 그것으로 격파할 수 없을 것이다."[135]

劉培菜(江蘇省 昆陵人)

"6월 초5일 登州에서 배를 탈 때 西洋의 兵船 십수 척이 있으므로 서양 배에 있는 廣東人을 불러 물은즉 바야흐로 高麗에 향하기 위하여 搆兵(군대 출동의 조직)한다고 운운하였다. 兵의 多少를 물은즉 한 배에 500~600명이라 하였다. 軍糧의 다소를 물은즉 1개월여를 지탱할 수 있다고 하였다. 發船하는 것을 보지 못하고 왔다. 대개 西洋의 長技는 火輪船인데 하루에 1천 4,5백 리를 간다. 兵船은 작고 煙筒은 짧으므로 바라보면 알 수 있으며, 水深이 1丈이면 뜨고 2丈이면 간다. 이보다 얕으면 움직이지 못한다.

貴國의 海濱은 石角(암초)이 잠기어 숨어 있으므로 서양인이 이를 두려워한다. 만일 저들이 귀국의 地方民의 嚮導가 있으면 들어갈 수 있을 것이다. 그러나 해안이 꾸불꾸불 屈曲이 심하면 火輪船은 쓸모가 없고 반드시 小船으로 나아갈 것인즉 貴國 역시 兵船으로 대응하여 이를 막아낼 수 있다. 이때 西洋의 砲火藥은 심히 맹렬하므로 砲丸을 속히 발사해야 하며 迫戰(近接戰)은 불가하다. 貴國의 山川은 險

---

135 『洋擾記錄』 pp.2~3 참조.

阨하므로 火輪車는 달리지 못한다. 저들이 비록 배에 싣고 온 馬가 있을 것이나 많지 않아 크게 부족할 것이다. 그러니 地形의 險阨에 의거하여 防禦하고, 방어하기를 오래하면 저들의 軍糧이 부족하여 반드시 오래 지탱하지 못하고 撤去할 것이다.

저들의 砲에는 飛天火砲가 있는데 砲丸의 크기는 쟁반만 하며, 그 안에 小丸 천 백 개가 들어 있어서, 발사되어 陣中에 들어와 땅에 떨어진 연후에 大丸이 갈라지면서 小丸이 사방에 發散하여 사람을 부상시키니, 이는 두려워할 만한 것이다. 發砲를 지켜보다가 미리 피하면 면할 수 있다.

저들의 銃머리의 칼(鎗)은 兩用이지만 길이가 불과 1丈이므로 中國의 長鎗처럼 멀리에는 미치지 못한다.

귀국은 오랫동안 兵을 사용하지 않아서 兵에 익숙지 않으므로 오직 지키기만 하고 전쟁하지 말 것이며, 必勝이 내다보이는 연후에만 싸워야 할 것이다. 신중해야 하며 가벼이 나아가서는 안 된다.

저들은 다른 사람의 약한 곳을 보면 반드시 進擊하며 다른 사람의 강한 곳을 보면 반드시 後退한다. 그러므로 나의 약한 곳을 보이지 말아야 한다. 대저 軍糧을 빌리고 軍兵을 빌린 무리가 오래 지탱하지 못하는 것이 명약관화함은 비단 이번만이 그러한 것이 아니다. 저들은 수년 전에 富商으로부터 8百萬金을 빌리어 利子도 갚지 못한 상태에서 出兵했으므로 시기가 서양인들에게 불리하다. 이번에 십수 척의 배로 東國에 향하면서 이 때문에 軍糧이 적을 수밖에 없었다."[136]

프랑스 동양함대 사령관 로즈와 주북경 프랑스 공사 벨로네는 조선을 침공하기에 앞서 청국정부에 조선 조정을 규탄하면서, 조선왕국에서의 천주교 포교의 승인을 청국정부에 요청하고 조선 침공을 알림과 동시에 마치 청나라의 공문에 의한 동의를 받고 출발하는 것처럼 행세하였다. 또한 프랑스의 조선 침공 병력에는 청나라의 운남성군(雲南省軍)도 일부 포함하

---

136 『洋擾記錄』 pp.4~7.

게 되어 있다는 정보도 파다하였다. 만일 이것이 사실이라면 이는 조선에 대하여 참으로 심각한 위협이므로 오경석은 유배분(劉培棻)을 통하여 이미 1850년대부터 오랜 친교가 있는[137] 청나라의 예부상서(禮部尙書) 만청려(萬靑藜)의 명확한 대답을 듣고, 또한 온갖 노력 끝에 만청려로부터도 직접 이 정보가 사실이 아님을 확인하여, 그들과의 면담 내용을 본국에 보고하였다. 그 요지는 다음과 같다.

劉培棻(江蘇省 昆陵人, 당시 福建省通判)
"萬尙書의 말에 中國의 雲南兵이 프랑스 해군과 함께 移去한다 하는 설에 대하여 물으니 가로되, 이것은 서양인의 거짓말이라고 하였다. 이것은 중국을 겁내서 聲勢를 과장하려는 계책에 불과하다. 宗敎의 시행을 청한 公文의 의미를 물은즉 가로되, 다른 나라의 出兵은 처음부터 중국에 관계가 없는데 어찌 公文을 청하는 이치가 있을 것인가고 하였다. 그러나 貴國이 大國을 섬김을 아는 고로 그 公文에 한번 빙자하고자 한 것이다. 또한 서양의 풍속은 兵을 일으킬 때에 자기 나라 君主에게 書奏하여 일이 성공하면 爵號의 賞을 받고 성공하지 못하면 罰을 받는 고로, 이제 명분이 없는 兵을 일으키고자 함에 자기 君主에게 告하고자 하므로 中國公文으로서 구실의 핵심을 의탁하여 만들려는 것일 뿐이다. 중국은 節制하고 있으며, 法國(프랑스)의 행동에 관여되어 있지 않다.
저들이 십수 척의 배로 갔다면 반드시 海上의 漁船과 商船을 몰아 그 威勢를 돕도록 했을 것이며, 實兵船은 12척 뿐이다.
중국은 20년 兵革에 流民이 바다에 들어가 혹은 商人이 되고 혹은 도둑이 되어서, 西洋人이 海上에서 그들을 불러 모아 도둑떼를 만드는 일도 없을 수는 없는 일이다. 海上의 漁船의 소위 中國人이라 하면서 서양인과 通商하는 자는 貴國의 禍根이다. 비록 漁船이라 할지라

---

137 『燕京書簡帖』, 「萬靑藜의 亦梅에게의 書簡」 참조. 이 서간첩에는 1850년대에 만청려가 오경석에 보낸 편지 3통이 수장되어 있다.

도 반드시 이를 禁하면 귀국의 奸細가 바다를 날아 넘어서 서양인에게 길을 가르쳐 줄 수 없을 것이다.

西洋人은 信義가 있다고 자칭하나 한번 通商한 이후에는 점차 奸巧를 행하여 기어코 다른 나라의 財貨를 모두 枯渴케 하여 마침내는 우리를 금수와 다름없이 변하게 하고야 말 것이다.

이번에 간 서양인이 法人인가 英人인가 물으니, 기로되 法人이고 英人이 아니라고 하였다. 그러나 서로 借兵을 하므로 英人이 전혀 없다고 단언할 수는 없다고 하였다.

저들은 軍糧이 적은 것을 매양 근심하고 있으므로 戰과 和간에 速成하고자 하고 있다. 그러므로 西洋을 制壓하는 것은 遲(끌고)하고 緩(천천히) 하는 것이라고 하였다."[138]

萬靑藜(號는 藕舲, 당시 禮部尙書)

"서양인의 소위 公帖은 그들이 스스로 主管한 것에 불과하고 처음부터 中國이 아는 바가 아니다. 總理衙門은 行支傳敎를 不許하였다.

서양인은 전적으로 財利를 가장 숭상한다. 英國 오랑캐는 通商을 주로 하고 法國 오랑캐는 行敎(종교 시행)을 주로 한다. 法國人은 집요하고 사나우며 무릇 擧事하면 일을 이룰 때까지 쉬지 않는다.

아라사(러시아)는 더욱 不可測이며, 貪狼하기 한량없고 또 바라는 바는 土地이다."[139]

오경석은 이렇게 수집된 참고자료들을 본국정부에 보내면서 이를 거듭 다음과 같은 것을 요약하여 지적하였다.[140]

① 부득이하여 통상하는 경우에는 우리의 물품과 저들의 금전을 무역해야지 우리의 금은과 저들의 물품을 무역하지 말아야 함은 중국의 경제가

---

138 『洋擾記錄』 pp.7~10 참조.
139 『洋擾記錄』, p.10 참조.
140 『洋擾記錄』 pp.45~46 참조.

고갈된 것으로 족히 가히 명증된다.

② 프랑스의 침공을 제압하는 데는 피하면 사납게 들어오고 대기하면 자퇴(自退)한다고 한다.

③ 저들의 행교(行敎, 종교 시행)는 비단 행교만이 아니라 타국의 인심을 얻어서 내응잠통(內應潛通)의 세력을 만들려는 계책이 포함되어 있다.

④ 프랑스가 중국의 공문을 요청한 것은 조선에 대한 것이 아니라 프랑스 자기 나라 군주에게 보일 구실을 얻으려는 것이다. 중국은 프랑스의 조선침공에 전혀 관계되어 있지 않다.

⑤ 프랑스 동양함대는 재정이 부족하여 작년에 상인으로부터 백만금을 털어서 보급을 댄 형편이므로 군량이 부족하고 대발병(大發兵)은 할 수 없게 되어 있다.

⑥ 프랑스군이 침공하면 지형을 이용하여 굳게 지키고 가능한 한 전쟁을 하지 않으면서 오래 끌면 마땅히 물러갈 것이라고 한다.

⑦ 프랑스군은 군량이 부족하므로 싸우든 화평하든 간에 매양 급히 결판을 이루기를 바라므로, 우리의 전술의 요체는 자신을 갖고 여유 있게 천천히(緩緩)대기하면 저들은 자퇴(自退)할 것이다.

오경석의 이러한 참고자료 수집과 보고가 당시 조선이 프랑스 침략군을 물리치는 데 매우 큰 도움이 되었을 것임은 의문의 여지가 없다. 당시 북경에서 주청사(奏請使) 사절단의 정사·부사·서장관 등 다수의 고급관리가 함께 가서 잠깐 체류했지만, 그들은 신분과 직위만 높았지 이러한 비공식 외교활동을 할 능력이 전혀 없었고, 오경석이 그동안 북경에 왕래하면서 쌓은 친교와 기반 위에서 그가 중심이 되어 이러한 비공식 외교활동을 수행한 것이었다. 따라서 정사, 부사, 기타 다른 이름으로 녹송(錄送)된 것도 자세히 들여다보면 오경석이 한 것임을 바로 알 수 있다.

오경석은 ① 이러한 프랑스 동양함대의 침공에 대한 대응전략 참고자료와 의견 수집 이외에도 ② 청나라 총리아문과 프랑스 공사관 사이의 왕복

외교문서들을 중국인 친우를 통하여 필사해 내어 본국에 보내었으며,[141] 청나라의 원접사(遠接使)와 조선 주청사(奏請使) 정·부사 사이의 필담을 정리하여 본국에 보내었다.[142] 그의 뇌자관(賚咨官)으로서의 공식적 의무인 청나라의 자문을 받아 보낸 것은 두말할 필요도 없다.[143]

오경석의 이러한 공식 비공식 외교 활동을 보면 그가 비록 개화사상을 갖고 개국의 필요성을 절감하고 있었지만 외국의 침략적 위협과 무력침공에 의한 개국에는 결연히 반대하여 외국의 침공을 막아내기 위한 정책적 활동을 했음을 알 수 있으며, 그가 매우 주체성이 강한 개화사상가였음을 알 수 있다.

6) 신미(1871)년 개항의 건의

오경석은 병인양요 이후에는 기회를 보아 자주적 개국을 실현하고 자주 개화정책을 실시하여 나라를 근대국가로 만들 필요를 더욱 절실히 생각하였다. 그는 주체성이 있는 대원군이 집권하고 있는 기간에 개국을 하는 것이 안전하다고 판단하고 있었으나, 대원군은 완강하게 쇄국정책을 고수하였다.

1861년 미국이 수호통상조규의 체결과 개국을 요청해 오자 오경석은 대담하게 대원군에게 미국과 외교를 열 것을 주장하고 개항을 건의하였다. 오경석은 1876년 초에 다음과 같이 회고하였다.

辛未年 阿米利加船이 왔을 때 大院君은 거의 全權이 최고에 있었다. 그때 나는 대원군에게 도저히 외교를 열지 않을 수 없는 所以를 설명하였다. 그러다가 米船은 약간의 砲射擊을 받고 마침내 퇴거당하

---

141 『洋擾記錄』 pp.20~26 참조.
142 『洋擾記錄』 pp.28~38 참조.
143 『洋擾記錄』 pp.26~28 참조.

였다. 그 이래 나를 지목하기를 開港家라고 하여 어떠한 일을 건의해도 다시는 採取되는 일이 없었다.[144]

오경석은 그러나 미국 군함이 함포사격을 하며 무력행사를 하는 데에는 단호하게 대결할 것을 주장했으며, 신미양요의 뒤처리와 관련하여 1872년 박규수를 정사로 사절단을 파견할 때에 오경석은 수역으로 지명되어 북경에 다시 가서 양요와 관련된 외교 활동을 전개하였다. 그러나 자료가 없어서 이 부분을 더 이상 자세히 밝힐 수 없는 것이 유감이다.

7) 강화도조약과 개국 외교활동

오경석은 1876년 1월 일본이 군함 춘일호(春日號), 운양호(雲揚號), 제이정묘호(第二丁卯號), 맹춘호(孟春號), 고웅호(高雄號) 등을 끌고 강화도 앞바다에 찾아와 개국통상을 요구하는 사태가 발생했을 때 정부에 의하여 다시 발탁되어 외교 문제에서 활동하게 되었다. 오경석은 이 때 민비파정부에 의하여 '문정관(問情官)'에 임명되었다.[145]

일본은 전년에 운양호 사건(雲揚號事件)을 조작하여 일으킨 후 이를 구실로 무력으로 위협하여 조선과 조일수호조규(朝日修好條規)를 체결해서 개항을 하려고 군함 5척에 군대를 싣고, 특명전권대사에 흑전청융(黑田淸隆, 구로다 기요타카), 부사에 정상 형(井上馨, 이노우에 가오루), 이사관에 궁본소일(宮本小一, 미야모토 고이치)와 삼산 무(森山茂, 모리야마 시게루)를 임명하여 강화도 앞바다에 나타나 무력시위를 시작하였다. 이에 조선 조정에서는 접견대관(接見大官)에 신헌(申櫶, 申觀浩), 부관에 윤자승(尹玆

---

144 『日本外交文書』第 9卷, 전게번호문서, p.33.
145 『高宗實錄』, 高宗 13년 丙子 正月 13일조, 「今十一日 接見 問情官 吳慶錫玄昔運…」 운운 참조.

承), 종사관에 홍대중(洪大重), 문정관에 오경석(吳慶錫)과 현석운(玄昔運)을 임명하여 이에 대응하도록 하였다.

오경석은 한어역관(漢語譯官)으로서 대(對)중국외교의 전문가였지 대일본외교의 전문가는 아니었으나 병인양요(丙寅洋擾)와 신미양요(辛未洋擾) 때의 외교활동의 업적에 의거하여 발탁되어서 대일외교의 전문가인 왜학훈도(倭學訓導) 현석운과 함께 최전선의 외교를 담당하는 '문정관'에 임명된 것이었다.

오경석은 현석운을 대동하고[146] 1876년 음력 1월 초8일 강화도의 초지진(草芝鎭)을 출항하여 항산도(項山島)에 정박하고 있는 일본 군함을 찾아가서 일본측의 궁본소일(宮本小一, 미야모토 고이치)과 삼산무(森山茂, 모리야마 시게루)를 만나 회견하였다.[147] 오경석은 일본측에게 우리 조선이 접견대신과 부관을 파견하여 일본 군함이 정박하고 있는 처소(항산도)에서 접견할 것이며 접견절차 및 일자를 의정하자는 뜻을 통지하여 설유하였다. 그러나 일본측 궁본소일은 일본 군함과 사신 일행이 명일 강화부에 입성하여 강화유수(江華留守)와 면담해서 접견절차와 일자를 의정할 것을 주장했으며, 강화유수에게 보고하여 일본 사신단이 강화부에 들어갈 경우 조선의 군과 민이 놀라서 동요하지 않도록 효유해 줄 것을 요구하였다. 오경석은 이를 반박하여, 접견절차와 일자는 우리나라 대관이 이미 의정한 것이 있으니 강화부에서 토의에 부치는 것은 부당한 일이라고 비판하고, 또한 강화부에의 입성은 조선 조정의 승인 명령이 있은 연후에야 거론할 수 있는 것이라고 일본측에 반박하였다. 이날의 궁본소일과의 회견은 합의를 보지 못하고

---

146 『譯科榜目』 제2책, 咸豊戊午式年條, p.43 참조. 여기에서 알 수 있는 바는 현석운은 오경석의 셋째 아우 吳慶潤(오경윤, 倭學)과 함께 왜학으로 역과에 합격한 오경석의 아우의 친우이며 후배로서 오경석과 현석운이 모두 문정관으로 임명되었지만, 오경석이 首席이었음을 알 수 있다.

147 『日本外交文書』 第9卷, 전게번호문서, pp.27~39 참조.

돌아왔다. 그러나 오경석의 이 대응은 그가 개국의 필요를 절감하고 있었음에도 불구하고 그가 매우 자주적 개국을 추구하고 있었음을 잘 나타내는 것이라고 할 것이다. 오경석은 접견대관 신헌에게 다음과 같이 보고하였다.

本員 등은 本月 초8일 亥時 草芝鎭으로부터 發船하여 초9일 卯時에 八尾島 앞바다에 도착하였습니다. 그러한즉 저들의 배 5척이 연기를 올리며 上來하므로 즉각 그리로 가려고 하니 그들의 배가 빨리 달려서 相接할 수 없었습니다. 項山島의 저들의 군함 정박처에 쫓아가서 森山茂를 만나보고 우리 朝鮮이 接見大官과 副官을 파견하여 장차 貴使의 배의 所迫處에서 接見할 예정이라 말하고 接見 및 日字의 議定의 뜻을 通諭하였습니다. 그러한즉 森山茂는 말하기를, 貴國이 이미 大官을 파견하여 江華에 와서 留하고 있음을 仁川府 地方官으로부터 들었다고 하고 接見節次와 日字는 우리가 명일 江華에 들어가서 留守를 만나보고 面談한 후에 議定할 것이니, 이를 가서 江華府 留守에게 보고하여 軍民에게 전혀 驚動하지 말라는 말로 曉諭케 해 달라고 했습니다.

이에 내가 答하기를, 接見節次와 日字는 바야흐로 우리나라 大官이 議定한 것이 있으니 江華府에서 就議하는 것은 不當하며, 또한 (江華府에의) 入城一款은 우리나라 朝庭의 명령이 있은 연후에야 擧論할 수 있는 것이라고 말했습니다.

그러나 저들은 듣지 않는 것처럼 들으며 다시 接語를 하지 않으면서 下船할 것을 재촉했으므로 부득이 本船으로 還歸하여 臣 등은 江華府에 급히 가서 보고했습니다.[148]

오경석은 일본측 삼산(모리야마)과의 회견의 결과를 강화유수 조병식(趙秉式)에게도 즉시 보고했음은 물론이다.[149] 그러나 오경석의 이러한 자

148 『高宗實錄』 高宗 13년 丙子 正月 13일조 참조.
149 『高宗實錄』 高宗 13년 丙子 正月 13일조, 「江華留守趙秉式狀啓 彼船通議次 發送訓導玄昔運 譯官吳慶錫于仁川地矣. 回告內 '彼船已爲起煙上來 不得相接

주적 외교는 당시 일본의 무력위협에 대응할 실력이 없는 조선 조정의 무능력으로는 뒷받침될 수가 없었다.

일본측은 일방적으로 군함을 이끌고 강화도에 상륙했으므로, 1876년 음력 1월 17일(양력 2월 21일) 강화부의 연무당(鍊武堂)에서 근대 최초의 조·일회담이 열리게 되었다. 일본측은 3차례에 걸친 회담 도중에 간헐적으로 함포의 위협발포를 했으며, 그들이 조작한 운양호사건의 책임을 도리어 조선측에게 심하게 추궁하여 회담에 유리한 위치를 장악하려 하였다.

오경석은 신헌(申櫶)·윤자승(尹滋承)의 막후에서 활동하면서 일본의 함포위협을 즉각 중지하도록 항의케 하고, 일본측의 운양호사건을 구실로 한 공격에는 중국신문에 보도된 1867년(정묘)의 팔호순숙(八戶順叔, 야도 마사요시) 등의 정한론(征韓論)을 들어 반격하도록 하였다. 또한 일본의 국기 사용에 대응하여 조선의 국기 사용을 제의했다고 전한다.[150]

강화도에서 한·일회담이 진행되는 동안 개국 문제를 놓고 조선 조정에서는 세 개의 견해를 달리하는 집단이 다른 의견을 내놓아 검토하였다.

첫째로, 김병학(金炳學)·홍순목(洪淳穆)·양헌수(梁憲洙)·이용희(李容熙) 등 원로대신들은 강경하게 척화론(斥和論)을 주장하고 병인양요·신미양요 때와 마찬가지로 대응해야 한다고 주장하였다. 이 주장은 재야에 있던 대

追及項山島留碇處 見森山茂 則彼言以爲 日前聞仁川地方官所傳 則貴國大官來留江華云. 明日下陸入城, 接見留守, 講定相見大官儀節。而貴國兵民, 若或有暴擧, 俺亦有自當道理云爲辭矣. 在我初不先犯 而任他下陸 則臣之接見 奚暇更論 若當此境 職糜防禦 不勝惶恐 啓.」 참조.

150 「吳一龍·吳一六氏의 證言」(1983년 4월 2일 및 4월 13일 참조), 후손들의 증언에 의하면 오경석은 일본측은 국기(일장기)가 있고 조선측은 국기가 없는 것을 개탄하여, 그가 만년에 신앙하던 조선불교사찰의 대문들에 그려진 태극도안을 취해서 괘가 없고 중앙에 태극만 있는 국기를 고안하여 제의해서 임시로 사용했으며, 이것이 그후 개화파에 전수되어 태극기로 변천하게 되었다고 한다. 다른 자료에서 확인할 길이 없어 각주로 부기해 둔다.

원군(大院君) 일파와 최익현(崔益鉉)·장호근(張皓根) 등 유림파의 강력한
지지를 받았다.

둘째, 민규호(閔奎鎬)·민비(閔妃)·이최응(李最應) 등 일본국서의 허접(許
接)을 일본에 일찍이 통보해 주었던 민비파들은 반대원군의 입장과 청나
라의 개국의견에 따른다는 입장에서 주견 없이 개국을 주장하였다.

셋째로, 박규수(朴珪壽)와 오경석(吳慶錫) 등은 일본의 무력위협을 받으
며 개국을 하는 것은 바람직하지 않으나 세계 대세로 보아 조만간 개국은
하지 않을 수 없으니, 이번에 전쟁을 피하고 최대한으로 자주성을 지키면
서 개국하자고 주장하였다.

오경석은 당시의 민비정권으로서는 군함 5척을 끌고 온 일본과 무력으
로 대결하여 승리할 능력과 의지가 없는 것으로 판단하였다. 그는 최대한
으로 사태를 수습하면서 개국한 다음 대응을 수립해야 한다고 생각하고
그의 의견을 박규수에게 개진하여 개국을 추진토록 하였다.

개국 여부를 논의 결정하는 중신(重臣)회의에 참석한 판중추부사(判中
樞府事)이며 전 우의정 박규수는 개국을 주장하면서도 그것이 일본의 무
력위협 밑에서 이루어지게 된 나라의 형편을 다음과 같이 개탄하였다. 이
것은 바로 오경석의 의견이기도 한 것이었다.

> 判府事 朴珪壽 가로되, 일본이 修好를 칭하면서 兵船을 끌고 온 것
> 은 그 情이 망측하다. 오직 三千里疆土를 생각하고, 만일 內修外攘의
> 방책을 다하며 國富兵强의 效果를 致하였으면 어찌 저들이 감히 와서
> 畿甸을 엿보고 恐嚇을 恣行할 수 있을 것인가. 참으로 憤惋을 이길
> 수 없다.[151]

중신회의가 거듭되는 도중에 청나라의 이홍장(李鴻章)으로부터 개국을

---

151 『高宗實錄』 高宗 13년 丙子 正월 20일조 참조.

권하고 일본과 실화(失和)하지 말라는 권고편지가 세자책봉사(世子冊封使)로 갔던 이유원(李裕元)의 편으로 도착하여 개국의 주장에 가담했으므로 국왕 고종도 마침내 개국을 결정하게 되었다.

오경석과 박규수가 일체가 되어 일본과의 일전을 피하고 개국을 준비하는 동안에 대원군은 오경석을 운현궁에 불러들여 개국을 거절하고 일본과 일전을 벌일 것을 지시했으며, 강화도에 사람을 보내어 개국을 준비하는 오경석을 심하게 힐책하였다. 그러나 오경석은 민비정권으로서는 일본과 일전을 벌여 보아야 승리하기 어렵고 사태는 더욱 불리하게 귀결될 것이라고 내다보았다. 그는 대원군의 쇄국도 결코 나라를 구하는 방책이 될 수 없다고 보았으므로 끝까지 대원군의 주장에 따르지 않았다.

조선 조정이 개국을 결정하여 조·일수호조규(朝·日修好條規)의 자구수정이 끝나자, 교활한 일본은 이번에는 이에 대한 조선국왕의 비준이 필요하니 국왕이 친히 서명 날인할 것을 요구하였다. 조선 측이 국왕의 「윤(允)」자만 받으면 족하다고 주장하자, 일본측은 또 다시 무력행사의 위협을 하여 '뒷날 후회하지 말라'고 협박하면서 회담을 결렬시키고 전권대신 흑전(黑田, 구로다)이 회의장을 떠나 승선하여 강화도에서 출항하는 연극까지 자행하였다. 조선측은 이에 회의를 열고 국왕의 서명 대신 '조선국주상지보(朝鮮國主上之寶)'라는 국왕의 인장을 새로 새기어 날인하는 타협안을 내어 일본측을 설득시키고, 오경석이 현석운(玄昔運)과 함께 서울로 가서 조정과 국왕에게 상주하여 재가를 받은 다음 새 인장을 날인하여 수호조규의 체결을 종결지었다.

오경석은 강화도조약의 체결에서 일본의 극악한 무력위협 속에서도 사태가 전쟁으로 치달아 준비 없는 조선이 더 큰 굴욕을 받지 않고 개국을 하도록 하려고 사태수습에 노심초사하였다. 오경림(吳慶林)이 지은 오경석의 묘비명에서는 이 점을 다음과 같이 기록하였다.

丙子年 仁川의 役(강화도 조약)에는 (日本의 武力威脅으로) 朝野가 떨며 두려워 할 때에 公이 몸이 쓰러질 때까지 규모(規謀)하여 홀로 주선을 다해서 수습하였다.[152]

강화도조약은 오경석이 바라는 대로는 전혀 되지 않았으나 극악한 조건 속에서 조선왕국이 최악의 사태에 빠지지 않게 하기 위하여 그는 1개월간 노심초사하면서 활동하였다. 그는 이 도중에 과로하여 일본사신단이 군함을 끌고 돌아간 후에는 그의 건강은 병자와 다름없는 탈진한 상태에 이르게 되었다.

8. 맺음말

오경석은 강화도조약이 체결된 직후인 1876년 4월에 풍증이 생겨 반신불수로 병석에 눕게 되었다. 5월에 병 치료를 위해서 이화동(梨化洞)의 낙산재(駱山齋)로 거처를 옮겨 외부와의 접촉을 끊고 친우인 한의사 대치(大致) 유홍기(劉鴻基)의 극진한 치료를 받았다. 치료의 효과가 다소 있어서 9월에는 속동(束洞)의 천죽재(天竹齋)로 다시 돌아왔으나 완쾌된 것은 아니어서 집안에 머문 채 투병 생활을 계속 하였다.

오경석이 투병을 하는 중에 몇 가지 위로가 될 일들이 있기는 했다.

우선 조선 조정은 오경석의 그간 나라를 위한 과로와 헌신을 인정하여 1877년 8월에 오경석을 종1품의 숭정대부(崇政大夫)로 명예상의 승진을 시키고, 동년 12월에는 다시 숭록대부(崇祿大夫)로 승진시켰다. 이것은 역관에 대해서는 파격적인 최고의 우대였으며, 양반 출신들도 생전에는 받기

---

152 「吳慶錫墓誌銘」, 『海州吳氏派譜』 부록.

어려운 명예상의 최고의 지위였다. 천품이 영민하고 경륜이 높으면서도 중인 출신이었기 때문에 양반들에게 눌리어 마음껏 뜻을 펼 수 없었던 오경석에게 이것은 투병 생활에 한 가닥 위안을 주었을지도 모른다.

다음은 믿고 의지했던 동지인 박규수가 강화도조약 직후인 1876년 음력 12월 27일(양력 이듬해 2월 9일) 별세하고, 그 자신도 4월부터 병석에 누워 기능이 상실된 불우한 상태에서, 대치 유홍기의 지도하에 개화파가 형성되어 발전하고 있는 사실이었다. 오경석은 병을 얻어 누웠으나 오경석이 맨 처음 생각한 개화사상은 유홍기의 지도하에 김옥균을 중심으로 한 개화파의 형성으로 발전하여 청년개화파들이 무럭무럭 성장하고 있었다. 김옥균 등 개화파 청년들은 병석의 오경석을 자주 방문했던 것으로 보인다.

민태원(閔泰瑗)은 일찌기 김옥균과 갑신정변을 연구하다가 개화파가 개화운동의 제1차 계획을 단행하려 한 것은 무인(戊寅, 1878년)의 해였으나 '중요동지'의 사망으로 제1차 계획이 백지화되었다고 기록한 적이 있는데, 이때의 '중요 동지'는 바로 오경석을 가리킨 것으로 추정된다.[153]

> 일차계획이 와해, 그네들(개화파-필자) 중에 구체적 계획이 있는 것은 이로부터(갑신정변으로부터-필자) 7년 전 되는 戊寅의 해였으나 마침 重要同志의 死亡으로 第一次計劃은 필경 土崩瓦解에 돌아가고, 이래 3년간 하염없는 세월을 보내던 金·朴·徐의 3인은 ……[154]

---

153 吳慶錫이 별세한 것은 1879년으로서 戊寅년과는 1년의 차이가 있다. 그러나 戊寅년에 사망한 중요개화파는 아직까지의 자료에는 전혀 나타나는 바가 없고, 吳慶錫은 戊寅년에는 病席에서 기능이 완전히 결여되어 있었으므로 오경석의 별세를 戊寅년으로 기록하고 있는 것으로 보인다. 오경석의 사망이 初期開化派의 제1차 行動計劃 中斷의 원인이 되었다는 것은 劉鴻基뿐만 아니라 金玉均 등 開化派靑年들이 오경석에게 크게 의존하고 있었고, 따라서 내왕도 잦았음을 나타내 주는 것이라고 할 수 있다.

154 閔泰瑗, 『甲申政變과 金玉均』, 國際文化協會版, 1947, pp.37~38.

이것은 1869년 이래 개화사상의 교육이 보급되어 1874년부터는 김옥균을 중심으로 개화파가 형성되어 오경석도 스승임과 동시에 선배 동지로 간주되면서 오경석이 투병 생활을 하는 중에도 오경석과 긴밀한 접촉을 계속했음을 간접적으로 나타내는 것이라고 할 수 있다. 오경석은 병석에서 투병 생활을 하면서도 청년개화파들을 만나 그가 일본 군함에 승선 했었을 때 말한 바의 철과 석탄을 이용할 줄 아는 부강한 근대국가를 세울 꿈을 실현시켜 줄 개화파의 성장하는 모습을 볼 수 있었다.

또한 오경석은 1879년 윤3월에는 그의 외아들 오세창이 16세의 나이로 역과에 한학(漢學)으로 합격하여 그의 뒤를 이을 수 있게 됨을 볼 수 있었다.[155] 그는 이때 매우 기뻤던 모양으로 병석에서 일어나 떨리는 손으로 아들에게 남기는 유시(遺詩)를 써 주었다.[156]

이러한 기쁨 속에서도 오경석의 병환은 완쾌되지 않았다. 이보다 앞서 1878년 10월에는 수표교 남쪽으로 새 집을 사서 이사하여 심신을 새롭게 해 보려고 시도도 해 보았으나, 1879년 6월에는 병이 악화되어 도봉산에 있는 절로 휴양을 떠나지 않으면 안 되었다. 도봉산에서 휴양하는 동안 이번에는 그를 간호하던 부인 김씨의 건강이 갑자기 나빠지기 시작하여 7월에는 다시 수표교의 집으로 돌아왔다가 8월 7일에는 속동(지금의 관철동)의 천죽재로 돌아왔다. 그러나 돌아온 그날로 부인 김씨는 당시 전국에 창궐하던 콜레라에 감염된 듯 별세했다. 오경석은 부인 김씨를 8월 13일 과천에 묻고 돌아와서 거의 혼수상태에 빠진 채로 일어나지 못하고 앓다가 1879년 8월 22일(양력 10월 7일) 49세를 일기로 별세하였다.

오경석의 무덤은 처음에는 과천(果川)에 썼다가, 1879년 10월 19일 경기

---

155 『譯科榜目』 제2책, 光緖己卯式年條, p.55 참조.
156 『先府君書示不肖小品橙』이라는 題名으로 吳世昌이 製帖한 帖에는 遺詩로서 다음과 같은 英夢堂의 句가 吳慶錫의 친필로 쓰여져 있다. 「鄧尉山中花萬樹 笱輿入花花障路 寒香疎影撲春衣 借得僧樓三日住. 英夢堂句. 亦梅錄示遜兒.」

도 양근군(楊根郡) 북면(北面) 율곡리(栗谷里)에 두 부인 금산 이씨(金山李氏) 및 김해 김씨(金海金氏)와 함께 합장하였다. 오경석의 둘째 아우 오경림이 짓고 아들 오세창이 읍혈근서(泣血謹書)한 오경석의 묘지명에는 다음과 같이 쓰여 있다.

大朝鮮國 故崇祿大夫 行知中樞府事 海州吳府君墓誌. 君의 이름은 慶錫이요 字는 元秬로 일찍이 議政府 舍人을 지낸 先敬의 15代孫이다. 祖父 繼淳은 戶曹判書를 추서 받았고, 아버지 膺賢은 崇祿大夫로 行知中樞府事였다. 公은 어려서부터 岐嶷長(머리가 영특)하여 학문을 좋아하였고, 그의 직책을 다하여 전후 13차례나 중국(皇州)을 다녀왔으며, 중국의 명사 大夫들과 많이 교제하여 절친하였다. 丙子년 仁川의 役(강화도조약)에는 朝野가 떨며 무서워할 때에 公이 왕래하며 있는 힘을 다하여 몸이 쓰러질 때까지 規謀하여 홀로 주선을 다해서 수습했다. 그후 병을 얻어 4년 동안 고생을 하다가 己卯년 8월 癸亥일에 京城 大坪坊里 자택에서 세상을 떠나니 公의 나이 49세였다. 公의 功勞가 표훈되어 恩事가 쌓여서 나이가 50이 되기 전에 崇祿大夫의 秩에 올랐다. 그러나 宿事에서 뿌리를 뻗치어 영화를 취함은 公의 본뜻이 아니었으며, 만년에는 禪理를 좋아하여 佛經을 많이 갖추고 읽어서 불교의 심오한 의미를 깊이 궁리하여 三界(속세)의 火宅(고민이 많은 물욕)을 버리고 열반의 彼岸에 올랐다. 처음 결혼한 貞夫人 金山李氏는 일찍 별세하고 다시 貞夫人 金海金氏와 결혼했는데 公보다 16일 앞서 세상을 떠났다. 果川 盤草里의 선영에 모셨다가 10월 己未일에 楊根 北面 栗谷里 南西를 등진 庚坐에 묘를 써 합장하였다. 公에게는 金氏가 낳은 1남 1녀가 있는데, 아들은 世昌이요 딸은 李容白에게 출가시켰다. 오호, 슬프다. 논밭이 변하여 바다가 되고 해안이 옮겨가서 깊은 골짜기로 변할 통탄할 일이로다. 世系를 祇書하여 幽室에 묻는다.

三胞弟 慶林 講述

不肖男 世昌 泣血謹書[157]

오경석은 서양의 이양선이 조선의 해안에 출몰하기 시작하던 1831년에 대대로 8대나 역관을 지낸 중인신분의 부유한 역관의 집안에 태어나서 어려서부터 가학으로 초정(楚亭) 빅제가(朴齊家)의 북학을 공부하고, 김정희 (金正喜)의 금석학(金石學)과 이상적(李尙迪)으로부터 한학·시문·서화를 수학하였다. 어려서부터 매우 영민하고 사려가 깊었던 오경석은 16세 (1846년) 때에 단번에 역과에 한학으로 합격 하여 일찌기 역관이 되었다.

오경석은 23세 때인 1853년에 중국에 파견하는 조선사신단의 역관으로 북경에 가서 서양 자본주의 열강의 침략으로 붕괴되어 가는 중국의 실상 을 예리하게 관찰하고, 중국이 당면하고 있는 위기가 곧 우리나라에도 도 래할 조선의 민족적 위기라고 간파하였다. 그는 북경에서 자기 또래의 중 국의 동부 지방과 남부 지방 출신의 박아지사(博雅之士)들과 널리 교제하 여 자기의 견문을 더욱 넓혔다.

오경석은 귀국에 즈음하여 서양의 문물과 제도를 소개하고, 그에 대한 대책을 논의한 중국 인사들이 지은 다수의 「신서」를 구입하여 오기 시작했 다. 오경석은 1853년 이후 13차례나 북경에 다녀오면서 『해국도지(海國圖 志)』, 『영환지략(瀛環志略)』, 『박물신편(博物新編)』, 『월비기략(粤匪紀略)』, 『북요휘편(北徼彙編)』, 『양수기제조법(揚水機製造法)』, 『지리문답(地理問 答)』, 『해국승유초(海國勝遊草)』, 『천외귀범초(天外歸帆草)』, 『중서문견록

---

157 『海州吳氏派譜』 부록에 수록, 원문은 다음과 같다. 「大朝鮮國 故崇祿大夫 行知
中樞府事 海州吳府君墓誌. 君諱慶錫字元秬 議政府舍人諱先敬之十五代孫也.
祖繼淳贈戶曾判書 父膺賢崇祿大夫行知中樞府事. 公幼而岐嶷長 而好學 以行
人職 前後十三 皇州多交結 名士大夫. 光緖丙子 仁川之役 朝野震愗 公往來竭
蹙 贊謀獨運 旋卽遘疾 越四年 己卯八月癸亥卒 于京城大坪坊里第 春秋四十
九. 勤勞積恩 年未五十 位躋崇秩. 然非公素志 宿世根綠 晩好禪理 備覽墳典
深窮奧義 捨三界之火宅 登涅槃之彼岸. 先配贈貞夫人金山李氏早卒 繼配貞夫
人金海金氏 先公十六日卒 權窆于果川草里先瑩 以十月己未 合葬 于楊根北面
栗谷里 庚坐之厚禮也. 金氏生一男一女 男世昌 女適李容白. 嗚呼哀哉 恐田改
滄溟岸移丹谷 祇書世系 埋之幽室. 三胞弟 慶林 謹述 不肖男 世昌 泣血謹書.」

(中西聞見錄)』등을 비롯해서 그밖에 수백 권의 신서를 구입하여 갖고 돌아왔다. 그는 또한 신서뿐만 아니라, 서양의 새로운 과학에 의거하여 제작한 세계지도와 육대주의 지도를 비롯해서 자명종 등 다수의 서양의 문물을 구입해 갖고 돌아왔다.

오경석은 이들을 연구했을 뿐만 아니라 자신이 저작에도 힘써『삼한금석록(三韓金石錄)』,『삼한방비록(三韓訪碑錄)』,『천죽재차록(天竹齋箚錄)』,『수의쾌독(隨意快讀)』,『양요기록(洋擾記錄)』,『초조보리달마대사설(初祖菩提達磨大師說)』을 저술하고 편술했다.

또한 오경석은 북경에서 그후 오경석이 개화사상을 형성한 시기와 비슷한 시기에 중국의 양무파(洋務派) 개혁론자가 된 정조경(程祖慶), 하추도(何秋濤), 반증수(潘曾綬), 반조음(潘祖蔭), 번빈(樊彬), 오홍은(吳鴻恩), 공헌이(孔憲彝), 왕헌(王軒), 만청려(萬靑藜), 고조희(顧肇熙), 장지동(張之洞), 온충한(溫忠翰), 주수창(周壽昌), 사유번(謝維藩), 왕의영(王懿榮), 오대징(吳大澂)을 비롯해서 60여 명의 명사들과 친밀한 교제를 하면서 서로 의견을 나누고 견문을 넓혔다.

오경석은 안으로는 박제가의 실학과 김정희·이상적의 실학을 계승 발전시키고, 밖으로는 그 자신이 북경에서 구입해 가지고 온 신서들을 「연구」하여 1853년~1859년의 기간에 처음으로 조선의 개화사상을 형성하게 되었다. 이것은 한국의 사회사상사에서 뿐만 아니라 한국근대사에서 실로 획기적인 일이었다.

조선 조정은 해마다 동지사의 사신단으로 3백 명 이상의 큰 인원을 파견하고, 그밖에도 대사가 있을 때마다 대규모 사신단을 중국에 파견했지만 양반고관들은 안일과 타성에 빠져서 중국에 들어와 있는 자본주의 선진문물의 위력을 전혀 감지하지 못하였다. 오직 오경석만이 (그후의 박규수를 제외하고는) 이에 위기의식을 느끼고 연구와 관찰을 실행하여 신사상으로서의 개화사상을 형성한 것이다.

오경석은 자기 자신만 개화사상을 형성한 것이 아니라, 1860년 영·불 연합군의 북경점령 사건에 충격을 받은 이후에는 그의 절친한 친우 대치(大致) 유홍기(劉鴻基)에게도 의도적으로 신서를 주어 나라를 구하기 위한 연구를 권고함으로써 유홍기의 개화사상의 형성에도 결정적으로 중요한 역할을 하였다. 또한 오경석은 1861년 열하부사(熱河副使)로 중국에 가서 충격과 위기의식을 느끼고 돌아온 환재(瓛齋) 박규수(朴珪壽)의 개화사상의 형성에도 큰 도움을 주었다.

또한 오경석은 1866년에 제너럴 셔먼호 사건과 병인양의 충격을 받고는 조선의 민족적 위기가 더욱 급박하게 되었다고 판단하고, 유홍기에게 나라를 구하기 위해서는 북촌의 영민한 양반자제들을 뽑아서 그들이 형성한 개화사상을 교육시키고 발전시켜서 개화파를 형성하여 나라의 대혁신을 일으키는 방법을 제의하였다. 그는 1869년 박규수가 평안도관찰사로부터 한성판윤으로 전임되어 상경하자 박규수에게도 북촌의 양반 자제들을 발탁하여 개화사상을 교육해서 개화파를 형성할 것을 제의하였다. 1869년 말에 개화사상의 3비조인 오경석·유홍기·박규수는 완전히 사상적 동지로 결합하여 1870년부터는 제2세대에 대한 개화사상과 개화파 형성의 교육이 본격적으로 시작된 것이었다.

오경석은 조선의 개화사상과 개화파 형성에 결정적인 역할을 수행했을 뿐만 아니라, 1866년의 병인양요, 1872년의 신미양요의 뒷처리, 1876년의 강화도조약의 체결 등에 있어서는 스스로 실무 외교관이 되어 공식·비공식적으로 자주외교를 하기에 최선의 노력을 다하였다.

오경석은 과로로 말미암아 49세의 짧은 일생밖에 살지 못했으나, 그는 이 짧은 생애에 19세기 중엽 자기의 조국이 당면한 민족적 위기를 일찍이 극복하고 나라를 근대적으로 발전시키기 위하여 조선의 개화사상을 형성하고 개화파 형성의 기틀을 만들어 준 위대한 업적을 수행하였다. 이것은 그가 영민하고 실학에 학문적 토대를 두었기 때문에 가능했음은 물론이다.

그러나 이것만이 아니다. 이것은 그가 자기를 낳아 준 조국의 장래를 미리 염려하고 나라와 겨레를 지극히 사랑했기 때문에 이룩될 수 있었던 업적이었다고 할 것이다.

(『歷史學報』 제107집, 1985 수록)

III. 동학의 사회사상

1. 머리말

한국민족과 조선왕조사회는 19세기 중엽에 이르러 밖으로부터 새로이 서양세력의 심각한 도전을 받게 되었다. 한국민족은 역사를 가진 이래 끊임없이 다른 민족의 도전과 침략을 받아 응전해서 이를 물리치며 자주독립한 민족공동체를 영위해 왔으나, 이전까지의 도전과 응전은 모두 전근대체제의 동일한 전근대체제에 대한 도전과 응전들이었다. 따라서 여기에는 반드시 새로운 사상을 정립해야 이러한 도전을 극복할 수 있도록 신사상 정립이 필수적인 것은 아니었고, 기존의 방법과 사상에 의거해서라도 용감히 응전만 하면 이를 대체로 극복할 수 있는 것이었다.

그러나 19세기 중엽의 서양세력의 동양 및 조선왕국에 대한 도전과 침입은 서양문명의 동양문명에 대한 이질문명의 도전이었을 뿐만 아니라, 산업혁명을 거쳐 한 단계 더 발전된 근대 자본주의체제의 낙후한 전근대 봉건체제에 대한 도전과 침입이었다. 훨씬 더 발전한 근대체제가 낙후한 전근대체제에 도전하여 침입하는 경우에, 전근대체제가 이를 적절히 극복하지 못하면 식민지로 떨어질 위험이 매우 큰 것이었음은 더 설명을 필요로 하지 않는 것이라고 말할 수 있다.

따라서 19세기 중엽의 한국민족과 조선왕조사회가 맞은 서양세력의 침입은 한국민족의 역사에서 매우 심각한 민족적 위기를 조성한 것이었으며,

이에 적절히 응전하고 이 위기를 타개하기 위해서는 새로운 사회사상의 정립이 시급하고 필수적인 것이었다고 말할 수 있다.

뿐만 아니라 이 시기에 조선왕조의 전근대 봉건체제는 안으로 하위신분층의 도전을 받아 급속히 붕괴되어 가고 있었다. 양반관료들은 자기들이 제정한 법률과 제도까지 준행하지 않고 농민에 대한 착취를 강화하여 이른바 '삼정의 문란'이 극도에 달하였고, 이에 대항하여 하위신분의 농민층은 '민란'을 일으켜 가면서 개혁을 요구하였다. 이 시기의 하위 신분층의 개혁 요구는 기존의 전근대 사회체제내의 작은 개량을 요구한 것이 아니라 전근대적 사회신분제를 폐지하고 기존의 전근대 사회체제를 새로운 근대적 사회체제로 근본적으로 개혁할 것을 요구한 것이었기 때문에 매우 심각한 사회적 갈등을 수반한 것이었다.

이에 19세기 중엽의 조선왕조사회에서는 지식인들 사이에서 이러한 안팎으로부터의 위기를 타개하고 도전해 오는 문제들을 해결하기 위해서 새로운 사상들이 형성되었다. 그 대표적인 3대 사상이 널리 아는 바와 같이 ①개화(開化)사상, ②동학(東學)사상, ③위정척사(衛正斥邪) 사상이었다.

이중에서 동학은 당시의 민족적 과제들을 해결하기 위하여 한국인이 새로이 창조해 낸 매우 독특한 새로운 종교요, 새로운 사상이었다. 물론 다른 사상들도 한국인들이 창조해 낸 사상이긴 하지만 그 창조성과 독특성에서 동학은 단연 뛰어난 측면과 구조를 가지고 있었다. 이 사실만으로도 동학사상은 한국 사회사상사에서 매우 중요한 연구과제가 된다고 할 수 있다.

뿐만 아니라, 동학의 교도들은 1894년의 갑오농민혁명운동을 주도했기 때문에 <동학>의 연구는 민족운동사·사회운동사는 물론이오, 한국근대사에서 매우 중요한 연구과제의 하나라고 할 수 있다. 동학과 농민혁명운동과의 관계에 대해서는 종래 ① 동학사상이 혁명을 일으키도록 유도했다는 '동학혁명설', ② 동학은 농민혁명운동의 외피(外皮)에 불과했다는 '동학외피설'과, 필자가 주장하는 바의 ③ 동학과 농민혁명운동이 결합(結合)했다

고 보는 '동학·농민혁명운동 결합설' 등 여러 가지 견해들이 제시되어 왔
다. 이 문제도 갑오농민혁명운동의 연구뿐만 아니라, 동학의 사회사상을
연구해야 밝혀질 수 있는 문제라고 할 수 있다.

이 논문에서는 지식사회학의 관점에서, 동학의 성립 배경과, 농민층에게
친화력(親和力)을 만들어 농민혁명운동과 결합도록 작용한 동학의 사회사
상을 고찰하기로 한다.[1]

2. 동학 성립의 사회적 배경

조선왕조 사회에서 1860년에 최제우(崔濟愚)에 의하여 동학이 창도된
사회적 배경으로서 첫째로 들어야 할 것은 서양세력과 서학의 조선에의
위협적 침투의 시작으로 말미암아 조성된 민족적 위기의 상황들이었다. 우

---

1 동학사상에 대한 연구는 종래 주로 일반사와 철학사의 관점에서 수행되어 수많은
  연구논문들이 나왔다. 그러나 지식사회학적 관점에서 고찰한 연구 논문은 필자의
  과문한 탓인지 아직 거의 나오지 않았다. 여기서 몇 개의 참고되는 연구논문을 들
  면 다음과 같다.
  ① 金龍德, 「東學思想研究」, 『중앙대논문집』 제9집, 1964.
  ② 金義煥, 「初期東學思想에 관한 연구」, 『우리나라 근대사논고』, 1964.
  ③ 韓㳓劤, 「東學思想의 本質」, 『東方學志』 제10집, 1969. 1.
  ④ 崔東熙, 「東學思想의 조사연구」, 『아세아연구』 제12권 제3호, 1969.
  ⑤ 申一澈, 「崔水雲의의 역사의식」, 『한국사상』 제12집, 1974.
  ⑥ 金敬宰, 「崔水雲의 神개념」, 『한국사상』 제12집, 1974.
  ⑦ 趙鏞一, 「近菴에서 찾아본 水雲의 사상적 계보」, 『한국사상』 제12집, 1974.
  ⑧ 李炫熙, 「東學思想의 배경과 그 의식의 성장」, 『한국사상』 제18집, 1981.
  ⑨ 朴容玉, 「東學의 男女平等사상」, 『역사학보』 제91집, 1981.
  ⑩ 鄭鎭午, 「東學의 政治思想」, 『제주대 논문집』 제20집, 1985.
  ⑪ 表映三, 「水雲大禪師의 생애」, 『한국사상』 제20집, 1985.
  ⑫ 愼鏞廈, 「東學과 甲午農民戰爭의 民族主義」, 『한국학보』 제47집, 1987.

선 19세 기에 들어오자 '이양선(異樣船)'이라고 불린 서양의 증기선들이 조선 연안에 출몰하여 본격적으로 압력을 가해 오기 시작하였다. 1832년 6월 로드 암허스트 (Lord Amherst)호가 황해도와 충청도 앞바다에 20여 일간 정박하면서 통상조약 체결을 요구해 온 이후 이양선의 연안 출몰이 끊일 새가 없었다. 최제우가 집을 떠나 전국을 유랑한 시기만을 보아도, 1845년 6월 영국 군함 사마랑 (Samarang)호가 제주도와 남해안 일대를 측량한 후 가축을 약탈하고 돌아갔다. 1846년 6월에는 프랑스 동양함대 사령관 세실 (Jean Baptist Thomas Cécil) 소장이 군함 3척을 이끌고 충청도 홍주(洪州) 앞바다에 와서 조선 조정의 선교사 살해에 항의하는 시위를 하고 돌아갔다. 1847년 6월에는 프랑스 군함 2척이 전라도 군산(群山) 앞바다에 출현하여 역시 선교사 살해를 항의하고 침략을 위협한 후 돌아갔다. 1848년 5월에는 국적불명의 서양 선박이 함경도 단천(端川)·북청(北靑) 앞바다에 출현했으며, 1849년 6 외에는 국적불명의 서양 선박이 함경도 이원(利原)에 상륙하여 벌목을 해 가지고 돌아갔다. 1850년 2월에는 국적 불명의 서양 선박이 경상도 울진(蔚珍)에 나타나 상륙해서 총격을 가해 민간인 5명을 살상하고 돌아갔다. 1851년 3월에는 프랑스 선박 1척이 제주도 해안을 측량하고 돌아갔다. 1852년 12월에는 미국 포경선 1척이 경상도 동래(東萊) 앞바다에 출현하였다. 1853년에는 러시아 해군제독 푸챠친(E.V. Poutiatin)의 지휘 하에 군함 팔라다(Pallada) 호가 장기에 걸쳐 동해안 일대를 정밀히 측량한 후 민간인을 살상하고 돌아갔다. 1854년에는 러시아 군함 보스톡크 (Vostok) 호가 영흥만 일대를 측량하고 돌아갔다. 1855년에는 영국 군함 호네트(Hornet) 호와 실비아(Sylvia) 호가 동해안과 부산항을 측량하고 돌아갔으며, 프랑스 군함 비르지니(Virginee) 호가 동해안 일대를 측량하고 돌아갔다. 해마다 한 해도 빠짐이 없이 서양의 이양선이 조선 연안에 출몰하여 서양세력의 조선침입이 임박했음을 보인 것이었다.

이러한 환경에 둘러싸여 서학(西學)의 조선에서의 포교도 본격적으로 전개되기 시작하였다. 1831년에는 천주교(天主敎)의 조선교구(朝鮮敎區)가 독립되어 제1대 교구장이 임명되었다. 그는 조선에 오지 못하고 죽었지만, 제2대 교구장 앙베르(Mgr. Imbert) 주교는 1838년 1월 극비리에 서울에 잠입하여 본격적으로 조직적 포교를 감행하였다. 이에 조선에서의 천주교의 세력은 급속히 성장하기 시작하여 1839년 초에는 천주교도의 숫자가 이미 9천명에 달하게 되었다. 서학의 침투와 그 세력의 급속한 증가에 위협을 느낀 조선 조정은 위정척사를 내걸고 다시 천주교탄압을 재개하여 1839년에는 서양인 신부 3명과 다수의 천주교도를 처형한 기해사옥(己亥邪獄)이 일어났으며, 천주교도에 대한 박해가 계속되었다. 1846년에 조선왕조 정부는 다시 천주교 탄압을 강화하여 한국인 최초의 신부인 김대건(金大建)과 8명의 남녀 교도가 처형되었다. 정부의 서학에 대한 탄압은 그 후에도 계속되었으나, 조선왕조의 학정 밑에서 정신적으로 의지할 곳이 없는 민중들은 죽음의 위험을 무릅쓰고 서학에 입도하여 정신적 구제와 안정을 추구하는 경향이 있었다.

뿐만 아니라 중국으로부터 들려오는 소식은 보국(保國)=국가보위의 문제를 심각하게 제기하였다. 영국의 중국에 대한 아편 밀수출의 문제로 영국이 도발한 1840년~42년의 아편전쟁에서 중국은 영국의 근대적 무력에 굴복하여 1842년 남경조약을 체결하였는데, 그 주요 내용은 ①홍콩(香港)의 할양, ② 광동(廣東)·상해(上海)·하문(廈門)·복주(福州)·영파(寧波) 등 5개 항구의 개항, ③협정관세제(協定關稅制)의 승인, ④2천 1백만 달러의 배상금의 지불, ⑤치외법권적(治外法權的) 영사재판권(領事裁判權)의 승인, ⑥영국에 대한 일방적 최혜국(最惠國) 대우의 승인 등을 포함한 극히 불평등한 침략적 조약이었다. 이 조약에 의거하여 영국의 중국 침투가 시작되고 곧 이어 1844년에 중국은 프랑스와 미국과도 동일한 유형의 통상조약을 결하여 서양각국의 중국 침투가 본격화되었다. 서양세력이 걷잡을 수 없이 중국 안에 들어오기 시작하자, 1850년에는 광동성(廣東省)에서 홍수전(洪秀全) 등이 나라를 구하겠다고 '태평천국(太平天國)' 혁명운동을 전개하여 1850년부터 중국은 전란에 휩싸이게 되었다. 뿐만 아니라 1856년 10월에는 아로우(Arrow)호 사건이 일어나, 영국과 프랑스는 연합군을 편성해서 중국을 공격하여 광동을 점령하고 천진(天津)을 공격하였다. 중국은 다시 이 서양의 무력에 굴복하여 1858년에 천진조약을 체결하여 다시 천진을 비롯한 10개 항구의 서양 각국에 의 개항과 양자강의 서양 상선(商船)에의 개방을 약속하였다.

청국이 이 조약의 비준과 실행을 지연시키려고 하자 영·불연합군(英·佛聯合軍)은 다시 무력 공격을 시작하여 1860년 7월에는 천진을 점령하고, 8월에는 중국의 수도 북경을 점령하였다. 청국 황제는 열하(熱河)로 피란을 가고, 청국은 서양의 무력 침략 앞에 굴복하여 1860년 9월에 북경조약(北京條約)을 체결하였다. 북경조약의 주요 내용은 ①천진의 개항, ②구룡반도(九龍半島)의 할양, ③배상금 1,600만 달러의 지불 이외에 무엇보다도 ④서양인들에게 천주교 포교의 완전한 자유와 교당 설립의 자유, 서양 신부들의 토지·가옥의 건조(建造) 또는 임차(賃借)의 자유의 허용과 ⑤ 서양인에 의한 중국인 노동자(coolies)의 모집과 해외 이동을 허용한 것이었다.

동양의 최강국이라고 믿어져 왔던 청국이 서양의 침략 앞에서 굴욕적으로 완전히 굴복하여 서양열강의 중국 침략이 본격적으로 시작되는 소식을 들은 조선의 지식인들과 조정은 심대한 충격을 받게 되었다.

최제우는 그의 동학의 득도와 포교의 시작이 서양열강의 동양과 중국침략으로 말미암은 위기 의식과 관련된 것임을 스스로 다음과 같이 썼다

> 경신(1860)년에 이르러 전해 들으니 서양 사람들은 천주의 뜻이라고 부귀를 취하지 않고 천하(중국-필자)를 공격하여 취해서 (서학의) 교당을 세우고 그 도(서학의 도)를 행한다고 하였다. 그러므로 나는 또한 "그럴 수 있을까, 어찌 그럴까"하는 의문이 있었다.

그러다가 뜻밖에 경신년 4월에 갑자기 가슴이 두근거리고 몸이 떨리기 시작하여, 무슨 병인지 병의 증세를 알 수 없고 말로 형상하기도 어려울 즈음에 어디선가 갑자기 선어가 문득 귀에 들려왔다.[2]

여기서 명백한 것은 최제우의 득도가 1860년(경신) 서양세력의 중국침략 및 영·불연합군의 북경 점령사건과 그에 따른 '북경조약'에 의거한 서학(천주교)의 중국에서의 자유로운 포교의 허락과 직결되어 있다는 사실이다.

최제우는 서양열강의 무력에 의한 중국 북경점령에서 중국의 멸망뿐만 아니라 자기의 조국인 조선의 심각한 위기를 절감하게 된 것이었다. 이것은 서양세력의 침입으로 말미암아 조성되기 시작한 새로운 민족적 위기를 그 나름의 관점에서 인식하게 된 것이었다고 볼 수 있다. 그는 이 민족적 위기의 의식을 스스로 다음과 같이 기록하였다.

서양은 전쟁을 하면 승리하고 공격하면 빼앗아 이루지 못하는 일이 없다. 천하가 모두 멸망하면 또한 (우리 나라도) 입술이 없어지는 탄식이 없지 않을 것이니 보국안민의 계책을 장차 어떻게 낼까.[3]

최제우는 여기서 '입술이 없어지면 이가 시리게 된다'는 동양식 표현을 빌어 중국(천하)을 입술, 조선을 이빨에 비유하면서, 서양이 중국과의 전쟁에서 연전연승하여 막강한 힘으로 침입해 오고 있으니 중국이 망할 경우 입술이 없어진 이빨이 시린 것처럼 조선이 심각한 위기와 위험에 놓이게 됨을 지적하고 보국안민(輔國安民)의 방안을 수립해야 할 절실하고 긴급한

---

2 『東經大全』, 「布德文」, 「至於庚申 傳聞西洋之人 以爲天主之意 不取富貴 攻取
   天下 立基堂 行其道 故吾亦有其然豈其然之疑, 不意四月 心寒身戰 疾不得執症
   言不得難狀之際 有何仙語 忽入耳中.」
3 『東經大全』, 「布德文」, 「西洋戰勝攻取 無事不成 而天下盡滅 亦不無脣亡之歎
   輔國安民 計將安出.」

필요를 강조한 것이었다.

최제우는 『논학문(論學文)』에서도 서양세력의 동점(東漸)에 대한 민족적 위기의식을 다음과 같이 거듭 강조하여 기록하였다.

저 경신년 4월에 이르러 천하가 혼란하고 민심이 효박하여 어디로 가야 힐지 알지 못할 즈음에, 또한 괴이한 말이 세간에 요란하게 퍼져 이르기를 "서양사람은 도를 이루고 덕을 세워 그 조화가 미치는 곳에 이루지 못하는 일이 없고, 무기로 공격하여 전투를 함에 그 앞에 당할 사람이 없다"고 하였다. 중국이 멸망하면 (우리나라도) 어찌 입술이 없어져 이가 시리는 근심이 없겠는가.

이는 딴 연고가 아니라, 이 사람들(서양인)은 道는 西道라고 칭하고 學은 天主라고 칭하며 敎는 聖敎라고 하니, 이것은 天時를 알고, 天命을 받은 것이나 아닐까 하는 말도 있었다.

이러한 말들을 낱낱이 들려면 끝이 없는지라, 나도 또한 늦게 태어난 것을 한탄할 즈음에, 갑자기 몸이 떨리기 시작하여 밖으로 靈氣가 몸에 접하고 안으로 (하느님의) 가르침이 내리는데 보아도 보이지 않고 들어도 들리지 않았다.[4]

위에서 든 최제우의 세 개의 글에서 몇 가지 특히 주목해야 할 것이 있다. 우선 최제우는 중국을 멸망시키기 시작하고 있는 서양의 힘을 두 개의 차원에서 보았는 바 ①도(道, 西道)·학(學, 天主學)·교(敎, 聖敎) 등 서학(西學)의 힘과 ② 무기·전쟁에서 보이는 것과 같은 무력(武力)이었다. 최제우는 이 두 개의 차원의 서양의 힘을 모두 보면서도 특히 '서학'의 힘을 더욱 본질적인 것으로 관찰했던 것으로 보인다.

최제우는 서학이 서양의 힘의 근원적인 원천이며 서양의 무력도 궁극적으로는 이에 기초하여 유도되고 있는 것이라고 보았다. 그는 이 서학의 힘

---

4 『東經大全』, 「論學文」.

이 서양의 무력을 매개수단으로 하여 중국을 멸망시키게 되면 그 다음에는 조선에 들어와 입술을 잃어버린 조선을 멸망시키게 되지 않을까 매우 두려워하여 심각한 위기의식을 절감하게 된 것이었다.

최제우는 '서학'이 천시(天時)를 알고 천명(天命)을 받았기 때문에 그러한 막강한 힘을 가진 것이 아닌가 두려워하면서 서학에 대한 대결의식에 지배되어 「서학의 창도자」보다 뒤늦게 태어난 것을 한탄하다가 크게 깨달은 바가 있어 스스로 「동학」을 창도하게 된 것이었다. 모든 종교의 창도자들이 그러한 바와 같이 최제우도 득도의 과정을 「선인(仙人)」「하느님」의 말씀과 '영기(靈氣)'와의 접합이라는 신비체험으로 설명하였지만, 이것은 비본질적이고 부차적인 것이라고 필자는 보고 있다.

최제우는 서학이 무력을 매개로 하여 중국을 멸망시키고, 다음에 조선을 멸망시키려고 들어오고 있으며 민족적 위기에 직면했다고 판단하여, 서학의 교조보다 늦게 태어난 것을 한탄하면서 서학에 대한 대결의식에 지배되어 그 스스로 말한 「보국안민」의 방안의 하나로서 크게 깨달은 바가 있어 '동학'을 창도하게 된 것이었다.

동학 성립의 사회적 배경으로서 둘째로 들어야 할 것은 조선왕조 봉건사회의 급격한 해체에 따르는 봉건적 위기의 상황들이었다. 19세기 중엽에 이르면 조선왕조의 전근대 봉건사회는 걷잡을 수 없이 해체되어 말기적 현상 이 도처에서 걷잡을 수 없이 나타나 지배하게 되었다. 통치계층인 양반관료들은 그들 자신이 제정한 법률과 제도를 스스로 무시하고, '삼정(三政)의 문란'이라고 통칭되고 있는 바와 같이, 농민들에 대한 착취와 가렴주구를 기탄없이 자행하여 백성들을 더욱 도탄에 빠뜨렸다.

양반관료들의 절제 없는 착취와 학대에 견디지 못한 농민들을 비롯한 하위신분층은 이에 대하여 '민란'으로 맞서서, 19세기에 들어오면 전국 도처에서 농민들의 '폭동'과 '반란'이 끊임없이 일어났다. 예컨대, 1811년의 '홍경래란'을 하나의 전환점으로 해서 연이은 민란으로 말미암아 한반도의 북부지역에 대한 조선왕조의 통치 질서는 근본적으로 붕괴되었다.[5] 중부와 남부지방에서도 대소규모의 민란이 끊임없이 일어나서, '진주민란'이 일어난 1862년의 경우에는 전국 30여개 군에서 민란이 폭발한 형편이었다. 19세기는 가히 「민란의 세기」[6]라고 이름지을 만한 시기였다고 말할 수 있다. 민란이 한번 일어난 지역은 비록 양반관료 통치자늘에 의하여 그것이 '진압'된 경우에도 실질적으로 그 일대에 대한 통치질서는 근본적으로 붕괴되었다.

이러한 봉건적 통치 질서의 붕괴는 봉건사회를 구성해오던 제도의 골간인 사회신분제도의 급속한 붕괴를 수반하였다. 양반신분은 관직과 부를 독점하고 하위신분층을 가혹하게 착취하며 탄압했지만, 벌열(閥閥)에 끼어서 관직을 독점하는 일에 참가하지 못한 영락한 양반들은 이미 지배신분의 존귀성을 상실하여 양반신분을 매매하는 일까지 성행하기 시작하였다. 또한 하위 신분층인 평민층과 천민층도 양반신분층을 외경하지 않고 능멸하는 일이 비일비재했으며, 모칭유학(冒稱幼學), 납속(納栗), 도망(逃亡), 매입(買入) 등의 방법에 의하여 양반신분으로 신분의 상향이동을 함으로써 사회신분제의 척추인 신분 장벽이 현저하게 허물어졌다. 이 시기에는 노비가 먼 지방으로 도망해서 양반신분의 행세를 해도 중앙의 양반관료들은 이를 추쇄(推刷)할 능력을 거의 상실하게 되었다.

이러한 사회적 상황에서는 양반신분층이 정립한 전근대의 도덕이나 윤리는 하위신분 사이에서는 물론이거니와 양반신분층 자신들 사이에서까지도 잘 준행되지 않고 무시되어 도덕적 타락이 만연하였다. 이 위에 19세기 초엽에는 콜레라 전염병까지 유행하여 조선왕조의 봉건적 위기를 심화시키는 요인으로 작용하였다.

최제우는 이러한 조선왕조의 봉건적 위기의 현실을 놓고 조선왕조 4백

5 鄭奭鍾, 「洪景來亂의 性格」, 『韓國史研究』 제7집, 1972.
6 慎鏞廈, 「1894년의 社會身分制의 廢止」, 『규장각』 제9집, 1985.

년은 이미 시운(時運)이 다해 이제 막 종언을 고하려는 말세에 이르렀으며, 그 속에서 민중들은 도탄에 빠져 구원을 기다리고 있는 것이라고 관찰하였다.

> 삼각산 한양도읍 四백년 지난 후에 下元甲이 세상에 남겨간 자식없이......[7]
> 우리나라는 惡疾이 온 세상에 가득하여 백성들이 사시사철 편안할 때가 없으니 이 역시 傷害의 운수이다.[8]
> 일세상 저 인물이 도탄중 아닐런가.[9]

최제우는 조선왕조사회의 지배신분인 양반들이 백성들을 억압하고 착취하면서 「군자(君子)」를 말하고 「도덕(道德)」을 말하는 것을 부정하였다. 그는 조선왕조사회의 온 세상이 말세가 되어 온 세상 사람들이 도덕적으로 타락해서 각자 딴 마음을 품어 천리(天理)에 따르지 않고 천명(天命)을 돌아보지 않는 혼탁하고 어지러운 사회가 되었다고 관찰하였다.

> 우습다 저 사람은 地閥이 무엇이게 君子를 비유하며 文筆이 무엇이게 道德을 의론하뇨.[10]
> 이 근래에는 온 세상 사람들이 각기 딴 마음을 품어 天理를 따르지 아니하고 天命을 돌아보지 아니할 새, 나도 항상 두려워서 어찌해야 할지 모르게 되었었다.[11]

최제우는 당시 조선왕조사회의 부패와 타락과 혼란에 대하여 「아서라

---

7 『龍潭遺詞』, 「夢中老少問答歌」.
8 『東經大全』, 「布德文」.
9 『龍潭遺詞』, 「勸學歌」.
10 『龍潭遺詞』, 「道德歌」.
11 『東經大全』, 「布德文」.

이 세상은 요순지치(堯舜之治)라도 부족이오 공맹지덕(孔孟之德)이라도 부족언(不足焉)이다」[12]라고 판단하였다. 이러한 상태의 조선왕조사회가 서양의 무력과 서학의 침입에 당면했으니 그대로 두면 나라가 망하고 백성이 노예가 될 것이 명백하므로 장차 서양의 침입으로부터 나라를 지켜 백성을 편안케 하고(保國安民, 보국안민), 양반관료의 억압괴 수탈로 말미암아 도탄에 빠져 있는 백성들을 널리 구제하는(廣濟蒼生, 광제창생) 방안을 강구하는 일이 최제우에게는 가장 긴급하고 절실한 일로 판단된 것이었다.

동학 성립의 사회적 배경으로서 셋째로 들어야 할 것은 백성들의 새로운 사회, 새로운 질서, 새로운 사상, 새로운 종교, 새로운 도덕, 새로운 세상에 대한 요구의 상황이었다.

이 시기의 하위신분층의 개혁 요구는 기존의 전근대 사회체제내에서의 작은 개량들을 요구한 것이 아니라 전근대적 사회신분제 그 자체를 폐지하고 기존의 사회구조를 새로운 근대적 사회구조로 근본적으로 변혁할 것을 요구하는 것이었다. 따라서 이것은 새로운 사회와 사상을 요구하는 하위신분층과 기존의 지배신분층 사이에 매우 심각한 사회적 갈등을 수반한 것이었다.

최제우는 종교와 사상의 측면에서 볼 때에도, 그의 예리한 관찰로는 백성들이 아직도 다수 신봉하는 기존의 종교인 유교와 불교는 이미 낡고 병들어서 생동력과 생명력을 상실하여 백성들의 이러한 새로운 요구에 부응할 수 없는 것이라고 보았다.

> 온 세상 사람들이 각기 딴 마음을 품어 天理에 順하지 아니하고 天命을 돌아보지 아니하니.[13]
> 儒道 佛道 累千年에 운이 역시 다 했던가.[14]

---

12 『龍潭遺詞』,「夢中問答歌」.
13 『東經大全』,「布德文」.
14 『龍潭遺詞』,「敎訓歌」.

아서라 이 세상은 堯舜之治라도 부족이오 孔孟之德이라도 不足焉이다.[15]

최제우는 이러한 백성들의 새로운 요구에 서학도 부응할 수 없는 것일 뿐 아니라, 서학은 매우 위험한 것이라고 보았다. 왜냐하면 최제우는 서학을 서양세력의 침입을 인도하는 종교적 힘이고 첨병이며 서양세력의 힘의 원천이라고 보았기 때문이었다. 따라서 그는 일부 민중들이 정신적 지주를 잃고 날로 서학에 들어가는 것을 매우 위험한 것이라고 관찰하고 이것을 정신적 위기상황으로 파악하여 매우 두려워하였다.

기본적으로 이러한 사회적 배경 위에서 최제우는 보국안민(保國安民)하고 광제창생(廣濟蒼生)할 수 있는 새로운 종교와 사상을 창조할 필요를 절감하고 그 스스로 이것을 자기의 사명으로 삼아 동학을 창도한 것이었다.

3. 동학 성립의 개인적 배경

동학을 창시한 최제우는 1824년(순조 24년) 음력 10월 28(양력 12월18일) 지금의 경상북도 월성군(月城郡) 현곡면(見谷面) 가정리(柯亭里)에서 출생하였다. 그의 본관은 경주이고, 본명은 복술(福述)이었으며, 관명은 제선(濟宣)이었다. 제우는 그가 35세 때 창생들을 구제하기 위한 수도를 하면서 제선을 「제우(濟愚)」(어리석은 중생들을 구제한다는 뜻)로 바꾼 이름이고, 자(字)는 성묵(性默)이며, 호(號)는 수운(水雲)이었다.

최제우 가문의 가계를 보면 통일신라시대는 육두품(六頭品)의 집안이었다가, 신라가 멸망한 후에 이 지방의 향리층으로 되어 조선전기까지는 신

---

15 『龍潭遺詞』, 「夢中老少問答歌」.

분이 격하되었으나, 이 지방에서는 상당한 영향력을 가진 지방토착 세력으로 이어져 왔다. 이 집안을 지방향리 가문으로부터 양반신분으로 올린 인물은 최제우의 7대조인 최진립(崔震立)(1568~1636)이었다. 그는 매우 애국적인 인물로서 1592년에 왜군이 침략해 들어와 임진왜란이 일어나자 그 아우와 함께 의병에 가담하여 용감히 싸웠다. 최진립은 임진왜란이 소강상태에 들어간 1594년에 무과(武科)에 합격 하였으며, 1597년 정유재란 때에는 장교로서 일본군을 무찌르는데 큰 공을 세워서, 임진왜란 후 조선왕조 정부가 논공행상을 할 때에는 「선무종훈(宣武從勳)」의 표훈을 받고 관직도 경기수사(京畿水使)·공조참판(工曹參判)의 직급을 받았다. 1636년에 병자호란이 일어나고 국왕이 남한산성에서 포위되었다는 소식을 듣자 최진립은 69세의 공주영장(公州營將)으로서 병(兵)을 일으켜 군대를 이끌고 국왕과 조정을 구하러 북상하다가, 경기도 용인(龍仁)의 험천(險川)에서 청군을 만나 이를 공격해서 용감히 싸우다가 전사하였다. 병자 호란이 끝난 후 논공행상을 할 때 국왕과 조정은 최진립의 충성을 기려 그에게 병조판서를 추서하고 정무공(貞武公)이라는 시호를 내려 주었다. 그의 후 손과 최씨 일문들은 1699년 (숙종 25년)에 최진립을 모시기 위한 사당을 월성군의 용산(龍山)에 세웠고, 국왕 숙종은 여기에 「숭렬사(崇烈祠)」라는 이름을 지어 내려주었다. 이에 최진립의 가문은 「무반(武班)」으로 입신하여 양반신분을 확립하게 된 것이었다.

그러나 당시 조선왕조의 관료계에서는 문무차별이 심하였으므로 최진립의 후손들은 문과에 응시하여 문반(文班)으로서의 사회적 지위를 확립하고자 하였다. 그러나 성공하지 못하였다. 최진립의 후손으로서 가장 탁월한 문사는 최제우의 아버지 근암(近菴) 최옥(崔鋈, 1762~1840)이었다. 그는 재주가 비범하고 능력이 탁월한 인물로서 제자백가를 널리 공부했고, 국내 선유(先儒)로서는 이언적(李彦迪)과 이황(李滉, 退溪)의 학문을 섭렵하였다. 그러나 그는 과거에 5, 6차나 응시했지만 번번히 낙방하였다. 당시 부패한 과거 시험 관리하에서는 최옥이 아무리 재능과 실력이 있었다 할지라도 실력만으로는 합격할 수가 없었을 것이다. 그럼에도 불구하고 전해 내려오는 최옥의 문집인 『근암집(近菴集)』은 그가 훌륭한 문사였음을 잘 증명해 주고 있다.

최옥은 첫번째 아내 정(鄭)씨에게서 아들을 얻었으나 곧 병으로 아내와 아들을 모두 잃었다. 그는 다시 서(徐)씨를 아내로 재취했으나 여기서는 딸만 둘 얻었고 아들을 얻지 못하였다. 당시 봉건적 가족관념에서 최옥이 얼마나 이 가계 후속 문제에 집착했을까는 추정되고도 남음이 있다. 그는 할 수 없이 조카 (아우 최규(崔珪)의 아들)를 양자로 들여 그의 대를 잇도록 하였다. 그러나 최옥의 아들을 갖고자 하는 집념은 여전히 남아 있어서 그는 환갑이 넘은 나이에 이웃의 과부 한(韓)씨를 맞아들여 63세 때에 마침내 아들 하나를 얻은 것이 최제우였다.[16]

최제우는 아버지의 사랑을 독차지 하면서 8세때부터 아버지에게서 글을 배우기 시작했는데 재주가 비범하여 가르치면 모르는 것이 없을 정도였다.

> 八세에 입학해서 허다한 萬卷詩書 無不通知 하여내니 生而知之 방불하다. 十세를 지내나니 총명은 司曠이오 智局이 비범하고 才器 過人하니 평생에 하는 근심 淸薄한 이 세상에 君不君 臣不臣과 父不父 子不子를 晝宵間 탄식하니 울울한 그 회포는 흉중에 가득하되 아는 사람 전혀 없어.[17]

최제우는 8세 때부터 공부를 시작해서 그의 천재적 재능으로 허다한 서책을 읽고 그의 탁월함을 나타냈으나, 10세를 지내자마자 그가 처해 있는 불우한 처지와 사회제도의 모순을 알게 되기 시작하였다. 그것은 최제우가 조선왕조사회에서는 도저히 큰 재목으로 쓰이고 대우받을 수 없는 '서자

---

16 『慶州崔氏大同譜』 권1 및 권4 ; 『天道敎創建史』(李敦化 편술) ; 『東學史』(吳知泳) ; 崔東熙, 「水雲의 基本思想과 狀況」, 『韓國思想』 제12집, 1973 참조.
17 『龍潭遺詞』, 「夢中老少問答歌」.

(庶子)'라는 사실의 자각과 울분이었다.

최제우는 최옥의 세 번째 부인의 아들로서 첩의 아들이었다. 최옥의 첫째부인 정씨가 별세한 후에 서씨를 재취했으므로 서씨의 소생은 적자(嫡子)로 간주될 수 있었으나 여기서는 딸만 둘 있고 아들이 없어 조카 최제환(崔濟奐)을 양자로 들여 가통을 잇게 했다. 최옥의 셋째 부인 한씨는 정처인 둘째부인 서씨가 생존해 있는 시기에 득남을 위하여 삼취(三娶)한 첩이며, 여기서 태어난 최제우는 '서자(庶子)'임이 분명 하였다.[18] 당시 서얼차별제도(庶孼差別制度)로 말미암아 서자들은 사회적으로 극심한 차별을 받았다. 심지어는 집안에서도 아버지를 아버지라고 부르지 못하는 정도의 차별을 받았다. 서자들은 아무리 재주가 비범하고 탁월해도 과거에 응시할 자격부터 박탈당하였다. 조선왕조사회에서 서자는 태어날 때부터 버림받은 신분이었던 것이다. 최제우가 10세를 지내어 자기가 이 사회에서는 버림받은 서자 출신이며, 아무리 재주가 천재이고 공부가 탁월해도 과거에는 응시할 자격조차 없는 사회적으로 완전히 버림받은 신분임을 알았을 때 그의 남모르는 절망과 탄식과 분노가 어떠했을지는 추측되고도 남음이 있다.

최제우는 13세 때에 그의 아버지의 명에 따라 울산의 박씨를 취하여 결혼하였다. 이미 75세가 된 아버지 최옥이 그의 생전에 불쌍한 아들을 결혼이라도 시켜 놓고 눈을 감겠다는 생각으로 서둘러 취해진 결혼이라고 보는 것이 타당할 것이다. 아버지 최옥은 79세로 별세했는데 이때 최제우의 나이 17세였다. 그는 자기를 사랑해 준 유일한 사회적 권위인 부친 옆에서 슬피 울었다. 다시 최제우에게 불행이 겹치어 그가 부친의 3년상을 지내는 동안에 집에 화재가 발생해서 가옥과 부친의 서책 들이 소실 당하였다.

가련하다 가련하다. 우리 父親 가련하다. 龜尾龍潭 좋은 勝地 道德

---

18 조선왕조사회에서는 庶孼과 三娶妻의 子孫은 科擧의 應試가 禁錮되어 있었다.

文章 닦아 내어 山蔭水蔭 알지만은 立身揚名 못하시고 龜尾山下 一亭閣을 龍潭이라 이름하고 山林處士 一布衣로 후세에 전탄말가. 가련하다 가련하다 이내 家運 가련하다. 나도 또한 出世 후에 得罪父母 아닐런가. 불효 불효 못 면하니 積世怨鬱 아닐런가. 不遇時之 남아로서 허송세월 하였구나.[19]

물같이 흘러가는 세월을 막기 어려워 부친은 어느날 조용히 세상을 떠나고 나 는 그 옆에서 슬피 울었다. 외로운 나의 한 목숨은 그때 나이 겨우 十六(二八)세라 무엇을 알았으리오. 어린 아이나 다름이 없었노라. 부친의 평생 사업은 화재를 만나 흔적도 없이 사라져 버리니, 자손의 못난 餘恨은 이 세상에서 살아갈 마음이 없을 정도로 낙심하였다. 어찌 원통하지 아니하며 어찌 애석하지 않겠는가.

마음에 가정 일을 돌볼 생각이 있었으나 농사의 일을 할 줄 몰랐으며 공부를 돈독하게 열심히 하지 않았으니 靑雲의 뜻을 잃었노라. 家産이 점점 기울어 가니 나중에는 어떻게 될지 알지 못하였고 나이가 점점 들어가니 신세가 장차 초라해 질 것을 탄식하였노라.[20]

최제우는 부친의 3년상을 마치자, 부인에게 처가에 가 있도록 이르고 활로를 열어 보려고 집을 떠났다. 이때가 최제우의 20세(1843년) 때였다. 그는 이때부터 31세 (1854년) 때 부인에게 돌아와 정착할 때까지 전국 각지를 유랑하며 온갖 일과 온갖 공부를 해 가며 활로를 찾아보려고 탐색하였다. 최제우는 이 시기의 그의 행적에 대하여 백천만사를 모두 해 보았으나 한 가지도 성공하지 못했다고 다음과 같이 간단히 쓰고 말았기 때문에 이 시기의 그가 한 소업(所業)을 자세히는 알 수 없다.

대저 인간 百千萬事 행코나니 그뿐이오 겪고나니 고생일세. 그 중에 한 가 지도 所業成功 바이 없어 흉중에 품은 회포 一掃一擺 하온

---

19 『龍潭遺詞』, 「龍潭歌」.
20 『東經大全』, 「修德文」.

후에, 이내 身命 돌아보니 나이 이미 사십이요, 세상 풍속 돌아보니 어차여차 又如此라.[21]

최제우가 집을 떠나 11년간 방랑하면서 한 일들을 몇가지 찾아 보면, 처음에는 무술을 익히어 무과(武科)에라도 나가볼까 하고 활쏘기와 말달리기를 익혀 보았다.[22] 무과에는 서자출신도 때때로 응시할 기회가 있을 것이었기 때문이었던 것으로 보인다. 다음에는 시장에 나아가 상업도 해 보았는데,[23] 포목상을 했던 것으로 전해지고 있다. 의술과 침구(鍼灸)도 공부해 보았다. 복술(卜術) 등 잡술(雜術)에도 손을 대 보았다. 도통(道通)을 하려고 선교(仙敎, 道敎) 공부를 하기도 하고, 전국의 유명한 도사(道士) 찾아다니기도 하였다. 전국의 유명한 사찰과 암자를 돌면서 고승(高僧)을 만나 불도(佛道)를 깨쳐 보려고도 하였다. 심지어는 서학(西學)에 오묘한 진리가 있다는 말을 듣고 서학[天主敎]도 섭렵해 보았다.[24] 그러나 최제우는 고생만 하고 그 어느 것에도 성공하지 못했으며, 그 어느 곳에서도 그가 찾아 헤매는 활로와 득도를 얻지 못하였다. 그는 고향과 처자를 떠난 지 10년이 넘게 되자 실의와 절망에 빠져 31세 (1854년 9월) 때에 울산의 친정에 기대어 살고 있는 처자를 찾아 돌아오게 되었다.

그러나 최제우의 11년간의 전국 유랑은, 비록 득도는 이루지 못했다 할지라도, 헛된 것은 아니었다. 그는 11년 간의 유랑을 통하여 시대와 사회를 유감없이 체험 하여 새로운 자기 자신의 관점을 갖게 되었다. 그는 자기의 유랑생활의 경험에 대하여 다음과 같이 기술하였다.

---

21 『龍潭遺詞』, 「敎訓歌」.
22 李敦化, 『天道敎創建史』, 1933, 제1편, p.4 참조
23 吳知永, 『東學史』, 1940, p.1 참조.
24 『東學史』, p.2 참조.

遍踏江山 아니하면 人心風俗 이런 줄을 아니 보고 어찌 알꼬. 대저 인간 百年萬事 보고나니 恨이 없네.[25]

최제우는 그의 유랑을 통하여 자기 시대의 사회와 국가와 민중의 현실을 철저하게 알게 되어 후에 그의 득도(得道)의 중요한 경험적 지식과 자료를 획득 하고 축적한 것이었다.

4. 동학 성립의 지적(知的) 배경

최제우는 11년에 걸친 출가구도의 전국 유랑 끝에 1854년 지친 몸을 이끌고 처자에게로 돌아와 울산의 유곡동(裕谷洞)에 작은 초가집을 마련하고 가족의 품에서 휴양에 들어갈 수 있었다. 그러나 그의 마음은 여전히 구도(求道)에 가 있었으며, 서양세력과 서학의 침입 앞에 무방비 상태로 있는 자기 나라와 도탄에 빠진 백성들을 구원할 방법이 없음을 오히려 걱정하였다.

최제우는 귀가한 두 해 후인 1856년 (33세) 여름에 보국안민하고 광제창생할 수 있는 새로운 도를 깨닫기 위하여 양산군(梁山郡)에 있는 그 일대의 명산인 천성산(千聖山)의 내원암(內院庵)에 들어가 49일 동안의 구도를 위한 정성을 드리고 사색을 시작하였다. 그러나 47일째에 그의 숙부가 별세했으므로 그는 정성드림을 중단하고 하산하여 경주(慶州)를 다녀오게 되었다. 최제우는 숙부의 장례 후에 이번에는 천성산의 적멸굴(寂滅屈)에 들어가 다시 49일 치성을 시작하였다. 그는 이 굴 속에서 거의 식수로만 연명하면서 온 정신력을 집중하여 득도를 위한 치성과 사색을 했으나 49일의 치성을 다 마쳤음에도 불구하고 새로운 도를 깨달아 구하지 못한 채 하

---

25 『龍潭遺詞』, 「勸學歌」.

산하였다.

최제우는 울산의 집으로 돌아와서 이번에는 집에서 치성을 하며 사색을 하기로 하였다. 그러나 그의 구도는 성공하지 못하고, 최제우가 득도했다는 헛소문만 무성하게 퍼졌다. 최제우는 숙부가 경주에서 별세한 것을 천성산에서 신통력으로 내다보고 미리 알았다는 둥, 죽은 노파를 살려 냈다는 둥, 최제우는 신통력을 얻어 조화를 부린다는 둥, 온갖 헛소문이 일대에 나돌고, 이를 믿어 그를 찾아오는 사람들까지 나타나게 되었다.

최제우는 득도를 위한 모든 노력에 실패한 후, 절망적인 상태에서 1859년 (36세) 10월에 초라한 모습으로 처자를 이끌고 처가의 고을인 울산으로부터 고향인 경주로 돌아왔다.[26] 그러나 그가 태어난 곳인 현곡면 가정리(柯亭里)에는 이미 팔아버린 그의 집이 남아있을 리 없었다. 그는 가정리 남쪽 구미산(龜尾山)의 계곡에 그의 아버지 최옥이 옛날에 지어놓고 책을 읽던 정자인 용담정(龍潭亭)을 찾아가 여기에 살림의 거처를 정하였다. 부모가 남겨준 유산을 모두 탕진하고 구도에도 성공하지 못한 채 다시 부모가 남긴 정자에 초라하게 찾아와 몸을 의탁한 불효 막심한 자신을 까막까치들도 조롱하는 듯했다고 최제우는 다음과 같이 기술하였다.

> 四十평생 이뿐인가 무가내라 할길 없다. 龜尾龍潭 찾아오니 흐르나니 물소리요 높으나니 산이로세. 좌우산천 둘러보니 山水는 依舊하고 초목은 含情하니 불효한 이내 마음 그 아니 슬플소냐. 烏鵲은 날아들어 조롱을 하는 듯고 松柏은 울울하여 淸節을 지켜내니 불효한 이내 마음 悲感悔心 절로 난다.[27]

최제우는 그의 아버지의 터전인 구미산 용담정에서 세상을 구원할 도를

---

26 『東經大全』, 「修德文」 참조.
27 『龍潭遺詞』, 「龍潭歌」.

깨치 못하면 세상에 다시 나아가지 않을 굳은 결심을 한 다음, 이름을 「제선(濟宣)」으로부터 「우매한 창생을 구제한다」는 뜻의 '제우(濟愚)'로 스스로 고치고 자(字)를 성묵(性黙)이라고 지었다.[28] 그는 이곳에서 정결한 곳에 제단을 차려 놓고 정성껏 기도를 드렸다. 매일 같이 밤에 잠도 제대로 자지 않고 공부를 지극하게 하면서 득도를 위한 명상과 정신통일을 계속하였다. 이러한 그의 비장하고 처절한 구도의 노력으로 말미암아 그의 몸은 매우 쇠약해지게 되었다. 뿐만 아

〈그림 9〉 동학 제1세 교주
최제우 초상

니라 인편에 들리는 소문은 나라 안 형편이 더욱 어지러워지고, 서양세력은 다시 중국을 침략하여 굴복시켜서 천주교회당을 북경에 높이 짓고 포교를 활발히 한다는 소식이었다.[29] 최제우가 득도에 더욱 심혈을 기울였을 것을 짐작할 수 있다.

1860년 음력 4월 5일(양력 5월 25일), 마침내 역사적인 득도의 날이 왔다. 최제우는 목욕재계하고 명상의 수도에 들어간 즈음에 5리쯤 떨어져 있는 지동(芝洞)의 조카가 인마를 보내어 생일에 초대를 해 왔다. 그는 거절하기 어려워 생일잔치에 갔다가 몸이 떨리면서 심신에 이상을 느껴 곧 용담으로 돌아왔다. 최제우는 즉시 심신의 이상을 이겨내려고 마음을 가다듬

---

28 『龍潭遺詞』, 「敎訓歌」 참조.
29 『東經大全』, 「布德文」 참조.

어 치성을 하고 정신집중을 하였다. 그러나 몸이 더욱 떨리고 가슴이 두근 거리며 정신이 무아지경(無我之境)에 든 가운데 공중에서 천지가 진동할 때 와 같은 큰 소리로 외치는 소리가 들려왔다. 최제우는 벌떡 일어나 물으니 대답하기를 "두려워하지 말고 겁내지 말라"하고 "세상 사람들이 나를 '하느 님'이라고 부르는데 너를 낳도록 택하여 하느님의 도를 사람들에게 가르치 도록 했으니 의심하지 말라"하고 '동학'의 기본 원리를 가르쳐 주었다.

四월이라 초五일에 꿈일런가 잠일런가 천지가 아득해서 정신 수습 못할러라 공중에서 외는 소리 천지가 진동할 때[30] … 뜻밖에도 庚申 년 四월에 갑자기 가슴이 두근거리고 몸이 떨리기 시작하여 무슨 병 인지 병의 증세를 알 수 없고 말로 형용하기도 어려울 즈음에 어디선 가 갑자기 神仙의 말씀이 들려왔다. 나는 깜짝 놀라 일어나서 캐어 물 어 보았더니 하느님(上帝)이 대답하시기를 "두려워하지 말고 겁내지 말라, 세상 사람들이 나를 하느님 (上帝)이라 하니 너는 하느님(上帝) 을 모르느냐' 하였다. "왜 그러십니까" 하고 까닭을 물었더니, 하느님 이 대답하시기를 "나 역시 지금까지 功이 없으므로 너를 世間에 태어 나게 하고 세상 사람들에 이 法을 가르치게 하노니 의심하지 말고, 의 심하지 말라" 하였다. 내가 묻기를 "그러면 西道로써 사람을 가르쳐야 합니까" 하니, 하느님이 대답하시기를 "그렇지 않다"고 하셨다.[31]

최제우에게는 이러한 하느님의 말씀이 천지를 진동하는 듯한 큰 소리로 들려 왔으나, 집안 사람에게 물으니 아무 소리도 듣지 못하였다고 하였다. 오히려 그의 아내와 아들은 최제우가 구도에 너무 골몰하더니 몸이 쇠약 한 상태에서 정신이상에 걸린 것이라고 생각하고 캄캄한 밤중에 약도 의 원도 대지 못하고 실색하여 울기만 하였다. 이것을 보고 최제우는 이 말씀

---

30 『龍潭遺詞』, 「安心歌」.
31 『東經大全』, 「布德文」.

이 자기만이 들은 '하느님의 말씀'이라고 더욱 확신하였다.

> 집안사람 거동보소 경황실색 하는 말이, 애고 애고 내 팔자야 무슨 일로 이러 한고 애고 애고 사람들아 약도 사 못해볼까 침침 칠야 저문 밤에 눌로 대해 이 말 할고, 경황 실색 우는 자식 구석마다 끼어 있고 택의 거동 볼작시면 恣放머리 행주치마 엎어지며 자빠지며 종종걸음 한창 할 때, 공중에서 외는 소리 勿懼勿恐 하였어라.[32]

최제우는 그의 득도를 이상과 같이 하느님으로부터 그가 선택되어 하느님의 말씀과 가르침을 받은 것이라고 설명하였다.

여기서 필자의 생각을 간단히 부치면, 최제우의 동학의 득도는 그 자신의 지적 창조라고 볼 수 있다. 최제우는 나라를 보전하고 도탄에 빠진 백성들을 구제할 새로운 도를 찾으려고 몇 년 동안을 밤마다 잠도 제대로 자지 않으며 열심히 공부를 하고 지극한 정성을 드리며 기도하고 정신통일을 하여 명상과 사색을 해 오다가 문득 영감을 얻어 새로운 도의 원리를 발견한 것이라고 볼 수 있다. 그가 들은 천지를 진동한 것 같은 큰 소리의 하느님의 말씀은 극도로 몸이 쇠약해진 상태에서 영감이 떠올라 문득 새로운 도를 깨닫고 희열에 넘쳐서 들은 그 자신의 내면의 소리가 아니었을까?

최제우는 새로운 도를 깨닫고 얻은 후 약 1년 가까운 기간에는 이 새 도에 대한 '이론화'의 작업을 하고, 축문(祝文)과 21자의 주문(呪文)을 지었으며, 도(道)를 닦는 순서와 방법을 정하는 등 새로운 도·종교의 이론과 형식을 정립하는 일을 하였다.

> 나도 거의 1년이 되도록 하느님의 가르침을 익히고, 미루어 생각해 보니 또한 스스로 그러한 이치가 없지 않으므로 呪文을 짓고 降靈의

---

32 『龍潭遺詞』, 「安心歌」.

法을 짓고 不忘하는 글을 지으니, 결국 道 닦는 순서와 방법이 오직 21자로 함축될 따름이었다.[33]

우리가 여기서 주목해야 할 것은 최제우의 과제에 대한 접근방법이 매우 종교적이고 정신주의적인 측면에 치중되어 있다는 사실이다. 그는 서양 세력의 막강한 침략의 힘도 군사적 무력을 매개로 하고 있지만 궁극적으로는 '서학'에서 나온 힘이라고 이해하였다. 따라서 그는 보국안민의 계책의 안출에 있어서도 '서학'에 대한 대결의식에 크게 지배되었다. 또한 그의 시대의 민족적 위기와 봉건적 체제 위기를 핵심으로 한 위기상황도 최제우는 본질적으로 '정신적 위기상황' '도덕적 위기상황' '종교적 위기상황'으로 파악하였다. 따라서 그는 광제창생의 방법도 '정신적' '도덕적' '종교적' 측면에서 안출하려고 노력한 것이었다.

최제우의 이러한 정신주의적 편향은 그의 관심 및 지적 배경과 직결된 것이었다. 그는 출가 후 활로를 모색하는 유랑을 하면서, 앞서 개인적 배경에서 본 바와 같이, 주로 그와 세상을 구원해 줄 '도'를 찾아 헤매었다. 즉 그는 '구도'를 위하여 가출한 것이었다. 이 과정에서 그는 당시 조선 왕조 사회에서 존재하고 있던 모든 종교와 신앙들을 섭렵하였다. 최제우는 이러한 기존의 종교와 신앙에서 활로를 찾지는 못했지만 그의 이들에 대한 섭렵은 그의 새로운 종교와 사상으로서의 '동학'의 창도에 중요한 지적 배경과 자원이 된 것이었다.

기존의 종교와 사상들 중에서 최제우의 동학 창도에 지적 배경으로서 가장 중요한 자원이 된 것은 널리 아는 바와 같이 유교·불교·선도(仙道)교였다. 그는 유·불·선을 지적 자원으로 하여 이들을 종합 지양해서 새로운 종교와 사상을 창조한 것이었다. 최제우는 제자인 최시형에게 다음과 같이

---

33 『東經大全』, 「論學文」.

말하였다.

吾道는 원래, 儒도 아니며, 佛도 아니며, 仙도 아니니라. 그러나 吾道는 儒·佛·仙 合一이니라. 즉 天道는 儒·佛·仙이 아니로되 儒·佛·仙은 天道의 한 부분이니라. 儒의 倫理와 佛의 覺性과 仙의 養氣는 사람性의 自然한 品賦이며, 天道의 고유한 부분이니 吾道는 그 無極大源을 잡은 자이라. 후에 道를 用하는 자이 이를 오해하지 말도록 지도하라.[34]

여기서도 알 수 있는 바와 같이, 특히 유교의 윤리=삼강오륜(三綱五倫), 불교의 각성(覺性)=수성각심(修性覺心), 선교의 양기(養氣)=양기양생(養氣養生)은 최제우의 동학의 창도에 매우 중요한 지적 자원과 배경이 되었다.

吾道는 儒·佛·仙 合一이니라. 원래 天道는 儒·佛·仙이 아니로되 儒·佛·仙은 天道의 부분적 진리로 과거시대의 도덕이 아니라. 儒의 三綱五倫과 佛의 修性覺心과 仙의 養氣養性은 吾道의 부분인데, 吾道는 儒佛仙의 最源頭에 立하여 體는 곧 天道이며 用은 곧 儒·佛·仙이니 후세에 此를 오해치 아니하도록 愼하라.[35]

여기서 주목할 것은 최제우가 말한 유학 중에는 공자·맹자의 고전유학과 주자 등의 성리학뿐만 아니라 육상산(陸象山)·왕양명(王陽明) 등의 양명학(陽明學)이 포함되어 있다는 사실이다. 특히 양명학의 영향은 '동학'을 최제우 자신이 스스로 '심학(心學)'이라고 말했을 만큼 컸다.

十三字 지극하면 萬卷詩書 무엇하며 心學이라 하였으니 不忘其意

---

34 『天道敎創建史』제1편의 p.47.
35 『天道敎書』, 『亞細亞硏究』제5권 제1호, p.216.

하였어라. 賢人君子 될 것이니 道成德立 못미칠가.[36]

　최제우는 양명학의 '심(心)'의 영명(靈明)을 극도로 강조하고 '심즉리(心
卽理)'와 '치량지(致良知)'와 '지행합일(知行合一)'을 강조하는 사상을 적극
적으로 수용하여 '동학' 창도의 지적 자원으로 활용했던 것이다.

　또한 최제우는 음양오행설(陰陽五行說),[37] 역학(易學)사상[38] 등과 당시
농민층 사이에서 널리 신앙되고 있던 풍수지리설(風水地理說, 地靈說),[39]
단군(檀君)신앙, 귀신신앙,[40] 주술신앙, 영부(靈符)신앙, 정감록(鄭鑑錄) 사
상,[41] 4) 샤머니즘, 치병술 …… 등 여러 가지 종류의 민간신앙들을 모두
수용하여 이를 그의 지기일원론(至氣一元論)과 천인합일론(天人合一論)에
넣어서 용해하여 그의 동학 창도의 자료로 사용하였다.

　최제우의 동학 사상 속에 용해된 이러한 민간신앙의 요소들은 한편으로
동학의 사상 구조에 민간신앙의 사상적 제약을 어느 정도 가하기는 했지
만, 다른 한편으로 당시 농민들이 광범위하게 신앙하고 있던 종교적 요소
들을 모두 수용하여 이를 그가 창조한 새 종교와 사상으로 설명함으로써
그의 '동학'의 내용과 포교에 있어서 농민들과의 「친화력」을 높이는 데 크
게 작용했었다고 볼 수 있다.

　즉 동학 성립의 지적 배경과 자원이 된 것은 그의 시대까지의 동양과 조
선의 모든 기존 종교와 신앙들이었다고 할 수 있다. 즉 최제우는 자기 시

---

36 『龍潭遺詞』, 「敎訓歌」.
37 『東經大全』, 「論學文」, 「陰陽相均 雖百千萬物 化出於其中 獨惟人最靈者也. 故
　定三才之理 出五行之數 五行者何也 天爲五行之綱 地爲五行之質 人爲五行之
　氣 天地人三才之數 於斯可見矣.」 참조.
38 『東經大全』, 「修德文」및 「論學文」 참조.
39 『龍潭遺詞』, 「龍潭歌」 참조.
40 『龍潭遺詞』, 「道德歌」 참조.
41 『龍潭遺詞』, 「夢中老少問答歌」 참조.

대까지의 동양과 조선의 모든 기존 종교와 사상과 민간신앙을 지적 자원으로 적극적으로 활용하여 당시 서양세력의 침입에 응전해서 보국안민하고 광제창생할 수 있는 동양과 동국의 새로운 종교와 사상인 '동학'을 창조한 것이었다.

여기서 또 하나 주목할 것은 최제우가 동학을 창도함에 있어서 '서학'을 반면교사로서 적극적으로 검토하여 활용했다는 사실이다. 최제우는 유랑의 시기에 구도의 길을 찾아 서학을 공부한 일이 있었으며,[42] 서학을 서양세력의 침입의 첨병으로 인식하여 이에 대한 대결의식에 지배되었을 때에는 서학에서 민중들의 환영을 받는 요소를 자기의 새로운 종교와 사상의 내용에 포함하려고 노력하였다. 이러한 최제우의 노력은 심지어 용어에까지 미쳐서, 예컨대 그는 '천주'라는 용어를 가져다가 교묘하게 변형시켜 사용하였다. 그는 「시천주 조화정 영세불망 만사지(時天主 造化定 永世不忘 萬事知)」의 그의 주문에서 '천주(天主)'의 '주(主)'자를 풀이하여 "주(主)라고 하는 것은 존대하여 칭하는 것으로 부모와 같이 공경하여 섬긴다는 것이다(主者 稱其尊而與父母同事者也)"[43] 라고 해서 단지 존칭임을 해설하여 '천주(天主)'가 '하느님'의 번역일 뿐임을 강조하였다. 그러나 그는 '하느님'을 '천주(天主)'라고 번역하여 오히려 이 용어를 사용함으로써 서학에서 핵심적으로 애용하는 '천주'의 용어를 자기의 새로운 종교와 사상의 일부에 포함해 버림으로써 민중들을 서학에의 경도로부터 그의 동학으로 끌어오려고 교묘하게 배려했음을 곧 간취할 수 있다. 최제우는 특히 서학이 자기의 영혼 있음만을 알고 부모의 영혼의 있음을 인정하지 않아 부모의 제사조차 지내지 않으며, 자기의 영혼만 천당에 갈 것을 기원하고 부모형제의 영혼과 함께 갈 것을 생각지 않는 개인주의적 이기주의적 교리임을 다

---

42 『東學史』, p.2 참조.
43 『東經大全』, 『論學文』.

음과 같이 비판하였다.

> 우습다 저 사람은 저희 부모 죽은 후에, 神도 없다 이름하고 제사조
> 차 안 지내며, 五倫에 벗어나서 惟願贖死 무슨일고, 부모없는 魂靈魂
> 魄 저는 어찌 唯獨 있어 上天하고 무엇하고 어린 소리 말았어라.[44]

최제우는 서학의 이러한 개인주의적 또는 이기주의적 기도는 '실(實)'이
없는 허무(虛無)한 것이라고 비판하였다.

> 洋學은 내 학문과 비슷한 것 같으나 다르고, 비는 것 같으나 實이
> 없다.[45]

> 西學을 하는 사람은 말에 조리가 없고 글에 옳고 그름의 구분이 없
> 으며 天主의 端을 위하는 일은 전혀 하지 않고 오직 자기 자신만을 위
> 하여 꾀할 뿐이니, 그들의 몸에는 氣化之神이 없고 學에는 하느님의
> 가르침이 없다. 그러므로 형식은 있으나 자취가 없고 생각하는 것 같
> 으나 呪文이 없으니 道는 虛無한 데 가깝고 學은 하느님의 가르침이
> 아니다.[46]

최제우의 서학에 대한 이러한 비판의식은 그의 '동학' 창도의 중요한 지
적 배경의 하나가 되었다.

이상과 같은 지적 배경으로 최제우에 의하여 '동학'이라고 하는 새로운
종교와 사상이 창도되었다. 그러나 여기서 주의할 것은 최제우에 의하여
위에서 든 지적 자원과 배경이 동학의 창도에 활용되었다 할지라도 그것

---

44 『龍潭遺詞』, 「勸學歌」.
45 『東經大全』, 「論學文」.
46 『東經大全』, 「論學文」. 「西人 言無次第 書無早白 而頓無爲 天主之端 只祝自爲
　　身之謀 身無氣化之神 學無天主之敎 有形無迹 如思無呪 道近虛無 學非天主.」

은 어디까지나 재료로서의 '자원'과 배경으로서 활용되었을 뿐이지, '동학' 그 자체는 새로운 지적 구성원리에 의한 새롭고 독특한 종교체계와 사상체계의 '창조'였다는 사실이다.

5. 동학의 포교와 최제우의 순교

이상에서 본 바와 같은 지적 배경에 기초하여 새로운 종교·사상을 창도한 최제우는 그의 새로운 종교·사상의 이름을 '동학(東學)' '천도(天道)'라 명명하고 그것이 '서학'과의 대결 의식에서 나온 것임을 문답 형식으로 다음과 같이 설명하였다.

> 묻기를, 그렇다면 道의 이름은 무엇이라고 합니까?
> 대답하기를, 天道이니라.
> 묻기를, 西洋의 道와 다름이 없습니까?
> 대답하기를, 西洋의 學은 우리 道와 같은 듯하나 다름이 있고 비는 것 같으면 서 實이 없다. 그러나 運數인즉 같고 道인즉 한가지로되, 理인즉 다르니라.
> 묻기를, 어찌하여 그렇습니까?
> 대답하기를, 우리 도는 無爲而化이니라. 守心正氣하고 率性受敎하여 자연의 중에서 化하여 나온 것이다. 서양 사람들은 말에 차례가 없고 글에 옳고 그름의 구분이 없으며 하느님의 端을 위하는 일은 전혀 하지 않고 단지 자기 자신만을 위하여 잘 되기를 꾀하는 것만을 축원할 뿐이니, 그들의 몸에는 氣化의 神이 없고 학문에는 하느님의 가르침이 없다. 그리하여 형식은 있으나 자취가 없고, 생각 하는 것 같으나 呪文이 없으니 道는 허무한 데 가깝고 學은 하느님의 가르침이 아니다. 어찌 다름이 없다고 하겠는가.
> 묻기를, 道는 같다고 말씀하셨으니 그 이름은 '西學'이라고 합니까?

대답하기를, 그렇지 않다. 나는 東에서 태어나서 東에서 도를 받았으니 道는 비록 天道이나 學인즉 '東學'이다. 하물며 땅이 東과 西로 나뉘어 있는데 西를 어찌 東이라 하며 東을 어찌 西라 하리오.

孔子는 魯나라에서 태어나 鄒나라에서 도를 폈으므로 鄒魯의 風이 이 세상에 전하여 남아 있는 것이다. 우리 道는 여기서 받아 여기서 펴고 있으니 어찌 西學 이라고 이름하겠는가.[47]

최제우의 이 설명에서 우리가 특히 주목할 것은 그가 창도한 '동학'과 서양의 서학(天主學)은 '도(道)'는 천도로서 모두 같고 '시운(時運)'도 모두 같으며, 다른 것은 '학(學)'과 '이(理)'라고 주장되고 있다는 사실이다. 그는 이(理)에 있어서 하느님의 단(端)을 위하는 그의 동학이 자기 자신만을 위하여 축원하는 서학보다 우월한 것이며, 학에 있어서 하느님의 가르침을 배우는 그의 동학이 형식만 있고 실(實)의 내용이 없는 서학보다 우월한 것이라고 주장하였다.

최제우가 동학과 서학을 엄격히 구분하는 또 하나의 기준은 지역과 문화(풍)이다. 그에 의하면 비록 도는 '천도'로서 동일하다 할지라도 지구가 동양과 서양으로 나뉘어 있어 득도자 (창시자)인 그가 동양에서 태어나서 동양에서 도를 받았으니 학은 '동학'이 되는 것이다. 또한 마치 공자가 노(魯)나라에서 태어나서 추(鄒)나라에서 유학(儒學)의 도를 폈기 때문에 공자의 유학에 추노(鄒魯)의 문화가 전하여 내려오는 것과 같이, 최제우 자신

---

47 『東經大全』, 「論學文」, 「曰然則何道以名之 曰天道也 曰與洋道無異者乎 曰洋學如斯而有異 如呪而無實 然而運則一也 道則同也 理則非也. 曰何爲其然也. 曰吾道無爲而化矣 守其心正其氣 率其性受其敎 化出於自然之中也. 西人 言無次第 書無皂白 而頓無爲 天主之端 只祝自爲身之謀 身無氣化之神 學無天主之敎 有形無迹 如思無呪 道近虛無 學非天主 豈可謂無異者乎. 曰同道言之則 名其西學也. 曰不然. 吾亦生於東 受於東 道雖天道 學則東學 況地分東西 西何謂東 東何謂西. 孔子生於魯 風於鄒 鄒魯之風 傳遺於斯世 吾道受於斯布於斯 豈可謂以西名之者乎.」

은 이 땅 (동국=조선) 에서 하느님으로부터 도를 받아서 이 땅(동국=조선)에서 도를 펴니 또한 '동학'이 되는 것이다.

여기에서 우리가 알 수 있는 것은 최제우의 '동학'의 '동'의 개념에는 두 개의 차원이 병존하면서 통합되어 있다는 사실이다. 그 하나는 지구를 동·서로 나눌 때와 같이 '동양(東洋)의 천도학(天道學)'이라는 뜻이오, 다른 하나는 자기가 도를 받고 포교한 땅의 문화를 강조할 때와 같이 '동국·조선(東國·朝鮮)의 천도학'이라는 뜻이다. 동학의 '동'에는 이와 같이 '동양'과 '동국'의 뜻과 내용이 하나로 통합되어 있다고 볼 수 있다.

최제우의 그가 창시한 '동학'에 대한 자부심은 매우 커서 그의 학을 자주 공자의 학에 비견하여 설명하였다.[48] 그는 동학(東學)을 "이제도 들어본 바 없고 옛날에도 들어본 바 없으며, 이제도 비할 바 없고 옛날도 비할 바 없는" 즉 「금불문 고불문 금불비 고불비(今不聞 古不聞 今不比 古不比」[49]의 '만고에 없는 무극지운(無極之運)'[50]의 무극대도(無極大道)라고 스스로 표현했으며, 하느님의 말씀을 빌어 개벽 후 5만 년 만에 처음 나온 도·학이라고 자부심에 넘쳐 다음과 같이 노래를 지어 설명하였다.

하느님 하신 말씀 開闢후 五만년에 네가 또한 첨이로다. 나도 또한 개벽이후 勞而無功 하다가서 너를만나 성공하니 나도성공 너도 得意 너의 집안 운수로다. 이 말씀 들은 후에 心獨喜 自負로다. 어화 세상 사람들아 無極之運 닥친 줄을 너희 어찌 알까보냐. 氣壯하다 기장하다 이내 운수 기장하다. 龜尾산수 좋은 勝地 無極大道 닦아내니 五萬年之運數로다.[51]

48 『東經大全』, 「修德文」 참조.
49 『東經大全』, 「論學文」.
50 『龍潭遺詞』, 「龍潭歌」.
51 『龍潭遺詞』, 「龍潭歌」.

최제우는 1861년(辛酉)에 들어서자 「포덕문」을 지은 후 그의 도를 '동학'이라는 이름으로 포덕(布德)을 시작하였다. 최제우가 득도하여 '동학'의 포교를 시작했다는 소문이 퍼지자 사방에서 어진 선비와 농민들이 새로운 도를 배우려고 구름같이 모여 들었다. 6개월 동안에 약 3천명의 인사들이 최제우를 찾아와 '동학'을 배우고 그의 제자가 되었다. 이것은 매우 성공적인 포교로서 최제우는 마치 옛날 공자가 제자들을 가르쳤던 일에 자신을 비유할 수 있을 정도로 큰 자신을 얻었던 것으로 보인다.

나도 또한 이 세상에 天恩이 망극하여 萬古없는 無極大道 如夢如覺 받아내어 龜尾龍潭 좋은 풍경 安貧樂道 하다가서 불과 一년 지낸 후에 遠處近處 어진 선 비 風雲같이 모여드니 樂中又樂 아닐런가.[52]

나는 布德할 마음을 갖지 않고 오직 지극한 마음으로 致誠을 드렸다. 그러나 오래도록 미루어 오다가 다시 辛酉년을 맞이하니 때는 六월이오 절기는 여름이었다. 좋은 벗들이 찾아와 방안에 가득차게 앉았으므로 먼저 道닦는 法을 정하였고, 어진 선비들이 나에게 가르침을 물었으며 또 布德을 권하였다. 門을 열고 오는 손님을 맞이하니 그 수효가 그렇게 많았고, 자리를 펴서 道法을 설교하니 그 즐거움이 매우 컸다. 어른들이 들어오고 나가고 하는데 그 행렬은 三千 명이나 되는 것 같았고, 童子들이 손을 마주잡고 절하는 것은 曾晳과 같은 六·七명의 제자들이 詩歌를 읊는 것과 같았다. 나보다 나이 많은 제자도 있으니 이것은 또한 孔子보다 나이 많은 子貢이 공자를 받든 禮에 비할 수 있으며, 노래하고 시 읊으며 춤을 추기도 하니, 어찌 孔子의 하시던 일이 아니겠는가.[53]

洞開重門 하여 두고 오는 사람 가르치니 不勝堪當 되었더라. 賢人

---

52 『龍潭遺詞』, 「道修詞」.
53 『東經大全』, 「修德文」.

君子 모여들어 明明其德 하여 내니 盛運盛德 분명하다.[54]

최제우는 1860년(庚申)에 동학을 창도하여 1861년(辛酉)에 포교를 시작
해 서 매우 성공적으로 급속히 교도들을 획득해 나갔다. 새로운 종교를 갈
구하던 민중들은 최제우가 새로운 종교로서 '동학'을 창도했다는 소식을
듣고 자발적으로 구미산 용담(龍潭)의 그의 처소로 모여들어 그의 설법(說
法)을 듣고 입도하였다.

그러나 최제우의 동학 포교가 성공하기 시작하자 그에 비례하여 근거없
는 낭설을 지어 내면서 그에 대한 비방과 중상도 증대되었다.

그 모르는 세상 사람 勝己者 싫어할 줄 無根說話 지어내어 듣지 못
한 그 말이며 보지 못한 그 소리를 어찌 그리 자아내서 鄕人說話 분분
한고.[55]

최제우에 대한 비방과 중상은 최씨가문 안에서도 일어나 득도해서 제자
들이 모여드는 최제우를 마치 원수처럼 대하였다. 이것은 그의 고향 일대
에 파급되어 그에게 심대한 타격을 주었다.

鄕中風俗 다 던지고 이내 門運 가련하다. 알도 못한 凶言怪說 남보
다가 배나 되며 六親이 무슨 일고 원수같이 대접하며 殺父之讎 있었던
가 어찌 그리 원수런고, 恩怨없이 지낸 사람 그 중에 싸잡혀서 또 역시
원수되니 助桀爲虐 이 아닌가 아무리 그러해도 죄없으면 그 뿐일세.[56]

최제우와 그의 동학에 큰 타격을 준 것은 최제우가 서학=천주교를 신봉

54 『龍潭遺詞』, 「敎訓歌」.
55 『龍潭遺詞』, 「敎訓歌」.
56 『龍潭遺詞』, 「敎訓歌」.

하고 있으며 동학은 사실은 '서학'이라는 중상이었다. 최제우는 서학과 서양세력의 침입에 대결하기 위하여 '동학'을 창도한 것이었으므로 이것은 터무니없는 중상이었으나, 동학의 내용을 모르는 비교도들 사이에서 이 헛소문은 급속히 파급되어 최제우에게 심대한 타격을 주었다.

　　妖惡한 그 인물이 할 말이 마이 없어 西學이라 이름하고 온 洞內 외는 말이 詐妄譎 저 인물이 西學에나 싸잡힐까. 그 모르는 세상 사람 그것을 말이라고 추켜 들고 하는 말이 龍潭에는 名人나서 범도 되고 용도 되고, 西學에는 용터라고 종종걸음 치는 말을 역력히 못할로다.[57]

최제우가 그의 새로운 도를 아무리 '동학'이라고 설명해도 그것을 '서학'이라고 몰아부치는 세상 인심과 관헌의 핍박을 감당하기가 힘들었다. 최제우는 고향에서 주위의 핍박을 감당하기 어려워 1861년 말에는 피신의 길에 올라서 웅천(熊川,경상남도 동래군 철마면)→의령(宜寧,경상남도)→성주(星州,경상북도)→ 무주(茂朱,전라북도)를 거쳐 전라도 남원(南原)의 은적암(隱寂庵)에 숨어서 1862년(壬戌) 3월까지 이곳에서 지내기도 하였다. 최제우가 다시 경주로 돌아온 후 1862년 9월에 경주영(慶州營)은 사학(邪學)을 퍼뜨려 혹세무민(惑世誣民)한다는 이유로 최제우를 일시 체포했다가 수백 명 교도들의 집단항의를 받고 석방하기도 하였다.

그러나 최제우의 동학 포교는 크게 성공하여 입도하는 사람들이 급증하였다. 특히 경주, 영덕, 영해, 대구, 청도, 청하, 연일, 안동, 단양, 영양, 신영, 고성, 울산, 장기 등지에서는 동학교도의 수가 상당히 많았으므로 최제우는 1862년 말에는 이 지방들에 접소(接所)를 설치하고 접소에 접주를 두어 '접주제(接主制)'를 실시하기 시작하였다.[58]

---

57 『龍潭遺詞』, 「安心歌」.
58 『天道敎創建史』 제1편, p.42 참조.

동학의 세력이 급속히 성장하고 있음을 보고받은 조선왕조의 조정에서는 큰 위협을 느끼고 1863년 12월에 선전관(宣傳官)과 포졸들을 경주에 파견하여 최제우를 체포해서 대구감영(大邱監營)에 투옥하였다. 경상관찰사 서헌순(徐憲淳)의 심문보고를 받은 중앙조정은 1864년 2월 29일 참형(斬刑)을 결정하여 지시하고, 대구감영은 1864년 3월 10일 대구장대(大邱將臺)에서 최제우에 참형을 집행하여 최제우는 그가 창시한 동학에 순도(殉道)하였다. 최제우는 조금도 굽힘이 없이 의연하게 참형을 당하면서 경상관찰사에게 "나의 하는바 도는 나의 사심(私心)이 아니오 천명(天命)이니 순상(巡相)은 그 뜻을 아소서, 오늘날은 순상이 비록 나를 죽이나 순상의 손자대에 가서는 반드시 내 도(道)를 쫓고야 말리라"[59]고 최후의 말을 남겼다. 최제우의 '동학'에 대한 신념과 자부심이 얼마나 확고했는가를 알 수 있다.

최제우의 순교 후에 동학은 제2세 교주 최시형의 지도에 의하여 포교되었다. 조선왕조 조정의 최제우 처형에 의하여 동학은 사학(邪學)으로 규정되고 완전히 불법화되었음에도 불구하고, 백성들은 정부의 가혹한 탄압을 받으면서도 계속 동학에 입도하여 동학 세력은 날로 증가하여 갔다. 동학에는 당시의 백성들이 죽음을 무릅쓰면서도 입도하고 싶어 하는 어떠한 사상 요소가 있었던 것이다. 이러한 동학사상의 구조와 특징은 무엇인가?

6. 동학의 사회사상(I)

1) 지기일원(至氣一元) 사상

최제우의 사상에 의하면, 우주와 만물은 모두 '지기(至氣)'로써 만들어진

---

59 『東學史』, p.18.

것 이다. 여기서 주목할 것은 최제우가 '기(氣)'와 '지기'를 구분하여 만물은 '기'로써 만들어진 것이라고 생각하지 않고 '지기'로써 만들어진 것이라고 보았다는 사실이다. 최제우는 '지기'에 대하여 다음과 같이 설명하였다.

> '至'라고 하는 것은 極에 이른다는 뜻이오, '氣'는 虛靈蒼蒼하되 모든 일에 관게(간섭)하지 않음이 없고 모는 일에 지배하지 않음이 없는 것이다. 형체가 있는 듯하면서 형용하기 어렵고 소리가 들리는 것 같으나 보기 어려우니, 이것은 또한 渾元의 一氣이다.[60]
> 至氣라 함은 天地間 至極한 氣를 두고 이름이니, 그 氣는 至虛至靈하고 無事 不涉하며 無事不命하여 사람도 그 氣로써 生하고 萬物도 그 氣로써 生하나 형용 코저 하여도 형용할 수 없고 듣고저 하여도 들을 수 없고 보고저 하여도 볼 수 없는 것이니 이것을 일러 가로되 渾然一氣라 하는 것이며.[61]

원래 신유학(新儒學)의 이기론(理氣論)에서 '기'는 형이하(形而下)의 형체가 있는 물질을 가리키는 것이 일반적 개념이었다. 그런데 최제우는 '기의 궁극'에 이른 '지기'에서는 이것은 '비어 있는 영(靈)으로서 미묘하고 아득하면서도(虛靈蒼蒼)', '모든 사물에 간섭하고(無事不法)' '모든 사물을 지배하는(無事不會)'것인데, 형체도 없고 볼 수도 없는 만상이 갈리기 이전의 '순수한 원래의 한 기(渾元一氣)'라고 설명한 것이었다.

최제우의 '지기'의 개념을 현대적으로 설명하면, 필자의 생각으로는 이것은 일종의 '에너지(energy)'를 가리킨 것이라고 이해된다. 최제우는 '지기'를 기의 궁극의 상태이며 원래의 상태는 형체도 없고 보이지도 않으면서 모든 사물에 간섭하고 모든 사물을 지배하는 어떤 힘' '기운'이라고 본

---

60 『東經大全』, 「論學文」. 「氣者 虛靈蒼蒼 無事不步 不事不命 然而如形而難狀 如聞而難見 是亦渾元之一氣也」
61 『東學史』, p.7.

것이며, 이것은 현대과학에서 사용하는 '에너지'의 개념과 가장 유사한 것이라고 볼 수 있다. 오직 '천(天)'과 '인(人)'만은 최고의 신령(神靈)한 존재'이므로 다른 사물의 지기와는 달리 서로 감응(感應)하여 '기화(氣化)'될 수있는 신령성을 가진 '신령의 지기'는 '신령의 기운'이 되는 것이라고 이해된다. 최시형이 이해하는 최제우의 가르침에 의하면, '천' '지' '인' '귀신' '심' … 등은 모두 한가지 로 '지기'로써 생긴 것이며, 만물은 '지기'의 지배를 받는 것이다.

> 대개 天地 鬼神 造化라는 것은 유일한 至氣로써 생긴 것이며 萬物
> 이 또한 至氣의 所使이니 ……[62]
> 선생이 또 默然하고 또 가로되 하늘과 마음과 氣運이 어떻게 구별
> 되나요. 孫天民이 가로되 다만 至氣의 活動뿐입니다.[63]

최제우의 이러한 사상은 '지기일원론'을 설파한 것이었다. 이러한 사상은 天=至氣=人이 되어 신령한 '지기'의 '기화(氣化)'를 거쳐 '천인합일(天人合一)' 사상으로 전개될 사상적 기초가 되는 것이었다고 말할 수 있다.

2) 천인합일(天人合一) 사상

최제우의 지기일원 사상에 의하면 '천'과 '인'은 모두 지기에서 생긴 것이며, 신령성이 있고 지기의 특성이 있다. 그러므로 서로 감응하여 천과 인은 합일되는 것이며, 사람이 명덕(明德)을 더욱 밝히고 지기(至氣)의 상태로 기화(氣化)하면 지극한 성인의 경지에까지 이를 수 있는 것이다.

---

62 『東學史』, p.64.
63 『東學史』, p.68.

그러므로 明德을 더욱 밝히고, 하느님을 항상 생각하여 잊지 아니
하면 至化至氣하여 지극한 聖人의 경지에 까지 이르게 되는 것이다.[64]

최제우는 또한 그의 천인합일 사상을 '천심즉인심(天心卽人心)'이라고
표현하기도 하였다.[65] 최시형은 최제우의 천인합일 사상을 다음과 같이 해
설하였다.

人은 본래 天의 性을 가진 자라, 身의 累를 去하고 我의 天을 復
하면 人이 便是 天이오 天이 更是 人이라 하니 此是 天人合一의
旨오.[66]
我의 一氣가 宇宙의 元氣와 一脈相通이며 我의 一心의 造化所使
와 一家活用이니 그러므로써 天은 즉 我며 我는 즉 天이라 하노라.[67]
마음을 떠나 天主를 생각할 수 없고 사람을 떠나 하느님을 생각할
수 없나니, 그러므로써 사람을 떠나 하느님을 공경하는 것은 꽃을 따
버리고 實果를 바람과 같다.[68]

동양사상에 있어서 '천인합일'의 사상은 물론 최제우 이전에도 존재해
왔다. 그러나 최제우 이전까지의 모든 천인합일 사상은 '천'에 중심과 무게
를 두어 '천'에 '인'이 매몰되는 천인합일이었다. 최제우와 최시형의 위대
한 독창적 발견은 '인'에 중심과 무게를 두어 '인'에 '천'이 들어오는 인간
중심적 천인합일 사상을 정립한 점이었다. 그들은 이것을 '사람을 떠나 하
늘을 생각할 수 없다'고 극명하게 설명한 것이었다. 이것은 동양의 전통적
천인합일 사상에 대한 코페르니쿠스적 대전환이라고 할 수 있다. 최제우의

---

64 『東經大全』, 「論學文」, 「故明明其德 念念不忘 則至化至氣 至於至聖.」
65 『東經大全』, 「論學文」 참조.
66 『東學史』, p.75.
67 『東學史』, pp.42~43.
68 『東學史』, p.64.

이 인간중심적 천인합일 사상에 의하여 이제는 모든 사람들이 하느님이 되고 하느님을 마음에 모신 인간이 될 수 있는 것이었다.

3) 시천주(侍天主) 사상

최제우의 '인(人)'의 안에 '천(天)'이 들어오는 새로운 인간중심적 천인합일(天人合一) 사상은 바로 '시천주(侍天主)' 사상을 성립케 하였다. '시천주' 사상은 동학 사상의 핵심을 이루는 것이며 득도의 본질을 이루는 것이었다. 최제우는 이것을 '사람이 하느님(天主)을 몸과 마음에 모시고 있다'는 뜻으로 설명하였다.

> 나는 도시 믿지 말고,
> 하느님(한울님)만 믿어서라.
> 네 몸에 모셨으니
> 捨近取遠 하단말가.[69]

최제우는 '시천주'의 '시(侍)'의 뜻에 대하여 안으로는 신령(神靈)이 있고 밖으로 기화(氣化)가 있어서 온 세상 사람들이 각각 (마음을) 변하지 않음을 아는 것 이라고 다음과 같이 설명하였다.

> 侍라고 하는 것은 內有神靈하고 外有氣化하여 온 세상 사람들이 各知不移하 는 것이다.[70]

최제우는 또한 '시천주'의 개념에 대하여 '네 몸에 모셨으니 사근취원

---

69 『龍潭遺詞』, 「敎訓歌」.
70 『東經大全』, 「論學文」, 「侍者 內有神靈 外有氣化 一世之人 各知不移者也.」

(捨近取遠) 하단 말가'(教訓歌)의 뜻에 대하여 하느님(天主)이 따로 있는 것이 아니라 우리 자신 안에 모시고 있음을 말하는 것이라고 다음과 같이 설명하였다.

> (문) 선생의 이른바 侍天主라 함은 무엇이뇨.
> (답) 세상 사람들이 다 天主를 따로 있는가 하고 爲하는 자이 많음으로써 나는 말하되 天主가 있다면 우리의 自體에 있다 함을 보인 것이다.[71]

최제우는 하느님을 모신 것이 사람의 몸보다 '마음' '심(心)'임을 강조하였다. 그는 이것을 '천심즉인심(天心卽人心)'[72]으로 표현하였다. 최시형은 하느님을 모신 것이 사람의 '마음' '심(心)'임을 알기 쉽게 설명하여 '사람의 마음은 곧 하느님의 궁전'이라고 다음과 같이 '심'을 강조하여 설명하였다.

> 그러므로 사람의 마음은 上帝의 宮殿이라 할 수 있으니 만약 上帝의 有無를 의심하거든 먼저 自己의 有無를 의심하라. 我心不敬이 곧 天地不敬이며 我心不安이 곧 天地不安이니, 만약 사람이 不孝에 심한 것이 무엇이냐 하면 我心不敬이 불효의 最大한 것이다.[73]

최시형은 최제우의 '시천주'를 확대하여 사람의 '심(心)'뿐만 아니라 천지만물(天地萬物)에까지 확대하는 범신론(汎神論)적 경향까지 보였다.[74]

---

71 『東學史』, p.6.
72 『東經大全』, 「論學文」 참조.
73 『東學史』, pp.68~79.
74 『東學史』, p.64. 「대개 天地 鬼神 造化라는 것은 唯一한 至氣로써 생긴 것이며 萬物이 또한 至氣의 所使니, 이로써 보면 하필 사람만이 天主를 侍하였으랴, 天地 萬物이 侍天主 아님이 없나니」 참조.

최제우가 '시천주'의 주체를 사람의 '심'으로 강조한 것은 양명학(陽明學)의 '심(心)' 개념의 영향을 받은 것으로 보인다. 양명학은 '심즉리(心卽理)'를 주장하고 '심'의 영명(靈明)을 극도로 강조하여 '심학(心學)'이라는 별명을 갖고 있는데, 최제우도 그의 동학을 '심학'이라고 불렀다.

十三字 지극하면 萬卷詩書 무엇하며 心學이라 하였으니 不忘其意하였어라. 賢人君子 될 것이니 道成德立 못미칠가. (강조 - 필자)[75]

양명학에서는 현인군자(賢人君子)가 되는 길은 본심(本心)을 잘 간직하여 '치량지(致良知)'하면 되는 것이며, 반드시 만권시서(萬卷詩書)를 읽고 즉물궁리(卽物窮理)해야만 되는 것은 아니라고 주장하였다. 이것은 성리학(性理學)이 현인군자가 되는 길은 독서를 많이 하고 즉물궁리하는 것이라고 강조한 것과는 대조적인 것이다. 최제우는 십삼자의 동학주문(東學呪文)의 본 뜻을 잘 알고 행하면 현인군자가 되는 것이지 반드시 만권시서를 읽어야 도성덕립(道成德立)하는 것은 아니라고 양명학과 비슷한 주장을 하였다. 또한 양명학에서 강조하는 경서인 『대학(大學)』과 『중용(中庸)』을 최제우의 심학(동학)에서도 특히 가장 중요한 경서(經書)로 강조하고 있는 사실도 주목할 필요 가 있는 점이라 할 것이다.[76]

여기서 최제우가 말한 13자의 주문인 '시천주 조화정 영세불망 만사지(侍天主 造化定 永世不忘 萬事知)' 는 '하느님을(마음에) 모셔서 조화로써 덕에 합치되도록 마음을 정하여 평생토록 잊지 않으면 모든 일을 알 수 있다'는 뜻으로서,[77] '시천주'와 그 주체로서의 '합덕정심(合德定心)'을 강조하는 가르침인 것이다. 최제우는 주자학(성리학)의 주장과 같이 수많은 서

---

75 『龍潭遺詞』, 「敎訓歌」.
76 『龍潭遺詞』, 「道德歌」 참조.
77 『東經大全』, 「論學文」 참조.

책을 읽지 않아도 십삼자의 공부만 지극히 하면 수도가 되어 도성덕립된다고 강조해서 서책을 많이 읽을 수 없는 평민과 농민의 현인군자 되는 길을 제시하였다. 이것도 양명학의 방식과 유사한 것이라고 볼 수 있다.

> 열석자 지극하면 萬卷詩書 무엇하며 書冊은 아주 廢코 修道하기 힘쓰기는 ᅳ노 또한 道德이라.[78]

이상과 같이 최제우의 '심학'으로서의 '동학'과 왕수인(王守仁)의 '심학'으로서 의 '양명학'은 유사성이 많으나, 양자의 근본적인 차이점을 든다면 양명학은 '심즉리(心卽理)'를 강조한 데 대하여 최제우의 동학은 '심즉지기(心卽至氣)'를 강조한 것이라고 말할 수 있다.

4) 수심정기(守心正氣) 사상

최제우의 '시천주'의 주체로서의 '심즉지기(心卽至氣)'의 사상은 그의 '수심정기(守心正氣)'를 수도의 핵심으로 하는 사상을 정립케 하였다. 최제우는 '인의예지(仁義禮智)는 선성(先聖, 孔子)의 가르침이오 수심정기(守心正氣)는 오직 내가 새로 정한 것이다'[79]라고 하여 동학의 새로운 수도의 독창성이 '수심정기'에 있음을 강조하였다. 그는 군자(君子)의 덕(德)은 '기유정(氣有正) 심유정(心有定)'에 있고 소인의 덕은 '기불정(氣不正) 심유이(心有移)'에 있다고 하여 수심정기의 중요성을 다음과 같이 설명하였다.

> 그러나 君子의 德은 氣가 正하고 心이 定해져 있으므로 天地와 더불어 그 德이 合하고 小人의 德은 氣가 不正하고 心이 자주 변하므로

---

78 『龍潭遺詞』, 「教訓歌」.
79 『東經大全』, 「修德文」, 「仁義禮智 先聖之所教 守心正氣 惟我之更定.」

天地와 더불어 命에 위배하게 되니 이것이 성하고 쇠하는 이치가 아니겠는가.[80]

오지영은 최제우의 '수심정기'를 다음과 같이 알기 쉽게 잘 설명하였다.

守心正氣의 四자는 道의 正針이라. 사람이 그 마음을 잘 지켜야 옳은 마음이 생겨나는 것이오 사람이 그 氣運을 잘 바루어야 좋은 氣運이 생겨 나오는 것 이다. 사람이 만일 그 지킨 마음이 없으면 事物을 잘 요리할 수가 없을 것이오 사람이 만일 그 바른 氣運이 없으면 性命을 잘 보존할 수가 없는 것이라. 性命이 弱하고 事物에 어두운 자가 능히 사람다운 사람이 되며 世上다운 세상을 만들리오. 守心正氣는 사람自體의 肉身과 사람자체의 精神으로써 하는 者요 어떠한 別個의 神이나 어떠한 별개의 物로써 하는 자가 아니다. 그럼으로써 守心正氣는 偏僻된 肉身主義者도 아니오 편벽된 精神主義者도 아니오 肉身과 精神 총합체를 가진 사람主義者라고 하는 것이다.[81]

최시형이 최제우를 따라 '수심정기'를 동학의 본으로 삼고,[82] '수심정기로써 동학의 문호를 정한 것'[83]은 더 말할 필요도 없다.

수심정기는 동학사상에서 군자(君子)와 선인(仙人)이 되도록 덕을 닦는 핵심적 수양 방법이었다고 말할 수 있다.

---

80 『東經大全』, 『論學文』, 「然而君子之德 氣有正而心有定 故與天地合其德 小人之德 氣不正 而心有移 故與天地違其命 此非盛衰之理耶.」
81 『東學史』. p.3.
82 『東學史』, p.80.
83 『東學史』, p.75.

7. 동학의 사회사상(II)

1) 인시천(人是天)사상

최제우는 이상에서 본 바와 같은 그의 사상들에 기초하여 '천심즉인심 (天心卽人心) 인심즉천심(人心卽天心)'을 강조하여 인시천(人是天) 사상의 원리를 설파하였다.[84] 최제우는 그의 '인시천' 사상에 대하여 다음과 같이 설명하였다.

> (문) 天道는 先天古來부터 있었나니 古人의 소위 天道와 다름이 있나뇨.
> (답) 道則同也나 理則非也니라. 古人 소위 天道라 함은 人類 밖에 따로이 最古無上의 神 一位를 設하여 그를 人格的 上帝로 爲해 두고 人類는 그 下位에 居하여 拜服하며 自己의 生死禍福을 모다 그의 命令下에 定한 바라 하는 것이오, 나의 이른바 天道는 이를 反하여 사람이 한울(하느님)이오(人是天), 한울이 사람이라 한 것이다.
> (문) 사람이 한울이라 함은 무엇이뇨.
> (답) 有形曰 사람이오 無形曰 한울(하느님)이니, 有形과 無形은 이름은 비록 다르나 理致는 곧 하나이니라. 사람이 한울이라고 하는 말에 대하여 혹은 말하되 물도 根源이 없는 물이 없고 나무도 뿌리 없는 나무가 없나니 사람의 위에 따로 主宰하는 한울이 없다 함은 깨닫기 어려운 말이라고 한다.
> 물이 만일 근원이 있어 흘러오는 것이라 하면 근원의 물은 처음 어디로부터 나 오는 것이라 할 것이며, 나무가 만일 뿌리가 있어 나오는 것이라 하면 뿌리의 뿌리는 또 어디로부터 나왔다 하리오 사람도 이와 같이 처음 한울님이 있어 났다할 것 같으면 한울은 처음 누가 주었다 하겠나뇨. 사람이 누가 부모없이 난 사람이

---

84 『東經大全』,「論學文」 참조.

있으리오만은 부모의 부모를
거쳐 또 그 이상 千父母 萬
父母를 찾아 올라가 보아도
맨 처음 난 부모는 그 누구
라고 할른지 알 수가 없는
것이다. 세상에서는 天皇氏
까지 찾아 올라간다고 하지
만은 천황씨 이상은 또 무엇
이라고 말할른지 알 수 없는
것이다. 이럼으로써 사람의
근본을 찾는 데는 처음부터
끝까지 사람이라고 하는 것
이 가장 옳은 말이라고 하는
바이다.[85]

〈그림 10〉 동학 제2세 교주 최시형

동학의 인시천 사상을 대폭 발전시켜 더욱 확고하게 정립한 것은 최시
형이었다. 최시형은 최제우를 계승하여 '사람은 곧 하느님이다(人是天). 사
람 섬기기를 하느님같이 하라(事人如天)'는 유명한 사상과 가르침을 정립
해서 보급하였다.

> 吾師(최제우-필자)이 無極大道를 創明하시니 이는 天地 鬼神 造化
> 의 근본을 들어 창명하신 것이라. 내 꿈이들 어찌 선생의 遺訓을 잊으
> 리오. 선생이 일찍 遺敎가 있어 가로되 '사람은 한울이니라 그러므로
> 사람 섬기기를 한울같이 하라' 하셨도다. 내 비록 婦人小兒의 言이라
> 도 이를 배우노라.[86]

---

85 『東學史』, pp.5~6. 이것은 崔濟愚의 思想에 대한 吳知泳의 설명이다.
86 『天道敎創建史』 제2권, pp.37~38.

최시형은 또한 가르치기를 '(동학의) 도가에서는 사람이 오거든 천주(天主)가 강림(降臨)한다고 말하라'[87]고 하였다.

오지영은 최시형의 가르침에 대하여 '선생이 도(道)를 선포할 때에는 '사인여천(事人如天)' 이라는 말씀을 유일한 화제로써 하였었다'[88]고 기록하였다.

최시형은 '사인여천'의 사상을 '경(敬)'의 개념과 결부시켜서 '경천(敬天)·경인(敬人)·경물(敬物)'을 주장함으로써 인간에게뿐만 아니라 사물에까지 확대하였다.

> 接物은 우리 道의 거룩한 敎化이니 제군은 一草一木이라도 無故히 이를 害치 말라. 道닦는 次第가 天을 敬할 것이오. 人을 敬할 것이오. 物을 敬할 것에 있나니, 사람이 혹 天을 敬할 줄은 알되 人을 敬할 줄은 알지 못하며 人을 敬할 줄이 알되 物을 敬할 줄은 알지 못하나니, 物을 敬치 못하는 者이 人을 敬한다 함이 아직 道에 達치 못한 것이니라.[89]

최시형의 '인시천' 사상은 동학의 3세 교주 손병희(孫秉熙)에 이르러서는 '인내천(人乃天)'으로 표현을 바꾸어 계속 전승되었다.[90]

동학의 '사람이 곧 하느님이다'라는 인시천 사상은 하느님을 사람 밖의 별개의 주재자로 설정하여 사람은 하느님 밑에서 그 지배를 받는다는 종래의 모든 종교 사상과는 크게 다른 혁명적 사상이었다. 이 사상은 하느님은 지고지귀(至高至貴)한 존재이므로, 시천주하여 '심(마음)'에 하느님을 모심으로써 '사람이 곧 하느님'이 된 사람들도 지고지귀한 존재임을 설파한 것

---

87 『東學史』, p.64.
88 『東學史』, p.41.
89 『天道敎創建史』 제2편, pp.17~18.
90 『天道敎創建史』 제3편, p.66 참조.

이었다. 동학의 인시천사상은 인간을 지
고지귀한 하느님과 동격에 설정함으로
써 그때까지 전세계 모든 종교들이 창
안한 휴머니즘 중에서도 최고의 휴머니
즘을 창도한 참으로 획기적인 것이었다.

그리고 동학의 이러한 인시천 사상
과 최고도의 휴머니즘은 당시 양반관료
들로부터 학대받고 천시되어 오던 모든
평민과 천민들에게 인간의 지고지귀함
을 가르쳐 주어 그들에게 새로운 희망
을 주고 그들로부터 열광적인 환영을
받은 것이었다.

〈그림 11〉 동학 제3세 교주
손병희

2) 평등(平等) 사상

최제우와 최시형 등의 동학의 시천주(侍天主) 사상과 인시천(人是天) 사
상은 매우 독창 적인 구조의 평등사상을 정립하였다. 그 사상의 기본 논리
구조를 보면, 사람은 누구나 마음에 하느님을 모시고 있는데 이 하느님은
신분(身分)·노주(奴主)·남녀·노소·빈부에 차별 없이 모두 똑같은 하느님
이며, 모두 이 의 동일한 하느님을 모시고 있기 때문에 사람은 본래 평등
하다고 주장한 것이었다.

예컨대 신분평등의 경우를 보면, 양반도 그의 마음 안에 하나의 하느님
을 모시고 있고, 상민(常民)도 그의 마음 안에 동일한 하나의 하느님을 모
시고 있으며, 천민도 그의 마음 안에 양반·상민이 모시고 있는 하느님과
완전히 동일한 하나의 하느님을 모시고 있기 때문에 양반과 상민과 천민
은 서로 완전히 평등한 것이라고 생각하고 강조하는 것이다.

최제우는 양반신분제도를 비판하고 부정하여 '우습다 저 사람은 지벌 (地閥)이 무엇이게 군자(君子)를 비유하며 문필이 무엇이게 도덕을 의론하뇨'[91]라는 가사를 지어 불렀다. 그는 몰락양반의 서자로서 자기 스스로를 빈천자 집단에 동일시하여 '부귀자는 공경(公卿)이오 빈천자는 백성이라 우리 또한 빈천자로 초야에 자라나서'[92]라고 하여 스스로를 '백성'의 하나로 생각히었다. 그는 후천개벽 후의 앞으로 오는 시대에는 빈천자가 부귀자가 될 것임을 다 음과 같이 노래하였다.

　　　富하고 貴한 사람 이전 시절 貧賤이오, 貧하고 賤한 사람 오는 시절 富貴로세.[93]

　　최시형은 더욱 더 평등사상을 강조하고, "우리 도를 각(覺)할 자는 호미를 들고 지게를 지고 다니는 사람 속에서 많이 나오리라"[94]했으며, "부한 사람과 귀한 사람과 글 잘하는 사람은 도를 통하기 어렵다"[95]고 하였다.

　　조선왕조 시대에 매우 심했던 적서(嫡庶)의 차별에 대해서도 동학은 신분평등의 경우와 마찬가지로 적·서의 평등을 강조하고 주장하였다. 동학 제3세 교주 손병희가 동학에 입도한 동기도 서자출신인 그가 동학에서의 적서차별이 없는 평등주의에 감복했기 때문이었다.[96]

　　동학은 조선왕조 사회에서 극심했던 남녀차별에 대해서도 이를 반대하여 남녀평등을 주장하였다. 동학사상에 의하면 여성도 남성과 똑같이 마음에 하느님을 모시고 있는 '하느님'이며, 더 나아가서는 여성은 '하느님을

---

91 『龍潭遺詞』, 「道德歌」.
92 『龍潭遺詞』, 「安心歌」.
93 『龍潭遺詞』, 「教訓歌」.
94 『東學史』, p.42.
95 『東學史』, p.42.
96 『天道教創建史』 제3편, pp.1~5 및 『나라사랑』 「손병희 선생 특집호」 참조.

낳는 하느님'으로서, 존귀하기 이를 데 없는 것이다. 최시형은 '여성도 하느님'임을 다음과 같이 말하였다.

내 일찌기 청주 徐垞淳家를 지나다가 그 子婦의 織布의 聲을 듣고 徐君에게 물으되 君의 子婦가 織布하느냐 天主가 織布하느냐 함에 徐君이 不卞하였나니, 어찌 徐君뿐이리오.[97]

최시형은 여성도 마음에 하느님을 모신 존귀한 하느님이므로 남녀가 평등한 것임을 설교하고, 지아비들도 아내를 공경하여 부부가 화순(和順)할 것을 강조하였다.[98]

최시형은 또한 '어린이도 하느님'임을 강조하고 어린이를 때리거나 차별하지 말 것을 설교하였다. 그는 '내수도문(內修道文)'을 지어 부인들이 지켜야 할 행동준칙을 제시하면서 "어린아이도 하느님을 모셨으니 아이 치는 게 곧 하느님을 치는 게오니"[99]라고 설교하였다. 그는 "(동학)도가에서 유아를 때림은 곧 천주(天主)를 때림이라 마땅히 삼갈지며"[100]라고 하여 어린이를 존중할 것을 강조하였다.

이러한 동학의 평등사상은 당시 양반관료들에게 극심한 차별과 억압과 학대를 받아오던 상민과 천민층에게 그들도 양반귀족과 마찬가지로 지고 지귀한 하느님을 마음 안에 모시고 있으므로 양반귀족과 완전히 평등한 지고지귀한 인간임을 가르쳐서 확고부동한 평등의 신념을 넣어 주었다. 당시 서양의 다른 종교 사상의 평등론은 하느님 밑에서 인간이 하느님에 의하여 평등하게 창조되었으므로 평등한 것임을 설파했는데, 동학은 동일하

---

97 『天道敎創建史』 제2편, p.36.
98 『天道敎創建史』 제2편, p.37.
99 崔時亨, 「內修道文」 ; 愼鏞廈, 「崔時亨의 <內則> <內修道文> <遺訓>」, 『韓國學報』 제12집, 1978, 「새자료소개」 참조.
100 『東學史』, p.64.

고 지고지귀한 하느님을 인간이 자기들 마음속에 각각 모시고 있으므로 모두가 '하느님으로서' 평등하다는 훨씬 더 강도 높고 확고한 평등사상을 정립해 준 것이었다. 이러한 동학의 평등사상은 당시까지 세계 모든 종교들이 창안한 평등사상 중에서도 가장 강도가 높고 확고한 사상 구조를 가진 것이었다고 말할 수 있다.

동학의 이러한 구조의 평등사상은 당시 양반관료의 차별과 억압과 학대 밑에서 '평등'을 갈구하던 상민층과 천민층에게 열광적인 환영을 받아, 동학이 불법화되고 탄압받던 때에도 상민층과 천민층의 사이에서 급속히 신도를 획득하였다. 예컨대 18세 때에 동학에 입도한 백범 김구는 그의 입도 동기가 동학의 평등사상에 감복했던 것이었으며, 주로 "상놈들이 이 평등주의 때문에 동학에 들어갔다"고 다음과 같이 기록하였다.

> 내가 공손히 절을 한즉 그도 공손히 맞절을 하기로 나는 황공하여 내 성명과 문벌 (상놈-필자)을 말하고 내가 비록 成冠을 하였더라도 양반 댁 서방님인 주인의 맞절을 받을 수 없거늘, 하물며 편발 아이에게 이런 대우가 과도한 것을 말 하였다. 그랬더니 선비는 감동하는 빛을 보이면서, 그는 東學道人이라 先生의 훈계를 지켜 빈부귀천에 差別이 없고 누구나 平等으로 대접하는 것이니 미안해 할 것 없다고 말하고 내가 찾아온 뜻을 물었다. 나는 이 말을 들으매 別世界에 온 것 같았다 ……
> 하느님을 모시고 하늘도를 행하는 것이 가장 요긴한 일일 뿐더러 상놈 된 恨이 골수에 사무친 나로서는 東學의 平等主義가 더 할 수 없이 고마왔고, …… 나는 입도할 마음이 불같이 일어나서 입도 절차를 물은즉 …….
> 이때의 형편으로 말하면 兩班으로 東學에 들어오는 이가 적고 나와 같은 상놈들이 많이 모여 들었다.[101]

동학의 평등사상은 하위신분층과 농민층을 동학에 입도시켜 동학을 민

---

101 金九, 『白凡逸志』(汎友社판, 1984), pp.32~33.

중·농민의 사상과 종교로 만든 핵심적인 구성요소이었다고 말할 수 있을 것이다.

3) 후천개벽(後天開闢) 사상

최제우는 인류역사를 2단계로 나누어 '선천(先天)'과 '후천(後天)'으로 구분해서 설정하였다. 이 두 단계는 모두 '개벽(開闢)'으로 시작된다.

최제우에 의하면, '선천개벽(先天開闢)'은 인류사회(또는 우주)가 최초로 열리는 변혁을 의미한다. 최제우는 '선천'의 기간을 5만년이 표준이라고 생각하였다. 그에 의하면 이 5만 년의 '선천' 세계는 다시 3시기로 나뉘어 진다. 제1 시기는 미개시대로서 우부우민(愚夫愚民)이 하느님의 비와 이슬을 고루 내려 주시는 은혜의 이치를 모르고 그저 스스로 화(化)하여 되는 줄만 알았던 시기이다. 제2시기는 오제(五帝) 이후 공자(孔子) 등 성인이 나서 해와 달과 별과 하늘과 땅이 돌고 도는 이치를 글로 써서 책을 만들어 천도(天道)의 떳떳한 이치를 정(定) 했던 시기이다. 제3시기는 온 세상 사람들이 각기 딴 마음을 가져 천리(天理)에 순(順)하지 않고 천명(天命)을 돌아보지 아니하여 하는 말세의 시기이다.[102] 즉 최제우는 인류의 '선천세계'는 선천개벽 후 제1시기인 원시미개기→제2시기인 융성기→제3시기인 쇠망기를 거쳐 5만 년의 세계를 보냈으며, 자기의 시대를 선천세계가 막 끝나고 후천세계(後天世界)가 막 시작되려 하는 시대로 생각한 것이었다.

최제우에 의하면, 선천의 쇠망기에 온 세상이 분란(紛亂)하고 민심이 효박(淆薄)하며 괴질(怪疾)이 만연하고 도덕 타락한 것이 극에 달하여 세상 사람들이 어디 로 향해야 할지 알지 못하게 되면, 선천의 시대는 대단원의 종언을 고하고 '후천개벽'이 이루어져서 새로이 5만 년의 후천세계가 전개

---

102 『東經大全』, 「布德文」 참조.

된다고 한다. 최제우에 의하면 후천개벽에 의하여 시작되는 후천세계는 선천 말기의 모든 혼돈이 극복되고 국태민안(國泰民安)이 이루어지는 태평성세(太平盛世)이다.

최제우는 이러한 선천의 성쇠와 후천개벽의 윤회와 순환은 '천운(天運)' '시운(時運)'에 따라 불가피하게 이루어지는 것이라고 생각하였다.

> 天運이 돌렸으니 근심말고 돌아가서 輪廻時運 구경하소. 十二諸國 怪疾運數 다시 開闢 아닐런가. 太平盛世 다시 定해 國泰民安 할 것이니 개탄지심 두지말고 차차 차차 지냈어라.[103]

여기서 주목할 것은 최제우가 말한 '천운' '시운' '운수'가 '요행의 운명을 말하는 운수'가 아니라, 최근 우리가 사용하는 용어로 번역하면, '역사의 불가피성' '역사의 필연성' 등의 의미를 내포한 개념이라는 사실이다. 최제우는 역사가 변동해 가는 어떤 불가피성과 필연성을 당시의 그가 알고 있던 동양철학적(주로 易學적) 표현으로 '천운' '시운' '운수'의 용어로 표현한 것이었다.

그러면 후천개벽은 언제 어떻게 일어나는가? 최제우에 의하면, 그건은 천운(天運)이 돌고 시운(時運)이 다달으면 천명(天命)을 받은 사람이 '새로운 도(道)와 학(學)'을 개창하여 포덕(布德)함으로써 시작되는 것이다. 최제우는 그의 동학의 득도를 다음과 같이 설명하였다.

> 하느님 하신 말씀 開闢후 五만년에 네가 또한 첨이로다. 나도 또한 開闢 이후 勞而無功 하다가서 너를 만나 成功하니 나도 성공 너도 得意 너의 집안 운수로다. 이 말씀 들은 후에 心獨喜 自負로다. 어화 세상 사람들아 無極之運 닥친 줄을 너희 어찌 알가 보냐. 기장하다 기장

---

103 『龍潭遺詞』, 「夢中老少問答歌」.

하다 이내 운수 기장하다. 龜尾山水 좋은 勝地 無極大道 닦아내니 五萬年之 運數로다.[104]

時運이 돌렸던가 萬古없는 無極大道 이 세상에 創建하니 이도 역시 時運이라.[105]

즉 선천세계의 5만 년이 원시미개기·융성기·쇠망기를 다 거쳐 후천세계로 이행할 시운에 이르자, 하느님이 그동안 보국안민(輔國安民) 광제창생(廣濟蒼生)을 위해서 고민을 하면서 수도하고 있던 최제우(崔濟愚)를 선택하여 하느님의 말씀을 들려주고 '득도'케 함으로써 최제우에 의하여 동서고금에 없던 무극대도(無極大道)인 '동학'이 창건되고 이 동학의 창건과 포덕이 바로 '후천개벽'의 시작이며, 동학은 후천세계 5만 년을 지도할 도(道)와 사상과 종교가 된다는 것이었다.

그러다가 뜻밖에도 庚申년 四월에 갑자기 마음이 두근거리고 몸이 떨리는 무슨 병인지 병의 증세를 알 수 없고 말로 형용하기도 어려울 즈음에 어디선가 갑자기 神仙의 말씀이 귀에 들려왔다. 나는 깜짝 놀라 일어나서 캐어 물어보았더니 대답하시기를 '두려워하지 말고 겁내지 말라, 세상 사람들이 나를 上帝라 하니 너는 上帝를 모르느냐'고 하였다. 왜 그러시느냐고 까닭을 물었더니. 하느님이 말씀하시기를 '나 역시 이제까지 功이 없으므로 너를 이 세상에 태어나게 해서 이 法을 사람들에게 가르치게 하노니 의심하지 말고 의심하지 말라' 하셨다. '내가 묻기를 그러면 西道로써 사람들을 가르쳐야 합니까' 하니 하느님이 말씀하시기를 '그렇지 않다'고 하셨다.[106]

이런 말들을 낱낱이 들어 말하려면 한이 없으므로, 나도 또한 두렵

---

104 『龍潭遺詞』,「龍潭歌」.
105 『龍潭遺詞』,「勸學歌」.
106 『東經大全』,「布德文」 참조.

게 여겨 다 만 늦게 태어난 것을 한탄할 즈음에, 갑자기 몸이 크게 떨리기 시작하여 밖으로 靈氣에 接하고 안으로 하느님의 가르침이 내리는데 보아도 보이지 않고 들어도 들리지 않았다. 그러므로 마음에 아직도 의아함을 품어 修心正氣해서 하느님께 묻기를 어찌하여 그렇습니까? 했더니 하느님이 대답하시기를 '내 마음이 곧 네 마음이니라, 세상 사람들이 어찌 이를 알리오' 라고 하셨다 ……[107]

최제우는 또한 이러한 동학의 창도에 의한 '후천개벽'을 '하원갑(下元甲)' '상원갑(上元甲)' 등 원갑설(元甲說)을 가지고 설명하기도 하였다.[108] 즉 그의 시대는 선천의 하원갑의 시기로서 선천이 끝나는 마지막 시기이고 그의 동학의 창도에 의하여 후천의 상원갑이 시작되는 것이라고 보았다.[109]

下元甲 지내거든 上元甲 好時節에 萬古없는 無極大道 이 세상에 날 것이니 ……[110]

삼각산 漢陽都邑 四百년 지난 후에 下元甲 이 세상에[111]

선천의 하원갑=노천(老天)은 몹쓸 사람이 부귀하고 어진 사람이 빈천하는 시대이다.

---

107 『東經大全』, 「論學文」.
108 「元甲」이란 易學의 용어로서 60 甲子를 九宮에 배정 하면 180년 만에 元甲子로 돌아온데서 나온 말이다. 이 180년을 上·中·下로 3등분하여 上期 60년을 '上元甲', 中期 60년을 '中元甲', 下期 60년을 '下元甲'이라고 하는 것이다.
109 崔濟愚가 東學을 創道한 직후의 '甲子'年은 1864년으로서 이때부터 後天의 첫 번째 上元甲이 되고, 1803년부터 1863년까지가 先天의 마지막 下元甲이 되는 것이다. 최제우가 得道한 庚申年은 下元甲에 속한 해라고 볼 수 있다.
110 『龍潭遺詞』, 「夢中老少問答歌」.
111 『龍潭遺詞』, 「夢中老少問答歌」.

지금은 老天이라 영험도사 없거니와 못쓸사람 富貴하고 어진 사람 窮迫타고 하는 말이 이뿐이 오 약간 어찌 修身하면 地閥보고 家勢보아 112

따라서 '후천개벽'은 선천세계를 부정하고 새 시대인 후천세계를 연다는 '혁명적' 성격이 있다고 할 수 있다. 오지영은 최제우의 후천개벽 사상을 다음과 같이 해설하였다.

선생은 새로운 안목으로써 이 세상을 내다 보았다. 先天的 인류계에 모든 不合理的으로 된 것을 一網打盡으로 모두 다 뒤집어 버려야 되겠다는 마음을 가졌었다. 그러함으로써 今不聞 古不聞의 일과 今不比 古不比의 法을 唱導하였나니 이것이 곧 宇宙開闢의 첫 소리다. 과거의 세상은 인류가 인류다운 생활이 없었기 까닭에 이제 바야흐로 새 人類主義를 창도하여 인류가 非人類的으로 생활하여 온 이 세상을 새로 開闢하자는 목적을 세운 것이다. 開闢의 의미는 先天의 잘못을 後天에 開闢하고 昨日의 잘못을 今日에 開闢하고 前人의 잘못을 後人이 開闢하여 어디까지든지 인류가 인류노릇 할만한 그날까지에 이어가기를 목적한 바이다.113

최제우의 후천개벽 사상에는 일반적으로는 선천세계를 부정하고, 실제에서는 조선왕조를 부정하는 뜻을 내포했다는 의미에서 '혁명성'이 있음이 사실이다.114 또한 최제우가 지은 '검가(劍歌)'에도 혁명의 고취의 뜻이 내포되어 있다.

時乎 時乎 이내 時乎 不再來之 시호로다. 萬世一之 장부로서 五萬

112 『龍潭遺詞』, 「道德歌」.
113 『東學史』, pp.4~5.
114 金觀德, 전게논문 참조.

年之 시호로다. 龍泉劍이 드는 칼을 아니 쓰고 무엇하리. 無袖長衫 떨쳐입고 이칼 저칼 넌즛 들어 浩浩茫茫 넓은천지 一身으로 비켜서서 칼 노래 한 곡조를 시호 시호 불러내니, 용천검 날랜 칼은 일월을 희롱하고 게으른 무수장삼 우주에 덮여 있네. 만고 名將 어데 있나 丈夫 當前 무장사라. 좋을시고 좋을시고 이내 身命 좋을시고.[115]

최제우는 관헌에 체포되어 '검가'의 의미에 대하여 심한 추궁을 받았을 때, 이것은 양이(洋夷)가 침범하면 목검을 들고 검무를 추며 검가를 불러서 조화를 부려 양이를 물리치려 한 것으로 응답하였다. 그러나 이것은 관헌의 추궁에 대한 최제우의 변명이고, 그의 '검가'에 '오만년지시호(五萬年之時乎)'라는 후천개벽의 시운을 나타내는 표현이 있는 것을 보면 '후천개벽의 혁명'을 고취하는 의미를 포함한 가사인 것이 틀림없다.

또한 최제우의 저작에는 풍운(風雲)을 일으키는 큰 솜씨는 그 기국(器局)을 따르는 것이니 '현기(玄機)'를 들어내지 말고 마음을 조급히 갖지 말라는 다음과 같은 글이 있다.

이와 같이 큰 道는 小事에 정성을 드리지 말라. 공훈을 세우는 일에 마음을 다하면 자연히 도움이 있으리라. 風雲의 큰 솜씨는 器局을 따르는 것이니, 玄機를 나타내지 말고 마음을 조급히 갖지 말라.[116]

최제우의 이 글은 이중적 의미를 내포하고 있는 것으로 해석될 수 있다. 그 하나는 동학교도들에게 도를 깨우치고 실천하는 데 조급하게 생각하지 말라는 수도의 방법으로 해석하는 것이다. 다른 하나는, 김용덕 교수의 해석과 같이, 갑오년에 최시형이 전봉준(全琫準)에게 준 글에 "경(經)에 운

---

115 『龍潭遺詞』, 「劍歌」.
116 『東經大全』, 「歎道儒心急」. 「如斯大道 勿誠小事 臨動盡料 自然有助 風雲大手 隨其器局 玄機不露 勿爲心急.」

(云)한 바 현기(玄機) 불로(不露)하고 심급(心急)히 말라 하였나니 시(是)는 선사(先師)의 유훈이니라"[117]는 구절과 관련하여 '현기(玄機)'를 '혁명의도'로 해석하는 것이다.[118]

필자가 여기서 주의를 환기코자 하는 것은 최제우의 후천개벽 사상은 혁명성을 갖고 있으나, 그것은 정신계와 종교의 혁명성을 가리키는 것이며, 바로 '사회혁명성'을 나타내는 것은 아니라는 사실이다. 최제우가 선천세계와 후천세계를 구분한 것은 정신계·종교·도덕·사상의 영역으로서 '동학'의 창도에 의하여 과거의 모든 종교와 사상을 부정하고 새 종교와 새 도덕과 새 사상으로서의 '동학'이 5만년의 새 시대의 지배적 종교와 사상이 된다는 의미의 '혁명성'인 것이다. 이것이 당시의 사회체제를 부정하고 새로운 구조의 새로운 사회체제를 산출하는 사회적 '혁명성'으로 되기 위해서는 최제우 이후 2·3 세 교주가 이 사상을 어떻게 해석하여 사회체제문제를 어떠한 방식으로(혁명적으로, 혹은 개혁적으로) 해결하려 하는가의 해석과 매개항이 큰 작용을 하게 되는 것이다.

동학의 제2세 교주 최시형은 이것을 다음과 같이 해석하였다.

> 吾道의 大運은 天下를 휩싸고 五萬年을 표준한 것이니 제군은 이 시대에 났음이 一幸이오 이 運數에 참여 하였음이 一幸인즉 이것을 覺하는 자이 능히 道를 通할지요, 風雲大手이 또한 그 檢局에 따를 것이니 제군은 먼저 誠敬信으로 主를 삼아 布德에 힘쓰라.[119]

그러나 후천개벽사상을 정신계와 종교계에만 한정한다면 그것이 '혁명성'을 가진 것은 틀림이 없고, 이것을 동학의 지도자들이 사회에 대해서도

---

117 『天道教書』, 『亞細亞研究』 제5권 제2호, p.309.
118 金龍德, 전게 논문 참조.
119 『天道教創建史』 제2편, p.32.

적용해야 한다고 해석했거나 주장했다면 '사회혁명성'을 갖게 될 요인을 내포하고 있었던 것이라고 해석된다.

4) 지상천국(地上天國) 사상

최제우는 창생(蒼生, 백성)들이 동학에 입도하여 동학의 도(道)를 깨우치면 '군자(君子)' '지상신선(地上神仙)'이 된다고 주장하였다.

> 入道한 세상 사람 그날부터 君子되어 無爲而化될 것이니 地上神仙 네 아니냐.[120]

최제우는 세계 여러나라를 다 버리고 하느님이 우리나라의 운수를 먼저 주어, 최제우 자신을 태어나게 해서 동학이라는 후천개벽의 새로운 도(道)를 줌으로써 우리나라의 운수를 보전케 해 주었다고 설명하였다.

> 十二諸國 다 버리고 我國運數 먼저 하네.[121]
> 하느님이 내몸 내서 我國運數 保全하네.[122]

즉 최제우의 동학에 모든 사람들이 입도하여 '동귀일체(同歸一體)' 하게 되는 시운이 도래하여 백성들이 모두 원하기만 하면 '군자' '지상신선'이 될 수 있게 되고, 나라가 모두 '군자' '지상신선'이 모여 사는 '지상천국(地上天國)'이 되면 나라의 운수를 보전할 수 있게 된다고 생각한 것이었다.

> 時運을 의논해도 一盛一衰 아닐런가 衰運이 지극하면 盛運이 오지

---

120 『龍潭遺詞』, 「敎訓歌」.
121 『龍潭遺詞』, 「安心歌」.
122 『龍潭遺詞』, 「安心歌」.

만은 현숙한 모든 君子 同歸一體하였던가.[123]

　하느님 하신 말씀 너도 역시 사람이라 무엇을 알았으며 億兆蒼生
많은 사람 同歸一體 하는 줄을 사십 평생 알았더냐.[124]

　최제우는 여기서 서학의 '천당'에 대결하여 모든 백성들(창생)을 동학에
동귀일체(同歸一體)하면 우리나라와 이 세상은 '군자'와 '지상신선'이 모여
사는 '지상천국'을 만들 수 있다고 생각한 것이었다. 즉 우리나라와 이 세상
을 동학에 의하여 '군자공동체'[125] '지상신선공동체'로 만들면 '천국(天國)'
을 서학처럼 '천당(天堂)'에 만드는 것이 아니라 동학은 천국을 지상에 만들
어 이 나라와 이 세상에 '지상천국'을 건설할 수 있게 된다는 것이었다.
　이것은 동학이 서학의 천당설에 대결하여 만든 강렬한 유토피아 사상의
하나라고 말할 수 있을 것이다.

8. 동학의 민족주의·민주주의·휴머니즘의 특징

　위에서 본 바와 같이 '동학'은 그 이름에 이미 민족주의적 의미를 내포
하고 있을 뿐 아니라, 무엇보다도 모든 나라에 대한 대외관(對外觀)에서 확
고한 민족주의적 관점과 사상을 갖고 있었다. 그러나 동학의 외부에 대한
민족주의 사상에는 독특한 특징이 있었음을 주목할 필요가 있다.
　우선 먼저 동학의 서세(西勢)와 서학(西學)에 대한 민족주의적 관점의
특징을 보면, 동학은 서세를 위정척사 사상과 같이 무조건 경멸하거나, 기

---

123 『龍潭遺詞』, 「勸學歌」.
124 『龍潭遺詞』, 「教訓歌」.
125 申一徹, 전게 논문 참조.

기음교(奇技淫巧, 서양의 과학기술에 대한 위정척사파의 용어)에 의존한 금수와 같은 세력으로 깔보고 있지 않을 뿐 아니라, 도리어 도성덕립(道成德立)하여 무사불성(無事不成)하고 전쟁과 전투에 서도 무인재전(無人在前)하는 막강하고 두려운 세력으로 보았다. 이것은 동학이 서세에 대하여 상당히 객관적이고 현실주의적으로 관찰하는 관점을 가졌음을 나타내는 것이다. 이것은 위정척사 사상의 서세에 대한 주관적이고 비현실적인 관찰과는 매우 대조적인 것이었다고 할 수 있다.

또한 동학은 서학(천주교)에 대해서도 '운즉(運則)일이오 도즉동(道則同)이로되 이즉비(理則非)'[126]라고 하였다. 즉 서학은 그 운(시운·운수)은 동학과 동일하게 융성하는 운이오, 도(道)도 동학과 동일하게 천도인데, 이치만이 동학과 다르다고 본 것이었다.

서학의 운이 동학과 마찬가지로 상승하는 성운(盛運)이라고 본 것은 서세에 대한 두려움과 경계의 관점에 관련된 것이었다. 서학과 동학이 모두 동일하게 '천도(天道)'라고 본 것은 동학이 가진 보편주의적 천도관을 나타내는 것으로서 '하느님'을 자기 종교의 것이라고만 생각하는 전세계 모든 종교들보다 훨씬 더 보편주의적이고 객관적인 관점을 정리한 것이다. 이것은 동양문명과 서양문명을 대등하게 보고 자기의 주관적 관점에서 서양문명을 폄하하지 않는 합리적 관점을 나타내는 것이었다. 이것은 위정척사 사상이 서양문명을 금수와 같은 사악(邪惡)한 것으로 폄하하고 부정하는 관점과는 매우 대조적인 것이었다고 볼 수 있다.

물론 동학은 위정척사 사상과 마찬가지로 서학을 서양세력의 동양침략의 첨병으로 인식하였다. 그러나 동학이 가진 서양세력과 서학에 대한 객관적 관점과 관찰은 서양세력과 서학을 두려워하여 '서학이 천시(天時)를 알고 천명(天命)을 받은 것이 아닌가'[127] 의심하면서 서학의 창시자보다 자

---

126 『東經大全』, 「論學文」 참조.

기 자신이 '늦게 태어난 것을 한탄'[128]하고 서양세력과 서학의 침입을 막아
낼 수 있는 서학보다 우수한 새로운 종교와 사상의 창조에 전념하도록 만
드는 데 크게 작용한 것이었다고 볼 수 있는 것이다.

한편 동학의 중국에 대한 대외관을 보면 이를 '입술과 이빨의 관계'로
관찰하였다. 최제우는 서양세력과 서학의 침입으로 중국이 멸망해 가는 것
을 놓고 조선은 입술이 없어지는 근심에 직면해 있다고 강조하였다.[129] '입
술이 없어지면 이빨이 시리다(脣亡齒寒)'는 동양적 표현 속에서 최제우는
중국과 조선을 깊은 '연대관계'를 가진 것으로 보면서도 '조선을 이빨' '중
국을 입술'에 비유하여 조선을 중심에 놓고 민족주체적으로 파악하였다.
순망치한(脣亡齒寒)의 대외관계는 중국인들이 자신과 '사이(四夷)'와의 관
계를 비유할 때 애용하던 용어이므로 위정척사파들은 감히 조선을 이빨에
놓고 중국을 비유하지 못했었다. 이에 비교하면 동학의 대(對)중국관(中國
觀)이 민족주체적임을 확인할 수 있을 것이다.

동학의 대(對)일본관(日本觀)은 일본의 과거의 침략에 대하여 매우 강렬
한 적개심을 나타내었다. 최제우는 일본의 침략에 대하여 다음과 같이 '개
같은 왜적놈' 이라고 매도하였다. 그리고 앞으로의 일본의 재침략이 있을
경우에는 그가 앞장서 이를 막을 결의를 시사하였다.

> 崎險하다 기험하다 我國運數 기험하다. 개같은 왜적놈아 너희 身
> 命 돌아보라. 너희 역시 下陸해서 무슨 은덕 있었던고 前世壬辰 그때
> 라도 오성 한음 없었으면 옥새 보전 누가할꼬. 我國名賢 다시 없다 나
> 도 또한 하느님께 옥새 보전 奉命하네.[130]

---

127 『東經大全』, 「論學文」.
128 『東經大全』, 「論學文」.
129 『東經大全』, 「論學文」 참조.
130 『龍潭遺詞』, 「安心歌」.

내나라 무슨 운수 그다지 기험할고, 거룩한 내집 부녀 자세 보고 안심하소. 개같은 왜적놈이 전세 임진 왔다가서 술 싼일 못했다고 쇠술로 안먹는 줄 세상 사람 누가 알꼬 그 역시 원수로다.[131]

내가 또한 神仙되어 飛上天 한다해도 개같은 왜적놈을 하느님께 造化받아 一夜에 멸하고서 傳之無窮 하여놓고,[132]

여기까지의 고찰만으로도 우리는 최제우의 동학 사상이 외국의 침략에 대항하여 얼마나 강렬한 민족주의적 저항의식을 갖고 있었는가를 충분히 알 수 있다.

동학의 민족주의를 더욱 근대적으로 만들어 농민층의 사상이 되게 한 것은 그것이 내포한 민주주의 사상이었다. 그리고 동학의 민주주의 사상의 특징은 그 독특한 평등사상과 휴머니즘에 있었다고 할 수 있다.

동학은 앞서 본 바와 같이 '시천주(侍天主)' 사상을 정립하여 매우 독창적 구조의 평등사상을 창조함으로써 당시 사회신분제도의 폐지를 요구하는 농민층의 강렬한 요구에 잘 부응하였다. 즉 최제우는 동양의 전통적인 '천인합일(天人合一)' 사상에서 종래에는 '천'에 중심을 두었던 것을 그는 이를 역전시켜 '인'에 중심을 둠으로써, '인'이 모두 마음속에 '천'을 모시고 있다는 '시천주' 사상을 창조하였다. 최제우의 동학에 의하면, 사람은 누구나 마음에 하느님을 모시고 있는데 이 하느님은 적서(嫡庶)·노주(奴主)·남녀·노소·빈부에 전혀 차별 없이 모두 똑같은 동일한 하느님인 것이며, 모든 사람들이 바로 동일한 하느님을 하나씩 평등하게 분유하여 내재화해서 모시고 있기 때문에 모든 사람은 평등하다는 사상이 정립된 것이었다.

예컨대, 신분평등의 경우를 들어 보면, 양반도 그의 마음 안에 하나의 하느님을 모시고 있고, 상민이나 천민도 그의 마음 안에 양반이 모시고 있

---

131 『龍潭遺詞』,「安心歌」.
132 『龍潭遺詞』,「安心歌」.

는 하느님과 똑같은 하나의 하느님을 모시고 있기 때문에 양반과 상민과 천민은 서로 완전히 평등한 것이라고 강조하는 것이다. 이러한 독특한 이론 구조의 평등사상은 신성하고 존귀한 '하느님'을 빌리어 사람의 마음 안에 하느님을 넣어 내재화함으로써 평등을 설명하기 때문에 사람은 태어날 때부터 평등한 인권을 가지고 태어났다는 사상보다도 더 '평등'에 대한 강한 확신을 심어 준다는 데 큰 특징이 있었다.

또한 최제우의 동학은 미래의 세계 (동학의 세계)에서는 현재의 빈천자(貧賤者)가 부귀자(富貴者)가 되고 현재의 부귀자는 빈천자로 역전된다고 하여, 앞서 쓴 바와 같이 "부하고 귀한 사람 이전 시절 빈천이오 빈하고 천한 사람 오는 시절 부귀로세"[133]라고 하였다. 이러한 설명은 당시의 빈천자인 하위신분층의 농민층에 매우 밀착된 친화력을 형성하였다.

동학의 제2세 교주 최시형은 농민층의 사회적 욕구에 부응하여 농민층을 위한 평등사상을 더욱 더 강조하고, "우리 도를 각할 자는 호미를 들고 지게를 지고 다니는 사람 속에서 많이 나오리라"[134]고 했으며, "부한 사람과 귀한 사람과 글 잘하는 사람은 도를 통하기가 어렵다"[135]고 하였다. 동학의 민주주의 사상의 골간을 이루고 있는 독특한 평등사상은 의식적으로 농민층의 평등의 요구에 부응하여 '농민적 민주주의' 사상의 특징을 갖고 있었음을 알 수 있다.

또한 동학의 휴머니즘은 '사람이 곧 하느님이오 하느님이 곧 사람이다' 라는 '인시천(人是天)' 사상을 정립하여 인간의 지고지귀(至高至貴)한 존엄성을 강조하였다. 최시형은 최제우를 계승하여, '사람은 곧 하느님이다(人是天), 사람 섬기기를 하느님 같이 하라(事人如天)'고 다음과 같이 설파하였다.[136]

---

133 『龍潭遺詞, 「敎訓歌」.
134 『東學史』, p.42.
135 『東學史』, p.42.
136 『天道敎創建史』 제3편의 p.66에서 볼 수 있는 바와 같이, 崔濟愚와 崔時亨의 「人

내 꿈인들 어찌 先生(최제우-필자)의 遺訓을 잊으리오. 선생이 일찍 遺教이 있어 가로되 '사람은 하늘이니라 그러므로 사람 섬기기를 하늘같이 하라' 하셨도다.[137]

동학의 '사람이 곧 하느님이다'라는 인시천(人是天) 사상과 '사람 섬기기를 하느님같이 하라'는 사인여천(事人如天) 사상은 하느님을 사람 밖에 있는 별개의 절대적 주재자(主宰者)로 설정하고 사람은 하느님 밑에서 그 지배를 받는 하느님의 '종' 이라고 설파한 종래의 모든 다른 종교들의 사상과는 크게 다른 고도의 휴머니즘 사상이었다. 동학의 인시천 사상은 인간을 지고지귀하신 하느님과 동격(同格)에 설정함으로써 그때까지 전세계 모든 종교들이 창안한 휴머니즘 중에서도 최고의 휴머니즘을 창도한 획기적인 것이었다. 동학의 휴머니즘의 특징은 인간을 하느님의 '종'이 아니라 '하느님' 바로 그 자체라고 하여 하느님과 동격으로 인간을 지고지귀한 존재로 정립한 곳에 있다고 말할 수 있다.

동학의 이러한 민주주의 평등사상과 최고도의 휴머니즘은 당시 양반관료들로부터 차별받고 학대받으며 천시되어 오던 하위신분층(평민층과 천민층) 의 농민들에게 인간의 사회적 평등과 지고지귀함을 가르쳐 주고 확신을 심어주어 그들에게 새로운 희망과 용기를 주고, 그들로부터 열광적인 환영을 받은 것이었다.[138]

동학의 민족주의와 민주주의는 하위신분층의 농민적 민족주의와 민주주의였으며, 동학의 휴머니즘은 하위신분층의 농민을 해방하여 지고지귀한 존재자로 존경케 할 수 있는 농민적 휴머니즘의 특징을 동시에 갖고 있었다는 사실을 우리는 주목할 필요가 있다. 그 후 갑오동학농민혁명운동

人是天」용어를 孫秉熙는 내용은 그대로 계승하고, 용어를 「人乃天」으로 바꾸었다.
137 『天道教創建史』 제2편의 pp.37~38.
138 慎鏞廈, 「東學과 甲午農民戰爭의 民族主義」, 『한국학보』 제47집, 1987 참조.

때에 동학과 농민층이 '결합'할 수 있었던 것은 동학의 민족주의·민주주의·휴머니즘의 이러한 특징과 관련된 것이었음을 깊이 인식할 필요가 있을 것이다.

9. 맺음말

지금까지 최제우에 의한 동학 성립의 사회적, 개인적, 지적 배경과 동학의 사회사상의 내용과 특징을 비교적 상세하게 고찰하여 보았다.

여기서는 보국안민(保國安民)과 광제창생(廣濟蒼生)을 목적으로 창도된 동학 사상을 가능한 한 객관적으로 이해하려는 관점에서 동학을 고찰해 왔으나, 당시의 민족적, 사회적 과제에 비추어 볼 때 동학 사상의 내용과 구조에 문제점이 없었던 것은 아니었다. 당시의 민족적·사회적 과제에 비추어서 동학 사상이 가진 문제점으로서는 다음과 같은 몇 가지 점이 특히 논의될 필요가 있을 것이다.

첫째, 서양세력의 도전과 침략의 성격을 지나치게 종교적 측면에서만 보아 서학(천주교)에 대한 대결의식에 지배된 점을 지적할 수 있다. 동학은 서양의 군사력과 과학기술에 두려움을 표시하면서도 이것을 본질적으로 '서학의 힘'에서 나온 것이라고 해석하여 극단적인 정신주의와 종교의 측면에서 과제를 해결하려고 하였다.

둘째, 동학은 서양의 군사력의 막강함은 잘 인식했으면서도 그 기초가 되고 있던 서양의 과학기술에 대한 객관적 인식은 매우 부족하였다. 당시의 서양세력의 도전을 극복하려면 서양의 과학기술의 우수성과 선진성에 대한 객관적 인식이 필요했는데, 동학은 이 측면이 매우 취약하거나 결여되어 있었다고 볼 수 있다.

셋째, 동학은 정신과 종교와 도덕의 개혁에 대해서는 구체적인 개혁 사상을 정립했으나 사회구조의 개혁에 대해서는 구체적인 개혁 사상을 잘 정립하지 못했으며, 사상 전체가 종교에 치우친 나머지 사회과학성과 시민 과학성이 크게 부족하였다고 볼 수 있다. 따라서 동학사상은 종교개혁에는 그 응용의 폭이 매우 컸지만 사회개혁에는 그 응용의 폭이 제한되어 있었다고 볼 수 있다.

넷째, 동학의 미래에 대한 설계는 '지상신신'과 '시상천국'을 상정하면서 관념적 유토피아의 세계를 구상하였고, 합리적으로 체계화된 정치적, 경제적, 사회적, 문화적 미래세계의 설계를 실현 가능하게 잘 정립하지 못했다고 볼 수 있다.

전체적으로 서양세력과 서학의 침투와 침입에 대결함에 있어서 동학은 새로운 '종교'를 창시했음에 그쳤고, 그 사상은 종교사상의 틀을 벗어나지 못하였다. 당시 서양세력과 서학의 침입은 비록 서양세력이 서학을 침투의 첨병으로 이용했다 할지라도 서양세력의 막강한 힘은 근대적 과학기술과 자본주의적 산업생산력에 기초를 둔 것이었기 때문에 동학의 힘으로 서양세력을 막을 수는 없는 것이었다. 동학이 막을 수 있는 것은 본질적으로 서양세력이 아니라 '서학'이었다고 볼 수 있는 것이다. 당시 서양 자본주의의 침입은 자기 나라도 근대자본주의 국가와 체제를 수립해야 효과적으로 막을 수 있는 것이었지 '종교'로써는 그것을 막을 수가 없었다. 따라서 동학의 이러한 한계는 동학만의 한계가 아니라 모든 종교사상이 가진 한계라고 볼 수 있다.

그럼에도 불구하고 동학사상이 가진 독특한 구조의 민족주의와 민주주의적 평등사상과 휴머니즘은 동학의 종교사상 위에 커다란 사회사상적 성격을 부여했으며, 이것이 체제에 대한 사회개혁의 사상으로 발전할 커다란 가능성을 설정하였다.

동학사상이 창조한 독특한 구조의 민족주의와 민주주의적 평등사상은 당시의 시대적 요청에 잘 부응하는 것이었을 뿐 아니라, 당시 외세의 침입을 염려하면서 양반관료의 학대와 차별과 착취 밑에서 신음하며 사회신분제의 폐지와 평등을 갈망하고 있던 양인 및 천인 신분의 농민층에게 사회학적으로 고도의 선택적 '친화력'을 갖고 그에 밀착되어 농민을 장악했으며, 삽시간에 동학은 거대한 사회세력으로 성장하게 되었다.

또한 동학사상이 창조한 독특한 구조의 휴머니즘은 인류의 여러 가지 종교와 사상들이 창조해 낸 모든 휴머니즘 중에서도 인간을 지고지귀하신 하느님과 동격의 지고지귀한 존재자로 정립하여 당시 박해 속에서 인간의 존엄성에 대한 대우를 받지 못하고 있던 하층계급에게 다시 없는 큰 희망과 자부심을 공급해 주었다. 이것은 서학도 추종하지 못한 것으로서, 서학은 인간을 하느님의 '종'이라고 가르쳤으나, 동학은 인간을 하느님의 종이 아니라 사람이 곧 하느님(人是天)이라고 하여 인간을 하느님과 동격의 지고지귀한 존재라고 가르쳤다. 동학의 이러한 사상은 인류가 창조해 낸 휴머니즘의 극치를 이룬 것이라고 말할 수 있다.

동학의 이러한 사회사상의 측면은 당시 양반관료들로부터 태어날 때부터 차별과 탄압을 받으며 인간 이하의 대우를 받아 오던 하위신분의 농민층에 매우 큰 '친화력'을 갖고 그들에게 무한한 희망과 용기와 자부심을 주는 복음이 되어 농민층으로부터 열광적으로 환영을 받고 수용되어서 사회신분제의 폐지와 전근대적, 봉건적 구체제의 근대적 신체제로의 변혁을 요구하는 변혁의 종교와 변혁의 사회사상으로 발전하게 된 것이라고 볼 수 있다. 그리고 이러한 변혁의 종교와 사회사상으로서의 동학은 그 이전부터 연속적으로 일어나고 있던 농민층의 '민란'과 '결합'하게 되자, 농민층에게 체제 변혁을 위한 '사상'과 '이념'을 공급해 주었고, 동학의 조직은 종래의 군현 단위의 민란에 군(郡)을 훨씬 뛰어넘는 도(道)와 전국 규모의 '조직'을 제공해 주어 1894년에는 마침내 갑오동학농민혁명운동으로까지 발전하게 된 것이었다고 볼 수 있을 것이다.

(新稿)

IV. 김옥균의 개화사상

1. 머리말

우리나라 근대 사회사상사에서 개화사상은 3대 사상 조류의 하나이며, 초기 개화운동과 갑신정변의 지도자는 모두 아는 바와 같이 김옥균(金玉均)이다. 초기 개화운동 및 갑신정변의 개혁사상과 개혁정책의 핵심은 김옥균의 개화사상과 정책을 근간으로 하고 있었다. 그러므로 그 평가의 문제는 별도로 하고, 우리나라 초기 개화운동과 갑신정변을 심층에서 이해하기 위해서는 반드시 김옥균의 개화사상을 알지 않으면 안 된다.

그럼에도 불구하고 김옥균의 개화사상에 대해서는 아직까지 한 편의 논문도 나오지 않았다. 그 이유는 무엇보다도 자료 부족 때문인 것으로 보인다. 김옥균은 『기화근사(箕和近事)』, 『치도약론(治道略論)』이라는 2편의 간단한 저술과, 갑신정변의 일기인 『갑신일록(甲申日錄)』밖에는 저작을 남기지 않았고, 그 밖에는 편지 몇 장과 한 편의 상소문이 남아 있을 뿐이다.[1] 뿐만 아니라, 『기화근사』는 일실되어 현재 전해지고 있지 않다. 자료

---

1 『金玉均全集』(아세아문화사, 1979)에 수록되어 있는 김옥균의 저작은 『治道略論』, 『甲申日錄』과 상소문으로서 「池運永事件糾彈上疏文(고종에 대한 상소문)」과 편지로서 「朝鮮改革意見書(後藤象次郎에게의 편지)」, 「致沁留書(강화유수 李載元에게의 편지)」, 「與吉田淸成書」 2통, 「與李鴻章書」 뿐이다. 이밖에 몇 편의 편지들이 남아 있으나 사료로서는 별 의미가 없는 것들이다. 이것만으로는 김옥균의 개화사상을 밝히기에는 부족한 것이라고 하지 않을 수 없다. 李光麟 교수 해제 참조.

가 부족하다는 것은 사실이라고 할 수 있다.

그러나 한국 근대사에 김옥균이라는 인물이 차지하는 중요성 때문에 김옥균의 개화사상은 반드시 밝히지 않으면 안 될 우리나라 근대사 연구의 과제의 하나로 되어 있다. 또한 부족한 자료를 가지고서도 그의 동지들과 동시대인들의 기록 속에 포함되어 있는 자료들을 모아 보충하면, 김옥균의 개화사상의 골격을 상당한 정도로 복원할 수 있으리라고 생각된다.

갑신정변에 대해서는 이광린 교수가 집중적으로 연구하여 정밀한 노작을 발표하였다.[2] 그러므로 이 부문을 빼고 여기서는 김옥균의 개화사상만을 밝히려고 한다. 필자는 개화당·갑신정변·개화사상 등의 큰 흐름과 대부분의 문제들에 대해서는 이광린 교수와 견해를 같이하고 있지만, 예컨대 개화'사상'의 형성 시기, 개화'당'의 형성 연대, 개화사상의 형성에 미친 불교사상의 영향, 온건개화파의 범주 등과 같은 어떤 부분에 대해서는 견해를 달리하고 있으므로, 김옥균과 관련된 사항에 한해서 이 기회에 필자의 견해를 밝혀 두려고 한다.

2. 김옥균의 개화사상의 형성

1) 소년기의 교육과 율곡(栗谷)학풍

김옥균은 1851년 2월 23일(음력 1월 23일) 충청도 공주부 정안면(正安面) 광정리(廣亭里)라는 농촌에서 안동김씨 김병태(金炳台)와 은진송씨(恩津宋氏)의 장남으로 태어났다. 당시 안동김씨들은 서울에서 세도정치를 하고 있던 때였으나, 김옥균이 태어난 집안은 안동김씨 세도와는 관련이 없

---

2 李光麟, 『開化黨研究』, 일조각, 1973 참조.

는 빈한한 시골 향반에 불과하였다.[3]

　김옥균의 어릴 때의 특징은 영민하고 얼굴이 백옥같이 매우 희었으며 외양이 준수한 것이었다. 그의 아버지 김병태는 아들의 얼굴이 매우 흰 것이 특징이라 하여 돌림자인 '균(均)'자 위에 '옥(玉)'자를 붙여 옥균이라고 이름을 지어 주었다. 뒤에 김옥균이 장성하자 자(字)를 백온(伯溫), 호를 고우(古愚) 또는 고균(古筠)이라고 하였다.

　김옥균이 4세 때인 1853년에 김병태는 생계를 위해서 공주로부터 천안읍 변두리의 원대리(院垈里)로 이사하여 서당을 차렸다. 김옥균의 아버지는 인근의 아동들을 모아 천자문(千字文)과 동몽선습(童蒙先習) 등을 가르치며 생계를 마련하였고, 김옥균의 어머니 송씨는 누에를 치고 길쌈을 하

---

3 김옥균의 전기로는 ① 鈴木省吾, 『朝鮮名士金氏言行錄』, 博文堂, 도쿄, 1886, ② 葛生東介, 『金玉均』, 東京, 1916, ③ 閔泰瑗, 『嗚呼 古筠居士』, 서울, 1925, ④ 開闢社, 『朝鮮之偉人』, 서울, 1926, ⑤ 古筠紀念會, 『金玉均傳』(上卷), 東京, 1944, ⑥ 閔泰瑗, 『甲申政變과 金玉均』, 서울, ⑦ 閔泰瑗, 『金玉均傳記』, 서울, 1969, ⑧ 古筠會, 『古筠金玉均 正傳』, 서울, 1984 등이 있다.
　이중에서 ①의 『朝鮮名士金氏言行錄』에는 김옥균의 「고종에의 상소문(池運永事件糾彈上疏文)」, 「李鴻章에의 서간(與李鴻章書)」, 「池運永에의 書簡」 등을 비롯한 자료들과 갑신정변부터 일본에 망명하여 일본정부에 의해서 北海島(홋카이도)의 小笠原島(오가사와라 섬)에 유배될 때까지의 전기가 수록되어 있다. 그 후에 간행된 여러 서적들에서의 김옥균의 상소문·서간 등은 이를 번역한 것이다. ②의 『金玉均』은 略傳이다. ③의 『嗚呼 古筠居士』는 ⑥의 『甲申政變과 金玉均』에 재수록되어 있으며, ⑥에는 그밖에 徐載弼의 『A Few Recollection of the 1884 Revolution』을 卞榮魯가 번역한 「回顧甲申政變」, 金永鍵의 「巴里時代의 洪鍾宇」, 「甲申日錄」이 포함되어 수록되어 있다. ⑤의 『金玉均傳』(上卷)은 일제강점기 말기에 도쿄에서 일본인 하야시 기로쿠(林毅陸)를 중심으로 하여 古筠紀念會가 일제의 침략전쟁에 발맞추어 김옥균을 의도적으로 친일파로 왜곡시켜 간행한 것이다. 이 책은 그 안에 포함된 「吳世昌回顧談」 등 사료가 되는 부분 외에는 쓸모가 없다. ⑦의 『金玉均傳記』는 ③을 현대의 문장으로 고쳐 재간행한 것이다. ⑧의 『古筠金玉均 正傳』은 ⑤를 친일적 요소를 빼고 최근에 개작한 것이다. 왜곡된 부분은 수정되어 있으나 내용은 ⑤와 대동소이하다.

며 생계를 보태었다. 김옥균은 아버지의 서당에서 5세 때부터 한문을 수학하기 시작하였다. 이러한 조기교육은 당시 사대부 가문에서는 자주 행해진 보편적 관행이었다. 김옥균은 학습을 시작하자 바로 그 영민한 재주를 나타내었다. 하루는 손님들이 서당에 모였을 때에 재주를 시험하기 바라므로 아버지가 '月'자를 주어 시를 짓게 하니 어린 옥균은 '月雖小 照天下(월수소 조천하)'(달은 비록 작으나 천하를 비추도다)라는 시구를 지어 보인 손님들을 깜짝 놀라게 했다고 한다. 김옥균의 재주는 친척들과 이웃들에 널리 이야기되기 시작하였다.

김옥균이 7세 때인 1856년에 김병태의 6촌형뻘이 되는 김병기(金炳基)가 영민한 김옥균을 탐내어 양자로 줄 것을 요청해 왔다. 김병기는 안동김씨가 세도를 하고 있는 기회를 이용하여 일찍이 서울로 가서 세도가 일문에 드나들면서 관직에 진출해 있었다. 김옥균은 김병태의 장남이었으므로 6촌형의 양자로 줄 처지는 아니었다. 그러나 김병태는 극빈한 시골양반이었고 재주 있는 아들의 뒤를 보살필 힘이 없다고 생각하여 그는 아들의 장래를 고려해서 6촌형의 제의에 동의하였다.

1856년 가을 7세(만 6세)의 김옥균은 아버지와 숙부가 보낸 일꾼을 따라 양아버지의 집이 있는 서울을 향하여 출발하였다. 어머니 송씨는 어린 아들을 떼어 보내면서 "숙부의 집은 크고 좋단다. 서울 구름이 남쪽으로 오면 네 얼굴을 본 듯하마"라며 치마로 눈물을 닦았다. 김옥균은 20년 후 어른이 된 다음에도 어머니와의 이때의 이별의 일을 잊지 못하여 친우들에게 어머니의 말을 외곤 하였다.

김옥균은 서울의 양부 슬하에서 전혀 말이 없고 매우 조용한 침울한 듯한 소년이었다. 생부 생모와의 이별이 이 소년을 15세가 될 때까지도 별로 말이 없는 소년으로 만들었던 것으로 보인다. 양부 김병기는 재주 있는 김옥균을 철저히 교육하여 관계에 진출시켜서 집안을 일으킬 계획이었으므로 김옥균을 입양하자마자 본격적으로 엄격한 교육을 시작하였다. 김옥균은 양부의 슬하에서 체계적으로 문장과 중국 고전들을 배우기 시작하였다. 김옥균이 하나를 가르치면 열을 깨달았으며, 문장과 학문뿐만 아니라 서화(書畫)와 음률(音律)에도 뛰어난 소질이 있는 것을 발견하고 양부는 매우 만족해하였다. 당시 김옥균의 집은 북촌(北村)의 화동(花洞)에 있었는데 바로 이웃집에 김굉집[金宏集, 후에 홍집(弘集)으로 개명]이라는 소년이 살고 있어서 김옥균과 김홍집은 어릴 때부터 잘 아는 사이가 되었다.

김옥균이 11세 되던 1861년에 김병기는 강릉부사로 발령을 받아 임지로 출발하였으므로 김옥균도 양부를 따라 강릉에 가게 되었다. 여기서 주목할 것은 김옥균이 강릉에서 6년간 공부하는 동안에 율곡사당(栗谷祠堂)이 있는 서당에서 수학했다는 사실이다. 이 서당의 학풍은 자연히 율곡 이이(李珥)의 학문을 존숭하고 율곡의 학문도 가르치게 되었다. 따라서 김옥균도 11세부터 6년간 중국 고전들과 함께 율곡학풍의 영향 하에서 한문과 학문을 수학하게 된 것이었다.

필자의 생각으로는 학문과 사상의 형성에 있어서 감수성이 가장 예민한 11세~16세의 시기에 김옥균이 율곡학풍의 영향 밑에서 공부했다는 사실은 그의 생애와 사상 형성에 매우 중요한 의미를 갖는 것이라고 본다. 일찍이 성호(星湖) 이익(李瀷)이 지적한 바와 같이 율곡은 우리나라 시무지학(時務之學)의 최고 거봉이며 조선 후기의 실학의 연원(淵源)은 당시의 '변법(變法)' 사상으로서의 율곡의 학문으로부터 나오는 것이다.[4] 김옥균의 초기의 학문도 멀리는 율곡에 연원하고 있으며, 그가 후에 실학을 계승하는 오경

---

4 『星湖僿說』人事門「變法」조에서 이익은 "國朝 이래로 時務를 알았던 분을 손꼽으면 오직 李栗谷과 柳磻溪 두 분이 있을 뿐이다. 栗谷의 주장은 태반이 시행할 만하였다.(國朝以來 屈指識務 惟李栗谷柳磻溪二公在 栗谷太半可行)"라고 하였다. 이익이 자기의 실학의 연원을 이율곡에 두었을 뿐 아니라 이율곡, 유반계(유형원)의 사상을 「變法」의 항목에 넣은 것은 우리나라 변법사상의 발전과 관련하여 주목해야 할 점이라고 본다.

석(吳慶錫)·유홍기(劉鴻基)·박규수(朴珪壽)의 학문을 전폭적으로 수용하여 발전시키고 언제나 '개혁'에 앞장선 것도 멀리는 율곡학풍의 '개혁론'에 맥이 닿는 것이라고 볼 수도 있다.

현대적 안목에서 보면 김옥균의 재질은 '정치'보다는 '예술'에 있었다고 말할 수 있다. 그는 강릉 시대부터 학문뿐만 아니라, 문장, 시, 글씨, 그림, 음악 등 예능 부문에서 탁월한 소질을 발휘하지 않은 것이 없었다. 또한 안동김씨 가문은 당시 사상적으로나 정책에 있어서나 가장 보수적이었다. 이러한 조선에서 김옥균이 관계에 나간 것은 사대부 가문의 촉망받는 소년으로서 어쩔 수 없는 것이었다 할지라도, 그가 후에 개화사상가가 되고 '혁신', '개혁'의 정치가가 된 것은 오경석·박규수·유홍기의 영향의 조건 외에, 김옥균 성장 과정의 내적 조건으로서는 그의 율곡에 대한 존숭과 율곡학풍이 가장 중요한 요인이 된 것이라고 볼 수도 있다.

김옥균이 후에 불교에 대하여 호의를 갖고 유홍기의 불학(佛學)을 받아들인 것도 율곡이 어머니를 잃고 상심하여 19~20세의 기간에 한때 승(僧)이 되어 선방(禪房) 생활을 한 적이 있다는 사실의 먼 영향과 전혀 무관한 것이라고 보기만은 어려울 것이다.

2) 개화사상의 형성

그러면 김옥균은 언제부터 개화사상을 갖게 되었는가?

김옥균이 강릉으로부터 서울로 다시 올라온 것은 그가 16세 때인 1866년이었다. 그의 양부 김병기가 강릉부사에서 해임되어 귀경했기 때문이었다. 이 해에 나라에서는 '제너럴셔먼호 사건'과 '병인양요'가 도발되어 민족적 위기가 고조되었던 시기였다.

김옥균이 서울에 돌아와 보니 그의 강릉에서의 공부는 서울 북촌의 동년배 양반자제들보다 훨씬 상위에 있었다. 그는 학문에서는 물론이요 시문, 글씨 그림, 음률 등에서도 탁월하여 북촌의 학동들 사이에 명성이 높게 되었고, 그에 따라 김옥균의 주위에는 양반벌열의 재주 있는 자제들이 많이 모여들었다. 김옥균의 재주는 당시 집권하고 있던 대원군과 조대비에게도 알려졌었다고 한다. 이 시기에 김옥균은 성격도 본래대로 명랑하고 쾌활하여 활동적인 모습을 되찾게 되었다. 그는 북촌의 영민한 양반자제들을 친구로 만들어 동네 청년 지도자가 되어 서울 일대와 서울 주변의 산천을 돌

〈그림 12〉 갓 쓴 김옥균

아다니면서 시회(詩會)를 열고 노래와 가야금을 즐기며 술에 흥취를 돋우는 몇 년을 보내었다. 김옥균은 서울에 돌아온 후 16~18세까지는 이러한 생활을 했으므로 김옥균의 개화사상은 논의할 여지가 없는 것이었다. 김옥균이 개화사상을 갖게 된 것은 그가 20세 되던 무렵부터이다.

여기서 주의해야 할 것은 우리나라의 개화사상은 김옥균에 의하여 형성된 것이 아니라, 오경석·박규수·유홍기 등 그보다 한 세대 선배에 의하여 1853~1860년에 형성되었다는 사실이다. 김옥균은 이들로부터 배워서 개화사상을 갖게 되었다. 따라서 우리나라 개화사상의 형성시기를 1872년 박규수가 북경을 다녀온 이후로 보는 견해는 그 형성 시기를 너무 늦게 잡아보는 것이라고 필자는 생각하고 있다.

우리나라 개화사상의 형성에 있어서 가장 먼저 중요한 역할을 한 선구자는 역관 오경석(1831~1879)이었다. 그는 23세 때인 1853년에 중국 북경에 처음 통역관으로 가서 1854년(甲寅)까지 머물면서 취미인 중국 서화 수집과 함께 중국에 들어와 있는 새로운 서양의 문물과 '신서(新書)'들을 접하게 되었다. 그는 "계축(1853년)으로부터 갑인(1854년)에 걸쳐 동남의 박

학한 인사들과 친유하고 견문이 더욱 넓어졌다"고 그의 『천죽재차록(天竹齋箚錄)』에서 다음과 같이 기록하였다.

癸丑年으로부터 甲寅年에 걸쳐서 비로소 燕京에 遠游하게 되어 東南의 博雅之士들과 交際하고 見聞이 더욱 넓어졌다. 元明 이래의 書畫 百十品을 차츰 購得하게 되고 三代·秦·漢의 金石, 晉·唐의 碑版도 수백 종을 넘었다. …… 내가 이들을 구득함이 모두 수십 년의 오랜 기간이 걸렸고, 千萬里 밖의 것이라 心神을 大費치 않고서는 가히 쉽게 얻을 수 없었다.[5]

오경석은 1875년에 중국을 마지막 다녀올 때까지 22년 동안에 13차례나 북경에 다녀오면서 중국이 서양의 침략으로 붕괴되어 가는 것을 보고 우리나라에도 민족적 위기가 도래함을 자각하게 되었다. 특히 주목할 것은 오경석이 중국에서 교제한 '동남(東南)의 박아지사(博雅之士)' 중에는 그후 중국의 유명한 양무파(洋務派) 개혁사상가가 된 장지동(張之洞)이 있었다는 사실이다.[6] 오경석은 중국의 위기를 눈으로 보고 이러한 인사들과 직접 만나 '견문이 더욱 넓어지자' 자기 나라가 당면하고 있는 위기를 염려하여 북경을 다녀올 때마다 그가 취미를 가지고 있던 중국의 서화들과 함께 위원(魏源)의 『해국도지(海國圖志)』, 서계여(徐繼畲)의 『영환지략(瀛環志略)』 같은 '신서'들을 구입하여 서울로 가지고 돌아왔다. 연구자들이 모두 자주 인용하는 자료로서 오세창(吳世昌)은 그의 아버지 오경석에 대하여 다음과

---

5 『天竹齋箚錄』, 『槿域書畫徵』, pp.251~252, 「自癸丑甲寅 始遊燕 獲交東南博雅之士 見聞益廣 稍稍購得元明以來書畫百十品 三代秦漢金石晉唐碑版 亦不下數百種 雖未得唐宋人眞蹟爲憾 然亦足以自豪於鴨水以東 余之得此 皆於數十年之久 千萬里之外 大費心身殆可謂不易得矣」 참조.

6 吳世昌, 『槿域書畫徵』, p.253에 「張香坡之洞詩曰 百傳詩篇海外欽 曾聞購取返鷄林 莫嘲今日文章賤 爲畵梅花代餠金. (君許畵梅見贈)」<金冬心·墨梅幀跋>이라 한 바와 같이 오경석과 장지동은 그림과 시를 교환하면서 친교를 쌓고 있다.

같이 회고하였다.

　　나의 아버지 오경석은 한국의 譯官으로서 당시 한국으로부터 中國
에 파견되는 冬至使 及 기타의 使節의 通譯으로서 자주 중국을 왕래
하였다. 중국에 체재 중 세계 각국의 角逐하는 상황을 見聞하고 크게
느낀 바 있었다. 뒤에 列國의 歷史와 각국 興亡史를 硏究하여 自國政
治의 腐敗와 世界의 大勢에 失脚되고 있음을 깨닫고, 앞으로 悲劇이
일어날 것이라고 하여 크게 慨嘆하는 바가 있었다. 이로써 중국에서
歸國할 때에 각종의 新書를 持參하였다. (중략) 아버지 오경석이 중국
으로부터 新思想을 품고 귀국하자, 평상시 가장 친교가 있는 友人 중
에 大致 劉鴻基란 同志가 있었다. 그는 學識과 人格이 모두 고매 탁
월하고 또한 敎養이 深遠한 인물이었다. 吳慶錫은 中國에서 가져온
각종 新書를 同人에게 주어 硏究를 권하였다. 그 뒤 두 사람은 思想
的 同志로서 結合하여 서로 만나면 自國의 形勢가 실로 風前의 燈火
처럼 危殆하다고 크게 탄식하고 언젠가는 一大革新을 일으키지 않으
면 안 된다고 相議하였다. 어느 날 劉大致가 吳慶錫에게 우리나라의
改革은 어떻게 하면 성취할 수 있겠는가 하고 묻자, 吳는 먼저 同志를
北村(北村이라고 하는 서울의 北部는 당시 上流階級의 거주구역임)의
兩班子弟 중에서 구하여 革新의 氣運을 일으켜야 한다고 하였다.[7]

　여기서 문제가 되는 것은 ① 오경석이 중국에 체재 중에 세계 각국의
각축하는 상황을 견문하고 크게 느낀 바 있었던 시기, ② 중국에서 귀국
할 때 각종의 신서를 구입하여 지참해 귀국한 시기, ③ 각국의 역사와 흥
망사를 연구하여 자국정치의 부패와 세계 대세에 뒤떨어져 있음을 깨닫고
앞으로 언젠가 나라에 비극이 일어날거라고 개탄하여 오경석이 개화사상
을 형성한 시기, ④ 오경석이 자기의 구입해 온 신서들을 친우 유홍기에게
주어 연구를 권한 시기, ⑤ 유홍기가 신서들을 연구한 결과 개화사상을 형

---

7 古筠紀念會編,『金玉均傳』(上卷), 慶應出版社, pp.48~49.

성한 시기, ⑥ 오경석과 유홍기가 사상적 동지로 결합하여 우리나라의 형세가 풍전의 등화와 같이 위태하게 되었다고 보고 일대혁신(一大革新)을 일으켜야 한다고 합의한 시기, ⑦ 우리나라의 개혁을 성취하기 위해서 북촌의 양반자제 중에서 인재를 구하여 혁신의 교육을 하려고 합의한 시기, ⑧ 그 결과 오경석과 유대치가 북촌의 양반자제 김옥균 등과 접촉하게 된 시기 등이 언제인가 하는 것이다.

필자의 견해로는 ① 오경석이 "세계 각국의 각축하는 상황을 견문하고 크게 느낀 바가 있었던" 것은 그가 "계축년으로부터 갑인년에 걸쳐서 비로소 연경에 원유(遠游)하게 되어 (중국) 동남의 박아지사(博雅之士)들과 교제하고 견문이 더욱 넓어졌다"고 한 것으로 보아 그의 첫 북경 체재 때인 1853~54년이라고 보며, ② 오경석이 신서들을 구입해 가지고 귀국한 것은 1854년부터로 그 이후는 북경에 갔다올 때마다 계속되었다고 본다. 또한 ③ 오경석이 신서들을 읽고 개화사상을 형성한 것은 1853~59년경이라고 보고 있다.[8] 즉 우리나라의 개화사상의 형성의 시작은 오경석에 의하여 1850년대부터 시작되는 것이라는 견해를 일단 정립할 수 있는 것이다. 한편 위 문단의 ⑧에서 오경석과 유홍기가 북촌의 양반의 영민한 자제로서 김옥균을 만난 것은 오세창에 의하면 김옥균이 20세 전후의 무렵으로서 1870년 전후이다.

> 劉大致가 金玉均과 相知한 것은 김옥균이 20세 전후의 무렵이다. 김옥균은 劉大致로부터 新思想을 배웠으며, 일면에서는 世間의 交遊를 널리 구하고, 또 壯年科學에 응하여 문과에 等第하고 官場에 올랐으며, 새로이 官途에 나아가자 同志를 구하는 대 汲汲하게 노력하였다.[9]

---

8 규장각 도서의 중국본 「奎中 No.4540」에는 魏源의 『海國圖志』의 초판본인 1844 판본 50권20책본의 『海國圖志』가 「集玉齋」의 인장이 찍혀 소장되어 있다. 이것은 이 '신서'가 간행되자 매우 일찍 조선에 구입되어 왔음을 증명하는 것이다.

유홍기가 김옥균을 만난 것이 1870년이고 김옥균이 유홍기로부터 신사상을 배웠다면, 유홍기의 개화사상은 적어도 1869년까지는 형성되어 있었던 것을 의미하는 것이다. 유홍기가 신사상을 이미 형성하여 갖고 있었던 까닭에 김옥균이 1870년 유홍기를 만났을 때 그것을 배울 수 있었던 것이기 때문이다.

그러므로 위의 문제의 시기 중에서 ⑤~⑦의 유홍기가 개화사상을 형성하고, 오경석과 유홍기가 사상적 동지로서 결합해서, 북촌의 양반자제들을 발탁하여 신사상을 가르쳐서 혁신의 기운을 일으키기로 합의한 것은 모두 1860년대의 일이 되는 것이다. 필자는 1866년의 '제너럴셔먼호 사건'과 '병인양요'의 큰 충격을 받은 후에는 오경석과 유홍기가 개화사상의 사상적 동지로서 완전히 결합되었다고 보고 있다.

그러면 박규수(1807~1877)가 중국으로부터 신서들을 구입해 오고 개화사상을 형성하고 김옥균을 만난 시기는 언제인가?

박규수는 북경에 1861년과 1872년 두 번 다녀왔다. 문제는 문일평(文一平)이 박규수가 신서들을 사 가지고 돌아오고 개화사상을 갖게 된 것은 두 번째 북경행인 1872년 이후의 일이라고 판단한 데서부터 우리나라 개화사상 형성의 1872년 이후설이 정립되기 시작한 것이

〈그림 13〉 초기 개화사상을 교육시킨 박규수 초상

---

9 『金玉均傳』(上卷) p.50.

다. 문일평은 다음과 같이 쓰고 있다.

　　다만 後學小生인 吾人의 견해에 의하면 珪壽가 근대 名宰相이요
당시 선각자임에 틀림없지마는, 그가 宇內大勢에 通曉하게 된 경로로
말하면 일찍 그가 奉命使臣으로 燕京에 來往하면서 얻은 見聞과 또
는 거기서 사온 泰西譯書에 의뢰한 바 크다 할 것이니 이것만은 거의
의심할 여지가 없다.
　　書籍으로부터 新知識을 얻게 된 것은 어느 때인지를 推察할 길이
없으나 그가 몸소 燕京에 가서 見聞에 의하여 얻어 온 對外智識은 적
이 짐작하지 못할 바 아니다. 그는 바로 辛未洋擾가 있은 지 一年 뒤
인 1872년 壬申에 두 번째 燕京에 갔을 때 일찍 欽差大臣으로 歐米諸
國을 다녀온 淸人 崇厚의 兄 崇實을 방문함에 의하여 비로소 宇內의
形勢를 間接으로 得聞하게 된 것이다.[10]

　여기서 주목할 것은 문일평도 박규수가 견문과 신서들로부터 신지식을
얻어 개화사상을 형성한 시기를 1872년 박규수가 두 번째 연경(燕京)에 가
서 숭실(崇實) 형제를 방문한 후부터라고 쓰면서도 "서적으로 신지식을 얻
게 된 일은 어느 때인지를 추찰할 길이 없으나 ……"라고 전제하여 확신
이 있는 것이 아님을 밝히고 있다는 사실이다. 문일평은 우리나라 근대사
에서 여러 가지 새로운 사실을 밝혔으나 박규수의 개화사상의 형성시기만
은 그의 두 번째 연경행 이후라고 잘못 추정하고 있는 것으로 보인다.
　필자의 판단으로는 박규수가 신서를 구입해 오고 신서를 통해 개화사상
을 형성하게 된 것은 그의 첫 번째 연경행 때인 1861년부터라고 본다. 이
에 대해서는 다음과 같은 몇 가지 사실을 주목할 필요가 있을 것이다.
　첫째, 박규수가 열하(熱河)와 북경에 1861년 위문사(慰問使)의 부사(副
使)로 간 5가지 목적 중의 제3에는 1860년 영·불연합군의 북경점령에 대하

---

10 文一平, 「瓛齋朴珪壽」, 『湖岩全集』 제3권, 1940, p.82.

여 청국을 위문함과 함께, 운양(雲養) 김윤식(金允植)이 지적한 바와 같이, ① 서양의 침략을 받고 위기에 놓여 있는 청나라의 실정과, ② 서양열강의 힘에 대한 '정탐(偵探)'[11]을 목적으로 한 것이었다. 김윤식은 당시 박규수를 북경에 파견하게 된 세 가지 목적을 다음과 같이 들었다.[12]

① 조선과 청나라의 오랜 우호관계에 비추어 청나라가 쇠할 때에도 환난의 뜻을 함께 하는 위문의 뜻을 표시하기 위한 것

② 조선과 청나라는 순치(脣齒) 관계의 나라이기 때문에 청나라가 불행에 빠지는 것은 조선에도 행(幸)이 아니므로 청나라의 실정을 정확하게 알아보기 위한 것

③ 중국이 서양 오랑캐의 침략으로 이제 이미 패전한 이상 장차 그 침략이 다음에는 조선에 미칠 것이므로 그에 대한 비어지도(備禦之道)를 수립하기 위하여 서양 열강의 힘의 허실에 대한 정탐(偵探)을 위한 것.[13]

④ 청나라가 곤란과 위란을 만났을 때 조선이 신의(信義)를 지켜 후의(厚意)를 보임으로써 후일 청나라가 회복했을 때 조선에 후의를 보내게 하기 위한 것.

⑤ 청나라가 서양의 침략 앞에서 망해 가는 것을 전사지계(前事之戒)로 삼아 조선의 상하백료(上下百僚)가 상계(相戒)하기 위한 것.

---

11 金允植,「奉送瓛齋朴先生珪壽赴熱河序」,『雲養續集』권1,「前論遣使之便宜者 五 偵探居其三焉」참조.

12「奉送瓛齋朴先生珪壽赴熱河序」, 전게서, 권2, pp.3~12를 요약한 것임.

13「奉送瓛齋朴先生珪壽赴熱河序」, 전게서, 권2,「洋夷猖獗日久 天下被其害 我東幸以有大邦之援 姑不淩藉 次將及於我矣. 以今規之 彼若來則 我當拱手 而待而已. 然畫之以弱 示無備禦之道 何以鎭物情 而禦民侮哉. 爲今計者 當之先受攻處 以覘其利害虛實 … (中略) … 吾聞洋人 以水爲家 以火爲用 此誠天下之强兵. 然彼亦當有 屈折消滅之時 畏劫不得之處 其習俗之便否 士氣之大小 器用之利鈍 行師之律 御民之道 以其所過之跡驗之 縱不能鉤致其陰事 猶可得其情狀之萬一 異口相遇 宜與茫昧 初睹者有間 且令智者 得以熟算 不亦善乎. 其不可不遣三也.」참조.

또한 김윤식은 연암(燕巖) 박지원(朴趾源)의 손자인 박규수가 할아버지의 전통을 이어받아 이 사명을 누구보다도 적절하게 잘 수행했다고 기록하였다. 따라서 이러한 목적으로 북경에 간 박규수가 '정탐'과 '비어지도'의 수립을 위하여 수집한 자료에는 위원(魏源)의 『해국도지(海國圖志)』, 서계여(徐繼畲)의 『영환지략(瀛環志略)』 등 신서의 구입이 포함되었으리라는 것은 의심의 여지가 없는 것이다. 또한 이를 수집한 박규수는 스스로도 이를 읽고 연구하여 신지식을 습득했을 것이라고 추정할 수 있다.

둘째, 1866년 '제너럴셔먼 호 사건'이 있었을 때 박규수는 이 도발 사건의 처리를 직접 지휘한 평안도 관찰사였으며, 대동강에서 불태워져 침몰한 제너럴셔먼호의 잔해 기관들을 건져 모아서 서울에 보내어 서양의 증기선의 제조를 실험하게 한 장본인이라는 사실이다.

종래 제너럴셔먼호가 불태워져 대동강 속에 침몰해서 없어져 버린 것으로 이해해 온 것은 잘못된 것이다. 박규수는 불법 침투한 제너럴셔먼호를 화공으로 격침시킨 후 그 기계와 집물(什物)들을 대동강 물속에서 건져내어 서울로 보내었다. 『고종실록』에 의하면, 박규수는 제너럴셔먼호의 기계(器械), 철물(鐵物) 등속은 물론이요 기선장치(汽船裝置)와 병기(兵器)들을 낱낱이 수색하여 건져내어서 평양감영의 군기고(軍器庫)에 거두어 넣었는데, 그 건져내어 군기고에 넣은 내역이 대포(大砲)와 소포(小砲) 각 2문, 대포탄환 3개, 철정(鐵碇) 2개, 대소 철연환(鐵連環) 줄 162파(把), 서양철 1,300근, 장철(長鐵) 1,250근, 잡철(雜鐵) 2,145근에 달하였다.[14] 이것이 서양식 군선(軍船) 제조의 실험을 위하여 후에 서울의 한강으로 보내진 것이었다.

---

14 『高宗實錄』 1866년 음력 8월 初8일조, 「平安監司朴珪壽狀啓 平壤府防水城前灘
  來泊異樣船一隻 並與器械什物 沒數燒火後 鐵物等屬 毋論船裝兵器 不可任其
  消融 故摘奸拯搜 這這收入 於本營軍器庫 以爲補用. 其入庫數 開錄以聞 大碗
  口小碗口各二坐 大碗口丸三箇 鐵碇二箇 大小鐵連環索一百六十二把 西洋鐵一
  千三百斤 長鐵二千二百五十斤 雜鐵二千一百四十五斤.」 참조.

박제경(朴齊絅)의『근세조선정감(近世朝鮮政鑑)』을 보면, 박규수는 제너 럴셔면호의 잔해 부품을 대동강에서 건져내어 서울 한강으로 보내었고 대원군은 이것을 받아서 김기두(金箕斗)를 시켜『해국도지(海國圖志)』에 의거하여, 서양기선의 제도를 본떠서 철갑선(鐵甲船)을 제조하고 목탄으로 증기기관을 작동시켜 기계바퀴를 돌리는 군선(軍船)을 새로이 제조 실험한 사실에 대한 설명이 간단히 기록되어 있다.[15]『고종실록』에도 이 무렵 (1866~67) 전선(戰船)을 새로이 건조(建造)한 사실에 대한 설명이 간단히 기록되어 있다.[16]『해국도지』「방조전선의(倣造戰船議)」에는 서양식 전선 (戰船) 제조의 필요와 방법이 논의되어 있고「화륜선도설(火輪船圖說)」에는 와트(James Watt)의 증기기관의 원리의 도해(圖解)와 증기선의 제조 방법이 설명되어 있다.[17]

박규수·김기두 등이 집권자 대원군의 기대 아래『해국도지』에 의거하여 제너럴셔면호의 증기기관을 건져다가 증기선을 제조하는 실험을 해 보았다는 것은, 적어도 박규수는 이때 개화사상을 형성하고 있었으며,『해국도지』등 신서는 1866년 이전에 중국에서 구입해 왔을 뿐 아니라, 1866년경에는 이의 응용까지 시도했음을 나타내는 것이라고 할 수 있다.

---

15 朴齊絅,『近世朝鮮政鑑』, pp.26~27.

16 『高宗實錄』1867년(丁卯) 10월 25일조,「議政府又啓 新造戰船 旣屬舟橋司矣 住 碇守護之方 使之著意擧行 修補之節令 訓禁御三營 就門稅中入用 船號以天地 玄三字分標 一依第次各該營管領事 定式施行何如. 允之.」참조.

17 『海國圖志』1867년간 60권24책본, 제21책 권53에「倣造戰船議」조에는「請造戰 船疏」(pp.1~4),「覆奏倣造夷式兵船疏」(pp.5~8),「造砲工價難符例價疏」(pp.9~11), 「水勇小舟攻擊情形疏」(pp.12~13),「製造出洋戰船疏」(pp.14~19)와「戰船解說」(pp.20~ 26),「安南戰船說」(pp.27~29)이 수록되어 있고, 제22책 권54에는「火輪船圖說」 (pp.1~9), 권55에는「鑄砲鐵模圖說」(pp.10~14),「鑄造洋砲圖說」(pp.15~26),「樞機 砲架新式圖說」(pp.27~31),「大砲須用滑車絞架圖說」(pp.32~34),「擧重大滑車絞架 圖說」(pp.35~37),「旋轉活動砲架圖說」(pp.38~45)이 수록되어 있다. 火輪船의 圖 解는 모두 6장이다.

셋째, '제너럴셔먼호 사건'은 평안도 일대를 뒤흔든 큰 사건이었으며, 특히 '병인양요'는 프랑스 함대가 3개월간이나 강화도를 점령하고 서울을 침공 점령하려고 한 전국을 뒤흔든 대사건이었다. 이 거대한 충격을 받고, 그 이전에 이미 영·불연합군의 북경 점령 사건과 관련하여 북경을 다녀온 박규수가 그에 대한 대책과 신사상을 형성하게 된 것은 당연한 것이었다고 볼 수 있다. 예컨대, 김윤식은 후에 충청도 면천(沔川)에 유배되어 있을 때에 독일이 한문학교(漢文學校)를 개설했다는 소식을 일찍이 듣고, 또 공맹(孔孟)의 유학(儒學, 禮樂性命之學)을 가르치는 학교를 설립했다는 소식을 듣자, 병인양요 때의 박규수의 말을 다음과 같이 회고하였다.

> 옛날에 朴瓛齋(珪壽)께서 丙寅洋擾의 때를 당하여 사람들이 모두 西學의 물듦을 우려하였는데, 瓛齋만이 홀로 말하기를, '어찌 우리 道가 西洋에 적셔들어가지 않는다고 할 수 있는가? 이 말이 거의 장차 증명되지 않겠는가?'라고 하였다.[18]

김옥균은 동일한 내용을 또한 다음과 같이 회고하였다.

> 옛날에 瓛齋(朴珪壽) 相公이 일찍이 말하기를, '사람들이 말하되 西法이 東으로 오면 夷狄과 禽獸가 됨을 면하지 못하게 된다고 한다. 내 생각으로는 東敎가 西洋에 들어갈 조짐이 있어 이적과 금수가 장차 모두 사람이 된다고 생각한다'고 하였다.[19]

이것은 1866년 병인양요를 당하여 전국에 '위정척사론(衛正斥邪論)'이 지

---

18 『續陰晴史』하권, p.125, 1890년(高宗 27년) 7월 15일조, 「昔朴瓛齋(珪壽) 當丙寅洋擾之時 人皆憂西學之染 瓛齋獨曰 安知非吾道西被之漸耶 此言殆將驗乎.」참조.
19 『續陰晴史』하권, p.157, 1891년(高宗 28년) 2월 17일조, 「昔瓛齋(朴珪壽) 相公嘗曰 人言西法東來 不免爲夷狄禽獸 吾以爲 東敎西被之兆 夷狄禽獸將悉化爲人.」참조.

배했을 때, 오직 홀로 박규수만이 그들과 다른 신사상을 갖고 서학(西學)과 서법(西法)이 우리나라에 들어오는 것을 전혀 우려하지 않는 개방적 생각을 갖고 있었으며, 동서의 교섭은 상호적인 것이 될 것임을 예견한 것이었다고 볼 수 있다. 즉 박규수는 병인양요 때 위정척사와는 다른 사상을 갖고, 그의 개화사상의 일단을 자기 제자에게 은근히 비쳤던 것이라고 할 수 있다.

병인양요 당시 박규수가 현직의 고관대작으로서 모든 사람들이 가졌던 위정척사의 논지에 반대하는 사상을 가졌다는 사실부터가 주목되어야 할 요소이다. 박규수가 그의 생각을 글로 기록하지 않았기 때문에 더 자세한 것은 알 수 없지만, 박규수가 이 시기에 개화사상을 갖고 있었음은 그의 언행으로도 증명되는 것이다.[20]

박규수가 중국으로부터 '신서'들을 사가지고 돌아와서 신지식을 흡수하게 된 것은 1861년의 연경행 때임이 분명하며, 박규수의 개화사상이 형성된 것은 1860년대이다. 특히 병인양요가 일어난 1866년부터는 박규수는 그의 개화사상의 일단을 피력하기도 하고, 이의 응용을 실험하기도 할 정도로 개화사상을 정립했다고 볼 수 있다. 문일평이 지적한 1872년의 박규수의 제2차 연경행은 1860년대에 형성된 그의 개화사상을 한층 더 발전시킨 계기로 보는 것이 합리적 해석일 것이다.[21]

그러면 오경석·유홍기를 하나로 하고 박규수를 다른 하나로 하여 형성

---

20 환재 박규수는 1861년 연경(燕京)을 다녀온 후 위정척사가 국론으로 지배하는 속에서 고관대작을 역임했고, 또 이 시기에는 저작을 하지 않았으므로 『瓛齋集』 등 그의 저작들에서 뚜렷한 개화사상을 정리해 내기는 어려울 것이다. 이 시기에 고관이 개화사상을 저작으로 쓰기는 위험하였다. 따라서 이 시기의 박규수의 개화사상에 대해서는 제자들과의 문답과 언행이 매우 중요한 의미를 가진 것이라고 할 수 있다.
21 박규수의 1860년대 개화사상이 가진 한계와 그의 개화사상의 형성은 별개의 문제이다. 모든 신사상은 형성기에 큰 한계를 갖게 마련인 것이다. 박규수의 개화사상은 1861년 제1차 연경행 후에 형성되고, 1872년 제2차 연경행 후에는 더 발전하게 되었다고 볼 수 있다.

된 우리나라의 개화사상이 완전히 합류하고 김옥균이 이에 접하여 개화사상을 배우게 된 것은 언제부터인가?

필자는 이 시기를 박규수가 평안도 관찰사로부터 한성판윤으로 전임되어 서울로 돌아온 1869년부터라고 보고 있다.

박규수는 1866년 3월 20일(음력 2월 4일) 평안도 관찰사로 임명되어,[22] 4월 6일(음력 3월 22일) 서울을 출발하여 부임해서,[23] 8월 28일(음력 7월 19일) 제너럴셔먼호의 도발을 받고, 이를 9월 1일(음력 7월 23일) 화공(火攻)으로 격침시켰다.[24] 박규수가 평안도 관찰사를 한계원(韓啓源)과 교체하여 예문관제학(藝文館提學)의 발령을 받은 것은 3년 후인 1869년 5월 14일(음력 4월 3일)이었다.[25] 박규수는 상경하자 바로 6월 3일(음력 4월 23일)부로 한성판윤(한성판윤)으로 임명되고,[26] 뒤이어 7월 22일(음력 6월 15일)부로 형조판서에 겸무로 임명되었다.[27] 이때 박규수의 집은 북촌의 재동(齋洞)에 있었다.[28] 박규수가 평안도 관찰사의 중임을 당시의 임기로서는 이례적으로 오래 맡고, 그것도 제너럴셔먼호 사건을 치른 후 상경하였으므로, 그의 친지들이 그의 집을 인사차 방문하게 될 것은 당연한 것이었고, 그중에는 11월에 귀국한 오경석이 포함되어 있었을 것은 의문의 여지가 없다. 오경석의 후손이 증언하는 바와 같이 북학파(北學派) 사대부 가문과 한어(漢語) 역관 가문은 비록 신분은 다르나 오랜 세교(世交)가 있었고, 박규수와 오

---

22 『高宗實錄』 1866년(丙寅) 2월 초4일조 참조.

23 『高宗實錄』 1866년(丙寅) 3월 22일조 참조.

24 『高宗實錄』 1866년(丙寅) 7월 22일조 및 7月 27日條「平安監司朴珪壽狀啓」 참조.

25 『高宗實錄』 1869년(己巳) 4월 초3일조「以朴珪壽爲藝文館提學 韓啓源爲平安道觀察使.」 참조.

26 『高宗實錄』 1869년(己巳) 4월 23일조 참조.

27 『高宗實錄』 1869년(己巳) 6월 15일조 참조.

28 『高宗實錄』 1874년(甲戌) 3월 초5일조 및 文一平,「名相朴珪壽의 옛터」,『湖岩全集』 제3권, pp.266~268 참조.

경석은 전부터 교제가 있었다고 하니, 이미 개화사상을 형성하고 북촌의 영민한 양반자제를 발탁하여 개화사상의 교육을 합의한 오경석과 유홍기가, 이미 개화사상을 형성하고 오랜만에 상경한 박규수를 방문했을 때, 화제의 초점은 제너럴셔먼호 사건, 병인양요, 나라의 위기에 집중되고 그에 대한 견해의 교환과 대책의 논의가 있었을 것은 당연한 일이라고 할 수 있다.

요컨대, 박규수(朴珪壽)·오경석(吳慶錫)·유홍기(劉鴻基)의 3인은 1869년 말에 합류하였고, 신분과 지위의 관계로 처음에는 박규수가 북촌의 양반자제들 중에서 영민한 인재를 발탁하여 개화사상의 교육과 계몽이 시작되었으며, 다음에 발탁된 양반자제들과 오경석·유홍기가 만나게 된 것을 놓고 김옥균과 유홍기가 서로 알게 된 것이 김옥균의 나의 20세 전후(1870년 전후)라고 기록되어 있는 것이라고 보는 것이다.

박규수에게 발탁되어 처음에 그의 사랑방에서 개화사상에 접하게 된 것은 김윤식(金允植), 박영교(朴泳敎), 김옥균을 중심으로 한 박영교의 동년배 청년들이었고, 그 다음 단계가 홍영식(洪英植), 서광범(徐光範), 박영효(朴泳孝) 등을 중심으로 한, 좀 더 어린 청소년들이었던 것으로 보인다. 종래 학계에서는 박영교를 등한시해 왔는데, 박영교는 박규수의 가까운 친척으로서 박규수는 자연히 박영교를 통하여 북촌에서 재주로 학동들 사이에서 명성을 얻고 있는 박영교의 친우 김옥균을 문하로 들이게 되었다고 볼 수 있는 것이다. 신채호의 글 중에 김옥균이 박규수로부터 개화독립사상의 교육을 받은 사실을 상징적으로 설명하는 장면이 다음과 같이 서술되어 있다.[29]

金玉均이 일찍 우의정 朴珪壽를 방문한즉, 朴씨가 그 벽장 속에서

---

29 『高宗實錄』 1878년(戊寅) 11월 초 1일조, 「贈諡 右議政朴珪壽 文翼」이라 한 바와 같이, 박규수가 별세할 때의 관직이 수원유수였음에도 불구하고 사후에는 생애 중의 최고 관직명을 붙이는 것이 관례였다. 그러므로, 신채호의 글에서 「右議政 朴珪壽 …」는 반드시 박규수가 우의정 재임 시를 의미하는 것은 아니다.

地球儀 一座를 내어 金씨에게 보이니, 該儀는 곧 朴씨의 조부 燕巖선생이 중국에 유람할 때에 사서 휴대하여 온 바더라. 朴씨가 地球儀를 한번 돌리더니 金씨를 돌아보며 웃어 가로되,

"오늘에 中國이 어디 있느냐. 저리 돌리면 美國이 中國이 되며, 이리 돌리면 朝鮮이 中國이 되어, 어느 나라든지 中으로 돌리면 中國이되나니, 오늘에 어디 定한 中國이 있느냐"

하니, 金씨 이때 開化를 주장하여 新書籍도 좀 보았으니, 매양 수백년래 流傳된 사상, 곧 大地 中央에 있는 나라는 中國이요, 동서남북에있는 나라는 四夷니 四夷는 中國을 높이는 것이 옳다 하는 사상에 속박되어 國家獨立을 부를 일은 꿈도 꾸지 못하였다가 朴씨의 말에 크게깨닫고 무릎을 치고 일어났더라. 이 끝에 甲申政變이 폭발되었더라.[30]

또한 박영효(朴泳孝)는 자기들의 개화사상이라는 신사상이 박규수의 사랑방에서 나왔으며, 개화사상 중의 평등사상은 『연암집(燕巖集)』의 양반비판의 글들에서 얻은 것이라고 증언하였다.

그 新思想은 내 일가 朴珪壽 집 사랑에서 나왔소. 金玉均, 洪英植, 徐光範, 그리고 내 伯兄(朴泳敎를 가리킴)하고 齋洞 朴珪壽 집 사랑에 모였지요.[31]
『燕巖集』의 貴族을 공격하는 글에서 平等思想을 얻었지요.[32]

김윤식도 처음에는 김옥균이 환재 박규수의 문하에서 세계대세를 깨치고 일찍이 동지들과 더불어 나라일을 근심하고 탄식했다고 회고하였다.

처음에 古愚는 瓛齋 선생 문하에서 배워 宇內의 大勢를 대개 깨닫

---

30 申采浩, 「地動說의 效力」, 『改訂版丹齋申采浩全集』 하권, p.384.
31 李光洙, 「朴泳孝씨를 만난 이야기」, 『東光』 1931년 3월호.
32 위의 글.

고 일찍이 同志들과 더불어 國事를 근심하고 개탄했다. 辛巳년간 나는 領選使로 天津에 들어가고 古愚 등은 동으로 日本에 건너가 유람하면서 함께 扶國하기로 약속하였었다.[33]

물론 김옥균은 박규수의 지도만을 받은 것이 아니라, 얼마 후에 20세 (1870년)경부터는 유홍기를 직접 만나 지도도 받고, 일찍이 오경석이 중국으로부터 구입해 온 세계 각국의 지리역사 역본(地理歷史譯本)과 신서를 읽어서 그의 개화사상 학습과 형성에 박차를 가하였다.[34]

지금까지의 서술을 간단히 요약하면 우리나라의 개화사상은 조선 후기 실학사상과 중국으로부터 구입해 온 신서 등을 지적 자원으로 하여 1853~1859년에 오경석으로부터 형성되기 시작하여 1860년대에는 유홍기도 개화사상을 형성하게 되었으며, 1861년에 중국을 다녀온 박규수도 1860년대 후반에는 개화사상을 형성하고, 박규수가 평안도 관찰사로서 한성판윤으로 전임되어 상경한 1869년에 개화사상의 3인의 비조가 완전히 합류하였다. 즉 우리나라 개화사상은 1853년부터 1860년대 후반까지의 시기에 형성되었다고 볼 수 있다. 뿐만 아니라 1869~1870년경에는 김옥균, 박영교, 김윤식 등을 비롯한 다음 세대들에게 개화사상의 교육이 시작되어 김옥균은 1869년 말경부터 개화사상을 배우기 시작했으며, 1870년경에는 유홍기의 지도까지 받게 되어 김옥균의 개화사상은 더욱 확고하게 형성되게 되었다.

박규수는 1872년 제2차로 중국에 가게 되었을 때, 오경석을 수역(首譯)으로 선발하여 동행한 것은, 이때 처음으로 오경석을 알게 되고 중국에 다녀온 후에 박규수와 오경석이 비로소 개화사상을 갖게 되어 사상적 동지

---

33 金允植,『續陰晴史』(國史編纂委員會판) 하권, p.577,「初古愚(金玉均) 游於瓛齋先生門下 頗曉宇內大勢 嘗與同志 憂歎國事 辛巳年間 余以領選使入天津 古愚等諸人 以游覽東渡日本 約共扶國」운운 참조.
34『金玉均傳』(上卷), pp.49~50 참조.

가 된 것이 아니라, 그 이전인 1869년부터 사상적 동지로 결합한 결과, 1872년의 연경행 때 정사(正使)로 지명된 박규수가 오경석을 수역으로 발탁한 것이라고 해석되는 것이다.

3) 개화파의 형성

그러면 김옥균을 중심으로 한 정치적 당파로서의 개화파(또는 개화당)는 언제 형성되기 시작했는가? 필자는 김옥균의 주장대로 1874년경에 형성되기 시작했다고 본다. 이것은 이광린 교수의 1879년설 보다는 약 5년을 올려 보는 것이다.[35] 이 문제와 관련해서는 다음과 같은 점을 주목할 필요가 있을 것이다.

첫째, 김옥균은 그의 『갑신일록』에서 널리 아는 바와 같이 그의 개화당이 갑신정변 10년 전에 존재했음을 다음과 같이 간접적으로 기술하였다.

> 宮女 某氏는 42세이고, 신체가 건대하여 남자 이상의 膂力을 가져 보통 남자 5,6인을 당할 수 있다. 평상시에 顧大嫂라는 별명으로 불리었고, 坤殿의 近侍로 뽑혀 있는 분인데, 벌써 10년 전부터 吾黨에 密事를 通報해 주는 사람이다.[36]

김옥균이 1884년으로부터 10년 전에 이미 '우리 당(吾黨)'에 비밀스러운 일을 알려 주던 궁녀의 일을 기록하고 있으니, 김옥균에 의하면 그를 중심

---

35 개화당 형성에 있어서 1874년설과 1879년설 사이에는 5년의 차이밖에 없지만, 그 사이에 1876년의 개항이 개재하기 때문에 개항 이전과 이후라는 큰 차이가 있다. 이광린 교수는 이 자료를 모두 검토하고서도 1879년설을 주장했는데, 초기 개화사상과 개화파의 형성에 대해서는 자료가 매우 부족하여 여기서도 같은 자료가 불가피하게 사용되었다.

36 『甲申日錄』, 1884년 12월 1일조, 『金玉均全集』(이하 『전집』으로 약칭함), p.73.

으로 한 정치적 당파로서의 개화파(개화당)은 적어도 1874년부터는 형성된 것이다. 김옥균의 이 기록은 다른 자료들에 의하여 보강되어 증명된다면 신빙할 수 있다고 본다.

둘째, 오경석의 앞서의 기록에 "김옥균은 … 일면에는 세간의 교유를 널리 구하고, 또 장년과거(壯年科擧)에 응하여 문과(文科)에 등제(登弟)하고 관장(官場)에 올랐으며, 새로이 관도(官途)에 나아가자 동지를 구하는데 급급하게 노력하였다"고 하여, 김옥균

〈그림 14〉 양복입은 김옥균 초상

이 동지를 모으는 데 적극적 활동을 한 것은 그가 문과에 급제하여 관직에 나아간 때부터라고 증언하였다. 김옥균은 22세 때인 1872년 3월 12일(음력 3월 4일)에 알성문과(謁聖文科)에서 장원급제하였고,[37] 24세 때인 1874년 4월 10일(음력 2월 24일)에 홍문관 교리로 임명되었다.[38] 오세창이 증언한 김옥균이 문과에 급제하여 관도(官途, 홍문관 교리)에 나아가자 동지를 모으는 데 급급했다는 해인 1874년과 앞서 김옥균이 궁녀 고대수(顧大嫂)로부터 '오당(吾黨)'에 밀사(密事)를 통보받았다는 1874년은 완전히 합치하는 것이다.

김옥균의 관직 경력을 보면, 1874년 음력 2월 24일에 홍문관 교리(弘文館校理)로 되었다가 같은 해 음력 12월 3일(양력 이듬해 1월 10일)의 기록

---

37 『高宗實錄』, 1872년(壬申) 2월 初3일조, 「御景武臺 行謁聖文武。 文取金玉均等 五人 武取張志庸等一百六十三人」 참조.

38 『高宗實錄』 1874년(甲戌) 2월 24일조 참조.

에는 홍문관 부교리(弘文館副校理)로 좌천되고 있다.[39] 김옥균은 거의 8년을 부교리로서 승진을 못한 채 같은 지위에 있다가,[40] 제1차 도일(渡日) 이후인 1882년 양력 11월 2일(음력 9월 22일)에야 비로소 승정원(承政院) 우부승지(右副承旨)로 승진하고 있다.[41] 김옥균이 홍문관 교리와 부교리로 있던 식기가 그가 개화파 동지들을 구하여 결합시키는 데 정력적 활동을 전개한 시기가 아닌가 추정된다.

셋째, 일찍이 김옥균과 갑신정변을 연구한 민태원은 오늘날 우리가 갖지 못한 다수의 자료와 생존자들의 증언을 검토한 후에 개화파 형성의 시기는 밝히지 않으면서도 김옥균 등 개화파들이 1878년(무인년)에 개혁 단행의 '제1차 구체적 계획'이 있었다가 뜻하지 않은 중요 동지의 사망으로 계획을 중지했다고 다음과 같이 기록하였다.

> 이와 같이 남모르는 목적을 품은 그(김옥균 – 필자)는 우선 交際를 널리 하여 有爲한 同志를 구하였으니, 錦陵尉 朴泳孝, 徐光範, 柳相五 등은 실로 동지 중의 동지였으며, 더욱이 駙馬 錦陵尉가 참가한 것은 밖으로 세인의 信望을 더하고 안으로 宮中府中의 연락이 편리하게 되어 무엇보다도 유리한 조건으로 볼 수 있다.
>
> 그네들 중에 具體的 計劃이 있은 것은 이로부터(갑신정변으로부터 – 필자) 7년전 되는 戊寅의 해였으나, 마침 重要同志의 사망으로 第一 計劃은 필경 土崩瓦解에 돌아가고 이래 三年間에 하염없는 세월을 보내던 金, 朴, 徐 三人은 우선 外國에 유람하여 세계대세와 문물제도를 살필 필요가 있음을 생각하고 같이 日本에 渡航하기를 경영하였으나,

---

39 『高宗實錄』 1874년(甲戌) 12월 초3일조 참조.

40 『定配案』(奎章閣圖書, No.172901의 1) 제3책에 의하면 김옥균은 監試 때의 문제로 1880년(庚辰) 3월 초3일 평안도 창성부(昌城府)에 유배되었다가, 동년 6월 초8일 풀려나 약 3개월간 유배생활을 한 것으로 기록되어 있다. 또한 『高宗實錄』 1880년(庚辰) 6월 初7일조 참조.

41 『高宗實錄』 1882年(壬午) 9월 22일조 참조.

朴泳孝는 사정이 있어 이를 중지하였고, 金氏 홀로 仁川을 출발하여 일본을 향하게 되지 때는 辛巳 十二월이었다.[42]

민태원의 기록과 같이 무인(戊寅, 1878)년에 개혁 단행의 제1차 계획을 수행하려다가 중요 동지의 사망으로 중단하였다면 김옥균 개화파는 적어도 1878년 이전의 언젠가에 이미 형성되었기에, 1878년에는 정치개혁의 제1차 계획을 수행하려 했었다고 볼 수 있는 것이다.[43]

김옥균과 박영효가 만난 시기는 개화사상의 형성의 시기가 아니라 김옥균이 개화파의 동지를 구하던 시기에 일어난 일이었다. 김옥균의 개화사상의 형성기에 함께 공부한 동지는 박영효의 형 박영교였고, 김옥균은 박영교를 통해서 그의 아우 박영효를 포섭한 것이었다.

> 金玉均은 佛敎를 좋아해서 불교 이야기를 했는데, 나는 그것이 재미가 나서 金玉均과 친하게 되었소. 내 伯兄(박영교를 가리킴 – 필자)이 김옥균과 사귀라고 해서 사귀게 되었소. 그때에 김옥균이 27세, 나는 17세였소.[44]

박영교는 아우 박영효보다 12세나 위이고, 김옥균보다도 2세 위인 김옥균의 친구였고, 박영효는 김옥균보다 10세 아래인 김옥균의 친구의 아우였다. 김옥균이 27세인 1877년에 김옥균의 개화파 형성 작업 중에 박영효는 동지의 하나로 포섭된 것이었다. 그러므로 박영효의 회고담들은 개화사상

---

42 閔泰瑗, 『甲申政變과 金玉均』, pp.37~38.

43 李光麟, 『開化黨研究』, pp.15~16에서 이 교수는 민태원이 무인년(1878)으로부터 3년 후에 신사년(1881) 12월에 도일했다고 했으므로 1881년으로부터 3년 전은 1879년(기묘년)이고, 이것이 1879년의 개화당 형성과 관련되어 있다고 설명했는데, 이것은 1878년(무인년)이 정확한 계산이 된다.

44 李光洙, 「朴泳孝氏를 만난 이야기」, 『東光』 1931년 3월호.

의 형성이 아니라 개화파의 형성 과정을 설명하는 것이라고 해석되는 것이다.

물론 김옥균은 동지들을 구하면 그 자신만이 동지들을 계몽한 것이 아니라 그의 스승들에게 소개하여 계몽과 교육을 받게 하고 함께 공부하면서 결속을 다져 나갔다. 그러나 개화파의 스승인 박규수가 1877년 2월 9일(음력 전년 12월 27일) 별세하고, 다시 오경석이 1879년 10월 7일(음력 8월 22일) 별세했으므로, 김옥균 등의 개화사상의 형성에는 3인의 개화사상의 비조가 모두 영향을 끼쳤으나, 개화파의 형성과 발전에서 스승으로서는 유홍기의 영향이 가장 크게 되었다고 할 수 있다.

김옥균을 중심으로 한 개화파는 1874년경부터 형성되었으나, 1876년 강화도조약과 개항 때에는 이들은 아직 어린 청년들이어서 정치적 활동을 할 처지가 못 되었다. 1876년의 강화도조약 때에는 개화파의 스승인 박규수가 우의정을 역임한 판중추부사(判中樞府事)로서, 역시 개화파의 스승인 오경석이 문정관(問情官)으로서 활동했을 뿐이었다.

그러나 개항 직후에도 김옥균을 중심으로 한 개화파가 꾸준히 활동했다는 사실은 김옥균, 박영효 등이 1879년에 이동인(李東仁)을 일본에 파견한 사실에서도 알 수 있다.

이때 1878년에 이동인을 처음 만나고 1879년에 이동인과 함께 부산에서 일본으로 건너간 부산 일본인 거주지의 동본원사(東本願寺) 일본승 오촌원심(奧村圓心, 오쿠무라 엔신)이 1879년의 그의 일기에서 김옥균, 박영효 등을 '한국개혁당(韓國改革黨)'이라고 기록하고, 이동인을 '혁명당(革命黨)' 박영효·김옥균의 동지[45]라고 기록하고 있는 것으로 보아, 일본측은 1879년

---

45 奧村圓心 『朝鮮布教日誌』 1879년(明治 12년) 6월조의 이동인의 도일과 관련된 일지에서 오쿠무라는 다음과 같이 기록하였다. "東仁은 원래 僧侶일지라도 평상시 愛國護法의 神經家로서, 최근 朝鮮國의 國運이 날로 衰頹하고 宗敎는 이미 땅에 떨어졌다고 하다. 이때 革命黨 朴泳孝·金玉均 등은 國家의 衰運을 奮慨하고 크

이전에 개혁당(개혁당, 한국개혁당·혁명당)으로서의 김옥균 등의 개화당의 존재를 인식하고 있었음을 알 수 있다. 또한 이동인이 일본에 가서 각국 공사관의 외교관들까지 접촉하고, 1881년의 일본국정시찰단(日本國情視察團, 紳士遊覽團)의 파견 계획을 한 것을 보면,[46] 이 시찰단의 파견의 배후에 김옥균 등의 개화파의 활동이 있었음을 알 수 있다.

일본측은 이동인이 1881에 암살되자 일본『조야신문(朝野新聞)』이「조선개화당(朝鮮開化黨)을 위하여 암살된 이동인(李東仁)」이라는 제목 아래 이에 대한 장문의 해설기사를 싣고 있고,[47] 일본국정시찰단(신사유람단)에 대해서는『동경일일신문(東京日日新聞)』이 1881년 5월에 "(조선) 개화당원(開化黨員) 오십 명은 일본만유(日本漫遊)"라고 보도했다가,[48] 일본 국정시찰단이 일본에 도착하여 활동하는 것을 보고,『조야신문』이 1881년 5월 20일자에 "조선국조사(朝鮮國朝士) 일본연구에 도래 - 개진(開進)·수구(守舊)의 오월동주(吳越同舟) - "라는 표제로 시찰단 내의 개화당의 어윤중(魚允

게 刷新하려고 하다. 또한 東仁도 意見이 竹節하였으므로 朴泳孝·金玉均 兩氏가 東人을 引見하고 重用하기에 이르렀다. 그러므로 列國의 公法 등을 알기 위하여 我宗門에 歸入하여 日本에 渡航하려고 하였다. 東仁은 朴泳孝가 준 純金의 丸棒 四本(長二寸, 餘丸一寸餘의 物)을 나에게 보이고 이것을 路費로 하여 渡航한다고 말한다. 그러므로 和田氏 및 總領事館 前田獻吉씨에게 計하여 本山에 보내기로 하다. 이것은 즉 韓國改革黨이 日本에 渡航하는 시작이다."(밑줄 - 필자) 여기서 일본승 오쿠무라는 1879년에는 조선개화당을 '혁명당' 또는 '한국개혁당'으로 기록하고 있다. 또한 위 일지의 1878년(明治 11) 6월 2일조에 그가 이동인을 처음 만났다고 하였다. 이는 1878년 이전에 한국개혁당이 형성되어 있었음을 오쿠무라가 인지하고 있었음을 나타내는 것이라고 할 수 있다.

46 『Satow 日記』1880년 12월 1일조, "Asano(朝野=이동인의 日本變名) went off this morning after breakfast. His last idea is to bring a mission composed of the most advanced man here and make conventions with the foreign representatives.

47 『朝野新聞』1881年 5月 6日字,「韓國開化黨の爲に暗殺された李東仁」,『新聞集成明治編年史』, 第4卷, pp.386~387 참조.

48 『東京日日新聞』1881年 5月 7日字,『新聞集成明治編年史』, 第4卷, p.388 참조.

中)과 수구당의 논쟁을 보도한 것을 보면,[49] 일본측은 1878년부터는 조선정계에서 개화당과 수구당의 정치적 갈등을 파악하고 있었던 것으로 보인다.

일본국정시찰단이 성공적으로 임무를 수행하고 귀국하자 김옥균은 직접 일본의 메이지유신(明治維新)의 진행 과정을 시찰할 필요를 절감하고 1882년 2월(음력 전년 12월)에 부산으로부터 일본 시찰의 길에 올랐다. 이때 부산의 일본 거류민 신문인『조선신보(朝鮮新報)』는 1882년 3월 15일자에 "김옥균(金玉均), 왕명을 받아 일본에"라는 표제 밑에 "조선의 개화당(開化黨)의 유명한 김옥균(金玉均)씨는 왕명을 받들고 아국(일본 — 필자)에 도항"[50]하려 하 고 있다고 보도했으며,『동경일일신문』은 1882년 4월 13일자에서 김옥균이 나가사키에 도착하자 "조선개화당(朝鮮開化黨) 수령 김옥균(金玉均) 내유(來遊) — 조선신보(朝鮮新報)의 기사에 신경을 날카롭게 하다"는 제목 아래 이 사실을 대대적으로 다음과 같이 보도하였다.

　　이전에 우리 紙上에서 보도한 바와 같이, 朝鮮開化黨의 首領인 金玉均씨는 日本遊歷으로서 요사이 長崎에 도착하여 아직 同港에 체류중이다. 원래 同氏는 우리 貿易商會의 甲斐軍次씨와 同行하여 渡航했으나, 甲斐씨는 어떤 至急한 볼일이 있어서 다시 釜山으로 가고 볼일을 끝낸 다음에 또 長崎에 歸航하게 되면 그때에는 다시 金玉均과 一黨의 柳五衛씨도 동행할 것 같은데, 이 兩氏의 渡航의 事에 대해서는 여러 가지 소문이 있다. 이미 過日발행의 朝鮮新報 등에는 '右兩씨의 日本行은 전적으로 國王의 內命을 받들어서 國債募集을 위함이다'라고 게재되었다. 금일 우리들의 日本行은 결코 官用의 義를 띤 것이 아님은 우리 朝廷의 實情을 보아도 明瞭한 것인데, 어떻게 하여 이러한 訛言이 傳해졌는가. 그렇지 않아도 우리 反對黨은 이것저것 誣說을 지어내고 여러 가지 疑念을 품어서 我等에게 對抗을 하려고 하

49『朝野新聞』1881年 5月 20日字,『新聞集成明治編年史』, 第4卷, p.393 참조.
50『朝鮮新報』1882年 3月 15日字,『新聞集成明治編年史』, 第5卷, p.48 참조.

는 勢에 있는데, 이제 이 新聞이 한번 그들의 눈에 띄어 우리들의 日本行은 이러한 것이 事實이라고 생각하면, 우리들의 歸韓의 후에 어떠한 變事가 몸에 미칠지 알 수 없다. 원래 우리의 此行은 一은 反對黨의 氣焰을 避하고, 一은 日本近事의 內情을 視察하여 향후 隣交內地의 參考에 充하려는 意圖 外에 없는 것이라고 하여 심하게 同新聞의 謬傳에 迷惑하고 있다더라.[51]

위의 자료들에서 명확히 알 수 있는 것은, 조선 개화당의 형성은 김옥균이 제1차 및 제2차 도일 후 일본 개명파(開明派)의 거두 복택유길(福澤諭吉, 후쿠자와 유키치) 등을 만나고 온 후라는 종래 전보고결(田保橋潔, 다보하시 기요시) 등 일본 학자들의 설[52]이 일고의 가치고 없는 주장일 뿐 아니라, 김옥균의 제1차 도일(渡日) 때 당시의 일본인들은 조선개화당(朝鮮開化黨)의 수령(首領)이라고 하여 조선개화당이 이미 형성되어 있었고 그 지도자가 김옥균이라는 사실을 알고 있었음을 명확히 증명해 준다는 사실이다. 또한 위의 사실은 동시에, 이미 1881년에는 개화당이 반대당(수구당)과의 치열한 경쟁적 투쟁들을 전개하고 있었음을 알려 주고 있는 것이다.

요컨대, 김옥균을 중심으로 한 개화파(개화당)는 1874년경에 형성되기 시작하여 동지들이 포섭되었으며, 1878년에는 제1차 정치행동계획을 실행하려다가 중요 동지의 사망으로 중단하였고, 1879년에는 이동인(李東仁)을

---

51 『東京日日新聞』, 1881年 4月 13日字, 「朝鮮開化黨首領 金玉均來遊—朝鮮新報の記事に神經を尖す」, 『新聞集成明治編年史』 第5卷, p.62. 여기서 柳五衛는 五衛將 柳相五인 것으로 보인다.

52 田保橋潔, 『近代日鮮關係の研究』, 1940, p.909 등에서, 예컨대 "후쿠자와의 가르침을 받은 박영효·김옥균은 처음으로 독립자주의 참된 의미를 깨닫고, 그의 실현에 매진하기에 이르렀다고 해도 과언이 아닐 것이다"라고 하는 것과 같이 조선 개화사상과 개화당의 형성을 1882년 김옥균의 제2차 도일 후 일본인 후쿠자와 유키치의 가르침을 받은 결과라고 왜곡 조작하는 견해를 정립하였다.

일본에 파견하는 등 해외로까지 활동을 넓히고 있으며, 1881년에는 이동인이 암살되고, 김옥균 등이 반대당의 공격을 두려워할 정도로 개화파와 수구파 사이에 치열한 정치적 갈등이 조정 내부에서 전개되고 있었음을 알수 있다.

4) 개화파의 분화

그러면 1882년~84년 사이의 조선 정계의 정파는 어떻게 형성되어 있었는가? 결론적으로 요약하면 다음의 <표 6>과 같이 5개 정파가 형성되어 서로 이합집산하면서 정치적 투쟁을 전개하고 있었다고 필자는 범주화하고 있다.

〈표 6〉 1882~84년의 조선 정치세력의 분화

	정파	중요인물	특 징
①	급진개화파 (개화당)	劉鴻基, 金玉均, 朴泳敎, 洪英植, 朴泳孝, 徐光範, 柳相五, 徐載弼, 尹雄烈, 尹致昊, 邊樹(燧), 朴齋絅, 그 밖의 다수	㉠ 변법적 개화를 추구, ㉡ 국정 전반에 걸친 대경장개혁을 추구, ㉢ 청나라의 간섭정책에 적극적 반대, ㉣ 정변의 방법도 불사, ㉤ 주로 청년 선각 지식인층으로 구성, ㉥ 조정의 중간 관직에 다수 진출.
②	온건개화파 (중간파)	金綺秀, 金弘集, 金允植, 魚允中, 朴定陽, 金晩植, 金寅植, 姜文馨, 李鑛榮, 申箕善, 李元會, 趙秉鎬, 그 밖의 다수.	㉠ 동도서기론적 개화를 추구, ㉡ 점진적 개화를 추구, ㉢ 정변의 방법에 불찬성, ㉣ 주로 장년층이 중심이 되어 구성, ㉤ 조정의 고위 관직에 다수 진출.
③	민비수구파 (집권파)	閔妃, 閔台鎬, 閔謙鎬, 閔應植, 閔泳翊, 閔丙奭, 閔泳穆, 閔種默, 趙寧夏, 韓圭稷, 李祖淵, 尹泰駿, 그 밖의 다수.	㉠ 수구를 원칙적으로 추구했으나 불가피할 때에는 개화를 승인, ㉡ 임오군란 후에는 친청사대 정책을 추구, ㉢ 민씨 일가를 중심으로 하여 구성, ㉣ 주로 노년층과 장년층이 중심이 됨, ㉤ 조정 내에서 최고지위를 점유한 집권파임.

④	대원군 수구파	興宣大院君, 李載元, 李載完, 李載冕, 李載先, 洪淳馨, 鄭顯德, 申應朝, 李景夏, 韓聖根, 그 밖의 다수.	㉠ 수구를 원칙으로 했으며 왕권의 강화와 종묘사적의 구습 보전을 추구, ㉡ 청에 대 해서는 의례적 사대외교만 하고 실질적으로 자주를 추구, ㉢ 대원군을 중심으로 하여 종친과 그 세력으로 구성, ㉣ 임오군란 때 1개월간 집권했으나 그 이후는 실권(失權).
⑤	위정척사파 (재야유림 수구파)	金平默, 崔益鉉, 柳麟錫, 李晩孫, 白樂寬, 梁憲洙, 申櫶, 洪在鶴, 韓洪烈, 高定柱, 金鎭淳, 그 밖의 다수	㉠ 철저한 수구와 위정척사를 이론적·실 천적으로 고수, ㉡ 명과 중국에는 사대적 이며 청에는 중립적인 외교지지, ㉢ 일본 과 서양에 대해서는 극단적으로 배척, ㉣ 서원과 향교를 근거지로 한 유림세력으로 구성, ㉤ 평상시에는 조정의 관직에 진출 하지 않고 재야세력으로서 존재.

위의 표에서 ①과 ②가 개화파의 범주에 드는 것이고 ③, ④, ⑤가 수구
파의 범주에 드는 것이다. 위 표는 ①에 접근할수록 더욱 개화적이고 ⑤에
접근할수록 더욱 수구적인 정파의 분류표이다. 당시의 정파세력에 대한 필
자의 이러한 분류는 집권한 '민비파'를 수구파의 범주에 포함시키고 있다.
이것은 이광린 교수가 김옥균 등의 개화파를 급진개화파로서의 개화당으
로 분류하고 민비파를 '온건개화파'로 범주화하는 견해와 큰 차이가 있는
것이다. 필자가 민비파의 사회정치적 성격을 '수구파'로 분류하는 것은 특
히 다음과 같은 점을 주목하기 때문이다.

첫째, 사회정치세력으로서의 민비파는 전근대적인 기존의 체제와 구질
서를 유지하려는 강렬한 성향과 목적을 갖고 사회정치활동을 하고 있어서
그 본질이 수구세력의 특징을 갖고 있었다.

둘째, 민비파는 집권파이기 때문에 당시의 대세에 밀려 그들이 시행한
정책의 일부에 개화정책이 포함되어 있는 때에도 정권의 유지를 위하여
만부득이한 경우에만 개화정책을 승인했고, 최고집권세력으로서 개화정책
을 받아들이는 민비파의 반응은 매우 수동적이며 저지적인 특징을 갖고
있다.

셋째, 최고집권파로서의 민비파의 이름으로 시행된 개화정책도 그 내용과 추진 과정을 들여다보면 정권에 참여하고 있는 개화파가 추진하고 수행한 것이다. 민비파의 구성원 중에는 개화정책을 앞장서서 추진한 인물이 없다. 종래 보빙사(報聘使)의 정사 민영익(閔泳翊)이 미국으로부터 농작물 신품종과 농기계를 도입한 것을 민비파의 개화정책으로서 들어 왔으나, 이것도 민(閔)이 정사(正使)이기 때문에 형식만 그의 이름으로 된 것이고, 그 내용을 보면 부사(副使) 홍영식(洪英植)이 추진한 것임을 알 수 있다. 당시 국왕 고종도 구미 문물 도입은 부사 홍영식이 추진한 것임을 알고 있었다.[53]

필자의 견해로는 민비파는 명백하게 수구파였으며, 1882년 7월 '임오군란'에 의하여 민비정권이 한번 붕괴되었다가 청나라 군대에 의하여 구원되어 8월에 재집권한 이후에는 민비수구파는 청나라의 대조선 속방화(對朝鮮屬邦化) 적극간섭정책에 저항하지 않고 도리어 순종하고 야합함으로써 친청사대(親淸事大) 수구파의 특징을 갖게 되었다고 본다. 개화파와 민비수구파의 갈등은 1878년부터 현저히 나타나며 1881년에는 그 대립과 모순이 상당히 첨예화되고 있다. 1884년의 갑신정변은 위의 5개 정파 중에서 ① 급진개화파와 ③ 친청사대 민비수구파 사이의 정치투쟁이었다고 볼 수 있다.

한편, 개화파 내부에 있어서의 급진파와 온건파의 대립은 1881년까지는 뚜렷하게 나타나지 않고 있다. 예컨대 1881년 김윤식(金允植)이 영선사(領選使)가 되어 학도들을 데리고 중국에 갈 때 김옥균은 김윤식과 함께 나라의 개화를 위하여 힘쓰기로 같이 약속을 할 정도로 그들은 서로 협조적이었다.[54] 그러나 1882년 '임오군란'을 '진압'하려 청나라 군대가 진주하고

---

53 金弘集, 『從宦日記』, 1884년(甲申) 2월 27일조, 「上曰 副大臣洪英植 自美國回還也 持稻種而來 不拘山田與醎水處 亦不畏水旱 故其地無數年云」 참조.
54 『續陰晴史』(國史編纂委員會판) 하권, 「追補陰晴史」 pp.557~578 참조.

청나라가 대(對)조선 속방화 적극간섭정책을 강행한 시기부터 개화파는 현저하게 급진파와 온건파로 분화되어 현저한 정치적 견해 차이와 대립을 보이고 있다. 개화파가 급진파와 온건파로 분화된 이유로서는 다음과 같은 점이 특히 주목된다.

첫째, 청나라의 대(對)조선 속방화 적극간섭정책에 대한 비판과 조선의 '자주독립'에

〈그림 15〉 초기 개화파 4인
(좌로부터 박영효, 서광범, 서재필, 김옥균)

대한 강조에 있어서 개화파 내부에 차이점이 노출되었다.

김옥균을 중심으로 한 개화파는 청나라의 대(對)조선 속방화 적극간섭정책을 조선의 독립의 침해로 간주하여 이를 격렬하게 규탄했으며, 비록 그들의 정적이지만 청나라가 대원군을 납치해 간 것을 조선의 독립을 유린한 만행이라고 통분해 하고 격렬하게 규탄하였다. 한편 김윤식, 어윤중 등은 청나라가 정적 대원군을 납치해 가는 데 방조적이었으며, 김홍집(金弘集) 등도 이를 비판하는 강도가 김옥균 등과 같이 강렬하지 않았다. 자주독립의 중요성에 대한 강조의 정도에 차이가 드러난 것이었다.[55]

---

55 김옥균을 중심으로 한 개화파를 친일당, 김윤식을 중심으로 한 개화파를 친청당으로 구분하는 외국인 학자들의 분류는 당시 조선의 자주독립의 중요성에 대한 양파의 견해차를 파악하지 못한 전적으로 부당한 분류이며 사실과도 일치하지 않는다. 예컨대 김윤식과 함께 영선사행에 다녀온 卞元圭는 김옥균파에 가담했으며, 중국어 역관들의 다수 역시 김옥균파에 가담하였다. 당시 반일적이면서도 청나라의 적극간섭정책에 격렬히 반대하고 자주독립을 크게 강조하던 다수의 중국통 인사들이 김옥균파에 가담하였음은 개화파의 분화를 급진개화파와 온건개화파로 분류하

둘째, 조선의 개화를 추진하는 폭과 정도에 대하여 개화파 내부에 차이점이 노출되었다.

김옥균을 중심으로 한 개화파는 서양의 선진과학기술을 적극적으로 수용할 뿐 아니라 정치·경제·사회·문화의 모든 제도의 대경장개혁(大更張改革)을 주장하는 변법적(變法的) 개화를 주장했으며, 그것도 최단기간에 급진적으로 이를 수행할 것을 추구하였다. 한편 당시에 김윤식, 어윤중, 김홍집 등은 서양의 선진과학기술 수용에는 마찬가지로 적극적이었으나, 사회제도의 개혁에는 매우 소극적이어서 아직도 동도서기론(東道西器論)적 성격이 강했으며, 개화의 속도는 점진적인 것을 추구하였다.[56]

셋째, 개화정책을 단행하기 위한 권력 장악의 방법에 대하여 개화파 내부에 견해의 차이가 내재하였다.

김옥균을 중심으로 한 개화파는 대경장개혁의 단행을 위한 권력의 장악에 있어서는 '권도(權道)'의 사용은 당연히 있을 수 있는 것으로 간주하였다. 이 때문에 그들은 '정변'의 방법을 기회 있을 때마다 중요시하였다. 한편 김윤식, 어윤중, 김홍집 등은 아무리 대경장개혁이 필요하다 할지라도 권도로서의 정변의 방법은 찬성하지 않는 정치적 견해를 갖고 있었다.

김옥균을 중심으로 한 급진개화파는 김옥균이 '제2차 도일' 후 귀국한 1883년 봄부터 정변의 준비를 시도하고 있으며,[57] '제3차 도일' 후인 1884

지 않고 친일개화파와 친청개화파로 분류하는 견해의 비주체성과 허구성을 잘 설명해 준다고 할 것이다.

56 尹致昊, 「風兩二十年 — 韓末政客의 懷古談」, 『東亞日報』, 1930년 1월 12일자 참조.
57 김옥균의 도일은 3차에 걸쳐 있었다. 제1차 도일은 1882년 2월(음력 전년 12월)에 서울을 출발하여 8월 7일(음력 6월 2일) 인천으로 귀국하였다. 이때 김옥균은 유상오, 서광범 등을 대동하였다. 제1차 도일의 목적은 일본 國情의 시찰에 있었다. 김옥균은 귀국 도중 일본의 시모노세키(下關)에서 국내에 '임오군란'이 발발했다는 소식을 들었다. 김옥균은 제1차 도일 직후에 『箕和近事』를 편찬하였다. 제2차 도일은 '임오군란' 수습 후 조선 조정이 파견하는 수신사의 고문으로서 건너간 것이었다. 이때의 수신사는 박영효, 부사는 김만식, 종사관은 홍영식, 隨員은 서광범과

년 9월에는 급진개화파 단독으로 정변의 단행을 결정하고 있다.[58] 이러한 상태에서 종래 급진개화파에 적대적인 태도를 보이던 주조선(駐朝鮮) 일본 공사관측이 1884년 10월 30일부터 태도를 전환하여 급진개화파에 접근하면서 추파를 던져오자,[59] 김옥균 등은 급진개화파가 준비한 조선군 무력 800명에 더하여 주한 일본공사관의 일본군 무력 150명을 차용하여 이용하려 한 판단착오를 범한 채 갑신정변을 일으키게 되는 것이다.[60]

민영익이었다. (민영익은 집안에 상을 당하여 동행하지 못하였다.) 수신사 박영효 일행은 1883년 1월 6일(음력 전년 11월 28일) 먼저 귀국하고, 김옥균은 서광범과 함께 더 체류하면서 본국으로부터 유학생들을 선발해 보내도록 하여 여러 학교에 입학시키고 1883년 4월(음력 3월)에 귀국하였다. 김옥균은 동경에 체류 중에『治道略論』을 저술했다. 제3차 도일은 1883년 7월(음력 6월)에 국왕의 위임장을 가지고 국채를 모집하러 건너간 것이었다. 그러나 묄렌도르프 등 민비수구당의 사주를 받은 주조선 일본공사 다케조에 신이치로(竹添進一郎)가 김옥균이 휴대한 고종의 국채위임장이 위조한 것이라고 본국에 허위보고를 했기 때문에 김옥균은 완전히 실패하고 1884년 5월 2일(음력 4월 8일)에 귀국하였다. 이 3차에 걸친 도일 과정에서 김옥균의 견문은 넓어졌으나 일본의 '메이지 유신'의 성과를 보고 닥쳐올 나라의 위기를 급박하게 느껴 더욱 초조해져서 단기간에 대경장개혁을 단행하기 위한 정권 장악의 필요를 더욱 절감하고 '정변'의 방법을 추구한 것으로 보인다.

58 『尹致昊日記』1884년 음력 8월 2일조에 "저녁때 古愚가 美國公使를 來訪하여 淸·佛戰爭에 대하여 이야기하였는데, '우리나라의 獨立할 기미가 어찌 이때에 있다 하지 않겠는가'라는 등의 말을 하고 있다"고 기록되어 있다. 김옥균 등의 급진개화파는 청불전쟁에 즈음하여 청나라가 서울에 주둔시킨 청군 3,000명 중에서 1,500명을 5월에 안남전선으로 철수해 이동시키고 8월에 드디어 청불전쟁이 일어나자, 9월에 '갑신정변'의 단행을 결정한 것으로 추정된다. '갑신정변'의 결정은 일본측과는 전혀 관계없이 김옥균 등 급진개화파 단독으로 주체적으로 결정된 것이었다.

59 『甲申日錄』1884년 11월 1일조에는 "밤에 朴·洪·徐 三君이 來會하였다. 작은 술자리를 베풀고 상의하여 말하되, 吾輩의 一擧할 計劃이 결정된 후에 竹添의 適來로 우려하였더니 돌아와서는 擧動이 大變하여 도리어 우리의 勢力에 찬성하는 기색을 보이니 前日의 疑憂에 비하여 그 변화가 과연 어떠한가'라고 하여 급진개화파들은 일본공사의 접근과 추파를 검토하고 있다. 여기서도 갑신정변의 일거의 계획은 김옥균 등 급진개화파가 단독으로 주체적으로 결정했음을 알 수 있다.

60 신용하,「甲申政變의 主體勢力」참조.

갑신정변은 앞서의 표의 ①의 정치세력인, 독립과 급진적 개화를 매우 강조하여 추구한 급진개화파와 ③의 정치세력인, 친청적이고 온건한 수구를 추구하는 민비수구파의 정치투쟁이었다. 여기서 고찰하는 김옥균의 개화사상은 1884년의 조선의 급진개화파의 사상을 대표하는 것이며, 그들이 일으킨 갑신정변의 개혁정책의 방향을 설명해 주는 것이라고 할 수 있다.

3. 김옥균의 개화사상(Ⅰ)

1) 근대국가 건설론

김옥균의 개화사상은 서양열강의 동양 침략 및 일본의 근대적 발흥과 이에 대비하여 조선민족과 국가의 독립을 유지하기 위한 근대국가 건설의 주장에서부터 시작되고 있다.

김옥균은 갑신정변 이전에 고종에게의 진언에서 세계정세를 다음과 같이 관찰하였다. 그에 의하면 천하대세는 날로 갈등을 일으켜 이미 십 수년 이래로 서양열강의 동양에 대한 침략이 급속화되고 있어 영국, 프랑스, 러시아의 모든 강국이 호시탐탐 엿보고 있다. 프랑스는 이미 안남(安南)에 세력을 부식하고 청불전쟁을 일으켰는데 프랑스가 승리할 것이다. 프랑스는 승리 후 북진을 계속할 것이며, 그 힘은 1866년의 병인양요의 전례에서 볼지라도 우리나라에 밀려올 것이다. 한편, 러시아는 남진하여 극동 침략이 급박해 오고 있는데, 청나라는 그 절박함을 알지 못하고 있다. 이러한 천하대세 속에서 동양 여러 나라들은 구규(舊規)만 지켜서는 안온자수(安穩自守)할 수가 없게 되었다.[61]

---

61 『甲申日錄』, 1884년 양력 11월 29일조, 『전집』 pp.64~65 참조.

김옥균에 의하면, 동양 여러 나라들 중에서도 일본은 이것을 알고 급속히 유신을 시작했으며 해륙군(海陸軍)의 군세(軍勢)를 급속히 확장하고 있다.[62] 그는 일본의 군세는 "상비(常備)·예비(預備)·후비(後備)를 합하여 10만 가량이며 상비병은 4만이다"[63]라고 확인하였다. 그에 의하면, 일본이 급속히 군세를 확장하는 것은 자수(自守)를 위해서뿐만 아니라 정책이 이미 급변하여 반드시 청일전쟁을 준비하는 것이며, 머지않아 청일전쟁이 일어나면 조선이 청일전쟁의 터가 될 것이다, 우리나라는 무슨 방책으로 이것을 면할 것인가 하고 국왕에게 질문하였다.[64] 고종이 청일전쟁이 일어나는 경우에 어느 나라가 승리할 것인가 하고 묻자, 김옥균은 일본이 프랑스의 성원을 얻는 경우에는 일본이 승리할 것으로 본다고 응답하였다.

김옥균의 질문대로 조선은 어떠한 방책으로 이러한 천하대세 속에서 나라를 지킬 수 있을 엇인가? 그에 의하면, "조선도 힘 있는 현대적 국가"를 건설하는 길밖에 없다. 서재필은 갑신정변 이전의 김옥균의 이상이 '힘 있는 현대적 국가'의 건설이었음을 다음과 같이 회고하였다.

> 그(김옥균)는 現代的 教育을 받지 못하였으나 시대의 추이를 통찰하고 朝鮮도 힘있는 現代的 國家로 만들려고 절실히 바랐었다. 그리하여 新知識을 주입하고 新技術을 채용함으로써 政府나 一般社會의 舊套因習을 一變시켜야 할 필요를 確覺하였다.[65] (밑줄 – 필자)

---

62 『甲申日錄』序部, 『전집』, p.24 참조.
63 『尹致昊日記』, 1882년 음력 11월 24일(양력 1883년 1월 3일)조 참조.
64 『甲申日錄』, 1884년 11월 29일조, 『전집』 pp.63~66, 「臣察知此 必因日本政略頓變于前日也. 從以日淸之擧 似在不遠 當此時 朝鮮當爲 日淸戰爭之地 將以何策爲自謀乎. 上與坤殿深以當然從以憂曰 日淸交兵 勝負何居. 余對曰 但日淸兩國交戰 最後勝敗之數 未可預料 今日與佛合則 勝算決在於日矣.」참조.
65 서재필, 「回顧甲申政變」, 민태원, 『甲申政變과 金玉均』, 1947, p.82.

김옥균은 일본에 체류하는 동안에도 매 일요일이면 그가 파견한 유학생들을 하숙집으로 불러서 "일본이 동방의 영국 노릇을 하려고 하니, 우리는 우리나라를 아시아의 불란서(佛蘭西)"로 만들어야 한다고 가르쳤다. 서재필은 일본 호산육군학교(戶山陸軍學校) 유학 시절(1883년)의 김옥균의 이야기를 다음과 같이 기록하였다.

> 매 일요일이면 우리는 반드시 그(김옥균)를 築地 寓居로 尋訪하였다. 그러는 때마다 그는 우리를 親弟와 같이 대접하고 숨김없고 남김없는 肺肝 속의 말을 우리에게 들려주었다. 그는 祖國刷新에 대한우리의 重且大한 任務를 말하는 동시에 나라에 돌아가 우리가 빛나는 大功勳을 세울 것을 믿어 마지아니하였다. 그리고 그는 늘 우리에게 말하기를 <u>日本이 東方의 英國 노릇을 하려 하니 우리는 우리나라를 亞細亞의 佛蘭西로 만들어야 한다</u>고 하였다. 이것이 그의 꿈이었고 또 유일한 野心이었다. 우리는 金씨의 말을 신뢰하고 우리의 전도에 무엇이 닥쳐오든지 우리의 責任을 이행하고야 말겠다는 굳은 결심을 하였던 것이다.[66] (밑줄 – 필자)

여기서도 알 수 있는 바와 같이 김옥균은 일본이 영국처럼 부강한 근대국가로 되어 가고 영국처럼 다른 나라를 침략하려 하고 있으니, 즉 동방의 영국 노릇을 하려고 하고 있으니, 우리는 우리나라를 아시아의 프랑스와 같은 나라로 만들어야 "조선도 힘 있는 현대적 국가"가 되어 일본의 앞으로의 조선에 대한 침략과 기타 "외국의 침략"[67]을 막아낼 수 있다고 후배들을 교육한 것이었다. 김옥균이 말한 바, "조선도 아시아의 프랑스처럼 힘 있는 현대적 국가를 만들어야 한다"는 생각은 현대어로 바꾸어 표현하면 '자주부강한 근대국가의 건설'을 주장한 사상이었다고 말할 수 있는 것

---

66 「回顧甲申政變」, 전게서, pp.84~85.
67 「高宗에의 上疏文」, 『전집』, p.146.

이다.

김옥균의 천하대세에 대한 통찰과 자주 부강한 '근대국가 건설론'은 갑신정변 이후에도 물론 조금도 변하지 않았다. 김옥균은 1885년 4월 영국의 극동함대가 거문도(巨文島)를 불법 점령하는 사건이 일어나자 망명지 일본에서 고종에게 올린 상소에서 이것이 열강의 조국에 대한 본격적 침략의 시작이라고 지적하고 고국의 민비수구파 집권자들이 천하정세의 한 치 앞도 내다보지 못한 채 누가 자기의 몸뚱이를 물어뜯는지도 알지 못하고 청나라의 간섭을 받으면서 청나라에만 의뢰하고 있다고 나라의 앞날을 다음과 같이 절절히 걱정하였다.

今에 天下의 형세가 日로 變하고 日로 換하여 瞬時라도 안심키 不可하오니 全羅道 三島, 즉 巨文島는 이미 英國의 奪한 바 되어 前事의 覆轍이 玆에 在하니 폐하는 써 여하타 하나이까. 在朝의 諸臣은 과연 何計가 있나이까. 금일의 조선국에서 英國의 名을 知하는 자가 과연 幾人이나 있나이까. 설령 在朝의 諸臣이라도 英國이 何處에 在하냐 問하면 答키 불능한 者ㅣ 왕왕 皆 然하오니 此를 譬하면 或物이 來하여 我의 肢體를 咬하여도 그 고통을 感치 못할 뿐 아니라 何物이 我를 咬함인지도 不知함과 如한바 그 國家의 存亡을 논함이 痴人이 夢을 說함과 如함은 족히 怪事라 할 것이 없나이다.

事勢 이미 이와 같은데 폐하는 何等의 策이 有하여 亡國의 主됨을 免코자 하나이까. 폐하의 腹心股肱된 者 또 何等의 策이 有하여 폐하를 위하여 國家의 安寧을 保하리이까. 금일은 한갓 眼前 快樂에 偸安할 때가 아니요, 또 淸國은 만사를 朝鮮國家에 간섭하여 스스로 보호의 責에 任함과 如하나 巨文島를 회복하여 朝鮮을 위하여 封域을 全키 不能한즉 향후에 又 외국이 他港을 奪하는 事ㅣ 有하면 폐하는 如何코자 하오며 淸國은 何等의 방법으로써 此를 구원코자 하나이까.[68]

68 「高宗에의 上疏文」, 『전집』, pp.143~144.

김옥균은 남진해 내려오는 러시아와 북진하면서 이에 대립하는 영국의 쟁투 속에서 러시아가 언젠가 또 우리나라의 한 항구를 점령하려고 할 것이며, 청나라는 자기 나라의 보전도 지난하게 되었는데 조선을 위하여 이를 막을 힘이 전혀 없다고 보았다. 그는 조선의 '국가를 위하여'[69] 그리고 조선의 '생민(生民)을 위하여'[70] 조선이라는 국가의 안녕을 보전하는 길은 절대로 쇠망해 가는 청나라에 의뢰해서는 안 되며 조선 스스로가 자주 부강한 '근대국가 건설'[71]을 하는 길뿐이라고 주장하였다. 요행으로 영국과 러시아가 상쟁(相爭)하는 일이 없다 할지라도 조선이 자주 부강한 근대국가를 건설하여 스스로 저항하여 막을 힘을 갖지 못하면 영국·프랑스·독일·러시아 ……등 열강의 '침략의 념(念)'[72]을 절단시키지 못하여 나라가 극히 위태롭게 될 것은 위치를 바꾸어 생각해 보면 바로 알 수 있는 일이라고 김옥균은 다음과 같이 강조하였다.

> 요행으로 천하 무사하여 英·露가 相爭하는 事ㅣ 없다 할지라도 폐하ㅣ 試하여 身을 英, 佛, 獨, 露의 君이 되사 此를 思하소서. 만약 兹에 一國이 있는데 我가 此를 取하여도 毫末도 저항할 자 없다 하면 폐하는 과연 此를 여하히 하고자 하리이까. 금일 朝鮮이 卽是라.[73]

김옥균은 조선을 둘러싼 국제정세가 이와 같이 위급한데 나라의 내정을 보면 '근대국가'를 건설하는 정치를 하기는커녕 민비수구파 대신 5인이 주동이 되어 뭇 간신들이 청나라에 의뢰하여 권세를 부리면서 자기 가문의 사리(私利)를 위하여 나라를 망치고 민생을 도탄에 빠뜨려 나라를 지킬 수

---

69 「高宗에의 上疏文」, 『전집』, p.143.
70 「高宗에의 上疏文」, 『전집』, p.143.
71 「高宗에의 上疏文」, 『전집』, p.144.
72 「高宗에의 上疏文」, 『전집』, p.146.
73 「高宗에의 上疏文」, 『전집』, p.144.

없게 만들고 있으며, 묄렌도르프(Paul Georg Von Möllendorff)를 잘못 고용하여 일마다 그르치고 있다고, 이미 갑신정변 이전에 고종에게 천어만어를 다하여 내정의 위급함을 직언하였다.[74] 또한 그는 영국공사 아스톤(A. G. Aston)에게도 현재 내정이 날로 부패하여 위급해 가고 있다고 해설하였으며,[75] 동지들에게도 내정이 날로 잘못되어 감을 개탄하였다.[76]

갑신정변 이전에 김옥균은 밖으로 열강이 본격적으로 침략해 들어오고 안으로 내정이 청나라에 의뢰하여 봉건적 수구를 하면서 척족의 사리 추구에 휘말려 부패해 가는 것을 '국가의 존망'[77]이 걸린 일대 위기로 인식하였으며, "우리나라의 국세가 매우 위급하다"[78]고 판단하였다. 즉 김옥균은 갑신정변 이전의 나라의 형편을 조선이 그대로 두면 망하게 될 '민족적 위기'로 인식한 것이었다.

김옥균은 갑신정변이 실패한 후에는 집권한 수구파의 내정의 부패를 더욱 통탄하고, 강화유수 이재원(李載元)에게 보낸 편지에서 "간신배들이 천하대세를 알지 못하고 나라를 망치는 일만 지어내어서 결국은 국가를 장차 외국에게 빼앗기게 됨을 알지 못하고 있다"[79]고 통탄하였다. 그는 1886년에 이홍장(李鴻章)에게 보낸 편지에서도 "조선의 내정은 그 전복의 기틀이 이미 드러나서 재정의 붕괴와 정법의 문란과 인민의 도탄은 차마 매거하기 어려우며 듣기만 해도 마치 계란을 쌓아 놓은 것과 같이 위급하므로 만회하여 진작시키는 방법을 도모하고자 하면 소지(小智)와 소능(小能)으로서는 불가하게 되었다."[80]고 통탄하였다.

---

74 『甲申日錄』 1884년 11월 29일조, 『전집』, p.65 참조.
75 『甲申日錄』 1884년 11월 24일조, 『전집』, p.55 참조.
76 『尹致昊日記』 음력 10월 14일(양력 12월 4일)조 참조.
77 「高宗에의 上疏文」, 『전집』, p.144.
78 『徐載弼博士自敍傳』(金道泰편), 1948, p.96.
79 「致沁留書第一函」, 『전집』, p.123, 「奸臣輩 不識天下大勢 做出壞事 究不知國家 將見奪於外國」 운운 참조.

김옥균은 그대로 두면 자기의 조국이 외국에게 침탈당해 식민지로 망하게 될 '민족적 일대 위기'에 당하여 나라를 구하는 길을 자주 부강한 '근대국가 건설'에서 찾았으며, 그 방법으로서는 "실사구시(實事求是)하는 것이 제일"[81]이라고 생각하였다. 그리고 당시의 나라의 실상 속에서 자주부강한 근대국가 건설을 위한 방법으로 김옥균이 도출한 것이 그의 '대경장개혁'의 주장이었다.

2) 대경장개혁(大更張改革)론

김옥균이 조선민족의 당면한 '민족적 위기'를 타개하기 위하여 전근대적 봉건적 국가를 자주 부강한 근대국가로 변혁하려고 한 것은 그 형태와 방법은 어떠한 것을 택할지라도 그 내용은 혁명적인 것이 될 수밖에 없었다. 왜냐하면 전근대체제를 폐지하고 근대체제를 건설하는 것은 어떠한 방법을 거치든 간에 그 자체가 하나의 혁명적 변혁이었기 때문이다. 김옥균은 이것을 '대경장(大更張)', '대경장개혁(大更張改革)'이라고 표현하면서 근대국가 건설을 위한 대경장개혁을 주장하고 추구하였다.

김옥균은 1882년에 『치도약론(治道略論)』에서 이미 "지금 우리나라가 대경장의 때(大更張之會)를 만났다."[82]고 하면서 경장하지 않으면 나라와 백성의 행복을 지킬 수 없다고 주장하였다.

지금 事勢가 부득불 大更張之會에 처해 있는데도 만약 그대로 因

---

80 「與李鴻章書」, 『全集』, p.152, 「朝鮮之內政 其顚仆之機 固已彰矣. 如財政之艱拙 政法之紊亂 人民之塗炭 有不忍枚擧 而聞于人者 以若汲汲累卵之勢 欲圖挽回振作之方 是非小智小能不可.」 참조.
81 『治道略論』, 『전집』, p.3.
82 『治道略論』, 『전집』, p.6.

循姑息할 계획만 생각한다면 宗社와 生靈의 福이 아니다.[83]

김옥균은 일본 자유당계 요인들에게 보낸 편지에서도 "4백 년 누적된 완속(頑俗)을 갑자기 변화시키기가 매우 어렵다. 대세는 부득불 정부를 한 번 대경장개혁을 한 연후에야 군권(君權, 독립권)을 높일 수 있고 민생(民生)을 보전할 수 있다"[84]고 하면서 "독립을 바라면 정치와 외교를 불가불 '자수자강(自修自强)'해야 하는데, 이 일은 지금의 정부 인물로서는 될 수 없으므로 군권(독립권)을 위태롭게 하고 권세만 탐내는 고식배(姑息輩)들을 역시 불가불 한번 소제(掃除)할 수밖에 없다"[85]고 주장하였다.

김옥균에 의하면, 수구파와 고식배들을 소제하고 '자수자강'의 '대경장개혁'을 단행하는 방법에는 두 개의 방법이 있다.[86]

그 하나는 '평화행사(平和行事)'의 방법이다. 이것은 국왕의 밀칙(密勅)을 얻어서 평화적으로 개혁사업을 추진하는 방법이다. 이것은 국왕의 칙령을 빌어서 평화적 방법으로 점진적으로 개혁사업에 종사하는 것이다. 김옥균에 의하면 이 평화행사의 방법에는 조선국인은 모두 쓸 수 있다고 하였다.

그 다른 하나는 '무력행사(武力行事)'의 방법이다. 이것은 국왕의 밀의

---

83 『治道略論』, 『전집』, p.17.
84 「朝鮮改革意見書」, 『전집』, pp.109~110, 「以玆四百年積累之頑俗 猝無以化矣. 勢不得不 有一番大更張改革政府 然後君權可以尊 民生可以保矣.」 참조.
85 「朝鮮改革意見書」, 『전집』, p.111.
86 「朝鮮改革意見書」, 『전집』, pp.111~112, 「其掃除之道有二策. 一是得君密勅 而平和行事也. 一是賴君密意 而以武力從事也. 又若曰平和則 朝鮮人皆可用之. 若用武力則 勢不得不 雇日本人. 或曰欲改革己國之事 何用他國之人 此固有說焉. 以朝鮮蠢蠢之物 實無以與圖大事 以往年大院君之亂 無一介爲王家而倡義 在于此 可見我國人之無一可用也.」 참조. 여기서 「或曰」 이하의 김옥균의 설명은 이 편지가 일본 자유당계 요인인 고토 쇼지로(後藤象二郞)와 후쿠자와 유키치(福澤諭吉)에게 일본인의 고용과 원조를 청하는 것이므로 지나치게 과장되어 표현된 것으로 보인다.

(密意)에 의탁하면서 무력으로 정변(政變)이나 혁명(革命)을 일으켜 먼저 정권을 장악한 다음에 급진적으로 개혁사업을 신속히 단행하는 방법이다. 김옥균은 1884년에 정변을 결의한 후에는 일본 자유당계 요인에게 보낸 편지에서 이 무력 사용의 방법에는 부득불 일본인을 고용할 필요가 있다고 하였다. 필자의 견해로는 김옥균이 여기서 큰 착오를 내기 시작하고 있다고 보이므로 이 부분을 간단히 검토할 필요가 있다고 생각된다.

김옥균이 당시 나라를 둘러싸고 조정된 급박한 '민족적 일대 위기' 속에서 대경장개혁을 위하여 무력 사용에 의한 정변의 방법을 생각한 것은 당연히 있을 수 있는 일이라고 볼 수 있다. 김옥균은 근대화를 ① 구미형(歐美型)과 ② 일본형(日本型)으로 나누어, 구미형은 수세기(수백 년)에 걸쳐 점진적으로 이룩된 것인 데 비하여 일본형은 한 세대(30년)의 단기간에 급속히 이루어진 것으로 생각하였다. 단기간에 자기의 조국을 근대국가로 건설해야 열강의 급박한 침략 속에서 나라를 구하고 독립을 유지할 수 있다고 본 김옥균에게 있어서는 단기형인 일본형이 관심의 대상이 되는 것은 당연한 일이었다고 볼 수 있다. 서재필은 김옥균의 이 견해에 대하여 다음과 같이 회고하였다.

> 그(김옥균)는 歐米의 문명이 일조일석의 것이 아니고 列國間 競爭 的 노력에 의한 점진 결과로 幾多 世紀를 요한 것이겠는데 日本은 한 代 동안에 그것을 달성한 양 깨달았다. 그리하여 그는 자연 日本을 모 델로 請하러 백방으로 분주하였던 것이다.[87]

김옥균의 이러한 근대화 모형의 구분에 대하여 현대 사회학적 관점에서 약간의 보충 설명을 하면, 그는 세계사에 있어서의 근대화 과정의 ① 선발형(先發型)과 ② 후발형(後發型)을 인식하고 있었다고 볼 수 있다. 선발형에

---

87 서재필, 「回顧甲申政變」, 閔泰瑗, 『甲申政變과 金玉均』, 1947, p.82.

속하는 영국, 네덜란드, 프랑스, 미국 …… 등 선진자본주의 국가들은 일찍이 아래로부터 국민과 서민층의 주도 하에 산업혁명과 근대화를 시작하여 약 100~200년의 장기간에 걸쳐서 근대화를 달성하였다. 한편, 후발형에 속하는 독일, 이태리, 러시아, 일본 …… 등은 19세기 후반에 들어와서야 위로부터 정부의 의도적 주도 하에 뒤늦게 산업혁명과 근대화를 시작하여 약 30년의 단기간에 근대화를 달성하였다. 후발형의 공통된 특징의 하나는 근대화의 주체가 개혁의지에 넘친 정부의 근대화 정책이라는 사실이었다. 이점을 고려하면 김옥균이 가장 후발한 자기의 조국을 급속히 근대화하기 위하여 후발형(일본형 포함)을 택하고, 따라서 근대화의 주체가 되는 정부와 정권을 먼저 장악해서 위로부터의 '대개혁 단행[大改革之擧]'[88]을 하기 위하여 '무력행사'의 정변의 방법을 택한 것은 충분히 이해될 수 있는 일인 것이다.

뿐만 아니라, 김옥균은 1883년까지는 '평화행사' 방법에 의하여 대경장 개혁을 수행하려고 피나는 노력을 하다가 청나라와 수구파의 방해로 별 성과도 없이 그 때문에 오히려 수구파로부터 몰리자 '무력행사'의 정변의 방법밖에 없다고 판단한 것이었다. 김옥균은 박영효의 집에서 다음과 같이 말하였다.

> 우리들은 수년래 平和的 手段에 의하여 刻苦盡力해 왔으나, 그 功效가 없었을 뿐만 아니라 금일 이미 死地에 들어가게 되었다. 앉아서 죽음을 기다릴 것이 아니라, 먼저 人을 制하여 策을 取하지 않으면 안될 정세에 이르렀다. 따라서 이미 우리들의 결심에는 하나의 길이 있을 뿐이다.[89]

---

88 『甲申日錄』 1884년 12월 6일조, 『전집』, p.99.
89 『秘書類纂 朝鮮交涉資料』, (伊藤博文編), 上卷, 「朴泳孝邸ニ於テ洪英植·金玉均·徐光範卜島村久談話筆記要略」, p.271.

또한 김옥균 등이 대경장개혁을 위하여 '무력행사'의 정변의 방법을 택하기로 결정한 것은 일본측이 '원조'와 '협력'의 추파를 던져오기 이전에 이미 김옥균 등 급진개화파가 독자적으로 결정한 깃이있다. 김옥균도 일본측을 신뢰한 것은 아니었다. 김옥균 등이 갑신정변을 일으키려고 결정한 것은 완전히 주체적인 독자적 결정에 의한 것이었다.

> 지금 우리나라의 事勢로 볼지면 잠시를 弛緩할 수 없는 터이다. (일본) 公使가 오기 前에 우리 黨에서는 이미 決定한 바가 있었다. 그러므로 日本의 援助如否는 본래 생각지 못하였을 뿐 아니라 公使가 다시 온다는 말을 듣고 우리들은 도리어 심히 걱정을 했다.[90]
> 밤에 朴·洪·徐 三君이 來會하였다. 작은 술자리를 베풀고 상의하여 말하되 吾輩의 一擧할 계획이 이미 決定된 후에 竹添의 適來로 憂慮하였다니 돌아와서는 擧動이 大變하여 도리어 우리의 勢力에 贊成하는 기색을 보이니 前日의 疑憂에 비하여 그 변화가 과연 어떠한가.[91]

그러나 김옥균은 무력행사에 의한 정변을 주체적으로 결정한 후에 일본측이 추파를 던져오자 일본공사관의 일본군 무력을 정변에 이용하려고 하여 일본의 공사관 무력을 정변에 끌어들였다. 물론 김옥균은 자기의 자주적 무력이 청나라 군대에 비하여 매우 열세인 조건 위에서 전술적으로 일본군을 끌어들여서 청군의 개입을 억제하는 국제정치적 힘과 군사적 힘으로 이용하려고 한 것이었다. 이것은 당시의 청나라와 일본이 대립하고 있는 국제적 모순을 이용하여 청군은 일본군으로 막고 국내수구파는 개화당이 맡는다는 그의 전술에 의거한 것이기는 했다.[92] 그러나 여기서부터 김

90 『甲申日錄』 1884년 11월 25일조, 『전집』, p.60.
91 『甲申日錄』 1884년 11월 1일조, 『전집』, p.36.
92 『甲申日錄』 1884년 11월 25일조, 『전집』, p.62.

옥균은 전술상의 큰 착오를 내고 있다고 필자는 생각하는 것이다.

필자의 이러한 생각의 이유는 ① 정변과 같이 나라의 운명을 좌우하는 국가대사에는 외국 군대를 차용하거나 그에 의뢰하는 것은 처음부터 모험주의적이고 잘못된 전술이다. ② 더구나 일본과 같이 이미 1868년 정한론 이래로 기회만 있으면 한국(조선)을 침략하려는 의도를 가진 외국의 무력을 정변과 같은 대사에 끌어들이는 것은 극히 위험한 전술이고, ③ 자기보다 강력한 외국군을 이용하려고 하다가는 힘의 원리에 의하여 도리어 역이용당하기 쉬운 것이며, ④ 정변을 외국군의 무력에 크게 의존하면 정변의 성패의 주도권을 외국군에 빼앗기어 최후의 순간에 정변 그 자체도 실패하기 쉽기 때문이다.

뿐만 아니라 김옥균의 대경장개혁론의 '무력행사'의 방법에 있어서 부득이 일본인을 고용할 필요가 있다는 생각 속에는 일본의 '명치유신(明治維新)'의 성과에 대한 심취와 일본인 친우들의 개인적 환대와 환상적 '원조'의 약속의 영향으로 말미암아 일본의 한국에 대한 침략성을 경계하는 사상이 풀려 버려서 그의 초기의 일본의 침략에 대한 높았던 경계심이 크게 해이해져 있음을 발견하게 되는 것이다.

그러나 이것은 필자의 견해이고 김옥균은 정변에 일본군의 무력을 빌고자 한 것은 '망국(亡國)'[93]으로 달려가는 조국의 앞날을 급히 바로잡기 위하여 만부득이한 데서 나온 것이라고 설명하였다. 그는 이홍장(李鴻章)에게 보낸 편지에서는 그가 일본 병력을 차용한 것은 국세(國勢)가 날로 기울어져 가는 것을 수수방관할 수 없어 구급지책(救急之策)을 도모할 때 사세가 급박하여 부득이해서 "권도(權道)를 행한 것"(權行)이라고 하였다.[94] 또한 고종에의 상소에서는 그것은 당시의 내외사정상 만부득이한 데서 나

---

93 「高宗에의 上疏文」, 『전집』, p.143.
94 「與李鴻章書」, 『전집』, p.152 참조.

온 것이라고 해명하였다.

> 혹은 臣等이 당시 外國의 力을 藉하였다 評하는 者ㅣ 有하나 이것
> 은 당시 내외사정상 만부득이에서 出한 者임은 폐하의 熟知하는 바이
> 올시다.[95]

김옥균의 근대국가 건설을 위한 대경장개혁론의 구체적 내용은 먼저 자기 조국의 완전자주독립의 주장과 추구에서부터 구체화되고 있다.

3) 완전자주독립(完全自主獨立)론

김옥균의 대경장개혁의 첫째의 목표는 열강의 침략으로부터 자기 조국의 독립을 확고하게 지키고 독립국가로서의 조국을 발전시키는 것이었다. 그는 "나라의 독립을 기약하고"[96] "우리나라의 독립과 구습(舊習)을 변혁코자"[97] 분주하였다. 당시 청나라가 조선에 대하여 종주권(宗主權)을 주장하면서 적극 간섭정책을 펴기 시작하는 조건 속에서 김옥균이 주장한 '독립'은 다른 나라의 간섭을 조금도 받지 않는 '완전자주독립'의 주장이었다.
김옥균은 갑신정변 이전에 그의 완전자주독립론의 주장을 다음과 같이 주장하였다.

> 자래로 淸國이 스스로 (조선을) 屬國으로 생각해 온 것은 참으로 부
> 끄러운 일이며 나라(조선)가 振作의 희망이 없는 것은 역시 여기에 원
> 인이 없지 않다. 여기서 첫째로 해야 할 일은 羈絆을 撤退하고 특히
> 獨全自主之國을 수립하는 일이다. 獨立을 바라면 政治와 外交을 불

---

95 「高宗에의 上疏文」, 『전집』, p.143.
96 『朝鮮名士金氏言行錄』(鈴木省吾編), 1896, p.101.
97 『甲申日錄』 1884년 10월 31조, 『전집』, p.34.

가불 自修自强해야 한다.[98] (밑줄 – 필자)

　김옥균이 여기서 말한 '독전자주지국(獨全自主之國)'은 현대어로 번역하면 바로 '완전자주독립국가'인 것이다. 그는 우리나라가 진작(振作)의 희망이 없는 원인이 청나라의 간섭을 받는 데 있다고 지적하고, 첫째로 해야할 일은 외국의 기반(羈絆, 굴레)을 철퇴하고 '완전자주독립국가'를 세우는 일이라고 주장하고 있는 것이다.

　김옥균의 완전자주독립론의 주장에 대하여 그의 동지였던 서재필은 다음과 같이 설명하였다.

　　그때 김옥균의 생각은 무엇보다도 淸나라 勢力을 꺾어 버리는 동시에 그에 추종하는 귀족들의 세력을 빼앗은 후에 우리나라의 完全自主獨立 정치를 수립하자는 것이 그의 理想이었고 實現의 最高 目的이었다.
　　더욱이 淸나라에서 大院君을 납치하였다는 것은 우리로서 참을 수없는 치욕이라 하여 분개함을 참을 수가 없어 그 勢力驅逐과 貴族打破의 깃발을 둘러메고 나서려 한 것이다.[99] (밑줄 – 필자)

　김옥균은 일본에 잠깐 체류하는 동안에도 유학생들을 매 일요일마다 초청하여 첫째로 해야 할 일이 완전 자주 독립국가를 건설하는 일이라고 교육하였다.

　　나는 원래 常漢이었으나 兪吉濬의 愛顧에 의하여 일본에 건너가서

---

98 「朝鮮改革意見書」, 『전집』, pp.110~111, 「其圖報之策 自來淸國之自以爲屬國 誠萬無之恥 亦不無因此而國振作之望 此是第一疑撤退羈絆 特立爲獨全自主之國. 欲獨立則 政治外交 不可不 自修自强.」 참조.
99 『徐載弼博士自敍傳』, pp.86~87.

어학을 배우고 귀국하였다. 당시 渡日한 20여 명 중에서 나를 비롯한 14명은 士官學校에서 1년 반 공부했으나, 그 후 김옥균이 일본에 와서 1주일에 1회씩 모이게 되어 누누이 相會하였다. 따라시 김옥균으로부터 들은 말에 의하면, '서양각국은 모두 獨立國家이다. 어떠한 國家든지 獨立한 연후에야 비로소 他國과 和親할 수 있는 것이다. 朝鮮은 오직 淸國의 屬國이 되어 있는바 참으로 부끄러운 일이다. 조선도 언젠가는 獨立國家가 되어서 서양제국과 同列에 서야 할 것이다'라고 말하였다.[100]

김옥균은 무엇보다도 먼저 자기의 조국을 자주부강한 근대적 완전독립 국가로 건설하여 세계 각국 중에서 서양열강들과 어깨를 나란히 동열(同列)에 서서 평등하고 자유롭게 발전하게 될 것을 추구한 것이었다.

그(김옥균)는 祖國 이 淸國의 宗主權下에 있는 굴욕감을 참지 못하여 어찌하면 이 수치를 벗어나 朝鮮도 세계각국 중에 平等과 自由의 一員이 될까 晝晝夜夜로 노심초사하였던 것이다.[101]

당시 나라의 독립의 형편은 1882년 7월의 '임오군란'을 전환점으로 하여 청나라에 의해서 크게 침해되었다. 임오군란이 일어나서 민비정권이 붕괴되고 대원군이 집권하자 민비수구파는 청국에게 구원을 요청하였다. 청국은 3,000명의 군대와 군함 5척을 파견하여 대원군을 불법 납치해서 청국의 보정부(保定府)에 유폐시키고 다시 민비정권을 수립하였다. 청나라는 '군란'이 완전히 진압되고 다시 민씨 척족이 수립되어 원상회복이 되었음에도 철군하지 아니하고 청국군을 서울에 주둔시킨 채 이 무력을 배경으로 하여 종주권을 주장하면서 적극간섭정책을 자행하여 내정을 장악해 들어

---

100 「大逆不道罪人喜貞等鞫案」 중 申重模의 供述, 『推案及鞫案』 제30책 p.588.
101 서재필, 「回顧甲申政變」, 전게서, p.82.

왔다. 청나라 장군 오장경(吳長慶)과 그 후 원세개(袁世凱)는 병권을 장악하고, 재정고문으로 파견된 진수당(陳樹棠)은 재정권을 장악했으며, 청나라가 파견한 묄렌도르프는 해관(海關)을 장악하고 외교까지 장악하려 하였다. 청나라는 김옥균 등 개화파의 개화운동이 궁극적으로 독립을 추구하는 운동이라고 생각하고 개화운동을 온갖 방법으로 저지하였다. 임오군란에 의하여 한 번 붕괴되었다가 청국의 구원으로 다시 정권을 장악한 민씨 척족들은 청나라에 빌붙어서 나라의 독립이 침해되고 개화운동이 저지되는 일에 앞장서서 결탁하고 있었다.

당시 청나라가 조선의 독립을 얼마나 침해했는가 두 개의 사례만을 들면, 청나라는 민씨정권에 압력을 가하여 그동안 조선이 맺은 각국과의 불평등조약 중에서도 가장 불평등하고 청나라의 특권을 허여한 '조중상민수륙무역장정(朝中商民水陸貿易章程)'을 1882년 음력 8월 28일에 체결하고 그 전문(前文)에 조선을 '속방(屬邦)'이라 명문으로 써 넣었으며, 재정고문 [총판조선각국통상사무, 總辦朝鮮各國通商事務] 진수당은 방자하게 '조선은 중국의 속국'이라는 구절을 넣은 방문(榜文)을 숭례문(남대문)에 공공연히 써 붙이기까지 하였다.[102] 또한 청나라 장군 오장경은 국왕 고종에게 맞대놓고 "내가 3천 자제(병사)를 거느리고 여기에 와 있으므로 매사에 있어 황조(皇朝, 청나라)를 배반하여서는 안 된다"고 협박하였다.[103] 나라가 이러한 형편이었으므로 1882년 7월부터는 조선의 정권, 군사권, 재정권은 실질적으로 청나라의 지배하에 놓이게 된 것이나 다름이 없었다.

김옥균은 대원군이 그의 정적이었지만 청나라가 대원군을 납치해 간 것을 조선의 독립을 부정하고 침해한 일로 통분해하였다. 그는 청나라 군대의 주둔과 일본 공사관의 일본군 호위병 주둔을 반대하고, 청나라의 내정

<hr />

102 『尹致昊日記』 1883년 10월 5일(양력 11월 4일)조 참조.
103 『尹致昊日記』 1883년 10월 3일(양력 11월 2일)조 참조.

간섭에 완강하게 저항하였다. 그는 외국공사들과 함께 "청·일 양국병을 철
거시키는 것이 가장 급무이다"[104]라고 토론했으며, 미국공사 푸트(Lucius
H. Foote)와 영국 공사 아스돈을 통하여 여러 차례 청국군의 철수를 위한
외교노력을 전개하였다.[105]

김옥균은 진수당의 재정권 침해를 공개적으로 당당히 성토하고, 국가의
권익을 팔아먹는 묄렌도르프를 공격하여 한때 파면시키기까지 하였다. 수
구파 거물 윤태준(尹泰駿)이 김옥균의 진수당 성토와 묄렌도르프 파면을
청나라 북양대신 이홍장(李鴻章)에 대한 모욕이라고 비판하자 김옥균은 윤
(尹)에게 다음과 같이 말하였다.

> 우리나라 臣民이 되어 마땅히 힘써 우리의 權利를 지키고 우리의
> 왕실을 빛내야 할 것이다. 우리나라에서 글을 보내어 陳氏의 罪를 聲
> 討하여 李鴻章으로 하여금 수치스러움을 깨닫게 한 것이 어찌하여 우
> 리에게 나쁘다는 것인가? 만약 北洋大臣에게 욕이 된다고 하여 우리
> 나라의 권리를 손상시키는 것, 우리 君父의 체면을 잃는 것을 돌보지
> 않으려 한다면 왜 李鴻章 밑으로 가서 그의 신하가 되지 않는가.[106]

또한 김옥균은 묄렌도르프 파면에 대하여 자기에게는 권리가 없고 국왕
의 권리로 한 것임을 시사하면서 그것은 사업을 잘못한 데 대한 당연한 결
과라고 다음과 같이 말하였다.

> 그러나 나에게 권리가 있어 穆씨(묄렌도르프)를 退官시켜 내쫓았다
> 면 내가 甘心하는 바인 것이다. 또 그대는 穆氏가 물러나는 것이 우리
> 나라에 유해하다고 하였는데 穆氏가 재임했을 때 어떠한 좋은 사업을

---

104 『甲申日錄』 1884년 11월 5일조, 『全集』, p.41, 「撤歸淸日之兵 爲尤急務」 참조.
105 『甲申日錄』 1884년 11월 5일조, 『全集』, pp.40~41 참조.
106 『尹致昊日記』 1884년 윤5월 15일(양력 7월 7일)조.

한 것이 있는가.[107]

김옥균의 완전자주독립론은 물론 모든 외국에 적용되는 일반론이었지만, 당시의 조건에서는 우선 먼저 일차적으로 청나라에 대한 것이 되지 않을 수 없었다. 김옥균의 지도하에서 박문국(博文局)에 고용되어 『한성순보(漢城旬報)』의 번역원으로 일했던 한 일본인은 김옥균이 "그 위에 특히 지나(支那)의 처치를 분개하고 빈번히 본국의 독립을 주장했다"[108]고 기록하였다.

김옥균 등이 갑신정변을 일으켰을 때 혁신정강 제1조에 '대원군(大院君)을 불일배환(不日陪還)할 것, 조공(朝貢)하는 허례(虛禮)의 의행(儀行)은 폐지할 것'[109]을 선언하고, 또 '국권을 확장하여 해외 각국과 대등의 교제를 열 것'[110]과 '국왕을 높여서 폐하라고 부르고 왕명을 칙(勅)이라고 칭하며 왕 자신을 칭하여 짐(朕)이라고 할 것'[111] 등의 정강을 반포한 것은 모두 김옥균의 완전자주독립론과 관련하여 이해할 필요가 있는 것이다. 김옥균은 갑신정변 후의 기록에서는 『갑신일록』에서나 「고종에의 상소문」 등 모든 글에서 언제나 고종에 대하여 '전하' 대신 '폐하'와 '명(命)' 대신 '칙(勅)'의 용어를 사용하였다.

김옥균은 갑신정변 실패 후에도 고종에게 올린 상소에서 우리나라 조정이 완전자주독립하려고 하지 않고 '풍부한 자원을 거(擧)하여 타국에 위뢰(委賴)함에 비탄을 금치 못한다'고 통탄하고,[112] 조선은 완전자주독립국이 되어야지 청나라나 일본에 기대서는 안 되며 청나라와 일본은 자기 나라

---

107 『尹致昊日記』 1884년 윤5월 15일(양력 7월 7일)조.
108 井上角五郎, 「漢城酒殘夢」, 『風俗畫報』, 第17輯, 第84號 號外, p.3.
109 『甲申日錄』 1994년 12월 5일조, 『전집』, p.95.
110 「漢城酒殘夢」, 전게서, p.12.
111 「漢城酒殘夢」, 전게서, p.12.
112 「高宗에의 上疏文」, 『전집』, p.146.

의 유지에도 바쁜데 조선을 도울 수 없는 나라들이라고 다음과 같이 호소하였다.

이제 朝鮮을 위하여 謀하건대 淸國은 본래 족히 恃치 못할 것이오 日本도 亦然하여 此 二國은 각기 自家 유지도 여력이 無한 모양이온데 何暇에 타국을 扶助함을 得하리이까. 근년에 淸國의 安南 琉球를 타국이 점령하여도 淸國이 감히 一言의 저항을 試하지 못하얏나이다.[113]

김옥균은 갑신정변 실패 후에 망명지에서도 재집권한 수구파들이 청나라와 결탁하여 우리나라의 '국권(國權)'을 모멸하는 것을 무엇보다도 통탄하고 성토하였다.

淸國관리의 力을 藉하여 우리 國權을 蔑如코자 하는 자도 있으며 ……[114]

폐하의 간신은 袁世凱 등과 如한 無識의 徒와 結黨하여 國權을 蔑如하오니 이것을 臣이 좌시하지 못하는 바로소이다.[115]

김옥균이 갑신정변 실패 직후에 망명지에서 자기의 정적인 대원군을 재집권자로 천거한 것은 대원군 역시 수구파일지라도 자주독립을 추구하는 수구파였기 때문이다. 여기서도 김옥균이 나라의 완전자주독립을 얼마나 강렬하게 추구했는가를 알 수 있다.

김옥균이 갑신정변에 성공하여 완전자주독립국가를 수립했었다면 그 정치체제를 어떠한 것으로 만들었을까? 김옥균의 정치체제에 대한 사상은

---

113 「高宗에의 上疏文」, 『전집』, p.146.
114 「高宗에의 上疏文」, 『전집』, p.142.
115 「高宗에의 上疏文」, 『전집』, p.146.

어떠했는가? 김옥균은 정적이 많았고 끊임없이 사대수구파들로부터 날카로운 감시와 터무니없는 중상모략과 끊임없는 공격을 받고 있었으므로 전제군주제를 고치는 데 대한 공개적 문헌을 남길 수 없는 처지에 있었다. 그러나 갑신정변 때의 혁신정강과 그의 행동과 그의 영향하에 있던 『한성순보(漢城旬報)』의 문헌들을 통해서 우리는 비교적 용이하게 그의 정치체제에 대한 사상의 윤곽을 포착할 수 있다.

갑신정변의 혁신정강 제13조에는 '대신(大臣)과 참찬(參贊, 新差 6인은 여기에 그 이름을 둘 필요가 없다)은 합문(閤門) 내의 의정소(議政所)에서 일과적(日課的)으로 회의를 하여 품정(稟政)을 행하여서 정령(政令)을 포행(布行)할 것'과 제14조에는 '정부는 육조(六曹) 외에 무릇 용관(冗官)에 속하는 것은 모두 혁파하고 대신과 참찬으로 하여금 작의(酌議)하여 계(啓)하게 할 것'[116] 등이 있다. 여기서 특히 주목할 것은 ① 전제군주제 하에서와 같이 어전회의를 하는 것이 아니라 국왕을 빼어 버리고 의정소(議政所, 의정부)에서 대신(장관)과 참찬(차관)까지만 매일 일과로서 회의를 한다는 것, ② 이 회의에서 작의(酌議, 토의)해서 먼저 결정한 다음에야 국왕에게 품(稟)해서 정령(政令)을 실시한다는 것(이것은 전제군주제 하에서 먼저 국왕의 전교를 받아서 각 부가 바로 실행에 들어가는 것과는 역방향의 것임), ③ 6조(曹) 이외에 국왕에게 의견을 품하여 국왕의 전교(傳敎)를 받아 내는 모든 권력기관을 폐지함으로써 6조의 대신·참찬회의에서만 모든 안건을 회의·결정하도록 권력을 집중시킨 것 등이다. 이렇게 되면 모든 입법과 행정의 결정은 6개 부(部)로 된 대신·참찬회의(즉 내각회의)에서 결정되고 국왕의 권한은 극도로 제한되어 이 회의에서 결정하여 품계(稟啓)한 사항에 대해서 가부의 재가(裁可)밖에 할 수 없게 되는데, 모든 결정이 대신·참찬회에서만 의결될 수 있으므로 부(否)의 재결을 실질적으로 할 수 없게

---

116 『甲申日錄』 1884년 12월 5일조, 『전집』, p.96.

되는 것이다. 이것은 단순화시켜 말하면 전제군주제에 근본적인 제한을 가하고 입헌군주제(立憲君主制)의 초기 형태인 입법권과 행정권을 가진 내각제도(內閣制度, 내각회의결정제도)를 창설한 것이었다.

또한 김옥균의 갑신정변 이전의 군주권에 대한 제한 의도를 보면, 당시 해관총세무사(海關總稅務士)이며 외아문협판(外衙門協辦)인 묄렌도르프가 해관 수입의 일부를 국왕(고종)에게 독단으로 바치고 고종도 매우 기뻐서 수납했는데, 김옥균은 무엄하게도 정부의 동의를 받지 않고 국왕에게 독단으로 바친 것을 격렬하게 비판하였다.[117] 이것은 김옥균이 권력만 있으면 전제군주제에 근본적 제한을 가하고 정부(내각)의 권한을 근본적으로 강화하려는 그의 생각과 행동을 잘 나타내 주는 것이라고 볼 수 있다.

또한 김옥균의 영향하에 있던 『한성순보』에는 정치체제에 대한 중요한 문헌으로 「구미입헌정체(歐米立憲政體)」(제10호), 「역민주여각국장정급공의당해(譯民主與各國章程及公議堂解, 민주정체와 각국 헌법과 의회제도의 해설 번역)」(제10호), 「영국지략(英國誌略)」(제6호) 등이 게재되어 있는데 모두 입헌군주제, 공화제, 민주정체, 헌법, 의회제도, 선거제도 등을 상세히 해설한 글들이다. 이들의 공통적 특징은 전제군주제에 대해서는 군주의 독단의 폐해를 날카롭게 비판하고 공화제에 대해서는 논평 없이 해설만 하면서 입헌군주제에 대해서는 특히 그 우월성을 강조하고 입헌군주제하에서도 의회(議會)가 있다고 누누이 강조하고 있는 점이다.

김옥균은 전제군주제는 행동과 실천으로 부정하고 있으므로 그의 사상이 입헌군주제와 공화제의 어느 것을 추구했는가 하는 것이 문제의 초점이 된다. 물론 김옥균은 공화제를 잘 알고 있었다. 이것은 그가 기고도 하고 정독을 하며 그가 실제로 지휘하고 있던 『한성순보』의 「구미입헌정체」에서 미국의 공화제를 「합중공화제(合衆共和制)」라고 하여 자세히 해설하

117 『徐載弼博士自敍傳』, pp.91~92 참조.

고, 그가 주한 미국공사 푸트와 주일 미국공사 빙엄(John A. Bingham)과는 정치적으로 특히 매우 친분이 두터웠다는 사실에서도 미루어 알 수 있는 것이다. 뿐만 아니라 당시 갑신정변 이전의 모든 급진개화파가 공화제를 잘 알고 있었는데 그 총지도자인 김옥균은 더 말할 필요도 없는 것이다.[118] 그러나 김옥균이 당시에 공화제의 구상을 가지고 있었을 것인가에는 의문의 여지가 있다. 가장 자신 있게 말할 수 있는 것은 김옥균이 전제군주제를 입헌군주제로 개혁하려는 사상을 가지고 있었다는 점이다.

김옥균의 정치체제에 대한 사상은 입헌군주제의 사상이었다고 보아도 무리가 없을 것이다.

4) 조선중립화(朝鮮中立化)론

김옥균은 자기의 조국을 완전자주독립국가로 건설한 다음 국제외교상으로 자기 나라를 어떠한 위치에다 두려고 했을까? 김옥균은 조선을 중립화하여 '중립국(中立國)'으로 만들고자 하였다. 우리나라의 중립화론은 김옥균의 개화사상에서부터 시작되고 있다.[119] 김옥균은 매우 일찍이 조선을 중립화하여 중립국을 만들고자 제의한 최초의 조선중립화론자였다.

김옥균은 갑신정변 직후 1886년에 이홍장에게 보낸 편지에서 다음과 같

118 「遣美使節 洪英植復命問答記」,『史學志』제15집(金源模 해제), 1981을 보면, 홍영식은 報聘使로 미국에 다녀온 뒤 국왕 고종과의 문답에서 미국의 공화제와 대통령제에 대한 고종의 물음에 대하여 정확한 지식을 가지고 답변하고 있다. 공화제에 대한 이 지식은 또한 김옥균이 홍영식으로부터 듣고 공유하였던 지식이라고 보면 틀림없을 것이다.

119 俞吉濬, 「國權」,『俞吉濬全書』제4권, 일조각, 1971, pp.27~31에서 유길준은 1883년경에 국권의 구성요소 중에 '中立之權'이 있는 것을 잘 설명하였으나, '조선의 중립화'는 전혀 주장하지 아니하였다. 따라서 조선의 중립화의 최초의 주장자는 김옥균이었으며, 그 주장은 1886년경에는 明文으로 나타나고 있는 것이라고 말할 수 있다.

이 제안하였다.

> 그러한즉 각하는 어찌하여 대청국 황제폐하를 추존하여 천하의 맹주를 삼아 歐美 각 대국들에게 公論을 펴서 그들과 더불어 연속하여 조선을 中立國으로 세워 그것을 萬全無危의 地로 만들지 아니하는가?[120]

여기서 주목할 것은 김옥균이 ① 조선을 중립국으로 세울 것을 제의하고, ② 중립국이 되면 당시의 열강의 각축 속에서 조선이 만전무위(萬全無危, 위험이 전혀 없고 완전히 보전할 수 있는)의 나라가 될 수 있으며, ③ 이를 위해서는 당시 조선 조정에 영향력을 갖고 있던 청나라가 구미 열강들과 공론을 만들어서 외교적으로 합의를 지을 것을 요구했다는 점이다.

이것은 김옥균이 갑신정변 실패 직후인 1886년에 망명지 일본에서 쓴 글이지만, 이미 갑신정변 이전에 국내에서도 국왕에게 올린 상주(上奏)에서 청일전쟁이 머지않아 일어날 조짐이 짙으며, 그때에는 프랑스의 성원을 얻는 경우에 일본이 승리할 것이고 그 전장이 조선이 될 것임을 걱정한 것으로 보아서 이미 갑신정변 이전에도 가졌던 사상임이 틀림없는 것으로 보인다.

또한 필자는 김옥균이 그 후 1894년에 일본에서 청일전쟁이 급박해 오는 것을 보고 생명의 위험을 무릅쓰고 청나라로 건너가서 이홍장과 조선 문제에 대하여 경륜을 펴고 담판을 하려고 했던 점도 바로 이 조선 중립화를 추진하려 했던 것이라고 생각한다. 망명지 일본에서 새로이 발흥하는 일본 제국주의가 거국적으로 청일전쟁을 준비하는 것을 목도하고 일제의 전력을 비교적 정확하게 측정할 수 있었으며 청나라의 패전을 내다보던

---

120 「與李鴻章書」, 『전집』, p.152, 「然則 閣下何不推尊大淸國皇帝陛下 爲天下之盟主 布公論於歐米各大國 與之連續 立朝鮮爲中立之國 作萬全無危之地」 참조.

김옥균이 국제적으로 조선을 중립화함으로써 자기 나라가 청일 양국의 교전장으로 되고 일본의 지배하에 들어가는 것을 막아 보려고 최후로 노력한 것이 그의 도청(渡淸)이었으며, 가는 길에 상해(上海)에서 암살당한 것이라고 보는 것이다.

김옥균은 갑신정변 이전에 본국에서 '외교'를 매우 중시하고,[121] 각국과의 '화친(和親)'을 매우 강조했는데,[122] 이것은 단순한 개국외교를 주장한 것이 아니라 본질적으로 '중립외교'를 강조한 것이었다고 볼 수 있다.

김옥균은 이홍장에게 조선 중립화를 제안하면서, 조선을 중립국으로 세워 조선을 만전무위(萬全無危)의 나라로 만드는 동아시아 정책을 펴는 것이 비단 조선의 행복일 뿐만 아니라 또한 청나라의 득책이 되는 것이라고 설득하였다.[123]

김옥균이 이미 1886년에 정식으로 조선중립화론을 제창했다는 사실은 그가 국제정세의 추이에 대하여 매우 날카로운 통찰력을 가진 탁월한 선각자였음을 단적으로 나타내 주는 것이라고 할 수 있다.

5) 양반신분(兩班身分)제도 삼제(芟除)론

김옥균은 근대적 완전자주독립국가의 건설을 위한 내정 개혁의 하나로 무엇보다도 먼저 '양반신분제도'의 즉각 폐지를 주장하였다. 그는 이것을 양반제도의 '삼제(芟除)'라고 표현했는데, 이 용어는 '낫으로 단번에 풀을 베어 없애는 것'으로서 '폐지'나 '혁파'보다 훨씬 강한 용어였다. 즉 그는

---

121 「朝鮮改革意見書」, 『全集』, p.111 참조.
122 「大逆不道罪人李喜貞等鞫案」 중 申重模의 供述, 『推案及鞫案』 제30책 p.588 참조.
123 「與李鴻章書」, 『전집』, p.52, 「閣下繼以老練手段 盡善隣友睦之誼 固結輔車之盟 以展東亞之政略 則此不獨朝鮮之幸 恐亦爲貴國之得策」 참조.

무엇보다도 먼저 양반신분제도를 단칼에 베어 없앨 것을 강력하게 주장한 것이었다.

김옥균은 양반신분제도를 삼제해야 하는 이유를 다음과 같이 설명하였다.

> 臣이 다년 견문에 據하여 奏上한 바 有하온대 폐하는 此를 기억하시나이까. 그 뜻은 금일 我邦 소위 兩班을 芟除함에 있나이다. 我邦 中古 이전 國運이 隆盛할 時에는 一切의 器械物產이 東洋二國(중국과 일본 – 필자)에 冠하였는데 수에 總히 廢絕에 속하여 다시 그 흔적도 無함은 他故ㅣ 아니옵고 兩班의 발호 전횡에 因하여 그렇게 되었나이다.
>
> 인민이 一物을 製하면 兩班官吏의 輩가 此를 횡탈하고, 백성이 辛苦하여 鉄鏹를 積하면 양반관리 등이 來하여 此를 약취하는 故로, 인민이 말하되 自力으로 自作하여 衣食코자 하는 時는 양반관리가 그 利를 흡수할 뿐만 아니라 심함에 至하여는 귀중한 生命을 失할 慮가 有하니 차라리 農商工의 諸業을 棄하여 危를 免함만 같지 못하다 하여 이에 遊食의 民이 전국에 충만하여 國力이 日로 消耗에 歸함에 至하였나이다.[124]

김옥균의 양반신분제도의 삼제를 주장하는 이 글은 갑신정변 직후인 1886년에 쓴 것이지만, 이 글 앞에 "신이 다년간(多年間) 견문에 거(據)하여 폐하께 주상(奏上)한 바 유(有)하온대"라고 하여 이미 갑신정변의 수년 이전에 이를 주장했음을 밝히고 있어서 그의 양반신분제도 삼제론이 갑신정변 이전의 사상임을 증명해 주고 있다.

여기서 주목할 것은 김옥균의 양반신분제도 삼제론의 논거가 극히 부르주아적이라는 사실이다. 그는 우리나라의 중고(中古) 시대의 수공업과 물산이 중국 및 일본보다 발달한 시대가 있었는데 자기의 시대에 모두 폐절

---

124 「高宗에의 上疏文」, 『전집』, pp.146~147.

하게 된 원인을 양반신분제도에서 찾아내면서 ① 인민이 재화 하나를 제조해 내면 양반이 이를 횡탈해 가고, ② 백성이 수고롭게 애써서 소령[銖錙, 수치]을 축적하면 양반이 이를 약탈하여 가져가 버리므로, ③ 인민에 의한 수공업의 제품생산도 불가능하게 되고, ④ 백성의 자본축적도 불가능하게 되며, ⑤ 인민이 자력으로 자립적 생산을 하여 생활하고자 하면 양반관리가 그 이(利)를 빼앗아갈 뿐 아니라 심할 때에는 귀중한 생명을 잃을 염려가 있기 때문에, ⑥ 백성들은 농업과 상업과 공업의 산업들을 포기하여 위험을 면하려고 하므로 산업이 발전하지 못하고 놀고먹는 사람만 늘어 국력이 쇠퇴하게 되었다는 것이다.

이것은 양반신분제도가(이익추구적, 자본가적) 산업발전과 자본축적과 민산국부에 대한 가장 큰 질곡이므로 이를 삼제해야 한다고 하는, 매우 부르주아적 사상에 의한 양반신분제도 폐지론인 것이다. 이것은 당시 농민들이냐 양인(良人)과 천인(賤人) 등의 하위 신분층이 '차별'과 '불평등' 그 자체를 반대하여 양반신분제도 폐지를 주장한 것과는 결론은 같지만 그 접근방법에 차이가 있는 것이라고 볼 수 있다. 즉 김옥균의 양반신분제도 삼제론은 부르주아 사상의 일환으로서의 주장이라고 해석할 수 있는 것이다.

당시 그의 동시대인들은 김옥균이 "장야(長夜)에 개화(開化)를 주장하고 먼저 백성을 자유(自由)롭게 하고자 했다"[125]라고 기록하였다. 서재필은 김옥균의 사상이 우리나라의 완전자주독립정치의 수립과 동시에 '귀족타파'[126]에 있었다고 회고하였다. 갑신정변 때의 혁신정강 제2조 "문벌(門閥)을 폐지하여 인민평등지권(人民平等之權)을 제정하고 사람으로써 관(官)을 택(擇)케 하고 관으로써 사람을 택하게 하지 않을 것"[127]은 이러한 김옥균

---

125 『朝鮮名士金氏言行錄』, p.101, 「夫我國逆魁玉均者 亦個人中之傑也. 唱開化於長夜 首要民以自由.」 운운 참조.

126 『徐載弼博士自敍傳』, p.86.

127 『甲申日錄』 1884년 12월 54일조, 『전집』, p.95.

의 양반신분제도 삼제론과 관련하여 이해할 필요가 있는 것이라고 말할 수 있다. 한 일본인도 김옥균 등이 갑신정변 때 "양반의 권리를 억지하고 상민(常民)의 권리를 높인다"[128]는 개혁안을 제시했다고 밝혔다.

김옥균은 이러한 부르주아 사상에 입각하여 바야흐로 상공업시대의 세계에서 각 민족이 산업과 생산의 경쟁을 함에 있어서 양반신분제도를 삼제하여 그 폐단의 근원을 모조리 없애지 않으면 국가의 멸망을 기다리게 될 뿐이라고 경고하였다.

> 방금 세계가 商業을 주로 하여 서로 生業의 多를 競할 時에 당하여 兩班을 除하여 그 弊源을 芟盡할 事를 務치 아니하면 國家의 폐망을 기대할 뿐이오니.[129]

김옥균은 양반신분제도의 삼제를 국가의 존망과 직결된 가장 중요한 개혁의 하나라고 본 것이다.

6) 문벌폐지(門閥廢止)와 인재등용(人才登用)론

김옥균의 양반신분제도 삼제론에 포함되면서도 일단 구분하여 볼 수 있는 그의 개혁사상으로 주목할 필요가 있는 것이 '문벌폐지론'과 '인재등용론'이었다. 김옥균은 양반신분제도의 삼제를 주장할 때에는 언제나 동시에 문벌의 폐지를 주장했으며, 문벌의 폐지를 주장할 때에는 언제나 동시에 인재의 등용을 주장하였다.

김옥균은 초기 개화운동 시기에 열강의 침략으로 인하여 조성된 민족적 위기 속에서 자주부강한 근대적 완전자주독립 국가를 건설하기 위해서는

---

128 『漢城酒殘夢』, 전게서, p.12.
129 「高宗에의 上疏文」, 『전집』, p.147.

인재들을 모아 주체세력을 형성하고 그들을 정부기구의 요직에 임명할 필요를 절감하였다. 그는 갑신정변 이전에 매우 일찍부터 나라를 구하기 위해서는 "반드시 인재를 등용"[130]해야 한다고 주장하였다. 그러나 당시 양반신분제도의 존재와 민씨 척족의 정권 지배는 나라를 위하여 반드시 뽑아 써야 할 인재의 등용을 근본적으로 저지하고 있었다. 예컨대 시민들 사이에서 백의정승이라고 불리던 대치(大致) 유홍기(劉鴻基)는 민족적 위기 속에서 나라를 구할 수 있는 경륜과 능력을 가진 정승감의 인재였지만 중인 출신이라는 신분제도의 요인 때문에 김옥균이 극력 추천했던 경우에도 겨우 미관말직인 감성청(減省廳) 부사용(副司勇) 이상을 맡길 수가 없었다. 김옥균의 동지로서 초기 개화운동에 큰 공헌을 한 선각자 이동인(李東仁)은 천민 취급을 하던 승려 출신이었기 때문에 역시 제대로 관직을 주지 않았다. 뿐만 아니라 양반신분 내에서도 문벌들이 형성되어 자기들의 친족이 아니면 아무리 유능한 인재라도 택하여 등용하지 않았다. 반면에 문벌들의 친족이면 무능부패한 자들도 나라의 정사를 결정하는 중요한 지위를 주었다. 특히 김옥균의 시대에는 수구파 민씨척족(閔氏戚族)들과 몇 개 문벌들이 정부의 요직을 모두 차지하여 자주부강한 근대적 완전독립국가의 건설을 가로막고 있었다. 이러한 조건 속에서 김옥균은 문벌을 폐지하고 인재를 등용할 것을 강력하게 주장한 것이었다.

> 폐하ㅣ 此를 猛省하사 속히 무식무능, 守舊頑陋의 大臣, 輔國을 黜하여 門閥을 폐하고 人才를 選하여, 中央執權의 기초를 확립하며 인민의 信用을 收하고…[131]

김옥균은 문벌세도정치는 물론이요 당시의 민씨척족의 문벌의 폐해를

---

130 『治道略論』, 『전집』, p.3.
131 「高宗에의 上疏文」, 『전집』, p.147.

예컨대 다음과 같이 규탄하였다.

我邦의 閔族에 在하여는 閔으로써 姓한 자는 그 人의 賢·不肖를 불
문하고 此를 信重하여 股肱과 腹心을 삼은 지 二十년의 久에 至하였
으나 閔族으로서 능히 폐하의 聖意를 답하여 生民에게 潤澤을 及할
만한 政을 施하고 國家를 富强에 致할 만한 謀를 建한 者ㅣ 과연 幾
人이 있나이까. 다수는 國을 賣하는 죄인으로 혹은 淸國官吏의 力을
藉하여 우리의 國權을 蔑如코자 하는 자도 있으며, 기타 허다의 죄는
——히 枚擧키 難하온대 더욱이 奸臣이 坤殿의 寵을 恃하고 감히 聖
明을 壅蔽하여 國事를 破코자 하는 자도 또한 少치 아니하오이다.[132]

갑신정변 때의 혁신정강 제2조에서 '문벌을 폐지하여 인민평등지권(人民
平等之權)을 제정하며 사람으로써 관(官)을 택케 하고 관으로써 사람을 택하
게 하지 않을 것'이라고 한 것은 김옥균의 양반신분제도 삼제론과 함께 반
드시 그의 문벌폐지와 인재등용론에 관련되어 고찰할 필요가 있는 것이다.

4. 김옥균의 개화사상(Ⅱ)

1) 근대산업 개발론

김옥균은 근대적 완전자주독립국가를 건설하기 위해서는 근대산업을
발전시켜 나라를 근대적 '부국(富國)'으로 만들어야 한다고 생각하였다. 당
시의 자료가 김옥균의 사상을 지적하여 "먼저 백성을 자유롭게 하고자 했
으며 쇠약한 나라를 부국으로 만들고자 분투함으로써 능히 나라의 독립을
기약하였다"[133]라고 한 것은 정확한 관찰이었다. 김옥균은 자기 나라를 '부

---

132 「高宗에의 上疏文」, 『전집』, pp.142~143.

국'으로 만들기 위한 구체적 사상과 정책을 갖고 있었다.

여기서 무엇보다도 먼저 주목해야 할 것은 김옥균이 경제 전문가요 경제정책가였다는 사실이다. 1881년의 일본국정시찰단(신사유람단) 귀환 후 초기 개화파들의 전문 영역이 대체로 정해져서 각자 자기 분야에서 개화정책을 분담했는데, 김옥균의 분야는 재정·경제·산업 부문이었다. 이것은 직책에도 반영되어 김옥균은 갑신정변 이전에는 주로 총리교섭통상사무아문(總理交涉通商事務衙門)의 부교사(富敎司)의 참의(參議)와 호조참판(戶曹參判), 동남제도개척사겸관포경사(東南諸島開拓使兼管捕鯨事)로 있었다. 부교사는 주폐(鑄幣)·개광(開鑛)·제조(製造, 工業)·관은(官銀)·초상(招商)·잠상(蠶桑)·목축(牧畜) 등을 관장하는 경제 부서였다.[134] 갑신정변의 신정권에서 그가 호조참판을 담당했던 것도 그가 경제 전문가로서 재정권을 장악하기 위한 것이었다고 볼 수 있다. 그러므로 김옥균이 비록 자세한 문헌을 남기지 않았지만 당시 초기 개화파들 중에서 누구보다도 경제·산업 문제에 정통하였다는 사실을 유의할 필요가 있다. 그러나 김옥균이 그의 경제사상에 대한 문헌을 남기지 않아서 그의 부국 건설을 위한 구체적 사상을 모두 정리하는 것은 불가능하게 되었다. 여기서는 단편적으로 문헌들에 확실히 보이는 범위 내에 한정하여 그의 근대산업 개발의 주장의 일부를 정리하기로 한다.

첫째, 김옥균은 '재정을 정리하고',[135] 재정개혁을 단행할 것을 주장하였다. 그는 '재용(財用)의 절약'[136]을 강조했으며, 재정개혁의 원칙에 대하여 다음과 같이 쓴 일이 있다.

---

133 『朝鮮名士金氏言行錄』, p.101.
134 『總理交涉通商事務衙門章程』, (奎章閣圖書, No.15323) 참조.
135 「高宗에의 上疏文」, 『전집』, p.146.
136 『治道略論』, 『전집』, p.3.

오직 財政을 해결하는 방법은 폐단이 있는 것은 개혁하고 번잡한 것은 간소화하고 쓸데없는 것은 없애고 많은 것은 줄이고 급한 것은 늦추고 虛한 것은 實하게 한다면 豫算을 마련하는 방법이 반드시 이 속에 있을 것이다.[137]

김옥균의 재정개혁에 대한 사상을 갑신정변의 혁신정강과 관련하여 정리해 보면, ① 국가재정의 호조(戸曹)에의 통일, ② 지조법(地租法)의 개혁, ③ 환상제도(還上制度)의 폐지, ④ 국가재정과 왕실재정의 엄격한 분리, ⑤ 내외공채(內外公債) 모집에 의한 자본의 조달 등이 핵심을 이루었다고 볼 수 있다.[138]

둘째, 김옥균은 공업의 개발을 매우 중시하고 공업을 일으킬 것을 강력하게 주장하였다. 그가 말한 공업은 물론 "기계 등을 만들어"[139] 생산하는 공장제 공업이었다. 김옥균은 그가 책임자로 있던 부교사(富敎司)에서 강문형(姜文馨)의 보고서를 검토하여 직접 다루었고, 그 자신이 일본에서 근대적 공장들을 시찰했으므로 김옥균은 공장제 공업의 이점을 매우 잘 알고 있었다.[140]

---

137 『治道略論』, 『전집』, p.17.

138 『甲申日錄』 1884년 12월 5일조, 『全集』, p.4.

139 『治道略論』, 『전집』, p.4.

140 姜文馨, 『日本工部省』(奎章閣圖書, No.15251)에서 강문형은 일본국정시찰단(신사유람단)의 일본 공부성 시찰보고서에 일본이 유럽과 미국으로부터 도입한 신식 기계 102종을 낱낱이 설명을 붙여 보고하였다. 예컨대, ① 持運蒸汽器械, 「持運蒸汽器械 用於耕作 米搗 粉磨綿繰 唧筒 土練 石割 煉化器械 木挽細工等 甚簡便器械也. 殊自鑵內 所噴出之蒸汽 以溫補其乏水 故補乏之水 自煖熱爲費柴炭少 且由是 破損氣鑵亦甚稀矣. 又此器械中 有拒絶火焰 飛散之具 故亦無火災之慮」, ② 高厭蒸汽器械, 「又有高厭蒸汽器械 比於尋常橫蒸汽器械 機關各部甚簡易 而破損之患少矣. 不至屢加修繕 加之以機關之數寡 故價亦隨而廉矣」 등과 같은 설명보고이다. 102종의 서양 기계에 낱낱이 이러한 설명을 붙이고 있다. 김옥균은 총리기무아문 부교사에서 책임자로 있으면서 그와 같은 부서에 있는 강문

김옥균이 얼마나 공업의 개발을 강조했는가는 그가 교자(轎子)를 폐지하고 인력거와 마차로 대체할 것을 주장하는 자리에서까지 그렇게 하면 "가마꾼들을 각각 공업에 종사시킬 수 있다"[141]고 한 곳에서도 단적으로 나타나고 있다.

셋째, 김옥균은 광업의 개발을 매우 강조하였다. 그는 우리나라가 광산자원이 매우 풍부하며 그 중에서도 오금각광(五金各鑛, 금·은·철·석탄·동)은 특히 풍부함을 강조하면서, 이러한 고유의 풍부한 재원을 개발하지 않고 다른 나라에 의뢰하는 것을 개탄하였다.[142] 그는 '석탄광산의 개설'[143]에 큰 비중을 두었다. 특히 주목해야 할 것은 그가 광업의 개발을 공업의 개발의 기초와 전제로 정확히 파악하고 있다는 사실이다. 그는 "금·은·매(煤, 석탄)광을 채굴하여 기계 등을 만들어 민생(民生)의 일용(日用)에 편리"[144]한 것을 들면 이루 다 셀 수 없다고 강조하였다.

넷째, 김옥균은 '신기술을 채용'[145]을 강력히 주장하였다. 그가 말하는 신기술은 주로 당시 서양에서 발전된 선진 과학기술을 말한 것이었다. 그는 당시 우리나라의 과학기술의 낙후성을 전면적으로 인정하였다. 그는 우리나라의 공업과 광업을 비롯하여 근대산업을 건설하려면 서양의 선진과학기술을 도입하고 채용해야 함을 강조하고 주장하였다. 그는 외국의 기술교사를 국내에 초빙해다가 국내의 공인(工人)들이 선진기술을 배운 다음 돌려보내는 방법을 제의하였다.[146] 그가 또한 선진과학기술을 습득케 하기

형의 보고서를 검토하고 1882년에는 직접 일본의 근대 공장들을 시찰했으므로 공장제공업을 일으키는 것이 근대 산업을 일으키는 요체임을 잘 알고 있었다.

141 『治道略論』, 『전집』, p.13.
142 「高宗에의 上疏文」, 『전집』, p.146 참조.
143 『治道略論』, 『전집』, p.14.
144 『治道略論』, 『전집』, p.4.
145 「回顧甲申政變」, 전게서, p.82.
146 『治道略論』, 『전집』, p.9 참조.

위하여 외국에의 유학생 파견을 장려했다는 것은 잘 알려진 사실이다.

다섯째, 김옥균은 상업을 일으킬 것을 주장하였다.[147] 그는 자기의 시대를 산업을 주로 하여 각국이 산업의 많음을 경쟁하는 시대라고 봤으며, 우리나라도 상업을 일으켜서 상업의 발달을 유도해야 한다고 주장하였다.[148] 그가 말한 상업은 물론 자본주의적 자유상업이었다. 갑신정변 때 혁신정강 제9조에서 보부상의 특권적 단체인 혜상공국(惠商公局)을 혁파하도록 규정하고 있는 것은 자유상업의 발전을 위한 제도 개혁 조처라고 볼 수 있다.[149]

여기서 첨가하여 지적해 두어야 할 것은 김옥균 등 당시의 초기의 개화파들이 공업·광업·상업·농업·교통·운수 등 근대산업을 발전시키는 조직체로서 '근대회사'를 설립하여 민족자본을 형성하는 방법을 잘 알고 있었다는 사실이다. 김옥균의 영향하에 있던 『한성순보』에 실려 있는 「회사설(會社說)」에는 주식회사와 합자회사를 설립하여 민족자본을 형성하는 방법을 설명하고 있다. 이 논설은 회사조직의 다섯 가지 원칙을 설명하면서 주식의 모집, 역원의 선출, 회사의 운영과 공개, 주식의 매매와 가격 변동, 주식회사로부터 합자회사로의 전환 방법 등을 해설하고 있다. 또한 이 논설은 국가에 유익하다고 인정되는 회사에 대하여 정부가 상약(相約, 상호계약)제도에 의하여 재정자금으로 손실을 보상해 주는 회사의 보호·육성 방법을 제시하면서 이렇게 하면 대소회사가 줄을 이어 크게 일어나서 번영할 것이라고 설명하였다.[150] 여기서 김옥균을 지도자로 하는 초기 개화파의 근대산업개발을 위한 사상적 수준을 알 수 있다. 실제로 1883년부터 1884년 갑신정변 직전까지 초기 개화파의 지원 아래 설립된 근대적 상공업 기업체가 26개나 되기에 이르렀었다.[151]

<hr>

147 「高宗에의 上疏文」, 『전집』, p.146 참조.
148 「高宗에의 上疏文」, 『전집』, p.147 참조.
149 「甲申日錄」 1884년 12월 5일조, 『전집』, p.96 참조.
150 『漢城旬報』 제3호, 1883년 음력 10월 21일자, 「會社說」 참조.

여섯째, 김옥균은 당오전(當五錢), 당십전(當十錢) 등 악화(惡貨)의 주조를 강력히 반대하였다. 김옥균은 묄렌도르프의 당오전, 당십전 또는 당백전을 주조하여 목전의 재정 궁핍에 대처하자는 주장에 반대하여, 그것이 물가상승만을 결과하고 재정 궁핍을 해결하지 못하는 화폐정책이며 국정에 짐독(酖毒)이 매우 클 것은 명백하다고 비판하고 반나절 동안을 논쟁하기도 하였다.[152] 수구파들은 김옥균의 주장에 따르지 않고 묄렌도르프의 주장을 채택함으로써 악화를 주조하여 1884년에는 큰 악성 인플레이션이 있게 되었다.

일곱째, 김옥균은 조선 해관(朝鮮海關)이 이홍장(李鴻章)이 파견한 묄렌도르프와 외국인 고문들을 통하여 청나라의 지배하에 있는 것을 통탄하고 이를 하루 속히 완전히 회복하여 관세자주권(關稅自主權)을 확립할 것을 주장하였다.[153]

여덟째, 김옥균은 농업과 잠상(蠶桑)의 발전을 강조하였다.[154] 그는 농업에 대해서는 분전법(糞田法)을 장려할 것을 강조하였다.[155] 또한 그는 잠상은 정부가 정책적으로 특히 장려할 것을 주장하였다.[156]

아홉째, 김옥균은 목축의 발전을 강조하였다. 이것은 그가 부교사(富敎司)의 참의로 있었던 것을 생각하면 당연한 것이었다고 볼 수 있다. 예컨대, 그는 말의 목축 개발에 대하여 다음과 같이 쓰고 있다.

---

151 愼鏞廈,「初期開化政策」,『한국사』(국사편찬위원회), 제16책, pp.383~392 참조.
152 『甲申日錄』序部,『전집』pp.25~26 참조.
153 『尹致昊日記』1884년 閏5월 14일(양력 7월 6일)조 및 『徐載弼博士自敍傳』 pp.91~92 참조.
154 『治道略論』,『전집』, p.4 참조.
155 『治道略論』,『전집』, pp.13~14 참조.
156 『漢城旬報』제7호, 1883년 음력 12월 1일자「內衙門布示」중의「農務規則」및 「蠶桑規則」참조.

우리나라는 본래 말이 생산되는 고장인데 지금에 牧畜의 정사가 폐지되고 새로 강구되지 못한 지가 오래 되었다. 비록 한두 곳의 牧場이 있기는 하지만 水草와 喂養이 이미 그 방법을 상실하였고, 또 그 중에서 조금 큰 말은 해마다 뽑아가서 파리하고 수척한 것만 남는데, 이것은 土産種이 不良해서가 아니라 種馬를 취하는 데 있어 방법이 그릇되었기 때문에 그렇게 되는 것이다. 또한 종종 암컷만이 있고 수컷이 없어 번식할 길이 없으니 이것 또한 빨리 방법을 강구하여 건장하고 큰 種馬를 中國에서 구입하고 여러 섬 곳곳에 牧場을 설치한다면 5,6년 안에 駿馬가 서울의 큰 길에 뛰어다니는 것을 보게 될 것이다.[157]

열째, 김옥균은 임업 개발의 중요성을 강조하였다. 그가 한때 동남제도 개척사겸관포경사(東南諸島開拓使兼管捕鯨事)의 직책에 있었던 일이 있는데, 동남제도 개척은 임업의 개발 및 목재의 수출과도 관련되어 있었다.[158] 김옥균은 동남제도개척사 겸 포경사로 임명되자 울릉도의 임산물인 목재를 외국에 수출하여 외화를 가득할 것을 추구하고, 종래 일본인들에게 울릉도의 목재를 벌목하여 가게 하고 약간의 전미(錢米)를 받아 오던 울릉도장 전석규(全錫圭)를 파면케 하였다.[159] 김옥균은 임업과 식목(植木)의 이익과 중요성에 대하여 다음과 같이 강조하였다.

잘 자라는 나무를 곡식이 잘 되지 않는 曠原에 심고 糞田法으로 가

---

157 『治道略論』, 『전집』, p.13.
158 『統理機務衙門日記』 1883년(癸未) 12월 13일조 참조.
159 『高宗實錄』 1884년(甲申) 正월 11일조, 「議政府啓. 即見東南諸道開拓使金玉均狀啓. 則見鬱陵島木材 多被日本人偸斫運去云 故載木船隻 執留詰由 則稱有本島長票憑 以錢米換來云. 本島 係是未通商口岸 則越境潛斫 有違公例 以該島長全錫圭言之 不惟不能禁止 乃反貪利違法者 合置重典 其罪狀 請令廟堂稟處矣. 島材之毋得犯斫 已有書契往復矣. 島長設置 亦爲此等察檢 而乃反換物潛運者 有關國禁 萬萬痛惡. 全錫圭 押上秋曹 按法勘處 其代以勤幹解事人 即爲定送事 請分付道臣. 允之.」 참조.

꾼다면 몇 년 안 되어 火木으로 사용하게 될 것이니 이는 다만 火木을 충당하는 利益뿐 아니라 洪水와 가뭄을 막는 데에도 관계되는 것이다. 그러므로 이것이 천하 각국의 政務의 大關이 되고 있다.[160]

열한째, 김옥균은 외국의 포경선(捕鯨船)들이 동해에 와서 고래를 잡아가 막대한 이익을 취하는 것을 보고, 이를 저지함과 동시에 우리나라의 어업을 포경에까지 확장하여 우리나라 어부들이 고래를 잡아서 이익을 취하고 외국에 수출케 하도록 추구하였다. 그가 청하여 동해제도개척사 겸 관포경사가 된 것도 이 목적을 달성하기 위한 것이었다.[161]

열두째, 김옥균은 기선(汽船)과 철도(鐵道)에 의한 교통·운수와 전선(電線)에 의한 통신의 개발을 주장하였다. 그는 세계의 운세가 변하여 모든 나라가 서로 교통해서 기선이 바다에 오가며 전선이 전 지구에 설치되었음을 설명하고 우리도 그렇게 해야 한다고 지적하였다.[162] 「회사설(會社說)」은 지금 서양 여러 나라들에서는 바다에 기선(汽船, 화륜선)이 달리고 육지에는 화차(火車, 기차)가 달리며, 전선을 설치하고 가로등을 켜고 있다고 지적하면서, 이것은 서양 나라들만이 할 수 있는 일이 아니라 우리나라도 배는 기선으로 하고, 철도에 기차를 달리게 하며, 전신으로 우편을 하고, 전등으로 가로등을 세울 수 있으며, 부강하고 싶으면 부강할 수 있고, 나아가면 다른 나라와 경쟁할 수 있으며, 물러서면 자수(自守)할 수가 있다고 동일한 주장을 하고 강조하였다.[163]

열셋째, 김옥균은 '벽돌'을 대량 생산하여 건축에 사용할 것을 주장하였

---

160 『治道略論』, 『전집』, p.16.
161 『高宗實錄』1883年(癸未) 3月 16日條 및 『高宗實錄』1883年(癸未) 4月20日條, 「教曰 開拓使金玉均 開拓捕鯨外 沿邊列邑 一體廉察 而凡係救民興利 及矯抹 辦理等事 隨時狀聞.」 참조.
162 『治道略論』, 『全集』, p.4 참조.
163 『漢城旬報』 제3호, 1883년 음력 10월 21일자, 「會社說」 참조.

다.[164] 그는 이것이 경제적일 뿐 아니라 화재의 재해를 방지하는 데도 큰 효과가 있음을 강조하였다.[165]

열넷째, 김옥균은 인구조사를 실시하여 인구증감을 정확히 파악해서 치국의 기초를 정확하게 만들어야 한다고 주장하였다.

> 빨리 戶口를 點檢하여 京兆尹이 摠管해서 人口의 增減을 헤아려야 한다. 지금 서양 여러 나라의 簿籍法은 해마다 人口의 男·女·死·生과 移住한 자의 數를 헤아려서 그 숫자를 정확히 알고 있는데 이는 治國의 大法인 것이다. 이 법이 만약 어지럽게 되면 화폐를 주조하고 兵丁을 뽑는 일에 있어서도 點檢을 할 수 없게 된다.[166]

자료가 너무 부족하여 김옥균의 경제사상의 구체적 내용을 정밀하게는 도저히 재구성할 수 없으나, 이상의 요점만을 보아도 김옥균이 부국(富國)을 건설하기 위하여 강조한 근대산업개발론의 기본적 윤곽과 그 근대 자본주의적 성격을 파악할 수 있을 것이다. 김옥균은 자기 나라에 자본주의 경제와 선진 과학기술에 기초한 근대산업체제를 수입함으로써 부국을 만들려고 추구한 것이었다.

2) 신교육과 학교광설(學校廣設)론

김옥균은 자주부강한 근대적 완전자주독립국가를 건설하기 위해서는 나라를 개화시켜야 하며, 개화를 위해서는 국민에게 신교육을 실시하여 민지(民智)를 개발하는 것이 시급한 일이라고 주장하였다. 그는 국민을 교육

---

164 『治道略論』, 『全集』 pp.9~10 참조.
165 『治道略論』, 『全集』, p.14 참조.
166 『治道略論』, 『全集』, p.15.

하되 신문명 즉 근대문화의 길로써 해야 한다고 강조하였다.

　　　우매의 인민을 敎호대 文明의 道로써 하고 ……[167]

　김옥균이 국민에게 교육시켜야 한다고 주장한 교육의 내용은 ① '신지식'[168]과 ② 과학기술지식이었다. 서재필은 김옥균의 사상에 대하여 다음과 같이 회고하였다.

　　　김옥균은 邦家의 빈약함이 전연히 일반민중의 技術的 敎育이 없는것과 상류계급인사들의 無智와 沒覺에 있다는 것을 確覺하였다.
　　　"우리나라를 救하자면 民衆을 敎育시키는 外에는 他道가 없다."고그는 입버릇같이 나에게 가끔 말하던 것을 나는 이제 와서 기억한다.이미 老朽한 자는 敎育시킬 도리가 없어 그는 오직 靑年에게 실올 같은 희망을 비끄러맸던 것이다.[169]

　즉, 김옥균은 일반 민중과 상류계급이 모두 신지식과 과학기술 지식이없는 것이 나라의 빈약함의 원인이 되고 있지만, 사회계층별로 보면 상류계급 인사들은 특히 신지식·과학기술 지식의 수용을 거부하여 무지몰각이 심하므로, 나라를 구하기 위해서는 '일반민중'에게 신교육을 실시하는 길밖에없다고 본 것이었다. 또한 그는 연령층으로 보면 노년층에게는 신지식을 교육시킬 길이 없으므로 '청년층'을 교육시키는 방법을 택한 것이었다.
　김옥균은 '일반민중'의 교육을 매우 중시했으므로 모든 정무에 관계된것을 국문(당시의 언문)으로 번역하여 인쇄해서 널리 반포함으로써 백성들에게 이해(利害)를 알게 하여 민지(民智)를 발전시키는 것이 개화의 요무

---

167 「高宗에의 上疏文」, 『전집』, p.146.
168 서재필, 「回顧甲申政變」, 전게서, p.82.
169 서재필, 「回顧甲申政變」, 전게서, p.83.

가 된다고 강조하였다.

> 이울러 諺文으로 번역하여 반포해서 백성들에게 利害를 鼓舞하는
> 데 도움이 될 것이다. 政務에 관계된 것을 번역하여 인쇄해서 반포하여
> 民智를 날로 발전시키는 것은 마땅히 오늘날 천하 開通의 要務이다.[170]

갑신정변 때의 혁신정강 제7조 '규장각(奎章閣)을 혁파할 것'[171]은 양반
중심의 봉건적 귀족문화를 극복하고 '일반민중'을 신지식과 근대 과학기술
지식으로 교육하여 일반민중에 기초를 둔 근대문화를 건설하려는 김옥균
의 사상과 관련해서 이해될 필요가 있는 것이다.

김옥균은 청년층을 교육하는 방법으로서는 ① 유학생 파견과 ② 학교
설립을 가장 중시하였다. 당시 국내에는 축적된 신지식과 근대 과학기술
지식이 미약하므로 해외에서 선진 과학기술 지식을 흡수해야 할 필요가
절실한 조건 위에서, 김옥균은 우선 초기에는 해외에 청년유학생들을 많이
파견하여 선진지식을 학습해 와야 한다고 주장하였다. 김옥균이 갑신정변
이전까지 자기의 비용으로 해외에 파견한 유학생이 40명이나 되었다.[172]
그는 일본에 체류하는 동안에서 본국 청년들의 유학을 열심히 주선하였
다.[173] 김옥균이 유학생을 파견한 나라는 일본이었으나, 이것은 일본문화를
학습하도록 보낸 것이 아니라 일본에 들어와 있는 '서양문명'을 학습시키
기 위한 것이었다. 그는 아직 서양에 유학생을 보낼 능력이 없는 조건에서
차선의 방법으로 일본에 유학생을 보내었고, 근본적으로는 일본을 경유하
지 아니하고 바로 필요한 부분의 '서양문명의 직수입'을 강조하고 있었다.

---

170 『治道略論』, 『전집』 pp.16~17.
171 『甲申日錄』 1884년 12월 5일조, 『전집』, p.95.
172 「回顧甲申政變」, 전게서, p.84.
173 『尹致昊日記』 음력 1882년 11월 24일(양력 1883년 1월 3일)조 참조.

김옥균이 일본을 경유하지 아니한 서양문명의 직수입을 중시한 사실에 대하여 윤치호는 다음과 같이 회고하였다.

> 조선에서 임오군란이 나든 1882년에 東南開拓使로 있는 金玉均씨가 使臣으로 일본에 와서 나를 보고 일본말만 배우지 말고 <u>英語를 배워야 日本을 經由하지 않고 泰西文明을 直輸入할 수 있다고 권고함</u>으로 日本語는 그만큼 하고 英語를 배우기를 결심하얏소.[174] (밑줄－필자)

김옥균이 서양문명의 직수입을 매우 중시한 사실은 당시 그가 나이로 보나 활동상의 시간 부족으로 보나 어려운 일이었을 터인데도 그 스스로 1883년 1월부터 영어공부를 시작했다는 사실에서도 보강하여 알 수 있다.[175]

김옥균은 유학생의 파견이 초기의 사업이며, 궁극적으로는 청년층의 교육과 나아가서 전국인민의 교육은 국내에 학교를 널리 설립하는 길에 의하여 달성된다고 생각하고 학교의 광설을 주장하였다.

> 널리 學校를 設하여 人智를 開發하고 ……[176]

당시 갑신정변 이전의 우리나라의 근대학교는 1883년에 설립된 원산학사(元山學舍)와 동문학(同文學)밖에 없었다.[177] 이러한 조건 위에서 김옥균은 전국에 학교를 널리 설립하여 청년층과 국민들을 교육하는 것이 민지(民智)

---

174 尹致昊,「風雨廿年－韓末政客의 懷古談」,『東亞日報』1930년 1월 11일자.
175 『尹致昊日記』음력 1882년 12월 7일(양력 1883년 1월 15일)조,「古愚丈學廿六字文」참조.
176 「高宗에의 上疏文」,『전집』, p.147.
177 慎鏞廈,「우리나라 最初의 近代學校設立에 대하여」,『韓國史硏究』제10집, 1974 참조.

를 계발하여 나라를 부강하게 발전시키는 길이라고 강조한 것이었다.

김옥균이 국민에 대한 신교육의 보급과 학교의 광범위한 설립을 주장한 곳에서 우리는 근대문화와 근대지식을 가진 문명한 나라와 사회를 건설하려는 그의 확고한 결의와 사상을 읽을 수 있다.

3) 자주무력양성(自主武力養成)론

김옥균은 열강의 침략에 의하여 조성된 민족적 위기 속에서 민족국가를 수호하고 근대적 완전자주독립국가를 건설하여 지키려면 자주무력을 양성해야 한다고 주장하고, 매우 일찍 부터 「양병(養兵)」을 강조하였다. 김옥균은 민족과 국가의 독립을 지키는 일은 아무리 외국이 우호적일지라도 결코 외국에 의뢰해서는 안 되며, 반드시 자주적 국방을 해야 하고, 그를 위해서 자주무력을 양성해야 한다고 주장하였다.

김옥균은 당시 집권한 수구파들이 국방을 제 나라도 제대로 지키지 못하는 청국에 의뢰하고 조선을 방위해 줄 수 있다고 하는 청국의 지킬 수 없는 호언장담만 신뢰하면서 자주적 국방을 게을리하는 것을 통탄하고, 우리가 확고한 결의만 가지고 있으면 자주적으로 '병(兵)을 양(養)함도 난사(難事)가 아니니'[178] 시급하게 자주무력을 양성 하여야 한다고 주장하였다. 김옥균의 자주무력 양성을 위한 구상은 우선 신식군대(육군)를 창설하여 정예군으로 양성하는 것이었다. 그는 이 목적을 위하여 1883년에 박영효의 주도 하에 경기도 광주(廣州)에서 신식군대 500명을 양성했다가 수구파의 방해와 재정 부족으로 민비 수구파에게 빼앗기었다. 그러나 그는 또한 1883년에 함경남도 북청(北靑)에서 윤웅렬(尹雄烈)의 주도하에 신식군대 500명을 양성하는 데는 일단 성공하였다. 함경남병영(咸鏡南兵營, 北靑 소

---

178 「高宗에의 上疏文」, 『전집』, p.146.

재)에서 양성한 이 신식군대는 김옥균의 생각과 원려(遠慮)에 의하여 창설되고 양성된 군대이었다. 이에 대하여 윤치호는 당시 다음과 같이 기록하였다.

「北道 養兵은 나라를 위한 根本이 되는 것으로 古愚(김옥균 - 필자)가 遠慮하는 것이다.[179]

김옥균은 대대적인 자주무력 양성을 위하여 먼저 영민한 청년들을 외국의 신식사관학교(新式士官學校)에 유학을 보내어 현대적 사관교육을 받게해서 귀국시킨 다음 그들을 교관으로 한 '사관학교'를 설립하여 장교들을 체계적으로 양성하고, 그에 기초하여 대규모의 육군을 정예군으로 양성하려고 하였다. 그는 이 목적을 위하여 실제로 다수의 청년들을 외국의 사관학교에 유학시키었다. 이에 대하여 서재필은 다음과 같이 회고하였다.

하루는 그(김옥균)가 나에게 國防을 충실히 하자면 精銳한 軍隊밖에 없는데 현하 우리의 急務로 그 우에 出함이 무엇이냐 하며 일본으로 건너가 武藝를 배우라고 권하였다. 나는 言下 에 승낙하고 不出幾日하여 十五人의 다른 학생들과 일본으로 向하였다. 그리하여 우리 학생일행은 戶山學校(일본소년사관학교—필자)에 入學되었는데 …… 우리는 그 戶山學校를 二年 이상 있었는데 그 때 金玉均은 築地라고 하는 東京 한끝에 살았다. ……매 일요일이면 우리는 반드시 그를 築地寓居로 尋訪하였다.[180]

이 戶山學校에 아홉사람이 입학되기는 金玉均이가 日本사람 福澤諭吉(慶應大學 창설자)의 紹介로 얻어 된 것이요, 그 나머지 사람들도

---

179 『尹致昊日記』, 1883년 10월 5일(양력 11월 4일)조.
180 서재필, 『回顧甲申政變』, 전게서, p.84.

福澤氏의 소개로 各各 다른 學校에 入學이 되었다.

그 때 아홉 사람은 처음으로 外國軍隊式의 敎育을 받게 되는 것이 한편 자미도 있거니와 또한 장차 나라를 위하여 목숨을 바칠 기운을 가지게 되는 동시에 우리가 만일 졸업을 하고 우리나라에 돌아간다면 우리나라에도 軍官學校를 세워 우리나라 干城이 될만한 將材를 길러 우리나라로 하여금 세계 어느나라 한테든지 떨어지지 않게 하여야 겠다는 굳은 결심을 가지고 열심으로 공부들을 하였다.[181]

김옥균은 1884년 음력 6월에 그가 유학시킨 사관생도들이 졸업하여 귀국하자 윤치호를 시켜 국왕에게 「사관학교(士官學校)」 설립을 상주하도록 하였다.

土官學校를 설립하여 졸업한 生徒 수용하는 일도 아뢰었다.[182]

국왕 고종도 김옥균 등의 사관학교 설립안에 찬성하여 우리나라 최초의 사관학교가 창설되는 듯 하였으나 민비수구파들이 이에 반대하였다. 수구파들은 수구파대신 한규직(韓圭稷)을 교장으로 한 사관학교 설립의 개화파의 절충안까지 반대하여 결국 1884년 사관학교 설립은 실패로 돌아가고 말았다.

우리가 戶山學校를 마치니 朝鮮사관들에게 新戰術을 가르키려는 목적으로 귀환명령을 받았다. 우리는 1884년 4월에 서울로 돌아와 보니 政界는 떠나기 전보다 가일층 험악한데 朝廷內外가 우리를 狐疑와 敵意를 가지고 대하였던 것이다. 그러나 고종께서는 우리 일행을 引見하시어 一新한 軍服에 槍劍을 꼬진 銃을 메고 御前에 나타났다.

---

181 『徐載弼博士自敍傳』, p.75.
182 『尹致昊日記』, 1884년 6월 19일(양력 8월 9일)조.

禁掖(闕內內庭)으로 들어가서 柔軟體操와 다른 運動을 하여 보라고 下命하신 것으로 보아 확실히 고종께서는 우리들의 服裝과 모든 것에 怡悅을 느끼신 것이었다.

　그 때 새 兵學校가 韓圭稷大將 지휘로 조직된다는 것을 들었다. 우리는 그 실현됨을 鶴首苦待하였으나 徒勞이었다. 六, 七朔의 뒤에야 그 新學校 설립의 기회는 날아간 것을 알게 되었는 바, 그리하여 士官訓練의 꿈도 따라서 사라져 버리었다. 이는 물론 中殿과 그 일당의 反對 때문이었다. 우리는 절망과 낙담의 深淵에 빠지었으나 속수무책이었다.[183]

　이 士官學校의 계획을 袁世凱는 反對할 뿐 아니라, 또한 완고한 貴族들까지도 淸國의 세력에 아부하여 역시 임금의 意見에 參同하지 않았다. 그리하여 임금께서 약속한 士官學校 設立件은 그만 有耶無耶에 실현을 보지 못한 채 中止되고 말았던 것이다.[184]

　평소에도 대규모의 자주무력 달성을 주장하던 김옥균은 일본에 체류하는 동안 일본의 군비를 정확히 알아 대처하려고 노력하였다. 하나의 예를 들면 김옥균의 제3차 도일 때 그는 윤치호를 대동하고 일본인 소택(小澤)을 방문하여 ① 일본군의 병력은 상비(常備), 예비(豫備), 후비(後備)를 합하여 10만 가량이며 상비병은 4만이라는 것 ② 병제는 명치유신 이전에는, 살주(薩州)는 영국병제를, 기주(紀州)는 독일병제를, 막부는 프랑스병제를 채용했다는 것, ③ 명치유신 이후에는 병제를 통일하여 육군은 프랑스병제를, 해군은 영국병제를 채용하고 있으며 현재 각국병제를 참작하여 일본 실정에 맞는 일본병제를 만들고 있다는 것, ④ 양병하는 정신은 독일군이 가장 날카롭다고 평가되므로 일본군도 독일군의 정신을 배우려고 한다는 것 등을 문답을 통하여 정보를 수집해서 기록하고 있다.[185] 이와 같이 일본

183 서재필, 「回顧甲申政變」, 전게서, p.85.
184 『徐載弼博士自敍傳』, pp.85~86.

군의 동태를 관찰하고 있던 김옥균이 일본에 어깨를 겨룰 만한 구체적인 자주무력 양성의 복안을 가지고 있었을 것임은 용이하게 추정할 수 있는 것이다.

여기서 또 하나 주목해야 할 것은 김옥균이 '군함'을 구입하려고 했다는 사실이다. 그는 「조선개혁의견서」에서 "총포와 탄약과 기선 등의 구입 같은 것은 불가불 급선무이다"[186]라고 쓰고 있는데, 이 부분은 정변 준비와 국가방위의 무력을 논의하는 부분이기 때문에 여기서 말한 '기선'은 '군함'을 이렇게 표현하고 있는 것이다. 이것은 김옥균이 이에 앞서 이동인(李東仁)에게 은(銀)과 호피(虎皮) 다량을 자금으로 주어 군함을 구입해 오도록 일본으로 보내고, 『일본외교문서』가 김홍집과 이조연에게 "귀국이 이동인이라는 자를 일본으로 보내어 외국공채를 모집해서 포함(砲艦)을 구입하려 한다는데 사실인가"라는 요지의 일본측의 질문과 이를 부인하는 이조연의 응답을 수록하고 있는 곳에서도 보강하여 확인된다.[187]

김옥균이 군함을 구입할 생각을 갖고 있었다는 사실은 그가 신식해군(新式海軍)의 창설을 구상하고 있었다는 것을 시사해 준다. 이 점은 그가 일본의 군비확장의 실태를 국왕에게 보고할 때에 일본이 주세(酒稅)와 연초세(煙草稅)를 가하여 자금을 마련해서 '확장해륙군(擴張海陸軍)'[188]하고 있다고 하면서 '해군'을 육군과 함께 강조하고 있는 점이나, 그의 심복부하로서 갑신정변 때 피살된 신복모(申福模)를 수구파의 군권(軍權) 장악 아래에서도 '해방(海防)'을 위한 군사훈련의 책임자로 임명토록 했다는 사실 등에 의하여 보강하여 추정될 수 있다. 예컨대 1882년의 고영문(高穎聞)의

185 『尹致昊日記』, 1882년 11월 24일(양력 1883년 1월 3일)조 참조.
186 「朝鮮改革意見書」, 『全集』, p.114, 「如購銃砲彈藥汽船等 不可不爲急先務」참조.
187 『日本外交文書』第14卷, 事項 7, 文書番號 122, <朝鮮國修信使來朝ノ件>, 明治
   四年 二月 二十日, 「朝鮮駐箚花房辦理公使」ヨリ井上外務卿宛」附記 2, 참조.
188 『甲申日錄』, 序部, 『전집』, p.24.

상소에서 해군을 창설하여 삼남(三南)의 요충이며 서울의 목인 인천(仁川)에 해군중진(海軍重鎭)을 특설할 것을 제의한 곳에서 볼 수 있는 바와 같이,[189] 당시 초기 개화파에게는 해군의 창설이 절실한 과제였으므로, 초기 개화파의 지도자인 김옥균이 군함을 도입하여 신식해군의 창설을 구상한 것은 당연한 일이었다고 볼 수 있다. 단지 정적에 둘러싸인 김옥균이 국가기밀에 속하는 군사문제에 대하여 공개적인 구체적 문헌을 남기지 못했을 뿐인 것이다.

갑신정변 때 혁신정강 제11조에서 "4영(四營)을 습하여 1영(一營)으로 하고 그 영중(營中)에서 장정(壯丁)을 뽑아서 근위대(近衛隊)를 급히 설치할 것(陸軍大將은 世子宮으로 할 것)"[190]은 김옥균의 원대한 군사제도개혁과 자주무력양성의 최초의 조치에 불과 한 것이었다고 볼 수 있는 것이다. 김옥균의 자주무력양성에 대한 사상은 그가 자기 나라를 '부국'으로 만들려고 했을 뿐만 아니라 동시에 '강병'에 의한 '강국'으로 만들어 '자주부강'한 조국을 건설하려고 했다는 사실을 단 적으로 나타내 주는 것이라고 힐 수 있다.

4) 경찰제도와 형정(刑政)개혁론

김옥균은 대경장개혁의 하나로 전근대적 중세적 경찰제도와 형정을 근대적 경찰제도와 형정으로 개혁할 것을 주장하였다. 이것은 국민의 안전과 권리를 근대적 제도에 의하여 보호하려고 한 김옥균의 사상에서 나온 것이었다. 김옥균은 경찰제도와 형정을 근대적으로 개혁하기 위하여 '신정법률(新定法律)'할 것을 다음과 같이 주장하였다.

---

189 『日省錄』제264책, 1882년(高宗 19) 9월 22일조, 「京居幼學 高穎聞疏路」참조.
190 『甲申日錄』, 1884년 12월 5일조, 『전집』, p.96.

마땅히 新定法律하고 ……法律學이 일어난 다음에야 庶務가 곧 실마리를 잡을 수 있게 된다.[191]

김옥균이 주장한 경찰제도개혁의 요점은 다음과 같이 정리할 수 있다.[192]

① 새로운 순검법(巡檢法, 순사제도)을 실시하고 종래의 순라법(巡邏法)을 폐지할 것.

② 순검(巡査, 순사)은 매 50호마다 1명꼴로 두는 법을 실시하고 종래의 십오법(什伍法, 매 15호마다 1명 꼴로 두는 제도)은 폐지할 것.

③ 순검은 근면하고 정직하며 사리에 밝은 자들만을 엄격히 선발할 것.

④ 순검 위에 다시 「총괄순검(摠轄巡檢)」을 두어 순검들을 감독케 할 것.

⑤ 순검의 정원과 규모를 엄격히 정해서 종래 좌우포청(左右捕廳)과 각 행형기관(行刑機關)에 기생하여 평민을 학대함으로써 구복을 채우던 무리들을 모두 몰아내어 누적된 폐단을 바로 잡을 것.

⑥ 파출소[廠幕] 제도를 실시한 것. 순검소[巡檢所, 警察署]가 있는 곳마다 요지에 木廠 (파출소 목조건물)을 설치하여 낮과 밤에 순검들이 머무는 곳으로 만들 것.

⑦ 수해·화재·도적을 방비하는 일은 모두 해당 파출소의 해당 순검이 책임지게 하되 관청에서 무기 (기계)를 번갈아 순시하게 할 것.

⑧ 한 파출소마다 2명의 순검을 두고 많아도 3명을 넘지 않게 할 것.

갑신정변 때의 혁신정강 제8조에 「조속히 순사(巡査)를 두어 도적을 방지할 것」[193]은 김옥균의 이러한 경찰제도개혁론과 관련해서 이해될 필요

---

191 『治道略論』, 『전집』, p.15.
192 『治道略論』, 『전집』, pp.11~12 및 pp.15~16 참조.
193 『甲申日錄』, 1884년 12월 5일 조, 『전집』, p.95.

가 있는 것이라고 볼 수 있다.

김옥균은 경찰제도의 개혁과 함께 새 법률을 새로 정해서 중세적 행형제도를 근대적 행형제도로 개혁할 것을 주장하였다. 그는 당시의 중세적 행형 제도의 폐해를 다음과 같이 지적하였다.

> 현재 시행되는 刑政을 의논하건대, 法이 오래되어 문란해져서 生命을 겁박하고 財産을 강탈하는 등 그 弊害가 전국에 미치고 있는데도 아무렇지도 않게 여겨 허물치 않는다. 하나의 못과 송곳을 훔치거나 한 豪強에게 욕을 하여도 먼 곳에 귀양을 보내니 人命을 초개와 같이 輕視하므로 和氣를 손상함이 극에 달하였다.[194]

김옥균의 형정개혁론의 요점은 다음과 같이 정리할 수 있다.[195]

① 새로운 법률을 제정하여 형정을 개혁하되 국왕의 친재(親裁)로서 결단을 보여 개혁에 실효를 얻도록 할 것.

② 형정은 반드시 법률이 정한 바에 의거토록 할 것.

③ 중벌주의(重罰主義)와 중형주의(重刑主義)를 폐지할 것.

④ 가혹한 유형제도(流刑制度)를 폐지하고 새로운 징역(懲役)제도로 개혁할 것.

⑤ 경범자는 징역 대신에 일정의 노역(勞役)이나 벌금(贖金, 속금)으로 속죄하게 할 것.

갑신정변 때의 혁신정강 제10조에 "전후에 유배(流配) 또는 금고(禁錮)된 사람은 다시 조사하여 석방할 것"[196]은 김옥균의 이러한 형정개혁의 사

---

194 『治道略論』, 『전집』, pp.14~15.
195 『治道略論』, 『전집』, pp.14~16 참조.
196 『甲申日錄』, 1884년 12월 5일조, 『전집』, p.96.

상과 관련해서 이해될 필요가 있는 것이라고 볼 수 있다.

5) 치도(治道)론

김옥균은 대경장개혁의 한 부분으로 「치도(治道)」 즉 도로의 개선과 정비를 매우 중요하게 생각하였다. 왜냐하면 치도는 교통의 발전의 요체임과 동시에 다음에서 고찰할 위생에도 직결되어 있다고 보았기 때문이었다. 그는 조선왕조 초기에는 우리나라도 전근대적 제도로서나마 치도가 잘 되어 있었으나 자기의 시대에 와서 피폐하게 되었다고 지적하면서 근대적 치도의 본격적인 시작을 주장하였다.

> 우리 祖宗朝가 나라를 세우고 법을 제정할 즈음에 道路와 橋樑을 修治하는 일은 本曹(吏曹)가 담당하고 준천사(濬川司)를 설치하여 오로지 溝渠를 파는 일을 관리 하게 하였으니 그 규모가 주도면밀하지 않은 것이 없었으며 풍속이 퇴폐 타락하여 습성이 되는 일이 없었다.[197]

김옥균이 그의 귀중한 저서 『治道略論(치도약론)』(治道規則 포함)에서 제시한 치도론의 요점은 다음과 같이 간추려 정리할 수 있다.[198]

① 중앙정부에 치도국(治道局)을 설치하여 대신(大臣)이 이를 관장할 것, 서울과 지방에도 치도를 위한 행정조직을 완비하되 서울에서는 경조윤(京兆尹)이 이를 관장하고 지방의 각부(各府)에서는 면적과 인구의 크기에 따라 등차(等差)를 정해서 치도를 위한 행정기구를 설치할 것.

---

197 『治道略論』, 『전집』, pp.4~5.
198 『治道略論』, 『전집』, pp.9~17 참조.

② 치도사업은 서울부터 시작해서 점차 지방으로 확대하여 실시할 것.

③ 치도사(治道師, 도로공사 숙련고급기술자) 3인을 일본으로부터 초빙하여 고용해서 국내의 모집한 목공·철공 등 기술자로 하여금 현대적인 선진 치도기술을 습득케 할 것.

④ 치도기술은 다른 과학기술만큼 어려운 것이 아니어서 재주있는 국내 기술자들이 수개월만 배우면 그 요체를 습득할 것이므로 그 때에는 고용한 치도사를 일본으로 돌려보낼 것.

⑤ 도기제조소(陶器製造所)에 주문해서 표준화된 규격의 「수통(水桶)」(수도관)을 굽게 하여 지하통수로(하수도)를 건설할 것.

⑥ 도로는 막힘이 없도록 설계하여 정비할 것.

⑦ 도로의 교통과 수송은 인력거와 마력거를 장려하여 이로써 하고, 각종의 교자(轎子, 가마)는 폐지할 것. 왕실과 아무리 지위가 높은 관리일지라도 교자를 타지 못하도록 엄금하고 추종하는 行列을 만들지 못하도록 엄금하며, 반드시 인력거와 마력거를 이용하도록 할 것.

⑧ 인력거와 마력거를 장려하기 위해서는 먼저 인력거와 마력거를 치도국에서 많이 제조하여 각 동의 교부(轎夫, 가마꾼)들에게 분급해 주고 가벼운 세를 거두어들이도록 하는 제도를 만들어 통용케 할 것.

⑨ 도로나 문정(門庭)에 우·마·계·견(牛·馬·鷄·犬)의 분뇨나 재·짚·나무·돌 등 막히는 물건을 내어 놓거나 버리지 못하도록 엄금하고 위반자는 징벌할 것.

⑩ 도로를 순찰하도록 순검을 배치하고 각 순검의 관할 경계를 정할 것.

⑪ 도로의 요충에 순검이 관할하는 경계마다 판간(板竿, 게시판)을 설치하여 한문과 언문(국문)으로 도로관리의 법식을 써 붙여 백성들로 하여금 알게 할 것.

⑫ 도로의 요충에 순검이 관할하는 경계마다 공중변소를 설치할 것. 천변·축대 밑·담밑·낭측(廊側, 집뒤꼍)에 방뇨(放尿)하는 자는 처벌할 것.

⑬ 가로와 여리(閭里)에 짚을 엮어 만든 가가(假家, 가게)는 빈번한 화재의 원인이 되고 있으므로 이러한 자료의 사용을 금할 것. 그 대신 도로의 거마(車馬)가 다님에 지장이 없는 곳에서는 일산(日傘)을 펴놓고 夜市를 보는 것을 허락하여 백성들로 하여금 생업을 잃지 않게 할 것.

⑭ 도로에 방해가 되지 않도록 매시장(賣柴場)은 성문의 내외와 각 큰 동(洞)의 넓은 곳을 지정하여 설치할 것. 모든 여리(閭里)에서 일어나는 화재는 쌓인 마른 섶이 원인이 되고 있으므로 화재의 염려가 있는 섶의 매매 대신 장작의 사용을 권장할 것.

⑮ 치도약칙(治道略則) 중에서 소루(疏漏)하여 자세하지 못한 부분은 유사(有司)가 자세히 살펴서 필요에 따라 첨삭(添削)하고 한문본과 국문본을 작성하여 활자로 인쇄해서 반포하여 백성들에게 이해를 알게 해서 치도사업을 고무하는데 도움이 되게 할 것.

⑯ 치도는 공가(公家)가 백성들에게 시키기만 해서는 실효가 없는 것이므로 먼저 반드시 공가부터 솔선수범하여 실천하고 이에 백성들이 자발적으로 따르도록 할 것.

김옥균의 치도론을 보면, 그가 치도사업에 대하여 매우 구체적이고 자세한 개혁안을 제시했음을 알 수 있다. 이 사실에서 미루어 볼 때 다른 부문 에 대해서도 그는 매우 구체적인 대경장개혁안을 가지고 있었을 것이나, 문헌을 남기지 않아서 그 자세한 내용을 알 수 없는 것임을 알 수 있을 뿐인 것이다.

6) 청결위생론

김옥균은 당시 조선이 개혁해야 할 중요한 과제의 하나로 '위생(衛生)'을 강조하였다. 왜냐하면 위생은 백성의 생명에 관계된 것이기 때문이었다. 그가 치도를 강조한 것도 교통의 문제로서 뿐만 아니라 또한 백성의 위생상태를 개선하려는 동기에서 나온 것이기도 하였다.

김옥균은 최근 10년 동안 해마다 여름과 가을 사이에 전염병이 창궐하여 수많은 장정들과 국민들이 일거에 사망하는 것을 개탄하고 전염병 창궐의 원인으로 ① 거처의 불결 ② 음식의 무절제 ③ 의약의 미발달 등을 들었다. 그는 전염병이 극성할 때에도 국민들이 제대로 대책을 세우지 못하고, 고작 기도를 하거나 주문을 외고 부적을 붙이거나 하다가, 요행히 살아나면 운수가 좋아서 무사할 수 있었다고 기뻐하면서, 겨울이 되어 전염병이 고개를 숙이면 기뻐하며 대책을 세우지 않고 지난 일을 잊어버리는 어리석음을 반복 하고 있다고 개탄하였다. 그는 조선을 다녀간 외국인들이 "조선은 산천은 아름다우나 거처는 불결하다"는 뜻의 말을 하는 것을 부끄러운 일이라고 지적하였다.

> 현재 歐米의 여러 나라들에서는 技術의 科目이 매우 많으나 醫藥을 제일로 치는 것은 백성의 生命에 관계된 일이기 때문이다. 그런데 우리나라는 관청에서부터 민간의 거처에 이르기까지 뜰은 수렁을 이루었고, 道路는 시궁창이 되어 썩는 냄새가 사람의 코를 찌르니 실로 외국의 풍자를 받기에 충분하다 ……[199]

김옥균은 위생의 요체로 ① 청결과 ② 의약의 발달을 들고, 국민의 위생을 위하여 국민의 거처를 청결하게 할 것을 특히 강조하면서, 치도국이 청결위생을 위하여 해야 할 일의 구체적 사례로 분예(糞穢)의 위생적 처리를 들었다.[200]

---

199 『治道略論』, 『전집』, pp.5~6.
200 『治道路論』, 『전집』, pp.10~13. 참조. 金玉均은 여기서 糞穢(분예, 똥)의 衛生的 처리의 방법으로서 다음의 몇 가지를 들어 강조하였다. ① 道路의 경계를 나누어 各戶에 배정해서 淸掃와 淸潔의 관리를 책임지게 할 것, ② 가축의 분뇨를 즉각

김옥균이 국민의 위생을 걱정하고 청결위생론을 전개한 것은 혁명가 김옥균의 또 다른 면모를 나타내는 것이라고 할 수 있다.

7) 종교자유론

김옥균은 당시의 유생들이나 수구파들과는 달리 외국의 종교(특히 서양의 종교)의 국내에서의 포교를 반대하지 않았을 뿐 아니라 종교의 자유를 승인 하는 사상을 가지고 있었다. 그는 고종에게 다음과 같이 상소하고 있다.

> 외국의 宗教를 誘人하여 教化에 助함과 如함도, 亦 일방편이라 하노이다.[201]

김옥균이 여기서 말한 '외국의 종교'는 전후의 문맥으로 보아 기독교(특히 프로테스탄트)를 의미하는 것이다. 그는 수구파들이 사교시하는 '서양의 기독교'의 국내에서의 포교를 승인할 뿐 아니라 '유입'할 것을 주장하고 있다. '유입'은 포교의 '승인'보다 더욱 긍정도가 높은 것으로써 '소극적으로 도입'한다는 생각과 관련되어 있는 것이다. 김옥균의 기독교에 대한 이러한 태도는 당시의 조선의 사상적 분위기에서는 매우 자유주의적인 것이었다.

수거하여 처리케 할 것, ③ 民戶의 便所는 별개의 항목을 정하여 改良케 할 것, ④ 治道所에서는 수거용 특수 鹿車와 糞筒을 위생적으로 튼튼하게 만들 것, ⑤ 民戶의 糞穢는 治道高이 돈을 주고 구입하는 방법으로 수거해다가 石灰로 築成한 貯藏所에서 毒氣가 없어질 때까지 보관한 다음 肥料로써 싼 값으로 농민에게 판매할 것, ⑥ 公衆便所를 설치하고, 그 외의 곳에서 放尿하는 자는 엄벌에 처할 것, ⑦ 에서도 糞穢가 흩어지지 않고 청결하게 관리되도록 糞窖(糞尿桶)를 개량할 것.
201 「高宗에의 上疏文」, 『전집』, p.147.

김옥균이 서양의 기독교에 대하여 이러한 긍정적 생각을 가졌다고 해서 그가 기독교 신자이거나 그가 기독교에 접근할 의사를 가졌던 것은 물론 아니었다. 그는 그의 스승 유대치의 영향을 받아 불교에 큰 호의와 관심을 가지고 있었다. 김옥균이 불교를 알게 되었기 때문에 급진개화사상가가 되었다는 견해도 나오고 있다.[202]

필자의 견해로는 불교사상이 김옥균의 급진개화사상을 형성시킨 것이 아니라 역으로 김옥균이 급진개화사상을 가졌기 때문에 불교에 대하여 매우 적극적인 긍정적 태도를 갖게 된 것이라고 본다. 김옥균의 개화사상은 서양식으로 표현하면 부르죠아 사상의 일종이며 부르죠아 사상의 특징의 하나는 모든 종교들에 대하여 자유주의적 태도를 갖고 종교와 신앙의 자유를 기꺼이 승인하는 것이다. 김옥균의 개화사상은 불교를 가장 선호했으나 그 밖의 모든 종교들에 대하여도 자유주의적 태도를 갖고 있었다. 김옥균은 유교에 대해서도 개인적 적의는 없었으며 승인하는 태도를 갖고 있었다. 구파들을 비판할 때에도 정파로서의 수구파와 종교로서의 유교를 분리하여 완루한 정파로서의 수구파를 비판 공격하였다.

김옥균의 종교관의 특징은 종교를 '지식'의 일종으로 보는 것이다. 이것은 종교를 '신앙'으로서만 보는 관점과 성격이 크게 다른 것이다. 종교를 지식의 일종으로 보는 생각도 김옥균의 개화사상의 부르죠아적 성격을 나타내 주는 것이라고 볼 수 있다. 뒤의 자료이지만 김옥균과 복택유길(福澤諭吉, 후쿠자와 유키치)과의 토론에서 김옥균의 관점이 다음과 같이 나타나고 있다.

> 「金: (전략) 이승의 생활의 惡과 不平等의 存在를 설명하기 위해서는 (종교에 서는) 輪廻(transmigration)의 학설에 의한 방법밖에 없다.」

---

202 李光麟, 『開化黨研究』, p.12 참조.

「福澤: 그 학설을 믿는 것이나 否定하는 것이나, 우리들의 實際生活에 어떠한 差異를 만들까?」

「만들지 않는다! 그러나 만일 輪廻와 같은 그런 것이 존재한다고 한다면, 그 것을 믿는 것은 知識(knowledge)이고 그것을 否定하는 것은 無知(ignorance)이다.[203]

김옥균은 종교를 지식의 일종이라고 보기 때문에 그가 종교의 자유를 기꺼이 승인하고 서양종교의 유입을 권고한 것은 국민의 '신앙'을 위해서가 아니라 국민의 '교화(敎化)'를 위해서였다. 즉 그는 종교가 국민의 교화를 돕는 기능을 수행한다고 보고 이의 도입을 권고한 것이었다. 여기서도 김옥균의 종교관의 부르즈와적 성격이 잘 나타나고 있다.

5. 김옥균의 개화사상의 사회사상사적 성격

지금까지 고찰한 김옥균의 개화사상의 사회사상사적 성격의 특징을 한 마디로 지적한다면 전근대적 봉건적 중세말기적 국가와 사회를 근대국가

---

203 (尹致昊英文日記』, 1893년 양력 10월 31일조,

Fukuzawa. "In my mind good and evil, cleanliness and uncleanliness, sorrow and happiness are all subjective. A thing is so or not so according to the state of mind one is in. After all men are good and do good, if they are and do so at all, from selfish motives. We wish our neighbours to be good not that they might be good but they might not destroy our lives and property."

Kim, "What so. It is doctrine of 荀子. All good actions come from selfish motives for the sake of social convenience. There is no way to explain the existence of evil and inequalities of this life except by the doctrine of transmigration."

Fukuzawa. "Will it make any dffierence to our practical life, to believe or to deny that doctrine?"

Kim. "None! But if there be such a thing as transmigration, belief in it is knowledge and denial thereof ignorance." 참조.

와 시민사회로 변혁시키려고 하는 변혁사상이라고 할 수 있다. 그것이 전 근대 체제제를 근대체제로 변혁하려 하고 있기 때문에 김옥균의 개화사상에는 혁명적 성격이 강하게 내재되어 있음이 보인다.

김옥균이 그의 후배 동지들에게 "일본이 동방의 영국이 되어가고 있으니 우리는 우리나라를 아시아의 불란서로 만들어야겠다"는 주장과 교육을 한 것은 단순한 비유만이 아니라, 그는 실제로 자기 나라를 동방의 프랑스와 같은 자주부강한 '힘있는 현대적 국가'로 건설하려고 한 것이었다. 그의 개화사상은 전근대적 국가를 폐지하고, 힘있는 현대적 국가를 건설하는 구상으로 체계화되어 있는 것이라고 볼 수 있다.

김옥균은 정치적으로 군주제를 폐지하고, 공화제를 수립할 사상은 갖고 있지 않았으나, 전제군주제를 입헌군주제로 개혁하려는 강력한 사상과 의지를 갖고 있었다. 갑신정변의 혁신정강의 결의에는 신정부의 모든 각료들이 참가했지만 그것은 김옥균의 주도 하에 제정된 것인데,[204] 여기서 입헌군주제의 초기형태인 내각제도의 수립이 공포되고 있는 곳에서도 이를 알 수 있 다.[205] 김옥균은 갑신정변의 혁신정강의 제정과 공포조차도 국왕을 떼어 버리고 신각료들끼리 토론하여 제정하였으며, 국왕에게 상주하기 전에 먼저 국민에 공포한 다음 뒤에 국왕의 재결을 받음으로써, 삼일천하 기간에 국왕은 받들었지만 이미 '전제'군주제는 행동으로 부인하였다.[206]

김옥균은 사회적으로 중세적 양반신분제도를 삼제하여 이를 철저히 폐

---

204 「罪人申箕善鞫案」, (奎章閣圖書), 『推案及鞫案』, (亞細亞文化社판), 제30책, p.792 「(問) 手草三件 誰令汝草 而汝草以授誰乎. (供) 玉均主之, 而左相新拜李載元, 故授李載元而出也.」 참조
205 『甲申日錄』 1884년 12월 5일조, 『全集』, pp.95~96, 제4, 13, 14조 참조.
206 「罪人申箕善鞫案」, 전게서, p.787, 「時適玉均有言曰 某事傳敎 今當卽出云. 故矣身曰 不知何事 而初不稟定 汝爲草敎乎. 玉均曰 事急之時 當先草後繼也, 矣身大叱而起 始知諸賊決有不臣之心。自此還出後 遂以他事 種種假托 雖超不入.」 참조

지할 것을 그가 최고위 양반임에도 불구하고 매우 강력하게 주장했으며, 양반신분제도를 폐지하지 않으면 결국 나라가 망하게 된다고 극언하였다. 그가 동시에 문벌을 폐지하고 인민평등권을 제정하며 관리들도 신분과 출신에 의거하지 않고 능력에만 의거하여 채용할 것을 주장한 것은 그의 개화사상이 신분사회를 과감하게 폐지하고 보다 자유롭고 평등한 근대적 시민사회의 성립을 강렬하게 추구했음을 나타내는 것이다.

김옥균은 경제적으로 중세적 전근대적 경제조직을 폐지하고 자유로운 회사기업을 중심으로 한 자본주의 경제조직과 공장제도에 의한 근대산업체제의 건설을 추구하였다. 그의 개화사상의 경제개혁은 모든 산업부문에 걸치고 있지만 그 초점은 자본주의경제와 근대산업의 건설에 있었다. 그는 권력을 장악하면 신정부의 재정정책으로 이것을 강력하게 추진하려고 하였다.

김옥균은 문화적으로 전근대적 양반귀족문화를 폐지하고 근대적 과학문화의 수립을 추구하였다. 그는 무엇보다도 학교를 널리 설립하여 민중들을 교육시키고, 국문을 중시하여 보급하며, 서양의 선진과학기술과 학문을 적극적으로 도입하여 교육하려 하였다. 그는 유교의 독선을 비판하고, 불교와 기독교 등 모든 종교에게도 종교의 자유를 허여하여 국민의 교화를 돕게 하 려고 하였다. 그는 현대의학을 도입하고 일으키어 병원들을 설립하고, 국민들이 위생적이고 청결한 생활을 하도록 만들고자 하였다.

김옥균은 군사적으로 나라의 방위를 외국[淸國]에 의뢰하는 것을 매우 위험시하고 그것은 나라의 독립을 지킬 수 없게 하는 것이라고 보아 근대적 자주무력의 양성을 주장하였다. 그는 후배들을 외국에 유학시켜 서양식 사관교육을 배워오도록 하고 사관학교의 설립을 추구했으며, 현대무기로 무장한 신식육군과 해군을 창설하고 군함을 도입하여 해안을 방위하며, 자기의 실력으로 자기 나라의 독립을 지킬 수 있는 근대적 부국강병제도를 수립하려고 주장하고 분투하였다.

김옥균은 이렇게 하여 자주부강한 근대국가를 건설해서, 당시 제국주의 열강들이 각축하는 세계 속에서 자기 조국인 조선을 '중립국가'로 만들고, 실력 있는 중립국으로서의 근대조선을 세계 속에서 발전시키려고 구상하였다.

이러한 김옥균의 개화사상은 1884년경의 우리나라 사상으로서는 매우 선진적이고 획기적인 것이었으며, 사상만에 한정해서 본다면 그것은 제국주의 열강의 침략으로부터 나라를 구할 수 있는 사상이었다. 그의 개화사상은 밖으로는 열강의 침략으로부터 나라의 독립을 지키고, 안으로는 전근대사회와 전근대국가를 시민사회와 근대국가로 변혁시키려는 시민혁명적 사상의 특징을 두루 내포하고 있다고 지적하지 않을 수 없다.

6. 맺음말

김옥균의 개화사상은 전근대국가를 근대국가로 변혁시키어 열강의 침략으로부터 나라의 독립을 지키고, 국민이 자유롭고 평등하게 사는 사회를 건설 하려는 것이었으나, 김옥균이 중심이 된 갑신정변의 과정을 보면 역사에서 대경장개혁의 실천은 사상의 숭고성과 적합성만으로서는 이루어지는 것이 아니고 그 실천의 수단과 방법이 정당하고 적합해야 이루어지는 것임을 관찰할 수 있다. 김옥균은 외세의 침략압력이 급박한 속에서 나라의 독립을 지키기 위해서는 민중이 밑으로부터 성장하여 근대국가가 수립되는 것을 기다릴 시간여유가 없다고 판단하고, 민중과 시민층의 성장이 성숙하지 않은 사회적 조건 속에서 선각적 지식인 집단인 개화당에 의한 '정변'의 방법으로 정권을 장악하여 '위로부터의 대개혁'을 단행함으로써 근대국가를 단기간에 건설하려고 하였다. 그는 자기의 개화사상을 '위로부터의 대개혁'으로 실천하려고 한 것이었다. 세계사에서 뒤늦게 '근대화'를 시작하여 성공한 독일, 이태리 러시아, 일본 ……등이 모두 '위로부터의 대개혁'으로 근대국가를 수립하여 성공한 유형이므로, 김옥균의 '위로부터의 대개혁'의 방법의 선택에 대해서는 종래의 통설보다는 더 긍정적으로 보아야 할 불가피성이 있다고 필자는 생각한다.

그러나 김옥균은 '위로부터의 대개혁'을 단행하는데 필요한 권력 장악의 방법인 '정변'의 수행에 있어서 개화당의 800명 조선군 무력이 서울에 주둔 해 있던 침략간섭군인 1500명의 청군의 무력에 부족하자 주조선일본 공사관의 호위용 무력인 일본군 150명을 차용하는 어리석음을 범하였다. 필자는 이것이 김옥균의 전술상의 결정적 실책이며 역사적 과오라고 생각한다. 나라의 독립을 지키기 위한 정변에 외세를 끌어들인 것은 모험주의적이고 자가당착적인 잘못된 전술인 것이다. 자기의 힘이 부족하면 자기의 힘을 길러 자력으로 구국운동을 수행해야지 침략의도를 감추어 가진 일본의 힘을 이용하려 했으니 정변이 성공할 리가 없으며 국민의 지지를 받을 수가 없는 것이었다. 이 면에서의 김옥균의 일본군 차용은 김옥균의 큰 역사적 과오이며 철저하고 엄격하게 비판되어야 할 것이라고 필자는 생각한다.

필자가 주목하고 귀중히 여기는 것은 그의 사상이다. 김옥균이 정변에 일본군을 빌려 쓴 역사적 과오를 범했음에도 불구하고, 그의 개화사상은 당시 한국민족의 역사적 과제를 해결할 수 있는 혁명적인 것이었으며 당시로서는 훌륭한 것이었다. 김옥균의 개화사상의 이러한 성격 때문에 갑신정변이 단순한 정권 쟁탈전이 아니라 혁명적 정변(revolutionary coup d'état)으로 재검토될 필요가 있는 것이라고 본다.

김옥균이 갑신정변에 일본군을 끌어들인 큰 역사적 과오를 범했음에도 불구하고 그가 겨레와 나라를 구하려고 구상한 개화사상은 여러 연구자들에 의하여 깊이 연구될 필요가 있지 않을까 한다. (갑신정변 백돌, 1984년 12월 1일)

(『東方學志』 제46·47·48합집, 1985 수록)

V. 독립협회의 의회주의사상과 의회설립운동

1. 머리말

독립협회는 세계 열강들이 우리나라에 침입해 들어와서 광산·철도·전선·삼림·어장 등 각종의 이권을 침탈하고 우리나라를 식민지화하려고, 노리며 활동하던 시기에 한국인들이 새로이 성장하는 민중들의 힘을 모아 민주주의적 근대국가와 시민사회를 수립함으로써 자주독립을 지키고 나라를 근대적으로 발전시키려고 조직한 사회단체였다.

독립협회는 1896년 7월 2일 창립되어 1898년 12월 25일까지 약 2년 6개월 동안에 예컨대, ① 독립문·독립관·독립공원의 건립, ② 매주 「토론회」의 개최에 의한 민중계몽, ③ 러시아의 부산 절영도(絶影島) 석탄고기지(石炭庫基地) 조차(租借) 요구 저지, ④ 일본의 절영도 석탄고기지 회수, ⑤ 러한은행 철거, ⑥ 러시아의 재정고문 및 군사교관 철수, ⑦ 만민공동회의 개최, ⑧ 국제세력 균형의 획득, ⑨ 서재필재류(추방반대)운동, ⑩ 국민의 생명·재산의 자유권 수호운동, ⑪ 러시아의 목포·진남포 조계매도 저지, ⑫ 프랑스의 광산이권(鑛山利權) 요구 반대, ⑬ 독일의 금광이권 요구 반대, ⑭ 각국의 이권조사와 이권양여 반대, ⑮ 의학교 설립운동, ⑯ 황실 호위 외인부대(外人部隊) 창설 저지, ⑰ 노륙법(孥戮法) 및 연좌법(連坐法) 부활 저지, ⑱ 탐관오리 규탄, ⑲ 수구파 7 대신 규탄, ⑳ 개혁정부의 수립 성공, ㉑ 상권(商權) 수호운동, ㉒ 의회(議會) 설립운동, ㉓ 관민공동회(官民共同會)의 개최, ㉔ 17명 독립협회 지도자 석방운동, ㉕ 독립협회 부설 운동, ㉖ 수구파 5대신 규탄운동, ㉗ 개혁정부 수립 요구, ㉘ 황국협회(皇國協會) 공격 분쇄, ㉙ 헌의(獻議) 6조 실행 요구, ㉚ 경선현량(更選賢良) 요구 등의 여러 가지 운동을 전개하였다.[1]

독립협회는 이러한 운동을 전개하는 과정에서 개화독립사상과 민중·국민을 처음으로 결합시키는 데 성공하였다. 당시 우리나라의 민족운동의 과제의 하나는 민족운동의 성공할 수 있는 주체인 민중·국민과 당시의 시대문제를 과학적으로 해결할 수 있는 사상인 개화사상을 결합시키는 일이었는데, 독립협회는 이 과제를 수행하는 데 최초로 성공한 것이었다. 이때의 민중은 도시 시민층과 지식인층이 중심이 되었지만, 개화사상이 민중과 결합하여 민중의 사상으로 실천되기 시작했다는 사실은 그 후의 민족운동과 한국사회 발전에 하나의 획기적인 전환점을 만든 것이었다.

독립협회의 사회사상과 민족운동 중에서 가장 특징적이고 획기적인 것은 당시 자유민권사상이라고 부르던 민주주의사상을 확고하게 정립하여 이를 당시 자주독립사상이라고 부르던 민족주의사상과 확고하게 결합시키는 데 성공했으며, 이에 기초하여 우리나라 역사상 처음으로 강력한 민주주의의 민권운동을 전개했다는 사실이다. 독립협회의 자유민권운동으로 우리나라 근대사 위에서 처음으로 민권사상과 민권운동이 체계적으로 민중과 사회 속에 정착되기 시작하였다.

독립협회의 자유민권운동 중에서 핵심을 이루었던 운동의 하나가 의회설립을 강력히 주장하고 계몽하면서 전개된 의회설립운동이었다. 이에 대해서는 약간의 포괄적 학술연구가 있다.[2] 여기서는 이 주제만을 떼어 내어

---

1 愼鏞廈, 『獨立協會硏究』, 일조각, 1976 참조.
2 ① 신용하, 「獨立協會의 社會思想」 중의 「議會設立論」, 『韓國史硏究』 제9집, 1973.3.
　② 신용하, 『獨立協會의 民族運動硏究』 중의 「議會設立運動」(한국문화연구총서

좀더 집중적으로 독립협회의 의회 설립운동을 자세히 밝히려고 한다.

2. 독립협회의 의회주의사상

1) 민본(民本)사상과 서구 민주주의의 융합

독립협회가 일찌기 19세기 말에 우리나라 역사상 처음으로 의회(국회) 설립을 주장하고 의회설립운동을 전개한 사상적 배경은 이 단체가 우리나라 역사상 처음으로 민주주의사상을 확고하게 정립하여 민족주의사상과 결합하는 데 성공한 곳에 있었다.

독립협회의 민주주의 사상의 형성의 기원은 두 곳의 사상적 흐름을 합류시킴으로써 형성되었다. 그 하나는 조선 후기 실학파에서 발전되어 오던 아래로부터의 민본사상을 더욱 적극적으로 발전시킨 것이다.[3] 다른 하나는 서구의 자연 사상에 기초를 둔 계몽사상을 적극적으로 수용하여 융합시킨 것이었다.

실학파의 아래로부터의 민본사상의 발전에 대해서는 이미 밝힌 바 있으므로, 여기서 서구의 계몽사상의 수용의 측면을 보면, 무엇보다도 루소(Jean Jacque Rousseau)와 몽테스키외(Charles Montesquieu)의 사상이 적극적으로 수용되었다. 예컨대, 『대조선독립협회회보』는 1896년에 루소와 몽테스키외의 자연법사상을 다음과 같이 소개하였다.

제16집), 서울大 한국문화연구소, 1974.6.
③ 千寬宇,『韓國史의 再發見』중의「獨立協會의 議會開設運動」, 일조각, 1974. 10 참조.
3 『獨立協會研究』, pp.176~177.

一. 자연법은 인류가 자연상태의 생식하는 데 당하여 행하는 법칙이라
    하니 이 뜻의 자연상태란 것은 인류가 아직 사회를 편성하기 전시
    대의 상대를 상상하여 언함을 지함이니, 차설은 루소우씨 일파 사
    회계약주의를 봉하는 학자의 창설함 일러라.
二. 자연법은 일체 동물의 부여한 법칙이라 하니 차설은 라마법률가
    유루비얀 씨가 수창한 바요, 후세에 몬테스키 유씨의 자연법을 설
    명한 것도 차 의의에 대차가 무하더라.[4]

이 논설은 또한 계속하여 몽테스키외의『법의 정신』을『법률정신』이라
하여 비교학파의 시조로 소개 하면서 삼권분립을 소개하였다.

독립협회의 창설자의 한 사람이며 독립협회 고문으로 활동한 서재필도
독립협회 회원들에게 로크(John Locke)와 루소와 몽테스키외와 제퍼슨
(Thomas Jefferson)의 민주주의 사상을 보급하였다.[5]

이러한 독립협회 간부들의 계몽활동은 독립협회 회원들에게 민주주의
사상을 형성하여 갖게 하고 국민자유권사상과 국민평등권사상을 갖게 하
였다. 뿐만 아니라 독립협회 회원들은 한걸음 더 나아가서 국민주권사상을
갖게 되고 국민참정권을 주장하기에 이르렀다.

2) 국민주권 사상

독립협회는 민주주의 사상을 형성하여 군주나 관인이 나라의 주인인 것
이 아니라 국민(인민)이 나라의 주인이라고 주장하였다.[6] 독립협회는 당시

---

4 『大朝鮮獨立協會會報』제2호, 1896년 12월 5일자, 「法律摘要叢活」.
5 Channing Liem, 『*America's Finest Gift to Korea, The Life of Philip Jaisohn*』, 1952,
  pp.50~51. 「So was his lecture on the origin and nature of government. He was,
  without mentioning names, introducing to his people the idea of Jefferson, Locke,
  Rousseau and Montesquieu. On Korea's outlook vis-à-vis the revolutionary world, he
  was an original authority.」참조.

의 우리나라의 현실이 "관인이 백성을 주인으로 생각지 아니하고"[7] 도리어 백성 위에 군림하여 백성을 수탈하려고 함을 규탄하였다. 『독립신문』은 다음과 같이 썼다.

몇백년을 두고 대한인민이 소위 관인이라 하는 사람들을 모두 성인 군자로 믿고 자기들의 목숨과 재산과 부모 형제 처자의 목숨과 재산을 관인들에게 부탁 하여 매년 세전을 내어 정부 부비로 쓰게 하여 가면서 인민의 일을 도와 달라 하고, 인민이 나라의 주인이엿마는 주인인 체 아니하고 이 월급 주어 둔 관인들로 하여금 주인의 일을 보아달라 하였더니, 이 고입한 사환들이 차차 변하여 사환으로 상전이 되고 정작 주인은 노예가 되어 자기들의 생명과 재산을 본래 고입 하였던 사환들에게 무리하게 잃어버리니, 그 실상을 생각하면 주인들이 못 생겨 사환들이 그 모양이 된 것이라.[8]

여기서 『독립신문』은 인민이 나라의 주인이며, 국민은 주인의 권리를 관인(官人)으로부터 다시 찾아야 함을 역설하고, '천부(天賦)의 권리'인 국민의 주권을 빼앗거나 욕되게 하는 자는 세상에 용납하지 않아야 한다고 주장하였다.[9]

이러한 국민주권(國民主權) 사상은 당시 독립협회 회원들의 보편적 생각이었다. 그들은 나라의 주인은 국민이며, 따라서 나라의 자주와 부강은 주인인 전국 국민의 자주와 부강에 달렸다는 확고한 신념을 갖고 있었다.[10]

---

6 『독립신문』(제1권 제42호), 1896년 7월 11일자 「론셜」 ; 「전게지」(제1권 제99호), 1896년 11월 21일자 「론셜」 ; 「전게지」(제2권 제22호), 1897년 2월 23일자 「론셜」 ; 「전게지」(제3권 제1호), 1898년 1월 8일자 「론셜」 및 『大朝鮮獨立協會會報』 제3호, 1897년 2월 28일자 참조.
7 『독립신문』(제2권 제22호), 1897년 2월 23일자 「론셜」.
8 『독립신문』(제3권 제191호), 1898년 11월 16일자 「제손씨 편지」.
9 『독립신문』(제3권 제192호), 1898년 11월 17일자 「속 제손씨 편지」 참조.
10 『독립신문』(제2권 제88호), 1897년 7월 27일자 「론셜」 및 「전게서」(제2권 제125호)

그러면, 주권을 가진 것으로 행세해 오던 관인과 군주는 무엇인가? 독립협회에 의하면 「관인은 인민의 종이며 임금의 신하」[11]에 불과한 것이다. 당시 전제군주제하에서 독립협회는 말을 삼가기 위하여 군주에 대해서는 직접 언급하는 것을 회피하였다. 그러나 「관인은 인민에게는 '종'이요, 군주에게는 '신하'」라고 하여 '종'과 '신하'의 대비에서 인민을 군주보다 명백하게 상위에 두는 뜻을 표현하였다.

〈그림 16〉 독립신문 창간과 독립협회 창립의 주역 서재필

독립협회는 기회 있을 때마다 "정부가 백성으로 말미암아 된 것이오 백성이 정부를 위하여 난 것은 아니라"[12]고 계몽했으며, "이럼으로 백성의 권리로 나라가 된다"[13]고 '주권재민'의 국민주권사상을 설파하였다.

독립협회는 당시의 나라 형편을 지적하여 "정부에서 벼슬하는 사람은 임금의 신하요 백성의 종이라. 종이 상전의 경계와 사정을 자세히 알아야 그 상전을 잘 섬길 터인데 조선은 꺼꾸로 되어"[14] 관인이 주권자인 국민을 지배하고 있다고 개탄하였다. 독립협회는 국민이 나라의 주인이고 관인은 국민의 종임을 다음과 같이 강조하였다.

1897년 10월 21일자 「엇더한 선비의 편지」 참조.

11 『독립신문』(제2권 제52호), 1897년 5월 4일자 「론설」 및 「전계서」(제2권 제101호) 1897년 8월 26일자 「윤치호 연설」 참조.

12 『독립신문』(제3권 제200호), 1898년 11월 26일자 「유진률씨의 편지, 전호 연속」.

13 『독립신문』(제3권 제216호), 1898년 12월 15일자 「민권론」.

14 『독립신문』(제1권 제99호), 1896년 11월 21일자 「론설」.

법 지키는 백성들에게는 순검들이 그 사람들의 종으로 생각하여야 옳고 다만 순검 뿐이 아니라 정부에서 월급 타먹고 있는 대소관원은 모두 법 지키고 있는 백 성들의 종으로 생각하고 일을 하지 안하여서 는 못할지라.[15]

우리는 여기서 독립협회가 관인을 국민의 종과 군주의 신하로 놓아 당시의 관인지배를 부정하고 국민지배를 주장한 사실을 명백히 알 수 있다.

흥미있는 것은 독립협회가 군주제를 완전히 폐지할 실력은 없고 군주를 국권(國權)의 상징으로 남겨둘 수밖에 없다고 보았을 때 「군권(君權)」과 「민권(民權)」의 어느 것을 상위에 두었는가 하는 점이다. 전제군주제(專制君主制)하에서는 이것을 공개적으로 언급하기가 거의 불가능한 일인데, 그들은 이것을 간접적으로 ① 관인은 임금의 「신하」요, ② 백성의 「종」이라고 하여 「신하」와 「종」의 비교를 통하여 민권을 군권의 위에다 두고 있다. 이것은 군사문제를 다룰 때에도 "군대는 백성을 위하려니까 임금께 충성하는 것이라"고 간접적으로 표현하여 민권을 군권보다 상위에 두고 있는 곳에서도 재확인할 수 있다.

실상을 생각하면 정부부터도 백성을 위하여 만든 것이오, 군사도 백성을 위 하여 만든 것이다. 그 백성을 위하려면 그 백성 다스리는 임군을 위해야 할 터 인즉 군사의 직무는 백성을 위하려니까 임군께 충신이 되어야 할 터이오 …[16]

우리는 독립협회가 전제군주제하에서도 공개적으로 민권을 군권의 상위에 두어 국민지배를 주장한 곳에서 그들의 확고한 국민주권사상을 볼 수 있다.

---

15 『독립신문』(제1권 제42호), 1896년 7월 11일자 「론셜」.
16 『독립신문』(제2권 제41호), 1896년 7월 9일자 「론셜」.

주목해야 할 것은 독립협회가 이러한 확고한 국민주권론을 주장하면서 대체로 논설의 시작을 "백성은 나라의 근본이니 백성이 튼튼하여야 나라가 평안함이라(民維邦本 本固邦寧)"[17]든가 또는 "나라는 백성으로서 근본을 삼고 임금은 백성으로서 권을 세운다(國以民爲本 君以民立權)"[18] 등 동양의 고전에 나오는 민본사상을 적극적으로 활용하여 아래로부터 '민'을 강조하면서 잇고 있다는 사실이다. 이것은 독립협회가 실학파들에게 강력하게 존재했던 아래로부터의 민본사상과 서구의 시민적 민주주의사상을 합류시키고자 노력하고 있음을 나타내는 것이라고 해석할 수 있다.

3) 국민참정권 사상

독립협회는 국민이 나라의 주인이고 나라의 주권이 국민에게 있으므로 국민은 주인의 행세를 하여 정부를 감독하고 정치에 참여하는 권리를 갖는 것이라고 하여 국민참정권을 주장하였다.

독립협회는 국민의 세 가지 직무로서 ① 정부가 애군(국)애민하는 정부인지 아닌지 살피고 감독하는 직무, ② 애군애민하는 정부의 옳은 법령은 자기만 시행할 뿐 아니라 다른 사람도 시행하도록 권장하는 직무, ③ 정부가 애군애민하는 정부가 아니면 이를 교체하여 애군애민하는 정부가 서도록 하는 직무 등을 들었다.[19] 독립협회가 정부를 감독하고 정부를 교체하는 것이 국민의 권리라고 본 것은 국민주권론의 범주에 머무는 것이라고 볼 수 있으나 그것을 직무라고 주장하면서 정부교체권까지 직무로 주장할 때에는 그것은 이미

---

17 『皇城新聞』(제1권 제40호), 1898년 10월 21일자 「논설」 및 『독립신문』(제3권 제14호), 1898년 1월 20일자 「론셜」 참조.

18 『承政院日記』, 고종 광무 2년 음력 10월 7일조 「從二品高永根等疏」 참조.

19 『독립신문』(제3권 제4호), 1898년 1월 11일자 「론셜」 및 「전계지」(제3권 제26호), 1898년 3월 3일자 「대한인민의 직무」 참조.

국민참정권론(國民參政權論)의 범주에
들어간 것이라고 볼 수 있다.

독립협회는 국민이 주인이므로 탐
관오리나 압제적인 관리는 심부름을
잘 못한 관리이니 이를 성토하고 파직
시키는 것이 국민의 당연한 권리일 뿐
아니라 직무라고 주장했는데,[20] 이것도
국민참정권을 주장하고 있는 것이다.

독립협회는 열강의 침략 속에서 국
민의 애국심을 매우 강조했는데, 그들
은 애국심도 국민이 참정권을 갖는 데
서 확고하게 형성되는 것이라고 주장하였다.

〈그림 17〉 독립협회 회장 윤치호

> 나라를 사랑하는 것은 천부지성이라. 대개 사람이 각기 몸을 사랑
> 아니하는 자가 없으니, 그 몸을 사랑하면 어찌 그 집을 사랑치 아니하
> 며, 그 집을 사랑하면 어찌 그 나라를 사랑하는 마음이 없으리요. 그러
> 나 이 마음을 능히 말하여 바로 세우게 함은 이 백성을 정치 교육상에
> 몰아넣어 나라 정략(政略)상에 참여(參與)하는 권(權)을 주는 데 있는
> 지라. 그런고로 천부지성이 진실로 있는 바이나 시대의 변천하는 데
> 인하여 인민과 국민의 차등이 있도다.[21]

독립협회는 그들의 집회를 통하여 국정에 대한 비판과 감독을 행동화하
는 것을 국민참정권을 실현하기 시작하는 것으로 생각하였다. 예컨대『윤

---

20 『독립신문』(제1권 제97호), 1898년 1월 11일자「론셜」참조.
21 『독립신문』(제3권 제218호), 1898년 12월 17일자「나라 사랑하는 론」. 이러한 주장
   은 도처에 보한다. 예컨대,「전게지」(제2권 제67호), 1897년 6월 8일자「론셜」및
   「전게지」(제2권 제90호) 1897년 7월 31일자「론셜」참조.

치호일기』는 1898년 독립협회의 집회(集會)가 러시아의 절영도석탄고기지 조차문제를 조사할 것을 결의하여 외무대신에게 항의 공한을 발송하고 그를 행동으로 비판한 것을 우리나라에 민주주의의 물결이 일기 시작하는 것으로 기록하였다.[22]

독립협회는 국민참정권을 제도로서 실현하고자 하여 그 제일차적 주장으로 국민의 투표에 의한 선거제도를 통하여 관찰사와 수령 등 지방관을 선출할 것을 주장하였다. 당시 지방행정은 탐관오리들에 의하여 극도로 문란해 있었으며, 농민들은 이에 극도의 불만을 갖고 동요하고 있었다. 『독립신문』은 이에 대하여 이를 해결하는 방법은 주인인 농민에게 참정권을 주어서 일반선거제도에 의하여 관찰사와 군수 등 지방관을 그 지방인민에 의하여 투표로 선출케 하고자 제의하였다.

『독립신문』은 인민의 투표에 의한 선거제도로 지방관을 선출할 경우에는 ① 그 지방관은 인민의 사랑을 받는 자일 터이니 인민의 원망이 없고, ② 유능한 양심적 인물이 뽑힐 것이며, ③ 지방사정에 통달한 인물이 뽑힐 것이고, ④ 민선에 의한 관리이기 때문에 자기를 선출해 준 주인을 더 위할 것이며, ⑤ 인민의 신임을 유지하기 위하여 행정에 더욱 힘쓰게 되어 나라와 백성의 형세가 더욱 펼 것이라고 전망하였다.[23]

국민의 참정에 의한 선거제도로 전국의 지방관(관찰사·군수)을 선출하자는 주장은 당시로서는 참으로 획기적인 주장이었다.

---

22 『尹致昊英文日記』, 1898년 2월 27일자. [It is certainly remarkable that a body of people should institute an inquiry into the official conduct of a minister of State in Corea. The waves of democracy are faintly beating on the rocky shores of Corean politics, …….」

23 『독립신문』(제1권 제4호), 1896년 4월 14일자「론설」및「전게지」(제1권 제5호), 1896년 4월 16일자「론설」참조.

4) 의회설립 사상

독립협회는 그들의 국민참정권 사상을 중앙정치에서는 의회(국회)를 설립하여 전제군주제를 입헌대의군주제(立憲代議君主制)로 변혁함으로써 이를 실현시키려고 하였다.

독립협회는 독립협회의 의회설립 주장을 완강하게 반대하는 수구파와 의회 설립의 긴급한 필요성을 아직 인식하지 못하는 국민들에게 대하여 『독립신문』을 통해서 의회 설립의 필요성을 해설하는 장문의 논설을 게재하고, 다음과 같은 요지의 주장을 역설하였다.[24]

(1) 의회와 내각(정부)을 엄격히 分立시켜, 의원은 행정권을 갖지 않고 오직 의론하여 作定하는 권리만 갖고, 행정관은 의회에서 결정한 사항을 집행하는 행정권만 주면, 종래와 같이 국정이 혼돈되어 의정도 잘 안 되고 행정도 잘 안 되는 폐해를 극복할 수 있으며, 입법과 행정이 모두 전문화되어 능률이 나고 정밀 해지므로 의회설립이 시급하다는 점.

(2) 의회가 따로 설립되면 나라 안에 학문 있고 지혜 있고 좋은 생각이 있는 이들이 의원으로 선출되어 좋은 생각과 좋은 의론이 날마다 공평하게 토론되어니 법률과 제도가 만들어지므로 폐정이 고쳐지고 나라가 융성하게 된다는 점.

(3) 의회가 설립되면 모든 일은 의회에서 좌우편 의론을 모두 거친 후에 작정 될 것이므로 황제가 그 일을 작정하는 수고로움이 적을 것이며, 사담과 거짓이 들어갈 수 없으므로 황제의 총명을 현란케 하는 전제 군주제의 폐해가 없어진다. 는 점.

(4) 의회가 설립되면 내각대신들은 의회에서 지혜롭고 공평하게 작정해 놓은 결정 사항을 재능을 가지고 적절하게 집행만 하면 되므로 행정에 실수도 없고 시간 여유를 얻어 행정에만 전력을 다하게 되

---

24 『독립신문』(제3권 제51호), 1898년 4월 30일자 「논설」 참조.

어 행정이 더욱 잘된다는 점.

(5) 의회가 설립되면 모든 사항이 의회에서 찬반의 토론을 서진 후에 양편의 주상을 참작하여 결정되므로 인민의 주장이 충분히 반영되어 절대다수의 인민에게 유리하게 결정되기 때문에 인민에게 한없이 유리하고 유조(有助)하게 된다는 점.

(6) 의회가 설립되면 모든 일이 의회에서 공개적으로 토론되므로 전국 인민이 이를 알게 되고 모든 사람들이 각기 자기 의견에 따라 발언하여 참정을 하게 되며, 나라 일을 내 일과 같이 생각하게 되어 정부와 국민 사이에 종래 없던 소통이 생겨나서 나라사랑하는 마음이 전보다 배가된다는 점.

(7) 의회가 설립되면 국민과 정부가 상합(相合)하게 되고 나라 일이 모두 공평하게 결정되는 것을 외국들이 보게 되면 외국들이 감히 대한을 능멸한다든지 침범하려 한다든지 실례되는 일을 하지 못한다는 점.

독립협회가 이상과 같이 의회설립을 강력히 주장한 것은 국민의 자유민권(自由民權)을 실현하여 나라를 국민의 나라로 만들려는 목적이 있었지

만, 이와 함께 의회의 설립을 통하여 자주독립을 수호하는 국민의 제도로 만들려는 원대한 구상이 동시에 뒷받침되어 있었다.

독립협회는 국왕과 수구파들이 외국의 압력과 공작에 눌리어 전제권을 가진 황제의 승인 하나만으로 다수의 귀중한 이권들이 외국에 넘겨진 것을 무엇보다도 통분해하고 우려했으며, 외국의 강력한 위협을 받을 때에 나라의 자주독립권마저도 허약하게 외국에 넘겨주지 않을까

〈그림 18〉 독립협회 부회장 이상재

매우 두려워하고 우려하였다. 이것을 막기 위해서는 독립협회가 참가한 의회를 설립하여 나라의 모든 중요한 일의 결정을 반드시 의회의 동의 없이는 결정하고 시행치 못하게 함으로써 이를 저지하는 제도를 만들려고 하였다. 독립 협회는 친러수구파 정부하에서 우선 더 이상의 이권의 침탈과 양여를 막고, 국제세력 균형이 깨어지는 날 언제 닥쳐올지 모르는 어느 열강의 국권의 침탈에 대비하여 이것을 의회내에서의 민선의원인 독립협회회원의 투쟁과 주권 및 참정권을 가진 국민의 힘으로 막아 보려고 한 것이었다. 『독립신문』은 다음과 같이 쓰고 있다.

> 대저 동양풍속이 나라를 정부가 독단하는고로 나라가 위태한 때를 당하여도 백성은 권리가 없으므로 나라 흥망을 전혀 정부에다가 미루고 수수방관만 하고, 정부는 나중에 몇몇 사람이 순절만 할 줄로 성사를 삼는고로 나라 힘이 미약하여 망하는 폐단이 자주 날 뿐더러 ......[25]

그러므로 독립협회는 열강의 침략 속에서 나라의 독립도 지키고 국민의 자유민권도 실현하는 가장 중요한 개혁사업으로서 의회설립을 주창하여 이를 실현하고자 총력을 기울인 것이었다.

3. 독립협회의 의회설립 운동

독립협회가 의회설립운동을 본격적으로 시작한 것은 1898년 이른 봄부터였다. 그러나 이때에는 정권을 장악한 친러수구파와 황제 고종은 '의회'라는 말만 들어도 국체에 도전하는 것이라고 격노하여 탄압하려 들었고

---

25 『독립신문』(제3권 제216호), 1898년 12월 15일자 「민권론」.

국민들의 대부분이 '의회'가 무엇인지, 왜 의회를 설립해야 하는지 진혀 모르던 시대였으므로 독립협회의 의회 설립 주장은 실현될 길이 전혀 없는 것처럼 전망은 어둠에 휩싸여 있었다.

당시의 대한제국의 형편은 1898년에 들어서면서 러시아의 대한제국을 속국화하려는 침략정책이 더욱 본격화되고 사태는 더욱 악화되었다. 제정 러시아는 1898년 1월 초부터 부산 절영도 석탄고기지의 조차의 인준을 다시 강력히 요구해 옴과 동시에 이를 실현하기 위하여 1898년 1월 21일 러시아 군함 시우치호를 부산에 입항시키고 수병들을 절영도에 상륙시켜 그들의 결의를 과시 하였다.[26] 열강들은 서로 견제하면서도 러시아의 침략정책에 편승하여 다투어 가면서 이권침탈에 더욱 혈안이 되었다.

일본은 1898년 1월 29일에 1895년의 약속한 경부철도부설권의 인준을 공식적으로 요구해 왔으며, 이를 지원하기 위하여 군함 2척의 인천 입항을 예고하면서 위협하였다.[27] 일본공사 가등증웅(加藤增雄)은 2월 1일 황제 고종을 다시 알현하여 일본에 있는 한국 망명객들의 위협으로부터 일본측이 고종의 안전을 절대 보장하겠다고 약속하고 경부철도 부설권의 인준을 재차 촉구하였다.[28]

한편, 미국은 이 기회에 편승하여 1898년 2월 14일 전년 말에 고종이 약속한 서울 시내의 전차부설권의 인준을 받아 내었다.[29] 영국은 1898년 초

---

26 『駐韓日本公使館記錄』(各領事館機密往來信), 1898년(明治 31) 「機密京 第1號」 「露國石炭敷地二關スル件」 참조.

27 『駐韓美國公使館報告』(Communications to the Secretary of State from U.S. Representatives in Korea, H. N. Allen) No. 69, 1898년 1월 30일조 「Railroad Concession Demanded by Japan」 참조. 이 자료에서는 日本의 京釜鐵道敷設權 요구의 經緯가 매우 소상하게 報告되고 있다.

28 『駐韓日本公使館記錄』(加藤公使時代極秘書類), 1898년(明治31) 2월 24일조 「機密西外務 大臣必親展」 「御身上擔保之儀ハ韓帝内奏及勅答之件」 참조.

29 『駐韓美國公使館報告』(Communications to the Secretary of State from U.S. Representatives in Korea, H. N. Allen) No. 73, 1898년 2월 15일조 「Proposed Electric

부터 동양함대의 군함을 인천에 입항시켜 무력시위를 하고,[30] 주한영국공사관에 대하여 러시아·일본·미국이 얻은 것과 유사한 이권을 획득하라는 훈령을 계속 보내었다.[31]

밖으로부터는 제정러시아의 본격적인 식민지속국화의 침략정책의 강화와 열강의 경쟁적인 이권침탈이 자행되고, 안으로는 친러수구파 정부가 수립되어 이에 야합하였으므로, 1898년은 연초부터 대한제국의 모든 부원(富源)과 자주독립을 이해에 다 잃어버릴 심각한 위기에 직면하게 되었다.

〈그림 19〉 독립협회 토론회에서 연설하는 이상재

Trolley Street Railway in Seoul」 참조.

30 『尹致昊英文日記』 1898년 1월 15일자 참조.

31 『駐韓英國領事館報告』 (*Reports and Communications from the British Consul in Seoul*) Seoul) 1898년 4월 30일조 「報告書 제18호」, 『전게자료』 1898년 5월 17일조 「機密報告書 第60號」 및 「전게자료』 1898년 7월 16일조 「報告書 제78호」 참조. 여기서 英國公使는 利權獲得이 작년 이래 여의치 않으나 계속 最善의 努力을 다 하겠다고 본국에 보고하고 있다.

독립협회의 간부들은 2월 7일 회합하여 독립협회가 구국을 위한 본격적 사회정치운동을 전개할 것을 의론하고,[32] 2월 13일의 노본회(討論會)에서 대한국민은 다른 나라의 노예가 되어 살 수 없다는 격렬한 토론을 벌였다.[33] 그들은 이 토론회에서 황제에게 나라의 자주독립을 지킬 것을 요구하고 독립협회의 구국운동의 시작을 알리는 상소를 올릴 것을 결의하고, 2월 21일 역사적인 '구국운동선언상소'를 올렸다.[34]

독립협회가 열강의 침략정책에 대항하여 구국운동을 시작하려고 나서고 있을 때, 러시아공사 스페이어(Alexei de Speyer)는 석탄고 건축을 구실로 다시 부산 절영도(지금의 영도)의 조차를 강력히 요구해 왔다.[35] 이 절영도 조차는 부동항(不凍港)을 구하는 러시아의 극동정책의 일환이었고,[36] 당시 황제 고종과 정권을 장악하고 있던 친러파의 내락을 얻은 것이므로 외부 대신서리 민종묵(閔種默)은 이를 허여하려고 공식절차를 준비하였다.[37]

독립협회는 1898년 2월 27일 독립관에서 통상회(通常會)를 개최하여 친러수구파 정부의 절영도 조차 계획을 격렬하게 성토하였다.[38] 독립협회 회원들은 외부에 공한을 보내어 국토의 일부를 외국에게 떼어 주려는 음모를 신랄히 공격하고,[39] 계속해서 공한을 보내어 일본의 석탄고 기지(石炭

---

32 『尹致昊英文日記』 1898년 2월 7일자 참조.
33 『尹致昊英文日記』 1898년 2월 18일자 참조.
34 『上疏存案』(議政府편), 第5책, 광무 2년 2월 21일조 「中樞院議官安駧壽等疏」 및 鄭喬 『大韓季年史』(국사편찬위원회판) 상권, pp.173~175 참조.
35 『俄案』문서번호 861, 광무 6년 8월 16일조 「전게자료」 문서번호 872, 광무 6년 8월 25일조 및 「전게자료」 문서번호 977, 광무 2년 2월 6일조 참조.
36 『駐韓日本公使館記錄』(機密本省往信) 1897년(明治30) 9월 24일조 「機密 第60號」 「絶影島租借二關スル露公使ノ申込」 참조.
37 『駐韓日本公使館記錄』(各領事館機密往來信) 1898년(明治31) 3월 21일조 「機密 第1號」 「絶影島二於ケル各國居留地設定ノ件」 참조.
38 『The Independent』(Vol. 3 No. 25) 1898년 3월 1일자 「The Peoples' Protest」 참조.
39 『民會實記』 광무 2년 음력 2월 초 8일조 참조.

庫 基地)의 철거를 요구했으며,[40] 탁지부에도 공한을 발송하여 러한은행의 철거도 요구하였다.[41]

독립협회는 3월 7일 특별회를 개최하여 절영도 조차 반대, 일본의 석탄고 기지 철거, 러한은행 철수, 친러파와 민종묵 규탄의 성토를 한 다음 공한을 정부에 발송하여 그들의 결의를 관철할 것을 통보하였다.[42]

독립협회는 열강의 이권침탈과 침략정책을 저지하고 자주독립을 굳건히 수호하는 과제를 그동안 토론회를 통하여 계몽시킨 국민의 힘으로 달성하려고 하여 한국 역사상 최초의 민중궐기대회인 만민공동회를 개최하기로 하였다. 1898년 3월 10일 오후 2시 서울의 종로에서 개최된 독립협회가 주최한 만민공동회에는 당시 17만 명의 서울 시민 중에서 1만여 명의 성인 남자 시민들이 참가하여 제정러시아와 열강의 침략정책을 격렬히 규탄 하고, 대한제국의 자주독립을 지키기 위하여 러시아의 절영도 조차 요구의 거부는 물론이요, 러시아의 군사교관과 재정고문의 철수와 러한은행의 철거를 요구하는 결의를 통과시켰다.[43] 독립협회가 개최한 제일차 만민공동회는 대성공을 거두었다. 모인 시민들의 숫자에 있어서도 기대 이상으로 1만여 명의 시민들이 자발적으로 참집했을 뿐 아니라 시민들과 연사들이 모두 자주독립권 수호를 위한 확고한 결의를 다짐하여 민중의 성숙도를 증명하여 보여 주었다. 독립협회가 주최한 이 만민공동회에는 러시아공사와 그 직원들을 비롯하여 많은 외국 외교관들이 이를 관람했으며, 만민공동회가 이렇게 대규모 민중대회로서 성공한 사실은 즉각 당시의 외 교

---

40 『民會實記』 광무 2년 음력 2월 15일조 및 『大韓季年史』 상권, p.179 참조.
41 『民會實記』 광무 2년 음력 2월 15일조 및 『大韓季年史』 상권, p.181 참조.
42 『民會實記』 광무 2년 음력 2월 15일조 및 『大韓季年史』 상권, pp.179~180 참조.
43 『民會實記』 광무 2년 음력 2월 17일조 및 『大韓季年史』 상권 p.182 ; 『독립신문』 (제3권31호) 1898년 3월 15일자 「잡보」 및 『The Independent』(Vol. 3 No. 30) 1898년 3월 12일자 「Peoples' Mass Meeting」 참조.

계와 정부에 큰 충격을 주어,[44] 한국민중의 성장에 모두 놀라움을 표시하였다.[45]

만민공동회에 놀란 러시아공사는 대한제국 황제와 정부를 위협하기 위하여 만일 대한제국의 황제가 러시아군대의 보호를 받지 않기를 원한다면 철수할 용의가 있으니 24시간내에 회신할 것을 요 구하는 최후통첩을 대한제국 정부에 보내었다. 이것은 대한제국의 독자적 시위대(侍衛隊)가 아직 제대로 조직되지 않은 상태에서 황제 고종이 러시아 군사교관의 철수를 요구하지 못할 것임을 내다보고 가한 압력이었다. 러시아측은 이와 함께 정부 내의 친러파를 동원하여 황제와 대신들에게 제정러시아의 보호가 필요함을 역설케 하고 독립협회의 무뢰한들을 탄압할 것을 요구케 하였다. 그러나 만민공동회에 큰 충격을 받은 정부내의 다수의 각료들은 민의에 따라 러시아 군사교관과 재정고문을 사절하자는 의견이 점차 지배하게 되었다.[46]

대한제국 정부는 이튿날인 3월 11일 밤 마침내 내각회의에서 러시아 군사교관과 재정고문의 철수를 요청하기로 결정하고, 러시아 공사에게 편지를 보내어 탁지부와 군부에 외국인을 고용하지 않을 뜻을 밝혔으며, 재정고문과 군사교관을 불러가 주기를 바라는 대한제국 정부의 뜻을 본국에 조회하여 관철시켜 줄 것을 요망한다는 뜻을 외교문서로 전달하였다.[47]

---

44 『The Independent』(Vol. 3 No. 30) 1898년 3월 12일자 「Peoples' Mass Meeting」 참조.
45 『駐韓美國公使館報告』(Communications to the Secretary of State from U. S. Representatives in Korea, H. N. Allen), No. 89, 1898년 3월 19일 조 「Crisis in Korea」에서 美公使 알렌은 대규모 群衆大會(mass meeting)가 매우 훌륭하고 질서있게 아주 잘 진행되었다고 본국에 보고하고 있다.
46 『駐韓日本公使館記錄』(機密本省往信) 1898년(明治 31) 3월 13일조 「機密 第16號」 排露熱勃興幷ニ露國士官顧問官等撤退ノ件」 참조.
47 『尹致昊英文日記』1898년 3월 12일조 및 『俄案』 제12책 문서번호 1001, 광무 2년 3월 12일조 및 「露士官 및 顧問官의 今後不用事 및 同援助에 對한 謝意表明次 露京으로 大使를 特派한다는 通告」 참조.

여기에 또 하나 놀라운 일은 3월 12일에 남촌[48]에 사는 서울의 평민들이 이틀 전의 만민공동회와 같은 장소에서 독립협회의 지도 없이 자발적으로 만민공동회를 개최하여 여기에는 이틀 전보다 더 많은 수만 명의 민중이 운집했다는 사실이다. 이 제2차 만민공동회에서는 출동한 시위대 군인들의 방해를 투석전으로 물리치고 이틀 전과 같이 러시아 군사교관과 재정고문의 철수를 결의했으며 대한제국의 독립을 사수할 결의를 통과시켰다.[49]

이 예기치 않은 민중의 자발적 만민공동회는, 물론 독립협회의 만민공동회를 본받은 것이지만, 독립협회의 직접적 지도를 받음이 없이 서울의 평민들이 자발적으로 개최한 민중대회라는 사실에서 정부관료들뿐만 아니라 외국인에게도 큰 충격을 주었다.

이때 제정러시아의 대한정책은 핀란드와 같이 우선 대한제국을 러시아의 속국으로 만들고, 궁극적으로는 그 식민지로 만들려는 것이었다.[50] 그리고 러시아의 속국이 된 한반도의 남해안의 어느 항구에 얼지 않는 러시아의 해군 군항(軍港)을 설치하려는 것이 그들의 당면 정책이었다. 그들은 이러한 목적 아래 대한제국에 계속 군사교관과 사병들을 증파하고 있었다.[51]

---

48 『독립신문』(제3권 제31호) 1898년 3월 15일자 「잡보」 참조. 『독립신문』은 여기에 3월 12일 「南村 사는 忠義 있는 이들이 萬民共同會를 다시 개최했다고 했는데, 「南村」은 平民의 거주 구역으로서 平民層의 대명사로 사용되고 있었다.

49 『독립신문』(제3권 제31호) 1898년 3월 15일자 「잡보」 참조.

50 『The Independent』(Vol.3 No.34) 1898년 3월 22일 자 「A Prophetic Journalist」 참조. 여기서 보도되고 있는 바와 같이, 당시 제정러시아의 대한정책을 관찰하고 돌아간 러시아의 중진기자 시로미안타니코프(M. Syromiantanikoff)가 런던의 데일리 그래픽(Daily Graphic)지와의 인터뷰에서, 한국이 러시아의 속국이 될 운명에 처해 있음을 솔직히 인정하고 러시아는 한국을 그의 식민지로 만들 필요가 있음을 세계에 대하여 강조하면서 "한국은 막 러시아 제국의 일속주가 되고 있다"(Korea is bound to become a province of Russian Empire)고 보고하였다. 『The Independent』지는 이를 통렬히 비판하고 반박했으나, 이때 제정러시아는 세계에 대하여 그들의 한국지배의 정당성을 공개적으로 선언하고 있었다.

51 『The Independent』(Vol.3 No.32) 1898년 3월 17일자 「Local Items」에 의하면, 만민공

이러한 상태에서 제정러시아는 독립협회의 저항을 받고 최후통첩이라는 강경책으로 대한제국을 협박하는 외교 공문을 보냈다가 드디어 만민공동회의 성공으로 궁지에 몰리게 된 것이었다. 당시 러시아는 시베리아 철도를 부설하기 시작했으나 아직 완공하지 못하여 신속하게 군사적 위협을 가할 형편에는 있지 않았다. 제정러시아 정부는 재정고문과 군사교관의 철수를 요구하는 대한제국 정부의 요구를 받고 강경파와 온건파가 대립하여 연일 격론을 벌이다가 마침내 온건파가 승리하여 부동(不凍)의 군사기지는 요동반도(遼東半島)에 설치하기로 하고, 3월 17일 대한제국의 요청에 응하여 재정고문과 군사 교관의 철수를 러시아공사관에 훈령했으며, 러시아공사도 절영도(絶影島) 조차(租借) 요구의 철회와 재정고문 및 군사고문의 철수를 대한제국에 통고하여 왔다.[52] 대한제국 정부는 1898년 3월 19일 러시아 군사교관들을 해고하고,[53] 러시아 재정고문 알렉시에프도 해임하여 돌려보냈다.[54] 러한은행도 철폐되었다.[55] 이 사태에 놀라 일본도 그들의 석탄고기지(石炭庫基地)를 대한제국에 반납하였다.[56]

이것은 대한제국의 매우 큰 사건이었다. 제정러시아가 삼국간섭(三國干涉)의 결과로 청국으로부터 조차(租借)해 낸 또 하나의 다른 해군기지 후보지인 요동반도로 철수한 것은 극동을 하나의 지역단위로 보는 제정러시아로서는 군항을 부산에 설치하는 것이나 요동반도에 설치하는 것이 작은

동회가 개최된 직후의 일요일에도 48명의 러시아병사들과 9점의 장비가 서울의 러시아 공사관에 도착하였다.
52 『尹致昊英文日記』 1898년 3월 18일조 및 『俄案』 제12책, 문서번호 1002, 1898년 3월 17일조 「露士官顧問官의 撤收 및 韓國大使特派를 拒絶하는 照覆」 참조.
53 『奏議』(議政府편) 제13책, 광무 2년 3월 19일조 「奏本 제33호」 「我國士官以下回還旅費를 豫算外出請議書」 참조.
54 『奏議』(議政府편), 제13책, 광무 2년 3월 19일조 「奏本 제34호」 「顧問官俄國人夏樑變解回費請議書」 참조.
55 『The Independent』(Vol.3 No.42) 1898년 4월 9일자 「Local Items」 참조.
56 『民會實記』 광무 2년 음력 2월 20일조 『大韓季年史』 상권, p.183 참조.

차이밖에 없는 것이었지만, 당시 약소국이었던 대한제국으로서는 외세가 한반도로부터 물러간 매우 중요한 사건이었다.

한반도가 국제 열강의 힘의 진공 상태가 되자 제정러시아와 일본은 상호 견제를 위하여 1898년 4월에 「로젠－니시(西) 협정」(Rosen-Nishi Agreement) 을 맺어, 양국이 대한제국의 주권과 완전한 독립을 확인하고, 대한제국의 내정에 간섭하지 않기로 함과 동시에 대한 제국이 군사교관이나 재정고문 의 초빙을 요청하는 경우에도 양국의 사전 동의 없이는 응낙할 수 없도록 협약하였다. 러시아는 주한러시아 공사도 온건파 마튜닌(N.Matunine)으로 교체 하였다.[57] 이 「로젠-니시 협정」에 의해 종래 「웨버-고무라 각서」 (Weber-Komura Memorandum)와 「로바노프-야마가다(山縣) 협정」(Lobanov- Yamagata Agreement)의 러시아에 기울어진 불균형이 교정되어 한반도를 둘러싼 완전한 국제세력균형이 이루어지고 열강들에 의하여 국제적으로 확인되었으며, 이 열강의 국제 세력 균형이 러·일 전쟁이 발발한 1904년 2월 초까지 거의 만 6년간 지속된 것이었다.[58]

이것은 독립협회·만민공동회가 쟁취한 대승리였다. 외세가 자기의 조국 에서 물러가고 아관파천(俄館播遷) 이후 러시아에게 일부 빼앗겼던 재정권 과 군사권이 대한제국에 복귀되어 대한제국의 자주독립이 강화되었을 뿐 아니라 국제세력 균형까지 획득했으니, 독립협회의 구국운동은 우선 크게 성공한 셈이었다. 또한 독립협회의 구국운동과 그 성공으로 정권을 장악한 친러수구파 정부는 수세에 몰리게 되고 독립협회가 국민의 지지를 받으면

---

57 『駐韓美國公使館報告』(*Communications to the Secretary of State from U.S. Representatives in Korea*, H. N, Allen), No. 96, 1898년 4월 12일조, 「Change Among Russian Officials in Seoul」 및 Horace N. Allen, 『Chronological Index of Foreign Relations of Korea from Beginning of Christian Era to 20th Century』, 1901, (金圭炳 역) p.81 참조.

58 신용하, 「光武改革論의 問題點－大韓帝國의 性格과 관련하여－」, 『창작과 비평』 1978년 여름호 ; 『韓國近代史와 社會變動』, 문학과 지성사, 1980, pp.106~108 참조

서 공세에 서게 되어 국내의 정치세력의 판도도 변화를 보이기 시작하였다. 독립협회는 국제 세력 균형이 확립된 이 기회에 그들이 추진해 오던 '의회'를 설립하여 대한제국의 정치체제를 전제군주제로부터 입헌대의군주제로 변혁하고, 개혁정부를 수립하여 신설하는 '의회'와 협동해서 국정 전반에 걸쳐 대개혁을 단행함으로써 자주독립의 기초를 튼튼히 만들어 국제 세력 균형이 깨어지는 날이 와도 한국민족의 실력으로 독립을 지킬 체제와 실력을 갖추어 버리려고 하였다.

독립협회는 1898년 3월 만민공동회의 성공 직후에 지도자들 사이에서 바로 의회설립 문제를 논의했으며, 그 준비로 1898년 4월 3일 제25회 독립협회 토론회의 주제를 "의회원을 설립하는 것이 정치상에 제일 긴요함" 으로 정하고 회원과 국민의 계몽을 적극적으로 실시하였다.[59] 이 토론회에서 독립협회 회원들과 이에 동조하는 시민들 사이에서는 '의회설립'에 대한 합의가 이루어졌음은 물론이다.

독립협회의 의회설립운동의 시작에 크게 놀란 친러수구파 정부는 법부 고문 리젠드어(Charles W. Legendre, 李善得)를 1898년 4월 14일 독립협회 부회장 윤치호에게 보내어 서재필·윤치호 등 독립협회 지도자들이 주장하는 '완전한 대의정부(thoroughly representative government)'의 수립은 시기상조이며 정부의 행정을 감시하는 기관으로는 '자문원 (Consultation Board)'의 설치가 합당하다는 의견을 전달하고 설득하였다.[60]

---

59 『독립신문』(제3권 제42호) 1898년 4월 9일자 「잡보」 및 「전게지」(제3권 제37호) 1898년 3월 29일자 「잡보」 참조.

60 『尹致昊英文日記』 1898년 4월 14일자 참조. 「Legendre said "The present condition of Corea is very much like that of Japan 30 years ago. The country will no longer stand the old absolutism, but it is unfit for a thoroughly representative government. We must find a medium between the two. I therefore suggest what I did to Japan 30 years ago ; viz. Consultation Board which shall be composed of the most enlightened elements in Country ……," General Legendre is bitterly opposed to P.Y.H. and also

독립협회는 이에 대하여 1898년 4월 30일자 『독립신문』에 반드시 '의회 설립(議會設立)'을 실현해야 하는 이유와 의회 설립이 정부와 황제와 국민과 대한제국 전체에 큰 이익과 나라의 부강을 가져오게 하는 핵심적 개혁임을 설명하는 장문의 논설을 게재하고, 독립협회의 목표의 하나가 의회 설립을 통한 완전한 대의정부(代議政府)의 수립임을 명백히 천명하였다.[61]

또한 독립협회 부회장 윤치호(尹致昊)는 의회 설립을 위한 준비의 하나로서 1898 년 3월 18일부터 로버트(1837~1923, Henry M. Robert)의 *Pocket Manual of Rules of Order for Deliberative Assemblies*를 번역하기 시작하였다.[62] 이 책은 영국의 상·하원의 의사결정과 미국의 상·하원의 의사진행 및 결의의 수천 건의 자료를 검토하여 회의진행법을 간결하게 정리한 책이었다.[63] 이 책은 2부로 구성되어 있는데, 제1부는 「*Rules of Order. A Compendium of Parliamentary Law, based upon the Rules and Practice of Congress*」(의사진행의 규칙, 국회의 규칙과 관행에 기초한 의회법의 대요)로서 국회에서의 의사진행규칙을 조항식으로 간결하고 알기 쉽게 정리한 것 이었다. 제2부는 「*Organization and Conduct of Business*」(사업의 조직과 경영)라고 하여 기업체와 일반 단체에서의 회의진행방법을 역시 조항식으로 간결하고 알기 쉽게 정리한 것이었다.[64]

윤치호는 이 책의 제1부 「*Rules of Order*」를 「의회통용규칙」이라는 제목

to Jaisohn」 참조.

61 『독립신문』(제3권 제51호) 1898년 4월 30일자 「론설」 참조.

62 『尹致昊英文日記』 1898년 3월 18일자 참조.

63 Henry M. Robert. *Pocket Manual of Rules of Order for Deliberative Assemblises* 1876, pp.11~12 [Preface] Robert's *Rules of Order, Newly Revised* (edited by Sarah Corbin Robert) 1970, pp.27~42, 「Introduction」 참조.

64 Henry M. Robert의 *Pocket Manual of Rules of Order for Deliberative Assemblies* 는 1876년판, 1893년판, 1904년판, 1915년판, 1918년판, 1921년판이 있는데, 윤치호가 번역한 것은 1893년판인 것으로 추정된다.

으로 번역하여,[65] 1898년 4월에는 29 페이지의 국한문 혼용의 책자로 인쇄
해서 독립협회 회원들에게 배포하고 1책당 5전씩으로 판매하기 시작하였
다.[66] 독립협회는 6월부터 『의회통용규칙』을 『독립신문』에도 광고를 내어
일반국민에게 공매해서 의회설립을 계몽하고, 의회를 설립했을 때의 회의
진행의 훈련을 시작하였다.[67] 당시 로버트의 『의회 통용규칙』은 영국의
상·하원과 미국의 상·하원의 회의진행에서도 채택되었던 전세계적으로 유
명한 국회의 회의진행법이었으므로 독립협회가 이 책을 번역하여 보급한
것은 매우 적절한 준비를 한 것이었다.[68]

친러수구파 정부는 물론 독립협회의 이러한 의회설립운동의 시작에 강
력히 반대하는 입장이었지만, 친러수구파 정부의 대신들이 대부분 부패한
탐관들이어서 독립협회 회원들의 시위 공격을 받고 있는 도중이었으므로
자기 방어에 급급하여 독립협회의 의회설립 운동을 적극적으로 직접 탄압
할 형편에 있지 못하였다.[69]

---

65 『尹致昊英文日記』 1898년 3월 18일자에 윤치호는 Robert 의 「Rules of Order]를 번
   역하기 시작했다고 쓰고 있는데, 이것은 이 책의 제1부를 의미하며, 또 현재 필자
   가 보관하고 있는 『議會通用規則』과 대조해 보면 역시 Robert의 저서의 國會用인
   제1부만이 번역되고 있다.
66 『The Korean Repository』(Vol. 5, No. 4) 1898년 4월호 「Literary Department」 p.157
   참조.
67 『독립신문』(제3권 제63호) 1898년 6월 2일자로부터 「전게서」(제3권 제63호) 6월
   21일자까지 광고를 내어 이 『의회통용규칙』을 一般公賣하고 있다.
68 Robert의 「Rules of Order」는 오늘날에 議會를 비롯한 모든 회의체에서의 회의진행
   표준으로 사용되고 있는데, 최신판은 Sarah Carbin Robert 가 Henry M. Robert 3세,
   James W. Cleary, Willam J. Evans의 도움을 받아서 1970년에 수정판을 낸 『Robert's
   Rules of Order, Newly Revised』. 1970이다.
69 신용하, 『獨立協會硏究』, pp.311~325에서 볼 수 있는 바와 같이 이 시기에 皇帝,
   법부대신 李裕寅, 警務使 申奭熙, 의정부참정 趙秉式, 광산감독 李容翊 등 守舊
   派들은 부정부패와 인민재산의 침탈로 말미암아 독립협회와 국민의 격렬한 규탄운
   동이 일어나서 곤경에 처하여 있었다.

그러나 독립협회도 그들의 의회설립 운동에 큰 장벽이 가로놓여 있음을 잘 알고 있었다. 그것은 무엇보다도 황제 고종이 의회 설립을 군권을 감소시키는 것이라고 하여 '의회'를 설립하려는 어떠한 운동에도 강력히 반대하고 있었기 때문이었다. 전제군주제하에서 전제군주가 반대하는 '의회설립' 운동을 전개한다는 것은 세력이 역전되는 때에는 반역행위로 처단될 수도 있는 생명을 건 운동이 되지 않을 수 없었다. 뿐만 아니라 서울과 대도시에서는 독립협회가 '의회설립'의 긴급한 필요성을 어느 정도 계몽하여 시민들 사이에 지지를 획득하고 있었다고 할지라도, 농촌에서는 독립협회의 세력이 매우 빈약하였고 '의회' 설립 같은 것은 왜 그것이 긴급히 필요한지 거의 모르고 있었다. 이러한 사회적 조건에서 독립협회의 의회설립 운동이 설혹 성공하여 일반보통선거가 실시된다 할지라도 전국적으로는 개화파(독립협회파)가 승리하여 다수 의석을 획득할 가능성도 거의 없었다.

독립협회는 이러한 악조건을 타개하기 위하여 의회를 상원(上院)과 하원(下院)의 양원제(兩院制)로 하고 우선 중추원을 개편하여 '상원'을 설립하는 전략을 채택하였다.[70] 당시 프랑스·영국·미국·독일 등 전세계의 모든 공화국과 입헌군주국들이 상·하원의 양원제를 채택하고 있었다. 독립협회로서는 전국의 일반보통선거제도에 하원부터 설립하는 것은 시일이 걸리고 더 오랜 준비가 필요한 일이었는데 비하여, 각국마다 별도의 방법으로 구성하는 상원부터 설립하는 것은 비교적 단시일에 성취할 수 있는 일이었으며, 또 기존의 중추원을 상원으로 개편하면 황제와 수구파의 반대를 약화시킬 수 있는 가능성이 있었다. 이에 독립협회는 먼저 중추원을 개편하여 독립협회 회원 중심의 '상원'을 설립한 다음 농촌에도 독립협회의 세력이 커지게 되면 다음에 '하원'을 설립하려고 하였다.[71]

---

70 『尹致昊英文日記』 1898년 5월 2일자 및 『독립신문』(제3권 제98호) 1898년 7월 27일사 「하의원은 급치 안타」 참조.

독립협회는 이러한 그들의 의회 설립 주장을 널리 계몽해 오다가, 1898년 7월 3일 황제에게 상소하는 형식으로 의회 설립을 간곡한 문투로 제의하였다. 독립협회는 이 상소에서 ① 동양사상에서도 사람을 쓸 때에는 일용일거간(一用一去間)에 국인(國人)의 의논을 반드시 존중하며, ② 구주(歐洲) 여러 나라들은 전제정치일지라도 상·하의원을 설립하여 언로를 널리 여는바, ③ 이것은 만국통용(萬國通用)의 규(規)에 부합하니 우리나라도 대소정령(大小政令)을 위로는 백료(百僚)로부터 아래로는 서민에 이르기까지 광순박채(廣詢博採)할 대책을 세울 것을 호소하면서 우회적으로 의회 설립을 간곡하게 제의 하였다.[72] 이에 대하여 7월 9일 황제 고종은 비답(批答)에서 "말하는 바가 비록 조정의 일을 우애(憂愛)한 데서 나온 것 같으나 분수를 벗어나서 망론(妄論)하지 말라"[73]고 즉각 거부의 반응을 보였다.

수구파들은 독립협회가 의회 설립을 운동하는 것은 '법국민변(法國民變)'(프랑스 대혁명)을 일으키게 하는 것이라고 공격 하였다. 이에 대하여 독립협회는 대한은 아직 '민권(民權)'이 발전되지 않았고 독립협회가 의회를 설립하려는 것은 나라를 튼튼히 하고 황실까지도 견고케 하려는 것이라고 반박하였다.[74]

독립협회는 고종의 거부 반응과 수구파의 공격에 굴하지 않고 7월 12일 재차 의회 설립을 요구하는 상소를 올려 ① 홍범실준(洪範實遵), ②현량경선(賢良更選), ③ 민의박채(民意博採)를 거듭 강조하면서 이것이 나라와 백성을 구하는 길임을 강경하게 주장하였다.[75] 고종과 수구파정부의 반응은

---

71 『독립신문』(제3권 제98호), 1898년 7월 27일자 「하의원은 급치안타」 참조.
72 『上疏存案』(議政府편) 제6책, 광무 2년 7월 3일조 및 『承政院日記』 高宗 광무 2년 음력 5월 21일조 「中樞院一等議官尹致昊等疏」 참조.
73 『承政院日記』, 고종 광무 2년 음력 5월 21일조 「中樞院一等議官尹致昊等疏批旨」 「省疏具悉所陳 若憂愛朝廷之事 不可出位妄論也」 참조.
74 『독립신문』(제3권 제83호) 1898년 7월 9일자 「민권이 무엇인지」 참조.
75 『承政院日記』, 고종 광무 2년 음력 6월 초2일조 「前中樞院議官尹致昊等」 참조.

역시 부정적이었다.[76]

　고종과 친러수구파 정부는 독립협회의 본격적인 완강한 의회설립 운동에 대하여 두 가지 대책을 세워 맞서려고 하였다. 그 하나는 유명무실한 정부 자문기관인 중추원을 활성화하여 자문기관으로써 '의회' 설립을 저지하려고, 7월 13일 독립협회 회원 중에서 자문기관 중추원에 윤치호(尹致昊)·이건호(李建鎬)·윤하영(尹夏榮)·정교(鄭喬) 등을 포함한 신임의관 40명을 임명하였다.[77] 그러나 독립협회는 이러한 호도책으로서 중추원을 자문기관으로 둔 채 신임의관을 임명하여 봉급까지 주는 것은 재정의 낭비임을 지적하면서, 명실상부한 '의회'로의 중추원의 개편을 요구하였다.[78]

　다른 하나는 수구파와 고종이 그들의 전위단체로 조직한 황국협회(皇國協會)로 하여금 상원만이 아니라 '하원'도 동시에 설립하기 위하여 충분히 시일을 갖고 서 둘지 말자고 제안케 하여 중추원의 상원으로의 개편을 반대케 하면서 지연작전을 쓰는 것이었다. 이에 대하여 독립협회는 하원도 설립해야 하지만 반드시 동시에 설립하기 위하여 의회 설립을 후일로 미룰 필요는 없으며, 하원 설립은 당장 급하지 않으나 상원 설립은 당장 긴급하니 단기간에 설립 가능한 상원부터 설립하는 것이 의회 설립을 가능케 하는 것이라고 주장하여 수구파의 지연작전을 반박하였다.[79]

　친러수구파 정부는 독립협회의 완강한 의회설립운동의 명분을 박탈하고 봉쇄하기 위하여 9월 7일 독립협회의 이건호(李建鎬) 등을 중추원 의관으로 재임명 하고,[80] 9월 24일에는 종래와 같은 자문기관으로서의 중추원

---

76 獨立協會와 守舊派 사이의 議會設立에 대한 논전에서는 '議會'라는 용어를 회피
　해 가면서 전개된 경우도 매우 많았다.
77 『官報』 제1000호, 광무 2년 7월 13일조 참조.
78 『독립신문』(제3권 제89호) 1898년 7월 16일자 「이게 중추원 죠직인지」 참조.
79 『독립신문』(제3卷 제98호) 1898년 7월 27일자 「하의원은 급치안타」 참조.
80 『官報』 제1051호, 광무 2년 9월 10일조 참조.

회의를 개원하였다.[81] 독립협회는 친러수구파 정부와 고종이 독립협회의 의회 설립을 완강하게 반대하자 정부를 교체하지 않으면 상원의 설립도 불가능하다는 것을 판단하게 되었다. 정부내에서는 민영환(閔泳煥) 등 소수의 개혁파 관료들이 독립협회의 의회 설립 주장을 지지하고 있었으므로,[82] 이에 독립협회는 수구파정부를 붕괴시키고 개혁파정부를 수립하여 새 정부와 의회 설립을 협의하는 방법과 방향을 취하기로 전략을 바꾸었다.

4. 독립협회의 개혁정부 수립

독립협회는 그들의 의회설립 운동에 친러수구파 정부와 황제가 완강하게 저항하자 정부를 교체하여 의회 설립에 찬성하는 관료들을 중심으로 한 개혁정부를 수립하는 것이 의회 설립을 실현할 수 있는 지름길이라고 판단하고 먼저 친러수구파 정부를 해체시키고 개혁파 정부를 수립하는 운동을 전개하였다.

당시 친러수구파 정부는 연이은 실정과 부정부패로 독립협회와 서울 시민들의 공격을 받고 수세에 몰려 있었다. 독립협회는 1898년 3월의 만민공동회 이후 쉬지 않고 친러수구파의 실정을 공격하고 있었다. 독립협회는 4월에는 서재필재류(徐載弼在留, 추방반대) 운동을 벌였으며, 3월부터 5월에 걸쳐서 국민의 생명과 재산의 자유권 수호운동을 벌여서, 평민의 재산을 늑탈한 수구파 대신들을 규탄하여 재산을 찾아 주었다. 6월부터 7월에는 조병식(趙秉式)·이용익(李容翊) 등을 비롯한 탐관오리와 부패관료들을 규탄하는 운동을 벌여 그들을 해임시켰다.

---

81 『皇城新聞』(제1권 제18호) 1898년 9월 26일자 「잡보(樞院實施)」 참조.
82 『독립신문』(제3권 제145호) 1898년 9월 22일자 「잡보(개명한 민씨)」 참조.

〈그림 20〉 만민공동회

또한 독립협회는 러시아의 목포와 진남포의 조계 매도 요구를 반대하여 저지시켰고, 일본의 을미(1895)·병신(1896)년간의 일본인 피살자에 대한 배상요구를 반대하여 저지시켰으며, 일본인의 경부철도부설권 인준 요구를 규탄하였고, 독일의 금광이권요구를 규탄하였다. 9월에는 그동안 황제와 친러수구파정부가 외국에게 양여하고 침탈당한 모든 종류의 이권(利權)들을 조사하고 그에 관여된 국내 각료들을 규탄했으며, 더 이상의 이권침탈을 반드시 저지하기로 결의하였다. 또한 이 달에 독립협회는 황제 고종이 외국인들을 고용하여 황실호위 외인부대(外人部隊)를 창설하려고 상해로부터 30여 명의 외국인들을 고용해 온 것을 격렬히 규탄하여 이를 저지하고 외국 군인들을 돌려 보내었다. 또한 수구파 대신들이 갑오개혁 때 폐지된 노륙법(孥戮法)과 연좌법(連坐法)을 부활시키려는 것을 규탄하여 저지하였다.[83]

독립협회의 이러한 친러수구파 정부의 실정에 대한 비판과 공격은 단순

---

83 愼鏞廈, 『獨立協會硏究』, pp.337~347 참조.

한 항의와 비판만이 아니라 독립협회 회원과 서울 시민들이 시위운동의 방법으로 전개했기 때문에 부패 투성이의 수구파 대신들은 그들의 세력이 강대했음에도 불구하고 매우 위축되어 있었다.

독립협회는 노륙법(孥戮法)과 연좌법(連坐法)의 부활을 저지하기 위하여 1898년 10월 1일 부터 10월 7일까지 1만여 명의 시민이 궁궐 앞에서 연일 시위를 전개하다가 이에 성공하자, 의회설립의 준비 작업으로 이 기회에 아예 실정 투성이의 수구파 7대신의 퇴진과 개혁정부의 수립을 요구하는 시위를 연속해서 시작하였다. 수구파 7대신이 퇴진한다는 것은 바로 친러 수구파 정부 의 붕괴를 의미하는 심각한 것이었다.

독립협회는 만 8일 간의 시위로 노륙법과 연좌법 부활 저지에 성공한 시민들을 해산시키지 않고, 인화문(仁化門)앞에서 철야 시위함과 동시에 10월 7일 상소를 올려 신기선(申箕善)·이인우(李寅祐)·심순택(沈舜澤)·이재순(李載純)·심상훈(沈相薰)·민영기(閔泳綺) 등 수구파 7대신의 죄상을 낱낱이 들어 규탄하면서 이들의 파면을 요구했다.[84]

고종은 이 상소에 대하여 수구파 7대신에게 경고만 하고 교체하지 않겠다는 비답을 내렸다.[85]

독립협회는 10월 10일에도 다시 7대신의 파면과 개혁정부의 수립을 요구하고 강경한 상소를 올렸으며,[86] 10월 11일에는 7대신이 100일 물러가지 않으면 독립협회 회원과 시민들도 100일 물러가지 않겠다는 최후 통첩의 상소를 올렸다.[87] 주목해야 할 것은 독립협회가 친러수구파 정부의 붕괴와

---

84 『매일신문』(제1권 제139호) 1898년 10월 10일자 「독립협회 재소소본」;『皇城新聞』 (제1권 제30호) 1898년 10월 10일자 「별보(獨立協會再疏)」 및 『大韓季年史』 상권, pp.249~251 참조.

85 『皇城新聞』(제1권 제30호) 1898년 10월 10일자 「별보(獨立協會再疏)」 및 『大韓季年史』 상권, p.251 참조.

86 『매일신문』(제1권 제140호) 1898년 10월 11일자 및 「전계서」(제1권 제141호) 1898 년 10월 12일자 「별보」 참조.

개혁정부 수립을 요구하는 반정부 철야시위 운동을 전개하자 국민들의 지지와 참가가 격증하기 시작했다는 사실이다. 첫날인 10월 8일에만도 서울 시내와 전국 각 지방에서 독립협회의 철야시위대에게 보내온 의연금이 600여 원에 이르렀다.[88] 과천(果川)의 한 나무장수는 나무 한 짐을 30냥에 팔아서 25냥을 독립협회에 헌납하고 나머지 5냥으로 배상과 요기를 하겠다고 했고, 군밤장수 아이 하나는 군밤 판 돈 1냥 2전 5푼을 독립협회에 헌납하여 회원들을 감동시켰다.[89] 또한 감옥에 갇혀 있는 죄수들까지도 독립협회에 감사와 격려의 긴 편지와 함께 2원여를 거두어 보내 왔다.[90] 궁궐을 에워싸고 철야시위하는 독립협회 회원들과 시민들에 대한 의연금의 헌납은 이튿날부터는 더욱 증가하였다.

또한 독립협회가 친러수구파 정부의 해체와 개혁정부의 수립을 요구하는 철야시위를 시작하자 참가자들이 더욱 증가하였다. 10월 10일 부터는 인화문 앞의 시위 대열에 법어(法語)학교·일어(日語)학교·아어(俄語)학교의 학생들과 배재학당(培材學堂) 학생들이 참가하여 집회는 더욱 대규모화하였다.[91] 10월 12일 아침부터는 덕어(德語)학교 학생들도 참가했을 뿐 아니라, 수하동(水下洞) 관립소학교와 양사동(養士洞) 관립소학교의 소학교 학생들까지 모두 독립협회의 시위운동에 참가하였다.[92] 소학교 학생들의 시위 참가는 정부를 경악과 공포에 몰아넣었다.

---

87 『皇城新聞』(제1권 제33호) 1898년 10월 13일자 「별보(奉答聖諭)」 및 『독립신문』 (제3권 제163호) 1898년 10월 13일자 「황상칙유」 참조.
88 鄭喬, 『大韓季年史』(국사편찬위원회판) 상권, p.248 참조.
89 『皇城新聞』(제1권 제30호) 1898년 10월 10일자 「잡보(執使然哉)」 및 『독립신문』 (제3권 제160호) 1898년 10월 10일 자 [잡보(충애감동)] 참조.
90 『皇城新聞』(제1권 제32호) 1898년 10월 12일자 「잡보(縷人長書)」 참조.
91 『皇城新聞』(제1권 제32호) 1898년 10월 12일자 「잡보(學員赴會)」 및 『독립신문』 (제3권 제162호) 1898년 10월 12일자 「잡보(학교편지)」 참조.
92 『大韓季年史』 상권, p.259 참조.

뿐만 아니라 10월 10일부터는 독립협회의 정부 교체 운동을 지지하여 황국중앙총상회(皇國中央總商會)의 지도하에 서울 시내의 각전(各廛) 상인들이 일제히 철시를 시작하였다.[93] 경무청이 놀라서 경관들을 파견하여 상점의 문을 열 것을 명령했으나, 시전 상인들은 지금은 전과 달라 관인의 무례한 압제를 받지 않겠다고 대응하고 상점 문을 열고 닫는 것은 그들의 자유권리로 하는 일이니 간섭치 말라고 이를 거부하면서 무기한 철시를 계속하였다.[94]

이제 서울 시내는 개혁정부의 수립을 요구하는 독립협회의 지배하에 완전히 들어가게 되었으며, 이를 지연시키면 시킬수록 철야시위 군중은 증가하고 시위의 영향은 전국에 더욱 큰 영향으로 파급될 형편에 놓이게 되었다. 외국인들도 모두 나와 구경하면서 독립협회의 개혁정부 수립 요구 시위운동에 관심을 표명하고, 한국민중의 성장에 놀라움을 표시 하였다.[95]

황제 고종은 독립협회의 개혁정부 수립 시위운동으로 완전히 궁지에 몰리게 되었다. 독립협회가 1898년 여름 열강의 이권침탈반대(利權侵奪反對) 운동을 벌일 때부터 독립협회 회원들 사이에는 이권양여(利權讓與)의 책임자가 전제권으로 이권 할양을 승인한 고종이라는 공격이 일어났고, 최정식이라는 청년은 공개 연설에서 공공연히 고종의 이권양여를 규탄하였다.[96] 고종은 최정식을 불경죄로 구속케 하고 황국협회를 조직하여 독립협회에 대결하도록 했었다.[97] 그러나 고종은 황실호위 외인부대를 창설하다가 독

---

93 『皇城新聞』(제1권 제32호) 1898년 10월 12일자 「잡보(各廛撤市)」 및 『독립신문』 (제3권 제162호) 1898년 10월 12일자 「잡보(각뎐폐시)」 참조.
94 『독립신문』(제3권 제163호) 1898년 10월 13일자 「잡보(뎐인 충분)」 참조.
95 『The Independent』(Vol. 3, No. 120) 1898년 10월 13일자 「Local Items」 참조.
96 『大韓季年史』 상권, pp.215~216 참조.
97 皇國協會는 守舊派가 獨立協會에 대항하기 위한 단체로서 1898년 7월 7일 鄭洛鎔을 會長으로 하여 皇太子의 1,000圓의 下賜金을 받고 창립된 褓負商들의 단체였다. 외형상으로는 보부상들의 自衛團體임을 표방했으나 그 내면은 처음부터 친

립협회로부터 공격을 당하여 서울까지 불러온 외국인 퇴역군인들을 봉급을 주어 돌려보내지 않을 수 없는 처지에 놓이게 되었다. 이 사건만으로도 고종은 국민들로부터 불신과 비판의 대상이 되었고 이미 고립되어 있었다. 이제 그가 의지하던 수구파 대신들의 부정부패가 낱낱이 폭로되어 규탄되고 정부의 전면 교체가 요구되는 형편에서 계속 그들을 보호하다가 불길이 고종 자신에게 번져 올 위험이 눈앞에 닥치게 되었다. 고종은 10월 11일 한성판윤 이채연(李采淵)을 독립협회 시위장에 보내어 동궁이 병중인데 함성이 궁중에 들려 끊이지 않으니 병환에 해롭다고 군중의 해산을 애걸 호소해 보았다.[98] 그러나 독립협회와 서울 시민들은 물러가기는커녕 친러 수구파 정부 타도의 함성이 황제의 귀에도 크게 들리도록 외쳐 대었다.

고종은 독립협회가 올린 7대신을 파면하지 않는 한 100일이 되어도 물러가지 않겠다는 최후통첩의 상소를 받고는 더 이상 버틸 수 없다고 판단하여 마침내 10월 10일자로 법부대신 신기선(申箕善)과 법부협판 이인우(李寅祐)를 파면하고,[99] 군부대신 심상훈(沈相薰)과 탁지부대신 민영기(閔泳綺)를 해임시켰으며, 다시 10월 12일자로 의정부참정 윤용선(尹容善)을 해임시켜, 이미 스스로 사임한 의정 심순택(沈舜澤)과 함께 7대신이 모두 면직되고 친러수구파 정부는 붕괴되었다.[100]

고종은 독립협회의 주장에 따라 뒤이어 독립협회가 신임하는 박정양(朴定陽)을 서리의정사무에 임명하여 정부수반으로 삼고, 문제의 군권을 장악

러守舊派가 獨立協會에 대항하기 위하여 조직한 일종의 폭력단체·행동단체의 성격을 갖고 있었다.

98 『皇城新聞』(제1권 제33호) 1898년 10월 13일자 「별보(奉讀聖諭)」 ; 『독립신문』(제3권 제163호) 1898년 10월 13일자 「황상칙유」 및 『大韓季年史』 상권, pp.252~253 참조. 『大韓季年史』에서는 이 칙유의 일자를 10월 9일로 기록하고 있는데, 이것은 10월 11일의 착오이다.

99 『承政院日記』 고종 광무 2년 음력 8월 26일조 「詔」 참조.

100 『官報』 광무 2년 10월 10일자 「호외」 및 광무 2년 10월 12일자 「호외」 참조.

하는 군부대신에 의회 설립을 독립협회와 함께 주장하는 민영환(閔泳煥)을 임명했으며, 그 밖에 탁지부대신에 조병호(趙秉鎬), 법부대신에 서정순(徐正淳), 궁내부대신에 윤용구(尹用求)를 임명하였다.[101] 뒤이어 개각이 계속되었다. 이것은 독립협회의 주장에 따라 개혁파정부(改革派政府)를 수립한 것이었다.

친러수구파 정부의 해체와 박정양·민영환 내각의 개혁정부 수립은 독립협회가 10월 1일부터 만 12일간 궁궐을 에워싸고 철야시위를 하면서 쟁취해 낸 독립협회의 대승리의 산물이었다.

각국의 외교관들도 대한제국에서 민중운동에 의하여 개혁정부가 수립된 사실에 경탄을 표시하고 하나의 "평화적 혁명(平和的 革命, a peaceful Revolution)"이 이루어졌다고 자기 나라에 보고하였다.

> 이 도시 (서울-필자)는 지금 막 집중적 열광의 시기를 통과했음을 보고한다. 하나의 平的的 革命(a peaceful Revolution)이 일어났다. 군중들의 요구에 의하여 거의 전면적 개각이 이루어졌다. 이러한 내각의 변동은 1894년 일본이 한국을 실질적으로 장악했을 때 (갑오개혁을 말함-필자) 일어난 일이 있었다.[102]

독립협회는 친러수구파 정부가 붕괴되고 박정양·민영환의 개혁정부가 수립되자 만세를 부르고 해산한 다음, 이튿날인 10월 13일 이건호(李建

---

101 『承政院日記』고종 광무 2년 음력 8월 27일조「詔」참조.
102 『駐韓美國公使館報告』(Communications to the Secretary of State from U. S. Re presentatives in Korea, H. N. Allen), No, 152, 1898년 10월 13일조「Change of Cabinet, Peaceful Revolution, Independence Club」.「I have the honor to inform you that this city has just passed through a period of intensive excitement. A peaceful Revolution has taken place and at the demand of the masses, almost a complete change of cabinet has been made. Such cabinet changes took place when, in 1894, the Japanese took practical possession of Korea, ……」참조.

鎬)·한치유(韓致愈)·남궁억(南宮檍) 등을 총대위원으로 선출해서 의정서리 박정양에게 공한을 발송하고, 의회 설립을 위한 협의를 하고자 하니 시일과 장소를 지정하여 회답해 줄 것을 요청하였다.[103] 이에 대하여 정부 대표 박정양은 '10월 15일 하오 4시 정부에서' 의회 설립 문제를 협의 하자는 회답을 10월 14일 독립협회에 보내왔다.[104] 이에 독립협회와 개혁정부 사이에 10월 15일 '의회설립'을 공식적으로 협의하게 되었다.

5. 독립협회의 의회설립안 제출

독립협회는 개혁파 신정부와 약속된 날인 10월 15일 오전에 독립협회 사무소에서 임시회를 개최하고 신정부와의 협상의 원칙을 결의한 「조규(條規) 2 안(案)」을 작성하여 보고한 다음, 총대 위원으로 남궁억(南宮檍)·홍정후(洪正厚)·유맹(劉猛)·박언진(朴彦鎭) 등 5명을 선출하여 신정부와 협상하도록 하였다.

독립협회가 작성한 「조규 2안」은 다음과 같았다.[105]

제1조. 법률 所定한 이외에 濫加目한 雜稅는 일체 혁파할 사.
제2조. 中樞院을 更爲組織하오되 관제는 獨立協會 회원 중 공평정직한 人으로 총대위원을 산정하여 會同 議定할 사.
　① 議官 半數는 政府에서 薦選하고, 반수는 獨立協會에서 投票薦選하여 上奏한 후에 奉勅叙任할 사.
　② 議長은 政府所薦人中으로 하고 副議長은 會員中 所薦人으

103 『大韓季年史』 상권, p.260 참조.
104 『皇城新聞』(제1권 제36호) 1898년 10월 17일자 「잡보(政府復札)」 참조.
105 『大韓季年史』 상권, p.262 참조.

로 하되 諸議官이 投票選定할 사.

③ 章程은 外國 議院規則을 依倣하여 該院에서 起案하여 政府
에 經議한 후 裁可하심을 承하여 시행할 사.

독립협회의 이 '조규 2안'의 요점은 (1) 외국의 의회규칙에 의거하여 중
추원을 개편해서 의회(議會, 上院)를 설립하되, (2) 의원(議員)의 절반은 정
부에서 추천하고 절반은 독립협회에서 투표로 선출키로 하며, (3) 의장은
정부 추천의 의원 중에서 선출하고 부의장은 독립협회 선출의 의원 중에
서 의원들이 투표로 선출하는 원칙에 의거하자는 안이었다.

독립협회 총대위원들은 이 '조규 2안'을 가지고 돈례문 안의 의정부에
들어가서 정부 대신들과 의회 설립을 위한 협상을 시작하였다.[106] 이날 독
립협회측과 신정부측의 협상은 매우 화기애애한 분위기 속에서 진행되었
다. 『대한계년사』가 묘사한 이날의 협상 정경을 옮겨 보면 다음과 같다.[107]

이에 협회 총대위원들이 순검을 따라 정부에 들어갔다. 堂 위에 있
던 여러 대신들이 起立하여 서로 접대하고 자리를 먼저 청하여 수차
례 서로 사양한 후 여러 대신들이 먼저 앉은 후에 협회 총대위원들이
마주앉았다.

· 外部大臣 朴齊純 曰 "총대위원 중 누가 먼저 발언 하겠는가? 정부측
  은 내가 總代이다."
· 남궁억 曰 "言辭로서 相議하고자 하면 곧 혹 相左의 염려가 있는 고
  로 書錄으로 만들어 왔다."
· 박제순 曰 "더욱 좋다."
· 박제순이 '조규 2안'을 의정서리 朴定陽에게 권하였다('조규 2안'
  생략).

---

106 『매일신문』(제1권 제145호) 1898년 10월 17일자 「별보」 참조.
107 『大韓季年史』상권, pp.261~263 참조.

의정서리 朴定陽이 상세히 본 후 여러 대신들이 돌려가며 보기를 마치었다.

· 남궁억 曰 "議案을 이미 돌려 보았은즉, 여러분의 의향을 말해 달라."
· 박정양 曰 "두 條가 모두 좋다."
· 박제순 曰 "매우 좋다. 만약 좋지 않으면 受置할 리가 있겠는가."
· 군부대신 閔泳煥 曰 "可否인즉 정부 각 대신이 爛商해서 정해야 할 것이다."
· 洪正厚 曰 "전일에 혹 협회에서 청원하면 정부는 매번 지체하는 고로 이번 일은 회중에서 期限日字를 정하자는 의론이 있었다."
· 박제순 曰 "회중은 이미 상의가 되었으니 速하겠지만, 정부는 불가불 여러 날 상의한 후에 정할 것이다."
· 박정양 曰 "1주일로써 기한을 삼으면 어떤가?"
· 安寧洙 曰 "5백년래에 官民간에 서로 마주 대하여 議論하기는 처음 있는 일이다. 충분히 여유를 두고 그 可否를 말해 달라."
· 박제순 曰 "各이 모두 말하는 것은 번다한 것 같으니 청컨대 1원이 오직 말해 주기 바란다."
· 朴彦鎭 曰 "회원은 각각 言權이 있기 때문에 그러한 것이다. 또한 한 사람의 말이 미진한즉 각원이 대신 설명하는 것이다."
· 農商工部大臣 閔丙奭 曰 "모레 월요일에 회의해서 서한으로 회답을 보내는 것이 좋을 것 같다."
· 박언진 曰 "총대위원이(정부에) 들어온 후에 여러 회원들이 아직도 이를 고대하고 있을 터이니 可否間에 어떤 回答이 있어야 하지 않겠는가."
· 박제순 曰 "오는 일요일 안으로 반드시 회답할 것이다."
· 박정양 曰 "書中에 혹 改定되는 일도 있을 것이다."
· 남궁억 曰 "백성이 여러 날 相議하여 이제 이 議案을 程한 것이다. 제1조는 單擧라 다시 논할 필요가 없을 것이고, 제2조는 여러 항목이 있어 그중 만약 岐貳之論이 있으면 다시 質定하여 미리 통촉하기 바란다. 백성의 冤抑이 쌓인 지 오래다. 이것이 이 지경에 이른 그 사정을 상세히 통촉해서 비록 한 조의 일이라도 變改하지 말고 民願을 准施해 주기 바란다."

· 閔泳煥 曰 "금일 이 자리에서 갑자기 결정할 수는 없으나 官과 民이 相對한 예는 전에 없는 일인 고로 정부도 역시 다시 회의하여 爛商해서 결정할 것이다. 그리고 會中에서 백성과 나라의 일을 위하여 크게 애를 쓰니 극히 치하할 일이다."

여기서 독립협회가 정부에 요청한 것은 중추원을 외국의 의회규칙과 같은 '의회'로 개편하여 '의회설립'을 요청한 것이었다. 『독립신문』의 영문판인 『The Independent』는 이것을 바로 「the formation of Assembly」(국회의 설립)이라고 썼으며, 독립협회가 이를 통해서 대한제국에 '정치의 새로운 요인을 도입하는 것'(introducing a new factor of politics in Peninsular)이라고 기록하였다.[108]

독립협회와 개혁정부가 순조롭게 의회 설립을 준비해 나가자, 수구파와 고종은 곧 이를 저지하기 위한 활동을 다시 시작하였다. 황국협회 회원들은 수구파의 조종을 받고 10월 16일 의정서리 박정양의 집에 몰려가서 독립협회와 황국협회가 다 같은 민회인데, 어째서 독립협회만 상대하여 의논하는가 항의하고 그의 사임을 요구하였다.[109]

또한 고종은 10월 17일 독립협회에 적대적인 친러수구파 거물 조병식(趙秉式)을 의정부찬정에 임명하여 수구파를 재기용하기 시작하였다.[110] 뿐만 아니라 고종은 독립협회의 7대신 규탄으로 사직하였던 윤용선(尹容善)을 10월 20일 의정에 임명하였다. 이것은 수구파를 기용하여 박정양(朴定陽)·민영환(閔泳煥) 등의 '의회설립'에 대한 동조를 견제하려 한 것이었다. 고종은 이와 동시에 10월 20일에는 독립협회를 겨냥하여 언론과 집회

---

108 『The Independent』(Vol. 3, No. 122), 1898년 10월 18일자 「A Forward Movement」 참조.
109 『독립신문』(제3권 제167호) 1898년 10월 18일자 「잡보(황국협회)」 참조.
110 『承政院日記』 고종 광무 2년 음력 9월 초3일조 「詔」 참조.

의 자유를 제한하고 (離次開會, 독립협회가 사무소인 독립관 이외의 지역에서 회의를 여는 것)를 금지하는 조서를 내렸다.[111]

고종은 독립협회와 개혁정부가 '의회'를 설립하면 그의 '전제황권(專制皇權)'이 없어지거나 감소되지 않을까 매우 우려하고 있었다. 뿐만 아니라 수구파들이 독립협회의 의회설립 운동은 '법국민변(法國民變, 프랑스 대혁명)'을 추진하는 것이라고 모략 상주를 계속했으므로 '전제황권' '전제군주제'를 확고히 지지하는 친러수구파들을 기회가 있을 때마다 중용하려고 시도하였다.

고종이 중립을 지키지 아니하고 다시 친러수구파에 의존하려 하자, 독립협회는 10월 20일 다시 회원과 서울 시민을 동원하여 경무청 문 앞에서 철야시위를 시작해서 언론과 집회의 자유를 제한하려는 고종의 조칙에 항의 하고, 재진출하는 수구파 대신들을 규탄하였다. 철야시위를 중단한지 8일 만에 철야시위가 재개된 것이었다.

독립협회의 시위군중들은 10월 21일 신임 의정 윤용선의 집 앞에서 집회를 열고 총대위원을 들여보내 그의 사직을 권고한 결과 반드시 자진 사임하겠다는 약속을 받아내었다.[112]

독립협회는 연 3일간 철야상소시위를 하면서 10월 22일에 까지도 해산하지 않고 시위를 계속하였다.

고종은 독립협회의 철야시위에 위축되어 중추원 관제의 개정이 불가피함을 알게 되었다. 고종은 의정부 찬정(贊政) 박정양(朴定陽)을 참정으로 승진 발령했으며, 동시에 중추원 의장에 한규설(韓圭卨), 부의장에 윤치호(尹致昊)를 임명하고 중추원관제 중에 고칠 것이 많이 있으니 의장·부의장

---

111 『承政院日記』 고종 광무 2년 음력 9월 초6일조 「詔」 참조.
112 『皇城新聞』(제1권 제42호) 1898년 10월 24일자 「잡보(協會運動)」 및 『독립신문』
　　(제3권 제172호) 1898년 10월 24일자 [별회ᄉ건」 참조.

을 초치하여 협의해서 개정하라는 조칙을 내렸다.[113] 이에 중추원 부의장 윤치호(독립협회 회장)는 독립협회측의 대표를 겸하여 정부 청사에 들어갔다. 이때 정부는 고종의 지시에 따라 '의회'로서의 중추원관제개정이 아니라 '정부자문기관'으로서의 중추원관제개정안(中樞院官制改定案)을 만들어 독립협회 측의 동의를 구하고자 하였다. 수구파가 고종을 움직여 '의회' 설립을 완화해 보려고 시도한 것이었다. 정부대신들과 한규설·윤치호가 합석하자 정부대신들은 고종의 의사에 따른 자문기관으로서의 중추원관제 개정안을 내보였다. 그러나 독립협회 측에서 볼 때 이것은 그들이 추진하는 '의회'(상원)로서의 중추원개편이 아니었다. 여기서 윤치호와 정부대신들 사이의 대화 내용을 보면 다음과 같다.[114]

- 尹致昊 曰 "이 초안으로서 시행할 것인가?"
- 諸大臣 曰 "이 官制에 대하여 協會에서 商確하여 加減한 후에 명일 하오 4시 를 기한으로 회답하여 달라."
- 퇴거 하려는데 諸大臣 曰 "中樞院을 실시 하면 協會는 없어질 것인가?"
- 尹致昊 答曰 "中樞院 조직이 民會의 有無와 무슨 상관이 있는가? 만약 中樞院의 실시하는 政令이 공평정직하면 협회는 흔쾌히 기쁘게 찬양하고 開明進步에 종사할 것이다. 협회가 政治의 得失을 논하는 것은 부득이한 데서 나오는 것이다."

독립협회는 고종과 수구파가 여전히 의회가 설립되었을 때의 전제황권의 감소를 우려하여 의회 설립을 저지하려고 하는 것을 보고, 10월 23일 계속 철야시위를 전개하면서 매우 강경한 상소를 올렸다. 그들은 이 상소에서 ① 군권(君權)이란 세계 각국과 평등하게 되는 것을 말함이요 민권

---

113 『承政院日記』 고종 광무 2년 음력 9월 초9일조 「詔」 참조.
114 『大韓季年史』 상권, p.272.

(民權)이란 국토를 지키고 정법(政法)을 문란케 하는 대신들이 있으면 탄핵하여 성토하는 권리로서 나뉘어져 있는 것인바, ② 수구파 대신들이 민권이 성하면 군권이 반드시 줄어진다는 것은 무식한 소치에서 나온 주장이며, ③ 독립협회는 목적을 관철할 때까지 1명이 죽으면 10명이 그 뒤를 잇고 10명이 죽으면 백·천 명이 그 뒤를 이어 물러서지 않을 것이라고 통고하였다.

> 만일 權으로써 논하오면 天子로부터 庶人에 이르기까지 각각 정한 바가 있아온지라. 6대주와 同等하여 萬國과 平行하는 것은 폐하의 權이시옵고, 폐하의 백성이 되어 폐하의 강토를 지키고 그 政治를 거슬리고 法律을 어지러히 하는 신하가 있어서 宗社를 해롭게 하면 탄핵하여 성토하는 것은 臣 등의 權이옵거늘, 말하는 자가 이르기를 民權이 盛하면 君權이 반드시 줄어지리라 하오니 사람의 無識함이 이보다 심함이 있겠사옵니까? 만일 하여금 오늘날에 이 人民의 議論이 없은 즉 政治와 法律이 따라서 무너지고 부서져 어떠한 재앙의 기틀이 어느 땅에 서 일어날지 아지 못하겠사오니 폐하께서는 어찌 홀로 여기에 생각이 미치지 못하시나이까?[115]

독립협회는 '전제황권', '군권'이라고 하는 것은 밖으로 다른 나라의 황제들과 어깨를 나란히 하는 자주독립과 부강의 권리이기 때문에 안으로 백성이 정치에 관여 하고 대신들을 규탄하는 민권과 충돌하는 것이 아니라 민권이 강해지고 성해져야 나라가 더 자주독립하고 부강해져서 만국의 황제들과 어깨를 나란히 평행하는 「전제황권」, 「군권」이 강화되는 것이라고 고종을 설득하려고 하였다. 물론 이것은 독립협회가 「의회」를 설립하고 전제군주제를 입헌대의군주제로 개혁할 것을 전제로 한 주장이었다.

---

115 『承政院日記』 고종 광무 2년 음력 9월 초9일조 「中樞院一等議官尹致昊等疏」
　　참조.

독립협회는 10월 23일 정부로부터 받아온 '자문기관'으로서의 중추원관 제개정안을 10월 24일 오전까지 검토한 다음, 이것이 '의회'로의 개편안이 아니므로 서부하기로 설의하고, 그 대신 독립협회의 독자적인 의회(議會) 로의 중추원관제개편안(中樞院官制改編案)을 작성하여 정부에 제출하기로 결정하였다.[116]

독립협회는 평의원으로 하여금 중추원관제 개편안을 작성케 위임했으므 로, 이상재(李商在)·이건호(李建鎬)·정교(鄭喬) 3인이 모여 독자적인 '의회' (상원)로서의 중추원관제개편안을 작성하였다. 이것이 역사적인 독립협회의 '의회설립안(議會設立案)'으로서 그 중추원신관제개편안은 다음과 같다.[117]

제1조. 중추원은 議政府의 諮詢에 응하며 중추원건의를 위하여 다음 의 사항을 審査議定하는 처소로 함.
① 법률·勅令案
② 의정부에서 經議上奏하는 일체 사항
③ 중추원에서 임시건의하는 일체 사항
④ 인민獻議를 채용하는 사항
제2조. 중추원은 다음의 직원으로 구성함.
의장 1인. 부의장 1인.
議官 50 인, 奏任. 반수는 독립협회 회원으로 투표 選擧함.
參書官 2인 이하 奏任. 主事 4인 이하 判任.
제3조. 의장·부의장은 勅任이오 의관은 奏任으로 하되 등급은 無함.
단, 勅任은 議政이 奉勅敍任하고, 奏任은 議政이 上奏 敍任함.
제4조. 의장·부의장 및 의관의 임기는 12개월로 정함.
제5조. 의장은 중추원에 속하는 일체 사무를 총관하고 또 중추원에서 發하는 일체 공문에 名을 署함. 부의장은 의장의 직무를 보좌하 여 의장이 사고가 有한 時는 그 직무를 대리함.

---

116 『대국신문』(제1권 제65호) 1898년 10월 26일자 [잡보] 참조.
117 『皇城新聞』(제1권 제44호) 1898년 10월 26일자 「잡보(樞院改案)」.

제6조. 참서관은 의장의 지휘를 承하여 중추원의 庶務를 掌함.

제7조. 主事는 上官의 지휘를 承하여 庶務에 종사함.

제8조. 의정부와 중추원에서 의견이 不合하는 時는 府와 院이 合席協議하여 妥當可決한 후에 시행함.

제9조. 국무대신이 委員을 命하여 그 主任하는 사항으로 의정부의 委員이라 하여 중추원에 至하여 議案의 理趣를 辨明케 함.

제10조. 국무대신 및 각부협판은 중추원에 來會하여 議官이 되어 列席할 수 있으나, 단 그 各主任 사항으로는 決議하는 員數에 加하지 못함.

제11조. 本令은 반포일로부터 시행함.

광무 2년 10월 24일 독립협회 대표의원 尹致昊 李商在 鄭喬 李建鎬.

독립협회의 이 '의회설립안'은 중추원을 '상원(上院)'으로 개편하여 의회의 입법권(立法權)을 갖게 하고 그 의원은 25명을 정부의 추천의원과 25명을 독립협회의 민선의원으로 하도록 못을 박은 제안이었다. 독립협회는 정부가 다른 초안을 낼 수 없도록 극히 구체적으로 상원설립법안을 조문까지 만들어 정부가 자구수정만 할 수 있게 모든 틀을 만들어 준 것이었다.

독립협회는 10월 24일 오후에 회장 윤치호로 하여금 이 '의회설립안'을 정부에 제출케 하였다.[118]

정부대신들은 독립협회의 의회설립안[中樞院新官制改編案]을 돌려본 다음 대체로 찬성한다고 하였다.[119] 그러나 의관에 대해서는 황국협회(皇國協會)도 역시 독립협회와 동등하게 보아야 하므로 민선의관 25석의 반수를 주어야 할 것이라고 이의를 제기하였다. 이것이 고종의 지시에 의한 것임은 말할 필요도 없었다. 독립협회는 그들이 주도하는 '의회'를 설립하여 국정전반의 대개혁을 단행하려 하고 있었으므로 중추원의관 50석 중의 민

---

118 『大韓季年史』 상권, pp.272~273 참조.

119 『The Independent』 (Vol. 3, No. 126) 1898년 10월 27일자 「The Privy Council」 참조.

선의관 25석을 모두 독립협회에서 가져야 겨우 과반수가 되어 상원을 주도해 나갈 수 있었으며, 만일 민선의관의 반을 황국협회에 주면 독립협회는 총의석의 4분의 1만 갖게 되어 상원을 수도할 수 없게 되는 처지에 놓이게 되었다.[120] 여기서 황국협회를 참가시키는 문제가 심각하게 다음과 같이 논의되었다.[121]

- 尹致昊 曰 "비록 一視人民일지라도 選擇하면 어찌 그 優劣을 보지 않을 것인가?"
- 大臣 曰 "무엇으로서 누가 善하고 누가 否한가를 알 것인가?"
- 尹致昊 曰 "독립협회는 설립한 지 이미 오래인즉 가히 그 전후사업의 善否를 알아서 선택할 수 있을 것이다. 皇國協會는 무슨 뚜렷한 업적이 있는가?"
- 大臣 曰 "만약 정부가 독립협회와 황국협회의 兩會 사람의 일을 논할 때에 그 曲直이 어떠한가를 말하면 장차 偏黨이 될 것이다."
- 尹致昊 曰 "만약 황국협회의 업적을 볼 수 있다면 선택의 可否를 논할 것은 없다. 올 봄 이래로 독립협회는 다만 정부와 더불어 일을 논의해 보고자 바랐을 뿐 이다. 중추원에 들어가고 아니 들어가는 것은 浮雲이나 流水와 같이 알고 있다. 황국협회회장으로서 중추원 부의장을 삼고 독립협회에 議官 半數를 모두 허락하든지 아니면 황국협회人으로서만 의관 반수를 擇定하고 독립협회에게는 政令의 得失에 관한 言權을 허락하든지 해 달라."
  大臣 曰 "이 역시 不可하다. 독립협회의 업적은 적지 않으니 어찌 빠뜨려 둘 수 있겠는가?"

독립협회 측과 정부측이 황국협회의 참가 문제를 놓고 의견이 불합하게 되자 정부는 이를 고종에게 묻기로 하였다. 고종은 예정했던 대로이므로

---

120 『뎨국신문』(제1권 제65호) 1898년 10월 26일자 「잡보」 참조.
121 『大韓季年史』 상권, p.273. 참조.

즉각 협회들을 같이 보아 주어야지 어느 한쪽만 볼 수 없으니 민선의관 25석 중 17석만을 독립협회에 허락하도록 하라는 조을 내렸다.[122] 이것은 황제가 임명의관 25석과 황국협회 8석을 합하여 33석으로 총의석의 3분의 2를 차지하고 민회측에게는 3분의 1만을 주어 상원을 황제와 수구파가 지배 하겠다는 뜻을 표시한 것이었다. 윤치호는 회장에게 전권이 없으므로 다시 돌아가 회중에게 물어보고 회답하겠다고 응답하고 돌아왔다.

독립협회는 10월 25일 황제에게 상소를 올려 의회 설립을 고종의 배후에서 방해하고 있는 해임된 대신 심상훈(沈相薰)·민영기(閔泳綺) 등과 황국협회의 배후 인물들인 이인우(李寅祐)·민경식(閔景植)·장봉환(張鳳煥)·길영수(吉泳洙)·강호(康鎬)·최병주(崔秉周) 도배들이 궁정에 드나들면서 여전히 국정개혁을 방해하고 참소와 뇌물을 도모하고 있다고 격렬하게 규탄하였다.[123]

독립협회는 이와 동시에 중추원의관의 건을 회의에 부쳤다. 토론 끝에 전규환(田圭煥, 전 군기첨정)이, 만일 독립협회의 의회설립안에 의거하여 중추원이 개편되면 독립협회는 그대로 봉행하고 만약 독립협회의 개편안대로 시행되지 아니하면 독립협회는 중추원에 참여하지 말자는 동의를 제출하였다. 독립협회 회의에서 마침내 이 전규환의 동의가 가결되었으므로, 이 날 밤 회장 윤치호는 정부에 들어가서 회의 결의 내용을 전달하였다.[124]

독립협회의 결의에 대하여 정부대신들은 한 마디 반응도 없이 서로 바라보기만 하였다. 황제가 윤치호를 불러 압력을 가하였다. 윤치호는 독립협회 부회장 이상재(李商在, 당시 의정부 총무국장으로 정부 안에 있었음)와 의논하여 독립협회의 원안대로 밀고 나가기로 합의한 다음 다시 여러 대신들과 합석해서 독립협회의 확고한 결의 사항을 전달하고 황국협회 대

---

122 『大韓季年史』 상권, pp.273~274 참조.
123 『承政院日記』 고종 광무 2년 음력 9월 11일조 「中樞院副議長尹致昊等疏」 참조.
124 『The Independent』(Vol. 3, No. 126) 1898년 10월 27일자 「The Privy Council」 참조.

표도 참석시켜 다음과 같이 논의하였다.[125]

- 尹致昊 曰 "독립협회가 처음에 半數의 議官을 칭한 것은 일개인의 私를 위한 것이 아니라 公을 위한 본의에서 나온 것이다. 만약 반수를 허락치 않으면 결코 의관이 되지 않을 것이다. 비록 선택되지 않더라도 원망할 의사는 없다. 황국협회 중에서 의관 반수를 전원 선출케 함이 좋을 것이다."

  諸大臣은 즉각 황국협회회장 李基東을 초치하여 물었다.

- 諸大臣 曰 "황국협회의 의향은 어떠한가?"
- 李基東 答曰 "독립협회와 황국협회의 兩會는 비록 설립에 先後의 차이가 있지만 會이기는 일반이다. 議官을 선택하는 數는 兩會가 均同한 것이 가하다."
- 議政府參政 朴定陽 曰 "독립협회는 전혀 참여 하기를 원치 않는데 황국협회에서 반수를 담당하여 정부와 더불어 國事를 議論하는 것이 어떤가?"
- 李基東이 난색을 띠는 듯하며 묵묵히 앉아 있다가 한참만에 曰 "삼가 물러가서 회중에 물어보고 商議決定하여 3일 후에 와서 고하겠다."
- 尹致昊 曰 "이것은 그렇게 지연할 일이 아니니 이 자리에서 결정하는 것이 무슨 어려운 일이 있겠는가?"
- 朴定陽 曰 "속히 質言해 보라."
- 李基東 曰 "지금 곧 회중에 가서 爛議해 보겠다. 만약 25人 중 비록 1인이라도 薦刻에 不合하면 본회는 다시 의관선택에 간섭하지 않겠다. 모레 하오 3시에 돌아와 고하겠다."

황국협회는 독립협회에 대결하기 위하여 친러수구파가 급조한 보부상들의 폭력배 단체였기 때문에 '의회'가 무엇인지 '회의'는 어떻게 진행하는지조차 알지 못하는 사람들로 구성되어 있었다. 그들이 의관이 되었다가는 전국민 앞에서 웃음거리만 될 형편에 있었다. 황국협회 회장 이기동(李

---

125 『大韓季年史』 상권, p.276.

基東)은 10월 27일 마침내 '불능'이라는 회답을 보내어 왔다.[126] 황국협회
는 단독으로 의회를 담당할 능력이 전혀 없었던 것이다.

독립협회는 황국협회가 단독으로 '의회'를 담당할 능력이 없음을 잘 알
고 있었기 때문에 의석의 반수를 독립협회가 전담하여 독립협회가 주도하
는 '상원'을 설립할 수 있다고 본 것이었다.

이제 전폭적인 기회를 주어도 수구파 단체인 황국협회가 스스로 물러가
버렸으니, 독립협회는 자기들의 주도하에 오랫동안의 숙망이던 '의회설립'
이 가능하게 되었다. 사태를 관찰하고 있던 각국 외교관들도, 이제 한국인
들이 언론의 자유를 획득하고 '일반보통선거'(popular election)에 의한 '입
법부의 확립'(the establishment of legislative body)을 가져올 수 있는 '일종
의 국민의회'(a sort of Popular Assembly)의 설립을 보장받는데 성공했다고,
예컨대, 미국공사는 다음과 같이 본국에 보고하였다.

> 이제 나는 그들(독립협회-필자)이 언론의 자유를 인정하는 조칙을
> 획득하는 데 성공했고, 또 그들이 내각의 반대파들을 강제로 해임시키
> 는 성공적 운동 후에 일반보통선거에 의하여 입법부를 확립할 수 있
> 는 일종의 국민의회(Popular Assembly)를 보장받는 데 실질적으로 성공
> 했음을 보고한다. 독립 협회는 의원의 반수를 독립협회가 지명하는 중
> 추원의 개편을 요구했었으며, 이 협회는 중추원의 활동을 결정하는 규
> 칙을 작성하는 일을 주도할 것으로 전망된다.[127]

---

126 『大韓季年史』 상권, p.276, 「二十七日基東回告以不能 盖該會無可堪之人也.」
　　참조.

127 『駐韓美國公使館報告』(*Communications to the Secretary of State from U.S.*
　　Representatives in Korea ; H. N. Allen) No. 154, 1898년 10월 27일조 「Recent
　　Actions Taken by the Independence Club of Korea」. 「I now have the honor to
　　inform you that they have succeeded in obtaining a decree granting freedom of
　　speech, and they have practically succeeded in securing a sort of Popular Assembly,
　　which, it is thought, may lead to the establishment of legislative body by popular

또한 영국공사는 자기 나라에 독립협회가 중추원을 개편하여 절반국민의회(折半國民議會, semi-popular assembly)를 설립하고, 그 의원의 반수(半數)를 획득하는 데 성공했나고 보고하였다.[128] 영국측이 이를 절반국민의회(하원)라고 한 것이 중추원 의원의 절반만이 '민선의원'으로 되는 상원(上院)체제였기 때문이라고 해석된다.

독립협회는 그들의 의회설립운동이 일단 성공 직전에 도달하여 그들의 구상대로 '상원설립'이 가능하게 되자, 이것을 굳히기 위하여 관민공동회를 개최하였다.

6. 관민공동회와 의회설립

독립협회는 수구파와 황제의 집요한 저지운동을 물리치고 의회설립의 기초를 만드는 데는 성공했으나 언제 수구파와 황제 고종의 반격이 있을지 아직은 안심할 수 없는 처지였다. 이에 독립협회는 의회 설립을 확고히 기정사실화하고 개혁정부와 민중이 합석하여 국정개혁의 대원칙을 민중의 의사에 따라 결정해서 개혁정부(官)로부터 이 대원칙의 실천을 약속받아 보장시킨 다음 민중과 의회와 개혁정부가 일치단결하여 대개혁을 단행함으로써 열강의 침략으로부터 나라의 자주독립을 지킬 국력을 튼튼히 기르려고 하였다. 독립협회는 '관민공동'의 대집회를 개최하여 국정개혁의 강령을 결

---

election after the successful movement to compel the dismissal of the objectionable members of the cabinet, this club made a demand for a reorganization of the Privy Council to be composed of members, half of whom should be appointed by the Independence Club would further take the lead in drawing up regulations to govern the actions the Privy Council.」 참조.

128 『駐韓英國領事館報告』(*Reports and Communications from the British Consul in Seoul*), 1898년 11월 12일조 「기밀보고서 제108호」 참조.

의하고 정부(官)와 황제의 합의선서를 얻음으로써 수구파의 반격을 근본적으로 누르고 의회 설립과 대개혁정책을 대도 위에 올려놓기로 하였다.

독립협회는 10월 27일 정부관료와 각계각층 국민들에게 청첩장을 발송한 다음[129] 10월 28일 하오 1시에 서울 종로에서 관민공동회(官民共同會)를 개최하였다.[130] 이 대회에서 '민'의 대표는 주로 독립협회 회원들에 국한하여 4,000명의 회원이 참석했으며,[131] '관' 및 '황제'는 물론이요 수구파들까지도 자극하지 않고 그들을 압도함으로써 의회 설립을 튼튼히 보위하려고 하였다. 이 때문에 그 직전까지의 독립협회의 시위에서 보이던 격렬한 수구파비판과 황제의 전제권에 대한 비판은 엄금되었다. 독립협회는 관민공동회의 개최와 동시에 대회 진행 중에 회중이 반드시 지켜야 할 다음의 4가지 조항을 선언하였다.

① 황제와 황실에 불경한 언행을 엄금하며, 민주주의(Democracy)와 공화주의(Republicanism)를 옹호하는 연설을 금한다.
② 우리가 겪는 불행은 우선 우리의 책임이므로 우리와 조약을 맺는 외국을 모독하거나 외교분쟁을 일으킬 수 있는 언행을 금한다.
③ 우리는 양반과 상민(常民)이 모두 동포형제로서 이 대회에 모인 것이므로 누구든지 서로 모욕적인 언행은 엄금하며, 우리가 규탄했던 전임대신들에게도 불쾌한 언행을 금한다.

---

129 『大韓季年史』 상권, p.278 및 『독립신문』(제3권, 제176호) 1898년 10월 28일자 「잡보(종로별회)」 참조.
130 『尹致昊英文日記』 1898년 1898년 10월 31일조 참조 尹致昊는 여기서 官民共同會를 영문으로 「The Assembly of All Caste」라고 번역하고 있는데, 各界各層의 모든 階層이 合席한 大會라는 의미가 강조된 것으로 보인다.
131 『駐韓英國領事館報告』(Reports and Communications from the British Consul in Seoul) 1898년 12월 12일조 「기밀보고서 제108호」 및 「駐韓日本公使館記錄」(機密本省往信) 1898년(明治 31)) 11월 8일조 「發제75호」「獨立協會大臣排斥ニ關スル詳報」 참조.

④ 일부의 사람들이 자기의 나라보다도 자기의 풍속을 사랑하므로, 상투를 포함한 사회관습 개혁에 대한 논의는 금하며 국가정책에 대한 논의만을 행한다.[132]

이 결의 사항은 독립협회가 평소에 ① 민주주의(Democracy)와 공화주의(Republicanism)를 옹호하는 주장을 했고, 황제에 대한 불경한 언행이 있었으며, ② 외국과 맺은 조약을 비판하고 외국의 침략정책을 비판해 왔고, ③ 양반과 상민 사이의 갈등과 수구파대신들에 대한 비판을 해 왔으며, ④ 구습개혁을 주장해 왔음을 잘 나타내 준다. 독립협회는 수구파를 누르고 개혁정부를 수립했으며 의회설립이 눈앞에 다다른 시기에 와 수구파의 반발을 불러일으킬 수 있는 모든 주장을 적어도 관민공동회가 개최되는 6일간만은 자제할 것을 요청한 것이었다.

정부대신[官]들은 처음에는 고종의 10월 20일자의 칙령에 독립협회의 이차개회(離次開會)를 금지 조처했기 때문에 '종로'에서의 대회에 참가하지 않았다가 독립협회가 관민공동회를 강행해 나가자 고종의 허락을 받고 대회 이튿날인 10월 29일에야 이 회의에 참가하였다.[133]

10월 29일 (제2일) 하오 2시의 관민공동회에는 독립협회뿐만 아니라 황국중앙총상회(皇國中央總商會), 찬양회(贊襄會,順成會), 협성회(協成會), 광무협회(光武協會), 진신회(搢紳會), 친목회(親睦會), 교육회(敎育會), 국민협회(國民協會), 진명회(進明會), 일진회(日進會), 보신사(保信社) 등 독립협회 계열의 모든 자매단체들이 참석하였다. 이 뿐만 아니라 친러수구파의 행동대인 황국협회까지도 참석하였다. 또한 이날의 대회에는 시민·신사·학생·노동자·시전상인·맹인·승도(僧徒)·재설군(宰設軍,白丁) 등 각계각층의 인

---

132 『The Independent』(Vol.3, No. 128) 1898년 11월 1일자 「An Assembly of All Caste」 참조.
133 『輪牒存案』(議政府편) 광무 2년 10월 29일조 「通牒」 참조.

사들이 참석하여,[134] 그 수는 1만여 명이 넘었다.[135]

또한 이날 하오 4시에는 정부관료로서 의정 부참정 박정양(朴定陽), 찬정 이종건(李鍾健), 법부대신 서정순(徐正淳), 농상공부대신 김명규(金明圭), 탁지부대신서리 고영희(高永喜), 중추원의장 한규설(韓圭卨), 원임대신 김가진(金嘉鎭), 민영환(閔泳煥), 심상훈(沈相薰), 이재순(李載純), 정낙용(鄭洛鏞), 한성판윤 이채연(李采淵), 학부협판 이용직(李容稙), 장례원경 조희일(趙熙一), 의정부찬정 권재형(權在衡), 찬무 이선득(李善得, Legendre) 등이 참석하였다.[136] 정부대신으로서 이 관민공동회에 불참한 사람은 외부대신 박제순(朴齊純)과 군부대신서리 유기환(兪箕煥) 뿐이었다.[137] 그 결과 10월 29일부터는 1만여명의 민·관이 합석한 그야말로 명실상부의 대규모 관민공동회(官民共同會)가 되었다.

이날의 관민공동회에서는 백정 출신 박성춘(朴成春)이 개막연설을 한 다음,[138] 도립협회가 11개조의 국정개혁 강령을 제출하여 이중 6개조는 강(綱)으로 하여 공개 결의하고, 5개조는 목(目)으로 하여 다음에 황제에게 상주하여 품하기로 하였다. 이 관민공동회에서 공개 결의한 6개 조항은 다음과 같다.[139]

　　(1) 외국인에게 의부(依附)하지 아니하고 同心合力하여 전제황권(專制皇權)을 견고케 할 사.

134 『大韓季年史』 상권, pp.281~282 참조.
135 尹致昊, 「獨立協會의 活動」, 『東光』 제26호, 1931년 10월호, p.36 참조.
136 『독립신문』(제3권 제178호) 1898년 11월 1일자 「만민공동회 사실」 및 『大韓季年史』 상권, p.281 참조.
137 『The Independent』(Vol. 3, No. 128) 1898년 11월 1일자 「An Assembly of All Caste」 참조.
138 『大韓季年史』 상권, p.282 참조.
139 『奏本存案』(議政府편), 제3책, 광무 2년 10월 30일조 「奏本 제220호」 및 『皇城新聞』(제1권 제48호) 1898년 11월 1일자 「별보」 참조.

(2) 광산·철도·매탄(煤炭: 석탄)·삼림 및 차관·차병(借兵)과 모든 정부와 외국인과의 조약 사를 만일 각부대신과 중추원 의장이 합동으로 서명 날인한 것이 아니면 시행하지 못할 사.

(3) 전국재정은 어떠한 세(稅)를 물론하고 모두 탁지부에서 구관(句管)하되 다른 부(府)·부(部)와 사회사(私會社)는 간섭할 수 없고, 예산과 결산은 인민에게 공포할 사.

(4) 지금으로부터 시작해서 모든 중죄범을 공개재판을 행하되 피고가 충분히 설명하여 마침내 자복한 후에야 시행할 사.

(5) 칙임관은 대황제폐하께서 정부에 자순(諮詢)하여 그 과반수를 따라서 임명할 사.

(6) 장정(章程)을 실천할 사.

이것이 이른바 유명한 1898년 관민공동회의 '헌의(獻議) 6조'이다.[140] 관민 공동회의 이 헌의 6조에는 이 대회에 참석한 정부대신들도 서명하여, 행

---

140 『The Independent』 (Vol. 3, No. 128) 1898년 11월 1일자 「An Assembly of All Caste」에서는 「獻議 6條」의 영문본이 다음과 같이 명료한 해석으로 수록되어 있다. 헌의 6조의 해석에 도움이 되므로 적어 둔다.
 I. That both officials and people shall determine not to rely on any foreign aid but to do their best to strengthen and uphold the Imperial prerogatives.
 II. That all documents pertaining to foreign loans, the hiring of foreign soldiers, the grant of concession, etc. -in short every document drawn up between the Korean government and foreigner shall be signed and stamped by all the Ministers of State and the President of Privy Council.
 III. That no important offender shall be punished until after he has been given a public and ample opportunity to defend himself either by himself or by a consul,
 IV. That his majesty shall belong to the power of appointing his ministers, that in case the majority of the Cabinet disapproves a man, he shall not be appointed.
 V. That all sources of revenue and sources of revenue and methods of raising taxes shall be placed under the control of the Finance Department, no other department or office, or private corporation being allowed to interfere there with and that annual estimates and balance shall be made public.
 VI. That existing laws and regulations shall be faithfully enforced.

정부 수반인 박정양(朴定陽)이 10월 30일 황제 고종에게도 상주하였다.[141]

이 '헌의 6조'의 해석에서 종래 많은 오해를 불러일으켜 온 것이 제1조의 "외국인에게 의부하지 아니하고 동심합력하여 전제황권을 견고케 할 사"의 조항이다. 일부 문헌고증학자들은 '전제황권(專制皇權)을 견고케 할 사'의 전제황권의 글자에 집착하여 독립협회 운동이 황권강화 운동이라고 주장해 왔다. 이것은 전혀 사실과 다른 것이다. 이것은 독립협회운동의 전체 흐름을 세밀히 관찰하면서 해석할 필요가 있는 것으로서, 당시 전제황권을 갖고 있는 고종의 의회설립에 대한 반대와 의구심을 풀어 주기 위하여 독립협회가 전술적으로 사용한 용어에 불과한 것이었다. 독립협회는 이미 의회 설립의 만반 준비를 모두 끝내고 이를 다짐하는 관민공동회에 정부대신들과 황국협회까지 참가시키는 데 성공했으므로, 의회가 설립되어 민권(民權)이 비약적으로 성장하고 전제황권은 대외적인 상징으로서의 입헌군주국의 국권의 상징으로 변질되지 않을 수 없게 된 직전에서 전제군주인 황제 고종의 저항에 부딪쳐 '의회설립'의 대업의 성취를 좌절당하지 않으려고 특히 관민공동회에서는 세심한 배려를 했었다.

독립협회는 이미 '군권(君權)'을 황제가 대외적으로 세계열강의 황제들과 어깨를 나란히 하는 부강한 자주독립의 상징으로 정의해 왔다.[142] 관민공동회의 '헌의 6조'에서 말한 '전제황권'도 마찬가지의 의미였다. 이것은

---

141 『奏本存案』(議政府편), 제3책, 광무 2년 10월 30일조「奏本 제220호」,「議政府 參政臣朴定陽等謹奏 本月 二十九日 人民等大會于鍾街 稱以官民共同會 謂有 國弊民瘼 可以議法者 要政府諸臣一同赴會 臣等竊伏念 官民協商雖係創有 人民等旣以議法 國弊民瘼爲辭則 職在政府 理需排却 相率往矣, 會中人民有六條 綱領獻議者 萬口齊聲 一辭合唱可 且要臣等將比上奏, 臣等又伏念 該六條乃尊 國體 整財政 平法律 遵章程之事也. 俱係合行 故謹將該摺本 左開奏聞 伏候聖 裁. 光武 二年十月三十日奉.」 참조.

142 『承政院日記』고종 광무 2년 음력 9월 초9일조「中樞院一等議官尹致昊等疏」 참조.

이 조항의 앞부분에 '외국인에게 의부하지 아니하고'라는 문구를 선행시켜 전제 황권은 대외적으로 자주독립과 관련된 것으로 해석 하도록 배려하고 있는 곳에서도 이를 알 수 있다. 또 이 조항의 영문판에는 전제권을 의미하는 'absolute' 또는 'despotic'이라는 용어를 쓰지 않고 단순히 '대권'을 의미하는 'prerogatives'라는 용어를 사용한 곳에서도 이를 볼 수 있다.[143] 독립협회가 이 시기에 「입헌정치」를 적극적으로 찬성하고,[144] 윤치호가 절대군주제(absolute monarchism)를 반대하고 있는 곳에서도 이를 알 수 있다.[145] 뿐만 아니라, 바로 이 '헌의 6조'의 다음 조항들에서 황제의 외국과의 이권 양여권·조약체결권을 박탈하고(제2조), 황제가 직접 궁내부를 통하여 관장하던 일부 조세 징수권을 박탈해서 탁지부로 넘기며 (제3조), 칙임관의 임명도 황제가 임의로 하지 못하고 내각회의에서의 과반 수 결의에 따라서 임명하도록 황제의 칙임관임명권까지 박탈한 곳(제5조)에서도 이를 잘 알 수 있다.

그럼에도 불구하고 독립협회가 관민공동회에서 사용한 '전제황권'의 용어는 어리석었던 황제 고종의 불안과 의구심을 풀어주는 데 크게 작용했던 것 이 사실이었다.

관민공동회의 '헌의 6조' 중에서 의회 설립과 직접 관련된 것은 제2조의 "광산·철도·매탄(석탄)·삼림 및 차관·차병과, 모든 정부와 외국인과의 조약사를 만일 각부대신과 중추원의장이 합동으로 서명 날인한 것이 아니면, 시행하지 못할 사"이다. 여기서 중추원은 의회로의 개편을 전제로 한 것임

---

143 『The Independent』 (Vol. 3, No. 128) 1898년 11월 1일자. 「An Assembly of All Caste」 참조.

144 『독립신문』(제3권 제209호), 1898년 12월 7일자 「정치가론」 참조.

145 『尹致昊英文日記』 1898년 3월 28일자, 「If Corea were go back to her old seclusion, absolute monarchism might do. But with all her doors open and foreigners watching her actions, Corea cannot go back to the old time practices.」

은 두말할 필요도 없다. 즉, 이 조항은 ① 광산·철도·석탄·삼림 …… 등의 모든 이권과 ② 차관 ③ 차병(借兵) ④ 그밖의 모든 정부와 외국 및 외국인과의 조약 체결은 반드시 '의회'의 동의를 얻어야 한다고 하여 의회의 조약비준권을 선언하고, 그 결과 정부의 각부대신과 의회로서의 중추원 의장이 공동서명해야만 시행할 수 있도록 결의한 것이었다. 이것은 '의회'가 민권뿐만 아니라 자주독립권 수호의 제도로서도 설립되고 있었음을 잘 나타내는 것이라고 할 수 있다.

황제 고종은 독립협회가 주최한 관민공동회가 황제와 황실에 대한 불경을 금하고 전제황권을 견고케 한다는 데에 매우 만족했던 모양으로 독립협회가 목(目)으로 초안을 만들어 두었던 5개조를 뜻밖에 황제의 것으로 만들어 약간 수정해서 다음과 같은 '조칙 5조'를 내려 보냄으로써 독립협회와 관민공동회에 대한 지지의 뜻을 표하였다.[146]

① 諫官 폐지 후 言路가 막히어 상하가 勸勉警勵의 뜻이 없기로 中樞院章程을 函定하여 실시할 사.

② 각항 규칙은 일정한 것을 말한 것이 있는데 會와 新聞이 역시 防限이 없을 수 없으므로 會規는 議政府와 중추원에 명하여 時宜를

---

146 『承政院日記』 고종 광무 2년 음력 9월 16일조「詔」,「挽近以來 章程定焉 律令次焉 雖有古今之不同 亦是爲一王之制 苟使政府諸臣 實心踐行 何無巷議之沸騰乎. 朕甚慨念 玆將民國 事宜之爲今日急務者 開列於後 布告中外 惟爾臣隣 懍遵毋忽 用副朕求治之至意,

一. 諫官廢止後 言路壅滯 上下無勸勉警勵之意 函定中樞院章程 以爲實施事.
一. 各項規則 說有一定 各會與新聞 亦不可無防限 會規令議政府中樞院 參酌時宜裁定 新聞條例 令內部農商工部 依倣各國例 裁定施行事.
一. 觀察使以下地方官及 地方隊長官等 無論現任與已遞者 有乾沒公貨者 依臟律施行 騙奪財者這這 推給本之後 按律懲勘事.
一. 御史視察等員之作弊者 許令本土人民 赴于內部及法部 以爲査究懲治事.
一. 設立商工學校 以勸民業事」 참조.

참작해서 裁定하도록 하고 新聞條例는 내부와 농상공부에 슈하여 각국예에 依倣하여 제정시행할 사.

③ 관찰사 이하 지방관 및 地方隊 장관 등 現任과 이에 遞한 자를 물론하고 公貨를 乾沒한 자는 贓律에 의하여 시행하고 民財를 騙取한 자 중에서 這這한 것은 本主에게 推給한 후 법률에 의하여 징계할 사.

④ 御史와 觀察員 등의 作弊者는 본토인민이 내부와 법부에 가서 訴할 것을 허락하도록 슈하여 조사해서 懲治할 사.

⑤ 商工學校를 설립하여 民業을 권장할 사.

광무 2년 10월 30일.

이 '조칙 5조'에서 의회설립과 관련하여 주목할 것은 황제 고종이 제1조에서 중추원장정(中樞院章程)을 개정하여 실시할 것을 마침내 승인했다는 사실이다.

독립협회는 그들이 주최한 관민공동회를 6일 만인 11월 2일 성공리에 끝냈다. 이제는 고종의 승인까지 얻어내는 데 성공하고 관민의 합의와 결의가 이루어졌으므로 중추원장정을 개정하여 의회를 설립하는 일만 남게 되었다.

7. 의회설립법의 공포

독립협회가 주최한 관민공동회가 독립협회의 의도대로 성공리에 끝나고 황제 고종도 중추원장정의 개정을 승인했으므로, 박정양내각(朴定陽內閣)은 독립협회가 10월 24일 정부에 제출한 의회설립안(중추원관제개편안)에 기초하여 약간의 자구수정을 가해서 의정부참정 박정양의 이름으로 11월 2일자로 된 '중추원신관제'를 11월 3일 황제의 재가를 얻어,[147] 11월 4

일 공포하였다.[148] 이것이 19세기 말에 우리나라가 제정한 최초의 의회설
립법으로서 그 내용은 다음과 같았다.[149]

제1조. 중추원은 다음의 사항을 審査 議定하는 처소로 할 사.
　① 法律과 勅令의 制定·廢止 혹은 改定에 관한 사항.
　② 의정부에서 經議·上奏하는 일체 사항.
　③ 勅令을 因하여 의정부에서 諮詢하는 사항.
　④ 의정부로서 임시건의에 대하여 諮詢하는 사항.
　⑤ 중추원에서 임시건의하는 사항.
　⑥ 인민의 獻議하는 사항
제2조. 중추원은 다음의 직원으로 合成할 사.
　의장 1인
　부의장 1인
　의관 50인
　참서관 2인
　주사 4인
제3조. 의장은 대황제 폐하께서 聖簡으로 勅授하시고, 부의장은 중추
　　　 원공권을 因하여 勅授하시고, 議官 半數는 정부에서 勞勘가 일
　　　 찌기 있는 자로 회의하여 奏薦하고, 반수는 인민협회에서 27세
　　　 이상의 사람이 정치·법률·학식에 통달한 자로 投票選擧할 사.
제4조. 의장은 칙임1등 이오 부의장은 칙임2등이오 議官은 奏任이니,
　　　 叙等은 無하고, 임기는 각기 12개월로 정할 사. 단, 의관의 만기
　　　 전 1개월에 후임의관을 예선할 사.
제5조. 參書官은 奏任이오 主事는 判任이니, 叙等은 일반관리와 同
　　　 할 사.
제6조. 부의장은 중추원通牒을 侍하여 정부로서 上奏하여 詔勅으로

147 『尹致昊英文日記』 1898년 11월 3일자 참조.
148 『官報』 제1097호, 高宗 광무 2년 11월 4일조 참조.
149 『奏議』(議政府편), 제24책, 광무 2년 11월 2일조 「奏本 제234호」, 「中樞院官制改
　　 定勅令」 참조.

임명하심을 恭竢하고, 議官은 정부에서 上奏하여 叙任하고, 參書官은 중추원薦撰을 侍하여 정부에서 委任하고,主事는 의장이 經議하여 專行할 사.

제7조. 의장은 중추원의 대소 사무를 總轄하고 일체의 公文에 서명할 사.

제8조. 부의장은 의장의 직무를 보좌하고 의장이 有故한 時는 그 職을 代辨할 사.

제9조. 參書官은 의장 및 부의장의 지휘를 承하여 庶務를 掌할 사.

제10조. 主事는 상관의 지휘를 承하여 庶務에 종사할 사.

제11조. 중추원은 各項 案件에 대하여 議決하는 權만 有하고 上奏 혹은 發令을 直行하지 못할 사.

제12조. 의정부와 중추원이 議見이 不合하는 時는 府와 院이 合席協議하여 安當 可決한 후에 施行하고 議政府에서 直行함을 得치 못할 사.

제13조. 國務大臣이 委員을 命하여 그 主任하는 사항으로 의정부의 委員이라 하여 중추원에 至하여 議案의 理趣를 辨明할 사.

제14조. 국무대신 및 各部協辦은 중추원에 來會하여 의관이 되어 列席할 수 있으나, 단 그 主任事項으로는 議決하는 員數에 加하지 못할 사.

제15조. 개국 505년 칙령 제40호 중추원관제는 본관제 반포일로부터 폐지 할 사.

제16조. 본관제 제3조 중 인민협회는 현금간에는 독립협회로서 行할 사.

제17조. 본령은 반포일로부터 시행할 사.

광무 2년 11월 2일 奉勅 의정부 참정 朴定陽.

이 중추원관제는 독립협회가 10월 24일 정부에 제출한 중추원관제개편 안과 거의 같은 것이었다. 독립협회의 의회설립법안은 정부의 이 중추원신 관제에 거의 그대로 충분히 반영된 것이었다. 약간 다른 점이 있다면 독립 협회의 중추원관제개편안에는 민선의관 25명을 선출하는 인민협회를 독립 협회로 고정시켰는데 비하여, 정부의 중추원신관제에서는 이것을 '인민협회'라고 고쳐서 다른 협회들의 앞으로의 참가의 길을 열어 놓고 제16조에 당분간 독립협회가 이를 담당하도록 한정했으며, 의원의 피선거자격을 규정하고 있는 점 정도이다.

일부 연구자들 사이에서는 이 새로운 중추원을 '의회'로 볼 수 있는가의 의문을 제기하는 분들도 있는 것 같다. 이 문제는 이를 ① 심의의 기능과 ② 대표의 기능으로 나누어 보면 명백하게 밝혀진다.

심의의 기능에서 볼 때, 신중추원의 기능과 역할은 근대 민주주의 국가의 '의회'의 직능을 모두 갖추고 있다. 즉 중추원은 무엇보다도 '입법권'을 모두 완전히 갖추고 있다는 사실을 주목할 필요가 있다. 제1조에서 볼 수 있는 바와 같이 중추원은 '법률'의 제정·폐지·개정의 모든 권리를 갖고 있으며, 군주제하에서 '칙령'의 제정·폐지·개정의 모든 권리를 갖고 있다. 이밖에도 의정부가 황제에게 상주하는 일체의 사항은 반드시 중추원의 동의를 사전에 얻어야 하도록 되어 있다. 즉 신중추원은 ① 입법권(立法權), ② 조약비준권(條約批准權), ③ 행정부의 정책에 대한 심사권(審査權), ④ 심사권을 통한 사실상의 감사권(監査權), ⑤ 건의권(建議權), ⑥ 행정부 건의에 대한 자순권(諮詢權)등을 갖고 있었다. 이것은 '의회'만이 갖는 권리이며, 19세기 말의 영국·미국·프랑스·독일 등 모든 나라들의 의회의 권리도 이러한 권리들로써 성립되어 있었고, 그 이상의 것이 아니었다.[150] 심지어 국정에 대하여 행정부와 중추원이 의견이 일치하지 않을 때에는 합석하여 이를 충분히 토의한 후에 반드시 중추원의 가결 없이는 행정부가 자기의 의견에 따라 이를 집행하지 못하고 폐기하도록 만들어 놓았다. 심의의 기능의 면에서는 중추원은 19세기 말 모든 초기 민주주의 국가

---

150 이 中樞院新官制는 이 밖에 「議政府에 대하여 諮詢하는 事項」을 설정하여 審査議定하는 諮詢權도 立法權 및 條約批准權과 동시에 갖고 있는데, 이것은 中樞院의 '議會'의 기능과 함께 본래의 諮問院의 遺制도 중첩되어 있음을 나타내는 것이라고 할 수 있다.

들의 '의회'와 완전히 똑같은 '입법부'의 권리를 갖도록 만들어 놓은 것이었다.

한편 대표의 원리에서 볼 때는 '상원'의 체제를 갖추고 있으며 '하원'은 아니라는 점을 바로 알 수 있다.[151] 다수의 연구자들이 오늘날의 '하원'(국민의회)체제만을 의회라고 보는 선입견을 19세기 말에 소급해서 적용하여 이 중추원의 대표성의 문제를 거론하는 것이라고 해석된다. 독립협회는 처음부터 중추원개편을 '상원'의 설립으로 추진했었다.[152] 19세기 말의 각국의 '상원'의 대표성의 문제를 보면, 상원은 모두 하원의 일반보통선거의 방법과는 다른 별도의 방법으로 국민대표의 일원을 구성하고 있었다. 19세기 말에는 영국의 상원은 모두 귀족으로만 구성되었으며, 모두 국왕(및 정부)의 임명제였다. 독일도 마찬가지였다. 일본도 이 시기에 의회를 설립했는데 상원(참의원)은 국왕이 귀족과 국가공로자 중에서 모두 임명하는 제도였다. 상원 의원을 선거하는 것은 공화국인 프랑스와 미국뿐이었는데, 프랑스는 대부분의 상원의원을 국민이 간접선거로 선출하고 소수의 상원의원을 정부가 탁월한 인물 중에서 추천하여 임명하였다. 19세기 말에는 미국만 상원도 하원과 마찬가지로 국민의 직접선거에 의거하였다. 이러한 19세기 말의 민주주의 발전의 단계적 조건을 고려할 때, 독립협회가 '상원'으로서의 중추원에 의관(의원)을 국민의 일반보통직접선거에 의한 의원 선출을 하지 않고 인민대표로서 독립협회가 이를 대신 투표 선거한 것은 조금도 이상한 일이 아니었다.

---

151 『*The Independent*』 (Vol. 3, No. 126) 1898년 10월 27일자 「The Privy Council」에서 中樞院新官制가 근대국가의 '의회'의 기능을 모두 갖춘 것이며, 아직 일반보통선거를 통하지 않고 獨立協會가 인민을 대표한다는 점에서 '절반국민의회'(Semi-Popular Assembly)의 성격을 갖고 있다고 설명하고 있다.
152 『尹致昊英文日記』 1898년 5월 2일조 및 『독립신문』(제3권 제98호) 1898년 7월 27일자 「하의원은 급치안타」 참조.

중추원의 '상원체제'는 50여 명의 의원을 25명은 정부가 추천하여 황제가 임명하고, 25명은 인민을 대표하여 독립협회가 투표 선출해서 반분하고 있는데, 이것은 적어도 19세기 말에 있어서는 공화국인 프랑스와 미국의 상원보다는 후진적인 것이었지만 입헌군주제인 영국과 독일과 일본 등의 「상원」보다는 훨씬 더 공화주의적 요소를 도입한 선진적인 것이었다. 적어도 상원의 반수는 인민대표이며 민간단체가 투표로 선출하기 때문이었다.

이것은 독립협회가 대한제국을 전제군주제으로부터 입헌군주국으로 개혁하려 하고 있었고, 그들은 입헌군주제를 '군민공치제(君民共治制)'라고 해석하고 있었으므로 '상원'도 군(君)과 민(民)이 함께 공치(共治)하는 원리로 군권이 임명하는 의원 반(半)과 민권(民權)이 선거하는 의원 반(半)으로 구성할 것을 집요하게 추구한 것이라고 이해된다. 물론 아직 '하원'이 설립되지 않은 조건에서 '상원'을 먼저 설립하므로 인민 대표의 참가를 더 주장할 수밖에 없는 조건도 크게 작용하였다. 19세기 말 당시의 영국·독일·일본 등 입헌군주국가들의 상원과 비교고찰을 해 보면 독립협회가 만들어 낸 이 신중추원은 영국·독일·일본의 상원과도 다르면서 더 진보적이고 인민대표가 반수에까지 이른 훌륭한 '상원'이라는 것을 바로 알 수 있게 된다.[153]

당시의 외국인들은 이러한 자기 시대의 '상원' 체제들을 자연히 모두 잘 알고 있었으므로, 미국공사는 이 신중추원을 '일종의 국민의회'(a sort of Popular Assembly)라고 본국에 보고했고,[154] 영국공사는 '상원'을 벗어나서

---

153 의회제도에 있어서도 각국의 19세기 말의 의회와 20세기 말의 의회를 구분하여 역사주의적으로 고찰할 필요가 있으며, 20세기 말의 발전된 의회제도를 갖고 이를 19세기 말에 소급하여 대조해서는 안 될 것이라고 본다. 1898년 11월 4일의 대한제국의 신중추원은 동일한 시기의 각국의 의회제도와 비교고찰하면 훌륭한 「上院」이라는 것을 바로 알 수 있다.

154 『駐韓美國公使館報告』(Communications to the Secretary of State from U.S. Representatives in Korea, H. N. Allen) No. 154, 1898년 10월 27일조 「Recent Actions Taken By the Independence Club of Korea」 참조.

절반은 '하원'의 성격까지 있다고 보아 '반하원=반국민의회'(Semi-Popular Assembly)라고 본국정부에 보고했던 것이다.[155]

그러므로 독립협회가 제출하여 정부가 공포한 중추원신관제에 의한 새로운 중추원은 이름만 당시의 어려운 조건 때문에 '중추원'으로 남아 있었지 훌륭한 '상원'이요 '의회'의 일종임은 명백한 것이다.

박정양정부는 이러한 '의회'로서의 중추원신관제를 공포함과 동시에 11월 4일 독립협회에 공한을 보내어 중추원관제 제3조와 제16조에 의거하여 독립협회에서 명일 안으로 25명의 의관을 선출하여 명단을 보내어 달라고 요청하였다.[156] 이에 따라 독립협회는 11월 5일 독립관에서 투표에 의해 중추원 의관 선거를 실시할 것을 11월 4일 공고하였다.[157]

그러나 독립협회의 의회 설립은 성공 일보 직전에서 좌절되었다. 친러수구파들이 모략전술을 사용하여 이를 붕괴시켜 버렸기 때문이었다. 독립협회의 개혁정부 수립에 의하여 정권에서 쫓겨난 친러수구파들은 관민공동회가 성공하고 '의회'까지 설립되어 국민과 독립협회와 의회와 정부가 단결해서 국정을 담당하여 대개혁을 단행해 버리면 민권은 더욱 성장하여 자기들은 정권에서 영구히 떨어져 나가는 것이라고 보았다. 친러수구파는 모략전술로 익명의 전단지에 공화정을 찬양하고 '내일의 선거가 의원선거가 아니라 대통령 선출임을 알리는 독립협회 회중의 이름으로 된 익명서(일종의 익명 삐라)'를 만들어 11월 4일 밤 시내의 요소에 붙였다.[158] 이 가짜 삐라는 수구파가 예측한 대로 경무관들에 의하여 수거되어서 고종에게

155 『駐韓英國公使館報告』(Reports and Communications from the British Consul in Seoul) 1898년 11월 12일조, 「보고서 제108호」
156 『大韓季年史』 상권, p.289 참조.
157 『독립신문』(제3권 제182호) 1898년 11월 5일자 「잡보(투표 특별회)」 및 『尹致昊英文日記』 1898년 11월 3일조 및 11월 4일조 참조.
158 尹致昊, 「獨立協會의 始終」, 『新民』 제14호, 1926년 6월호, p.59 및 『佐翁尹致昊先生略傳』(pp.121~122) 익명서 사진 참조.

보고되었다. 자기가 폐위된다는 것에 경악한 황제 고종이 측근의 대신들에게 질문하자, 미리 대기하고 있던 수구파들은 독립협회가 11월 5일 독립관에서 대회를 열고 의원을 선거하는 것이 아니라 박정양(朴定陽)을 대통령, 윤치호(尹致昊)를 부통령, 이상재(李商在)를 내무대신, 정교(鄭喬)를 외무대신, 기타 독립협회 간부들을 각부 대신과 협판으로 선거하고 국체를 '공화국(共和國)'으로 변개하려고 한다고 모략 보고하였다.[159] 완전히 사색이 된 황제 고종은 수구파들과 협의하여 11월 4일 밤부터 11월 5일 새벽에 걸쳐 경무청을 총동원하여 독립협회 최고간부 20명을 즉각 기습 체포해서 먼저 처형(총살)해 버리도록 하고,[160] 박정양 개혁정부를 전원 해임하여 조병식(趙秉式)을 행정수반으로 한 친러수구파정부를 다시 구성하였다.[161] 조병식의 친러수구파 정부는 황제의 칙령을 빌려서 '반역 단체인 독립협회'에 강제 해산령을 내려 버렸다.[162] 이로 말미암아 독립협회는 의원선거를 하여 의회를 구성할 수 없게 되었고, 뒤이어 중추원신관제도 폐기되어 다시 원래의 자문기관으로 돌아가 버리고 말았다.[163]

---

159 『大韓季年史』 상권, p.289 및 『The Independent』 (Vol. 3, No. 131) 1898년 11월 10일자 「Molayo's Accounts of Recent Events in Seoul」.

160 『尹致昊英文日記』 1898년 11월 12일자 참조. 「Cho Hanwoo and Yu Hakju, Two of the 17 who had been imprisoned, called on me and said that the 17 would have been killed outright on the 5th Nov., had I been caught. The plan of Kim Jungkun, anti-Independent Comissioner of police of that date, was to do away with me as soon as caught in Police Station before anobody had anything to interfere and to despatch the 17 right in the Station. But my escape modified the plan.」 참조.

161 『承政院日記』 고종 광무 2년 음력 9월 22일조 「詔」 참조.

162 『起案』(法部편), 제68책, 광무 2년 11월 5일조 및 『奏議』(議政府편) 光武 2년 11월 7일조 「奏本 제237호」 「諸會爲名一切革罷事」 참조.

163 『奏議』(議政府편), 제24책, 광무 2년 11월 12일조 「奏本 제238호」 및 「中樞院官制中 改定에 關한 件」 참조.

8. 맺음말

독립협회의 의회 설립운동을 보약전술로써 기습적으로 저지한 친러수구파는 정권을 다시 잡자마자 독립협회의 최고간부 20명을 즉각 처형해 버리려고 했으나 바로 핵심인물인 독립협회 회장 윤치호를 체포하지 못하여 혈안이 되어 그를 찾아다니다가 시간을 놓쳐 버리고 말았다. 윤치호는 자기 집에서 11월 5일 새벽 5시경에 일어나 독립협회의 중추원의관 선거 준비를 하려다가 순검들이 자기 집을 완전히 포위하고 있음을 눈치채고, 비밀히 만들어 둔 뒷문으로 탈출하여, 한국인 동지의 집은 불안전하다고 보고 배재학당 교장 아펜젤러의 집으로 들어가 숨어 버렸다.[164]

서울 시민들은 이때 1898년 11월 5일 오전에 독립관에서 있을 동방개벽 이래의 최초의 국회의원선거를 구경하기 위하여 기쁨에 들뜬 채 아침심사를 마치자마자 독립관으로 갈 차비를 차리고 있었다. 또한 독립협회 회원들은 모두 새벽 일찍 일어나서 25명의 중추원의관의 선거를 위한 투표를 하기 위하여 독립관으로 갈 준비를 하였다. 이때 청천벽력과 같이 이상재 이하 17명의 독립협회 지도자들이 경무청에 체포되었으며, 독립협회가 해산되고, 박정양 개혁파정부가 붕괴되었으며, 조병식 수구파정부가 다시 수립되었다는 소식을 듣게 되었다. 이에 격분한 독립협회 회원들과 서울 시민들은 봉기하기 시작하여,[165] 이날 오전 삽시간에 수천 명의 시민이 경무청 문앞에서 자발적으로 만민공동회를 시작하였다.[166] 오후에는 그 수가 더욱 증가하여 수만 명의 시민이 참가하고, 종로의 시전상인들은 철시를 단행하여 수구파정부에 항의하였다.[167] 독립협회 회원들과 서울 시민들은

---

164 『尹致昊英文日記』 1898년 11월 5일자 참조.
165 『大韓季年史』 상권, p.294 참조.
166 『*The Independent*』 (Vol. 3, No. 131) 1898년 11월 10일자 「Molayo's Accounts of Recent Events in Seoul」 및 『大韓季年史』 상권, p.294 참조.

이날부터 만 42일간 철야시위를 단행하여 독립협회 지도자들을 석방시키고 한때 독립협회를 복설시켰으며, 의회 설립과 수구파 정부 타도, 개혁파정부 재수립을 요구하였다. 황제 고종이 견디지 못하여 이를 다시 승낙하려는 움직임을 보이자, 이번에는 일본공사가 개입하여 고종에게 시위대를 동원하여 민권운동을 '진압'하라고 권고하였다. 이에 힘을 얻은 황제 고종이 서울 시내에 계엄을 선포하고 군대를 동원하여 시위대들을 모두 강제 해산시키고 독립협회 지도자 340여 명을 일시에 체포함과 동시에 독립협회·만민공동회의 영구 해산과 국민의 정치 참가는 물론이요 정치적 발언의 금지 조처를 내림으로써 독립협회의 민권운동은 종언을 고하게 되었다.[168]

만일 친러수구파와 황제 고종이 독립협회의 의회설립운동을 악랄한 방법으로 탄압하지 않아서 독립협회의 의회설립운동이 성공했더라면 그 후의 한국 역사는 크게 달라졌을 것이다. 독립협회의 구상대로 국민과 의회와 개혁정부가 단결하여 국정전반의 대개혁을 단행해서 국제세력균형이 깨어져도 자주독립을 확고히 지킬 수 있는 자강체제를 만들어 버렸으면 더 말할 것도 없고, 최소한 의회설립만이라도 해 놓았더라면 그렇게 허술하게 일제에게 국권을 빼앗기지 않았을 것이다. 당시 열강의 침략은 황제나 몇몇 대신의 힘으로 막을 수 있는 것이 아니었으므로, 전제군주제는 '의회'를 설립하여 입헌군주제나 공화제로 개혁할 필요가 절실하였다. 1905년 11월 국권을 박탈당한 소위 을사조약 체결을 강요당할 때, 일본 제국주의자들이 대한제국 국민들 몰래 비밀리에 궁정에서 일본군의 무력으로 황제와 대신들을 포위하고 협박하여 조인을 강요하자 황제는 대신들에

---

167 「駐韓日本公使館記錄」(機密本省往信) 1898년(明治 31)) 11월 8일조 「發第75號」 「獨立協會大臣排斥ニ關スル詳報] 및 『독립신문』(제3권 제184호) 1898년 11월 8일자 「잡보(시민의회)」 참조.
168 慎鏞廈, 「萬民共同會의 自主民權自强運動」, 『韓國史研究』 제11집 1975.9. 참조.

게 미루고 대신들은 황제에게 미루다가, 협박하는 이등박문에게 황제 고종은 "인민의 의사를 물어보겠다"고 대응하였다. 이때 이등박문은 "귀국은 선세국(專制國)이므로 황제의 승인만 있으면 조약 체결의 요건이 족하다"고 협박했었다. 황제 고종이 이때 윤치호를 불러 '의회'를 즉각 만들 수 있겠는가를 묻고 독립협회의 의회설립운동을 금압한 것을 가장 크게 후회한 사실은 독립협회의 의회 설립과 국민참정체제 수립에 의한 구국운동이 정확한 방향에서 전개된 것임을 나타내 주는 것이라고 볼 수 있다.

독립협회의 개혁안에 따라 근대적 자강체제를 확고하게 수립해 버렸더라면 국권의 피탈이란는 비극은 아예 발생할 수도 없었을 뿐 아니라 최소한 의회 설립만이라도 해 두었더라면 '을사조약'이 의회에서 통과될 리는 만무하며, 이에 앞서 이 국권침탈조약이 공개되어 의회에 계류중에 국민이 총궐기하여 이를 저지하여 버렸을 것이다. 일제가 궁정을 무력으로 포위하고 황제의 서명날인을 받지 못하여 외부시댄 서명만 받은 을사조약을 체결되었다고 일제가 일방적으로 뒤늦게 발표하고, 장지연(張志淵)이 『황성신문』에서 「시일야 방성대곡(是日也 放聲大哭)」의 논설을 써 이를 폭로하자 이 소식을 들은 민중이 을사조약 늑결 발표 '후'에도 전국에서 봉기한 것을 보면, '의회'가 설립되어 있어서 '을사조약안'이 의회에 상정되었을 때에 민중이 이를 저지하기 위하여 전국적으로 봉기했을 것은 너무나 당연한 일이었다고 볼 수 있기 때문이다.

독립협회의 민족운동과 의회설립운동은 1905년 국권을 박탈당하기 전에 있어서 국민의 민권에 기초하여 나라의 자주독립을 굳게 지키려고 노력한 한국인의 최후의 대규모 운동이 된 것이었다.

독립협회의 의회설립운동은 실패로 돌아갔으나, 독립협회의 의회설립사상은 실패하지 않고 이 운동에 참가한 젊은이들과 시민들의 가슴에 살아남아서 민주주의 사상과 공화주의 사상이 더욱 성장하여 8년 후인 1907년에는 독립협회의 젊은이들이 성장해서 도산 안창호(安昌浩)의 발의로 전국 애국계몽운동의 지도자들이 국권회복운동의 전국단체로 신민회(新民會)를 창립하게 되자 군주제를 전면 폐지하고 국권을 회복한 새 나라는 아예 처음부터 '민주 공화국'으로 건설할 것을 민족운동의 목표로 정립하기에 이른 것이다.

[儂石 李海英 교수 추념논문집 『한국사회의 변동과 발전』, 1985.]

Ⅵ. 한말 지식인의 위정척사사상과 개화사상

1. 머리말

19세기 중엽 서세동점의 거센 물결이 한반도에 까지 파급되어 당시의 한국에 민족적 위기가 조성되자, 1860년대부터 한국의 지식인들 사이에서는 이 위기를 타개하고 나라의 독립과 발전을 추구하려는 새로운 사회사상이 출현하게 되었다.

그중에서 대표적인 것이 1) 개화사상, 2) 동학사상, 3) 위정척사(衛正斥邪)사상의 세 조류였다. 이 세 개의 사상은 그 후 각각 지지층을 획득하여 독자적 사회세력을 형성해 가면서 1910년까지 나라를 구하기 위한 여러 가지 민족운동을 전개하였다. 이 논문에서는 이 세 개의 사상 조류 중에서 당시의 지식인의 수구의식을 대표하는 위정척사사상의 기본적 내용과 개화의식을 대표하는 개화사상의 기본적 내용을 비교 검토함으로써 구한말 한국 지식인의 사회의식이 어떻게 전개되고 있었는가를 밝히려고 한다.

구한말 한국 지식인의 수구의식과 개화의식의 비교 분석에는 여러 가지 방법이 있으나, 그중의 효과적 방법의 하나에는 구체적으로 중요한 특정 주제들을 선정하여 각 주제에 대한 두 사상 조류의 관점을 대비하는 방법이 있다. 여기서는 한국 근대사에서 가장 중요한 주제들이었다고 판단되는 것들 중에서 1) 개항, 2) 과학기술, 3) 국가, 4) 입헌정치, 5) 사회신분제, 6) 의발(衣髮) 등에 대한 위정척사사상과 개화사상의 사상 내용의 차이를 비교하려고 한다.

구한말 한국 지식인의 '수구의식'을 대표하는 위정척사사상과 개화의식
을 대표하는 개화사상에도 사상가에 따라 각각 약간의 편차가 있었다. 여
기서는 두 흐름의 사상을 전형적으로 대표하는 거물 사상가들과 단체들의
견해를 뽑아서 비교 고찰하기로 한다.

2. 「개항」에 대한 위정척사사상과 개화사상

일본의 무력 위협을 수반한 조일수호조규(朝日修好條規)가 1876년 2월
26일 체결되고 '개항'을 하게 되자, 이에 대하여 위정척사파와 개화파 사이
에 개항에 대한 상이한 주장이 표명되었다.

위정척사파의 수구의식을 대표하는 면암(勉菴) 최익현(崔益鉉)은 일본의
무력 위협 하에서 체결된 조일수호조규(병자수호조약)와 이 조약에 의거한

'개항'을 단호하게 반대하였다. 최
익현은 그의 개항 반대의 이유로서
개항이 가져올 다섯 가지 폐해를 들
었다.

첫째, 일본과의 화약(和約)은 저
들이 강(强)함과 주도권을 갖고 우
리가 약(弱)함을 보여 체결된 것이
므로 한번 화약을 맺게 되면 이는
우리 측이 방비가 없어 겁이 나서
강화를 청하는 눈앞의 고식지계(姑
息之計)일 뿐 저들의 무한한 탐욕을
충당할 수 없게 된다.

〈그림 21〉 면암 최익현 초상

신은 듣건대 結和가 저들의 애걸에서 나온 것이라면 이는 强함이 우리에게 있는 것으로서 우리가 족히 저들을 制禦할 것이니 그 結和를 믿을 수 있으나, 그 結和가 우리의 弱함을 보인 데서 나온 것이라면 이는 權이 저들에게 있는 것으로서 저들이 도리어 우리를 制禦할 것이니 그러한 講和는 믿을 수 없습니다. 신은 감히 알 수 없거니와 이번의 강화가 저들의 애걸에서 나온 것입니까, 우리의 弱함을 보인 데서 나온 것입니까. 우리는 편하게 지내느라 防備가 없고 두렵고 怯이 나서 講和를 청하여 목전의 姑息之計를 세우는 것을 사람들이 모두 알아 비록 속이려 하지만 될 수 없습니다. 저들이 우리의 防備가 없고 弱함을 보이는 실지를 알고서 우리와 더불어 講和를 맺는다면 이 뒤의 저들의 無限한 慾心을 무엇으로 충당할 것입니까.[1]

우리의 物貨는 한정이 있는데 저들의 요구는 끝이 없어서 한번이라도 맞추어 주지 못하면 사나운 怒氣가 뒤따르며 침해하고 약탈하며 유린하여 前功을 다 버리게 될 것이니 이는 講和가 난리와 멸망을 이루는 바의 첫째입니다.[2]

둘째, 일본 측의 물화는 모두가 '음사기완(淫奢奇玩, 음탕하고 사치하고 기이한 노리개)'으로서 손으로 만드는 무한한 것이요, 우리의 물화는 모두가 '민명소기(民命所寄, 백성들의 생명이 달린 것)'한 토지에서 나오는 유한한 것이므로 저들의 풍속을 문란케 하는 사치스러운 공산품과 우리의 국민 생명에 필수적인 농산품을 교역하면 수년 후에는 국토를 지탱할 수 없도록 나라가 황폐화될 것이다.

일단 강화를 맺고 나면 저들이 욕심하는 바가 物貨를 交易하는 데에 있는데, 저들의 물화는 거개가 淫奢奇玩으로서 손에서 생산되어

1 『勉菴集』, 「丙子持斧伏闕斥和議疏」.
2 『勉菴集』, 「丙子持斧伏闕斥和議疏」.

한이 없는 것이요, 우리 의 물화는 거개가 民命所寄한 토지에서 나는 것으로 한이 있는 것이니, 有限한 津液과 膏脫의 백성들의 생명이 달린 것으로써, 한이 없고 사치하며 기괴한 노리개 따위의 마음을 좀먹고 풍속을 해치는 물화와 교역해서 해마다 반드시 巨萬으로 써 헤아리게 되면, 수년 후에는 우리나라 國土는 황량한 땅과 쓰러져 가는 집들 이 다시 지탱하여 보존하게 되지 못할 것이며 나라는 반드시 따라서 멸망하게 될 것이니, 이는 講和가 난리와 멸망을 가져오게 되는 바의 둘째입니다.[3]

셋째, 저들은 왜(倭)라고 하지만 실은 양적(洋賊)과 다름이 없어서 일단 강화가 성립되면 천주교(天主敎)가 교역 중에 들어와서 전국에 포교되어 의상(衣裳, 관습)은 타락하고 국민은 금수(禽獸)가 될 것이다.

저들이 비록 倭人이라고 하나 실은 洋賊입니다. 이 일이 한번 이루어지면 邪學의 서책과 天主의 초상이 교역하는 속에 혼합되어 들어와서 조금 있으면 傳道師와 信者가 전해 받아 全國에 두루 가득찰 것입니다. 포도청에서 살피고 검문하여 잡아다 베려고 하면 저들의 사나운 노기가 또한 더하게 되어 講和한 지난 맹세가 허사로 돌아갈 것이요, 내버려 두고 묻지 말도록 하면 조금 지나서는 장차 집집마다 邪學을 하게 되어, 아들이 그 아비를 아비로 여기지 않고 신하가 그 임금을 임금으로 여기지 않게 되어, 衣裳은 시궁창에 빠지고 사람은 변하여 禽獸가 될 것이니, 이는 강화가 난리와 멸망을 가져 오게 하는 바의 셋째입니다.[4]

넷째, 강화 후에 저들이 국내에 상륙하여 거류하게 되면 저들은 얼굴만 사람이지 마음은 금수이므로 우리의 재산과 부녀를 마음대로 약탈할 것이

---

3 『勉菴集』, 「丙子持斧伏闕斥和議疏」.
4 『勉菴集』, 「丙子持斧伏闕斥和議疏」.

며, 우리의 고관들은 화약을 깨뜨릴까 두려워하여 이를 막지 못할 것이므로 백성이 하루도 살아가지 못할 것이다.

> 강화가 이루어진 뒤에는 그들이 下陸하여 서로 往來하고 혹은 우리 강토 안에다 집을 짓고 居留하려고 할 것인데, 우리가 이미 강화했으므로 거절할 말이 없고, 거절할 수 없어서 내버려 두면 財帛과 婦女의 攘奪과 劫取를 마음대로 할 것 이니 누가 이를 능히 막겠습니까?
> 또한 그들은 얼굴만 사람이지 마음은 禽獸여서 조금만 뜻에 맞지 않으면 사람을 죽이고 누르기를 기탄없이 할 터인데 烈婦나 孝子가 애통하여 하늘에 호소하며 원수를 갚아 주기를 바라도 위에 있는 사람들이 그 講和를 깨뜨리게 될까 두려워하여 감히 송사를 처리하지 못할 것입니다.
> 이와 같은 유는 온종일 말하여도 다 들 수가 없으며, 사람의 道理가 蕩然히 없어져 백성들이 하루도 살아가지 못할 것입니다. 이는 강화가 난리와 멸망을 가져오는 바의 넷째입니다.[5]

다섯째, 강화를 주장하는 자들은 병자호란 때의 강화가 그 후의 평화를 가져온 예를 들지만 청(淸)은 '이적(夷狄)'이고 일본은 그 실은 재화와 여색만 아는 '금수(禽獸)'이므로 이적과는 화약을 맺을 수 있어도 금수와는 화호(和好)할 수 없는 것이다.

> 이 말을 주장하는 사람들이 걸핏하면 丙子胡亂 때의 南漢山城의 일을 끌어서 말하기를, '丙子年의 講和 뒤에 피차가 서로 좋게 지내어 삼천리 강토가 오늘에 이르도록 반석 같은 안정을 보전하였으니 오늘날 그들과의 和好가 어찌 유독 그렇지 않겠는가'합니다. 신은 생각하기를 이는 아동들의 소견과 다름이 없다고 여깁니다 ….
> 淸나라 사람들은 뜻이 中國의 황제가 되어 四海를 무마하는 데 있

5 『勉菴集』, 「丙子持斧伏闕斥和議疏」.

었기 때문에 그래도 능히 다소나마 중국의 覇主들을 모방하여 仁義에 근사한 것을 가장하였으니, 이는 夷狄일 뿐입니다. 夷狄들도 사람이라 곧 道理가 어떠함은 물을 것이 없지만 능히 小로써 大를 섬기기만 하면 피차가 서로 사이가 좋아져서 지금까지 왔고, 비록 그들의 뜻에 맞지 않는 것이 있더라도 관대하게 용서 하는 아량이 있어 侵害하거나 虐待하는 염려가 없었습니다.

저 倭賊들로 말하면, 한갓 재화와 여색만 알고 다시 조금도 사람의 道理라고는 없으니 이는 곧 禽獸일 뿐입니다. 사람과 금수가 和好하여 함께 떼지어 있으면서 근심과 염려가 없기를 보장한다는 것은, 신은 그 무슨 말인지 알 수 없으니, 이는 강화가 난리와 멸망을 가져오게 되는 바의 다섯째 입니다.[6]

최익현의 조일수호조규 체결과 개항에 대한 위의 반대론에는 두 가지 측면이 있음을 주목할 필요가 있다.

첫째는, 일본(과 그 배경에 있는 서양)의 침략성에 대한 통찰이다. 최익현은 개항을 해서 통상을 하는 경우에 도래할 수 있는 일본의 침략과 우리나라의 손실에 대하여 매우 예리하게 이를 통찰하고 그 폐해를 낱낱이 제시하여 지적하고 있다. 특히 그가 우리나라의 국민 생명과 직결된 토지에서 생산되는 농산물과 저들의 사치품이 주류인 손으로 제조되는 공산물을 교역하는 경우 수년이 가지 않아서 우리나라가 큰 손실을 입고 나라의 경제가 황폐하게 될 것임을 지적하는 부분은 매우 날카로운 통찰이요 탁견이라고 할 수 있다.[7]

최익현의 일제 침략에 대한 통찰과 비판은 어떠한 개화파들이 지적하지 못한 예리함과 탁월함을 가진 획기적인 것이었다고 말할 수 있을 것이다.

---

6 『勉菴集』, 「丙子持斧伏闕斥和議疏」.
7 『華西先生文集』, 「辭同義禁疏」에서 이항로(李恒老)가 「且況彼之爲物也 生於手而日計有餘 我之爲物 産於地而歲計不足 以不足交有餘, 我胡以不困 以日計接 歲計 彼胡以不瞻」이라 한 것을 그의 제자 최익현이 빌어 발전시킨 것이다.

둘째는, 그의 서양을 보는 관점의 인종주의적 독단성이다. 최익현은 서양인을 「이적」도 되지 못한 「금수」, 「짐승」이라고 규정하여 그것을 아예 「사람」의 범주에조차 넣어 주지 않고 있다. 그는 따라서 서양문명이나 서학에 대하여 그 상대적 가치를 조금도 인정하지 않고 있으며, 일괄적으로 이를 사악한 것이고 사학(邪學)이라고 규정하고 있다. 이것은 서양의 과학기술 에 대해서도 마찬가지여서 그것은 모두 사술(邪術)이요 음고(淫攷)에 불과한 것으로 간주되고 있다. 그에게 있어서는 중화문명만이 정(正)이고 문명이며 주자학만이 정학(正學)이고 절대선 절대진리이며, 우리나라는 이를 전해받은 '소중화' 이기 때문에 문명국인 것이다.

최익현의 사물에 대한 가치 판단의 기준은 유교윤리, 특히 성리학(性理學)의 가치였다. 따라서 그에게 서양의 도덕이나 가치관은 물론이요, 서양의 제도나 과학기술이 동양보다 선진한 것일 수 있다는 가능성의 인식은 존재할 수 없는 것이었다.

한편, 이 시기의 개화사상의 비조의 하나인 박규수(朴珪壽)는 「쇄국」에는 반대하고 자주적 '개항'을 하여 서양의 선진문물을 받아들여서 나라를 개혁할 것을 주장하였다. 일본이 운양호 사건을 일으킨 다음 무력 위협을 하면서 1876년 2월 '수호통상조약'을 요구해 오는 사태에 직면하게 되자 박규수는 다음과 같이 말하였다.

> 일본이 修好하자고 하면서 兵船을 끌고 왔으니 일본의 본심을 알 수 없다. 그러나 修好를 하자고 使臣을 파견해 왔으니 우리가 먼저 攻擊할 수는 없다. 의외의 사태가 일어난다면 그때에 가서는 할 수 없이 戰爭을 해야 할 것이다. 삼천리 강토를 생각건대 만약 우리나라가 안으로 政治를 바로 닦고 밖으로 外賊을 물리칠 수 있는 방책을 세워 富國强兵을 이룩했더라면 저 작은 섬나라가 감히 우리의 서울을 위협할 수 있겠는가. 일이 이 지경에 이르렀으니 참으로 분하기 이를 데 없다.[8]

박규수의 '개항(開港)'에 대한 주장을 정리해 보면, 1) 원칙적으로 자주적 개항을 하여 서양의 선진문물을 받아들여서 우리나라의 개혁에 활용해야 한다는 것, 2) 일본의 개항 요구는 군함을 끌고 와서 무력 위협을 하면서 요구하는 것이나 '수호'를 내세우면서 사신을 보낸 것이기 때문에 조선측이 먼저 공격하여 전쟁을 일으킬 수 없다는 것, 3) 일본이 먼저 공격하거나 양측이 충돌하는 사태가 일어나면 우리도 전쟁을 해야 할 것이라는 것, 4) 미리 부국강병의 개혁 정책을 실시하지 않았기 때문에 일본의 무력 위협 밑에서 개항을 하게 된 것이 분하다는 것, 5) 조선은 이를 좋은 교훈으로 삼아 내정개혁과 부국강병(富國强兵)에 진력해야 할 것이라는 것 등이라고 할 수 있다.

이 시기의 개화의식을 대표하는 박규수의 이러한 주장은 수구의식을 대표하는 최익현의 주장과 현격한 차이가 있음을 알 수 있다.

3. 「과학기술」에 대한 위정척사사상과 개화사상

개항을 전후하여 서세의 침입이 본격화되고 서양물화가 유입되기 시작하자 「서양의 과학기술」에 어떻게 대처해야 할 것인가에 대하여 본격적으로 논의하지 않을 수 없게 되었다.

위정척사사상의 거두 화서(華西) 이항로(李恒老)는 병인양요를 맞았을 때 서양의 '과학기술'을 '기기음교(奇技淫巧)'라고 규정하여 그에 대한 수구파의 정의를 내린 바 있다. 즉 서양의 과학기술은 '괴이한 기술과 음탕한 교묘함'의 것이어서 선진한 것도 아니며 족히 두려워할 것도 못 된다고 주장하였다.

---

8 『承政院日記』, 고종 13년 1월 20일조.

이항로는 서양의 과학기술이 비록 교묘하고 위력이 있어 보이지만 본질적으로 '기기음고'에 불과하므로 통상을 엄격히 금지하면 들어오지 않게 될 것이라고 주장하였다.

〈그림 22〉 화서 이항로 초상화

> 交易하는 일을 그치게 되면 저들의 奇技淫巧가 통할 수 없고, 奇技淫巧가 통할 수 없게 되면 저들은 반드시 어찌할 수 없어 오지 않게 될 것이다.[9]

이항로는 서양물화가 과학기술을 응용한 제품이라는 사실을 '기기음고의 물'이라고 표현했으며, 이것은 민생의 일용에 단지 무익할 뿐 아니라 화(禍)가 매우 큰 것이라고 설명하였다.

> 무릇 洋物의 들어오는 것들은 그 품목이 매우 많으나 요컨대 모두 奇技淫巧之物입니다. 그것은 民生의 日用에 비단 無益할 뿐만 아니라 禍가 매우 큰 것입니다.[10]

이항로의 제자들은 모두 이 스승의 서양 과학기술에 대한 관점을 충실하게 계승하였다. 최익현도 그의 스승 이항로의 견해에 따라서 서양의 과학기술을 '기기음고(奇技淫巧)'라고 설명하면서 통상의 절금(絕禁)을 요구하였다.

---

9 『華西先生文集』, 「丙寅三疏」.
10 『華西先生文集』, 「辭同義禁疏」.

신이 살펴보건대 소위 洋物이라고 하는 것들이 거개 奇技淫玙로 사람의 마음을 타락시키는 기구여서 民生의 日用에 도움되는 바가 없습니다. 周나라 太保가 西旅에서 바친 獒를 경계한 뜻으로 헤아려 본다면 그 나라에서 해마다 土産品을 실어와 바칠지라도 또한 받을 수 없는데, 더구나 몰래 우리 백성들의 의복과 음식의 재료를 빼내어 바꾸는 것이겠습니까.

더구나 저들의 奇技淫玙는 손에서 생겨 날마다 여유가 있고 우리의 의복과 음식의 재료는 토지에서 생산되어 해마다 부족하니, 부족한 것으로써 넉넉한 것과 交易한다면 우리가 어떻게 곤란해지지 않으며, 날마다 생산되는 計數로써 한 해에 한번 생산되는 계수를 교역하면 그들이 어찌 넉넉해지지 않겠습니까.[11]

서양의 과학기술에 대한 위정척사파의 사상은 이항로와 최익현의 위와 같은 견해에 단적으로 잘 나타나고 있다. 그후의 다른 위정척사파 사상가들도 모두 이러한 견해를 추종하였다.

한편, 개화파는 위정척사파와는 정반대로 서양의 과학기술을 매우 선진적인 것이라고 보고 이를 우리나라에도 적극적으로 도입해야 한다고 주장하였다. 그들은 동양이 과학기술에서 서양보다 훨씬 낙후되었음을 전폭적으로 인정 하였다. 또한 그들은 서양의 과학기술이 매우 큰 위력을 가진 것이라고 인식하고 있었다.

1881년~1882년에 위정척사파와 개화파가 개화 문제를 둘러싸고 상소논쟁을 전개했을 때 서울에 사는 유학[京居幼學] 고영문(高穎聞)은 서양에 사절을 파견하여 서양의 과학기술 교사를 초빙해서 우리나라 국민들에게 이 신기술을 습득케 해야 한다고 다음과 같이 주장하였다.

서양각국에 사절을 파견해서 먼저 그 風物을 살펴 友誼를 신장시키

---

11 『勉菴集』, 「丙寅擬」.

는 한편 科學技術 敎師를 초빙하여 우리나라 전국의 상하 인민에게
新技術을 학습케 해서 재야에 어진 선비가 버림받음이 없어야 나라를
발전시키는 방법이 될 것입니다.[12]

같은 시기에 지석영(池錫永)은 서양의 과학기술을 적극적으로 도입하여
그것을 연구하고 교육하는 원을 설치해서 전국 각 읍에서 인재를 선발하
여 이를 연구하고 학습케 할 것을 주장하였다.

바라옵건대 하나의 院을 설치하여 위에 열거한 여러 서적들을 찾아
모으고, 또 요새 各國의 水車, 農器, 織組機, 火輪機(증기기관), 兵器 등
을 사들여 院에 비치하게 한 다음 各道 每邑에 공문을 발송하되 글과
학문이 그 읍에서 뛰어난 유생과 관리 각 1명을 선출하여 새로 설치한
서울의 院으로 보내서 그 서적과 그 器機를 연구하게 하옵소서 ……
그리고 서적을 정밀하게 연구하여 世務를 깊이 안다든가 모양을 본
떠 器機를 만들어 그 오묘한 이치를 다 터득한 사람이 있을 경우에는
그 재능을 전형하여 채용하되 또 器機를 만든 자에게는 專賣를 허용
하고 서적을 간행하는 자에게는 그의 무단 번각을 금하게 할 것입니
다. 이렇게 하면 院에 들어오는 자로서 器機의 이치를 먼저 알려고 하
지 않을 리 없고 시국에 마땅함을 깊이 연구하려고 하지 않을 리 없어
서 번연히 깨치지 못함이 없을 것입니다. 이 사람 한 사람이 깨치면
이 사람의 자손과 이웃의 이를 경복하는 자들이 모두 다 그 風을 따라
化 할 것이오니 이것이 어찌 化民成俗의 빠른 길이 아니며 利用厚生
의 좋은 방법이 아니겠습니까.[13]

같은 시기에 조문(趙汶)은 우리나라도 서양의 과학기술의 정수를 습득
해야 하고 서양의 병기를 채용해야 부국강병을 이룰 수 있는 것이라고 주

12 『承政院日記』 고종 19년 9월 22일조.
13 『承政院日記』 고종 19년 8월 23일조.

장하였다.

근일 각국의 軍容의 정비된 것과 兵器의 利로움은 실로 이를 배울
만한 것이 있으니 마땅히 그 제도를 본받아 군대를 훈련시켜야 하겠
습니다. 더욱이 科學技術(工藝)의 교묘함과 商販의 번성함과 醫藥의
技術은 정수를 배우고 그 오묘한 理致를 취하여 국민이 그 才智를 모
두 습득하여 모두 技術에 종사케 한다면 하필 세상에 희귀한 재주를
가진 사람만 구할 것도 없다고 생각합니다.[14]

김옥균(金玉均)도 외국으로부터의 과학기술 교사를 초빙하여 국내 기술
자에게 선진과학기술을 단기간에 습득시키자고 주장하였다.[15] 초기 개화파
는 이를 위하여 외국에 다수의 유학생을 파견하기도 하고 기계를 수입하
기도 하였다. 그 후 독립협회에 오면 우리나라도 서양의 과학기술을 적극
적으로 도입하여 증기기관과 기계를 사용하는 근대 공장제공업의 건설을
적극적으로 주장하고 추진하였다.[16]

서양의 과학기술에 대해서는 위정척사파 지식인의 수구의식과 개화파
지식인의 개화의식이 정면으로 대립하고 있었으며, 그 인식의 방향이 전혀
달랐음을 여기에서 알 수 있다.

4. 「국가」에 대한 위정척사사상과 개화사상

한말 지식인들이 '국가'에 대하여 어떠한 개념을 갖고 있었는가는 매우

---

14 『日省錄』, 고종 19년 9월 20일조.
15 「治道略論」, 『金玉均全集』(아세아문화사 판)』, p.9 참조.
16 『大朝鮮獨立協會會報』, 제7호, 1897년 2월 28일자, 「東方各國이 西國工藝를 倣
效하는 總說」 참조.

중요한 고찰의 주제가 된다.

위정척사파 지식인들은 '국가', '국(國)'이라는 개념을 갖고 있고 그러한 용어를 사용하고 있으나 그것을 '종사(宗社)', '왕조(王朝)'와 엄격하게는 구별하지 않았다. 무엇보다도 주목하지 않을 수 없는 것은 우리나라(당시의 조선)를 공공연히 '명(明)', '중국'의 '신하'라고 의식하고 있다는 사실이다. 최익현은 1866년에 만동묘(萬東廟)의 재건을 주장하면서 우리나라가 명의 신하임을 지적 하였다.

> 다섯째, 황묘를 복구하는 일입니다. 신은 생각하옵건대 우리나라가 臣下로서 明나라를 이미 3백 년이나 섬겼고 임진년에 우리나라를 다시 세워 주어 또 만세 에 잊지 못할 은혜가 있으므로 만세토록 기필코 갚아야 할 의리가 있습니다.[17]

최익현은 조선국을 중화인 명의 신하라고 보았고 조선이 '소중화(小中華)'인 것을 자랑스럽게 생각하였다. 그의 이러한 생각은 별세할 때까지 변함이 없었다. 그는 1895년 갑오개혁을 반대하여 올린 상소에서, 갑오개혁이 '소중화'를 이적(夷狄)의 풍속을 따르게 하는 것이라고 규탄하였다.

> 전하께서는 …… 어찌하여 한결같이 역적들의 모의대로 따라서 國法을 변경하고 혼란시켜 당당한 小中華로 하여금 夷狄의 風俗을 따라 禽獸의 유가 되게 하십니까.[18]

최익현은 명나라가 멸망한 후 청(만주)의 오랑캐가 중국을 지배하고 있기 때문에 중화의 옛 제도는 소중화인 우리나라에만 남아 있다고 하여 우

---

17 『勉菴集』, 「丙寅擬疏」.
18 『勉菴集』, 「乙未請討逆復衣制疏」.

리나라가 '소중화'임을 자랑스럽게 생각하였다.

> 아아 皇明(明나라-필자)이 멸망하면서부터 滿洲 오랑캐가 中國을
> 더럽힌지 2백여년이 되었습니다. 천하의 지극히 비색한 운수가 대개
> 이보다 심한 것이 없는데, 이 때 우리나라만이 홀로 中華의 옛 典章을
> 보존하여 禮樂이 거의 三代의 風俗이 있습니다.[19]

최익현은 우리 국가를 소중화요, 명의 신하국가라고 보기 때문에, 갑오
개혁 때 개화파들이 자주독립을 추구하여 '조선' 앞에 '대(大)'자를 붙여서
'대조선'이라 하고, '군주'를 '대군주'라 며, '전하' 대신 황제에게 쓰는 '폐
하'를 사용하도록 개정한 것을 명분과 실상이 맞지 않는 것이라고 신랄히
비판하고 다시 옛 제도로 돌아가야 한다고 주장하였다.

> 듣건대 요사이 조정에서 淸나라를 배반하고 自主하여, 殿下를 높이
> 어 大君主 陛下라고 한다 하는데, 만약 전하께서 孝廟의 뜻과 일을 계
> 승하고 이어받아 中原을 숙청하고 四夷를 진압 무마하시도록 한 것이
> 라면 명분이 바르고 말이 순탄하여 천하 후세에 할 말이 있을 것입니
> 다. 비록 반드시 그렇게는 못하더라도, 만약 능히 실지로 自主하여 淸
> 나라도 제어하고 倭도 제어할 수 있다면, 이와 같이 皇帝의 宗統이 이
> 미 끊어진 지 오래인 때에 미쳐서 스스로 天을 계승하여 표준을 세우
> 는 것도 혹은 불가할 것이 없는데, 지금은 그렇지 않습니다. 성상께서
> 는 고립되고 도적들이 곁에서 엿보고 있어, 지척인 대궐 뜰에서도 위
> 엄과 명령이 시행되지 않으면서, 한갓 倭人들의 참람한 칭호만 본떠
> 하루아침에 陛下란 칭호를 받는다면 명분과 실상이 맞지 아니하니, 마
> 침내 성상의 德에 累만 될까 하옵니다. 하물며 大君主란 세 글자는 禮
> 에도 근거가 없고 옛적에도 듣지 못한 것이 아니옵니까.[20]

---

19 『勉菴集』, 「戊戌再疏」.
20 『勉菴集』, 「乙未請討逆復衣制疏」.

최익현은 이러한 견해를 가지고 있었으므로 조선을 '대한제국'으로 고치고 고종이 '왕'으로부터 '황제'로 지위를 격상하여 '자주독립' 강화를 선언하는 것도 참람되다 하여 찬성하지 아니 하였다. 그는 1904년의 상소에서는 자주한다 하여 고종이 태조(이성계)를 높여 '고황제(高皇帝)'라고 하면서 명나라가 내린 시호를 사용하지 않는 것을 다음과 같이 규탄하였다.

> 또한 만일 이제는 이미 自主하게 되었으니 마땅히 明나라에서 내린 시호를 다시 쓰지 않아야 한다고 한다면, 이 역시 그렇지 않은 점이 있으니, 湯임금은 夏나라 신하된 것을 숨기지 않았고 武王은 殷나라 신하된 것을 숨기지 않았는데, 우리나라만이 어찌 유독 명나라 臣下된 것을 숨겨야 합니까.
> 崇禎(明 毅宗의 연호) 이후부터 天下(中國)에서 우리나라를 의롭게 여기는 것은 尊周大義(중국을 높이는 대의)가 있기 때문입니다. 大報壇(明나라 太祖, 神宗, 毅宗을 제사지내던 집)과 萬東廟(明나라 神宗, 毅宗을 위하여 세운 書院)가 천하 만세에 빛이 나고 드러남이 얼마만한 일입니까.[21]

최익현은 대한제국이 성립한 이후 고종이 공자(孔子)를 모신 문묘(文廟)에 친히 제사지내지 않고 황제(皇帝)로서의 격식대로 신하를 보내어 제사지내는 것을 규탄하였다.

> 신은 또한 듣건대, 폐하께서 大號(皇帝의 칭호)를 쓰신 이후부터 文廟의 축식에 御諱를 쓰지도 않고 敢昭告라고도 하지 않으며, 다만 '신하를 보내어 제사를 지낸다'고 한다 하는데, 알 수 없습니다만 참으로 그러하십니까.[22]

---

21 『勉菴集』, 「甲辰漱玉斬奏箚」.
22 『勉菴集』, 「甲辰漱玉斬奏箚」.

그러나 최익현은 1904년경 고종이 일본이나 서양에 의뢰하려 할 때에는 나라의 '자주'를 주장하였다.

> 신은 원컨대 폐하의 마음으로부터 他國에 依附하는 뿌리를 끊어 버리시고, 폐하의 뜻이 흔들리거나 굽히지 아니 하도록 확립해서, 차라리 自主를 하다가 망하더라도 남을 의지하여 살지는 않아야 할 것입니다. 무릇 여러 신하 가운데 外勢에 依附하는 자는 모두 사람 많은 곳에 내다 처벌하고 일국을 호령한 연후에 內修하는 방도를 부지런히 힘쓰시고 自强하는 모책을 빨리 도모하사 신이 전에 차자로 올린 말대로 하시고 모든 마음을 오직 백성을 편케 하고 나라를 보전하는 데 두신다면, 저들이 비록 의리가 없다 해도 또한 천하의 公論을 두려워하여 감히 우리나라를 삼키지는 못할 것입니다.[23]

위정척사파의 수구의식을 대표하는 최익현의 국가관은 위에서 나타나는 바와 같이 아직 근대적 개념을 정립하지 못하고 있으며, 아직도 화이사상에 입각하여 중화에 대해서는 사대종속적 관념을 갖고 일본과 서양 등 이적(夷狄)에 대해서는 자주독립을 주장하는 특징을 가진 것이었다고 볼 수 있다. 한편, 개화파는 「국가」에 대한 근대적 개념을 정립하고 있었다. 유길준(兪吉濬)은 1883년에 쓴 논문에서 「국가」를 다음과 같이 정의하였다.

> 한 민족의 인민이 한 토지(山川)를 점거하여 역사를 같이 하고(그 성쇠변혁을 같이함을 말함) 습속을 같이 하여 (그 취향 好惡를 같이함을 말함) 文物과 言語에 이르러 같지 않음이 없고 동일한 君主를 섬기며 동일한 政府를 遵承하는 것을 말하여 國家라 한다.[24]

위의 개념 정의에서도 알 수 있는 바와 같이 유길준이 여기서 말하는

---

23 『勉菴集』, 「甲辰闕外待命疏」.
24 「國權」, 『兪吉濬全書』, 일조각 제4권, p.25.

'국가'는 '민족국가'를 의미하고 있다. 단지 아직도 통치자를 '군주'로 생각하고 군주제적 국가의 범위를 벗어나지 못하고 있을 뿐이다. 유길준은 또한 '국권(國權)'의 개념을 다음과 같이 정의하여 '국가'에는 '국권'이 있음을 명확히 하였다.

> 한 나라의 體制를 보호하여 지키고 萬民의 安寧을 유지하며, 自主의 道를 가지고 外來의 管轄을 받지 않는 것을 國權이라 한다. 이제 국권은 2종류로 나뉜다. 그 하나는 內用主權이니 국내의 일체의 政法과 그 典章을 모두 그에 의하여 만들어 내는 권리이다. 다른 하나는 外用主權이니 獨立平等의 禮로써 外國과 交涉을 하는 권리이다. 그러므로 일국의 主權은 원래의 善否(그 立國 때의 順逆), 토지의 大小, 인민의 多寡를 논하지 아니한다.[25]

유길준은 이러한 개념 아래 「국권」의 내용으로서 1) 자보권[(自保權), 신왕권(伸枉權)·보응권(報應權)·삽리권(揷理權)·선전(宣戰) 및 결화권(決和權)], 2) 독립권, 3) 호산권(護產權), 4) 입법권, 5) 교린파사(交隣派使) 및 통상권, 6) 강화 및 결약권(決約權), 7) 중립권 등을 들었다.[26]

유길준의 이러한 '국가'와 '국권'의 개념은 1883년경에 개화파가 매우 근대적인 국가와 국권의 개념을 갖고 있었음을 단적으로 나타내는 것이다.

초기 개화파의 지도자인 김옥균은 1883년경에 조선의 급무는 1882년 임오군란 이후 전개된 중국의 속방화(屬邦化) 정책을 분쇄하고 조선을 '완전자주독립국가'로 세우는 것이라고 주장하였다. 초기 개화파는 중국(명·청 포함)으로부터의 '완전자주독립'이 가장 급무라고 보았다.

> 자래로 淸國이 「조선」을 스스로 屬國으로 생각해 온 것은 참으로

---

25 「國權」, 『兪吉濬全書』 제4권, pp.25-26.
26 「國權」, 『兪吉濬全書』 제4권, pp.26-46 참조.

부끄러운 일이며 國家(조선)가 振作의 희망이 없는 것은 역시 여기에 원인이 없지 않다. 여기서 첫째로 해야 할 일은 羈絆을 撤退하고 특히 獨全自主之國을 수립하는 일이 다. 獨立을 바라면 政治와 外交를 불가불 自修自强해야 한다.[27]

김옥균은 여기서 조선이 떨쳐 일어나지 못하는 이유는 청국의 굴레에 속박을 받는 데 큰 원인이 있음을 지적하고, 조선이 첫째로 해야 할 일은 청국의 굴레와 멍에를 부수고 '독전자주지국'을 수립하는 것이라고 주장한 것이었다. 그가 말한 '독전자주지국'은 현대어로 번역하면 '완전독립국가' 인 것이다. 그는 명도 청과 같이 생각했으며 '소중화'야말로 부끄러운 중국에의 예속의지라고 생각하였다. 그는 조선의 모든 외국에 대한 자주독립을 주장하고 조선도 세계 열강과 자유롭고 평등하게 어깨를 나란히 하는 완전자주독립국가가 될 것을 주장하였다.[28]

독립협회에 이르면 '국가'와 '국권'의 개념은 더욱 근대적으로 발전되었다. 독립협회는 '자주국권'의 개념을 1) 자주독립하여 타국에 의뢰하지 않는 것이요, 2) 자수(自修)하여 정법(政法)을 스스로 온 나라에 펴는 것이라고 정의하였다.[29] 그들은 어떠한 외국에도 의뢰해서는 국가의 자주독립을 지키지 못한다고 다음과 같이 주장하였다.

슬프다, 대한 사람들은 남에게 의지하고 힘입으려는 마음을 끊을진 저. 청국에 의지 말라, 종이나 사환에 지나지 못하리로다. 일본에 의지 말라, 나중에는 내장을 잃으리로다. 로국(러시아)에 의지 말라, 필경에는 몸뚱이까지 삼킴을 받으리라. 영국과 미국에 의지 말라, 청국과 일본과 로국에 원수를 맺으리라.[30]

---

27 「朝鮮改革意見書」, 『金玉均全集』, pp.110~111.
28 徐載弼 「回顧甲申政變」 ; 閔泰瑗, 『甲申政變과 金玉均』, 1947, p.82 참조.
29 『上疏存案』 제5책, 광무 2년 2월 21일조 「獨立協會上疏」 참조.

개화파들은 근대적 '국가'의 개념을 정립하고 당시의 한국을 자주부강한 근대국가로 건설하고자 했음을 위의 예에서도 알 수 있다.

위의 고찰에서 한말 위정척사파의 '국가'의 개념과 개화파의 '국가'의 개념 사이에는 현격한 차이가 있음을 확인할 수 있다.

5. 「입헌정치」에 대한 위정척사사상과 개화사상

구한말에 지식인들 사이에서 광범위하게 논의되던 '입헌정치'에 대하여 위정척사파와 개화파의 지식인들이 각각 어떠한 사상을 갖고 있었는가를 알아보는 것은 매우 흥미로운 일이다.

위정척사파의 지식인은 국가의 정치체제를 태조 때와 같은 '전제군주제'로 유지해 나가는 것을 당연하고 최선의 것으로 생각하였다. 따라서 그들에게 있어서는 입헌정치를 도입하여 '입헌군주제'나 '공화제'로 개혁하는 것은 있을 수 없는 일이었으며, 국왕에 대한 '패란'이라고 간주되었다.

최익현은 독립협회 회원들이 1898년에 '의회'를 설립하여 '전제군주제'를 '입헌군주제'로 개혁하려 하는 것을 다음과 같이 규탄하였다.

> 신은 듣건대, 외국에는 이른바 自由니 議員이니 하는 民權의 黨이 있고, 自選이니 民主니 하는 예가 있다고 합니다. 지금 이 民黨(독립협회) 사람들은 이미 벌써 대신을 협박하여 내쫓은 것이 여러 번이니 이보다 한층 더한 것을 하면 했지 어찌 꺼리고 행하지 않는 일이 있겠습니까.[31]

최익현은 여기서 민당(民黨, 독립협회)이 의회제도를 만들어 자유니 민

---

30 『독립신문』, 1899년 1월 20일자, 「유지각한 사람의 말」.
31 『勉菴集』, 「戊戌再疏」.

주니 해서 의원을 선출하여 정치하는 제도를 설립할 가능성이 있음을 지적하면서 민당을 혁파하여 변란의 계제(階梯)를 막을 것을 주장하였다. 최익현은 '전제군주제'의 '입헌군주제'로의 개혁도 반대했으므로 '공화제'로의 개혁은 그에게는 상상도 할 수 없는 일이었다. 그는 '공화제'에 대해서는 망측하여 아에 언급조차 하지 않았다. 위정척사파 지식인 중에서 '입헌군주제'와 '공화제'를 체계적으로 거론하여 신랄히 비판한 것은 의암(毅庵) 유인석(柳麟錫)이었다.

유인석에 의하면, '입헌(立憲)'이란 것이 중국의 옛날 성왕(聖王)이나 조선의 열성(列聖)들이 성할 때에 군주가 전제독단을 하지 않고 백성의 의견을 들어 취하는 것(取聽於民)을 말한다면 '입헌'이 중국의 고법(古法)과 바로 합하는 것이고 오늘의 시세에 행하지 않을 수 없는 것으로서 중국과 조선은 성군(聖君)이 통치할 때에는 이미 그것을 시행해 왔다. 그에 의하면, 중국과 조선의 성왕들의 취청어민(取聽於民)은 정도(正道)로서 성왕이 좌우에 현인(賢人)을 등용하여 임금은 백성을 구하고 백성은 임금을 받들기를 극히 존엄하게 하여 실로 임금이 백성의 부모가 되는 것이었다.

유인석에 의하면, 그러나 서양과 같은 입헌제의 취청어민은 정도가 아니니 결코 용납할 수 없는 것이다. 왜냐하면 이 제도하에서는 의견이 아래로부터 위로 상달되어 의회가 정책을 선정(先定)한 후에 임금에게 후달(後達)하므로 임금은 가부(可否)와 취사(取捨)를 할 수 없고 오직 허락만 할 뿐이어서 임금이 실은 백성의 고용(雇傭)이 되기 때문이다.

> 立憲制의 民意의 청취는 스스로 君主를 부정하는 것이다. 아래로부터 上達한 것을 議員이 먼저 議定한 연후에 君主에게 後達하고 군주는 可否와 取捨를 하지 못한 채 그것을 許諾할 뿐으로서 밑으로부터 위로 及上하는 것만 있고 위로부터 밑으로 下逮하는 것은 없으니, 君主는 虛尊으로서 앉아서 令을 내릴 수 없고 도리어 그것을 받아서 부

림을 당하니 실은 백성의 雇傭이 되는 것이다.[32]

　유인석은 입헌군주제(立憲君主制)와 성왕정치(聖王政治)는 전독(專獨)하지 않고 취청(取聽)한다는 것은 같지만 성왕정치의 군(君)은 군주이나 입헌군주제의 군(君)은 군주가 아니니 실제로 상반(相反)하는 것이며, 입헌군주제란 것은 민주제의 무군(無君)과 크게 다를 것이 없으므로 중국(따라서 조선)에는 참으로 시행할 수 없는 것이라고 단호하게 거부하였다.[33]

　유인석은 입헌군주제를 이상과 같이 반대하여 받아들이지 않으므로 '공화제'는 물론 더 단호하게 반대하였다. 그는 중국의 신해혁명(辛亥革命)이 만주족의 국가인 청을 구축하고 중화의 국가를 수립한 것을 '천지고금(天之古今)의 일대관지회(一大觀之會)'라고 찬양하면서도 이 혁명이 왕정을 채택하지 않고 공화제를 채택한 것을 신랄하게 규탄하였다. 그가 1914년에 『우주문답(宇宙問答)』을 특별히 저술한 것도 중국에 왕정복고(王政復古)를 요구하고 또한 조선이 독립하는 경우에 혹시라도 공화제(共和制)를 실시하지 않을까 염려하여 이를 미리 경계하기 위한 것이었다.

　유인석은 공화제를 프랑스(法國)의 제도라고 보았으며, 프랑스 공화제의 첫째의 큰 특징은 제왕을 없애고 '대통령(대총통)'을 통치자로 삼는 것이라고 보았다. 그러나 그에 의하면 '제

〈그림 23〉 의암 유인석 초상화

32 『毅菴集』 권51, 「宇宙問答」, pp.71~72.
33 『毅菴集』 권51, 「宇宙問答」, pp.71~72.

왕'은 중국의 경우 개벽 이래 세워져 내려온 대일통(大一統)의 규(規)이어서 이로써 중국은 여타의 다른 나라들을 통어하였고 이것 하나로써 만 가지를 통어하였으니, 이것은 결코 바꿀 수 없는 정리(定理)인 것이다. 하늘이 이 정리를 낙서(洛書)·황극(皇極)으로부터 내었으므로 중국이 황제를 없앤다는 것은 절대로 불가한 것이다.

유인석은 "대통령제라고 하는 것은 서양에서 최근에 나온 특수한 제도[別規]로서 미국에서 시행되는 것인데, 미국은 합중국(合衆國)이므로 중국(衆國)이 합한 바 되어 오히려 행할 수 있는 것이거니와 대일통의 중국에서 그것이 어찌 행해지겠는가"[34]고 공화제를 비판하였다.

또한 공화제와 대통령제의 단점은 통치되고 계승되는 곳이 없고 구심점이 없어서 국민들이 돌아가 모여 단결할 수 없으며, 뿐만 아니라 국민이 정(定)하는 바가 없고 선거로 서로 쟁투하게 되어 분열하게 되고 그 세(勢)가 반드시 피로써 도모하게 되어 전란을 일으키는 데 이르지 않으려야 않을 수 없게 된다는 것이다. 이렇게 되면 각 정파는 외국을 끌어들여 원조를 받으려 하고 외국은 이를 기회로 자기의 욕심을 실행하려 한다고 지적하였다.

중국이 大統領(大總統)을 둔다는 것은 이름부터 不正하고 말부터 不順하다. 또 통치되고 계승되는 데가 없으니 일이 이루어지는 것이 없고 백성이 돌아가 보이는 곳이 없다. 백성이 定하는 바가 없을 뿐만 아니라 그 위에 選擧로 서로 다투어 틈이 생기고 層이 더욱 격화하게 되어 그 勢가 피로써 서로 도모하여 반드시 戰爭를 일으키는 데 이르지 않으려야 않을 수 없는 것이다. 이렇게 되면 각자는 外國을 끌어들여 원조를 얻으려 하고, 외국은 이로 인하여 자기의 욕심을 실행하려 할 것이니, 비록 그렇게 되는 것을 알고서도 그치게 하지 못할 것이다.[35]

---

34 『毅菴集』권51, 「宇宙問答」, p.3.
35 『毅菴集』권51, 「宇宙問答」, p.4.

유인석은 대통령제에서는 정치가 공정하게 된다는 주장을 강력히 부정할 뿐 아니라 도리어 대통령제는 통치자를 자주 개체하므로 무능탐욕자[竚窾者]가 많이 나와 선출되려 해서 사(私)가 더 지배하게 된다고 주장하였다.

皇帝를 폐지하고 大統領(大總統)을 두면 정치가 공정하고 私私로움이 지배하지 않게 될 것인가? 정치의 公正은 마땅히 가장 有德한 이를 뽑아 다스리게 하고 죽은 후에 바꾸면 이루어질 것이다. 통치자를 자주 遞改하면 竚窾者가 많이 나와서 선출될 것을 바라므로 私私로움이 지배함을 면할 수 없다. 사사로움이 지배하는데 어찌 爭鬪가 없을 수 있겠는가? 정치가 공정하다면 有德者를 추대하여 皇帝를 삼음이 어찌 害로울 것인가. 사사로움이 지배하면 잠시의 大統領이 어찌 創業과 輔世를 할 수 있을 것인가? 무릇 法이란 것은 처음에 비록 至公하고 恰當할지라도 뒤에는 반드시 폐단이 있는 것인데, 처음부터 사사롭고 폐단이 있는 법을 쓰면 끝내 어떠한 지경에 이를 것인가? 이 大統領制는 비록 外國에는 행해질지라도 결단코 中國에서는 행해져서는 안 될 것이다.[36]

유인석은, 공화제·대통령제하에서는 비단 대통령뿐만 아니라 그 밑에 있는 다수의 정부 임원(각료와 관리)들도 사욕을 채우게 되며, 이것을 막는 방법도 없게 된다고 주장하였다.

비단 대통령[大總統]뿐만 아니라 다수의 任員들도 私慾을 채우는 자가 되지 않을 수 없을 것이다. 그들은 한때 여러 省들의 호걸들로서 일제히 일어나서 黨을 지어 분열해서 서로 싸우고 서로 공격하여 끝이 없을 터인데, 大統領의 權으로 서도 그들을 制下하지 못할 터이니 누가 그것을 저지할 수 있을 것인가?[37]

---

36 『毅菴集』 권51, 「宇宙問答」, p.4.
37 『毅菴集』 권51, 「宇宙問答」, p.4.

유인석은 공화제와 대통령제를 위와 같이 극력 부정하므로, 당연한 논리로 '의회제'를 극력 부정하였다. 그에 의하면, 법률이란 본래 위에서 정하여 시행하는 것인데, 의회가 법률을 평의하고 입법한다는 것은 도를 없애는 것이다. 또한 의원이란 것은 국민을 대표한다고 하면서 높은 봉급만 받고 향락만 하며 국민을 어리석다고 보아 탄압만 하게 되므로 모든 사람들이 더 곤란에 처하게 된다고 그는 주장하였다.

> 그중에서 議員이라고 하는 것은 國民을 代表하고 국민을 保衛한다고 하여 국민의 힘으로 높은 봉록을 포식하면서 극단적 향락을 누리고 자기들만 홀로 自由를 즐기며 국민은 오직 어리석다고 보아 紛擾를 일으키며 교만하게 彈壓하니 국민은 자유를 얻을 수 없을 뿐만 아니라 실제로는 모든 사람이 지극히 困難에 처하게 된다.
>
> 또한 '천하에 道가 있으면 국민은 일을 논의하지 않는다'는 것은 天地의 정한 經이다. 법률이란 것은 위에서 만들어 행하는 것이요, 가로되 評議한다 하고 가로되 立法한다 함은 道를 滅하고 經을 敗하는 것이다. 이를 중국에서 논하면 중국이 장차 어디에 이르게 될 것인가?[38]

이러한 이유로 유인석은 공화제·대통령제·의회제는 결단코 중국(따라서 조선)에서는 시행되어서는 안 된다고 단호하게 주장하였다.

유인석인 중국이 신해혁명에 의하여 중화민국이라고 하는 '공화제'를 실시한 것을 개탄하고, 중국이 해야 할 긴급한 과제는 왕정복고(王政復古)하여 '입군(立君)'하는 것이라고 주장하였다.

> 帝王은 하늘을 이어 立한 것이다. …… 천하의 이치가 本이 하나이면 다스려지고 本이 둘이면 혼란이 온다. 그러므로 綱이 하나이어야 그 綱이 目을 統禦하고 衣가 하나이어야 그 領이 幅을 통어하는 것이

---

38 『毅菴集』 권51, 「宇宙問答」, p.4.

다. 마찬가지로 君王이 하나이어야 그 位가 국민을 統御한다. 君王이
있으면 本이 하나이어서 그 다스림을 세워 펼 수 있고 君王이 없으면
本이 하나가 아니어서 混亂이 오는 것은 이치의 자연스러운 것이다.
이제 중국의 최급선무는 '立君'하는 것이다.[39]

유인석의 공화제에 대한 부정은, 예컨대 신해혁명에 의한 중화민국의
건국에 대한 부정적 견해에서 볼 수 있는 바와 같이 수동적인 것이 아니
라, 즉 공화제가 서는 경우에는 이를 마지 못해 받아들이는 소극적 부정이
아니라, 이를 적극적으로 부정하고, 공화제를 폐지하여 왕정복고에 의한
'입군'을 주장하는 적극적이고 강렬한 것이었다.

우리는 유인석의 사상을 통하여 우리나라 위정척사파가 입헌군주제·공
화제·의회제 등 입헌정치를 적극적으로 부정하고 전제군주제의 성왕정치
를 이상적 제도로서 한사코 유지하려고 하는 수구의식의 일단을 잘 볼 수
있다.

이와는 대조적으로 한말 개화파 지식인들은 입헌정치를 적극적으로 긍
정하고 초기에는 전제군주제를 입헌군주제로 개혁하여 입헌정치를 실현하
려고 하다가 1898년 이후부터 공화제를 추구하는 의식이 점차 널리 보급
되기 시작하였다.

개화파의 신문인 「한성순보(漢城旬報)」는 갑신정변 이전인 1884년 1월
에 「구미입헌정체(歐米立憲政體)」라는 논문을 게재하고 우리나라 역사상
처음으로 입헌정치를 적극적으로 찬양하였다. 이 논문에서 나타나고 있는
개화파 지식인들의 입헌 정치에 대한 의식을 요약하여 정리하면 다음과
같다.[40]

① 구라파와 미주 여러 나라들의 정치체제는 입헌군주제(立憲君主制 ;

---

39 『毅菴集』 권51, 「宇宙問答」, p.6.
40 『漢城旬報』 제10호, 1884년 1월 3일자, 「歐米立憲政體」 참조.

君民同治)와 공화제(共和制 ; 合衆共和)의 두 종류가 있는데, 이를 모두 입헌정체라고 부른다.

② 입헌정체에서는 대권(大權)을 셋으로 나누는데, ㉠ 입법권은 법률을 제정하는 것이며 입법부(立法府)가 이를 관장하고, ㉡ 행정권은 입법관이 정한 바에 의거하여 행정을 하는 것이며 행정부가 이를 관장하고, ㉢ 사법권은 입법 관이 정한 바에 의거하여 형법을 집행하고 송옥(訟獄)을 단행하는 것이며 사법부가 이를 관장한다. 삼부의 조직은 나라에 따라 동일하지 않다.

③ 입법부는 '의회(議會)'를 말하는데, 나라에 따라 의회를 상원과 하원으로 나눈다.

④ 하원은 일명 민선의원이라고도 하는데 전국의 대의사(代議士,국회의원)로써 조직한다. 입헌정체는 전국 인민이 모두 국사를 의론하는 것이 주지(主旨)이지만 전국 인민이 모두 한자리에 모이기는 어려우므로 학식이 뛰어난 자들을 입후보시켜 국민이 투표로 선거해서 대의사를 선출한다. 대의사에는 임기가 있다. 대의사들은 그들 중에서 1명을 선출하여 의장을 삼는다. 이것이 하원의장이다.

⑤ 상원은 일명 원로의원(元老議院)이라고도 하는데, 입헌군주제(군민동치)를 정체(政體)로 하는 나라에서는 왕족과 귀족이 그 의원이 되고, 공화제(合衆共和)를 정체로 하는 나라에서는 학식과 덕망이 뛰어나며 정치에 경험이 있는 자가 그 의원이 된다. 의장의 선출은 하원과 같다.

⑥ 군주국에서는 통치자의 위(位)를 세습하지만 공화제에서는 본래 세습의 예가 없고 대통령이 대신 통치자가 된다. 대통령에는 임기가 있다.

⑦ 상하양원(上下兩院)이 설립되면 급선무는 법률과 조례를 제정하는 일이다. 입법관으로서 법률을 제정하거나 개정하고자 하는 경우에는 반드시 의안을 만들어 상하양원에 부치고 스스로 양원에 나아가서 그 의안을 설명하여 양원의 의원이 가부를 결정할 수 있도록 한다. 원중(院中)의 의원

은 각각 그 의안을 읽어 본 후 자기의 소견을 개진하고 토의한 연후에, 의장은 의원으로 하여금 그 의안에 불찬성하는 자를 먼저 기립시키고 그 의안에 찬성하는 자를 다음에 역시 기립시킨다. 그리하여 그 전후의 기립자의 많고 적음에 의하여 의안의 가부를 결정한다. 그러므로 양원 중에서 의안을 불가라고 하는 전기립자(前起立者)가 다수이면 그 의안은 폐기되고 시행되지 않는다. 만일 양원 모두에서 '가'라고 하

〈그림 24〉 초기개화파 신문 「한성순보」

는 후기립자(後起立者)가 다수이면 그 의안은 시행에 들어간다. 입헌군주제에 있어서는 양원에서 가결된 의안은 곧 군주에게 그 의안을 상주(上奏)한 다음 시행하지만 만약 군주가 불윤(不允)하면 역시 시행하지 못한다.

⑧ 행정부는 행정관으로 구성되는데, 군주와 보필지신(輔弼之臣)이 행정권을 담당한다. 행정관리의 상위자를 재상(宰相, 장관 또는 대신)이라고 하며, 그 수는 나라에 따라 5,6명~10 수 명을 둔다. 재상의 수위자(首位者)를 책임재상(수상)이라고 하며 형식은 군주가 임면하지만 실제로는 양원의 추천에 의한다. 그 나머지 재상들은 모두 책임재상이 추천한다.

⑨ 행정은 책임재상이 행정에 관한 조안(條案)을 만들어서 군주의 서명날인을 붙여 양원의 의결을 거쳐 시행하는데, 이때 책임재상은 양원에 가서 그 의안을 설명한다. 만일 양원이 책임재상의 그 의안을 가결하면 재상

의 소설(所說)과 양원의 소견이 부합하므로 행정에 관한 정무는 조금도 구애(拘碍)의 사단이 없다. 그러나 만일 양원이 책임재상의 그 의안을 부결하면 각부의 재상이 모두 그 직을 자퇴하고, 양원의 그 의결한 의원에게 대신 그 책임을 맡긴다.

⑩ 행정 관리에게 과오가 있으면 양원이 책임재상을 힐책하여 군주에게 상고하고 그 관직을 해임한다. 책임재상이 그 직위를 잃으면 나머지 재상들도 역시 모두 함께 퇴임한다. 그러나 재상 이하의 관리는 진퇴를 함께 하지 않는다. 이들은 단지 재상의 명령에 따라 시행할 뿐이므로 그 직에 오래 앉고 행정 사무에 익수하는 것을 중시한다.

⑪ 행정관리에는 정무관(政務官)과 사무관(事務官)의 두 종류가 있다. 정무관은 곧 재상을 가리킨다. 정무관은 양원에서의 의결의 여하와 책임재상의 임면에 따라 진퇴가 결정된다. 사무관은 정무관 이하의 관리를 가리킨다. 사무관은 모두 그 직에 영구히 머문다.

⑫ 사법관은 군주와 양원이 임명하여 사법권을 관장하며, 죄범이 없으면 종신토록 그 직을 맡고, 그가 처리한 바가 헌법을 위반하지 아니하면 비록 군주나 양원이라도 그에게 간섭하지 못한다.

⑬ 삼부의 권리를 확정하고 삼대관의 조직을 정하여 국전(國典)이 되는 것이 곧 헌법이다. 헌법은 군주가 정하거나 혹은 군민이 공의(共議)하여 정한다.

⑭ 서양의 정치 관습은 군주제와 민주제를 막론하고 모두 상원과 하원을 설치하며, 모든 군국대사(軍國大事)를 하원에서 공동 토의한 것을 상원으로 올리고 상원을 거쳐 상호 토의한 것을 하원으로 내려 보내 의결한 바의 동이(同異)는 논하지 않고 국왕의 재결을 함께 청한다. 그러므로 비록 군주의 지위로써도 자기의 의사를 독행할 수 없다. 그러므로 헌법을 한번 정한 후에는 용이하게 변경할 수 없다.

⑮ 헌법을 제정한 후에는 입법관은 입법만 하고 행정을 할 수 없고, 행

정관은 행정만 하고 입법을 할 수 없기 때문에 사욕을 꾀하는 자가 있어도 사욕을 실현할 수 없다. 또한 유죄자(有罪者)와 소송자(訴訟者)는 모두 사법관의 관할을 받는데, 사법관은 입법관과 행정관의 지시를 받지 않고 오직 법률에 의해서만 행형(行刑)하고 제의(制義)하고 일을 결정하므로 잘못이 없는 자를 벌하고자 하는 자가 있을지라도 감히 독(毒)을 펼 수 없다. 이것이 실로 삼권분립(三權分立)의 첫째의 이익이다.

⑯ 고래로 재상이 인재가 아니어서 정치가 바르지 못하고 백성이 불안한 일이 많았으며, 혹은 문벌과 당파로 벼슬을 주었으므로 인재를 널리 선발해서 정치를 맡기지 못한 폐단이 많았다. 이제 입헌정체는 민선(民選)을 근본으로 하여 민의(民意)를 따르므로 나라에 현자(賢者)가 있으면 의원이 되지 않는 일이 없고 나아가서 재상이 되지 않는 일이 없다. 어찌 소인이 군주를 불의(不義)에 빠뜨리는 일이 있을 것인가. 이것이 입헌정체의 또한 첫째의 이익이다.

이상에서 본 바와 같은 초기 개화파의 입헌정체에 대한 해설에서 특히 다음과 같은 세 가지 점이 주목된다.

첫째, 우리나라 초기 개화파의 지식인들은 이미 갑신정변 이전에 입헌정체·입헌군주제·공화제·민주제·의회제·삼권분립제 등에 대하여 정확하고 상세하게 알고 있었음을 확인할 수 있다.

둘째, 초기 개화파는 입헌정체를 공화제가 아니라 입헌군주제를 중심으로 하여 설명하고 있음을 알 수 있다. 그들은 공화제에 대해서도 잘 알고 있으면서도 관심을 입헌군주제에 집중시키고 있다.

셋째, 초기 개화파는 우리나라의 정치체제를 전제군주제로부터 입헌군주제로 개혁하려는 의지를 보이고 있음을 명백히 알 수 있다. 이 사실은 논설의 끝에 입헌군주제의 장점과 이익을 지적하여 강조하고 있는 곳에서도 확인할 수 있다.

김옥균을 중심으로 한 초기 개화파가 1884년 12월 4일 갑신정변을 일으켜 정권을 장악했을 때 혁신정강 제13조와 제14조에서 군주의 권한을 근본적으로 제한하고 내각제도(內閣制度)를 수립하여 모든 국정의 중요 사항을 내각회의에서 토의 결정하는 제도를 수립할 것을 공포한 것은 전제군주제의 입헌군주제로의 개혁의 시작을 의미하는 것이었다. 그러나 갑신정변의 실패로 말미암아 초기 개화파의 입헌정체의 수립운동은 일단 실패로 돌아가고 그것은 사상으로서만 남아 지속하게 되었다.

그 후 1894년의 갑오개혁을 주도한 개화파 지식인인 유길준(兪吉濬)은 1889년에 쓰고 1895년에 간행된 『서유견문(西遊見聞)』에서 역시 입헌정체의 실현을 전제군주제의 입헌군주제로의 개혁의 방향으로 추구하였다. 유길준은 『서유견문』에서 정치체제를 ① 군주가 천단(擅斷)하는 정체, ② 군주가 명령하는 정체 (일명 압제정체), ③ 귀족이 주장하는 정체, ④ 군민(君民)이 공치(共治)하는 정체 (일명 입헌정체), ⑤ 국인(國人)이 공화(共和)하는 정체의 5종류로 구분하였다. 그는 이중에서 ①과 ③의 정체는 현존하는 것이 없는 과거의 것이고, 현존하는 정체는 ②, ④, ⑤의 3 종류라고 설명하였다.

유길준은 입헌정체에는 입헌군주제와 공화제가 있음을 잘 알면서도 ④의 군(君)과 민(民)이 공치하는 정체, 즉 입헌군주제를 바로 일명 '입헌정체'라고 주장하고 공화제를 별개의 것으로 유형화함으로써 그가 추구하는 입헌정체는 바로 입헌군주제임을 강력히 표시하였다. 그는 '군민이 공치하는 정체'(입헌군주제)에 대하여 다음과 같이 해석하였다.

> 이 정체는 그 국 중에 법률 및 정사의 일체 大權을 君主 1인의 獨斷함이 無하고 議政諸大臣이 반드시 먼저 酌定하야 군주의 명령으로 시행하는 자를 指함이니 대개 의정 대신은 인민이 천거하야 정부의 의원이 되는 고로 대신은 그 薦主되는 인민을 代하야 그 사무를 행함이며, 또 人君의 권세도 限定한 界境이 有하야 法外에는 일보도 出하

기 불능하고 군주로부터 庶人에 至하야 至公한 道를 尊하야 비록 少事라도 私情을 任行하지 아니하며, 또 司法諸大臣과 行政諸大臣은 각 그 職事를 군주의 명령으로 奉하고 정사와 법률마다 議政諸大臣의 酌定한 자를 시행하는 자라. 시고로 이 정체가 실상은 議政·行政 및 司法의 三大綱에 分하니 君主는 三大綱의 元首러라.[41]

유길준은 여기서 입헌군주제가 군주를 국가원수로 한 삼권분립제이며 군주의 독단전제(獨斷專制)를 폐지하고 의정제대신(議政諸大臣)이 결정한 법률과 정책을 행정제대신과 사법제대신이 시행하는 제도로 이해하고 있음을 알 수 있다. 여기서 주목할 것은 유길준이 '의회'에 대하여 언급하고 있지 않다는 사실이다. 그는 의회와 의원(민선 의원)에 대하여 전혀 언급하고 있지 않으며, 입법부의 역할을 의정제대신이 수행하는 것으로 해석하고 있다. 유길준이 입헌 군주제에서 '의회' 설립과 역할을 도외시하고 있는 것은 갑오개혁 때의 정치체제 개혁의 특성과 관련하여 주목할 필요가 있는 것이다.

유길준은 한편 공화정체에 대해서는 이를 다음과 같이 설명하였다.

이 정체는 世傳하는 君主의 대신에 大統領이 그 國의 최상위를 居하며 최대권을 執하야 그 政令과 법률이며 凡百事爲가 모두 君民의 共治하는 정체와 同한 자니 대통령은 천하를 管하야 그 일정한 期限이 有한 자러라.[42]

유길준은 여기서 공화제를 최고 통치자가 세습의 군주 대신 임기가 있는 대통령으로 되는 차이가 있을 뿐이요, 그 나머지는 모두가 입헌군주제와 동일한 것이라고 설명하고 있다. 이점은 그가 다른 구절에서 "국인(國

---

41 『西遊見聞』, 『兪吉濬全書』 제1권, pp.164~165.
42 『西遊見聞』, 『兪吉濬全書』 제1권, p.165.

人)의 공화하는 정체는 세전(世傳)하는 군주만 무(無)할 따름이요, 그 대개는 군민(君民)의 공치(共治)와 동(同)한 자니 지리한 논병(論柄)을 부장(不張)함이라"⁴³고 한 곳에서도 재확인할 수 있다.

유길준은 여기서 공화제를 구태여 입헌군주제(최고 통치자가 대통령인 것을 제외하고는)와 대개 동일하다는 것을 강조하여 설명을 생략함으로써 그가 우리나라의 실정에는 공화제 보다 입헌군주제가 적

〈그림 25〉 개화 사상가 유길준

합한 정체라고 보고 입헌군주제를 실현하고자 함을 강력히 시사하였다. 그는 입헌군주제의 장점을 다음과 같이 설명하였다.

　　무릇 君民이 共治하는 정체는 그 제도가 공평하고 些少도 私情이 無하야 民의 好하는 자를 好하며 惡하는 자를 惡하야 국 중의 政令과 법률을 輿衆의 公論으로 행하나니 人마다 그 의론에 참여한즉 그 煩劇함을 反不勝할디라. 인민의 수를 乃定하야 가령 萬人에 一 인이나 十萬 인에 一 인으로 그중에 才局과 德器의 최고한 자를 천거하야 군주의 정치를 찬양하며 인민의 권리를 保守하야 行政 및 司法諸大臣의 官守와 직무를 察하며 또 정령과 法度를 논란하며 的定하나니 정부의 일정한 제도는 人君과 백성이 同守하야 감히 이를 犯함이 無하고 良法과 美制를 新定한즉 역시 君民이 共遵하는 고로 폭군과 臣이 相遇하야도 그 虐政과 法을 자행하기 불능한지라. 然하기 인민은 각 그 業에 定하며 事를 勉하야 一家의 영화를 營求할 뿐 아니라 國人이

<hr />

43 『西遊見聞』, 『兪吉濬全書』 제1권, p.171.

그 國의 重함으로 自任하야 進取하는 기상과 獨立하는 정신으로 정
부와 心을 同하며 力을 協하야 그 國의 富强할 기회를 도모하며 문명
할 규모를 강구하니 대개 진취하는 기상이 유한 연후에 독립하는 정
신이 始生하는지라. 一身의 독립을 원하는 자는 一家의 독립을 구하
고 또 인하야 일국의 독립을 冀待하나니, 인민의 진취하는 기상이 족
하면 그 國이 비록 小하나 타인의 慢侮를 不受하는 고로 歐洲의 瑞典
과 丁抹같은 小國이 능히 諸大國에 間하야 그 자주하는 권세와 독립
하는 영화를 보수하는 자라.[44]

유길준은 이상과 같이 전제군주제를 입헌군주제로 개혁하는 것이 여러
가지 장점과 이익을 가져 오는 것이며, 나라의 부강과 자주와 독립에도 필
수의 것임을 강조하고 입헌군주제의 실시를 추구하였다. 이러한 유길준의
사상은 그가 주도자의 하나였던 갑오개혁에서 그 추진 시도의 징후가 보
였다. 즉 1894년 7월에 설치된 군국기무처(軍國機務處)에서는 전제군주의
관여나 명령을 받음이 없이 입법관(군국기무처 회의원)들이 임명되어 자율
적으로 개혁법안들을 입법해서 사후에 국왕의 재결만을 받았다. 또한 정부
조직에 있어서도 전제군주제의 국왕의 권한에 일정한 제한을 가하고 내각
회의의 권한을 대폭 강화하였다. 그러나 갑오개혁에서는 아직 공식 입헌군
주제를 실시하지는 못하였다.

한말 개화파 지식인들이 전제군주제의 입헌군주제와 공화제로의 개혁
을 운동으로 실천하려고 본격적으로 시도한 것은 1896~98년의 독립협회
(獨立協會)와 만민공동회(萬民共同會) 운동에서였다.

독립협회의 정치체제에 대한 공식 목표는 삼권분립을 실현하여 먼저
'의회'를 설립하고 전제군주제를 입헌군주제의 입헌정체로 개혁하는 것이
었다. 그들은 중추원(中樞院)을 의회(議會)로 개편하여 입법부를 설립하고,

---

44 『西遊見聞』, 『兪吉濬全書』 제1권, pp.168~169.

의정부(議政府)를 행정만 담당하는 내각책임제의 내각(內閣)으로 개혁하며, 사법부도 입법과 행정으로부터 분리된 독립기관으로 설립하려고 하였다. 독립협회는 이러한 입헌정체 수립의 핵심은 무엇보다도 '의회'의 설립에 있는 것이라고 강조하였다.

독립협회는 이러한 주장 아래 정력적으로 의회설립 운동을 시작하여 1898년 4월 3일 독립협회 토론회의 주제를 "의회원을 설립하는 것이 정치상에 제일 긴요함"으로 정하고 회원과 국민들에게 의회 설립의 긴급한 필요성을 계몽하였다. 또한 독립협회 회장 대리 윤치호는 1898년 4월에 로버트(Henry M. Robert)의 「의회통용규칙(議會通用規則)」이라는 의사 진행 방법의 책자를 번역하여 인쇄해서 독립협회 회원들에게 배포하고 국민들에게 공매해서 의회를 개설했을 때의 회의 진행의 훈련을 시작하였다.

독립협회의 이러한 의회설립 운동의 시작에 당황한 친러수구파 정부는 법무 고문 리젠드어(Charles W. Legendre)를 1898년 4월 14일 독립협회에 보내어 독립협회가 추구하는 '완전한 대의정부'(thoroughly representative government)는 시기상조이며 절충안으로서 자문원(諮問院)의 설치가 적합하다는 의사를 전달해 왔다.[45] 이에 대하여 독립협회는 4월 30일자의 『독립신문』에 의회 설립을 주장하는 장문의 논설을 게재하고 독립협회의 목표의 하나가 의회 설립을 통한 완전한 대의정부의 수립임을 밝혔다. 독립협회의 이 논설이 의회 설립의 필요성을 주장한 요점은 다음과 같았다.[46]

① 의회와 내각을 엄격히 분립시켜 의원은 행정권을 갖지 않고 오직 입법권만 가져 법률 제정과 정책 결정의 권리만 갖게 하고, 행정관에게는 의회에서 결정한 사항을 집행할 행정권만 주면 입법과 행정이 모두 전문화되어 능률이 나고 정밀해지므로 나라에 유익하다.

---

45 『尹致昊英文日記』, 1894년 4월 14일자 참조.
46 『독립신문』(제3권, 제51호), 1898년 4월 30일자, 「론설」 참조.

〈그림 26〉 독립과 개화사상 전파한 「독립신문」

  ② 의회가 설립되면 나라 안의 모든 학문과 지혜와 좋은 생각이 있는 인재들이 의원으로 선출되어 나라와 백성을 위한 좋은 정책이 수립된다.

  ③ 의회를 설립하면 법률과 정책이 모두 의원들의 찬반 토론을 거친 후에 제정되므로 황제가 그 일을 결정할 수고를 덜고 전제군주에서의 같은 사담과 거짓이 황제의 결정에 들어가지 못하므로 황제에게도 유익하다.

④ 의회를 설립하면 대신들도 의회에서 토의하여 결정한 법률과 정책을 집행만 하면 되므로 행정에 실수가 적고 시간 여유를 얻어 행정에만 전념하게 되어 행정이 잘 되기 때문에 대신들에게도 유익하다.

⑤ 의회를 설립하면 인민의 의사와 주장이 정치에 충분히 반영되어 절대 다수의 인민에게 유리하게 결정되므로 인민에게 한없이 유익하다.

⑥ 의회를 설립하면 국민이 참정을 하게 되어 국민의 의사를 정부가 실천하게 되므로 국민이 정부의 일을 자기 일과 같이 생각하고 국민과 정부 사이에 전에 없던 소통이 생기며 국민의 애국심이 배가된다.

⑦ 의회를 설립하면 국민과 정부와 군주가 상합(相合)하게 되어 국가 내부의 단결이 강화되므로 외국이 대한을 능멸하거나 침략하지 못한다.

독립협회는 이러한 의회 설립의 주장을 널리 계몽해 오다가 1898년 7월 3일 국왕에게 정식으로 상소를 올려 서양에서는 비록 군주정치일지라 도 상·하원을 설치하여 여론에 따라 정치를 하니 우리도 백성의 뜻에 따라 백성에게 널리 물어서 정치를 하도록 의회를 설립하자는 요지의 의회 설립 제안을 간곡한 문장으로 제출하였다.[47] 이것은 획기적인 상소였다. 황제 고종은 이에 대하여 거부의 반응을 보였다. 독립협회는 이에 굴하지 않고 7월 11일 다시 상소를 올려 '의회설립'을 요구하였다.[48]

독립협회는 1898년 10월 8일~12일 인화문 앞에서의 수구파 7대신 규탄과 개혁정부 수립 요구의 철야 상소 시위가 성공하여 10월 12일 마침내 그들이 바라던 개혁정부로서 박정양(朴定陽) 내각이 수립되고 일부 개혁파 관료가 진출하자, 즉각 의회설립을 신정부에 요구하여 10월 14일 독립협회와 신정부 사이에 중추원을 '의회'로 개편할 것이 합의되었다. 이에 독립협회는 10월 24일에 우리나라 최초의 의회설립안에 해당하는 '중추원관제개

---

47 『上疏存案』 제6책, 광무 2년 7월 3일조 참조.
48 『承政院日記』, 고종 광무 2년 음력 5월 21일조, 「前中樞院議官尹致昊等疏」 참조.

편안(中樞院官制改編案)'을 신정부에 제출하였다. 신정부는 이 안에 기초하여 약간의 자구 수정을 가해서 1898년 11월 2일 우리나라 최초의 국회법에 해당하는 새로운 '중추원신관제(中樞院新官制)'를 제정하고 11월 4일 이를 공포하였다. 그 내용을 보면 다음과 같다.[49]

제1조. 중추원은 다음의 사항을 심의 의결하는 처소로 할 것.
　① 법률과 칙령의 제정과 폐지와 개정에 관한 사항.
　② 의정부에서 토의를 거쳐 상주하는 일체의 사항.
　③ 칙명을 인하여 의정부에서 諮詢하는 사항.
　④ 의정부에서 임시건의에 대하여 자순하는 사항.
　⑤ 중추원에서 임시 건의하는 사항.
　⑥ 인민의 헌의하는 사항.
제2조. 중추원은 다음의 직원으로서 합성할 것.
　의장 1인, 부의장 1인, 의관 50인, 참서관 2인, 주사 4인.
제3조. 의장은 대황제 폐하께서 聖簡으로 勅授하고, 부의장은 중추원
　　　공천을 인하여 칙수하고, 議官의 반수는 정부에서 국가에 공로가
　　　있는 자로 회의해서 奏薦하고 반수는 인민협회에서 27세 이상의
　　　人이 정치와 법률과 학식에 통달한 자로 투표하여 선거할 것.
제4조. 의장은 칙임 1등이요, 부의장은 칙임 2등이요, 의관은 奏任이니
　　　叙等은 無하고 임기는 각기 12개월로 정할 것. 단, 의관의 임기
　　　만료 전 1개월에 후임 의관을 豫選할 것.
제5조. 참서관은 奏任이오, 主事는 判任이니 서등은 일반 관리와 같이
　　　할 것.
제6조. 부의장은 중추원 통첩을 기다려 정부에서 上奏하여 詔勅으로
　　　임명함을 恭竣하고, 의관은 정부에서 上奏 叙任하고, 참서관은
　　　중추원 薦牒을 기다려 정부에서 奏任하고 主事는 의장이 토의를
　　　거쳐 專行할 것.
제7조. 의장은 중추원의 대소사무를 總轄하고 일체의 공문에 서명할 것.

49 『奏議』제24책, 광무 2년 11월 2일조.

제8조, 부의장은 의장의 직무를 보좌하고 의장이 유고한 시에는 그 직을 代辦할 것.

제9조, 참서관은 의장 및 부의장의 지휘를 받아 서무를 掌할 것.

제10조. 主事는 상관의 지휘를 받아 서무에 종사할 것.

제11조. 중추원에서 각항 안건에 대하여 의결하는 權만 있고 上奏 혹은 명령을 발함을 直行함을 원치 못할 것.

제12조. 의정부와 중추원에서 의견이 不合하는 時는 의정부와 중추원이 협의하여 타당 가결한 후에 시행하고 의정부에서 직행함을 원치 못할 것.

제13조. 국무대신은 위원에 임명되어 그 주로 담당하는 사항을 의정부의 위원이라 하여 중추원에 가서 의안의 理趣를 辨明할 것.

제14조. 국무대신 및 각부 협판은 중추원에 來會하여 의관이 되어 列席할 수 있으나, 단 그 주로 담당하는 사항에는 의결하는 員數에 가산하지 못할 것.

제15조. 개국 505년 칙령 제40호 중추원관제는 본관제 반포일로부터 폐지할 것.

제16조. 본관제 제3조 중 인민선거는 현금간에는 독립협회로서 행할 것.

제17조. 본령은 반포일로부터 시행할 것.

위의 의회법을 보면, 의원 선거만 독립협회를 통한 간접선거일 뿐 중추원의 기능과 역할은 근대 민주주의 국가의 '의회(상원)'의 기능을 대체로 모두 갖춘 것을 알 수 있다. 즉 그것은 실제로 1) 입법권, 2) 행정부의 정책에 대한 동의권, 3) 동의권을 통한 사실상의 감사권, 4) 행정부의 건의에 대한 자순권(諮詢權), 5) 건의권 등을 갖추어 국정의 모든 중요 사항이 중추원을 거치고 동의를 얻어야 하도록 만들었으며, 행정부 단독으로 중요 사항을 결정하여 집행하지 못하도록 만들었다. 이러한 의회법(중추원신관제)의 제정과 공포는 한국 근대사에서 획기적인 것이었다.

그러나, 이 의회법은 그대로 실현되지는 못하였다. 왜냐하면 독립협회가 주도하는 의회가 설립되어 개혁정부를 단행해 나가면 자기들은 정권에서 영원히 몰락하게 된다고 판단한 친러수구파들이 익명의 삐라를 만들어 독립협회가 '의회'를 설립해서 전제군주제를 입헌군주제로 개혁하려는 것이 아니라 박정양(朴定陽)을 대통령, 윤치호(尹致昊)를 부통령, 이상재(李商在)를 내부대신으로 한 '공화정'을 수립하려 한다고 모략했기 때문이었다. 자기가 폐위된다는 모략에 놀란 고종은 11월 4일 밤부터 5일 새벽에 걸쳐 독립협회 간부 17명을 전격적으로 체포하고, 박정양 내각을 해산하여 친러수구파 내각을 재조직했으며, 의회 설립의 실시를 중단시켜 버렸다.

당시 독립협회의 입헌정체의 주장에는 크게 두 개의 흐름이 형성되어 있었다.

첫째는 입헌군주제를 주장한 흐름으로서, 독립협회 간부들과 다수의 회원이 그 추진 세력이었다. 그들은 당시의 한국의 실정에는 공화제는 시기상조이거나 적합하지 않고 전제군주제를 입헌군주제로 개혁해 입헌군주국을 수립하는 것이 적합하다는 주장이었다.

둘째는 공화제를 주장한 흐름으로서, 독립협회의 일부 급진파 청년회원들이 이것을 주장하였다. 그들은 군주제를 어떠한 형태로든지 남겨두고서는 나라를 구할 수 있는 대개혁을 단행할 수 없다고 보아 공화정 운동을 은밀히 추진하였다.

당시 일부 청년 회원들의 공화정 운동은 친러수구파 정부로부터 매우 불온시되었으나 독립협회 내에서는 무시하지 못할 흐름이었으므로, 독립협회가 1898년 10월 28일부터 11월 2일까지 6일간 서울 종로에서 관민공동회(官民共同會)를 개최했을 때에는 독립협회는 회원들에게 민주주의(democracy)와 공화주의(republicanism)를 옹호하는 연설을 금하도록 규제하지 않으면 안 되었다.[50]

---

50 *The Independent* (Vol. 3, No. 128), 1898년 11월 1일자,「An Assembly of All Caste」

독립협회가 1898년 12월 15일 강제 해산당한 후 개화파 지식인들의 입헌정체의 수립 운동은 수구파의 탄압을 받고 중단되었다. 친러수구파는 1899년 8월 17일 '대한국 국제'(大韓國 國制)를 선포하여 대한제국(大韓帝國)의 국체(國體)는 '전제군주제'임을 공포하고 이를 변개하려는 주장은 모두 국체를 훼손하는 반역 행위로 간주하여 처벌할 것을 선언해서, 이 체제가 1905년 을사5조약 때까지 지속되었다. 1905년 11월 '을사5조약'에 의하여 일본 제국주의에게 외교권 등 국권의 일부를 박탈당한 후 애국계몽운동이 전국적으로 광범위하게 전개되었을 때, 국권회복운동의 비밀결사인 신민회가 1907년 4월에 창립되면서, 신민회의 목적은 ① 국권을 회복하여 자유독립국을 세우고, ② 그 정체는 공화정으로 할 것을 운동 목표로 정립하였다.[51] 이것은 우리나라 역사에서 처음으로 대표적 민족운동 단체가 민주공화정 수립을 공식 목표로 설정한 획기적인 것이었다.[52]

지금까지의 고찰에서 명백히 되는 바와 같이 구한말 '입헌정체'에 대한 위정척사파 지식인의 수구의식과 개화파 지식인의 개화의식은 도저히 상호간에 받아들일 수 없는 큰 차이가 있었음을 알 수 있다.

6. 「사회신분제」에 대한 위정척사사상과 개화사상

사회신분제의 존폐 여부는 사회의 역사적 발전 과정에 있어서 '전근대'와 '근대'를 범주적으로 구분짓는 매우 중요한 것이다. 한국 근대사에서는

참조.
51 「大韓新民會의 構成」, 『韓國獨立運動史』, 국사편찬위원회 편, 제1권, 자료편, p.1024 참조
52 愼鏞廈, 「新民會의 創建과 그 國權恢復運動」(상·하), 『韓國學報』 제8~9집(1977) 참조.

초기부터 양반사회신분제의 폐지 여부에 대한 대립적 주장이 제시되었으므로 이 문제에 대한 위정척사파와 개화파의 견해를 알아보는 것은 한말 지식인의 수구의식과 개화의식을 고찰하는 데 매우 중요한 것이 된다.

한국 근대에 위정척사파 지식인들은 조선 왕조의 양반(兩班)·중인(中人)·양인(良人, 常人)·천인(賤人, 奴婢)의 사회신분제를 '강상(綱常)'의 하나로 생각하여 그 유지를 당연한 것으로 생각하였다. 최익현도 다른 위정척사파 지식인들과 함께 이러한 의식을 가졌음은 물론이다. 최익현은 그의 상소문들에서 사회신분제와 관련된 언급으로 "경(卿)·사(士)·대(大)·부(夫)로부터 여항(閭巷)의 민(民)"[53]에 이르는 '관(官)·사족(士族)' 대 '여항의 민'을 준별하고 있으며 '사농공상(士農工商)'[54]의 위계질서를 매우 중시하였다.

최익현은 갑오개혁의 사회신분제 폐지에 대하여 직접 언급하지는 않았으나 간접적으로 이를 부정적으로 평가하였다.

> 신은 ……다만 綱常과 禮法이 땅에 떨어져 衣冠과 文物이 禽獸로 타락함을 보게 됨에, 나라를 망치겠다는 염려가 호흡 사이에 박두했기에 신이 대략 진달하지 않을 수 없습니다.[55]

최익현은 무식한 낮은 신분으로 구성된 민당(독립협회)이 정치권력에 접근하는 것은 있을 수 없다는 사상을 갖고 있었다.

> 지금의 소위 民黨이라는 것은 길거리의 무식한 무리들을 불러 모은 것으로서 구차하게 徒黨을 합치고, 임금에게는 충성하고 나라를 사랑한다는 이름 아래 마음대로 대신들을 지시하여 오라가라하며, 君父를 지탄 배척하고 정승을 능멸 모욕하되, 밤낮으로 지렁이처럼 얽혀 다니

---

53 『勉菴集』, 「戊辰掌令時言事疏」 참조.
54 『勉菴集』, 同上 참조.
55 『勉菴集』, 「乙未請討逆復衣制疏」.

며 '우아'하고 소리를 질러 위세를 마구 부려 기염이 대단합니다.

　아아, 이로부터는 정권과 세력이 모두 民黨으로 옮겨가 조정은 장차 한마디 말도 하지 못하고 한 가지 일도 시행하지 못하게 될 것이니 賈誼의 이른바 '발이 도리어 위에 있고 머리가 도리어 아래 있다'고 한 것과 불행하게도 같게 되었습니다. 이런데도 금하지 않는다면 나라에 어찌 法과 紀綱이 있다고 하겠습니까?[56]

　최익현은 신분적 위계질서가 핵심이 되는 '강상(綱常)'을 무너뜨리는 것은 모두 단호하게 처단해야 한다고 다음과 같이 주장하였다.

　綱常을 없애버려 人倫을 무너뜨리고 망치되 말할 적에는 반드시 성인들을 헐뜯는 자도 베어야 하고, 옛 도리를 싫어하여 박대하고 외국 풍속을 좋아하여 사모하며 새 것과 이상한 것을 좋아하고 奇技淫攷 (서양 과학기술)를 숭상하는 자도 베어야 할 것입니다.[57]

　최익현은 1906년 의병을 일으킬 때의 창의(倡義)격문에서도 국민을 신분적으로 파악하면서 항일의병운동에 궐기할 것을 호소하였다.

　모든 우리 宗室·大臣·公卿·文武官·士·農·工·商·胥吏·興儓들은 우리의 창과 방패를 수선하고 心力을 한결같이 해서 역적의 무리를 섬멸하여 놈들의 고기를 먹고 놈들의 가죽을 깔고 자며, 저 원수 오랑캐를 무찔러 그 종자를 멸하고 그 소굴을 소탕하여 무엇이든 復舊하여 국세를 반석 위에 올려 놓고 위험을 안정으로 바꾸어 백성을 도탄에서 구원해야 한다.[58]

---

56 『勉菴集』, 「戊戌再疏」.
57 『勉菴集』, 「甲辰漱玉斬奏箚」.
58 『勉菴集』, 「丙午倡義檄文」.

위정척사파의 또 하나의 대표적 지식인 유인석(柳麟錫)은 또한 주장하기를, 마치 천지에 높고 낮은 것이 있고, 만물에 크고 작은 것이 있으며 산에도 높은 산과 낮은 구릉이 있는 것과 같이 상하존비(上下尊卑)의 구분이 있는 것은 당연한 것이라고 하여 사회신분제를 긍정 하였다.

> 천지에 高下가 있고 만물에 대소가 있으며 산에 嶽과 丘陵이 있고 물에 도랑과 바다가 있는 것과 같이 사람에 君臣과 夫婦와 長幼와 上下와 尊卑의 구분이 있고, 聖人과 凡人, 智者와 愚者의 다름이 있는데, 어찌 平等이 있을 것인가?[59]

유인석은 '귀천'이 있는 옛 중국의 제도가 예(禮)와 양(讓)을 낳아서 난(亂)과 쟁(爭)을 없게 할 수 있는 질서라고 이를 적극적으로 옹호하고, 서양의 제도(法)인 자유와 평등은 난과 쟁을 가져 오는 것이라고 이를 반대하였다.[60] 유인석은 평등은 무질서와 난을 낳고 자유는 부양(不讓)과 쟁(爭)을 낳는다고 평등과 자유를 다음과 같이 비판하였다.

> 평등하면 질서가 없고 질서가 없으면 亂이 일어난다. 자유하면 讓을 하지 않고 讓을 하지 않으면 爭이 일어난다. 오늘날의 세계에 亂을 일으키는 것은 다름 아니라 평등과 자유이다. 평등과 자유가 주로 亂爭之心을 만들고, 亂爭之事를 만든다. 천하가 평등과 자유로 돌아가서 이와 같이 亂爭之心과 亂爭之事를 행하는 것을 그치지 않으면 천지는 또한 반드시 붕괴할 것이다.[61]

유인석은 평등과 자유야말로 만고천하에 비할 데 없는 최악설이라고 지

---

59 『毅菴集』 권51, 「宇宙問答」, p.27.
60 『毅菴集』, 同上 참조.
61 『毅菴集』 권51, 「宇宙問答」, p.27.

적하면서 사람들로 하여금 모두 꺼려함이 없게 하고 모두 소인으로 만드는 이 제도는 중국과 조선에서는 결코 시행되어서는 안 된다고 주장하였다.

평등과 자유는 만고천하에 비할 데 없는 最惡說이다. 사람들로 하여금 모두 거리낌이 없게 하고 모두 小人이 되게 하는 것은 다름 아닌 바로 이것이다. 이를 어찌 중국과 조선에 행할 수 있겠는가?[62]

한편, 개화파 지식인들의 사회 신분제에 대한 의식은 이와 정반대의 것이었다.

초기 개화파의 지도자 김옥균은 양반사회신분제도가 나라를 피폐케 하는 최악의 제도라고 비판하고 그 폐해를 1886년에 다음과 같이 지적하였다.

신이 다년 견문에 의거하여 奏上한 바 있사온데 폐하는 이를 기억하시나이까? 그 뜻은 금일 我邦 소위 兩班을 芟除함에 있나이다. 我邦 中古 이전 국운이 융성할 때에는 일체의 기계물산이 東洋二國(중국과 일본-필자)보다 으뜸이었는데 이제 모두 폐절에 속하여 다시 그 흔적도 없음은 他故이 아니옵고 양반의 발호 전횡에 인하여 그렇게 되었나이다.

인민이 一物을 製하면 양반관리의 輩가 이를 횡탈하고, 백성이 辛苦하여 銖錙(극소량-필자)를 積하면 양반관리 등이 來하여 이를 약취하는 고로, 인민은 말하되 自力으로 自作하여 衣食코자 하는 때는 양반관리가 그 利를 흡수할 뿐만 아니라 심함에 이르러서는 귀중한 생명을 잃을 염려가 있으니 차라리 농상공의 諸業을 포기하여 위험을 면함만 같지 못하다 하여 이에 遊食의 民이 전국에 충만하여 국력이 日로 소모에 歸함에 至하였나이다.[63]

---

62 『毅菴集』, 同上.
63 「高宗에 대한 上疏文(池運永事件糾彈上疏文)」, 『金玉均全集』, pp.146~147.

김옥균의 양반신분제도의 삼제(芟除)를 주장한 이 상소문은 갑신정변 직후인 1886년에 쓴 것이지만, 이 상소문 앞에 "신이 다년간(多年間) 견문에 의거하여 폐하께 주상한 바 있사온데"라고 하여 그가 이미 갑신정변 이전에 이를 주장했음을 밝히고 있다. 김옥균은 양반신분제도의 폐지를 '삼제(芟除)'라고 표현하였는데, 이 용어는 '낫으로 단번에 풀을 베어 없애는 것'을 의미하는 것으로서 '폐지(廢止)'나 '혁파(革罷)'보다도 강력하고 단호한 용어였다. 즉 김옥균은 양반신분제도를 즉각 단칼에 베어 없앨 것을 강력하게 주장한 것이었다.

여기서 주목할 것은 김옥균의 양반신분제도 폐지의 주장의 논거가 극히 자본주의적이고 근대적이라는 사실이다. 그는 우리나라 중고(中古) 시대의 수공업과 물산이 중국과 일본보다 으뜸으로 발달한 시대가 있었는데, 자기 시대에 모두 폐절하게 된 원인을 양반신분제도에서 찾아내면서 ① 인민이 재화 하나를 제조해 내면 양반이 이를 횡탈해 가고, ② 백성이 수고롭게 애써서 극소량(銖錙)을 축적하면 양반이 이를 약탈하여 가져가 버리므로, ③ 인민에 의한 수공업의 제품생산도 불가능하게 되고, ④ 백성의 자본축적도 불가능하게 되며, ⑤ 인민이 자력으로 자립적 생산을 하여 생활코자 하면 양반관리가 그 이(利)를 빼앗아갈 뿐 아니라 이에 불복할 때에는 귀중한 생명을 잃을 염려가 있기 때문에, ⑥ 백성들은 농업과 상업과 공업의 제 산업을 포기하여 위험을 면하려고 하므로 산업이 발전 하지 못하고 놀고 먹는 사람들만 늘어 국력이 쇠퇴하게 되었다고 분석하는 것이다.

김옥균의 이러한 주장은 양반신분제도가 산업발전과 자본축적에 대한 가장 큰 질곡이므로 이를 단칼에 폐지해야 한다는 매우 근대적이고 자본주의적인 주장이라고 볼 수 있다. 그는 각 나라가 산업과 생산의 경쟁을 전개하는 상공업 시대에 양반신분제도를 삼제하여 그 폐단의 근원을 모조리 없애지 않으면 국가가 멸망하게 된다고 다음과 같이 경고하였다.

방금 세계가 상업을 주로 하여 生業의 多를 競할 時에 당하여 양반을 除하여 그 弊源을 芟盡할 사를 務치 아니 하면 국가의 폐망을 기대할 뿐이오니 ……[64]

서재필은 갑신정변 때의 김옥균의 사상이 우리나라의 완전 자주독립 정치의 실현과 함께 '귀족타파'[65]에 있었다고 회고하였다. 갑신정변 때 개화당 정부의 혁신정강 제2조에 "문벌(門閥)을 폐지하여 인민평등권을 제정하고 사람의 능력으로써 관(官)을 택하게 하지 관(官)으로써 사람을 택하게 하지 않을 것"[66]을 공포한 것은 이러한 사상적 배경 위에서 1) 양반신분제도 폐지에 의한 인민평등권(人民平等權) 제정, 2) 문벌의 폐지, 3) 인재의 등용을 선언한 획기적 인 것이었다.

갑신정변의 실패로 말미암아 초기 개화파의 양반신분제도 폐지와 인민평등권의 제정은 실현되지는 못하였다. 그러나, 개화파 지식인들 사이에서는 이 사상이 계승되어 10년 후인 1894년의 갑오개혁에서 이것이 실현 되었다. 즉 1894년 7월 27일 개화파에 의하여 설립된 군국기무처(軍國機務處)는 이틀 후인 7월 29일에 다음과 같은 법안을 의결하고 국왕의 재결을 받아 공포하였다.[67]

① 지금부터 국내외의 모든 문서에는 開國紀年을 사용할 것.
② 문벌과 兩班常民 등의 階級을 타파하고 貴賤에 불구하고 인재를 뽑아 등용할 것.
③ 文武尊卑의 차별을 폐지하고, 다만 品階에 따라 相見儀를 규정할 것.

---

64 「高宗에 대한 上疏文」, 『金玉均全集』, p.147.
65 金道泰, 『徐載弼博士自淑傳』, 1948, p.86.
66 『甲申日錄』, 1884년 12월 5일 조, 『金玉均全集』, p.95.
67 『更張議定存案』, 개국 503년 음력 6월 28일조 참조.

④ 죄인 자신 이외의 일체의 緣坐律을 폐지할 것.

⑤ 嫡妻와 妾에 無子한 경우에 한하여 양자함을 허용할 것

⑥ 남녀의 조혼을 엄금하여 남자는 20세, 여자는 16세에 이르러서 비로소 결혼을 허하도록 할 것.

⑦ 과부의 재혼은 귀천을 막론하고 그 자유에 맡길 것.

⑧ 公私奴婢法은 일체 혁파하고 人身의 매매는 엄금할 것

⑨ 비록 平民이라도 利國便民할 수 있는 의견이 있으면 군국기무처에 上書하도록 하여 회의에 부칠 것.

⑩ 각 아문의 皂隷(하인)는 그 수를 조절하여 常置할 것.

군국기무처의 이러한 법제적 조처에 의하여 우리나라의 양반사회신분제는 1894년 7월 29일을 기하여 공식적으로 폐지되었다. 또한 군국기무처는 8월 3일 위의 양반사회신분제 폐지를 보완하는 안건을 다음 과 같이 의결하여 공표하였다.[68]

① 驛人과 倡優와 皮工은 모두 免賤을 허할 것.

② 무릇 官人이 비록 高等官을 지낸 자라도, 休官한 후에는 자유롭게 商業에 종사할 수 있도록 할 것.

군국기무처의 위의 법제적 조처는 종래의 '신량역천(身良役賤)'의 해방과 종래의 말업(末業, 商業)으로 취급되던 상업에 관인이 자유롭게 종사할 수 있도록 제정한 조처였다.

갑오개혁에 있어서의 이러한 대개혁에 의하여 우리나라의 사회신분제는 법제적으로는 폐지를 보게 되었다. 이것은 한국 역사에서 획기적인 것이었다. 이 대개혁은 갑오농민혁명운동의 아래로부터의 요구를 수용한 것이기도 하였다.

---

68 『更張議定存案』, 개국 503년 음력 7월 초2일조 참조.

그러나 수천 년 묵어 온 사회신분제가 법제적 폐지에 의하여 하루아침에 모두 소멸된 것은 아니었고, 그 관습과 잔재는 남았으므로 독립협회에 이르러서도 양반신분제도의 청산의 문제는 심각하게 거론되었다.

독립협회는 일부 권세가들에 남아 있는 양반신분제도의 잔재와 양반의식을 통렬하게 비판하고 철저한 국민평등을 주장했다. 그들은 아직도 양반의식을 갖고 있는 관리들에게 "안마음을 정결하게 수쇄하여 수백년의 고질든 양반 창자는 다 내버리고 다시 평등권리에 문명자유의 오장육부를 새로 집어넣어야 할 터"[69]라고 지적하면서 아직도 일부 남아 있는 "창자 속에 양반만 들어앉아 명분을 좋아하는 자"[70]들을 통렬하게 비판했다.

독립협회는 양반·상민의 차별이 없는 국민 평등을 '천생(天生)의 권리'[71]임을 선언하면서, "나라가 진보해 가고 규칙과 법률이 한결 같아 전국에 있는 인민이 무론 상하귀천하고 자기의 직무들을 하며"[72] 평등한 사회를 만들어야 할 때 아직도 각성하지 못하여 "다만 아는 바는 양반과 상놈"[73]인 무리들은 나라의 개명 진보를 저해하는 무리라고 혹독하게 규탄하였다.

위에서 고찰한 바와 같이, 위정척사파 지식인들은 양반사회신분제를 유지하려 하고 개화파 지식인들은 양반 신분제를 혁파하려고 하다가, 결국 개화파들에 의하여 우리나라의 양반사회 신분제가 폐지되어 시민사회 성립의 대전제가 되는 법률적 국민평등이 실현된 것이었다.

---

69 『독립신문』(제3권, 제30호), 1898년 3월 12일자, 「평안북도 구성군 사는 어떠한 친구의 글」.
70 『독립신문』(제3권, 제38호), 1898년 3월 31일자, 「독립협회 회원 윤긔진씨의 글」.
71 『독립신문』(제2권, 제123호), 1897년 10월 16일자, 「론설」.
72 『독립신문』(제2권, 제63호), 1897년 5월 29일자, 「론설」.
73 『독립신문』 제3권, 제38호, 1898년 3월 31일자, 「독립협회 회원 윤긔진씨의 글」.

7. 「의발(衣髮)」에 대한 위정척사사상과 개화사상

구한말에는 위정척사파 지식인들과 개화파 지식인들 사이에 '의(衣)'와 '발(髮)'의 문제를 놓고 의외에도 매우 첨예하게 사상과 정책이 대립되었다.

위정척사파의 대표적 지식인인 최익현은 갑오개혁 때 개화파가 의복제도를 개혁한 것을 격렬하게 규탄하고 즉각 옛 의복제도로 복귀할 것을 강력히 주장하였다.

> 그 나머지 온갖 시행과 조처도 거개 아이들의 장난과 같이 하나도 장구하고 원대한 규모가 없으니, 지금 비록 하나하나 따질 수는 없으나, 오직 의복제도를 변경하는 한 가지 일은 더욱 그 의리를 해침이 심하여 시급하게 먼저 復舊하지 않을 수 없는 일입니다. 대체로 의복이란 선왕들께서 오랑캐와 中華를 분별하고 貴賤을 나타내도록 한 것입니다. 우리나라의 의복 제도가 비록 모두 古法에 맞지는 않습니다. 그러나 이것은 中華文物이 보존된 바며 우리나라 風俗을 볼 수 있는 바로서, 先王과 先正들이 일찍이 강론하여 밝혀 준수해 온 것이며, 천하의 만국들이 일찍이 우러러 사모하여 찬탄해 온 것입니다. 이것을 버린다면 堯舜文武가 서로 전승해 온 中華의 한 줄기를 찾을 수가 없게 되고 箕子 및 우리 祖宗들이 中華의 風俗을 가져 다가 오랑캐를 변화시킨 훌륭한 덕과 큰 공로를 또한 천하의 후세에 밝힐 수 없게 될 것입니다. 이를 어찌 참아 할 수 있으리이까?[74]

최익현이 개화파의 의복제도의 개혁을 반대하는 이유는 갑오개혁 이전의 우리나라의 의복제도가 우리의 선정들이 중화(中華)의 의복제도를 들여다가 우리의 옛 오랑캐의 의복제도를 고쳐 소중화(小中華)의 (따라서 문명적인) 것으로 만든 것인데, 개화파들이 다시 이를 변개하여 오랑캐의 것으

---

[74] 『勉菴集』, 「乙未請討逆復衣制疏」.

로 만들려고 한다는 것이었다. 최익현은 개화파들이 1884년에 의복제도를 변개하려 한 적이 있으며, 1894년의 의복제도의 변개와 검은색의 장려는 중화의 풍속을 버려 오랑캐의 풍속을 만드는 것으로서 이렇게 가다가는 단발(斷髮)을 강요할 날이 올지 모른다고 경고하였다.

> 지난 갑신년에 전하께서 일찍이 소매가 좁은 옷 제도를 만드셨다가 곧 잘못임을 깨닫고 폐지하시매, 상하 백성들이 大聖께서 개과천선하시는 도량이 보통사람과 비교 안 될 정도로 만만 배라고 우러러 보지 않은 사람이 없었는데, 지금에 와서는 한 번 변하여 갑신년 일이 있게 되고, 두 번 변하여 검은 옷을 입게 되었으니, 이대로 따라가다가는 차츰차츰 斷髮하는 일을 하게 될 것입니다.[75]

최익현은 갑오개혁 내각이 붕괴되고 친러수구파 내각이 수립된 후에는 갑오개혁이 붕괴되어 의복제도의 복구가 가능하게 되었음에도 불구하고 군인과 학도들이 개화파가 변개한 의복을 그대로 입고 있는 것을 격렬하게 규탄하였다.

> 소매 넓은 옷을 영영 폐지하고 입지 않는 것은 이 또한 누가 금하는 것입니까? 온 강토의 끝까지 왕의 신하 아닌 사람이 없는 것인데, 저 軍人과 學徒들은 유독 같은 임금의 신하가 아닌 것입니까?[76]

아니나 다를까 갑오개혁 개화파들이 1895년 12월 30일 마침내 '단발령'을 내려 상투를 잘라 내고 서양식 하이칼라 머리의 단발을 제도화하려 하자, 최익현은 더욱 통렬하게 이를 성토하고 규탄하였다.

---

75 『勉菴集』, 「乙未請討逆復衣制疏」.
76 『勉菴集』, 「戊戌再疏」.

지금 천하의 크고 작은 변괴의 통곡스러운 것을 손가락으로 다 꼽을 수도 없고 입으로 다 말할 수도 없지만, 오직 왜놈들을 討罪하여 원수를 갚는 것과 머리를 길러 오랑캐 풍속을 고치는 것은 더할 수 없이 시급한 일입니다.[77]

갑오개혁이 '아관파천(俄館播遷)'에 의하여 실패로 끝난 후에, 최익현은 갑오개혁 내각이 붕괴된 후에도 고종이 다시 상투를 틀어올리지 않고 서양식 하이칼라 머리의 오랑캐 풍속을 그대로 따르는 것을 격렬한 필치로 성토하는 상소를 올렸다.[78] 최익현은 단발(斷髮)하면 나라가 보전(保全)되고 단발하지 않으면 나라가 망한다고 한다면, 나는 차라리 나라가 망하는 것을 택할지언정 단발을 해서 오랑캐가 되면서까지 나라를 보전하는 것을 택하지 않을 것이라고 선언하였다.

가사 斷髮을 하면 나라가 보존되고 단발을 하지 않으면 멸망된다 할지라도, 예로부터 멸망하지 않은 나라가 없으니, 차라리 中華가 되다가 멸망할지언정 夷狄이 되면서까지 보존하지 않아야 할 것인데, 더구나 천하만고에 본래 이런 이치가 없겠습니까? 또한 어찌 夷狄이 되기를 달게 여겨 先聖과 先王에게 죄를 지을 수 있겠습니까?[79]

최익현이 나라가 망하는 것은 받아들일지언정 단발하는 것은 받아들이지 못하겠다는 주장에서 그의 단발에 대한 거부가 얼마나 강렬하고 본질적인 것이었는가를 잘 알 수 있다. 최익현은 단발이 상당히 보급된 1904년에도 차라리 머리털 (상투)을 보존하다가 죽을지언정 단발을 하고서는 살지 않겠다고 단발을 다음과 같이 규탄하였다.

77 『勉菴集』, 「丙申再疏」.
78 『勉菴集』, 「戊戌再疏」 참조.
79 『勉菴集』, 「戊戌再疏」

차라리 머리털을 보존하다가 죽을지언정 단발을 하고서는 살지 않겠습니다. 차라리 中華의 것을 지키고 사람 노릇을 하다가 망할지언정 夷狄의 짓을 하고 禽獸의 짓을 하면서는 살지 않겠습니다. 이것이 신이 평일에 확고하게 가진 생각입니다.[80]

이와 같이 최익현이 '상투'의 보전에 집착한 것은 이것을 선성(先聖)들이 가르쳐 준 중화문명(및 소중화문명)의 상징으로 의식한 때문이었다. 최익현이 차라리 국가의 멸망이나 자기의 생명의 버림을 택할지언정 단발을 택할 수는 없다고 선언한 곳에서 우리는 위정척사파 지식인의 '상투' 보존에 대한 의식이 얼마가 강렬한 것이었는가를 알 수 있다.

이와는 대조적으로 개화파 지식인들은 종래의 소매 넓은 도포를 고치고 구관복을 개혁하며 상투를 잘라 내버리고 서양식 하이칼라의 머리를 보급하는 것이 심기일전하여 개화를 대대적으로 추진하는 데 필요하다고 주장하였다. 초기 개화파들은 1884년에 도포의 소매를 줄이는 복식제도의 개혁을 실시했으며, 1894년에 갑오개혁 때에는 대대적 의복제도의 개혁을 단행하였다.

군국기무처는 1894년 7월 29일에 의복 제도의 개혁을 의결하여, "조관(朝官) 이하의 의복 제도를 간소화하며 공사복장(公私服裝)은 사모(紗帽)에 반령착수(盤領窄袖, 둥근 깃에 좁은 소매), 품대(品帶, 혁대)로 하고, 연거(燕居)의 사복(私服)은 칠립(漆笠)·답호(搭護)·사대(絲帶)로 하며, 사서인(士庶人)의 복장은 칠립(漆笠)·주의(周衣)·사대(絲帶)로 하고, 병변(兵弁)의 의제(衣制)는 근례(近例)대로 준행하되 장관(將官)과 병졸의 구별을 명백히 할 것"[81]을 공포하였다.

또한 갑오개혁 정부는 국민들에게 물감을 들린 유색의복(有色衣服)을 장려하고, 1894년 음력 12월 16일에 칙령으로 조신(朝臣)의 대례복(大禮服)

---

80 『勉菴集』, 「甲辰四疏」.
81 『更張議定存案』, 개국 503년 음력 6월 28일조.

을 흑단영(黑團領), 궁궐에 들어갈 때의 통상 예복을 흑색주의(黑色周衣), 답호(搭護), 사모(紗帽), 화자(靴子)로 검은색의 옷을 주로 하고 극히 간소화하도록 해서 1895년 음력 1월 1일부터 실시하였다.[82]

갑오개혁 정부는 개화정책의 일환으로 1896년 1월 1일 (음력 을미년 12월 17일)부터는 달력도 '양력'을 사용하고 연호도 '건양(建陽)'으로 고치며 대대적 개화정책을 실시하기로 결의하고, 이에 맞추어 1895년 양력 12월 30일(음력 11월 15일) 칙령으로 '단발령'을 내렸다. 그 전문은 다음과 같았다.

> 짐이 髮을 斷하여 臣民에게 先하노니 너희 중민들은 짐의 意를 克體하여 萬國으로 並存하는 大業을 成케 하라.[83]

위의 단발령의 포고와 함께 국왕 고종과 왕태자가 상투를 자르고 서양식 하이칼라 머리를 했으며, 이튿날 정부 각부의 모든 관리들과 군인과 경찰(순검)이 일제히 '단발'을 단행하였다. 이와 함께 전국 방방곡곡에 '단발령'이 고시되고 1896년 양력 1월 1일 (음력 을미년 11월 17일)을 기하여 국민들도 이에 따를 것을 포고하였다.

의복제도와 두발의 관습에 대한 위정척사파와 개화파의 위와 같은 상이한 의식과 태도는 그것을 각각 수구와 개화의 상징으로 파악한 때문에 빚어진 것이었다고 볼 수 있다.

8. 맺음말

지금까지 구한말 위정척사파와 개화파의 지식인들이 1) 개항, 2) 과학

---

82 『舊韓國官報』, 개국 503년 음력 12월 16일조 참조.
83 『舊韓國官報』, 개국 504년 11월 15일조.

기술, 3) 국가, 4) 입헌정치, 5) 사회신분제, 6) 의복제도와 두발 관습에 대하여 각각 어떠한 사상을 가졌었는가를 비교 검토한 결과 우리는 여기에서 중요한 사실을 발견할 수 있게 되었다.

즉, 위정척사파 지식인과 개화파 지식인의 사상의 차이는 '전근대' 제도를 보수하려는 의식과 '근대'제도를 수립하려는 의식의 근본적 차이라는 사실이다.

위정척사파 지식인의 수구의식의 핵심은 당시의 조선의 문명이야말로 고도의 도덕적 문명이니 개국을 하지 말고 국가를 전제군주제의 정치체제와 양반신분제의 사회체제를 그대로 유지하면서 의복과 두발을 비롯하여 모든 전통적 생활양식과 관습을 그대로 보존하는 것이 열강의 침략으로부터 나라를 지키고 백성의 안녕과 행복을 가져오는 길이라고 확신한 것이었다.

이와 대조적으로 개화파 지식인의 개화의식의 핵심은 낡고 이미 무기력한 중국 구문명의 영향을 벗어나서 국가의 정치체제를 입헌군주제나 공화제로 개혁하고, 양반신분제도를 폐지하여 보다 자유롭고 평등한 시민사회의 체제를 수립하며, 의복과 두발 등도 전통적 생활양식을 고쳐 만국이 하는 것과 같이 해야 열강의 침략을 막아 나라를 지키고 백성의 안녕과 행복을 가져올 수 있다고 확신한 것이었다.

이러한 구한말 지식인의 위정척사사상과 개화사상은 동일한 '근대'의 범주에서의 보수와 개혁의 의식의 차이가 아니라, 구한말에는 그것이 '전근대'와 '근대'의 시대 구분의 차이와 본질적으로 동일한 역사적 발전 단계를 달리하는 근본적인 의식의 차이였다는 사실에서 문제점이 발견되는 것이다.

구한말에 열강의 침략을 눈앞에 두고 왜 위정척사파와 개화파가 단결하지 못하고 서로 갈등과 대립을 계속했는가의 물음에 대해서는 이러한 그들의 '의식'에 있어서의 '전근대'와 '근대'의 너무 큰 단층이 그 중요한 요인의 하나였음을 지적할 수 있다.

구한말 위정척사파의 지식인들과 개화파의 지식인들에게는 그들의 의식의 너무 큰 단층을 메우고 좁힐 수 있는 전단계의 동질적 교육과 학습의 기회가 사전에 마련되지 못했던 것이다.

(『韓國의 社會와 文化』제5집,
「舊韓末 知識人의 守舊意識과 開化意識」 개제)

VII. 한말 애국계몽사상과 운동

1. 머리말

　한말 애국계몽사상은 1905년~1910년 사이에 전개된 애국계몽 '운동'을 이끌어 간 '사상'을 포괄적으로 가리키는 말이다.

　한국민족은 1905년 11월 일제가 불법으로 강제 집행한 소위 을사조약에 의하여 일본제국주의자들에게 국권의 일부를 빼앗기게 되자 당면한 민족적 과제로서 국권회복운동을 광범위하게 전개하게 되었다. 당시 한국민족의 국권회복운동은 애국계몽운동과 의병운동의 양면에서 전개되었다.

　한국민족은 당시 오랜 기간에 걸친 열강의 침입에 대한 대외항쟁에도 불구하고 결국 일본제국주의자들에게 국가와 민족의 '힘' '실력'이 부족해서 국권의 일부를 박탈당했으므로 '힘'을 기르지 않는 한 한번 빼앗긴 국권을 다시 찾는 것은 매우 어려운 과제였으며, 따라서 한국민족의 국권회복운동은 처음부터 장기전(長期戰)을 전제로 한 운동이 될 수밖에 없었다. 장기전에서 문제가 되는 것은 전력(戰力)의 장기간 공급 능력을 의미하는 '실력'의 배양과 축적이었다. 애국계몽운동은 한국민족의 국권을 빼앗아간 일본제국주의의 '힘·실력'과 국권을 빼앗긴 한국민족의 '힘·실력'의 격차를 객관적으로 인식 한 사람들이 한국민족의 '힘·실력'을 양성하여, 궁극적으로 자기 민족의 배양된 실력에 의해서 자기의 힘으로 국권(國權)을 회복하려는 운동을 포괄적으로 일컫는 용어이다.

애국계몽운동이 전개된 부문은 정치·교육·경제·사회·문화·학술·언론·종교·문학·예술·군사 등 모든 분야에 걸친 것이었다. 즉 종래의 개화자강파의 흐름이 1905년~1910년 사이에 사회의 모든 부문에서 전개한 국권회복을 위한 각종의 신국민 실력양성운동이 대체로 애국계몽운동 의 주요 내용을 구성하고 있는 것이다.

애국계몽운동을 구성하고 있는 여러 가지 운동들은 어떤 부문은 큰 성과를 내고 어떤 부문은 부진했으나, 총괄적으로 짧은 기간에 크고 많은 성과를 내어 민족역량을 크게 증강시킨 것이 엄연한 사실이었다. 한국근대사에서 국권을 잃은 절박한 최후의 4년이 '대각성(大覺醒)의 시대'가 되고 '민족역량증강(民族力量增强)의 시대'로 전환될 수 있었던 것은 애국계몽운동에 의거한 것 이었다.

일부의 연구자들 사이에서는 애국계몽이 국권을 잃고도 총을 들지 않은 운동이라는 점을 지적하여 이를 소극적 운동으로 경시하는 경향이 있는데, 이것은 피상적 관찰이라고 생각된다.

애국계몽운동과 의병운동은 방법과 형태만 달랐을 뿐 동일한 목표를 달성하기 위한 국권회복운동의 양면이었다고 볼 수 있다. 두 개의 운동이 모두 적극적인 국권회복운동이었음을 주목할 필요가 있다.

의병운동은 국권을 빼앗긴 이상 패하여 죽더라도 총을 들지 않을 수 없다고 결의한 사람들의 무장항쟁으로서, 당시의 이 운동은 승패를 초월하여 즉각의 결전을 요구한 것이었다. 이 운동은 가장 강렬한 애국주의의 전통을 수립한 것이었으나, 또한 당장은 패전도 각오한 것이었다.

한편 애국계몽운동은 자기 민족의 '실력' '힘'이 일본제국주의의 '실력' '힘'보다 현저히 부족하다는 사실을 객관적으로 인식한 사람들이 국권회복의 장기전에서 '최후의 승리'를 쟁취하기 위하여 전개한 민력양성운동이었다.

종래 의병운동과 애국계몽운동을 상호대립적인 것으로 보아 온 것은 잘못된 것이다. 필자의 생각으로는 이 두 방면의 국권회복운동의 목표가 완전히 합일되었기 때문에 구조적으로 애국계몽운동과 의병운동은 상호보완적이었다. 의병무장항전이 치열하게 전개되었기 때문에 1907년 고종양위 직후 일제에게 병탄되었을 뻔했던 나라가 3년의 기간을 더 얻었으며, 바로 애국계몽운동이 가장 치열하게 전개되어 뿌리를 깊이 내린 시기가 1907년부터 1909년까지의 기간이었다. 의병운동의 전력(戰力)의 소모는 구조적으로 애국계 몽운동의 전력의 더 큰 생산을 위한 보위전(保衛戰)의 역할도 수행한 것이었다.

한편 애국계몽운동이 치열하게 전개되었기 때문에 의병운동의 지원세력이 강화되고 근대교육을 받은 중견간부들이 공급되어 의병전쟁이 근대적 독립항전으로 실질적인 큰 전과를 올리며 더욱 장기적으로 치열하게 전개 될 수 있었다. 또한 애국계몽운동이 국외에 독립군기지를 창설했기 때문에 의병운동의 퇴조기에 의병이 독립군으로 합류 발전하여 장기적 무장 독립항전을 전개할 수 있었다.

2. 애국계몽사상과 운동의 개념

'애국계몽'이라는 용어를 맨 처음 사용한 분은 손진태(孫晉泰) 교수이다. 그는 1949년에 『국사대요(國史大要)』에서 애국계몽운동이라는 용어를 처음 만들어 사용하였다. 그 내용의 전문을 인용하여 보면 다음과 같다.

愛國啓蒙運動: 이렇게 武力으로써 반항하는 운동이 일어나기는 하였으나 그 힘은 처음부터 문제가 되지 않는 것이었다. 그래서 知識者 間에는 敎育의 필요를 통절하게 느끼게 되었으니, 조국의 완전한 독립은 국민이 전체적으로 각성하지 아니하면 안 될 것을 알게 된 까닭이었다. 지금까지의 운동은 지식층만이 하여 온 것이요, 또 소위 독립

이란 것이 외국의 힘에 의해서 얻은 것이며, 그 외국이 조선을 독립시
킨 것은 조선을 위하여서가 아니라 저희를 위하여 일시방편으로 한
것이었으므로, 일본이 중국과 러시아를 격파하고, 영국과 미국의 동의
를 얻어 조선을 자의로 하게 된 마당에 그들이 조선을 병탄하려고 한
것은 제국주의의 당연한 생각이었다. 이에 조선의 지식층들에게 '他力
에 의뢰한 것이 망국의 장본이었다, 우리 自力으로 獨立을 戰取하여
야 하겠다'는 自覺이 일어나게 된 것이었다. 그래서 그들은 많은 私立
學校를 창설하고, 學會를 조직하고 종교단체(天道敎·耶蘇敎·大宗敎)
를 창립하여, 신학문을 교수하고 정치사상을 선전하고, 민족정신을 취
하여 전민족을 一團의 대세력으로 하여서 완전한 自主獨立을 戰取하
고자 하였다. 그들은 모두 헌신적으로 노력 하였다. 李容翊·安昌浩·
兪吉濬·孫秉熙·李商在·羅喆 등은 그 유명한 인사들이었다. 그들에게
는 돈이 없었다. 그리고 일방으로는 이 신문명운동에 대하여 보수적인
유교파들의 반대도 맹렬하여, 그들의 사업은 理想대로 되지 못하였다.
그러나 이러한 愛國的인 啓蒙運動이 지금 우리의 교육과 종교의 기초
가 된 것은 역사적인 大業이었으며, 그때부터 겨우 敎育이란 것이 民
衆에게 解放되기 비롯한 것이다.[1]

여기서 알 수 있는 바와 같이, 손진태 교수는 애국계몽운동을 문화운동
에 국한하였으며, 그것도 애국적인 ① 신교육운동과 ② 민족종교운동을
중심으로 고찰하였다. 또한 의병무장운동에 대해서 지나치게 경시하는 견
해를 갖고 있었다. 그러나 일찍이 '애국계몽운동'이라는 용어를 만들고 그
역사적 중요성을 강조한 것은 탁견이라고 아니할 수 없는 것이다. 여기서
는 '애국계몽운동'에 대한 손진태 교수의 개념을 계승 발전시켜서 새로운
개념의 정의를 먼저 간단히 내리고 다음에 설명을 첨가하기로 한다.

'애국계몽운동'이란, 필자의 개념에 의하면 일반적 개념이 아니라 역사
적 개념으로서 1905년 11월 소위 을사조약의 불법 강제집행 의하여 국권

---

1 孫晋泰, 『國史大要』, 을유문화사, 1949. pp.138~139.

을 박탈당한 전후 개화자강파가 중심이 되어 완전한 '국권회복'을 목적으로 전개한 1904년~1910년 사이의 민력계발과 민족독립역량 양성운동을 총칭하는 개념이다. 그 내용에는 문화운동뿐만 아니라 ① 신교육구국운동 ② 언론계몽운동 ③ 민족산업진흥운동(실업구국운동) ④ 국채보상운동 ⑤ 신문화신문학운동 ⑥ 국학운동 ⑦ 민족종교운동 ⑧ 해외 독립군기지 창설운동 등이 포함된다.

당시 개화자강파들은 우리나라의 국권을 빼앗은 일본제국주의의 '힘'과 국권을 빼앗긴 우리 민족의 '힘'의 커다란 격차를 객관적으로 인식하고, 불가피하게 장기전이 될 국권회복운동에서 최후의 승리를 쟁취하기 위해서는 국민의 '힘' '실력'을 양성하여 '전력'을 민족사회의 기층에서부터 강화시켜야 한다고 생각하였다. 당시의 개화자강파들은 민권사상을 갖고, 국권회복을 위한 민족의 실력을 양성하기 위해서는 특수한 지배계급이나 식자층이 아니라 모든 '국민' '민중'을 '신국민(新國民)'으로 만들어 '민지(民智)'를 계발하고 '민력'을 양성하여야 한다고 생각하였다. 개화자강파들은 일본제국주의를 몰아내고 국권을 회복하기 위해서 이를 타강국에 의뢰해서는 절대로 불가능하고 오직 '자강'을 실현하여 '자력'으로 목적을 달성하여야 하며, 바로 '자강'을 실현하는 근본적인 방법이 자기 사회의 국민·민중의 힘인 '민력'을 양성하는 길이라고 확신하였다.

개화자강파들은 ① 국내에서는 한편으로 민력을 양성하기 위해 앞에서 든 사업들을 수행함과 동시에 특히 청소년들을 국권회복을 위한 새로운 민족간부로 양성하여 실력을 준비하는 한편, ② 국외에는 다른 한편으로 무관학교를 세워 독립군기지(獨立軍基地)를 설치하고, 독립군을 양성하여 실력을 준비 해 두었다가, ③ 일본 제국주의가 더욱 팽창하여 중일전쟁·미일전쟁 또는 기타 일제가 감당하기 힘겨운 다른 전쟁이 일어나는 '절호의 기회'가 오거나 우리 민족의 실력이 대폭 증강되면, 독립군이 국외로부터 국내로 진입하여 '독립전쟁'을 전개하고 국내에서는 그동안 준비한 민중의 실력으로 총단결하여 일시에 봉기해서 내외가 호응하여 폭력 또는 비폭력 등 모든 가능한 방법을 다해서 자기 민족의 실력으로 일본 제국주의를 몰아내고 국권을 회복하려는 전략을 세워 그 운동을 전개하였다.

이상의 것이 필자가 말하는 애국계몽운동의 간단한 개념이다.

일반적 개념으로서의 '계몽운동'은 1905년 이전에도 있었고, 1910년 이후에도 있었다. 그러나 필자는 그러한 계몽운동들은 '애국계몽운동'에는 포함시키지 아니한다. 필자가 말하는 '역사적 개념'으로서의 「애국계몽운동」은 1904년~1910년 사이의 국권회복을 목적으로 개화자강파가 전개한 위에서 든 내용의 운동에 한정하여 사용하는 개념인 것이다.

여기서 '애국' '계몽'의 당시의 뜻에 대하여 약간의 설명을 첨가할 필요가 있을 것이다.

여기서 '애국'이라는 용어는 기본적으로 완전한 국권회복을 목표로 한 '헌신적 나라사랑'을 의미하고 있다.

여기서 '계몽'이라는 용어는 기본적으로 완전한 국권회복을 목표로 한 '민력계발(民力啓發)'을 의미하고 있다.

'애국'이라는 용어는 당시 애국계몽운동가들에 의하여 널리 애용된 말이었다. 그들은 나라의 나라 되고 나라 되지 않음은 오직 국민의 애국 여하에 있을 뿐이니 나라를 사랑하지 않을 수 있겠는가「(國之國與不國은 惟在乎國民之愛國如何而已니 國可以不愛乎아)」[2]라고 주장하였다. 『대한매일신보』도 당시 '애국'하라는 호소에 대하여 논급하면서, "처풍노우(凄風怒雨)에 금구(金甌)가 파쇄(破碎)하였으니 한국민된 자는 우발미조(牛髮未燥)한 아동(兒童)을 포(抱)하고도, 아침(朝)에 일축(一祝)하여 왈 이(爾)가 애국(愛國)하라 하며, 저녁(夕)에 일축(一祝)하여 왈 이(爾)가 애국(愛國)하라 하여, 애국 두 자(二 字)로 그 청정무구(淸淨無垢)의 두뇌(頭腦)에 관입(灌入)

---

2 朴聖欽, 「愛國論」, 『西友』 제1호, 1906.12, p.27.

하여야 장래 노경(奴境)을 탈(脫)하고, 독립을 구(購)한 날(日)이 유(有)할지
어늘"[3]이라고 하여 '애국'을 부르짖었다. 이러한 호소는 당시의 문헌들에
여러 가지 형태로 자주 나타나고 있다.

噫라. 國事가 我事라. 我가 我事를 不爲하면 誰가 爲ᄒ며, 國家가
我家라. 我가 我家를 不愛ᄒ면 誰가 愛하리오. 我事를 我가 自爲ᄒ며
我家를 我가 自愛ᄒ야 國을 强케 하며 國을 益强케 ᄒ난 거시 國民
의 당연적 義務로다.[4]

당시 애국계몽운동가들은 '애국'과 관련하여 당연히 '애국자' '애국심'
을 강조하였다.

대개 眞愛國者는 성심으로 國을 愛ᄒ고 열혈로 國을 愛하야 利害休
戚을 不較ᄒ며 成敗利鈍을 不計하고 寢食言笑에도 國을 不離ᄒ며 疾
痛疴癢에도 國을 不忘하는 정신이 관철하며 百折不回고 萬難不撓ᄒ
는 기개가 건전ᄒ야 國으로써 두뇌를 作ᄒ고 國으로써 性命을 着ᄒᄂ
者가 卽是니 試問 我韓社會에 若是 眞愛國者가 幾個人이 有ᄒ고[5]

此를 정신적 정치적으로 해석ᄒ면 愛國心과 政治的 能力과 及 武
力의 三자니 此삼자는 立國ᄒᄂ 삼대요소라. 法理 경제적 연구는 고
사ᄒ고 專히 정신적 정치적을 연구하면 이상 立國ᄒᄂ 삼대요소 중
에 결코 其一을 결함이 불가ᄒ나 國家 結搆의 정신되는 愛國心이 一
朝에 상실되기로 假想홀진딕 其 國家는 形體而已며 架空而已며 지
리멸렬ᄒ야 통치의사도 無ᄒ며 생존욕망도 無ᄒ리니 대개 愛國의 강
약健否 정도가 즉 국가의 강약건부에 영향되는 이유를 발견하기에 족

3 『大韓每日申報』 1909년 1월 8일자 논설, 「愛國二字를 仇視하는 敎育家여」, 『改
  訂版丹齋申采浩全集』(단재신채호선생기념사업회) 별집, 1977. p.123.
4 「國民의 義務」, 『西北學會月報』 제4권 제17호, 1908.5, p.24.
5 李重雨, 「愛國者의 眞僞를 論홈」, 『大韓興學報』 제3호, 1909, pp.12~13.

ᄒᆞ도다.

연즉 經世家의 당무는 진정 강건 애국심을 양성발달케 ᄒᆞ야 국가 전부에 此 정신이 충만케 함으로써 급무를 삼을지니, 국민 일반에게 진정ᄒᆞᆫ 국가적 사상을 환기ᄒᆞ야 강건불굴ᄒᆞᆫ 애국심을 양성발달케 하야 是로써 기초정신을 삼아 質實ᄒᆞᆫ 국가의 體裁를 완전히 ᄒᆞ고져 ᄒᆞ면 전제정치 하에서는 此를 望함이 도저 불가ᄒᆞ니, 何者오 전제정치 하에ᄂᆞᆫ 君民同體 상하일치의 대정신을 환발치 못하며 강건ᄒᆞᆫ 애국심을 발생치 못흠은 국가조직의 자연ᄒᆞᆫ 원리니 족히 可怪ᄒᆞᆯ게 無ᄒᆞ도다.[6]

신채호(申采浩)가 역사연구와 역사교육의 중요성을 강조한 것도 바로 이 애국심을 양성 발달시키기 위한 것이었다.

오호라. 약하하면 아 이천만의 耳에 항상 愛國이란 일자가 鏗鏘하게 할까, 왈 惟歷史로 以할지니라.[7]

한말의 애국계몽운동가들은 '애국' '애국심'을 때때로 '조국정신' '자국정신' '국민정신'이라는 용어로 표현하기도 하였다. 대한자강회(大韓自强會)의 경우가 그 좋은 예이다.

雖然이나 抑欲貫徹自强之目的인댄 부득불 先培養 其國民之精神ᄒᆞ야 一呼吸 一瞬息之頃이라도 不忘於自强之精神 연후에야 方可鍊自强之心膽 而作復權之活機리니 內養其祖國之精神ᄒᆞ며 外吸乎文明之學術이 즉 금일 時局之急務也.[8]

당시의 애국계몽운동가들은 또한 '애국심'을 '국가적 정신'이라고 표현

---

6 尹孝定, 「專制國民은 無愛國思想論」, 『大韓自强會月報』 제5호, 1906, pp.21~22.
7 申采浩, 「歷史와 愛國心의 關係」, 『丹齋申采浩全集』 하권, p.72.
8 「大韓自强會趣旨書」, 『大韓自强會月報』 제1호, 1906, p.10.

하기도 하였다.[9] 그들이 어떠한 용어로 표현했든간에 당시의 애국계몽운동 가들은 '애국'과 '애국심'이 '국권회복'을 위한 제일의 기초 조건이라고 다 같이 강조하였다.

使我二千萬人으로 愛國 일념이 철두철미ᄒ야 重蒸透徹ᄒ야 充盈乎國內하며 洋溢世界ᄒ면 소위 當之者 摧ᄒ며 犯之者 折ᄒ며 觸之者 碎가 固出心得之效果니 奚止於復國權 而保種類也哉아, 勗哉라 동포여.[10]

한편 '계몽'이라는 용어는 당시에는 별로 쓰이지 않고, 주로 '계발(啓發)', '계도(啓導)', '발분(發憤)', '분발(奮發)'등의 용어가 사용되었다.

당시 민권사상의 일정한 발전에 기초하여 국권회복을 위해서는 '국민' '민중'을 계발하여야 한다는 사실이 널리 인식되었다.

또한 사회진화론(社會進化論)의 보급으로 인하여 국가간의 우승열패(優勝劣敗)의 경쟁은 '국민 전체' '전국민'의 경쟁이 되는 것이라고 널리 인식 되었다.

고로 吾儕는 왈 국민동포가 二十世紀 新國民 되지 아니함이 불가 하다 하는 바며, 대저 이십세기의 국가경쟁은 그 原動의 力이 一, 二 人에게 不在하고 그 국민 전체에 在하며, 그 勝敗의 果가 一, 二에 不由하고 그 국민전체에 由하여, 정치가는 정치로 경쟁하며, 종교가는 종교로 경쟁하며, 실업가는 실업으로 경쟁하며, 혹은 무력으로 하며, 혹은 학술로 하여, 그 국민전체가 優한 자는 勝하고 劣한 자는 敗하나 니, 彼 蓋世英雄 成吉思汗·亞歷山(알렉산더)왕이 아무리 雄하며 아무리 강하여 수백만 健兒를 鞭하며 수만리 토지를 拓하더라도 彼는 개

9 尹孝定,「國家的 精神을 不可不發揮」,『大韓自强會月報』제8호, 1908, p.7 참조.
10 朴聖欽,「愛國論」,『西友』제1호, p.29.

인의 경쟁이라. 고로 그 勢가 不長하며 그 威가 易裂하여 일시 그 庭
下에 拜를 納하던 民族도 용이히 그 頭를 再擧하고, 長風에 嘯하여
舊勢를 爭復하였거니와, 금일은 불연하여 그 경쟁이 전국민의 경쟁이
라. 고로 그 경쟁이 烈하며 그 경쟁이 長하며, 그 경쟁의 禍가 大하나
니, 고로 왈 국민동포가 二十世紀 新國民되지 아니함이 불가하다 하
는 바며 ⋯⋯[11]

한말의 애국계몽운동가들은 전국민을 '신국민'으로 만들어서 그들이 가
지고 있는 '민지(民智)'를 계발하고 '민력(民力)'을 양성하여 이것을 조직화
해서 '자강(自强)'을 실현하여야 일본제국주의와 열강의 침략에 대항할 수
있는 자기의 실력이 갖추어지고 경쟁에서 승리가 가능하게 된다고 확신하
였다.[12]

한말의 애국계몽운동가들은 국가경쟁과 민족경쟁의 우승열패(優勝劣敗)
과정에서 살아 남으려면 '승(勝)'자가 되어야 하며 승자가 되려면 '강(强)'
자가 되어야 한다고 생각하였다. 또한 그들은 이 '강'자는 타국의 힘을 비
는 것이 아니라 '스스로' 자기 민족과 자기 국가가 강해지는 '자강(自强)'
이어야 한다고 주장하였다. 그들에 의하면, 일강국의 침략을 막기 위하여
타강국에 의뢰해서는 절대로 민족과 국가의 독립을 보전하지 못한다는 것
이다. 왜냐하면 자기들의 시대는 '약육강식(弱肉强食)' '우승열패(優勝劣
敗)'를 '공례(公例)'라고 하는 제국주의(帝國主義)와 강권주의(强權主義)의
시대여서 강국들이 다투어 약소국을 식민지로 점령하는 침략정책을 공공
연히 쓰기 때문이다. 따라서 한때 약소국에 도움을 주는 듯하는 강국도 바
로 그 계제를 타고 그 약소국을 기탄없이 식민지로 만들어버리는 것이다.

---

11 『大韓每日申報』1910년 2월 22일자 논설, 「二十世紀新國民」, 『丹齋申采浩全集』
  pp.210~211.
12 張志淵, 「自强會問答」, 『大韓自强會月報』제2호, 1906, pp.5~10 참조.

한말의 애국계몽운동가들은 당시의 열강의 정책에 대하여 생각하기를 그들의 말은 협력이지만 행동은 침략이므로 어느 나라에도 '의존'해서는 안되고 오직 스스로 '자강'을 실현해야 한다고 주장하였다.[13]

그러면 한 민족이 '자강'하여 강자와 승자가 되고 한국 민족이 완전한 국권을 회복하려면 어떻게 해야 하는가? 한말의 애국계몽운동가들에 의하면 전국민을 '신국민'으로 만들어서 '국민의 실력' 즉 '민력'을 양성해야 한다는 것이다.

한말의 애국계몽운동가들은 민권사상을 갖고, 국가는 국민이 만드는 것이며 주권은 국민에게 있고 '국력'은 '민력'에서 나오는 것임을 이해하여 확신하고 있었다.

한말의 애국계몽운동가들은 민력을 양성하는 방법에 대하여 여러 가지 부문을 강조하였다. 그 중에서 애국계몽운동가들이 공통적으로 가장 강조한 것은 「교육」과 「실업」 즉 「신교육」과 「신산업」이었다. 그 대표적인 예로 대한자강회(大韓自强會)의 취지를 들 수 있다.

> 今 我韓은 삼천리강토가 無缺ᄒ고 이천만민족이 自在ᄒ니 苟能奮勵自强ᄒ야 團體共合이면 猶可望富强之前途而國權之回復也라. 洎此 금일ᄒ야 豈非汲汲奮發之時乎아. 연이나 如究其自强之術이면 無他라 在振作敎育也오 在殖產興業也니, 夫敎育이 不興則 民智未開ᄒ고 産業이 不殖則 國富莫增ᄒ나니 연즉 開民智 養國力之道ᄂᆞ 豈不在敎育產業之發達乎아. 是知敎育產業之發達이 即惟一自强之術이라.[14]

그러나 '교육'과 '실업'뿐이 아니었다. 어떤 이는 '무력'을, 어떤 이는

---

13 朴殷植, 「自强能否의 問答」, 『大韓自强會月報』 제4호, 1906, 『朴殷植全書(단국대 동양학연구소), 하권, pp.68~69 참조.
14 「大韓自强會趣旨書」, 『大韓自强會月報』 제1호, 1906, pp.9~10.

'지식'을, 어떤 이는 '법제'를, 어떤 이는 '종교'를, 어떤 이는 '국사'를 어떤 이는 '국어'를, 어떤 이는 '과학'을, 어떤 이는 '지기(志氣)'를 강조하였다. 그러나 그들의 각종의 주장들은 일단 별문제로 하고, 1904년~1910년 사이에 '자강(自强)'을 실현하기 위하여 실제로 추진된 운동을 보면, 앞서 든 바와 같이 신교육구국운동, 언론계몽운동, 민족산업운동(실업구국운동), 국채보상운동, 신문화운동 및 신문학운동, 국학운동, 민족종교운동, 국외 독립군기지 창설운동 등이 중심이 되어 있는 것이다. 따라서 우리는 이상의 운동들을 한말 애국계몽운동의 주요 내용이라고 말할 수 있다. 이러한 운동들의 내용에 대해서는 뒤에 간단히 설명을 붙일 것이다.

여기서 다시 한번 주의해야 할 것은 당시의 애국계몽운동가들은 위에서 든 어떠한 것도 모두 '국권회복' '독립'을 위한 방책으로서가 아니면 무의미하다고 보았다는 사실이다. 교육의 예를 들면 당시의 애국계몽운동가들은 '교육은 독립의 준비'[15]라고 주장했으며, '우승지(優勝地)를 점유하는 원동력을 교육'[16]이라고 강조하였고, "욕사기국(欲使其國)으로 복기독립광영(復其獨立光榮)하고 욕사기민(欲使其民)으로 부실기자유지권리(不失其自由之權利)면 오직 교육(敎育)을 확(擴)하야 민지(民智)를 발달케 함이 제일 요무"[17]라고 절규하였다.

한말 애국계몽운동가들에게는 애국계몽운동의 기본 내용을 이루는 위에서 든 모든 부문별 운동들이 모두 처음부터 끝까지 국권회복과 독립을 위한 것으로 추진된 것이었다.

한말 애국계몽사상과 운동을 형성하는 데 지적 자원으로 활용된 사상으로서는 기본적으로 다음 네 가지 사조가 특히 주목된다.

---

15 金順熙, 「敎育은 獨立의 準備라」, 『大韓興學報』 제9호, 1910.1, pp.16~17 참조.
16 張道斌, 「敎育의 盛衰는 國家勝敗의 原因」, 『西北學會月報』 제3권 제16호, 1908.3, p.9.
17 朴殷植, 「務望興學」, 『皇城新聞』, 1910년 1월 16일자, 『朴殷植全書』 하권, p.83.

첫째는 국내의 사상의 흐름으로서의 조선왕조 후기의 실학(實學)사상이다. 실학사상은 개화사상을 통하여 영향을 끼치기도 했지만, 또한 직접적으로 애국계몽사상의 형성에 크고 많은 영향을 끼쳤다. 한말 애국계몽운동가들은 당시에 실학사상을 재발견하고 열심히 공부하였다. 실제로 실학사상은 애국계몽사상가들에게 끊임없이 많은 지식과 사상과 관점과 신념과 자부심을 공급하여 주었다.

둘째는 국내의 사상의 흐름으로서의 개화(開化)사상이다. 한말의 애국계몽사상은 1905년 국권을 침탈당한 전후 국권회복의 목적을 주축으로 하여 개화사상이 전환한 것이며 바로 사태의 변화에 대응한 개화사상의 변형인 것이었다. 개화사상의 영향 중에서도 특히 독립협회와 만민공동회의 흐름의 영향이 가장 컸다. 즉 한말의 애국계몽사상과 운동은 국권의 빼앗김이라는 새로운 사태변화의 도전에 대한 종래의 개화파·독립협회·만민공동회파의 흐름의 응전의 양식이었다고 볼 수 있다.

셋째는 서구시민사상의 도입의 흐름으로서의 사회진화론(社會進化論)의 영향이다. 스펜서(Herbert Spencer, 1820~1903), 다윈(Charles Robert Darwin, 1809~1882), 키드(Benjamin Kidd, 1858~1916), 헉슬리(Thomas Henry Huxley, 1825~1895) 등의 물경론(物競論), 천택론(天擇論), 우승열패론(優勝劣敗論), 진화론(進化論) 등이 제국주의의 원리를 설명해 주었고, 이에 대항하는 자강론(自强論)의 형성을 뒷받침해 주었다. 애국계몽사상의 형성에 대한 사회진화론의 영향은 매우 큰 것이었다.[18]

넷째는 서구시민사상의 도입의 흐름으로서의 서구계몽사상(西歐啓蒙思想)의 영향이다. 루소(Jean-Jacques Rousseau, 1712~1778), 몽테스키외(Charles

---

18 ① 李光麟, 「舊韓末 進化論의 수용과 그 影響」, 『世林韓國學論叢』 제1집, 1977 ; 『韓國開化思想研究』, 일조각, 1979 참조.

② 李松姫, 「韓末愛國啓蒙思想과 社會進化論」, 『釜山女大史學』 제1집, 1984.

Louis Montesquieu, 1689~1755), 홉스(Thomas Hobbes, 1588~1679), 로크(John Locke, 1632~1704) 등의 사회계약론(社會契約論), 민권론(民權論), 국민주권론(國民主權論), 헌정론(憲政論), 삼권분립론(三權分立論), 국민국가론(國民國家論) 등이 제국주의의 침략에 대항하여 응전에 있어서 '국민' '민중'을 새롭게 발견하여 '국민'을 주체로 한 국권회복운동을 전개하도록 하는 데 사상적 기초를 뒷받침해 주었다. 애국계몽사상의 형성에 대한 서구계몽사상의 영향은 매우 큰 것이었다.

이중에서 사회진화론과 서구계몽사상의 흐름의 도입은 ① 직수입 ② 중국 경유 ③ 일본 경유 등의 통로를 통하여 들어왔으나, 한말의 애국계몽사상의 형성에는 중국을 거친 것, 특히 강유위(康有爲)의 저작들과 양계초(梁啓超)의 『음빙실문집(飮氷室文集)』 등의 저작들을 통한 것이 가장 큰 영향을 끼쳤다고 볼 수 있다.

3. 애국계몽사상과 운동의 주체

한말 애국계몽사상과 운동의 주체는 ① 애국계몽운동가, ② 애국계몽운동단체, ③ 민중을 들 수 있다.

첫째, 애국계몽운동가는 당시 ① 개화파·독립협회·만민공동회파의 인사들과 ② 종래 동도서기파(東道西器派)·위정척사파 중에서 국권피탈이라는 대충격을 받고 대오각성하여 개화자강의 노선으로 전환한 인사들이 중심이 되어 거대한 세력을 이루었다. 당시 애국계몽운동가들은 기라성같이 다수여서 여기서 낱낱이 이름을 들기 어렵다.

둘째, 애국계몽운동단체 중에서 중요한 것으로는 보안회(保安會, 輔安會) 헌정연구회(憲政硏究會), 대한자강회(大韓自强會), 신민회(新民會), 대한협회(大韓協會), 서우학회(西友學會),[19] 한북흥학회(漢北興學會, 뒤에 西

友學會와 漢北學會는 西北學會로 통합),[20]
서북학회(西北學會)[21], 기호흥학회(畿湖興
學會),[22] 관동학회(關東學會), 교남교육회(嶠
南敎育會), 호남학회(湖南學會),[23] 그리고
유학생 단체인 대한학회(大韓學會), 태극학
회(太極學會), 대한흥학회(大韓興學會)[24] 등
다수가 있었다. 이중에서 가장 대표적인
전국규모의 애국계몽 운동단체는 대한자
강회, 신민회, 대한협회였다.

〈그림 27〉『대한매일신보』
총무이며, 신민회 총감독 양기탁

셋째, 민중은 이때 애국계몽운동의 객
체임과 동시에 주체이기도 하였다. 당시
민중들은 1905년 국권을 빼앗기자 이에 대한 반성이 일어났고, 일찍기 선
각적 개화사상가들의 계몽을 받아들여 일찍 근대적 실력을 길러 나라의
독립을 지키지 못하고 '힘'이 약하여 국권을 빼앗기게 된 사실에 대한 회
한과 함께 이제는 자발적으로 '계발'하고 '분발'하는 '자발성'을 보이게 되
었다. 이것은 '민중의 위대한 각성'이었다. 이에 따라 민중은 애국계몽운동
가들과 애국계몽운동단체의 계발의 대상이 됨과 동시에 애국계몽운동을

---

19 ① 韓相俊,「西友學會에 대하여」,『歷史敎育論集』(慶北大) 제1집, 1980.

　　② 李松姬,「韓末西友學會의 愛國啓蒙運動과 思想」,『韓國學報』제26집, 1982.

20 李松姬,「韓末漢北學會의 組織과 活動에 관한 考察」,『梨花史學研究』제15집,
　　1984 참조.

21 李松姬,「韓末西北學會의 愛國啓蒙運動」(상·하)『韓國學報』제31-32집, 1983 참조

22 李鉉淙,「畿湖興學會에 대하여」,『史學研究』제21집, 1969 참조.

23 ① 李鉉淙,「湖南學會에 대하여」,『震檀學報』제33집, 1972.

　　② 金熙泰,「韓末湖南學會에 관한 考察」,『申國柱博士華甲紀念 韓國學論叢』,
　　1985 참조

24 韓詩俊,「韓末 日本留學生에 관한 一考察」,『千寬宇先生還曆紀念 韓國史學論
　　叢』, 1985참조.

주도하는 주체가 되기에 이르렀다.

이중에서 가장 대표적인 전국 규모의 애국계몽운동단체인 대한자강회·신민회·대한협회의 경우를 간단히 살펴보기로 한다.

당시 개화파·독립협회·만민공동회파 인사들은 소위 '을사조약' 전후의 일제 침략으로 인한 사태의 근본적 변동에 대처하기 위하여 종래의 개화운동을 국권회복운동으로 전환시킴과 동시에 보안회에 이어서 먼저 합법단체로서 헌정연구회(憲政研究會, 1905년 5월)를 조직하였다가 이를 확충 개편하여 1906년 3월에 대한자강회를 조직하였다. 대한자강회는 윤치호(尹致昊)를 회장으로 하고, 장지연(張志淵), 윤효정(尹孝定), 심의성(沈宜性), 임진수(林珍洙), 김상범(金相範) 등이 발기인이 되어 "교육의 확장과 산업의 발달을 연구 실시함에 의하여 자국의 부강을 이루고 타일 독립의 기초를 만드는 것"을 목표로 창립되었다.[25] 그들은 서울에 본부를 두고 각 지방에 지회를 조직하여 전국적 규모의 협회를 조직해서 애국계몽운동을 전개하였다. 대한자강회가 가장 강조한 것은 국권회복을 위한 기초로서의 '힘' '실력'을 양성하기 위하여 국민에게 애국주의적 신지식을 '교육'하고 근대 '산업'을 일으키도록 하여 자강(自强)을 실현하는 것이었다.[26]

그러나 대한자강회의 애국계몽운동은 일제 통감부의 탄압으로 말미암아 큰 제약을 받았다. 소위 통감정치는 대한제국정부를 그대로 두고 감독 지배정치를 했는데, 한편으로는 일본군을 배경으로 국권회복운동을 근본적으로 제약했지만, 다른 한편으로는 합법적 애국계몽운동의 여지의 폭을

---

25 『大韓自强會月報』 제1호, 1906년 7월호, 「大韓自强會趣旨書」, p.9 아세아문화사판) p.13 참조.

26 ① 李鉉淙, 「大韓自强會에 대하여」, 『震檀學報』 제29·30합집, 1966.
　　② 權熙英, 「大韓自强會의 社會思想과 民族運動」, 『海士論文集』 제2집, 1980.
　　③ 李志雨, 「大韓自强會의 活動에 대하여」, 『慶熙史學』 제9·10합집, 1982.
　　④ 柳永烈, 「韓末 愛國啓蒙運動과 尹致昊」, 『史學研究』 제38호, 1984.
　　⑤ 李志雨, 「大韓自强會의 時代認識에 대하여」, 『慶大史論』 제3집, 1987 참조.

처음에는 일부 남겨 놓았다가 이를 점차 단계적으로 좁혀가고 있었다. 그러나 통감정치의 기본방향은 처음부터 대한제국을 반(半)식민지화하여, 합법적 애국계몽운동의 여지의 폭을 조직적으로 좁혀가고 있었으므로, 어떠한 계기가 있을 때마다 합법단체의 활동의 영역은 더욱 제한되고, 반면에 비밀결사의 활동의 중요성이 더욱 증대하게 되었다. 그 전형적인 계기가 1907년 7월 24일의 이른바 '정미조약'이었다.

일제 통감부는 '헤이그 밀사사건'을 구실로 고종을 강제 양위시킴과 동시에 소위 '정미조약'을 체결하도록 강요해서, 식민지화의 또 하나의 단계적 조처로 대한제국 정부에 일본인 차관(次官)을 임명하여 소위 '차관정치'를 본격적으로 시작하였다. 이와 함께 일제는 애국계몽운동을 탄압하기 위한 적극적인 조처를 하였다. [27] 그들은 「신문지법(新聞紙法)」(1907년 7월 24일)을 공포하여 언론출판의 검열을 강화하고, 「보안법(保安法)」(1907년 7월 27일)을 공포하여 언론·집회 결사의 자유를 더욱 제한하였다. 뒤이어 1907년 7월 31일에는 대한제국 군대를 해산시키는 조칙의 재가를 강요하여 받아내서 8월 1일에는 군대해산을 강행하여 한국을 전적으로 무방비상태에 두었다. 대한자강회는 고종양위와 정미조약에 대한 반대시위운동을 주도했다는 이유로 일제에 의하여 1907년 8월 19일 강제 해산당하였다. 그러나 대한자강회가 전국 규모로 애국계몽운동을 시작한 사실은 참으로 큰 업적을 남긴 것이었다.

대한자강회가 강제 해산된 후 합법적 애국계몽운동단체로서는 1907년 11월에 대한협회가 창설되어 그 뒤를 이었다. 대한협회는 남궁억(南宮檍)을 회장으로 하고, 권동진(權東鎭), 남궁억(南宮檍), 여병현(呂炳鉉), 류근(柳瑾), 이우영(李宇榮), 오세창(吳世昌), 윤효정(尹孝定), 장지연(張志淵), 정운복(鄭雲復), 홍필주(洪弼周) 등이 발기인이 되어 창설한 것이었다. 대

---

27 崔起榮, 「光武新聞紙法에 관한 연구」, 『歷史學報』 제92집, 1981 참조.

한협회의 애국계몽운동은 대한자강회의 그것과 궤도를 같이한 것으로서
① 교육의 보급, ② 산업의 개발, ③ 생명·재산의 보호, ④ 행정제도의
개선, ⑤ 관민폐습(官民弊習)의 교정, ⑥ 근면 저축의 실행, ⑦권리·의무·
책임·복종의 사상의 고취 등이었다.[28] 그러나 이때에는 이미 '정미조약'
이후여서 대한협회는 대한자강회와 같이 이러한 운동이 다른날 '국권회복
의 기초'로서의 실력 양성임을 강조하여 직결시키기가 어려웠다. 대한협
회는 일진회(一進會)의 친일 노선에 반대하여 끝까지 애국노선을 견지한
전국 규모의 애국계몽단체이기는 했으나, 일본인 고문 오오가키 다케오
(大垣丈夫)의 작용과 그에 부화뇌동하여 일진회와의 연합을 주장하는 일
부 간부층의 분열 대두로 말미암아 국권회복의 본래의 목표에 충실하기가
어려웠다.[29]

따라서, 1907년 이후의 국권회복을 위한 애국계몽운동을 주도한 전국
규모의 단체는 비밀결사로 조직된 신민회라고 할 수 있다.[30]

신민회는 1907년 4월에 안창호(安昌浩)의 발의에 의하여, 양기탁(梁起
鐸)을 총감독으로 하고, 안창호를 조직책으로 하여, 양기탁(梁起鐸), 전덕
기(全德基), 이회영(李會榮), 이동휘(李東輝), 이갑(李甲), 유동열(柳東說),
안창호(安昌浩) 등이 창립위원이 되고, 이와 함께 최광옥(崔光玉), 노백린
(盧伯麟), 이승훈(李昇薰), 안태국(安泰國), 이시영(李始榮), 이상재(李商在),
윤치호(尹致昊), 조성환(曺成煥), 김구(金九), 박은식(朴殷植), 신채호(申采
浩), 이강(李剛), 임치정(林蚩正), 이종호(李鍾浩), 주진수(朱鎭洙) 등이 중심

---

28 『大韓協會會報』제1호, 1908년 4월호, 「本會綱領」, p.2, (아세아문화사관) p.6 참조.
29 李鉉淙, 「大韓協會에 관한 硏究」, 『亞細亞硏究』제13권 제3호, 1970 참조.
30 ① 愼鏞廈, 「新民會의 創建과 그 國權恢復運動(상·하)」, 『韓國學報』, 제8·9집, 1977.
　② 愼鏞廈, 「新民會의 獨立軍基地 創設運動」, 『韓國文化』제4집, 1983.
　③ 李載順, 「韓末 新民會에 관한 연구」, 『梨大史苑』제14집, 1977.
　④ 姜在彦, 「新民會の活動と百五人事件」, 『辛亥革命1硏究』, 日本 東京, 1978.

이 되어 조직한 비밀결사였다. 신민회의 회원은 전국에 걸쳐 약 800명에 달하여 당시 전국 각지의 개화자강파 인사의 정예는 모두 망라되어 있었다. 대한자강회와 신민회가 모두 1896년~98년의 독립협회·만민공동회를 계승한 개화자강파 계통의 단체이면서, 대한자강회는 합법공개단체로 조직되고 신민회는 비밀결사로 조직된 것은 전적으로 당시 일제 통감정치가 합법적 국권회복운동의 폭을 좁혀가고 있던 조건 때문이었다.

〈그림 28〉 신민회를 창립하고 조직한 안창호

신민회의 애국계몽운동의 목적과 이념은, 첫째 국권을 회복하여 자주독립국을 세우고 그 정부를 공화정체(共和政體)로 하는 것이었다. 신민회가 국권회복 후에 아예 '군주제'를 폐지하고 '신공화국(新共和國)'을 수립하려고 한 것은 우리나라 역사상 최초로 '공화정'의 수립을 민족운동의 공식 목표로 결정한 획기적인 것이었다.

둘째, 신민회는 국권회복운동의 기초 조건으로서 '실력양성'과 '기회'를 중요시 하였다. 당장 '힘'이 없어서 국권을 침탈당한 경험을 가짐과 동시에 국권을 빼앗은 일본제국주의와 국권을 빼앗긴 한국민족 사이의 '힘' '실력'의 격차를 경험한 그들은 불가피하게 장기전(長期戰)이 될 국권회복운동에서 무엇보다도 기회를 포착할 수 있는 '힘' '실력'을 양성해야 한다고 판단하였다. 만일 실력이 없으면 여러 차례 '기회'가 오더라도 이를 포착하여 일본제국주의를 몰아낼 수 없으며, 반면에 실력을 양성하면 '작은 기회도 큰 기회'로 활용하여 자기 민족의 실력으로 일본제국주의를 몰아내고 독립을 쟁취할 수 있다고 판단하였다.

셋째, 신민회는 실력을 양성하기 위해서는 국민을 새롭게 해야 한다고 주장하였다. 즉 그들은 '신국민(新國民)'을 만들어 내야 한다고 생각하였다. 신민회가 주장한 실력은 '국민의 실력' 즉 '민력(民力)'이었다. 이것은 신민회가 국민주권론의 민권사상에 기초하여 '민주공화정체'의 '국민국가'의 수립을 목표로 한 사실과 관련된 것이었다. 그들은 국민의 실력 양성을 위해서는 국가의 주권자로서의 국민들을 모든 부문 즉 지식, 사상, 관습, 경제, 정치, 문화, 원기 …… 등에서 '새롭게' 하여 부강게 해야 한다고 생각하였다. 즉 그들에게 있어서의 실력 양성은 '신민(新民)'을 의미하는 것이었으며, 이 신민은 반드시 자기 스스로의 힘으로 주체적으로 하는 '자신(自新)'이어야 한다고 주장 하였다.

넷째, 신민회는 '자신'을 하여 실력 양성을 이룩하기 위한 사업으로서 ① 신문 잡지 및 서적의 간행, ② 계몽강연, ③ 학교의 설립과 인재 양성, ④ 각급 학교 교육방침의 지도, ⑤ 실업, 민족산업자본의 진흥과 실업가의 영업방침의 지도, ⑥ 국외에서의 무관학교의 설립, ⑦ 국외에서의 독립군 기지 창설 등을 실행하기로 하였다.

다섯째, 신민회는 국민의 실력이 양성되면 자신(自新)한 국민을 '통일연합'하여 무력 또는 비폭력의 각종 방법으로 일제히 궐기해서 국권을 회복하고 자유문명국(自由文明國)을 수립하려고 하였다. 신민회는 기회가 전쟁의 형태로 오리라고 예견하고 '독립전쟁전략(獨立戰爭戰略)'을 채택하였다. 그들은 국권회복의 '기회'가 여러 차례 여러가지 형태로 올 것이라고 보았지만, 가장 결정적인 기회는 일본제국주의가 더욱 팽창하는 과정에서 불가피하게 부딪치게 될 중·일전쟁, 러·일전쟁, 미·일전쟁 …… 등의 전쟁의 시기가 될 것이라고 판단하였다. 이러한 전쟁들은 일본제국주의가 감당하기 벅찬 전쟁이 될 것이므로, 이 '절호(絶好)의 기회(機會)'를 포착하여 국외로부터 신민회 등이 양성한 독립군이 '독립전쟁'을 일으켜 국내로 진입

해 들어오고, 국내에서는 그동안 양
성한 실력으로 전국민이 일거에 봉
기해서, 내외 호응하여, 한국 민족의
실력으로 일본제국주의를 몰아내고
독립을 쟁취하려고 하였다.

당시 신민회가 존재했던 시기에
합법적인 전국 규모의 애국계몽운
동단체는 앞에서 든 대한협회가 있
었고, 지방별 애국계몽단체로서도
서북학회, 기호흥학회, 관동학회, 교
남교육회, 호남학회, 대한흥학회, 태
극학회, 대한학회… 등이 있었다.

〈그림 29〉 『황성신문』 주필 박은식

이러한 각종 애국계몽운동단체의 간부에는 신민회 회원이 참여하여 그들
의 운동을 신민회의 국권회복운동에 일치시키도록 활동했으며, 신민회는
'자신한 국민의 통일연합'의 주장에 따라 단계 적으로 각 애국계몽단체들
을 연합해 나가면서 동일 목표와 방향의 애국계몽운동을 전개하게 되었다.

이 때문에 신민회의 영향은 실로 지대하여 1907년 이후의 모든 애국계
몽운동을 배후에서 사실상 지도하고 추진했으며, 그들이 목표한 부문들에
서 다대한 성과를 내고 국권회복을 위한 민족역량을 대폭 증강시켰다.

이 시기에 대한자강회와 신민회를 비롯한 다수의 애국계몽운동가들과
애국계몽운동단체들과 민중들은 국내외에서 국권회복을 위한 실력을 양성
하기 위하여 일제의 온갖 탄압을 무릅쓰고 헌신적으로 여러 가지 사업을
실천하였다.

4. 애국계몽운동의 기본내용

한말 애국계몽운동의 기본내용은 앞에서 든 바와 같이, ① 신교육구국
운동, ② 언론계몽 운동, ③ 민족산업 운동(실업구국 운동), ④ 국채보상
운동, ⑤ 신문화·신문학 운동, ⑥ 국학 운동, ⑦ 민족종교 운동, ⑧ 국외
독립군 기지 창설운동 등이 중심적인 것이었다.

첫째, 신교육구국 운동을 보면, 처음에는 애국계몽운동가들 및 대한자강
회의 신교육 운동과 사립학교 설립 호소에 민중들이 호응함으로써 비롯되
었다가 나중에는 민중들이 자발적으로 학교설립을 추진하여 신교육구국
운동이 요원의 불길 같이 전국적으로 확대되었다.

신교육구국 운동에 처음 매우 큰 자극을 준 것은 대한자강회의 의무교
육운동이었다. 대한자강회는 1906년 '의무교육조례대요(義務敎育條例大
要)'를 입안하여 전국의 모든 청소년에게 학구별(學區別)로 의무교육을 실
시할 것을 제안하였으며,[31] 31) 이 제안은 중추원(中樞院)을 거쳐 대한제국
정부의 내각회의에서 통과되었다.[32] 이때 대한자강회의 제안에 의하여 정
부와 중추원에서 채택한 의무교육조례의 내용은 다음과 같은 것이었다.[33]

---

31 『皇城新聞』, 1906년 10월 29일자,「잡보(義務敎育建議總代)」 및 『전게지』1906년
   12월 22일자,「잡보(政總問答)」에 의하면 大韓自强會는 1906년 10월 27일 상오
   11시에 總代委員으로 林炳恒·金相範 2명을 보내어「義務敎育實施建議書」를 정
   부에 제출하였으며, 1900년 12월 21일에 재차 尹孝定을 총대위원으로 정부에 보내
   어 그 실시를 촉구하였다.
32 『中樞院來文』(議政府편), 제9책, 광무 11년 1월 12일조,「照會 제2호」 및「建議書」
   참조. 이 자료에 의하면 大韓自强會가 1906년 10월 26일 정부와 中樞院에 義務敎
   育實施建議書를 제출하고, 10개조로 된「義務敎育條例大要」를 제출하여 1907년
   1월 21일 中樞院에서 최종 통과되었다.
33 『中樞院來文』제9책, 광무 11년 1월 12일조.「義務敎育條例大要」참조.

① 전국의 행정구역을 적당한 학구(學區)로 나누어 민간인들이 설립하는 구립소학교(區立小學校)를 설치하도록 한다.

② 구립소학교의 설립 시설 유지의 모든 경비(經費)는 학구내(學區內)의 주민이 부담하되 자녀의 취학 불취학을 막론하고 위의 경비의 부담에 참여하도록 한다.

③ 학구내 주민은 매학구에 20인 이내의 학무위원(學務委員)을 선거하여 소학교의 교과서 선정 및 기타 일체의 사무를 위임하도록 한다.

④ 학무위원은 학구내 주민의 빈부등급을 정하여 학교경비의 부과와 징수를 관장한다.

⑤ 학무위원은 학구내 주민의 학령아동을 조사하여 그 취학을 독촉한다. 단, 아동이 병약하거나 발육이 불완전하여 취학불능한 경우에는 그 취학을 연기한다.

⑥ 학령아동의 보호자는 그 아동을 취학시키는 의무(義務)를 진다. 이른바 보호자라 함은 그 아동의 부모나 또는 부모에 대신할 만한 지위에 있는 자를 말한다.

⑦ 학령아동이 혹 풍전(瘋癲), 백치(白痴) 및 폐질(癈疾)이거나 또는 부득이한 사정으로 학무위원회에서 취학하기 어려운 줄로 인정한 경우에는 보호자의 의무를 면제한다.

⑧ 학령은 남녀 만 7세로부터 만 15세의 8년간으로 하여, 처음 5년간은 초등과로 하고 나중 3년간은 고등과로 하되, 처음 5년간으로써 의무교육(義務敎育)의 연한으로 한다.

⑨ 현금에는 7세 이상 15세 이하의 남자는 연령을 불구하고 초등과의 수료로써 의무교육으로 한다. 단, 임시로 현금간(現今間)에는 여자의 9세 이상은 보호자의 의무를 면제하여 임의 취학케 한다.

⑩ 학구내 주민 중에 이상의 의무를 준수하지 아니하는 자에 대하여는 상당한 벌칙을 제정하여 실시하도록 한다.

이러한 대한자강회의 의무교육안의 특징은 무엇보다도 ① 학구(學區)를 설정하여 학구내의 주민들이 학교를 설립하고 학무위원(學務委員)을 선거하여 학교를 운영하도록 하는 '민립학교(民立學校)'의 의무교육제도이고, ② 의무교육 연한을 원칙적으로 8년으로 하되 당분간 경비 부담 능력을 고려하여 초등과 5년으로 했다가 확충하며, ③ 의무교육 학령은 만 7세로 부터 만 15세까지로 하고, ④ 남자의 만 7세~15세의 학령아동은 즉시 전원 의무교육을 실시하며, 여자는 당분간 만 7세~8세까지는 의무적으로 취학케 하고 만 9세 이상은 임의로 취학케 하다가 의무교육을 일반화하도록 한 것이었다. 이것은 우리나라 최초의 의무교육안으로서 매우 중요한 역사적 의의를 갖는 것이었다.

대한자강회의 의무교육 실시 제안은 대한제국 중추원과 내각회의를 통과했음에도 불구하고 일제 통감부는 이를 국권회복운동의 일환으로 간주하여 이를 탄압하고 중지시켜 버렸다. 그러나 신민회를 비롯하여 각종 애국계몽단체들과 민중들은 일제의 탄압에 굴복하지 아니하고 민중의 자발적인 의무교육운동을 전개함으로써 이것은 민중 스스로에 의한 신교육구국운동의 발전에 하나의 큰 전환점을 만들어 주었다.[34]

당시의 애국계몽운동가들과 애국계몽운동단체와 민중들은 전국 방방곡곡에서 사립학교(私立學校) 설립운동을 전개하여 그 열기가 요원의 불길처럼 타올랐다. 예컨대 신민회의 비밀 지도를 받으면서, 1907년부터 1909년 4월까지의 짧은 기간에도 민중들의 힘으로 자발적으로 세운 사립학교 수가 무려 3,000여 학교에 달하였다.[35] 이것은 우리나라 근대사에서 전무후무한 교육열이었다.

일제 통감부는 한국 민중의 신교육구국운동의 교육열에 경악하였다. 일

---

34 『皇城新聞』, 1908년 3월 8일자, 「잡보(江華義務教育)」 및 『전게지』 1907~1908년 의 「잡보」에서 볼 수 있는 바와 같이 이때 大韓自强會의 자발적 의무교육실시 호소에 전국각지에서 국민들의 자발적 사립학교 설립운동과 의무교육실시운동이 광범위하게 전개되었다.
35 『皇城新聞』, 1909년 5월 8일자, 「잡보(私立學校認許數)」 참조.

제 통감부는 1908년 8월 '사립학교령(私立學校令)'을 제정 공포하여, ① 사립학교의 설립은 학부대신의 허가를 받아야 하도록 해서 인가제를 만들고, ② 인가기준으로서 당시의 한국 민중들이 갖지 못한 높은 시설기준을 만들어 이것을 다시 심사하도록 했으며, ③ 정부와 통감부의 명령에 위배되거나 유해하다고 인정되는 실업학교에 대해서는 이를 폐쇄할 수 있도록 함으로써 한국민족의 자강독립을 위한 산업 교육을 저지하도록 하고, ④ 이미 인가를 받은 학교도 다시 학부대신의 재인가를 받도록 하여 높은 시설기준과 정치적인 심사과정을 거치도록 하였다.[36] 이것은 교육의 본질과는 하등 관계없는 까다로운 조건을 내세워 한국 민중의 신교육구국운동을 탄압하려고 획책한 것이었다.

일제 통감부의 이러한 무거운 탄압에 대하여 한국 민중은 즉각 반대운동을 전개하였다. 일제는 외국 선교사들에 대해서는 회유와 무마책으로 대하고, 한국 민중에 대해서는 무력으로 이를 탄압하기로 작정하였다. 일제 통감부가 설정한 시설기준에 미달하는 한국 민중의 다수의 사립학교들이 인가신청을 낼 수가 없었으며, 오직 1,217개 학교가 인가신청을 내었고, 외국 선교사들이 778개 학교의 인가신청을 내었다. 그 심사 결과는 외국 선교사들이 신청한 학교는 일제의 시설기준을 통과하여 모두 재인가를 받았으나, 한국 민중이 낸 1,217 개 학교의 인가신청은 겨우 42개 학교만이 재인가되었다. 이것은 교육구국운동이라는 문화적 구국운동에 대한 상상하기조차 어려운 전대미문의 대탄압이었다.

그러나 한국 민중들과 애국계몽운동가들은 여기에 굴복하지 않았다. 그들은 여러 마을들에 세워진 작은 규모의 학교들을 통합하여 큰 규모의 학교로 만들었으며, 농민들은 토지를 내놓고 지방유지들은 기부금을 내놓았으며, 일부 부녀자들은 장신구까지 헌납하여, 일제가 요구하는 시설기준에

---

36 『西北學會月報』 제1권 제7호, pp.38~55. 부록 「私立學校令」 및 同 해설 참조.

맞출 시설자금을 충당하였다. 또한 전국의 수많은 애국청년들이 자진하여 무보수 교사가 되어서 부족한 교사 수를 채워 일제가 요구하는 시설기준에 맞추었다.[37] 일제 통감부의 예측과는 달리 한국 민중과 애국계몽운동가들의 불굴의 노력에 의하여 사립학교 설립에 의한 신교육구국운동의 불길은 다시 일어나서 거세게 번져갔다.

그리하여 1909년 5월 1일까지 애국계몽운동가들이 재인가 신청을 낸 학교 수가 1,708개 학교에 달하게 되었으며, 이번에는 이중에서 698개 학교는 인가를 용이하게 얻을 수 있는 종교학교(宗敎學校)의 형태로 재인가 신청을 내었다.[38] 그러나 이중에서 일제 통감부가 인가를 내준 것은 종교학교를 포함하여 1909년 5월 현재 겨우 242개 학교에 불과하였다. 그러나 애국계몽운동가, 애국계몽운동단체, 한국 민중들은 계속하여 불굴의 투지로 학교설립운동을 전개하여, 일제 통감부의 온갖 탄압을 무릅쓰고 1909년 11월 11일까지에는 결국 인가를 받아낸 각종의 학교 수가 모두 2,232개 학교에 달하게 되었다.[39] 이것은 애국계몽운동가들과 한국 민중들의 신교육구국 운동이 쟁취한 대승리였다. (일제 통감부는 한국 민중의 불길 같은 신교육구국 운동을 도저히 억압할 수 없음을 알고, 1910년 8월 일제가 한국을 완전식민지로 강점한 후인 1911년 9월에 '조선교육령'을 공포하여 소학교는 원칙적으로 사립학교를 모두 폐지하고 관공립학교로 개편토록 함으로써 이를 무력으로 탄압하기에 이르렀다.)

또한 애국계몽운동가들은 서울을 비롯하여 전국 각지의 주요 도시에 중학교와 전문학교를 설립하여 소학교 출신 청년들에게 고등교육을 시킴으

---

37 『皇城新聞』 1908년 12월 15일자, 「잡보(夜學又興)」 및 기타 참조. 이 시기의 모든 자료에 널리 나타나는 각급학교와 夜學의 이른바 '명예교수'는 무보수교사를 의미하는 것으로 민중들이 세운 사립학교의 대부분의 교사들이 '명예교수'이었다.
38 『皇城新聞』 1909년 5월 8일자, 「잡보(私立學校認許數)」 참조.
39 『大韓每日申報』 1909년 11월 11일자, 「잡보(學校總數)」 참조.

로써 고급의 신지식을 습득한 민족간부를 양성하였다. 그들은 또한 일부 중학교에서는 동시에 사범교육을 시켜 교사를 양성하였다. 이러한 중학교에서 사범교육을 받은 청년들은 교사가 되어 전국 각 곳에 흩어져 학교를 설립하고 청소년들에게 국권회복의 이념과 목적에 적합한 신교육을 실시하였다. 그 결과 신교육구국운동이 단시일에 전국적으로 파급되고 이 운동의 효과를 높이는 데 크게 기여하였다.

〈그림 30〉『황성신문』 사장 남궁억

이 시기의 애국계몽운동가들의 신교육의 내용은 새로운 현대의 철학, 사회과학, 자연과학, 예술, 체육뿐만 아니라 철저한 애국주의사상의 배양이 그 뼈대를 이루었다. 그리하여 이 시기의 애국계몽운동가들의 신교육구국운동은 당시 한국의 교육체계와 지식체계와 문화체계를 근본적으로 변혁 시켰을 뿐 아니라 그후의 국권회복운동에 있어서의 민족간부가 된 수 십만의 애국청년들을 양성하는 데 성공하였다.[40]

둘째, 언론계몽운동은 『대한매일신보(大韓每日申報)』『황성신문(皇城新聞)』『제국신문(帝國新聞)』『만세보(萬歲報)』『대한민보(大韓民報)』 등의 신문과 『소년한반도(少年韓半島)』『조양보(朝陽報)』[41]『소년(少年)』『야뢰(夜雷)』『가정잡지』를 비롯한 각종 잡지와 학회보(學會報)를 중심으로 하여 전개되었다.

이중에서 『황성신문』은 1898년 9월에 남궁억(南宮檍), 류근(柳瑾) 등에

---

40 愼鏞廈,「朴殷植의 교육구국운동에 대하여」,『韓國學報』 제1집, 1975 참조.
41 劉載天,「<朝陽報> 論考」,『李海暢教授回甲紀念論文集』, 1976 참조.

의하여 독립협회 기관지의 하나로 창간된 것이었고, 『제국신문』은 1898년 8월에 이종일(李鍾一) 등에 의하여 창간된 것으로서, 그 후 계속하여 애국계몽운동 기간에도 언론계몽활동에 종사하였다. 특히 『황성신문』은 1905년 11월 20일자 사설에서 장지연(張志淵)의 「시일야방성대곡(是日也放聲大哭)」이라는 소위 을사조약의 부당함을 폭로 규탄하는 유명한 논설을 게재하여 80여 일간 정간당했다가, 후 1906년 2월 22일에 복간되어 언론계몽활동에 종사하였다.

『제국신문』은 국문전용 신문으로서 한문을 모르는 일반민중과 부녀층에 파고들어 사회의 최저변층을 계몽하고 국권회복의식을 갖게 하는 데 크게 기여하였다.

『만세보』는 1906년 6월에 오세창(吳世昌) 등이 손병희(孫秉熙)의 지원을 얻어 창간한 신문으로서 1년 만에 경영난으로 정간하였으나 일진회(一進會)를 비판하고 언론계몽활동을 펴는 데 크게 기여하였다.

『대한민보』는 1909년 오세창(吳世昌), 장효근(張孝根) 등이 중심이 되어 대한협회의 기관지로 창간되었으며, 반일진회(反一進會) 투쟁과 국권회복을 위한 언론계몽운동에 크게 기여하였다.

그러나 이러한 신문들은 일제 통감부의 가혹한 탄압을 받았으며, 일제의 '신문지법'의 제약을 받고, 신문의 사전검열을 받아야 했으므로, 국권회복을 위한 언론구국활동에 큰 제약을 받았다. 당시 위의 신문들이 의병활동에 대한 보도를 충분히 하지 못하거나 일제의 침략정책을 정면에서 과감히 규탄하는 데 제약을 받은 것은 이러한 이유 때문이었다. 그러나 위의 신문들은 이러한 제약 속에서도 일진회의 매국활동과 그 기관지인 『국민신보(國民新報)』및 일제 통감부와 일본인 거류민의 기관지인 『한성신보(漢城新報)』에 대항하여 이를 비판하고 민중들에게 국권회복사상을 고취하는 데 크게 기여하였다.

애국계몽운동 기간에 가장 과감하게 일제의 침략정책을 규탄하고 국권회복을 위한 구국언론활동을 전개한 신문은『대한매일신보(大韓每日申報)』였다. 『대한매일신보』는 양기탁(梁起鐸) 등이 영국인 배설(裵說, Earnest Thomas Bethell)을 사장으로 추대하고 양기탁이 주필이 되어 한영합작(韓英合作)으로 1904년 7월에 창간된 신문이었다. 처음에는 1896년의『독립신문』과 같이 하루의 신문 6면에 국문전용의 한글판과 영문판을 같이 수록하여 발간하다가, 1905년 8월 11일부터 국문판은 국한문 혼용의『대한매일신보』로 하고 영문판은『The Korea Daily News』로 별도의 신문으로 나누어 간행하였으며, 1907년 5월 7일 부터 국문전용판『대한민일신보』를 동시에 간행하였다.[42]

『대한매일신보』는 공식적으로 사주(社主)가 영국인(외국인)이었으므로 일제통감부의 '신문지법'에 의한 검열을 거치지 않고 신문을 발행할 수 있었다. 이 때문에『대한매일신보』는 각 부문의 애국계몽운동을 적극적으로 주도하고 지원했을 뿐 아니라, 당시 다른 신문들이 하지 못하던 역할로서 의병운동을 적극적으로 지원하고 그를 대변할 수 있었다. 즉『대한매일신보』는 애국계몽운동과 의병운동을 두 개의 큰 산맥으로 하는 국권회복운동의 가장 충실한 대변지로서 날카로운 필봉을 휘둘러 구국언론활동을 전개하였다.

『대한매일신보』는 1907년 4월, 양기탁을 총감독(당수)으로 하여 신민회(新民會)가 창립되고 논설위원과 사원들이 모두 신민회 회원이 되자 신민회의 기관지로 전환 활용되게 되었다. 뿐만 아니라 대한매일신보사는 신민회 총감독 양기탁이 이 회사 안에서 활동했으므로 신민회 총본부의 기능까지 겸하여 수행하게 되었다.『대한매일신보』는 신민회가 창립된 직후

---

42 ① 鄭晋錫,「大韓每日申報의 제작진과 經營資金에 관하여」,『新聞研究』제40호, 1985.

② 李光麟·劉載天·金澤東,『大韓每日申報研究』, 서강대 인문과학연구소, 1986 참조.

뒤이어 1907년 5월 7일부터 국문전용의 한글판『대한믹일신보』를 별도로
간행하여 한문 을 모르는 일반민중에 대한 애국계몽운동을 강화했는데, 이
것이 신민회의 창립 직후에 이루어진 것은 매우 흥미로운 것이다.『대한매
일신보』의 국권회복운동이 신민회의 국권회복운동과 완전히 보조가 일치
하게 된 것은 두 애국계몽운동 기관의 이러한 불가분의 관계에 의거한 것
이었다.

　『대한매일신보』의 민중에 대한 애국계몽운동의 효과는 참으로 매우 컸
다.『대한매일신보』의 영향력에 일제통감부가 얼마나 당황하고 그 대책에
고심했는가 하는 사실은 이에 대항하기 위하여 일제는 종래의『한성신보
(漢城新報)』와『대동신보(大東新報)』를 통합하여『경성일보(京城日報)』를
창간하고 온갖 지원을 다 했으며,『The Korea Daily News』에 대항하기 위
하여『The Seoul Press』를 창간한 사실에서도 이를 알 수 있다. 뿐만 아니
라 일제 통감부는『대한매일신보』를 폐간시키기 위하여 배설(裵說)을 영
국 영사관에 고소하기도 하고, 양기탁을 근거 없는 혐의를 씌워 구속하는
등 온갖 박해를 가하였다. 그러나『대한매일신보』는 조금도 굴복하지 아
니하고 국권회복을 위한 구국언론활동을 전개하였다.[43]

　이 시기에 해외에 망명한 교포들도 각지에서 애국계몽을 위한 신문들을
간행하였다. 미주 샌프란시스코에서는 안창호 등이 공립협회(共立協會)와
그 기관지로서 1905년 11월『공립신문(共立新聞)』을 간행하다가, 공립협회
가 대한인국민회(Korean National Arcociation)로 확대 개편됨에 따라 1909
년 2월,『신한민보(新韓民報)』로 개칭되어 언론 구국계몽활동을 전개하였

---

43 ① 崔埈,「梁記者 拘束을 에워싼 英·日間의 外交交涉」,『國際法學論叢』제7권
　　제1호 1962.
　② 崔埈,「軍國日本의 對韓言論政策」,『亞細亞研究』제4권 제1호, 1961.
　③ 趙恒來,「舊韓末 言論機關의 抗日救國論調相」,『曉星女子大學論文集』제
　　20집, 1978.

다. 러시아령 블라디보스톡에서는 1908년 2월에 『해조신문(海朝新聞)』이 창간되었다가 얼마 후에 중단되고, 뒤이어 1908년 6월에 『대동공보(大東共報)』가 창간되어 구국언론활동을 전개하였다.

애국계몽운동기의 잡지로서는 1908년 신민회의 기관지로 창간된 『소년(少年)』을 비롯하여, 각 학회의 기관지로서 『대한자강회월보(大韓自强會月報)』44, 『서우(西友)』, 『서북학회월보(西北學會月報)』, 『기호흥학회월보(畿湖興學會月報)』, 『대한협회월보(大韓協會月報)』, 『호남학회보(湖南學會報)』, 『대한흥학회보(大韓興學會報)』, 『태극학보(太極學報)』, 『대한학회보(大韓學會報)』, 『대동보(大同報)』 등이 중요한 활동을 하였다. 이중에서도 특히 청년학우회(신민회의 청년단체)의 기관잡지로 창간된 『소년(少年)』은 전국적으로 청소년들 사이에서 널리 읽힌 대표적 잡지로서, ① 애국정신을 배양하고, ② 신지식을 교육하며, ③용감한 지기(志氣)를 분발 장려하고, ④ 세계를 향하여 시야를 넓히며, ⑤ 애국주의적 역사와 지리를 가르치고, ⑥ 애국계몽문학을 창조하여 보급하며, ⑦ 청소년들을 장래 국권회복의 일꾼으로 만드는 데 크게 기여하였다.

애국계몽운동기의 『대한매일신보』 『황성신문』 『뎨국신문』 『소년』 등을 비롯한 위에 든 다수의 신문들과 잡지들이 이 시기 민중을 각성시키고 계몽하여 국권회복을 위한 실력 양성에 기여한 공헌과 일제 침략에 반항하여 투쟁한 공헌은 참으로 크다고 하지 않을 수 없다.

셋째, 이 시기의 애국계몽으로서의 민족산업운동(실업구국운동)으로는 각종의 근대회사 설립과 한국인 상공회의소 및 경제연구단체와 실업장려단체들이 있었다. 이 시기에 애국운동가들은 일제의 경제침략을 군사침략

---

44 ① 鄭灌, 「大韓自强會月報에 대하여」, 『震檀學報』 제20·30합집, 1966.
② 李志雨, 「大韓自强會의 時代認識에 대하여 – 大韓自强會月報의 論說 및 演說文分析을 중심으로」, 『慶大史論』 제3집, 1987 참조.

과 마찬가지로 극히 위험시했으며, 민족산업의 진흥이 신교육구국운동과 마찬가지로 실력 양성의 길임을 강조하고, 민족산업자본 발흥의 촉진운동을 전개하여 일정한 성과를 내었다.[45] 그러나 이 부분에서는 자본의 경쟁에서 일제 자본에 억눌리어 신교육구국운동과 같은 큰 성과를 내지는 못하였다.

넷째, 국채보상운동은 일제가 우리나라에 침략정책의 일환으로 준 차관 1천 3백만원을 국민의 단연(斷煙, 담배 끊기)을 통하여 절약한 의연금으로 상환하여 재정적 독립을 강화하자는 운동이었다.

이 국채보상운동은 1907년 1월 31일 대구의 광문사(廣文社) 회장 김광제(金光濟)와 부회장 서상돈(徐相敦) 등 10여 명이 「국채일천삼백만환보상취지서(國債一千三百萬圓報償趣旨書)」란 격문을 전국에 돌리자, 전국 각지에서 민중이 이에 호응하여 일어남으로써 발단되었다. 이 운동은 『대한매일신보』 『황성신문』 『뎨국신문』 『만세보』 『대동보』 등 언론기관이 적극적으로 지원하고, 함경북도에서 제주도에 이르기까지 전국 각계 각층의 모든 국민이 참여하여, 한때 전국을 휩쓸었다.

민중들의 국채보상운동에 대한 참여는 매우 자발적이고 열성적이어서 전국 각지에 무수한 국채보상기성회(國債報償期成會), 단연회(斷煙會) 등 각종 이름의 단체가 조직되어 성인들은 자발적으로 단연(斷煙)을 실행 하였고, 부녀자들은 비녀와 가락지를 내 놓아 이에 호응하였으며, 마침내는 머리털을 잘라 팔아 이 운동에 호응하는 여학생들도 다수 나오게 되었다. 그리하여 전국 각지에서 2백 31만 9백 89환 13전의 의연금이 매우 짧은 기간에 모금되었다. 이 애국운동에 놀란 일제 통감부는 이 운동을 탄압하는 방법으로 『대한매일신보』 내의 국채보상기성회 간부인 양기탁을 근거도 없이 국채보상 의연금 횡령이라는 누명을 씌워 구속 하였다가 무죄로 석

---

45 愼鏞廈, 「朴殷植의 實業救國思想」, 『學術院論文集』 제18집, 1979 참조.

방하였다.

이 사건이 계기가 되어 국채보상운동의 열기가 냉각되어 점차 퇴조되었다. 그러나 이 운동은 전국 방방곡곡 각계 각층의 국민들을 애국운동에 직접 참여케 동원함으로써 그 후의 국권회복운동의 고양에 크게 기여하였다.[46]

다섯째, 신문화·신문학운동으로서는 애국계몽문학으로서의 신소설, 신체시(新體詩), 애국계몽가사, 창가 등이 형성되어 발전되었다. 이 부문에 대해서는 문학사에서 자세히 다루어져 잘 알려져 있으므로 여기서는 설명을 생략하기로 한다.[47]

여섯째, 국학(國學)운동으로서는 우리나라의 국사, 국어, 국문, 지리 등의 근대적 학문체계를 수립하려는 노력으로 나타났다.

근대적 민족사학을 수립하려는 운동은 주로 신채호(申采浩),[48] 박은식

46 ① 崔埈,「國債報償運動과 프레스 캠페인」,『白山學報』제3집, 1967.
　　② 朴容玉,「國債報償運動에의 女性參與」,『史叢』제12-13합집, 1968 참조.
47 ① 金允植,『近代韓國文學硏究』, 1973.
　　② 權寧民,『韓國近代文學과 時代精神』, 1982.
　　③ 權寧民,「愛國啓蒙時代의 小說改革運動」,『韓國文化』제5집, 1984.
　　④ 金允植,『韓國近代小說史硏究』, 1986.
　　⑤ 全光鏞,『新小說硏究』, 1986 참조.
48 ① 申一澈,「申采浩의 自强論的 國史像」,『韓國思想』제10집, 1972.
　　② 李萬烈,「丹齋申采浩의 古代史認識試考」,『韓國史硏究』제15집, 1977.
　　③ 梶村秀樹,「申采浩の朝鮮古代史像」,『古代東アジア史論集』, 下卷, 日本 東京, 1978.
　　④ 金哲埈,「丹齋의 文化觀」,『丹齋申采浩先生誕辰100周年紀念論集』, 1980.
　　⑤ 愼鏞廈,「申采浩의 愛國啓蒙思想(상·하)」,『韓國學報』제19~20집, 1980.
　　⑥ 愼鏞廈,「申采浩의『讀史新論』의 比較分析 －1900년경의 近代民族主義史學의 成立」,『丹齋申采浩先生誕辰100周年紀念論集』, 1980.
　　⑦ 韓永愚,「韓末에 있어서의 申采浩의 歷史認識」,『丹齋申采浩先生誕辰100周年紀念論集』, 1980.
　　⑧ 韓永愚,「1910年代의 申采浩의 歷史認識」,『韓㳨劤博士停年紀念史學論叢』, 1981.

(朴殷植),[49] 장지연(張志淵) 등이 중심이 되어 전개되었다. 특히 신채호의
『독사신론(讀史新論)』(1908)은 한국의 민족주의 사학을 성립시킨 획기적
저작이었다. 이때 주목해야 할 것은 한국의 근대 민족사학이 '애국계몽사
학'으로 이름붙일 수 있는 내용으로 정립되었다는 사실이다.

국어 국문의 근대적 연구와 보급운동은 주로 주시경(周時經), 최광옥(崔
光玉), 유길준(兪吉濬), 지석영(池錫永) 등이 중심이 되어 전개되었다. 국어
국문의 연구를 위해서는 1907년에 조직된 국문연구회(國文硏究會)가 중요
한 역할을 하였다. 특히 주시경의 『대한국어문법』(1906), 『국어문전음학
(國語文典音學)』(1908), 『국문연구안(國文硏究案)』(1907~1908), 『국문연구
(國文硏究)』(1909), 『국어문법(國語文法)』(1910) 등의 저작과 활동은 근대
국어·국문학의 확립에 결정적으로 중요한 역할을 하였다.[50]

또한 자기 나라의 지리학의 체계를 세우려는 연구와 노력은 주로 장지
연(張志淵)이 중심이 되어 전개되었다. 장지연이 조선 후기 실학자 정약용
(丁若鏞)의 『아방강역고(我邦疆域考)』를 계승하여 지은 『대한신지지(大韓
新地誌)』(1907)는 근대 한국지리학을 열고 발전시키는 데 중요한 역할을

---

⑨ 愼鏞廈, 「申采浩의 民族主義와 新歷史 - 그의 初期民族主義史觀과 後期民
族主義史觀을 중심으로-」, 『亞細亞學報』 제18집, 1986 참조.
49 ① 申一澈, 「朴殷植의 '國魂' 으로서의 國史概念」, 『韓國思想』 제11집, 1974.
　② 李萬烈, 「朴殷植의 史學思想」, 『淑大史論』 제9집, 1976.
　③ 愼鏞廈, 「朴殷植의 歷史觀」(상·하), 『歷史學報』 제90~91집, 1981 참조.
50 ① 李基文, 『開化期의 國文研究』, 一潮閣, 1970.
　② 허웅, 「주시경 선생의 학문」, 『東方學志』 제12, 1971.
　③ 李基文, 「周時經의 學問에 대한 새로운 理解」, 『韓國學報』 제5집, 1976.
　④ 金敏洙, 「周時經의 初期研究」, 『亞細亞研究』 제14권 제4호, 1971.
　⑤ 愼鏞廈, 「周時經의 愛國啓蒙思想」, 『韓國社會學研究』 제1집, 1977.
　⑥ 金敏洙, 『周時經研究』, 塔出版社, 1977.
　⑦ 李秉根, 「愛國啓蒙主義時代의 國語觀 - 周時經의 경우」, 『韓國學報』 제12집,
1978.
　⑧ 高永根, 「周時經의 文法理論」, 『韓國學報』 제17집, 1979 참조.

하였다.[51]

주목할 것은 근대국사학, 근대국어국문학, 근대민족지지학 등을 비롯한 국학이 애국계몽운동의 일환으로 탄생하여 확립되었다는 사실이다.

애국계몽운동의 한 부문으로서 국학의 근대적 확립을 비롯한 신민족문화 창조운동이 전개되어 큰 성과를 거둔 것이었다.

일곱째, 민족종교운동은 이 시기에 일제 통감부가 대한제국의 종교계를 친일화하려는 공작에 대한 저항과 국권회복운동의 일환으로 일어난 것이었다. 일제 통감부는 동학에 대해서는 일진회를 조직하여 지원하고, 유교계에 대해서는 처음 대동학회(大東學會)를 만들었다가 이를 다시 공자교(孔子敎)로 개칭하면서 유림들을 국권회복운동에서 전환시켜 친일파로 전향시켜 나가고 있었다. 일제통감부는 또한 기독교계에 대해서는 일본에서 조직한 동양전도관(東洋傳道館)이란 곳에서 파송한 소위 동아기독교협회(東亞基督敎協會)를 서울에 설립케 하여 기독교계를 친일화하는 정치공작을 전개하였다. 또한 일제통감부는 불교계에 대해서는 본원사(本願寺)를 확장하여 일본불교의 세력을 확대하는 한편 정토교회(淨土敎會)와 신궁경의회(神宮敬義會)라는 것을 만들어서 불교계를 친일화하려는 맹렬한 정치공작을 전개하였다.

이에 대비하여 애국계몽운동가들은 민족종교를 창설하거나, 외래 종교

---

51 ① 千寬宇, 「張志淵과 그 思想」, 『白山學報』 제3집, 1967.

② 具滋赫, 「張志淵의 歷史意識과 敎育論」, 『歷史敎育』 제27집, 1980.

③ 金英愛, 「韋庵 張志淵의 社會經濟思想」, 『弘益史學』 제1집, 1984.

④ 具滋赫, 「張志淵의 開化觀」, 『春川敎大論文集』 제24집, 1984.

⑤ 南京熙, 「韋庵 張志淵의 自强論」, 『主題研究』(梨大韓國文化研究院), 제25집, 1985.

⑥ 具滋赫, 「張志淵의 實業救國論」, 『春川敎大論文集』 제25집, 1985.

⑦ 崔炳鈺, 「韋菴 張志淵의 社會思想研究 - 愛國啓蒙思想을 중심으로」, 『弘益史學』 제2호, 1985 참조.

의 신도들에게 애국계몽운동을 전개함으로써 종교계를 국권회복운동 편에
서게 하였다.

손병희(孫秉熙) 등은 1905년 12월에 천도교(天道敎)를 창건하여 일진회
에 대결하면서 동학교도들을 다시 애국운동쪽으로 끌어왔다.[52]

윤치호(尹致昊), 이상재(李商在) 등은 횡성기독교청년회(皇城基督敎靑年
會) 등을 비롯하여 각종의 기독교 조직을 통해서 기독교도들을 국권회복
운동 편에 서게 하였다. 특히 서울과 관서(關西)지방에서는 기독교계의 애
국운동이 상당히 큰 성과를 내어 일제통감부는 기독교세력을 반일세력으
로 두려워하게까지 되었다.[53]

박은식(朴殷植), 장지연(張志淵) 등은 유교계에 대하여 대동사상(大同思
想)을 주장하고 대동교(大同敎)를 창건하여 친일파로 전향한 대동학회(大
東學會)와 공자교(孔子敎)에 대결하면서 유림계(儒林界)를 국권회복운동
편에 서게 하였다.[54]

또한 나철(羅喆), 오혁(吳赫) 등은 단군(檀君)을 국조(國祖)로 신봉하는
단군교(檀君敎, 후에 大倧敎로 개칭)를 창건하여 민족주의를 고취하고 교
도들을 국권회복운동과 독립운동에 동원하였다.[55]

이러한 민족종교운동은 당시 종교가 일반 민중의 생활 속에서 중요한

---

52 崔東熙, 「天道敎 指導精神의 발전과정」, 『三・一運動 50周年紀念論文集』, 東亞
    日報社, 1969 참조.
53 ① 李萬烈, 「韓末 基督敎人의 民族意識 형성과정」, 『韓國史論』 제1집, 1973.
    ② 李元淳, 「朝鮮末期社會의 對西敎問題」, 『歷史敎育』 제15집, 1973.
    ③ 李光麟, 「開化派의 改新敎觀」, 『歷史學報』 제66집, 1975.
    ④ 李光麟, 「開化期 關西地方과 改新敎」, 『崇田大學論集』 제5집, 1974.
54 愼鏞廈, 「朴殷植의 儒敎求新論・陽明學論・大同思想」, 『歷史學報』, 第73輯, 1977
    참조.
55 ① 朴永錫, 「大倧敎의 獨立運動에 관한 연구」, 『史叢』 제21・22합집, 1977.
    ② 朴永錫, 「大倧敎의 民族意識과 抗日民族獨立運動」, 『韓國學報』 제31집, 1983
    참조.

위치를 차지하고 있었으므로 큰 의의를 갖고 성과를 낸 것이었다.

5. 애국계몽운동의 독립전쟁전략과
국외 독립군기지 창설운동

끝으로, 애국계몽운동 가운데 국외 독립군기지(獨立軍基地) 창설운동은 이 시기 애국계몽운동을 주도한 개화자강파의 무장투쟁을 위한 무력양성운동으로서, 신민회가 그 주체가 되어 추진한 운동이었다.

신민회는 국내에서는 앞에서 든 바와 같은 실력양성 운동을 전개하면서 한편으로 국외에 무관학교를 설립하고 독립군기지를 창설하여 기회가 오면 '독립전쟁'을 일으켜서 독립군이 국내에 진입하고, 동시에 국내에서는 그동안 양성한 실력으로 일거에 봉기하여 내외가 호응해서 실력으로 국권회복을 결행할 준비를 하려고 하였다.

신민회 등 애국계몽운동가들이 국외 독립군기지와 독립군의 창설 문제를 최초로 검토한 것은 1907년 8월로 보인다. 일제가 1907년 7월 31일 대한 제국 군대를 강제 해산하는 조칙에 허수아비가 된 순종의 재가를 받아내고 그 이튿날 해산식이 있자, 해산된 군인의 일부가 바로 봉기해서 의병운동에 합류하여 의병전쟁을 전개하게 되었다. 신민회는 이 의병운동을 지지하였다. 종래 일부 연구자들은 애국계몽운동이 의병운동을 비판한 것처럼 오해하고 있으나 이것은 사실과 다른 것이다. 개인적으로 애국계몽운동가 중에서 의병운동을 비판적으로 본 사람들이 있었을지 모르나, 신민회는 물론 대부분의 애국계몽운동가들은 의병운동을 강력히 지지하였다.

신민회 등 애국계몽운동가들이 의병운동에서 문제삼은 것은 막강한 일본 정규군과 대전할 때 반드시 갖추어야 할 현대적 군사훈련과 무기였다. 의병운동은 일제와의 즉각의 결전을 요청하는 것이므로 반드시 즉각의

'승전'을 가져와야 할 것이었다. 그러나 의병은 자발적 민병의 집합이었으므로 비록 구군인이 상당수 참여하였다 할지라도 현대적 군대로서의 군사훈련과 무기가 부족하여 일본 정규군과의 압도적 전력의 차이로 즉각의 승전을 기약하기는 거의 불가능하였다. 신민회 등 애국계몽운동가들은 의병 무장투쟁의 현대화의 필요를 설감하고 있었다.

그러나 신민회는 1907년부터 1908년 말까지 의병운동의 문제점을 정확히 포착하고 있으면서도 이에 대한 대책을 세운 것 같지 않다. 그 이유는 첫째, 신민회의 실력이 부족하였고, 둘째, 이 시기에 의병운동이 고양되어 성과를 내고 있었기 때문이었다.

신민회가 국외 독립군기지와 독립군 창설을 본격적으로 논의한 것은 의병운동이 퇴조기에 들어가기 시작한 1909년 봄이었다. 이때 신민회는 총감독 양기탁의 집에서 전국간부회의를 열고 국외에 적당한 후보지를 골라 독립군기지를 만들어서 무관학교를 설립하고 독립군사관을 양성하여 현대전에서 승전할 수 있는 강력한 독립군을 창설하기로 결정하였다. 그러나 신민회의 이 사업이 실천에 들어가기 전인 1909년 10월 안중근(安重根)의 이등박문(伊藤博文) 처단 사건이 일어났다. 일제는 안중근과의 관련 혐의로 안창호(安昌浩), 이동휘(李東輝), 유동열(柳東說), 이종호(李鍾浩) 등 다수의 신민회 간부들을 일제 헌병대에 구속하였다가 그 이듬해인 1910년 2월에야 개별적으로 이들을 석방하였다.

신민회는 곧바로 1910년 3월 긴급간부회의를 열어서 ① '독립전쟁전략'을 최고전략으로 채택하고, ② 국외에 독립군기지와 그 핵심체로서 '무관학교」를 설립키로 하였으며, ③ 일제 헌병대에 구속되었던 간부들은 원칙적으로 국외에 망명하여 이 사업을 담당하기로 하고, ④ 국외에 남은 간부와 회원들은 이 사업을 지원하는 한편 종래의 실력 양성운동을 계속하기로 하였다. 신민회가 이때 결정한 독립군기지 창설 사업과 독립전쟁전략의 골자는 다음과 같았다.[56]

① 독립군기지는 일제의 통치력이 미치지 않는 청국령 만주일대를 자유지대로 보고 이곳에 설치하되, 후일 독립군의 국내진입에 가장 편리한 지대를 최적지라고 결정하였다.

② 최적지가 선정되면 '자금'을 모아 일정 면적의 토지를 구입하되, 이에 소요되는 자금은 국내에서 신민회의 조직을 통하여 비밀리에 모금하고 이주민에게도 어느 정도의 자금을 휴대하도록 하였다.

③ 토지가 매입되면 국내에서 애국적 인사들과 애국청년들을 중심으로 하여 '계획적'으로 '단체이주'를 시켜서 신영토로서의 '신한민촌'을 건설하도록 하였다. 또한 '신한민촌'은 토지를 개간하여 농업경영을 통해서 경제적 자립을 실천하도록 하였다.

④ 새로이 건설된 신한민촌에는 이주민과 애국청년들을 망라하여 강력한 민단(民團)을 조직하고, 학교와 교회와 기타 교육문화시설을 세우는 한편, 특히 무관학교를 설립하여 문무쌍전교육(文武雙全敎育)을 실시하고 (독립군) '사관(士官)'을 양성하기로 하였다.

⑤ '무관학교'가 설립되면 이를 근거로 무관학교 졸업생과 이주애국청년들을 중핵으로 하여 강력한 '독립군'을 창설하기로 하였다. 이 독립군의 장교는 물론 현대전략전술을 습득한 무관학교출신 사관으로 편성할 뿐 아니라, 병사까지도 모두 무관학교에서 현대교육과 전략전술을 익히는 강력한 정병주의(精兵主義)를 채택하고, 철저한 현대군사훈련과 현대무기로 무장시켜 일본 정규군과의 현대전에서 승리할 수 있는 강력한 현대적 군대를 만들기로 하였다.

⑥ 독립군이 강력하게 양성되면 최적의 기회를 포착하여 '독립전쟁'을 일으켜 국내로 진입하기로 하였다. 최적의 기회는 일본제국주의의 힘이 증

---

56 ① 愼鏞廈, 「新民會의 創建과 그 國權回復運動」(하), 『韓國學報』 제9집, 1977.
② 愼鏞廈, 「新民會의 獨立軍基地 창건운동」, 『韓國文化』 제4집, 1983 참조.

강되고 침략야욕이 더욱 팽배하여 만주지방이나 태평양지역으로 팽창하려고 할 때 불가피하게 발발하게 될 중·일전쟁, 러·일전쟁, 미·일전쟁이 일어날 때라고 추정하였다. 이러한 전쟁은 일제에게도 힘겨운 전쟁이 될 것이므로 이 '기회'를 기민하게 포착해서 그동안 국외에서 양성한 독립군으로 '독립전쟁'을 일으켜 국내로 진입해 들어가고, 국내에서는 신민회가 주체가 되어 애국계몽운동가들이 그동한 실력을 양성한 각계 각층 국민과 단체를 '통일연합'하여, 내외호응해서 일거에 봉기하여 한국민족의 실력으로 일본제국주의를 물리치고 국권을 회복하기로 하였다. 이것이 주도적 애국계몽운동단체인 신민회가 채택한 '독립전쟁전략'이었다.

애국계몽운동과의 독립군 창설과 독립전쟁전략은 크게 볼 때는 일제의 다가오는 식민지 강점책의 진전에 응전하여 개화자강파의 노선에 따라 종래의 갑신정변, 갑오농민전쟁, 독립협회와 만민공동회의 운동을 비판적으로 검토하고 애국계몽운동과 의병운동의 실제의 경험을 변증법적으로 종합 지양하여 한 단계 더 발전시킨 개화자강파적 전략으로서 한국 근대민족운동의 여러 가지 전략들의 총결론과 같은 것이었다.

애국계몽운동파의 일부는 신민회가 주축이 되어 1910년 4월에 안창호(安昌浩), 이갑(李甲), 유동열(柳東說), 신채호(申采浩), 김희선(金義善), 이종호(李鍾浩), 김지간(金志侃) 등이 출국했으며, 1910년 가을에는 이동녕(李東寧), 주진수(朱鎭洙) 등이 만주일대를 비밀리에 답사하여 후보지를 선정하고, 1910년 12월부터 비밀리에 독립군기지 건설을 위한 단체이주를 시작하였다. 신민회는 1911년 봄에 대대적인 단체 이주를 실행할 계획이었다. 그러나 일제는 이러한 움직임을 포착하고, 1911년 1월에 소위 '안악사건(安岳事件)'과 '양기탁등보안법위반사건(梁起鐸等保安法違反事件)' 등으로 신민회 중앙본부와 황해도지회 회원 160여 명을 체포하였다. 이어서 일제는 1911년 9월에 '데라우치총독암살미수(寺內總督暗殺未遂) 사건' 혐의를 날조하여 신민회 평안북도와 평안남도 지회 회원을 비롯하여 전국의 애국계몽운동가 6, 7백 명을 체포하였다.

이러한 일제의 대탄압 속에서도 굴하지 않고 신민회 회원들과 애국계몽운동가들은 1911년 봄 만주 봉천성(奉天省) 유하현(柳河縣) 삼원보(三源堡)에 신흥무관학교(新興武官學校), 1913년에는 왕청현(汪淸縣) 나자구(羅子溝)에 동림(대전)무관학교(東林(大甸)武官學校), 밀산현(密山縣) 봉밀산자(蜂密山子)에 밀산무관학교(密山武官學校) 등 세 곳에 3개의 무관학교를 설립하는 데 성공하였다.

신민회를 주체로 한 애국계몽운동가들의 독립군기지 창설운동은 국내의 신민회가 일제의 회원 검거로 말미암아 사실상 해체되는 도중에 진행되었기 때문에 원래의 대계획대로 이루어지지 못하고 부분적으로만 성공하였다. 그러나 이 세 곳의 무관학교의 창설은 세 개의 독립군기지를 창설한 것이 되었다.

애국계몽운동가들이 만든 무관학교에서는 철저한 애국주의로 강철 같이 전신무장이 되고 현대적 사관교육을 받은 유능한 사관들이 체계적으로 양성되어 이들을 중심으로 현대적 독립군이 조직되었다. 또한 여기서 망명한 의병들도 재훈련되어 현대적 독립군으로 발전되었다. 이러한 독립군의 창설은 과거 의병과는 달리 일본 정규군을 현대전에서 실력으로 능가할 수 있는 막강한 정예 독립군의 창설을 의미하는 것이었다.

그러나 규모로 볼 때, 애국계몽운동가들이 3·1운동 이전까지 만주와 러시아령에서 조직한 독립군은 사병이 부족한 장교 중심의 소규모 독립군이었다. 할 수 없이 무관학교 졸업생들은 교사가 되어 간도 등지의 동포의 자녀들에게 애국사상과 신지식을 가르치는 데 종사하였다. 그들의 감화를 받고 동포 청소년들이 독립군에의 입대 권유를 받아들이는 경우에도 대부분이 영세소작농이었던 이주동포들은 농업노동력의 부족 때문에 생계의 위협을 극심하게 받아 자제들을 독립군에 받치지 못하고 있었다. 그러나 이러한 장교 중심의 독립군은 어떠한 계기로 병사들만 충분히 공급된다면 단시일에 대규모 독립군부대로 발전할 수 있는 정예들이었다.

우리는 애국계몽운동이 독립군 창설의 또하나의 큰 주류였다는 사실을
주목할 필요가 있을 것이다.

6. 맺음말

물론 애국계몽운동은 1910년 8월 나라가 일제의 식민지로 강점당하는
것을 당시에 막아내는 데는 실패하였다. 이것은 애국계몽운동의 성격상 즉
각적으로는 처음부터 불가능한 것이었다고 볼 수 있다. 그러나 한말 애국
계몽운동은 특히 다음과 같은 몇 가지 측면에서 그후의 한국민족의 발전
과 독립운동에 중요한 영향과 공헌을 준 큰 역사적 의의를 가진 민족운동
이었다.

첫째, 애국계몽운동은 국민의 사상과 지식과 문화와 정치의식과 경제의
식을 모든 면에서 일신시키고 한국 국민의 실력을 비약적으로 배양·양성
했으며, 국권을 빼앗기고 나라가 식민지로 되는 최후의 5년을 도리어 한국
민족 '대각성의 시대' '대분발의 시대'로 전환시키고 대대적인 '민족역량
증강의 시대'로 역전시켰다.

일제통감통치의 온갖 탄압 속에서도 열정적인 애국계몽운동의 결과로
민족역량이 비약적으로 증강되고, 지극히 어려웠던 이 시기가 오히려 대각
성의 시기가 되어 그 후의 국권회복과 독립쟁취의 실력을 양성해서 공급
할 수 있게 되었다는 엄연한 객관적 사실을 주목할 필요가 있다.

둘째, 애국계몽운동은 한국 근대적 민족문화를 창조하고 발전시켰다. 근
대 민족문화의 각 부문의 형성과정을 보면 그것이 모두 애국계몽운동에서
나온 것임을 알고 우리는 놀라게 된다. 애국계몽운동은 한말 이후 지금까
지의 근대민족문화의 창조와 발전에 하나의 분수령을 만들어 준 것이었다.

셋째, 애국계몽운동은 한국 근대적 민족교육의 창조와 발전에 지대한 공헌을 하였다. 애국계몽운동 가운데 신교육구국운동은 신지식과 함께 철저한 애국사상을 가르쳐 주었으며, 국민들 사이에서 일시에 3천여 개의 민립학교를 자발적으로 설립하게 한 한국역사상 전무후무한 최고도의 애국적 교육열을 창출하였다. 이러한 최고도의 애국적 교육열은 당시의 국민들이 자발적으로 애국계몽운동에 참여하여 일으킨 것이었기 때문에 민중들 사이에 깊이 뿌리를 내려 한국민족의 생활양식의 중요한 전통의 하나로 정착하게 되었다. 오늘날의 높은 교육열도 그 기원을 캐어 보면 한말의 애국계몽운동의 교육열에서 나온 것임을 주목할 필요가 있다.

넷째, 애국계몽운동은 3·1독립운동의 직접적인 원동력을 공급하였다. 한말 애국계몽운동의 핵심적 대상이었던 10여세의 소년·소녀들이 그때 배운 애국주의와 실력을 간직한 채 1919년에는 20여 세의 청년들이 되어 3·1운동의 주체세력이 되었다. 애국계몽운동 중의 국내 실력양성 운동은 축적되었다가 3·1운동의 전민족적 봉기에 의하여 다른 형태로 하나의 열매를 거두었다고 볼 수 있다. 3·1운동에는 그 이전의 모든 민족운동이 합류하고 있지만 그 주류는 모든 면에서 단연 애국계몽운동이었음은 재론할 여지가 없는 것이다.

다섯째, 애국계몽운동은 의병운동과 함께 독립군 무장항쟁을 탄생시켰다. 애국계몽운동이 국외에 창설한 독립군기지의 무관학교와 독립군의 기초조직은 3·1운동 후 애국청년들이 이곳으로 물밀 듯이 찾아들자 갑자기 대규모의 독립군단으로 즉각 발전하게 되었다. 그리하여 3·1운동 직후부터 본격적으로 대폭 증강된 대규모의 독립군부대들이 '청산리독립전쟁'에서 볼 수 있는 바와 같이 만주 도처에서 일본 정규군을 상대로 한 대·소규모의 독립전쟁을 전개하여 승리를 거두었으며, 국경지방에서는 국내진입의 유격전이 크게 증강되었다.

여섯째, 애국계몽운동이 채택한 '독립전쟁전략'은 3·1운동에는 적중하지 못했지만, 3·1운동 이후에는 모든 독립운동 정파들의 보편적인 최고전략으로 채택되었다. 예컨대, 3·1운동 후의 독립군부대들의 빈번한 국내진입작전과 임시정부가 광복군을 조직하여 제2차 세계대전이 발발하자 연합군과 함께 국내진입작전을 준비한 것은 그 하나의 예인 것이다.

한말의 애국계몽운동은 한국민족의 새로운 근대민족문화를 창조하여 발전시켰고, 근대민족교육과 교육열을 창조하여 발전시켰으며, 자기 민족과 사회를 발전시켰을 뿐 아니라, 3·1운동과 독립군무장투쟁을 비롯한 독립운동의 직접적인 원류를 이룬 것이었다.

(『한국사학』 제1집, 1980. 그 후의 학계 애국계몽운동 연구업적도 보충.)

VIII. 주시경의 애국계몽사상*

1. 머리말

주시경(周時經)은 국어학자로 알려져 있지만, 사회사적으로 보면 그는 국어학자이기 이전에 구한말의 애국계몽사상가이며 애국계몽운동가였다. 그의 국어국문연구는 그의 애국계몽사상과 운동의 일환으로 전개된 것이었다.

구한말의 애국계몽사상과 운동 안에는 민족문화 창조 운동이 중요한 내용의 하나를 이루고 있었다. 당시 소위 '을사조약' 강제에 의하여 국권을 박탈당한 다음 국권 회복을 위한 실력 배양 운동으로서 전국에 걸쳐 정력적으로 전개된 애국계몽운동은 결과적으로 그 후의 독립운동의 원동력을 공급했으며 근대적 민족문화를 창조하는 큰 결실을 맺었다. 이때 대부분의 애국계몽사상가들에게 민족적 자각과 문화적 민족주의의 방향은 국사의 재발견에 집중되고 있었다. 이것은 국사의 재발견 그 자체가 절실하게 중요한 과제였을 뿐만 아니라, 유학이 존화사학(尊華史學)에 젖어 있기는 하였지만, 역사 그 자체는 매우 중시하는 강력한 전통을 가지고 있었으므로, 역사라는 영역 그 자체는 대부분의 애국계몽운동 사상가들에게 친숙했기

---

* 이 글은 <한글학회>에서 1976년 11월 7일 행한 '주시경 선생 탄생 100주년 기념강연' 논문에 각주를 붙인 것이다.

때문이기도 하였다. 한말의 애국계몽운동이 존화사관을 비판하여 극복하고 새로운 자주적 사관에 의하여 자기 나라 역사를 재발견하려는 방향으로 집중된 추세는 당연한 것이었다고 볼 수 있다.

이 때 유독 주시경은 민족적 자각의 방향과 영역을 국어국문의 재발견에서 추구한 극소수의 애국계몽사상가 가운데 대표적 인물이었다. 이것은 장구한 시일에 걸쳐 지식인의 문자가 한문자였음을 고려하면 매우 변혁적인 것이며 독특한 것이었다. 또한 민족주의가 언어를 얼마나 중요시하는가를 고려하면, 주시경의 비중은 더욱 커지게 된다. 문화적 민족주의는 역사뿐만 아니라 반드시 자기의 언어를 재발견하고 갈고 닦으며 사랑한다. 왜냐하면 민족주의는 언어와 역사를 민족문화의 두 큰 기둥으로 생각하는 경향이 있기 때문이다. 한말에 자기 나라의 언어와 문자를 재발견하여 갈고 닦고 보급한 주시경은 당시의 기라성 같은 수많은 애국계몽사상가 중에서도 매우 특이하고 귀중한 애국계몽사상가였다고 할 수 있다.

국어학자로서 주시경에 대한 연구는 상당히 축적되어 있다.[1] 또한, 그의 국어학상의 업적에 대한 상세한 현대언어학적 연구와 평가도 이루어져 있다.[2] 또 그 이상 다루지는 않았지만 일부의 언어학자들은 주시경을 국어학자라고만 보아서는 그를 모두 이해하지 못하며, 실천적인 면과 국성(國姓)

---

1 李基文 편, 『周時經全集』(이하 『전집』으로 약칭), 하권, 아세아문화사, 1976.12. 부록 pp.19~20에서 주시경 관계 논저목록으로서 權惠奎·申明均·李秉岐·白南達·鄭烈模·李能和·張志暎·金善琪·李允宰·崔奎東·申瑛澈·崔鉉培·林圭·朴壽南·金允經·정태진·허웅·金敏洙·李基文·정인승·金世漢·이강로·姜馥樹·慎鏞廈 등 여러분의 논저를 예시하고 있다.

2 ① 허웅, 「주시경 선생의 학문」, 『東方學志』 제12집, 1971 ; [학자로서의 주시경」, 『나라사랑』 제4집, 한힌샘 주시경 선생 특집호, 1971.

② 李基文, 『開化期의 國文研究』, 일조각, 1970.

③ 金敏洙, 「周時經의 업적」, 『國語學』 제1호, 1962 ; 「周時經의 초기연구」, 『亞細亞研究』 제44호, 1971 : 『國語政策論』, 고려대학교 출판부, 1973 참조.

을 기르기 위한 선구자로서의 그의 사상과 실천을 다룰 필요가 있음을 명백히 지적하였다.[3] 여기서는 국어학자들이 다루지 않은 부분인 애국계몽사상가로서의 주시경의 사회사상의 특징을 간단히 정리하여 보려고 한다.

〈그림 31〉 주시경과 그의 저서 『말의 소리』

주시경은 1876년 황해도 봉산군 쌍산면(雙山面) 무릉(茂陵)골에서 빈한한 농가의 6남매 중 둘째아들로 태어났다. 그의 아명은 상호(商鎬)이고 관명(冠名)이 시경(時經)이었다. 그가 얼마나 빈곤 속에서 자랐는가 하는 것은 유년 시절에 그의 어머니와 누나가 산나물과 도라지를 캐어다가 죽을 쑤어서 형제들의 나이 차례로 분배하여 가까스로 가족들의 목숨을 이어 갔다는 기록[4]에 단적으로 나타나 있다. 주시경에게는 어릴 때부터 그 영민함을 나타내는 몇 가지 일화가 있다. 그러나 그는 그의 소년 시절을 보통

---

3 허웅, 「학자로서의 주시경」, 『나라사랑』 제4집, p.120 참조.
4 김윤경, 「주시경 선생 전기」, 『한글』 126호 및 『나라사랑』 제4집, 1971, p.202 참조.

의 시골소년과 마찬가지로 마을 서당에서 천자문을 배우고, 어린 나이임에
도 불구하고 힘 자라는 대로 집안 일을 도우며, 살림을 정돈하고, 이른봄부
터 양식이 떨어지면 달래와 풀뿌리를 캐러 다니는 극빈한 농촌소년으로
보냈다.[5]

주시경의 생애에 하나의 전기를 이룬 것은 1888년(13세)에 그의 큰아버
지의 양자가 되어 상경한 일이었다. 그의 큰아버지는 남대문시장에서 해륙
물산 객주업을 하여 비교적 부유한 생활을 했으므로, 주시경을 상인들과
중인층의 자제가 다니는 서당에 다니게 하였다. 주시경은 이 서당에서 지
적 욕구를 충족시키지 못했으므로 더 훌륭한 훈장 밑에서 공부하기를 원
하였다. 그래서 양반자제들을 가르치는 진사 이회종(李會鍾)의 서당으로
옮겨 공부하게 되었다.[6] 이것은 그의 나이 15세 때인 1890년의 일이었다.

이회종의 가르침 밑에서도 그는 만족하지 못하였다. 무엇보다도 주목할
것은 그의 나이 15세 때 한문 공부 그 자체에 회의를 느껴 국어국문에 관
심을 갖게 되었다는 사실이다.[7] 이 국어국문에 대한 관심은 계속 증대되어
17세 때에는 국어국문 연구에 뜻을 두기 시작하였다.[8] 그가 국어국문을 본
격적으로 연구하게 된 동기가 다음과 같이 기록되고 있다.

서당에서 한문글을 배울 때 선생이 한문을 한문음대로 한번 읽어

---

5 『周時經日記』, 개국 494년 을유조, 『전집』 하권, pp.707~709 참조. 이 기록에 의하
  면 周時經의 아버지는 해마다 과거를 보러 다니고 집안일을 돌보는 이가 없었으므
  로 집이 가난하여 정월을 넘지 못하고 양식이 떨어져서 그는 이른봄부터 누나와
  함께 들에 나가서 달래를 캐어다가 연명하였다고 적혀 있다.
6 김윤경, 「주시경 선생 전기」, 『나라사랑』 제4집, p.203 참조. 주시경이 李會鍾의 서
  당에서 공부하게 된 것은 그가 더 훌륭한 스승 밑에서 공부하려는 열의로 스스로
  찾아가서 이루어진 것이며, 15에서 18세까지 이 서당에서 학습하였다.
7 李基文, 「周時經의 學問에 대한 새로운 이해」, 『韓國學報』 제5집, 1976 겨울호
  및 『대한국어문법』, 『전집』, pp.51~57 참조.
8 김윤경, 「주시경 선생 전기」, 『나라사랑』 제4집, p.207 참조.

주는데, 이때는 아이들은 하나도 알아듣지를 못해서 멍하니 그대로 앉아 있다가 다음에 선생이 우리말로 새겨 주어야 비로소 고개를 끄떡끄떡 했다. 이같이 우리말로 하면 바로 알아들을 수 있는 것을 왜 하필 어려운 한문음을, 그것도 알아듣지도 못하는 것을 왜 헛되이 되풀이하는가 하고 의심을 품게 되었고, 또 우리글이 있는데 왜 이토록 어려운 한문만을 배워야 하며, 우리말을 쉽게 적을 수 있는 우리글은 왜 쓰지 않나 하고 골똘하게 생각하기 시작한 것이 한글을 연구하게 된 동기다.[9]

이미 한문 수학에 대한 회의와 국문에 대한 관심이 싹튼 주시경이었기 때문에 훌륭한 교사에 의한 한문교수도 그의 지적 탐구심을 만족시켜 주지 못하였다. 그는 신학문을 동경하여 18세 때인 1893년 6월 배재학당의 교사인 옥계(玉溪) 박세양(朴世陽)과 회천(晦泉) 정인덕(鄭寅德)을 찾아가 야학으로 개인적 지도를 받으면서,[10] 문명부강국이 모두 자기 나라의 문자를 써서 막대한 편의를 취한다는 말을 듣고, 이해 7월 7일부터 국어국문을 연구하며 국어문법 짓기를 시작하였다.[11] 이때 그는 영문과 만국지지(萬國地誌)를 공부하면서, 처음으로 영문의 자모음을 배우고 즉각 그 원리를 스스로 터득하고 응용해서, 국문의 자모음에 대한 독창적 연구를 스스로 시작하였다.[12]

주시경의 학문에 있어서 하나의 큰 전기를 이룬 해는 그가 19세 때인 1894년이었다. 그는 신학문을 본격적으로 공부하기 위하여 대담하게 이해 8월에 스스로 배재학당에 입학하였다.[13] 이 때 그는 스스로 단발을 했는데

---

9 장지영, 「주시경 스승을 회고하며」, 『나라사랑』 제4집, p.57.
10 「周時經自筆履歷書」, 『전집』 하권, p.741 참조.
11 「周時經日記」 1893年 7월 7일 조, 『전집』 하권, p.709 참조.
12 『國語文典音學』, 『전집』 하권, p.188. 「余가 十七歲 壬辰에 英文萬國地誌를 學習ᄒ더니 英文의 字母音을 解ᄒ고 轉ᄒ여 朝鮮文(국문)을 子母로 解ᄒᆯ새 翌年 癸巳에 朝鮮文 母音字 ……」 참조.

이것은 단발령이 내리기 전이므로 대단한 용단을 내린 것이었다. 배재학당에서 그는 수학·영어·지리·역사 등을 새로 공부하게 되었다. 그는 이러한 신학문을 공부하면서 여기에서 배운 것을 응용하고 새로 깨달아 국어국문 연구와 국어문법 짓기를 진행한 것으로 보인다.

당시 국어문법 체계는 누구에 의해서도 아직 이루어지지 못하고 있었으므로 물론 이때 배재학당에서 그에게 국어문법을 가르쳐 줄 교사는 아무도 없었다. 그러므로 그의 국어문법 연구 작업은 그 스스로가 개척하는 완전히 독창적인 작업이었다. 그가 단발령 이전에 자기 스스로 단발을 하고 자기 스스로 신학문을 배우려 배재학당에 들어가는 결단을 내렸으며, 이해에 스스로 국어국문 연구를 진행하였다는 것은 그의 놀라운 선각을 단적으로 나타내는 것으로서 주목할 필요가 있을 것이다.

주시경은 배재학당에서 수학하다가, 1895년 7월에 갑오개혁 내각의 탁지부(度支部)에 의하여 인천관립이운학교(仁川官立利運學校) 생도로 선발되어 1896년 2월에 그 속성과를 졸업하였다.[14] 이운학교(利運學校)는 해운기술학교로서 이 교육과정은 자연과학과 항해술을 중심으로 한 것이었으므로 주시경의 학문에 중대한 영향을 끼친 것으로 보인다. 이기문 교수에 의하면 주시경이 거의 무의 상태에서 독창적으로 국어국문법을 만들 수 있었던 학문적 배경은 기본적으로 그의 자연과학 특히 수리학의 공부에 의한 것이었고,[15] 그가 자연과학을 기본적으로 공부한 것은 이때가 처음이므로 이운학교의 공부는 그의 과학적 사고의 발전에 큰 영향을 끼친 것으로 보인다.

주시경이 인천 이운학교 속성과를 졸업하고 그 견습으로 있을 때,[16] 아

---

13 「周時經自筆履歷書」, 『전집』 하권, p.773 참조.
14 「周時經自筆履歷書」, 『전집』 하권, p.737 참조.
15 李基文, 「周時經의 學問에 대한 새로운 理解」, 『韓國學報』 제5집, 1976년 겨울호 참조.

관파천(俄館播遷)이 일어나서 갑오개혁 내각이 붕괴되었으므로 그는 다시 배재학당으로 돌아와서 신학기부터 만국지지역사(萬國地誌歷史) 특별과 (特別科)에 재입학하였다.[17] 이때 1895년 12월 26일 귀국한 서재필(徐載弼) 이 1896년 1월부터 독립신문사의 창립준비를 하면서 신학기 때부터 배재 학당에 만국지지학 강사로 나가게 되었다.[18] 여기서 주시경과 서재필이 만 나게 된 것이다.

주시경과 서재필의 만남은 결코 우연이 아니었다. 주시경은 서재필이 귀국하기 훨씬 이전에 이미 국문법 연구를 하고 있던 당시 거의 찾아볼 수 없는 국문전용론자였다. 서재필이 새로 창간하는 신문을 일반민중과 부녀 자들도 읽을 수 있도록 국문전용으로 발행할 의사가 있는 한 함께 일할 일 군으로 발탁될 인물은 주시경이 되도록 되어 있었다.

주시경은 『독립신문』의 창간에 서재필과 함께 처음부터 창간자 집단의 한 사람으로 깊이 참여하였다. 「주시경자필이력서」에 의하면, 그는 1896년 4월 7일 『독립신문』 창간과 함께 독립신문사 회계사무(會計事務) 겸 교보 원(校補員)으로 임명되었다가, 그 후 회계의 책임은 그만두고 총무 겸 교보 원으로 재직하였다.[19] 이 직책은 그것만으로도 주시경의 위치가 사장 겸 주필인 서재필의 다음에 있었음을 나타내고 있다.[20] 그런데 서재필은 주시 경을 '국문 담당 조필(助筆)'이라고 기록하고 있다.[21] 이것은 처음부터 『독

---

16 周時經은 이때 利運學校 速成科를 졸업하고 利運社의 馬山支社長으로 가기로 되어 있었는데, 아관파천으로 이 학교와 利運社의 支社가 폐지되기에 이르렀다. 「周時經自筆履歷書」, 『전집』 하권, p.715 참조.
17 「周時經自筆履歷書」, 『전집』 하권, p.726 참조.
18 「周時經自筆履歷書」, 『전집』 하권, p.714 참조.
19 「周時經自筆履歷書」, 『전집』 하권, p.734 참조.
20 「駐韓日本公使記錄」(機密本省往信) 1898年(明治 31년) 1월 15일조, 「機密 第3號」, 『獨立新聞買收ノ件』 참조.
21 慎鏞廈, 「독립신문의 創刊과 그 啓蒙的 役割」, 『韓國史論』 제2집, 1975 ; 『獨立 協會研究』, 일조각, 1976, p.18 참조.

립신문』의 국문판 제작은 '논설'을 제외하고는 주시경의 담당이었음을 단적으로 나타내는 것이다.

『독립신문』이 일찍기 19세기 말에 획기적으로 국문전용을 실행하고 쉬운 일상의 국어를 사용하면서 창간된 것은 주시경의 민족주의 사상 및 국문 연구와 서재필의 민주주의 사상에 의거한 것이었다. 즉『독립신문』의 국문전용, 쉬운 국어 쓰기, 국문 띄어쓰기에 의거한 창간의 배경에는 서재필의 민중을 위한 민중이 읽을 수 있는 계몽적 신문을 만들겠다는 민주주의적 결단과 주시경의 자기 나라 말은 알기 쉽고 배우기 쉬운, 세계에서 가장 우수한 문자인 국문 전용으로 표현하자는 민족주의 사상 및 1893년 이래의 국문 연구의 노력이 결합하여 이루어진 것이었다.[22]

주시경은 1897년 4월 22일자 및 4월 24일자와 9월 25일자 및 9월 28일자 『독립신문』에 두 편의 「국문론」을 발표하고 있는데, 이것이 그의 최초의 작품이며 그의 초기 사상의 일단을 잘 나타내고 있는 작품이다.[23] 그 후 그

---

22 물론 『독립신문』 이전에도 종교에서의 국문전용이 있었다. 조선왕조시대에는 다수의 유교 경전들과 農書·蠶書·醫書들의 「諺解」가 있었고, 다수의 불교 경전들이 국문전용으로 되어 간행되었다. 다 알고 있는 바와 같이 훈민정음 창제 이후 부녀층 또한 국문전용을 행하였다. 그리고 개항 후에는 기독교 선교사들도 기독교 경전들을 국문전용으로 번역하여 간행 하였다. 이것은 교세 확장을 위해서 한문을 모르는 일반민중과 부녀들에게 선교를 하려는 목적으로 이루어진 것이었다. 물론 이들이 일반민중과 부녀들을 대상으로 하였다는 점에서 약간의 민주주의 요소가 있는 것이 사실이지만 그 민주주의적 사상은 매우 미약한 것이었으며, 이들은 직접적으로 민권을 주장하고 계몽한 『독립신문』의 국문전용 사상과는 근본적으로 차원이 다른 것이었다. 또한 여기에는 주시경과 『독립신문』의 국문전용론에서 볼 수 있는 민족주의 사상은 전혀 없었다. 이점에서 주시경과 『독립신문』의 국문전용을 선교사들의 성서 번역의 영향과 관련시키는 것은 피상적인 관찰이라고 볼 수 있다. 신용하, 『獨立協會研究』, p.20 참조.

23 『독립신문』(제2권 제47호) 1897년 4월 22일자 및 「전게지」(제2권 제48호) 1897년 4월 24일자 「쥬샹호씨 국문론」과, 「전게지」(제2권 제114호) 1897년 9월 25일자 및 「전게지」(제2권 제115호) 1897년 9월 28일자 「쥬샹호씨 국문론」, 『전집』 상권,

는 계속하여 각 부분의 신학문을 공부하면서 국어국문 연구를 계속하여 많은 업적을 내었다.

특히 주목해야 할 것은 주시경의 놀라운 지적 탐구력이다. 이것은 그가 배재학당에만도 과(科)를 바꾸어 세 차례나 다녔으며,[24] 1900년에는 낮에는 상동 사립학숙(尙洞 私立學塾)에 국어 문법과를 설치하여 교수하면서,[25] 한편으로 밤에는 수진동(壽進洞) 흥화학교(興化學校)에서 양지과(量地科)를 수학하여 졸업한 사실에서도 볼 수 있다.[26] 뿐만 아니라, 그는 이 무렵에 이화학당(梨花學堂)의 영국인 의학박사에게 영어와 의학을 배웠고, 그 의학박사에게 한글을 가르쳐 주었다. 또 외국어 학교에서는 일어와 중국어의 강의를 수시로 들었다. 독학으로는 국문 연구 이외에 식물학·기계학·종교학을 공부하였다 한다.[27] 뿐만 아니라, 1905년 이후의 애국계몽운동 기간에 그는 이미 저명한 국어학자이며 애국계몽사상가였음에도 불구하고,[28] 한편으로는 1906년 11월부터 1909년 12월까지 수리학자 유일선(柳一宣)이

---

pp.1~24 참조. 이 두 개의 「국문론」은 주시경이 공식적으로 발표한 최초의 논설로서 ① 국문전용을 실행할 것, ② 국문법을 만들고 맞춤법을 통일시킬 것, ③ 국문 띄어쓰기를 시행할 것, ④ 국문 가로쓰기를 시행할 것, ⑤ 국어사전을 편찬할 것, ⑥ 한문 배울 시간은 이를 자주부강한 나라를 만들기 위한 현대과학교육에 사용할 것을 주장하였다. 신용하, 「독립협회의 사회사상」, 『韓國史研究』 9, 1973 ; 『獨立協會研究』, 일조각, 1976, pp.20~21 참조.

24 주시경은 배재학당을 ① 제1차로 1894년 8월~1895년 6월까지 다녔는데 어떤 科에 다녔는지는 명확치 않으며, ② 다시 1896년 4월~1897년 6월까지 재입학하여 萬國地誌歷史特別科를 다녔고, ③다시 제3차로 1898~1900년에 배재학당 보통과를 졸업하였다. 그가 萬國地誌科를 졸업하고 다시 보통과를 재수료한 것은 국어국문 연구를 위한 기초공부로서 주로 영어공부를 하기 위한 목적이었던 것 같다. 「周時經自筆履歷書」, 『전집』 하권, pp.713~714 참조.

25 「周時經自筆履歷書」, 『전집』 하권, p.716 참조.

26 「周時經自筆履歷書」, 『전집』 하권, p.714 참조.

27 김윤경, 「주시경 선생 전기」, 『나라사랑』 제4집, p.204 참조.

28 『大韓每日申報』(제4권 제274호) 1906년 7월 19일자, 잡보 「國文指南」 참조.

경영하는 창동(倉洞)의 정리사(精理舍)라는 사립학교에서 야학으로 수리학(數理學)을 공부하였다.[29] 그의 이러한 놀라운 지적 탐구력과 학문적 성실성은 그로 하여금 광범위한 독서와 연구 위에 기초를 둔 독자적 사상을 갖게 했으며, 그 위에서 그의 국문 연구도 진전된 것이었다.

여기서는 그가 1897년 「국문론」을 발표한 이후의 광범위한 학문적 기초를 가지고 전개된 그의 사상을 주로 애국계몽운동 기간을 중심으로 하여 간추려 보려고 한다. 주시경은 스스로 국어를 배우려면 먼저 자기 나라의 언어와 문자가 백성과 나라에 대하여 어떠한 관계를 갖는가를 탐구하여야 한다고 지적하고 있으므로,[30] 이것은 한국사회사상사와 주시경연구를 위하여 반드시 필요한 작업의 하나가 되는 것이라고 볼 수 있다.

2. 민족관·언어관·사회관

1) 민족관과 민족국가관

주시경에 의하면, 민족은 기본적으로 ① 역(域, 지역공동체), ② 종(種, 혈연공동체), ③ 언(言, 언어공동체)의 세 가지 요소로 구성되어 있다.

이 세 요소로 이루어진 민족이 국가를 이루어 독립하게 되는데, 그는 이 때 역(域)은 독립의 기(基)요, 종(種)은 독립의 체(體)요, 언(言)은 독립의 성(性)이라고 보았다.[31] 여기서 그가 말하는 성(性)은 본성 즉 본질을 의미하고 있다. 그에 의하면, 성(性)이 없으면 체(體)가 있어도 그 체(體)가 아니

---

29 「周時經自筆履歷書」, 『전집』 하권, p.714 ; 金世漢, 『周時經傳』, 정음사, 1974, p.84 참조.
30 『國語文典音學』, 『전집』 하권, p.155 참조.
31 『國文研究』 중의 「國文淵源과 字體發音의 沿革」, 『전집』 상권, p.254 참조.

요, 기(基)가 있어도 그 기(基)가 아니다. 성(性)이 가장 중요한 것이다. 즉 민족의 구성 요소 중에서 성(性)인 언어가 가장 본질을 이루는 것이다. 주시경은 다음과 같이 쓰고 있다.

是以로 天이 命한 性을 從하여 그 域에 그 種이 居하기 宜하며, 그 種이 그 言을 言하기 適하여 天然의 社會로 國家를 成하여 獨立이 各 定하니, 그 域은 獨立의 基요 그 種은 獨立의 體요 그 言은 獨立의 性이라. 此性이 無하면 體가 有하여도 그 體가 안이오, 基가 有하여도 그 基가 안나, 그 國家의 盛衰도 言語 의 盛衰에 在하고 國家의 存否도 言語의 存否에 在한지라. 是以로 古今 天下列國 이 각각 自國의 言語를 尊崇하며 그 言을 記하여 그 文을 各製함이 다 此를 위함이다.[32]

요컨대, 주시경에 의하면, 민족은 언어 공동체를 본질로 한다. 이것은 현대 사회학자들의 민족이론과 근본적으로 같은 견해라고 볼 수 있다.[33]

주시경은 민족은 당연히 국가를 이루어 독립하게 되는 것이라고 민족국가를 하나의 개념으로 사용하였다. 그의 '나라'의 개념은 단순히 국가의 개념뿐만 아니라 민족국가의 개념도 포함하고 있는 것으로 생각된다. 그는 나라의 본질도 동일한 언어를 사용함으로써 이루어지는 것이 라고 보고 언어를 '국성(國性)'이라고 하였으며,[34] 언어가 곧 나라를 이루는 본질임을 다음과 같이 쓰고 있다.

한 말을 쓰는 사람끼리는 그 뜻을 통하여 살기를 서로 돕아줌으로

---

32 『國語文法』序, 『전집』하권, p.221.
33 민족을 본질적으로 言語共同體로 보는 현대사회학자의 흐름은 Heyman Steinthal, Karl Marx, Karl Kautsky, Max Weber, Calton J. H. Hayes, H. L, Koppelmann 등으로 이어지고 있는데 민족이론의 대표적 흐름을 이루고 있다.
34 『國語文典音學』, 『전집』하권, p.156 참조.

그 사람들이 결코 한 덩이가 지고 그 덩이가 점점 늘어 큰 덩이를 일우나니 사람의 데일 큰 덩이는 나라라.[35]

이러한 관점에서 주시경은 "말은 나라를 이루는 것"[36]이라고 명백히 쓰고 있다. 주시경의 "한 말을 쓰는 사람끼리 한 나라를 이룬다"는 민족관은 민족국가의 자주성이 언어와 문자로 표시된다는 생각에까지 이르고 있다. 예컨대 그는 다음과 같이 쓰고 있다.

　　한 나라에 특별흔 말과 글이 있는 것은 곳 그 나라가 이 세샹에 텬연으로 흔목 주쥬국 되는 표요, 그 말과 그 글을 쓰는 인민은 곳 그 나라에 속흐여 흔 단톄 되는 표라.[37]

즉, 주시경에 있어서는 한 민족국가에게 독자적 언어와 문자가 있는 것이 바로 그 민족국가가 자주독립국임을 나타내는 징표인 것이다.

2) 언어관과 문자관

주시경의 언어관은 극히 과학적이며,[38] 당시의 고전사회학의 영향을 받아서 사회학적 견해로 일관되어 있다.[39]

---

35 「한나라 말」,『普中親睦會報』제1호, p.86,『전집』상권, p.459.
36 위의 책, 같은 곳.
37 「국어와 국문의 필요」,『西友』제2호, p.32.『전집』상권, p.221.
38 주시경의 언어에 대한 자연과학적 인식의 단적인 예는『대한국어문법』의「말과 글」제1문부터「사람의 말소리」제11문까지에 잘 나타나고 있다. 그는 여기에서 언어가 '소리'로 이루어져 있으면서 어떻게 사람의 의사를 소통시키는가를 쉽고 간단하지만 매우 조리있게 과학적으로 풀이하고 있다.『대한국어문법』,『전집』하권, pp.5~27 참조.
39 「必尙自國文言」중의「動物競爭」,「人爲最强動物」「人以文言得享最强之權」「人類競爭文言有關」,『皇城新聞』(제2442~2447호) 1907년 4월 1~6일자,『전집』상권,

주시경에 의하면, 언어와 문자는 인간의 사회와 문화의 발전에 결정적인 힘을 가진 것이다. 인간이 다른 동물에 비해 특이하여 만물의 영장이되고 다른 동물과 자연을 지배하게 된 것은 인간의 지혜가 최다(最多)할뿐만 아니라 언어를 구비하고 문자를 제정하여 사용하기 때문이다.

그에 의하여 먼저 언어의 기능을 보면, 언어는 사회에서 '의사소통'을 가능케 하여 '대사(大事)'를 이룰 수 있게 한다.[40] 그에 의하면, 인간은 그의 지혜가 최다할지라도 대사는 단독의 힘으로는 이루어지지 않는다. 반드시 개인이 타인과 교섭하여 그 지혜로 궁리하여 만든 의사를 발표해서 서로 '의사소통'을 하고 '상도상조(相導相助)'해서 중력(衆力)으로 또는 집단의 노력으로 '대사'는 비로소 이루어지는 것이다. 여기서 주시경이 말하는 '대사'를 번역하면, 개인의 힘을 초월한 '사회적 문화적 업적'을 의미하는 것이라고 볼 수 있다. 그에 의하면, 인간이 '대사'를 이루는 것은 바로 언어를 가장 잘 갖추어서 그 의사를 거리낌없이 상통할 수 있기 때문이다. 즉, 언어로 인하여 인간의 '대사'는 점차 흥하고 지술(智術)은 더욱 발달하게 된 것이었다. 그는 언어가 인간을 상호 교섭케 하면서 상도상조케 하는 매개물이라고 보았다.

> 人이 타동물과 特異ᄒ 것은 지혜가 最多홀 뿐더러 言語가 具體하며 文字를 製用는 연유라. 大事는 個人의 獨力單旋으로 能成치 못ᄒ ᄂ니 言語라 ᄒᄂ 것은, 지혜로 궁리하여 경영ᄒᄂ 意思를 발표ᄒ야 相告相德ᄒ며 相導相助케 ᄒᄂ 紹介라.[41]

pp.25~29 참조.
40 「국문 가뎡잡지의 글들」 제7문의 답은 다음과 같이 쓰고 있다. "말은 한디경에 모혀 사는 사람들이 무슨 뜻을 무슨 소리로 딕신 쓰기를 뎡ᄒ여 ᄎᄎ 시힝되어 오ᄂ 것인 고로 그 소리를 들으면 그 뜻을 아ᄂ이다.", 『전집』 하권, p.690 참조.
41 「必尙自國文言」 중의 「人以文言得享最强之權」, 『전집』 상권, p.26 참조.

주시경에 의하면, 그러나 인간의 지술(智術)이 발달하자 언어만으로는 충분치 않게 되었다. 왜냐하면 인간의 '대사'를 널리 전하고 때때로 전승하여 축적케 하려면 언어를 담는 '글'이 필요하게 되었기 때문이다.[42] 여기에서 인간은 그의 업(業, 사업·업적)을 더욱 정교케 하고 이를 전승하기 위하여 마침내 문자를 제정하여 인간의 사실을 기록하고 학식을 강구하게 되었으며 여기에서 제도와 문화와 기술이 더욱 발전하게 되고 잘 갖추어져 인간이 만물을 지배하고 활용하게 된 것이라고 하였다.[43]

주시경에 의하면, 언어와 문자는 분리될 수 없는 본질적으로 같은 기능을 하는 것이나, 문자가 더 기술적인 것으로서, 문자는 언어를 담는 '그릇'과 '기계'와 같은 것이라고 하였다. 그는 언어와 문자의 '관계'에 대하여 다음과 같이 쓰고 있다.

> 글은 말을 담는 그릇이니 이글어짐이 없고 자리를 반듯하게 잡아 굳게 선 뒤에야 그 말을 잘 직히니라. 글은 또한 말을 닦는 기계니 기계를 몬저 닦은 뒤에야 말이 잘 닦아지니라.[44]

문자와 언어를 다 같이 「기관(機關)」[45]으로 보는 곳에 그의 자연과학적 관점과 사회진화론의 영향이 잘 나타나 있다고 볼 수 있다.

주시경의 언어관의 특징을 이루는 것은 그의 민족과 언어와의 관계에 대한 견해이다. 그는 자기 시대에 풍미하던 고전사회학의 한 흐름인 스펜서(Herbert Spencer, 1820~1903)와 키드(Benjamin Kidd, 1858~1916) 등의 사

---

42 「국문 가뎡잡지의 글들」에서는 「글」의 필요를 다음과 같이 쉽게 풀이하여 설명하고 있다. "뜻을 먼 곳과 후세에 전ᄒ며, 무슨 일을 표ᄒ여 긔억ᄒ기에 쓰는 것이니이다." 『전집』 하권, pp.690~691 참조.
43 「必尙自國文言」 중의 「人以文言得享最强之權」, 『전집』 상권, pp.25~26 참조.
44 「한나라 말」, 『전집』 상권, p.459.
45 「必尙自國文言」 중의 「人以文言得享最强之權」, 『전집』 상권, p.30 참조.

회진화론의 영향을 크게 받고 있다.[46]

주시경에 의하면, 만물은 서로 경쟁하며, 인류가 진보함에 따라 인간은 다른 동물과만 경쟁하는 것이 아니라 인간집단끼리도 경쟁하게 된다. 인간 사이의 경쟁에는 개인간의 경쟁, 민족간의 경쟁, 계급간의 경쟁 등이 있다. 그중에서 당대의 전형적인 것이 민족국가간의 경쟁이다. 즉, 그의 시대는 민족국가 경쟁의 시대이다. 이 민족국가 사이의 경쟁에서는 지술(智術)을 강구함이 극히 요긴하게 되며, 이를 위해서는 먼저 반드시 언어와 문자를 갈고 닦아야 한다. 즉, 민족은 바로 언어공동체를 본질로 하고 있기 때문에 민족 경쟁에서 승리하기 위해서는 인간 집단 사이의 다른 종류의 경쟁과는 달리 언어와 문자를 닦고 또 닦아서 그 중(衆, 민족성원)의 지술을 정(精)하고 더욱 정하게 하는 자는 타중(他衆, 타민족성원)을 물리치고 홍성한다. 반면에 언어와 문자를 닦지 않아서 그 중(衆)의 지술이 불홍(不興)하는 자는 타중(他衆)의 압제를 받아서 쇠망하는 것이니, 자기의 언어와 문자를 닦지 않는 것이 민족 흥망에 직접 큰 관계를 가진 것이라고 하였다.[47]

---

46 梁啓超, 『飮氷室文集』 하권, 上海慶智書局版, 1902, pp.26~31, 「天演學初祖達爾文之學說及其略傳」 및 pp.53~58, 「進化論革命者頡德之學說」에서 梁啓超는 다윈(Charles Darwin), 스펜서 (Herbert Spencer), 키드(Benjamin Kidd)의 학설을 상세히 소개하였다. 이 책은 우리나라에 수입되어 당시의 애국계몽사상가들에게 선풍적 인기를 얻어 읽히고 큰 영향을 끼쳤으며, 사회진화론을 보급시키는 데 큰 구실을 하였다. 특히 스펜서의 *Study of Sociology* (1873)는 淸國의 嚴複에 의해 『羣學肄言』으로 번역되어 국내에 들어왔으며, 그의 *Synthetic Philosophy* (1880)는 일본에서 藤井宇平의 『綜合哲學原理』(1898)로 번역되어 역시 국내에 들어왔다. 또한 키드의 *Social Evolution*(1894)과 *The Principles of Western Civilization*(1902)은 中國에서 각각 『人羣進化論』과 『歐洲文明之原理』로 번역되어 우리나라에 대량으로 들어왔으며, 특히 키드의 *The Principles of Western Civilization*은 우리나라에도 李採雨에 의하여 『十九世紀歐洲文明進化論』(1908)으로 번안 간행되어 당시 애국계몽사상에 심대한 영향을 끼쳤다. 주시경이 당시에 이러한 사회진화론을 읽은 사실은 그의 「必尙自國文言」, 『전집』 상권, pp.25~27의 앞부분에서 잘 나타나고 있다.

47 「必尙自國文言」 중의 「人類競爭文言有關」, 『전집』 상권, p.26 참조.

그러므로 주시경은 단적으로 "국가의 성쇠도 언어의 성쇠에 재(在)하고, 국가의 존부(存否)도 언어의 존부에 재한지라"[48]고 말한 것이다. 그는 언어·문자와 민족국가와의 관계에 대하여 다음과 같이 썼다.

그러함으로 말은 나라를 이루는 것인데, 말이 오르면 나라도 오르고 말이 나리면 나라도 나리니라.[49]

그 말과 그 글은 그 나라에 요긴함을 이로 다 말할 수 없으나, 다스리지 아니하고 묵히면 더 거칠어지며 나라도 점점 나리어가니라.[50]

주시경에 의하면, 언어·문자와 민족국가의 성쇠가 이렇게 직접적인 상관관계가 있기 때문에 고금의 세계 여러 나라들이 각각 자기 나라의 언어를 존숭하며 그것을 기술하기에 적합한 문자를 각각 제정한 것이라고 하였다.[51] 그는 다음과 같이 썼다.

如是호 自國의 言語 文字는 天然的으로 不同한 區域의 人衆이 천연적으로 일개단체 自由國 되는 특성의 표준이라. 그 社會 人衆을 志意相通하며 經營相助하야 일단체 되게 하는 言語가 他衆之文言의 농락을 被하야 문란혼잡하면 그 衆의 思想과 團體도 문란분리하야,國家

---

48 『國語文法』序, 『전집』 하권, p.21.
49 「한나라 말」, 『전집』 상권, p.459. 이어 p.460에서 말·글·나라와의 관계를 "말이 거칠면 그 말을 적는 글도 거칠어지고 글이 거칠면 그 글로 쓰는 말도 거칠어지나니라. 말과 글이 거칠면 그 나라 사람의 뜻과 일이 다 거칠어지고 말과 글이 다스리어지면 그 나라 사람의 뜻과 일도 다스리어지나니라. 이러함으로 나라를 나아가게 하고자 하면 나라 사람을 열어야 되고 나라 사람을 열고자 하면 몬저 그 말과 글을 다스린 뒤에야 되나니라"라고 쓰고 있다.
50 「한나라 말」, 『전집』 상권, p.459.
51 「국어와 국문의 필요」, 『전집』 상권, p.22 ; 「必尙自國文言」 중의 「自國文制用之由」, 『전집』 상권, pp.27~28.

自主의 保全을 期望키 불능하더라.[52]

즉, 언어와 문자가 서로 다른 세계 속에서 그것이 같은 사람들끼리 의사소통을 하여 민족을 이루고 자유국을 이루어 사는 것이므로 언어가 다른 민족의 농락을 입어 문란해지고 혼잡해지면 그 민족의 사상과 결합도 문란해지고 분열되며 국가의 자주독립도 보전하기 어렵게 되는 것이다.

이러한 관점에서 그는 하나의 '기관'과 같은 문자와 언어를 잘 연구하고 닦으면 민지(民智)가 발전하고 국민의 단합도 공고해질 것이며 국민의 동작도 민활해지고 민족국가도 발달될 것이라고 보았다. 예컨대 그는 다음과 같이 썼다.

> 此 機關을 善理精鍊하면 그 人民의 團合도 공고하고, 動作도 敏活할 것이오, 不修魯鈍하면 그 인민의 團合도 零踈하고, 動作도 窒頑하리니, 연즉 차 機關을 不修하고야 엇지 그 社會를 鼓振하야 發興케 홀 수 잇스리오 ……[53]

반면에 언어와 문자를 닦지 않으면 국민의 동작도 우둔해지고 국민의 단합도 풀어지며 그 민족과 국가와 사회를 발흥케 할 수 없게 되는 것이다.

3) 사회관

주시경의 사회관도 언어관과 직결되어 있다. 그는 사회를 사람들이 천연(天然, 自然)으로 모여 사는 것으로 보고, 민족국가보다 선행하는 것이며 더 기초적인 것이라고 생각하여 '천연(天然)의 사회'[54]라는 용어를 사용하

---

52 「必尙自國文言」 중의 「隨區域人種之不同而文言亦不同」, 『전집』 상권, p.27.
53 「必尙自國文言」 중의 「文言之爲用如機關」, 『전집』 상권, p.30.

였다.

주시경에 의하면, '사회'란 사람들이 그 뜻을 서로 소통하고 그 힘을 서로 연합하여 생활을 영위하고 보존해 나가는 상호의존적인 관계의 한 단체이다. 언어와 문자가 없으면 사람들이 의사를 소통하지 못하며, 의사를 소통하지 못하면 사람들이 서로 힘을 연락케 하지 못하므로 언어와 문자가 사회를 조직하는 근본이라고 주시경은 본 것이었다.

> 社會는 여러 사람이 그 뜻을 서로 通ㅎ고 그 힘을 서로 聯ㅎ여 그 生活을 經營하고 保存ㅎ기에 서로 依賴ㅎ는 因緣의 한 團體라. 말과 글이 업스면 엇지 그 뜻을 서로 通ㅎ며, 그 뜻을 通ㅎ지 못ㅎ면 엇지 그 人民이 서로 聯ㅎ여 이런 社會가 成樣되리요. 이럼으로 말과 글은 한 社會가 組織되는 根本이오 經營의 意思를 발표하여 그 인민을 聯絡케 ㅎ고 動作케 ㅎ는 機關이라.[55]

주시경은 "그 사회 인중(人衆)을 지의상통(志意相通)하며 경영상조(經營相助)하야 한 단체(團體)가 되게 하는 언어"[56]라고 쓰면서, 언어가 의사소통을 가능케 하여 사회를 조직하고, 동일한 언어를 사용하는 사람끼리 한 단체를 만든 것이 민족이며, 민족이 독립을 이룬 것이 국가라고 본 것이었다.

주시경은 여러 곳에서 사회를 조직하는 매개물을 '말'(言語)이라고 주장하였다. 예컨대 그는 사회와 '말'과의 관계에 대하여 다음과 같이 설명하였다.

> 십스문 달은 나라 사람에게도 이 나라 말을 가르치면 엇더뇨.
> 답 그러면 그 뜻을 그 사람에게 통ㅎ고 그 사람의 뜻을 내게 통하여 이 사회가 넓게 되어 그 유익이 만으니이다.

---

54 『國語文法』序, 『전집』 하권, p.221 참조.
55 『대한국어문법』 跋文, 『전집』 하권, pp.142~143.
56 「必尙自國文言」 중의 「隨區域人種之不同而文言亦不同」, 『전집』 상권, p.27.

십오문   말이 샤회에 무슨 상관이 잇느뇨
   답   말이 달은즉 주연 샤회도 달으고 말이 긑은 즉 주연 샤회
      도 긑아지느이다.[57]

주시경의 사회관은 "문언(文言)은 사회를 조직하며 민지(民智)를 발(發)하고 국정(國政)을 행하는 기관(機關)이라"[58]고 한 글에서 단적으로 표시되고 있다. 즉, 그에 의하면, 언어가 사회를 조직하는 것이다. 그리고 언어와 문자가 민지를 개발하고 국정을 행할 수 있게 하는 것이다. 그는 이러한 관점에서 사회의 발전(鼓振發興)도 바로 언어와 문자의 발전과 직결되어 있다고 생각하였다.[59] 또한, 그는 "사회를 잘 합하려면 또한 말을 잘 닦아 가르치고 잘 배워야"[60]한다고 쓰면서, 사회의 통합과 국민의 단결도 언어와 관련시켰다. 즉, 주시경에 있어서는, 사회를 보존하고 발전시키고자 하면 언어와 문자를 갈고 닦아야 한다는 결론이 나오는 것이다.

이 機關(언어와 문자 ; 인용자)을 잘 修理ᄒ여 精鍊히면 그 動作도 敏活케 홀 것이요 修理치 안이ᄒ여 魯純ᄒ면 그 動作도 窒礙케 ᄒ리니 이런 機關을 다사리지 안이ᄒ고야 엇지 그 社會를 鼓振ᄒ여 發達케 ᄒ리오. 그뿐 안이라 그 機關은 점점 綠쓸고 傷하여 畢境은 쓸 수 업는 地境에 至ᄒ리니 그 社會가 엇지 혼자 될 수 잇스리요. 반드시 敗亡을 免치 못홀지라. 이런즉 人民을 가르쳐 그 社會를 保存ᄒ며 發達케 ᄒ고자 ᄒ는 이야 그 말과 글을 닦지 안이ᄒ고 엇지 되기를 바라리요.[61]

---

57 『대한국어문법』, 『전집』 상권, pp.13~14.
58 「必尙自國文言」 중의 「文言之爲用如機關」, 『전집』 상권, p.30.
59 「한나라 말」, 『전집』 상권, p.460 참조.
60 『대한국어문법』, 『전집』 하권, p.15.
61 『대한국어문법』 跋文, 『전집』 하권, p.143.

주시경은 사회도 언어의 이동(異同)에 따라 민족사회로 또 국가사회로 나뉘어지는 것이라고 생각하였다. 이 때문에 그는 사회라는 말을 풀어 쓸 때에 는 자주 '나라'란 말로 표현하는 일이 많았다.[62]

주시경은 사회의 기본적인 구성 단위는 가족[家庭]이라고 보았으며, 또 를 구성하게 하는 요소는 결혼(婚姻)이라고 보았다.[63] 이 때문에 그는 사회에 대한 논의에서는 가족·가정을 매우 중요시 하였다.

주목해야 할 것은 주시경이 가족·가정을 중요시한 이유의 하나에 현대 사회학자들이 말하는 퍼스낼리티 형성 과정인 사회화(socialization)의 내용을 지적하고 있다는 점이다. 물론 그의 시대에는 이러한 용어가 없었기 때문에 이 말을 사용하고 있지는 않지만 그 사회학적 관점과 내용은 바로 이 개념을 나타내고 있다.

예컨대, 그는 사람이 장성하기 전에는 "그 어머니 거동과 언어를 보고 들어 본받게 된다"고 하면서 '사회화'과정에서의 부모 특히, 어머니의 거동과 언어의 중요성을 다음과 같이 강조하고 있다.

> ……그 자녀가 아주 장성하여 이십여 세를 지나 투철히 세상 일에 나가기 전에는 그 어머니 앞에서 그 어머니 거동과 언어를 보고 들어 본받게 되나니, 그 어머니 거동과 언어가 좋으면 그 자녀들도 좋은 사람이 될 것이요, 그 어머니 거동과 언어가 족히 배울 것이 없으면 그 자녀들도 어리석은 사람이 될 것이요, 또 사람의 부모 된 이가 어리고 무식하면 경솔한 거동과 지각없는 언어 밖에 본받을 것이 없을지라, 장성한들 무엇을 알리오. 그 어머니가 학식 있고 거동이 점잖고 언어

---

62 『대한국어문법』, 『전집』 하권, p.13 참조.
63 「일찌기 혼인하는 폐」, 『나라사랑』 제4집, p.48. "나라라 하는 것은 여러 가뎡을 합한 것이라. 좋은 가뎡이 합하면 그 나라도 좋고, 좋지 못한 가뎡이 합하면 그 나라도 좋지 못하나니, 이러므로 나라를 다스리는 도는 반드시 가뎡에서 시작할 것이요, 가뎡을 다스리는 도는 실로 혼인에서 시작할 것이라 어쩜이뇨." 참조.

가 바르고 의사가 슬기로우면, 그 안에서 자라는 자녀들이 본받아 좋은 사람들이 될지라.[64]

주시경은 이상과 같이 자기 시대의 학문과 사상에 기초해서 언어와 문자의 기능을 중심으로 하여 민족·국가·사회를 보는 그의 독자적인 사상을 형성하여 체계화하고 이를 매우 논리 정연하게 설명하였다.

3. 어문민족주의 사상

주시경은 위와 같은 민족관·언어관·사회관에 기초하여 자기 시대의 나라와 사회의 문제에 대결하는 자기의 독자적 사상체계를 수립하였는바, 이를 한마디로 표현한다면, 그의 사상은 '어문민족주의(語文民族主義)'라고 부를 수 있을 것이다.

그에 의하면, 민족의 성쇠와 언어·문자의 성쇠는 직접적 상관관계를 갖고 있는 것이기 때문에, 남의 나라를 빼앗고자 하는 자는 먼저 그 언어와 문자를 없애고 자기 나라의 언어와 문자를 가르치려 하며, 또한 그 나라를 지키고자 하는 자는 반드시 자기 나라의 언어와 문자를 지키고 발전시키는 것이다. 이것은 동서고금의 역사에서 얼마든지 볼 수 있다.[65] 그러므로 주시경은 "내 나라 언어와 문자가 다른 나라의 언어와 문자보다 못하다 할지라도 내 나라 언어와 문자를 숭상하고 잘 닦아서 좋은 언어와 문자가 되게 하여야 한다"고 본 것이었다.[66] 그는 다른 곳에서 다음과 같이 기술하였다.

---

64 「일찌기 혼인하는 폐」, 『나라사랑』 제4집, p.49 참조.
65 「국어와 국문의 필요」, 『전집』 하권 p.22 참조.
66 『國語文典音學』, 『전집』 하권 p.157 참조.

人國을 奪코자 ᄒᆞᄂᆞᆫ 자는 人國의 文言을 先衰케 하고 自國의 文言을 播傳ᄒᆞ며, 自國을 興盛코자 ᄒᆞ거나 保全코자 ᄒᆞᄂᆞᆫ 자는 自國의 文言을 先修ᄒᆞ여야 民智를 발달하고 공고케 ᄒᆞᆯ지니, 是以 自國文言이 某國 文言만 못ᄒᆞᆯ지라도 不可不 自國文言을 愛好 改善하여 當用홈이 可ᄒᆞ도다.[67]

그런데 주시경에 의하면, 우리나라의 언어와 문자는 다른 나라의 언어와 문자에 못하지 않을 뿐만 아니라 그보다 훨씬 나은 우수성을 가지고 있다는 것이다.

1) 국어관

주시경은 국어에 대해서는 그것이 다른 나라의 언어보다 특히 우수한 언어라는 단정적인 가치판단은 내리지 않고 오직 세계의 우등어법의 하나라고 하였으며,[68] 내 나라의 언어는 내 나라의 인종과 지역에 따라 적합하도록 자연히 만들어진 '천연특성(天然特性)의 아국어(我國語)'라고 하면서 국어에 대한 강렬한 애정을 표시하였다.[69]

그의 국어관에는 그의 연구 태도의 특징인 과학적 연구와 당시의 민족주의의 이데올로기적 이해가 이중구조를 이루고 있는 것으로 보인다.

그는 언어라는 것은 그 '역(域)' 그 '종(種)'에 적당하고 알맞는대로 자연발음되어 그 음으로 물건과 의사를 명명하여 자연발생적으로 동역(同域)동종(同種)내에 통용하는 언어가 되었다고 하면서,[70] "세계의 언어는 모두

---

67 「必尙自國文言」 중의 「必修自國之文言」, 『전집』 상권, p.29.
68 「必尙自國文言」 중의 「我國文言」, 『전집』 상권, p.29 참조.
69 『國語文法』 序, 『전집』 하권, p.221 참조.
70 『國文研究』, 『전집』 상권, pp.254~255 및 「必尙自國文言」 중의 「隨區域人種之不同而文言亦不同」, 『전집』 상권, p.27 참조.

3,000여 종이고 널리 사용 되는 언어가 70여 종인데, 우리나라 국어는 이 70여 종의 하나"라고 하였다.[71]

그러나, 그는 국어의 기원과 그 역사적 발전에 대해서는 과학적 접근과 함께 당시에 풍미하던 민족주의 사상에도 의거하여 파악한 경향이 있었다. 그가 과거의 언어를 자기 시대의 언어와 가끔 동일시하여 그 역사적 발전 과정을 철저하게 과학적으로 그리고 역사주의적으로 고찰하지 않는 때가 보이는 것도 이 때문인 것으로 보인다.[72] 당시의 애국계몽사상의 국사 탐구에서 나타나는 민족주의 사상의 하나는 개국 시조로서의 단군의 재발견과 고대사의 영역을 압록강 이남으로부터 만주 벌판으로 넓히고 그 강성을 밝히는 데 집중되어 있었으며, 이 이데올로기는 종교운동으로까지 투영되어 나철(羅喆, 羅寅永)·오혁(吳赫, 吳基鎬) 등이 단군 숭배의 대종교(大倧敎, 檀君敎)를 만들 정도까지의 강렬한 열정을 보이고 있었다.

주시경은 이러한 자기 시대의 사상을 공유하여 민족어의 형성에 관한 과학적 설명을 하면서, 내 나라 언어에 대해서 국어가 단군의 개국과 함께 자연발생적으로 만들어져서 계승 발전된 것이라고 설명하였다. 그는 다음과 같이 썼다.

> 我國은 亞洲東方 溫帶에 在하여 北으로 靈明한 長白山이 特秀하고 東西南으로 溫和한 三面 바다가 繞한 半島니 古時에는 長白山이 中央이오 北은 滿野를 盡하고 그 餘 三面은 곧 東西南海라. 天이 此域을 界하고 我人種을 祖産하고 其音을 命하매 此域에서 此人種이 此音을 發하여 言語를 作하고 其 言語로 思想을 相達하여 長白四疆에 繁衍하더니, 許多年代를 經하여 檀聖이 開國하신 이래로 神聖한

---

71 「必尙自國文言」 중의 「天下文言之數」, 『전집』 상권, p.28 참조. 한편 『대한국어 문법』, 『전집』 하권, p.17에서는 당시 널리 사용되는 언어 수를 80여 종이라 하고 국어는 그중의 하나라고 쓰고 있다.
72 허웅, 「학자로서의 주시경」, 『나라사랑』 제4집, pp.70~72 참조.

政教를 四千餘載에 傳하니 此는 天然 特性의 我國語라.[73]

그는 다른 곳에서 국어의 기원과 단군시대를 다음과 같이 연결시키면서 그의 자기 시대의 민족주의 접근을 나타내고 있다.

此人族이 長白山 四疆에 繁衍ᄒ더니 許多年代를 經ᄒ여 檀聖이 君師의 位에 肇御ᄒ사 此族을 統轄ᄒ고 神聖한 政教를 行ᄒ여 其業이 千有餘載에 流長ᄒ매 言語도 此를 從ᄒ여 高尙ᄒ니 國文의 本原이 深遠ᄒ도다.[74]

주시경의 국어의 기원과 국사에 관한 민족주의적 접근은 그가 1909년 민중 계몽을 위하여 쓴 『국문초학』에서 매우 선명하게 나타나고 있다.[75] 그는 언어의 품격은 문법이 이를 나타내는 것이라고 보고, 우리나라 언어는 격(格)을 표시하는 문법에서 볼 때 세계 우등언어의 하나라고 다음과 같이 기술하였다.

我國 言語ᄂ 太古에 我半島가 初闢ᄒ고 人種이 祖産홀 時부터 此半島區域의 稟賦한 特性으로 자연 發音되어 繼傳하는 一種言語요 그 法은 格을 表ᄒᄂ 것이니 世界 優等語法의 一也오.[76]

---

73 『國語文法』序, 『전집』 하권, p.221 및 「國文研究」, 『전집』 상권, pp.254~255 참조.
74 「國文研究」, 『전집』 상권, p.255.
75 『국문초학』, 「마흔넷째 공과」~「마흔 다섯째 공과」, 『전집』 상권, pp.513~517. 예컨대, "단군 째에는 우리 나라가 동남은 큰 바다에 이르고, 서는 료하를 넘고, 북은 흑룡강을 지나니, 지나, 요 임군의 나라보다 몃 빅가 되어 이째는 우리나라가 텬하에 뎨일 컷ᄂ니라 …… 또 그 ᄌ손이 쳔여 년을 임군 노릇하여 나라가 무ᄉᄒ엿고, 긔ᄌ가 들어온 우에도 나라가 아조 망ᄒ지 안이ᄒ고, 여러 부여 나라가 되고, 다시 고구려 나라가 되고, 쏘 발해국이 되어, 그 복죠가 길고 길엇스니 이는 다 단군의 거룩ᄒ신 공과 덕이 흐르는 연고라. 그런고로 단군처럼 쟝ᄒ신 임군은 예로 지금까지 텬하에 다시 업ᄂ니라." 참조.

이러한 입장에서 그는 자기 시대의 국어 특히 국어문법을 연구하였다. 그는 국어의 기원에 대해서는 단군시대에 기원하여 형성된 세계 우수한 언어 가운데 하나라고 설명했고, 자기시대의 국어에 대해서는 철저하게 과학적 고찰을 하였다. 이러한 국어의 형성과 발전 과정에 대한 관점을 갖고 주시경은 자기 시대의 국어에 대하여 극히 과학적이고 열정적 탐구를 진행하였다. 그의 업적인 『대한국어문법』(1906), 『국어문전음학(國語文典音學)』(1908), 『국어문법(國語文法)』(1910), 『말의 소리』(1914) 등에서의 철저한 자연과학적이며 분석적인 접근이 이를 단적으로 잘 나타내 주고 있다.

그는 말은 '뜻을 표하는 것'[77]이라고 하여 도구적인 것으로 파악하면서도 자기의 모국어인 국어에 대해서는 강렬한 애정을 불어넣었다. 이 위에 민족을 언어 공동체로 파악하는 그의 사상이 겹치었으므로, 그의 자기 시대의 국어에 대한 과학적 연구의 배경에는 언제나 민족에 대한 애정과 같은 강렬한 애정이 뒷받침되어 있으며, 그 정도는 국어에 대한 것이 국문자(正音文字)에 대한 것보다 더 강렬했던 것으로 보인다.

2) 국문관(훈민정음관)

주시경의 국문관에는 철저한 과학적 접근 속에 그의 민족주의 이데올로기가 용해되어 있다.

그는 문자를 상형문자(象形文字)와 기음문자(記音文字)를 구분한 다음 상형문자는 기음문자보다 덜 발달된 문자라고 지적하였다.[78] 그는 상형문

---

76 「必尙自國文言」 중의 「我國文言」, 『전집』 상권, p.29.
77 「대한국어문법」, 『전집』 하권, p.5 및 「국문 가뎡 잡지의 글들」, 『전집』 하권, p.689.
78 「국어와 국문의 필요」, 『전집』 상권, p.21 및 「必尙自國文言」 중의 「象形記音兩文時代」, 『전집』 상권, p.28 참조.

자는 언어 외에 특습(特習)하는 것이므로 그 글을 배우는 것이 타국어를 배우는 것과 같이 시간과 노력을 허비할 뿐 아니라 천하 각종 물건의 무수한 이름과 각종 사건의 무수한 뜻을 모두 각각 표로 구별하여 그림을 만들므로 글자가 많고 자획이 번다하여 배우고 익히기가 지극히 어려운 문자라고 지적하였다. 반면에 기음문자는 음의 십여 가지 분별만 표하여 돌려쓰므로 자획이 적어 배우고 익히기가 지극히 쉬울 뿐 아니라 읽으면 곧 말인즉 그 뜻을 알기도 말 듣는 것과 같고 지어 쓰기도 말하는 것과 같아서 그 편리함이 상형문자보다 몇 배나 쉬울 것은 말할 필요가 없다고 지적하였다.[79]

그리고 그는 과학적으로 볼 때 우리나라의 정음문자(正音文字)가 기음문자 중에서 도 세계에서 가장 편한 문자임을 강조하여 "아국 정음문자는 언어(言語)를 기용(記用)ᄒ라 ᄒ는 것이니 세계에 최편(最便)ᄒ 기음문자에 일아라"[80]라고 썼다.

주시경의 국문자(훈민정음, 한글)의 과학적 우수성에 대한 확신과 자부심은 이미 1897년의 「국문론」에서 정음문자(正音文字)가 페니키아 문자(로마자)보다 더 우수한 문자라고 한 데서부터 나타났었다.[81] 하물며, 그에게 있어서 정음문자는 낙후된 상형문자인 중국의 한자나 한문자획(漢文字劃)으로 가작(假作)한 이두(吏讀)을 표방하여 만든 일본의 가나(假名, 일본문자)와는 비교조차 할 수 없는 매우 과학적으로 만들어진 우수한 문자인 것이었다.[82]

주시경은 언어와 문자 양자를 본질적으로 동일한 기능을 하는 것으로서 의사소통의 매개체 또는 도구로 생각하면서도, 문자는 말을 담는 기계 또

---

79 「국어와 국문의 필요」, 『전집』 상권, pp.21~22 및 「必尙自國文言」 중의 「象形記音兩利文害考」, 『전집』 상권, pp.28~29 참조.
80 「必尙自國文言」 중의 「我國文言」, 『전집』 상권, p.29.
81 『독립신문』(제2권 제47호) 1897년 4월 22일자 「쥬샹호씨 국문론」, 『전집』 상권, pp.3~4 참조.
82 「必尙自國文言」 중의 「自國文制用之由」, 『전집』 상권, pp.27~28 참조.

는 '기관(機關)'이라고 하여 더욱 더 도구적인 것으로 자연과학적으로 파악하고 있었다. 그가 정음문자를 세계에서 가장 우수하고 편리한 문자라고 확신한 것은 '말을 담는 기계'로서의 훈민정음 문자의 놀라운 과학성·조직성·정확성·능률성에 경탄하였기 때문이었다. 그러므로, 그가 정음문자를 세계에서 '최편'한 문자라고 할 때에는 냉철한 과학적 고찰과 그에 기초한 강력한 자부심이 넘쳐 있었다.

주시경은 자기 나라 문자가 다른 나라 문자만 못하여도 마땅히 자기 나라 문자를 닦고 빛내며 애호, 개선하고 써야 하거늘,[83] 하물며 우리나라는 세계에서 가장 우수하고 편리한 문자를 갖고 있으면서 자기 나라 문자를 쓰지 않고 한문을 쓰는 것은 중국에 대한 사대사상에 기인한 잘못된 것이라고 통탄하였다.[84]

주시경은 세종대왕의 훈민정음 창제를 「(문) 아동(我東)에 데일 좋은 스업이 무엇이뇨, (답) 국문을 만들심이니이다.」[85]라고 하여, 우리나라 역사상 가장 획기적인 사실로 격찬하고,[86] 훈민정음(訓民正音)의 창제 과정과 서문을 그의 독특한 어문민족주의의 관점에서 재해석하였다.[87]

주시경에 의하면, 어리석은 사람들이 세종대왕의 이 위대한 사업의 뜻

83 『國語文典音學』, 『전집』 하권, p.157 참조.
84 「국어와 국문의 필요」, 『전집』 상권, pp.23~24 및 「必尙自國文言」 중의 「正音序解釋」, 『전집』 상권, pp.30~31 참조.
85 『대한국어문법』, 『전집』 하권, p.30.
86 『대한국어문법』 중의 「국문을 만들심」, 『전집』 하권, pp.27~47까지에 주시경은 세종대왕의 국문 창제뿐만 아니라 그의 모든 치적을 낱낱이 문답식으로 쉽게 풀어 기리고 있다. 세종대왕의 국문 창제에 대한 그의 숭모는 이외에도 「國文研究案」, 『전집』 상권, pp.37~39 ; 「國文研究」, 『전집』 상권, pp.221~222 ; 「국어와 국문의 필요」, 『전집』 상권, p.21 ; 『國語文法』, 『전집』 하권, pp.221~222 및 『朝鮮語文法』, 『전집』 하권, pp.349~355에서 잘 나타나고 있다.
87 『대한국어문법』, 『전집』 하권, pp.27~47 및 「國文研究」, 『전집』 상권, pp.295~364 참조.

을 알지 못하고, 오히려 국문을 천시하며 한문만 존숭하여, 어릴 때부터 2,30세까지 오직 한문 일과(一科)만 전적으로 수업하여도 한문 서적을 제대로 이해하며 그 뜻을 제대로 포착하는 자는 백에 하나도 구하기 어려우니, 그 까닭은 첫째 한문이 본래 타국문자요, 둘째 상형문자이기 때문이라고 하였다.[88] 일생에 다시 돌아오지 않는 가장 영민한 청년기 일세를 한문자 일과를 학습하는 데 모두 허비하고도 그 문자의 본래의 업을 성취하는 자가 이와 같이 드무니, 우리나라 사람의 한문 사용의 폐단을 깨닫지 못함이 이보다 더 심할 수 있겠는가고 그는 거듭 한탄하였다.[89]

그는 영국·미국·프랑스·독일이 한문을 몰라도 부강하게 된 사례를 들면서 하루속히 한자 폐지와 국문의 애호 전용이 이루어져야 함을 다음과 같이 호소하였다.

국문 난 후 긔빅 년에 ᄌ뎐 흔 칙도 만달지 안코 한문만 숭샹흔 거시 엇지 붓그럽지 아니ᄒ리오. ᄌ금 이후로 우리 국어와 국문을 업수히 녀기지 말고 힘써 그 법과 리치를 궁구ᄒ며, ᄌ뎐과 문법과 독본을 잘 만들어 더 죠코 더 편리흔 말과 글이 되게 흘 뿐 아니라 우리 왼나라 사람이 다 국어와 국문을 우리나라 근본의 쥬장글노 숭샹ᄒ고 사랑하여 쓰기를 ᄇ라노라.[90]

이러한 관점에서 국문에 관하여 주시경이 특히 강조하여 주장한 사항을 들면 다음과 같다.[91]

---

88 「국어와 국문의 필요」, 『전집』 상권, p.33 참조.
89 「必尙自國文言」 중의 「後生不效聖意猶尙漢文之歎」, 『전집』 상권, p.32 참조.
90 「국어와 국문의 필요」, 『전집』 상권, pp.22~24 참조.
91 신용하, 「독립협회의 사회사상」, 『한국사연구』 제9집, 1973 및 『독립협회연구』, 1976, pp.168~172 참조.

① 국문전용을 실행할 것
② 국문 띄어쓰기를 실행할 것
③ 국문법을 만들고 맞춤법을 통일할 것
④ 국어사전을 편찬할 것
⑤ 국문 가로쓰기를 실행할 것
⑥ 쉬운 국어를 써서 언문일치를 실행할 것.

이러한 주시경의 주장들은 이미 19세기 말에 나타나고 있는 것으로서 당시로서는 혁명적인 주장이었으며, 그 후의 모든 국어국문운동의 출발점을 이룬 획기적인 것이었다.

주시경은 이러한 주장을 실천하면서 스스로 연구를 거듭하여 큰 학문적 성과를 내었다.[92] 그의 학문적 업적에 대한 세부적 검토와 평가는 국어학자나 언어학자들이 해야 하겠지만, 사회 사상사적으로는, 설혹 오늘의 발전된 언어학 관점에서 그의 국어문법 연구에 부정확한 곳이 나타난다고 할지라도 거의 문제될 필요가 없는 것이다. 왜냐하면 19세기 말 20세기 초 당시에 처음으로 국어국문에 대한 현대 과학적 연구와 체계화가 이루어졌다는 사실 자체가 실로 경탄해야 할 획기적인 일이며, 그 안에 나타나는 사소한 문제점은 학문이 진보함을 인정하는 한 당연한 일이기 때문이다.

3) 과학적 방법

주시경의 어문민족주의의 또 하나의 특징은 그의 과학적 방법에 있었다. 이것은 특히 자연과학적 방법에서 큰 영향을 받은 것으로 보인다.[93]

---

92 허웅, 「학자로서의 주시경」, 『나라사랑』 제4집, 1971 및 「주시경 선생의 학문」, 『東方學志』 제12집, 1971 참조.
93 李基文, 「周時經의 學問에 대한 새로운 理解」, 『韓國學報』 제5집, 1976년 겨울.

(1) 소리의 자연과학적 접근

그의 국어국문 연구는 『대한국어문법』, 『국어문전음학(國語文典音學)』, 『국어문법(國語文法)』, 『말의 소리』 어디에서나 소리의 고찰에서 시작하고 있으며, 그 고찰 방법은 극히 자연과학적이다.

예 1. 문 무엇으로 말이 되느뇨
　　　답 소리로 말이 되느이다
　　　문 소리는 무엇이뇨.
　　　답 소리는 긔운이 동ㅎ여 퍼져 나가는 것이니 곳 긔운이 퍼져 나가다가 긔운끼리 부듯던지 무슨 물건에 부드쳐 울리는 것이니이다.[94]

예 2. 音은 空氣의 波動이니 空氣가 無ㅎ면 音도 無ㅎ니라, 故로 眞空에서는 鐘을 打ㅎ여도 聲이 無ㅎ니라 ……有別聲은 人類社會에 實用이 最緊ㅎ되 또 子母의 別이 有ㅎ니 自發ㅎ는 者를 母音이라 하고 其音은 自在ㅎ되 自發치 못하고 母音에 依附흔 後에야 發ㅎ는 者를 子音이라 ㅎ나니…[95]

예 3. 문 이 말을 달은 사람이 엇더케 듯느뇨
　　　답 귀는 소리를 듯고 아는 것인듸 말은 소리요 소리는 물에 돌을 던지면 물결이 퍼져 나가는 것 ᄀᆞ치 긔운이 동ㅎ여 퍼져 나가서 저 사람 귀청을 울려 듯는 경락을 통ㅎ여 뇌(腦)로 들어가며 신(神)이 깨듯느이다.[96]

이러한 '소리'에 대한 자연과학적 접근에 의거하여 그의 음가(音價)에

94 「국문 가뎡 잡지의 글들」, 『전집』 하권, p.689.
95 『國語文典音學』, 『전집』 하권, p.159.
96 「국문 가뎡 잡지의 글들」, 『전집』 하권, p.690.

대한 치밀한 연구가 진전된 것이었다.

(2) 원소(元素)와 합성[合性(聲)]

그의 국어국문 연구의 과학적 방법은 소리와 글자를 원소와 그 결합으로 보는 자연과학적 방법에 의거하고 있다.[97] 이것은 수리학(數理學) 특히 인수분해(因數分解)의 영향과 물리·화학의 영향을 받은 것으로 보인다.

그가 소리와 글자의 원소를 찾아내고 원소만 더 이상 분해되지 않을 뿐 모든 소리와 글자가 분해될 수 있으며, 또한 소리와 글자의 원소를 가지고 어떠한 소리와 글자의 합성(合成)도 만들 수 있다는 생각은 그를 전통적 구속에서 완전히 해방시켜 그로 하여금 국어국문 연구에 혁명성을 갖게 한 요인으로 보인다.

그는 최종 음가(音價)에 지배되지 않고 반드시 원소를 찾아 법칙화하려고 했으며, 음가와 원소의 합성 원리가 상치될 때에는 음가보다 원소의 합성 원리를 중요시한 것으로 보인다. 현대언어학자들이 주시경의 나누어 분석한 음(音)이 단일 음가를 갖고 있다고 그를 비판하는 경우에도, 주시경에 있어서는 원소로의 분해에 의한 근본적 법칙의 파악이 중요하므로 이것은 그로서는 당연한 것이었다. 그가 음가에만 지배되지 않고 언제나 원소의 결합의 법칙에 집착한 이 단순해 보이는 사실은 그로 하여금 놀라운 발견과 성과를 얻도록 한 것으로 생각된다. 그의 자음접변의 발견, 짝소리, 겹소리, 섞임소리의 분석, 쌍받침의 발견 등은 그 좋은 예들이 될 것이다.[98]

여기서 말하려고 하는 것은 국어학에 대한 것이 아니라, 그의 방법론에 있어서 더 이상 분해 불가능한 원소의 자모음의 모든 조합이 가능하다고

---

97 『國語文典音學』, 『전집』 하권, pp.180~188 ; 『國語文法』, 『전집』 하권, p.226 및 『朝鮮語文法』 『전집』 하권, pp.348~365 참조.
98 『朝鮮語文法』 『전집』 하권, pp.348~368 참조.

본 수학적 및 자연과학적 방법론의 특징을 지적하려는 것이다. 그는 훈민정음 28자의 원소의 자모음과 자모문자의 모든 조합의 가능성을 인정하고, 이중에서 살아 있는 우리 '말의 소리'를 나타내는 조합을 체계화하였다. 그에게 있어서 일반적으로 글은 말의 소리를 다 나타내기는 어려운 것이지만, 우리말에 살아 있는 발음이 있는 한 정음문자는 글자를 얼마든지 공급할 수 있는 것으로 확인된 것이었다. 그리고 정음문자의 이 무한한 가능성과 정확한 기계적 조직성에서 그는 정음문자가 세계에서 가장 편리하고 우수한 문자라는 확신과 자부심을 갖게 된 것으로 보인다.

(3) 도해법(圖解法)의 애용

주시경의 방법론에서의 자연과학적 특징은 그의 도해법에서도 나타나고 있다.[99]

물론 그의 도해법의 사용은 교육의 효과를 높이기 위한 것이었지만, 당시 애국계몽사상가들이 모두 교육을 강조하고 교육 효과를 높이려고 하면서도 도해법 사용과 같은 것은 실행하지 못하였음을 고려하면, 도해법의 애용은 아무래도 주시경의 특징이라고 지적하지 않을 수 없다. 그가 국어교육을 6과로 나눈 중에서 제4과에 도해법을 넣고 있는 것을 보면, 그가 도해법을 얼마나 중요시했는지 알 수 잇다. 그리고 그의 도해법의 애용은 그가 일찍 이운(해운)학교를 다녔고, 다시 흥화학교의 양지과(量地科)를 졸업했으며, 또 정리사(精理舍)에서 수학을 공부하면서 기하에 친숙하였음을 고려하면 당연한 것이었다고 볼 수 있다.[100]

---

99 『朝鮮語文法』『전집』하권, pp.263~287 및 pp.387~417 참조.
100 「周時經自筆履歷書」, 『전집』하권, p.720 참조.

(4) 법칙과 관습의 구분

주시경이 그가 발견한 국어문법의 법칙성과 관습상의 발음이 일치되지 않을 때 법칙과 관습을 구분하여 법칙이 관철되고 있음을 증명한 것도 자연과학적 방법의 영향을 받은 것으로 생각된다. 예컨대, 그의 두음법칙에 대한 발견이 그것이다.[101]

그가 체계화한 문법과 관습이 일치하지 않을 때 주시경이 어느 쪽을 중시하였는가는 국어학자들이 논의할 문제이지만 그의 '생각'은 원칙론자의 경향으로 흐른 것으로 보인다.

(5) 정의(定義)의 중요성

주시경은 용어의 개념 정의를 매우 중요시했는데, 이것도 다분히 자연과학적 방법의 영향을 받은 것으로 보인다. 그는 국어문법의 학술용어를 순수한 국어로 만들어 내면서, 그 이유로서 국어문법이니 국어로 새 용어를 만드는 것뿐 아니라 한문으로 용어를 만들면 그 개념의 정의에 의거하기보다는 한자의 글뜻 해석에 치중하는 폐단이 있다고 다음과 같이 쓰고 있다.

> 기의 갈래 九個 명칭은 國語로 作함이니 혹은 줄임으로 혹은 定함이라. 漢字로 作하면 그 文字의 義로만 解得하려고 하는 習慣이 有하여 그 定義를 言하지 안이하면 誤解하기 易하니 國語로 作하든지 漢字로 用하든지 定義를 擧하기는 일반인데 漢字로 定하기는 國語로 定하기 보다 未便하며 ······[102]

그가 용어를 근본적으로 부호와 다름없는 것으로 생각하고,[103] 정의에

---

101 『國語文法』, 『전집』 하권, p.246~248 및 『朝鮮語文法』 『전집』 하권, pp.368~371.
102 『國語文法』, 『전집』 하권, p.259.
103 『國語文法』, 『전집』 하권, pp.340~341 참조.

의한 약속을 중요시한 것은 그의 과학적 방법의 일단을 나타내는 것으로 볼 수 있을 것이다.

4) 민족어문(民族語文)의 독자성

주시경은 그의 민족관·언어관·사회관에 의거하여 국어와 국문자가 독자성 또는 자주성을 갖는 것임을 매우 강조하였다. 그가 이 문제와 관련하여 가장 주의를 기울인 것은 국어국문이 중국어문(中國語文)에 의하여 혼탁되지 않았는가, 또한 영어영문 및 일어일문과 상이한 국어국문의 독자성이 어디에 있는가를 추구한 것이었다고 생각된다.

그 예가 되는 것으로 그는 『훈민정음(訓民正音)』의 해석에 가장 큰 비중을 두면서 최세진(崔世珍)의 『훈몽자회(訓蒙字會)』에 대한 비판의 촛점을 중국어학의 모방에 두고 있는 점이다. 예컨대, 『훈민정음』에서는 자음을 아음(牙音)·설음(舌音)·순음(脣音)·치음(齒音)·후음(喉音)의 5음으로 나누어 이것으로 족한데 최세진이 각·징·상·우·궁(角·徵·商·羽·宮)으로 나눈 것은 중국을 모방한 것이요, 『훈민정음』에는 자모를 모두 횡서(橫書)로 하였는데 최세진이 종서(縱書)로 한 것도 중국어문에의 모방이라고 비판한 것 같은 것이다.[104] 그는 심지어 『훈민정음』이 중국어의 영향을 받아 4성 중 3성을 구분한 것도 불필요한 것이며, 국어에는 장단만 분별하면 족하다고 비판하였다.[105]

그는 영어 공부를 통하여 서구에서 발전한 현대문법학의 체계를 흡수하면서도 그것을 우리 문법을 찾는 수단으로 사용하였을 뿐이었지, 우리 국어 문법을 만들 때에는 자기의 독창력을 발휘하여 국어국문의 독자성을

---

104 『國語文典音學』, 『전집』 하권, pp.197~201 참조.
105 『國語文法』, 『전집』 하권, p.236 및 『國語文典音學』, 『전집』 하권, p.192.

밝히는 데 주력하였다. 예컨대, 김윤경이 지적한 바 실사(實辭)와 허사(虛辭)를 각각 독립된 낱말로 보아 품사를 분류한 것 같은 것이다.[106]

물론 이에 대한 연구는 언어학자들이 할 영역이요, 오직 여기서 지적해 두려고 하는 것은 주시경이 중국어·영어·일어를 비교하여 공부하면서 의식적으로 국어국문의 독자성·특수성을 강조한 경향이 있었다는 사실이다. 그가 품사를 비롯한『국어문법』용어를 순수한 우리말로 만들어 낸 것도 그의 이러한 의식과 관련되어 있는 것으로 보아야 할 것이다. 그의 국문 전용으로 쓴 글을 읽으면 그가 의식적으로 순수한 국어를 골라 다듬어 쓰려는 노력을 하고 있음을 금방 알 수 있다. 그리고 그의 이러한 노력 속에서 그의 어문민족주의(語文民族主義) 사상의 특징을 볼 수 있게 된다.

5) 진보적 특성

주시경의 어문민족주의의 가장 큰 특징의 하나는 그의 사상과 주장이 매우 전진적이며 진보적이라는 사실에 있다 할 것이다.

그는 민족주의가 흔히 응착하기 쉬운 복고적인 경향에 전혀 빠지지 않았다. 그는 과거보다 언제나 현실과 '미래'에 대하여 깊은 관심을 가지고 있었다. 이 때문에 그는 단지 국문을 재발견하려는 곳에서만 그치지 않고 그것을 과학적으로 개선하려는 과감한 노력을 기울였던 것으로 보인다. 그가 국어국문과 자기 민족의 미래에 대하여 깊은 생각을 갖고 추구하여 실험한 몇 가지 사례를 들면 다음과 같다.

(1) 국문전용의 철저한 시행

주시경이 국문전용을 주장한 것은 이미 19세기 말이었지만,[107] 1908년

---

106 김윤경, 「주시경 선생 전기」, 『나라사랑』 제4집, pp.210~212 참조.

까지는 당시 사회의 관습에 적응하여 국한문혼용도 피하지 않았다. 이 시기에도 그는 국문전용의 주장을 갖고 있었으나, 이때에는 그의 사상과 주장을 국민에게 알리고 계몽하는 일 자체를 시급하게 생각하였기 때문에, 예컨대 국한문혼용을 택하는 신문에 기고할 경우에는 그대로 따르고,[108] 그의 뜻대로 쓸 수 있는 곳에서는 국문전용을 하곤 하였다. 그러나 1909년 후반기부터는 국문전용을 철저히 했으며, 특히 1910년 국망 이후에는 국문 전용만을 하였다.[109]

그는 국문전용이 나라사랑과 백성의 일깨움을 동시에 이루고 백성과 나라를 발전시키는 매우 효과적인 방법이라는 확신을 갖고 이를 주장하며 실천하였다. 그의 국문전용의 주장과 철저한 시행은 그의 어문민족주의의 진보적 특성을 단적으로 나타내 준다고 할 것이다.

(2) 맞춤법의 대대적 개혁

주시경은 모든 자음이 받침(종성)이 될 수 있다고 하여 종래 쓰지 않던 자음까지도 모두 받침으로 썼을 뿐 아니라, 쌍받침을 만들어 쓰고, 「△」음과 「·」의 폐기 등 그 밖의 많은 맞춤법의 개혁을 단행하였다. 그는 이것을 『훈민정음』의 「종성부용초성(終聲復用初聲)」에서 그 논거의 기원을 구하

---

107 『독립신문』(제2권 제47호) 1897년 4월 22일자 및 「전게지」(제2권 제48호) 4월 24일자 「쥬샹호씨 국문론」, 『전집』 상권, pp.1~11 참조.
108 『皇城新聞』(제2442호) 1907년 4월 1일자) 1907년 4월 1일자부터 7회에 걸쳐 실린 「必尙自國文言」이라는 논문이 그 좋은 예가 된다. 그는 같은 해 『西友』지에 실린 「국어와 국문의 필요」는 순국문전용으로 쓰면서, 『皇城新聞』이 국한문 혼용 신문이기 때문에 이에 실리는 논설에는 국한문혼용을 한 것으로 보인다.
109 『國語文法』(1910)에서 그가 국문전용을 시도하며 학술용어까지 국문으로 바꾸고, 『말의 소리』(1914)에서는 이를 더욱 철저화한 것이 그 좋은 예의 하나가 될 것이다. 그는 『國語文法』에서 낱말과 문장을 국문으로 고치면서 아직 이를 고치지 못한 것은 시간이 급하여 다 이루지 못한 때문이라고 설명하였다.

였다.[110] 그에 대한 당부(當否)의 논의는 언어학자들의 영역이지만, 여기서 지적하고자 하는 것은 주시경이 그가 처음으로 체계화한 국어 문법의 원리에 따라 과감하게 맞춤법의 대대적 개혁을 단행했다는 사실이다. 그는 이러한 그의 개혁을 최종적인 것으로 생각하지 않았을 뿐 아니라, 더 나은 방법이 있다면 스스로 다시 또 개혁할 뜻을 "이러하게만 쓰기로 뎡한다 함이 안이요, 더 좋은 길이 있으면 반드시 그를 따를지라"[111]고 썼다.

그의 맞춤법과 국어문법 일반에 대한 이러한 과감하고 끊임없는 개혁의지도 그의 어문민족주의의 진보적 특성을 단적으로 나타내고 있다고 말할 수 있을 것이다.

(3) 완전한 언문일치(言文一致)의 시행

주시경은 글은 말을 그대로 담아 표현하면 된다는 생각에서 완전한 언문일치를 주장하였다. 그는 이미 『독립신문』 시대에 완전한 언문일치를 실행하였다.[112] 그 후 그는 국한문혼용문에서는 이를 철저히 실행하지 않았으나 국문전용문에서는 이를 실행했으며, 1909년 이후에는 철저하게 이를 실행하여, 그 누구보다도 완전하게 일상의 말을 그대로 글로 적었다.

그의 완전한 언문일치의 시행은 사회에서의 언어와 문자의 구실에 대한 그의 사회과학적 이해에 바탕을 두고 있는 것으로 보이며, 이것 역시 그의 어문민족주의의 진보적 특성을 나타내는 것이라고 볼 수 있다.

---

110 『國語文典音學』, 『전집』 하권, p.163 참조.
111 『國語文法』, 『전집』 하권, p.341.
112 『독립신문』(제2권 제47호) 1897년 4월 22일자 ; 「전게지」(제2권 제48호) 1897년 4월 24일자 「쥬샹호씨 국문론」; 「전게지」(제2권 제114호) 1897년 9월 25일자 및 「전게지」(제2권 제115호) 1897년 9월 28일자 「쥬샹호씨 국문론」, 『전집』 상권, pp.1~20 참조.

(4) 새로운 낱말의 만듦

주시경은 완전한 언문일치를 실행했을 뿐만 아니라 새로운 낱말과 용어를 많이 만들어 내었다. 여기서 주목해야 할 것은 그가 새로운 낱말을 만든 영역은 '명사'를 '임씨'로 한 바와 같이 주로 국어 문법의 학술용어였다는 사실이다. 그는 우리말의 문법을 우리말로 만드는 것은 어차피 학술에는 정의가 필요한 이상 한문을 빌리는 것보다 낫다는 사실을 다음과 설명하였다.

> 기의 갈래 9개 명칭은 國語로 作함이니 혹은 줄임으로 혹은 定함이니라 …… 근일 日本과 支那에서 漢字로 文法에 用하는 명칭이 有하나 其中에 本事實에 相左함과 不足함이 有한 고로 如一하게 하노라고 國語로 作하거니와 如何하든지 國語에 國語를 用함이 可하지 안이하리요.[113]

> 줄이어 쓰는 말과 새로 이름하여 쓴 말은 잠시의 눈으로 보시는 이는 이상이 여기심이 있겠으나 …… 또 이를 漢字로 짓지 안이함은 그 漢字의 뜻으로 풀랴 하고 그 일의 뜻은 뜻하지 안이함을 덜고자 함이라.[114]

물론 그는 학술용어 이외에도 몇 가지 새로운 낱말을 만들었다.[115] 그러나 그는 완전한 언문일치를 주장하고 실천했기 때문에 일상용어에 있어서 새 낱말을 만드는 일에는 극히 신중했던 것으로 보인다. 그가 일상생활의 용어에서 낱말을 만든 영역은 오히려 평민의 용어나 옛말에서 순수한 우리말을 재발견하는 곳으로부터 이루어진 것으로 생각된다.

그가 학술용어를 중심으로 하여 새로운 낱말을 만든 것도 그의 어문민

---

113 『國語文法』, 『전집』 하권, p.259.
114 『國語文法』, 『전집』 하권, pp.340~341 참조.
115 허웅, 「학자로서의 주시경선생」, 『나라사랑』 제4집, p.119 참조.

족주의의 진보적 특성을 나타내는 것이라고 볼 수 있다.

(5) 한글 가로풀어쓰기의 실현

주시경은 이미 1909년의 『국문연구(國文研究)』의 끝장에서 처음으로 한 글 가로풀어쓰기를 실험하여 "우리나라가 밝고 곱다"(ㅜㄹㅣㄴㅏㄹㅏㄱ ㅏㅂㅏㄹㄱㄱㄱㄱㄴㅂㄷㅏ)를 풀어써 보인 후,[116] 국망 후인 1913년에 는 조선어강습원(朝鮮語講習院)의 졸업증서에서 가로풀어쓰기 (예 : ㅁㅏ ㅊㅣㄴㅂㄹㅏㅁ=마친보람)를 실험하고, 1914년에 간행한 『말의 소리』 의 끝에는 「우리 글의 가로쓰는 익힘」(ㅜㄹㅣㄱㅡㄹㅡㅣㄱㅏㄹㄴㅆㅡ ㄴㅡㄴㅣㄱㅎㅣㅁ)을 1장 붙여 가로풀어쓰기의 실험의 예를 보이었다.[117]

그가 가로풀어쓰기의 예를 그의 저서의 끝에다 첨가한 사실은 1909년에 국문타자기 발명의 소식을 듣고 궁극적으로 국문의 쓰기가 기계화될 것을 상정하여 실험의 예를 보인 것으로 생각된다.[118]

위에서 든 바와 같은 주시경의 과감한 개혁의 주장과 실험은 사회사상사 또는 민족운동사의 측면에서 보면 그의 어문민족주의의 진보적 특성을 단 적으로 나타내는 중요한 것으로서 높이 평가되는 것이다. 왜냐하면, 그의 주장과 실험이 사회에서 실행된 성과의 크기와는 별문제로, 이러한 최초의 과감한 개혁의 시도와 진보적 특성이 다음 시대의 국어국문의 연구와 운동 에 대하여 길을 열고 방향을 제시하여 주는 큰 업적이 되기 때문이다.

---

116 『國文研究』, 『전집』 상권, p.458 참조.
117 『말의 소리』, 『전집』 하권, p.686 참조.
118 『皇城新聞』(제3130호) 1909년 7월 21일자 논설 「國文機械新發明」에 의하면, 미 국 샌프란시스코에 거주하는 교포학생 李振이 처음으로 국문(한글)타자기를 발명 했다고 하였는데, 주시경은 이 사실을 읽고 국문쓰기가 결국 기계로 될 것을 내다 보아 국문 가로풀어쓰기를 실험해 둔 것으로 보인다.

6) 자유민권 사상 및 개화자강 사상과의 관련

지금까지 간단히 고찰한 주시경의 어문민족주의는 사회사상적으로는 자주독립 사상과 함께 자유민권 사상 및 개화자강 사상과도 관련되어 있음을 끝으로 지적하려고 한다.

그의 어문민족주의 주장은 자주독립 사상과 관련된 것이었다. 이것은 그의 어문민족주의 사상에서 보면 너무나 당연한 것이므로 여기서는 부연하지 않기로 한다. 그는 국어국문이 독립의 빛(光)이라고 하면서 "이 빗을 밝히면 그 나라의 홀로 서는 일도 밝아지고 이 빗을 어둡게 하면 그 나라의 홀로 서는 일도 어둡어 가나라"[119]고 썼다. 그는 한자 폐지와 국문전용이 독립 사상을 확고하게 하는 것이며, 국문을 연구하고 전용하는 것이 곧 자주독립의 초석이 되는 것이라고 생각하였다.

또한, 그의 어문민족주의의 주장은 자유민권 사상 즉 민주주의 사상과 깊이 관련된 것이었다. 그는 자주독립을 지키려면 귀천과 남녀를 가리지 않고 전국민의 사상을 변화시키고 지식을 발흥케 해야 하며, 전국민의 사상과 지식을 변화 발흥케 하려면 국문전용을 실행하는 방법밖에 없다고 주장하였다.[120] 그는 "전국 인민의 스상을 돌리며 지식을 다 널려주랴면 불가불 국문으로 각식 학문을 져술ᄒ며 번역ᄒ여 무론남녀 하고 다 쉽게 알도록 ᄀ르쳐 주어야 될지라"[121]고 하면서, 부녀자의 교육과 지식의 습득, 사상의 변화가 매우 중요함을 강조하고 모든 민족성원에게 신지식을 교육해야 할 것을 거듭 강조하였다.[122] 그가 국문전용을 일반민중의 신지식 습

---

119 『한나라 말』, 『전집』 상권, p.460.
120 「必尙自國文言」 중의 「勸告全國有志諸君與上下同胞」, 『전집』 상권, pp.32~33 참조.
121 「국어와 국문의 필요」, 『전집』 상권, p.23.
122 「일찌기 혼인ᄒ는 폐」, 『나라사랑』 제4집, pp.48~51 참조.

득과 관련시키고 있는 곳에 그의 어문민족주의의 민주주의적 측면이 단적으로 드러나고 있다.

또한, 그의 어문민족주의의 주장은 개화자강 사상 즉 자주근대화 사상과 결합된 것이었다. 그는 국문전용으로 문자 습득 시간을 크게 절약하여 긴급한 실상학문(實相學問)을 공부하도록 해서 나라를 자주부강케 해야 한다고 이미 1897년의 「국문론」에서 다음과 같이 썼다.

우리나라 사룸들이 죵시 이것(한문 ; 필자)문 공부하고 다른 새 수업을 빈호지 아니ㅎ거드면 우리나라이 어둡고 약홈을 벗지 못ㅎ고 머지 아니ㅎ야 ᄌ긔 죠샹들의게 젼ㅎ야 밧아내려오ᄂ 젼디와 가쟝과 ᄌ긔의 신골과 ᄌ손들이 다 어느 나라 사람의 손에 드러가 밥이 될지 아지 못홀 증거가 목하에 뵈이니 참 놀랍고 익탄홀 곳이로다. 엇지 죠심치 아니홀 째리오. 만일 우리로 하여금 그림글자(한문 ; 필자)를 공부ㅎᄂ 대신에 졍치 쇽에 의회원 공부나 ᄂ무공부나 외무공부나 ᄌ뎡공부나 법률공부나 수륙군공부나 항해공부나 위싱샹 경제학공부나 쟝싀공부나 쟝ᄉ공부나 농ᄉ공부나 ᄯ 기외이 각싀 수업샹 공부들을 하면 …… 그제야 바야흐로 우리나라가 문명부강하야질 터이라. 간절히 비노니 우리나라 동포형데들은 다 ᄲ다라 실샹사업에 급히 나가기를 바라노라. 지금 우리나라 한시 동안은 남의 나라 하로 동안보다 더 요긴ㅎ고 위급ㅎ오니 그림 흔가지 빈호랴고 이럿케 앗갑고 급흔 째를 허비식하지 말고 우리를 위ㅎ야 사업ㅎ신 큰 셩인쎄서 문드신 글자는 빈호기가 쉽고 쓰기도 쉬우니 이 글자들노 모든 일을 기록하고 사룸마다 절머슬 째에 여가를 엇어 실샹수업에 유익한 학문을 익혀 각긔 홀 문한 직업을 직혀서 우리나라 독립에 기동과 쥬초과 되어 …… 우리나라의 부강흔 위엄과 문명한 명예가 셰계에 빗나게 ㅎᄂ 거시 믓당ㅎ도다.[123]

123 『독립신문』(제2권 제48호) 1897년 4월 24일자 「쥬샹호씨 국문론」, 『전집』 상권, pp.10~11.

주시경의 이러한 국문전용이 개화자강의 기초가 된다는 사상은 1905년 이후에는 더욱 강력하게 주장되었다. 그는 국문전용이 곧 민지(民智)를 모두 깨우치고 실상학문과 실업에 나아가게 해서 부강을 가져오는 길이라고 강조하였다.[124] 여기서 특히 주의하지 않으면 안 될 것은 그의 어문민족주의 사상은 그의 시대의 사회적·민족적 조건과 분리시켜 고찰되어서는 무의미하다는 사실이다. 그의 어문민족주의 사상은 국권을 잃기 전까지는 개화운동의 일환으로서, 그리고 국권을 잃은 후에는 애국계몽운동의 일환으로서 정립되어 발전되었다는 사실을 특히 주목해 둘 필요가 있을 것이다.

4. 국권회복과 국어국문

1905년 소위 '을사조약' 강제에 의하여 국권을 박탈당하자, 국권회복을 위한 실력 배양운동으로서 애국계몽운동이 전국적으로 전개되었다. 주시경은 그의 어문민족주의 사상에 따라 이 운동에 앞장서서 적극 참여하면서 국어국문의 연구와 보급에 헌신하였다. 주시경에 의하면, 이제 국어국문의 연구와 그 보급운동은 매우 절박하게 되었다. 왜냐하면 민족공동체는 언어공동체이기 때문에, 다른 나라를 빼앗고자 하는 자는 반드시 그 나라의 언어와 문자를 먼저 쇠망케 하고 자기 나라의 문자와 언어를 전파하기 때문이다. 옛날에 로마가 강성할 때에 그 문자와 언어를 구주·서아시아·북아프리카에 전파하여 마침내 위세를 펼쳐서 그들을 복속시키거나 병탄하였고, 동아시아에서는 중국이 자고로 그 문자를 주위의 각국에 전습(傳習)하여 이로써 이웃나라들의 머리를 누르고 혹은 부용(附庸)시키거나 병탄한 폐단이 역사에 역력하며, 주시경 그의 시대에도 이 폐해가 오히려 심함을

124 「국어와 국문의 필요」, 『전집』 상권, pp.23~24 참조.

눈을 갖춘 자는 다 목도하는 바이라고 그는 지적하였다.[125]

주시경의 국어국문의 연구와 교육은 이러한 국권회복이라는 문제의식에 의거한 것이었다. 그는 매우 과학적으로 분석된 그의 『국어문전음학(國語文典音學)』에서 국어를 가르치고 배우려면 먼저 자기 나라의 언어와 문자가 백성과 나라에 어떠한 관계가 있는가부터 알아야 한다고 그의 국어국문 연구와 국문 교육의 문제의식을 서두에서 다음과 같이 선명히 밝히었다.

> 國語를 강습ᄒ랴면 우선 自國의 言文이 그 民國에 대ᄒ여 여하ᄒ 關係가 有흠을 講究흠이 가ᄒ 고로 此說을 좌에 略陳ᄒ여 發端의 言을 삼노라.[126]

특히 그에 의하면 국권을 잃고 국권회복 독립운동을 전개하는 마당에서는 국어와 국문을 사랑하고 닦는 일이 더욱 더 절실하고 중요한 것이었다.

왜냐하면 국망을 눈앞에 둔 이 위험하고 절박한 시기에 언어와 문자가 여전히 한문자에 지배되다가 국어와 국문을 되찾아서 체계화하여 널리 보급 하지 못한 채 다시 일본어문에 지배되면 국어국문이 극도로 문란해지고 결국 국어국문을 잃어버릴 위험이 있다고 간파했기 때문이었다. 그리고 만일 한문자와 외국의 압제에 눌려 국어국문을 잃어버리는 날에는 국권회복과 독립쟁취는 불가능하게 되리라고 보았다. 왜냐하면 국어국문을 잃어버리는 것은 국성(國性)과 독립의 빛을 잃어버리는 것이기 때문이었다.[127]

그러므로 주시경에게는 국권회복을 위한 실력 배양운동으로서의 애국계몽운동은 바로 국어국문의 애호·연구·전용·보급의 투쟁이 그 핵심을 이

---

125 「必尙自國文言」 중의 「廣文言以奪人國」, 『전집』 상권, p.27 참조.
126 『國語文典音學』, 『전집』 하권, p.155 참조.
127 「한나라 말」, 『전집』 상권, p.460 및 『國語文法』 序, 『전집』 하권, p.221 참조.

루는 것이었다. 그는 국권을 잃은 이 절박하고 위험한 시기를 당했을지라도, 국어국문을 닦고 연구하며 국문전용을 하여 국민들과 신진 청소년들에게 국문을 널리 보급하고 자기 나라의 언어와 문자에 대한 사랑과 독립 사상을 확고히 세워 놓으면 실력을 배양한 신진 청년들에 의하여 반드시 국권회복과 독립쟁취의 날이 오리라고 확신하였다.[128] 그는 한 나라가 오늘날 최약하여 다른 나라의 능가(凌駕)를 받으며 호흡을 자기 뜻대로 하지 못 한다 할지라도 백성들이 국성인 언어와 문자를 닦고 보급하여 자기의 국성이 최강하게 되면 결국 그 나라는 세계에 최강한 나라가 될 것을 기대할 수 있다고 다음과 같이 설명하였다.

> 某國은 천하에 最强ᄒ여 그 威가 만국에 盖흘지라도 그 民의 自國性이 最弱ᄒ면 적은 필경 천하에 최약함을 未免홀 것이요, 그 國은 최약ᄒ여 타인의 凌駕를 受ᄒ며 호흡을 自意치 못홀지라도 그 民의 自國性이 천하에 최강ᄒ면 그 國은 필경 천하에 최강홈을 期望홀지라.[129]

주시경은 그의 어문민족주의 사상에 의거하여 이러한 국권회복의 기초를 닦는 사명감을 갖고 헌신적으로 국어국문을 연구하였다. 이때 나온 업적이 『대한국어문법』(1906), 『국어문전음학』(1908), 『국문연구안』(1907~1908), 『국문연구』(1909), 『국문초학』(1909), 『국어문법』(1910) 등이었다. 그는 이러한 사상에 의거해서 완전히 헌신적으로 국어국문의 교육 계몽과 보급에 온 힘을 다 바친 것이었다.

주시경이 국권회복운동의 일환으로서 국어국문의 연구와 교육에 헌신한 사실은, 예컨대 그가 일반민중에게 독립사상과 국어국문 지식을 불어넣

---

128 최현배, 「주시경 스승과 나」, 『한글의 투쟁』, 1947.9 및 『나라사랑』 제4집, pp.184~187 참조
129 『國語文典音學』, 『전집』 하권, pp.156~157.

어 주기 위해서 문답식으로 『대한국어문법』을 편찬한 사실이나,[130] 또는 우리나라 근대 최초의 일반국민을 위한 초등국어 교과서인 『국문초학』에서 국어국문의 교육 속에 독립사상과 나라사랑을 계몽하고 고취한 사실에서 단적으로 나타나고 있다.[131]

주시경은 국권을 잃은 이때를 틈타서 외국의 언어와 문자가 미친 조수와 같이 달려들어오고 자기의 언어와 문자는 전장에서 패하여 말리는 깃발과 같이 퇴축하기만 하니, 이때를 당하여 국성을 보존하는 데 가장 중요한 자기 나라의 언어와 문자를 닦고 보급치 않으면 국권의 회복은 기약할 수 없게 된다고 지적하고, 국어와 국문을 갈고 닦고 펴는 것이 국권회복의 기초가 된다고 국권회복의 기초로서의 국어국문의 연구와 교육과 애호의 긴급한 중요성을 다음과 같이 강조하였다.

> 是以로 自國을 保存ᄒ며 自國을 興盛케 ᄒ는 道는 國性을 장려홈에 在ᄒ고 國性을 장려ᄒ는 道는 國語와 國文을 崇用홈이 最要홈으로 自國의 言과 自國의 文이 某國의 言과 某國의 文만 不如ᄒ지라도 自國의 言과 自國의 文을 磨ᄒ여 光ᄒ며 補ᄒ여 기어히 並駕ᄒ기를 是圖ᄒ거늘, 嗟 我檀祖 이래에 德政을 행ᄒ던 優等의 言語와 子母의 분별이 簡要ᄒ여 記用이 편리ᄒ 文字를 開國 四千餘載에 연구가 寂

---

130 『대한국어문법』, 『전집』하권, pp.5~139는 전체 구성을 「말과 글」「소리(음학)」「사람의 말소리」「국문을 만들 심」으로 나누어 문답식으로 매우 알기 쉽게 풀이하고 있으며, 이 방식은 「국문 가뎡잡지의 글들」, 『전집』하권, pp.689~696에서 일부 수정하여 그대로 수록되고 있다. 이것은 모두 국민 계몽을 위한 배려에 의한 것으로 보인다.

131 『국문초학』, 『전집』상권, pp.500~520에서, 국어국문 교육과 함께 임진왜란 때의 의병장 重峰 趙憲의 忠義, 단군의 開國史蹟, 부여·고구려·발해의 계승, 우리나라의 山河地理, 서울과 평양의 내력과 지리 등을 소개하여 애국심을 고취하고 그 끝장(마흔아홉째 공과)에서 다음과 같이 쓰고 있다. "우리가 이러케 아름다운 나라에 낫으니, 맘을 깨끗하게 하고 공부를 잘 ᄒ여 이 나라처럼 아름다운 사람이 되고 아름다운 일을 ᄒ여 우리는 우리 나라로 즈미잇고 아름답게 살기를 힘쓸지니라."

然ᄒ여 語典일권도 尙此未成홈으로 近者에 國語로 著作ᄒ는 文字가 각각 自意를 從ᄒ여 言語의 訛訛홈과 文字의 誤用ᄒ는 弊가 相雜ᄒ여 正常ᄒ 言文이 되지 못홈으로 국민이 自國言과 自國文을 愛重홀 사상이 發치 못ᄒ는지라. 此時를 乘ᄒ여 外國의 言文은 風海에 狂潮와 如히 驅入ᄒ고 미약ᄒ 國性은 敗場에 倦旗와 如히 退縮ᄒ니 금일을 당ᄒ여 國性을 保存ᄒ기에 最重한 自國言文을 此境에 寘ᄒ고 度外로 視ᄒ면 國性도 日衰홀 것이요, 國性이 日衰ᄒ면 그 영향의 所及이 可測지 못홀 境에 至ᄒ여 國勢의 回復은 期望도 無홀지라. 國語와 國文을 講究ᄒ여 釐正ᄒ며 獎勵홈이 금일의 急務라 ᄒ노라.[132]

여기서 거듭 강조하지 않으면 안 될 것은 주시경의 국어국문 연구와 국문전용 및 보급운동이 그의 어문민족주의 사상에 의거하여 국권을 잃은 후의 국권회복을 위한 애국계몽운동으로 전개되었음을 특히 유의해 둘 필요가 있다는 사실이다. 또한 국권을 잃고 국망을 눈앞에 둔 절박하고 위험한 시기에도 자기 나라의 언어와 문자를 찾아 지키고 갈고 닦으며 펴는 선각적이고 근본적인 대책을 세운 그의 원려의 깊이를 이해할 필요가 있다.

이것은 만일 국권을 잃은 이 절박한 시기에 주시경 등이 국어국문을 찾아서 연구하여 보급시켜 놓지 않고 국망을 맞아 국어국문을 잃어버렸다면 어떻게 되었을까를 상상할 때 그 '시기'의 중요성과 주시경의 어문민족주의에 의거한 애국계몽운동의 중요성을 더욱 절감하게 되는 것이다.

5. 사회관습개혁론

애국계몽사상가로서의 주시경은 비단 국어국문의 연구와 운동에만 관

132 『國語文典音學』, 『전집』 하권, pp.157~158.

심을 가진 것이 아니라 국권회복과 독립쟁취를 위한 광범위한 사회개혁과 실력배양에 깊은 관심을 가졌었다. 그는 박학했으므로 여러 부분에 관심을 가졌으나, 여기서는 그의 기록에 남은 사회관습 개혁에 대한 몇 가지 주장만을 간단히 제시하려고 한다.

1) 조혼(早婚) 폐지론

주시경은 사회 조직의 기본단위로 가족·가정을 매우 중시했으므로 조혼제도가 사회에 가져 오는 폐해를 통감하고 이의 근본적 폐지를 강력히 주장하였다. 그가 들고 있는 조혼(早婚)제도의 3대 폐해는 다음과 같았다.

첫째, 조혼은 국민의 원기(元氣)를 줄이어 국민을 병약하게 하고 쇠잔하게 하여 가정과 나라를 모두 쇠잔케 한다고 지적하였다. 예컨대 주시경은 다음과 같이 기술하였다.

> 사람이 어려서 혼인하면 약하고 병이 많고 오래 살지 못하며, 이런 사람이 일찍기 자녀를 낳고 그 자녀가 또 일찍기 혼인하여 더 약한 자녀를 낳아서, 이 같이 점점 오랠수록 인종이 차차 조잔하매, 연약하고 병이 많아 일을 하여도 씩씩 하고 활발하지 못하며, 공부를 하여도 총명하지 못하고, 견딜성이 없어 응당 할 것을 능히 감당치 못하므로, 나라 일이나 제 집안 일은커녕 한 몸도 잘 보전치 못하여 심히 가련하고 빈곤한 지경에 이르매, 가뜩 어리석고 약한 중 가난을 겹하니 모든 일이 다 구차하므로 기운이 점점 궁축하여 활발한 기상이 없어지므로, 이런 가정들이 모여 사는 나라는 기운이 줄어 쇠잔하는 법이라.[133]

둘째, 조혼은 학문에 해가 되니, 원기가 줄어 공부하기에도 총명하지 못할 뿐 아니라 공부할 시기에 조혼하면 공부에 전념하지 못하고 가사 걱정

133 「일찍기 혼인하는 폐」, 『나라사랑』 제4집, pp.48~49.

부터 먼저 하게 된다고 지적하였다.[134]

셋째, 조혼은 여자의 양육과 교육을 훌륭히 하지 못하게 하여 다음 세대의 나라 발전을 저해한다고 지적하였다. 그는 현대 사회학의 용어를 빌면 가정에 있어서의 어린이의 '사회화'에 의한 인격 형성의 중요성을 리 알고 있었으므로 이 문제를 특히 중요시 하고, 예컨대, "사람의 부모 된 이가 어리고 무식하면 경솔한 거동과 지각 없는 언어밖에 보일 것이 없을지니 그 안에서 자라는 자녀들이 그 경솔한 거동과 지각 없는 언어밖에 본받을 것이 없을지라, 장성한들 무엇을 알리오"[135]라고 지적하였다.

주시경은 우리나라도 옛날 나라를 잘 다스릴 때에는 20세부터 시집갔고 30세부터 장가들었으며, 세계의 문명 부강국은 모두 공부를 넉넉히 한 다음 성년이 된 이후에 혼인함을 지적하고,[136] 온갖 사회적 폐단이 조혼제도에서 연유하고 있으니 이를 하루속히 폐지하는 것이 근본적 사회개혁의 하나가 된다고 주장하고 계몽하였다.[137]

---

134 「일찌기 혼인ᄒᆞ는 폐」, 『나라사랑』 제4집, p.49 참조. 여기서는 예컨대 다음과 같이 계속되고 있다. "일찌기 혼인한 사람의 부모의 생각도 그 자식을 혼인은 시켰스나 공부시키기는 아직도 멀엇것마는, 미구에 손자들이 생겻은 즉 식구가 많아지면 먹고 입을 것이 부족ᄒᆞ겠는 고로 공부ᄒᆞ러 보내지 못ᄒᆞ고 일ᄒᆞ러 보내며, 또 어려서 혼인ᄒᆞ여 일찍이 자녀를 낳으면 자기도 아는 것이 없고 지각이 적거든 어찌 그 자녀를 잘 기르며 교훈ᄒᆞ리요. 또 그 자녀 기를 것도 벌어주기 어렵거든 어찌 학비를 장만하여 학교에 보낼 수 있스리요."

135 위의 책, p.49.

136 위의 책, p.50 참조.

137 위의 책, p.51. "생명의 잔약ᄒᆞᆷ과 인종의 주는 것과 무식ᄒᆞᆷ과 곤궁ᄒᆞᆷ과 게으름과 각식 질병과 사망과 집안에 불화ᄒᆞᆷ과 자질의 패가망신ᄒᆞᆷ과 시모와 며느리의 다툼과 인척간에 싸홈과 내외간에 소박과 여자의 간통과 도망과 남자의 오입과 복첩과 노름과 잡류됨과 도적됨과 유의유식ᄒᆞᆷ과 친척에게 폐를 끼치는 제반 악중이 다 일찍이 혼인하는 폐에서 근원되어 퍼져 나오는 고로, 이렇게 악ᄒᆞ고 무식ᄒᆞ고 조잔ᄒᆞᆫ 가뎡이 합ᄒᆞ여 그 나라가 쇠잔ᄒᆞᆫ 병이 들어 망홈에 이르는 것이 다 일찍이 혼인ᄒᆞ는 폐에서 생기거늘, 이 근원은 바로잡지 아니ᄒᆞ고 말류의 다른 일만 고치고자 ᄒᆞ면 공연히 힘과 세월만 허비홀지니 지금 후로는 먼저 일찍이 혼인홈

2) 과학적 위생론

주시경은 현대자연과학에 대한 많은 지식을 갖고 있었으므로 질병과 위생 문제에 대한 온갖 미신과 비과학적 관행을 비판하고, 과학적 위생방법의 보급을 주장하고 계몽하였다.

그가 「병 다스리는 근본」에서 질병이 발생하기 전에 사전의 예방위생을 중요시해야 한다고 강조하고 계몽한 사실이나,[138] 또는 「우히 업는 해」에서 어린애들의 질병의 원인을 무더운 여름의 아이 업는 관습에서 구하여 이 관습을 바꿀 것을 주장하고 계몽한 것은 그의 과학적 위생론을 단적으로 나타내주고 있다.[139] 그의 「어린 우히의 수정 몰으는 일」도 이와 같은 논지에서 쓴 계몽논설인 것이다.[140]

3) 미신타파론

주시경은 당시 국민들 사이에 아직도 성행하는 각종의 미신을 타파하고 과학적 지식을 이해하며 습득하고 신뢰하도록 교육할 것을 주장하고 계몽하였다. 그는 특히 부녀자들이 "허무흔 무복(巫卜)의 자리에 나가 무리지설과 악흔 힝동에 물이 들어 그것을 밋고 조하ᄒ고 숭상하게 흠이 어느것이 올흐뇨"[141]라고 지적하면서 부녀들을 미신에서 깨어나도록 계몽해야 할

을 그치고 공부를 넉넉히 ᄒ며, 살림홀 만흔 지산을 장만ᄒ고 기혈과 골육이 아주 충장흔 후에 혼인ᄒ여, 집집마다 각각 잘 다스려 화락ᄒ고 부요ᄒ여 인종이 왕성ᄒ며 나라가 부강 문명ᄒ게 할지라." 참조.

138 「병 다스리는 근본」, 『전집』 하권, p.701 참조.
139 「우히 업는 해」, 『전집』 하권, p.700 참조. 예컨대 "우히를 업는 것은 어린 쌔가 굽기 쉬운 고로 수시를 무론하고 해롭거니와 여름에 업히는 배와 등이 서로 합ᄒ여 두터운 살이 서로 열을 도아 배에 더위가 드는지라." 참조.
140 「어린 우히의 수정 몰으는 일」, 『전집』 하권, p.702 참조.
141 「녀인을 조혼 노리로 인도홀 일」, 『전집』 하권, pp.702~703 참조.

것을 주장하였다.

4) 부녀교육론

주시경은 당시의 애국계몽사상가들 중에서도 특이하게 사회에서의 부녀의 지위의 중요성과 부녀교육의 중요성을 강조하고 계몽하였다.

그가 부녀교육의 중요성과 긴급성을 특히 강조한 이유는 아버지보다 어머니가 자녀의 양육에 더욱 큰 영향을 미친다고 보았기 때문이었다. 물론 그는 사회학적 용어로서의 '사회화'나 '사회적 성격'의 개념은 몰랐지만 그에 일치하는 사회학적 관점을 갖고 있었다. 그는 자녀들이 20여 세를 지나 완전히 사회에 나가기 전에는 주로 그 어머니의 거동과 언어를 보고 듣고 본받아 자기의 인격을 형성해 나감을 지적하고 어머니가 되는 부녀의 교육의 중요성을 강조하였다.[142] 그는 다음과 같이 지적하였다.

> 이러므로 예전에 이르기를 "딸이 시집감이어 그 집 사람을 옳게 하는도다. 그 집 사람을 옳게 한 후에야 가히 나라 사람을 가르칠 수 있는도다" 하였으니, 딸이 시집을 가서 범절을 잘 행하면 온 집 사람의 모범이 될 뿐 아니라, 제일 그 낳는 자녀의 모범이 되어 그 자녀가 그 어머니를 본받아 장성한 후에 혼인하여 자녀를 낳으면 또 좋은 부모가 될지라. 이렇게 차차 하면 온나라에 모두 좋은 사람이 생겨 그 나라가 잘 열릴지니, 이러므로 여자가 시집을 감에 가히 나라사람을 가르친다 함이라.[143]

---

142 「일찌기 혼인ᄒᆞ는 폐」, 『나라사랑』 제4집, p.49. "····어머니가 학식이 있고 거동이 점잖고 언어가 바르고 의사가 슬기로우면 그 안에서 자라는 자녀들이 본받아 좋은 사람들이 될지라." 참조.

143 「일찌기 혼인ᄒᆞ는 폐」, 『나라사랑』 제4집, p.50 참조.

그의 부녀교육론은 조혼폐지론과도 밀접히 관련된 것이나, 부녀교육의 실시가 궁극적으로 나라의 부강과 사회의 진보를 가져오는 데 가장 근본적인 대책이 된다고 강조한 데서 그의 선각적인 견해가 단적으로 드러나고 있다고 볼 수 있다. 그가 1905년 이후의 분망한 애국계몽운동 기간 중에도 여성을 위한 『가뎡잡지』의 주필로서 부녀들의 교육계몽에 헌신한 것은 이러한 그의 사상과 깊은 관련을 가진 것이었다고 볼 수 있다.

5) 음악보급론

주시경의 사회관습개혁론 중의 특이한 주장의 하나는 아름다운 풍악과 좋은 노래를 지어 널리 보급할 것을 강조하고 계몽한 사실이다. 그는 우리나라 사람들이 여가에 가족과 함께 아름다운 음악으로 함께 즐기는 풍습을 만들지 못하였기 때문에 남성들도 모두 건전하지 못한 오락으로 빠지게 되며,[144] 부녀들도 미신이나 무복에 빠지게 된다고 날카롭게 지적하였다.[145]

주시경은 "좋은 노래에 아름다운 곡됴를 만들고 익혀 가뎡과 사회에 좋은 일이 되게"[146] 해야 할 것을 주장하였다. 또한 그는 부녀들에 대해서도 "아름다운 풍악과 좋은 노래로 아담ᄒᆞᆫ게 모혀노는 것과 녀인을 쇼박만 하여 무복의 자리에 나가 무리지설과 악ᄒᆞᆫ 힝동에 물이 들어 그것을 밋고 조하ᄒᆞᆼ고 슝상하게 흠이 어느 것이 올호뇨"[147]라고 지적하면서, 아름다운 음악을 보급하여 가정과 사회의 풍습을 화합케 하고 건전하게 발전시킬 것을 주장하고 계몽하였다.

---

144 「풍악과 노래」, 『전집』 하권, pp.697~698 참조.
145 「녀인을 조혼 노리로 인도홀 일」, 『전집』 하권, pp.702~703 참조.
146 「풍악과 노래」, 『전집』 하권, p.699.
147 「녀인을 조혼 노리로 인도홀 일」, 『전집』 하권, p.703.

6. 애국계몽운동가로서의 주시경

주시경은 위에서 본 바와 같은 어문민족주의를 골간으로 한 그의 애국계몽사상을 사상으로서만 주장한 것이 아니라 몸소 운동으로 실천했다. 그의 행동은 1896년에서부터 1898년까지의 독립신문·독립협회운동과 1905년에서부터 1914년까지의 애국계몽운동으로 나누어 볼 수 있다.

주시경은 이미 언급한 바와 같이 『독립신문』의 창간에 서재필과 함께 처음부터 참가하여 국문판 조필(助筆)로 활동하였다. 그는 이때 『독립신문』을 우리나라 최초로 국문전용, 국문띄어쓰기, 쉬운 국어쓰기를 실행하여 발행하는 데 서재필과 함께 결정적인 역할을 하였다. 이미 19세기 말에 『독립신문』이 국문전용, 국문띄어쓰기, 완전한 언문일치에 의거한 쉬운 국어쓰기라는 혁명적인 의사소통의 방식으로 발행되고 일반민중에게 보급되어 국민의 의식과 사상을 변혁시키고 한국사회의 발전에 크게 기여하게 된 데에는 서재필과 함께 주시경의 공헌이 매우 컸다.[148]

주시경은 1896년 5월 독립신문사 안에 국문동식회(國文同式會)를 조직하였다.[149] 이 회는 『독립신문』을 제작함에 있어서 「맞춤법통일」(同式)을 해야 할 긴급한 필요성 때문에 만들어진 연구회로서 주시경의 국어국문 연구에 큰 도움을 주었을 뿐 아니라, 이것이 우리나라 최초의 국문법 연구 단체가 되어 1898년까지 존속하였다.[150]

---

148 신용하, 「독립신문의 創刊과 그 啓蒙的 役割」, 『韓國史論』 제2집, 1975 ; 『독립협회연구』, 1976, pp.18~21 참조.

149 『國語文典音學』, 『전집』 하권, p.215에서, 이 국문동식회 시대에 「ㄷㅌㅈㅊㅍㅎ ㄲㅃㅆㄵㄶ」 등의 받침을 쓰자고 제의하였으나 회원들이 독립당으로 쫓기어 흩어져서 뜻을 못 이루었다고 다음과 같이 쓰고 있다. "諸友를 請ㅎ여 國文同式會를 組織ㅎ고 朝鮮語에 「ㄷㅌㅈㅊㅍㅎㄲㅃㅆㄵㄶ」 등이 終聲으로 發ㅎ는 字가 有ㅎ즉 國語대로 國文을 起用ㅎ자 ㅎ더니 同會諸人이 獨立黨의 嫌으로 四處에 奔竄ㅎ여 素志를 完成치 못ㅎ였으나 余는 此事를 因하여 幸히 ……" 참조.

주시경이 조직한 이 국문동식회는 1907년 1월 훈동(薰洞)의 의학교(醫學校) 안에 설립된 지석영(池錫永) 중심의 국문연구회(國文硏究會), 역시 1907년 7월 학부 안에 설립된 국문연구소(國文硏究所), 1908년 8월 주시경이 국어강습소(國語講習所) 졸업생들과 함께 조직한 국문연구회(國文硏究會), 1921년 12월 주시경의 제자들이 중심이 되어 조직한 조선어연구회(朝鮮語硏究會)로 계승되었다. 이 조선어연구회는 1931년 1월 조선어학회(朝鮮語學會)로 개칭되었다.[151] 그리고 1949년 9월 조선어학회는 다시 한글학회로 개칭되어 현재에 이른 것이다.

주시경은 1896년 11월 30일 배재학당 안에 협성회(協成會)가 창립되자 이에 가입하여, 처음에는 이 회의 전적(典籍) 겸『협성회회보』저술위원으로,[152] 후에는 제의(提議)라는 간부로 활동하였다.[153]

또한 주시경은 1897년 12월 5일 아직 22세의 청년의 나이로 일약 독립협회의 의원(현재의 정당의 중앙위원에 해당함)에 선출되어 활동하였다.[154] 그는 1898년 11월 4일 17명의 독립협회 지도자들이 체포된 뒤 자발적으로 조직되어 전개된 만민공동회(萬民共同會)에는 양기탁(梁起鐸)·이동녕(李東寧) 등과 함께 중요 청년 지도자의 한 사람으로 참가하여 독립협회와 만민공동회의 자주민권자강운동을 적극적으로 지도하였다.[155]

1898년 말 친러수구파 정부의 기습적 무력탄압에 의하여 독립협회와 만민공동회가 강제 해산되고 그 지도자들에 대한 체포가 시작되자, 주시경은

---

150 「周時經自筆履歷書」,『전집』하권, p.719 참조.
151 이기문, 「주시경의 학문에 대한 새로운 이해」,『한국학보』제5집, 1976 겨울호.
152 「周時經自筆履歷書」,『전집』하권, p.715 및 p.719 참조.
153 『협성회회보』제8호, 1898년 2월 19일자 「론설」 및 「회중잡보」 ; 신용하,『독립협회연구』pp.115~116 참조.
154 『독립신문』(제3권 제3호) 1898년 2월 1일자 「잡보」 ; 신용하,『독립협회연구』, p.94 참조.
155 김윤경, 「주시경 선생 전기」,『나라사랑』제4집, pp.219~221 참조.

변장하고 봉산군 쌍산면 대산동 큰 자형 이종호(李宗瑚) 댁에 은신하였다
가, 3개월 후 독립협회 간부들에 대한 사면이 있다는 기별을 그의 동지이
며 뒤에 조선어강습회의 원장을 한 남형우(南亨祐)와 역시 뒤에 정리사(精
理舍) 교장을 한 유일선(柳一宣)으로부터 받고 서울로 돌아왔다.[156]

독립협회 해산 후(1900~1901)에는 주시경은 서울에서 상동(尙洞)의 사립
학숙(私立學塾)에 국어문법과(國語文法科)를 신설하고,[157] 학생들에게 국어
문법을 가르치는 외에는 주로 자기의 연구에 골몰하였다. 그는 이 기간에
외국어와 자연과학에 대한 공부를 하면서 국어 연구에 전념하였다.

1905년 11월 소위 을사조약 강제에 의하여 국권을 빼앗기게 되자 국민
들은 분발하여 의병 무장투쟁을 전개하는 한편 국권회복을 위한 실력배양
운동으로서의 애국계몽운동을 전개하게 되었다. 주시경은 이 애국계몽운
동에 헌신적으로 참가하였다. 그의 애국계몽운동은 세 가지 측면으로 나누
어 볼 수 있다. 첫째는 그의 국어국문의 연구활동이다. 주시경은 1906년에
『대한국어문법』을 발간하고 1908년에 『국어문전음학(國語文典音學)』을
발간하였다. 1907년 1월에 지석영(池錫永)이 훈동(薰洞)의 의학교(醫學校)
안에 국문연구회를 설립할 때 주시경은 이준(李儁)의 추천으로 그 연구위
원이 되어 연구에 종사하였다.[158] 또한 주시경이 정부에 제출한 상소가 동
기가 되어 1907년 7월 8일 학부(學部) 안에 국문연구소가 설치되자 주시경
은 그 연구위원이 되어 가장 뛰어난 연구보고서 『국문연구안(國文硏究案)』
과 『국문연구(國文硏究)』를 제출하였다.[159] 1909년에는 초등국어 교과서인
『국문초학』을 간행하고, 1910년 4월에는 『국어문법』을 간행하였다. 그리
고 그는 1910년 나라가 망하자 이해 10월 우리나라 고전을 간행 보급하기

---

156 위의 책, p.220 참조.
157 「周時經自筆履歷書」, 『전집』 하권, p.716 참조.
158 「周時經自筆履歷書」, 『전집』 하권, p.716 참조.
159 李基文, 『開化期의 國文研究』, 일조각, pp.89~97 참조.

위하여 광문회(光文會)에 가입해서 『훈몽자회(訓蒙字會)』 등의 고전을 교정하여 『훈몽자회재간례(訓蒙字會再刊例)』(1913)를 간행하고, 이와 함께 『국어사전(말모이)』의 편찬작업에 최초로 착수하여 이를 진행하였다.[160] 또한 그는 1914년에는 『말의 소리』를 간행하여 국어 음운학의 과학적 기초를 확립하였다.

이 시기의 주시경의 국어국문 연구의 성과에 대한 학문적 평가는 국어학자들의 전문적 연구에 의하여 그것이 개척적인 위대한 업적임이 검토되었다.[161] 이와는 다른 각도에서 민족운동사의 측면에서 보면 국어학자들에 의하여 뒤에 설혹 그의 학설이 틀렸음이 밝혀진다 할지라도 그에 관련 없이 그의 연구성과는 가장 빛나는 부분이 된다고 볼 수 있다. 왜냐하면 자기 나라의 언어에 대한 과학적 연구는 한 사람에 의해서나 한 시대에 완성되는 것이 아닌 것인 반면에, 망국의 위험을 앞에 둔 절박한 시기에 자기 나라의 언어와 문자에 대한 과학적 연구를 행하여 체계화한 작업을 해 놓은 것은 그 자체만으로도 실로 획기적인 위대한 업적이기 때문이다. 언제나 선구자의 작업이 가장 힘겨운 것이다. 그 후 나라를 잃은 상태에서 자기 민족의 민족어에 대한 과학적 연구가 모두 주시경의 국어국문 연구 작업의 토대 위에서 진전된 것을 고려하면 민족운동사에 있어서의 그의 국어국문 연구의 업적이 차지하는 중요성이 이해될 수 있을 것이다.

둘째는, 그의 신문화 보급을 위한 계몽활동이다. 그 대표적인 것으로는 ① 여성 계몽을 위한 『가뎡잡지』의 교보원으로 활동한 것,[162] ② 1907년에

---

160 주시경의 국어사전(말모이) 편찬사업은 그가 이때 원고를 일부 만들었다가, 이 원고는 그 후 朴勝彬이 넘기어 맡아 완성하려고 계명구락부(啓明俱樂部) 안에 편찬소를 두고 林圭·李允宰·卞榮魯 등으로 하여금 이를 담당케 하였으나, 한두 해도 못 가서 경비난으로 중지되고 말았다고 한다. 김윤경, 「주시경 선생 전기」, 『나라사랑』 제4집, p.215 참조.

161 李基文, 『開化期의 國文研究』, 일조각, 1970. ; 허웅, 「학자로서의 주시경」, 『나라사랑』 제4집, 1971 ; 「주시경 선생의 학문」, 『東方學志』 제1집, 1971 참조.

양계초(梁啓超)의 『월남망국사(越南亡國史)』를 순국문으로 번역하여 『월남망국ㅅ』를 간행해서 프랑스의 식민지 통치에서 압박받는 월남의 실태를 백성들에게 알림으로써, 국민의 민족적 자각과 애국심을 불러일으켜 국권회복을 위한 계몽을 한 것,[163] ③ 서우학회(西友學會) 협찬원(協撰員)으로, 그 후 또한 대한협회(大韓協會) 교육위원으로 활동 하면서 『서우(西友)』 등을 비롯한 각종의 애국계몽잡지에 계몽논설을 발표하여 국민을 계몽한 것을 들 수 있다.[164] 또한 그는 1900년 9월 배재학당의 보통과를 졸업하면서 기독교에 입교했었는데,[165] 이 시기에 기독교가 외국 종교라 하여 대종교로 개종하였다.[166]

이 부문에서 주시경의 애국계몽운동의 특징은 한문을 모르는 일반민중과 부녀층 속으로 파고들어서 그들이 읽을 수 있도록 '국문'을 전용하면서

---

162 「周時經自筆履歷書」, 『전집』 하권, p.720 참조.
163 주시경이 번역한 『월남망국ㅅ』의 맨 끝장에는 梁啓超가 쓴 「일본의 조선」이라는 글이 있어 월남망국(越南亡國)을 읽고 바로 우리나라의 망국의 위험을 경각시키고 있는바, 주시경은 한문을 모르고 국문만 아는 일반 민중들에게 월남이 망한 경위와 함께 우리나라의 국권을 잃은 경위와 국망(國亡)이 눈앞에 있음을 계몽하여 애국심과 국권회복·독립쟁취를 위한 분발을 고취하기 위해서 구태여 이 책을 순국문으로 번역하여 간행한 것이었다.
164 「周時經自筆履歷書」, 『전집』 하권, p.716 참조.
165 金世漢, 『周時經傳』, p.30 참조.
166 김윤경, 「주시경 선생 전기」, 『나라사랑』 제4집, p.222 참조. 주시경은 이때 전덕기(全德基) 목사를 따라 상동교회에 나가고 있었는데, 면암(勉菴) 최익현(崔益鉉)이 일제에 항거하다가 대마도에서 長逝했다는 소식을 듣고 이상재(李商在)·이갑(李甲)·양기탁(梁起鐸) 등 동지들과 함께 추도식을 올리고 돌아오는 도중 전덕기 목사를 보고 "무력침략과 종교적 정신침략은 어느 것이 더 무섭겠습니까?" 하고 묻고, 전덕기 목사는 "정신침략이 더 무섭지" 하므로 주시경은 "그러면 선생이나 나는 벌써 정신침략을 당한 사람이니 그냥 있을 수 없지 않습니까?"라고 하였다 한다. 전덕기 목사는 "종교의 진리만 받아들일 것이지 정책은 받지 않으면 될 것이요." 라고 하였지만 주시경은 과거 사대사상이 종교침략의 결과임을 말하고 대종교로 개종하였다고 한다.

국권회복을 위한 민족의 각성과 실력배양을 계몽하였다는 점이다. 이 시기의 애국계몽운동가들이 모두 국권회복을 위한 실력 배양과 민족의 각성을 계몽하였지만, 주시경은 국문전용을 하면서 민중과 부녀층 속으로 파고들어서 나라사랑과 함께 자기의 언어와 문자에 대한 사랑을 일깨우고 기른 점에서, 다른 애국계몽사상가와는 른 특이한 점이 있었다고 볼 수 있다.

셋째는, 국어·지리·역사의 교육을 통한 구국교육운동이다. 이 부문에서의 애국계몽활동은 참으로 헌신적인 것이었다. 그가 가르친 과목은 국어와 우리나라의 지리·역사였다. 1907년 「조선어강습원(朝鮮語講習院)」을 남대문 상동(尙洞)의 공옥학교(攻玉學校)에 부설하여 국어를 가르쳤다. 1908년에는 상동의 기독교청년회관에 하기국어강습소(夏期國語講習所)를 설립하여 청소년들을 모아 국어국문을 가르쳤으며, 자기 조국과 자기 나라의 말과 글에 대한 사랑을 가르쳤다. 이 하기국어강습소의 강의는 상당히 전문적인 것이어서 국어국문의 교육과목을 ①음학(音學), ②자분학(字分學), ③격분학(格分學), ④도해학(圖解學), ⑤변체학(變體學), ⑥용 연습(實用 演習)의 6과로 나눈 본격적인 강의였다.[167] 이 하기강습소의 6개분과의 강의가 얼마나 중요한 것이며 전문적인 것인가는 그 제1분과인 음학을 간행한 것이 『국어문전음학(國語文典音學)』이라는 사실에서도 단적으로 알 수 있다.[168]

이외에도 그가 1906년부터 1910년까지의 애국계몽운동 기간에 교편을 잡은 학교는 청년학교(靑年學院)·공옥학교(攻玉學校)·서우(西友)·이화(梨花)·명신(明新)·홍화(興化)·기호(畿湖)·숙명(淑明)·진명(進明)·휘문(徽文)·보성(普成)·중앙(中央)·융희(隆熙)·사립사범강습소(私立師範講習所)·배재

---

167 「周時經自筆履歷書」, 『전집』 하권, pp.716~717 및 p.720 참조.
168 『國語文典音學』 序文, 『전집』 하권, p.153에서 序文을 쓴 박태환(朴兌桓)은 그의 친우 서상규(徐相揆)와 상의하여 주시경으로부터 강습받은 음학(音學)·자분학(字分學)·변체학(變體學)·격학(格學) 중에서 우선 「음학(音學)」 一科만을 간행하기로 하였다고 쓰고 있다.

(培材)·서북협성(西北協成)·경신(儆新)·영창(永彰) 등 여러 학교들이었다.[169]

그는 이러한 학교들에서 강의하는 교재로 그의 연구서 외에도 1906년에 『대한국어문법』을 지어 등사해서 보급했으며, 1908년에는 『국어문전음학(國語文典音學)』을 간행했고, 1909년에는 『국문초학』을 지어 간행하였다.[170] 또한 1910년에는 『국어문법(國語文法)』을 간행하여 고급학년의 교재로 보급하였다.

그는 이러한 학교들에서 주 평균 40여 시간의 강의를 하였다.[171] 이것은 한 학교에서의 강의 시간이 아니라, 서울 시내 여러 학교를 돌아다니며 실행한 강의 시간이었다. 한 학교에서 40시간도 감당하기 힘겨운 것인데 흩어져 있는 여러 학교에서 강의를 하여야 했기 때문에 시간에 맞추기 위하여 낮에는 식사 시간을 내기도 어려울 만큼 분망하여 조금도 쉴 틈이 없었다.[172] 다음 글이 그의 구국교육에 대한 헌신성의 일단을 나타내 주고 있다.

> 그러나 당시 학교로서 든든한 터가 잡힌 것이 별로 없었으므로 선생에게 주는 보수는 박하였고, 그나마 몇 달씩 건너뛰게 되기 폐문에 극히 곤궁한 살림이어서 무명옷을 입고 짚신을 신으면서도 끼니를 궐한 적도 한두 번이 아니었으며, 창동(倉洞, 이제 南米倉洞) 그의 사택

---

169 김윤경, 「주시경 선생 전기」, 『나라사랑』 제4집, p.215 참조.

170 『국문초학』, 『전집』 상권, pp.475~321은 주시경의 애국계몽운동과 관련해 볼 때 특히 주목해야 할 흥미로운 저작이다. 그는 이 책에서 한글의 모음과 자음부터 가르치기 시작하면서 점차 나아감에 따라 사회관습개혁, 신지식의 중요성, 국사, 지리, 애국을 가르치고 있다. 이 초등교과서는 전국에 걸쳐 널리 보급되었으므로 민중에의 영향이 심대하였다고 볼 수 있다.

171 장지영, 「주시경 스승을 회고하며」, 『나라사랑』 제4집, 1971, pp.55~56 참조.

172 최현배, 「조선어의 은인 주시경 선생」에서는 주시경이 하루에도 여러 학교에서 과중한 부담의 강의를 했으므로 "커단 책보를 끼고서 조그만 오두막집을 나서면, 동분서주하여 쉴 사이가 없었다. 안동 네거리에서 동으로 가야 할지 서로 가야 할지 깜박 잊어버리고 해매던 일이 한두 번이 아니었다"고 쓰고 있다. 『朝光』, 1936년 1월호 및 『나라사랑』 제4집, p.216.

은 용신하기도 불편한 데다가 햇빛조차 잘 그 안 들어오기 때문에 낮에도 등불을 켜야 책을 볼 수 있을 정도였다. 그러나 결강은커녕 지참(遲參) 한 번도 하는 일이 없었다. 사무실로 거치어 올 시간도 없어서 바로 교실로 걸음을 빨리하는 것이 상례였다.[173]

또한 그는 밤에는 그 자신의 국어국문 연구나 정리사(精理舍)에 나가서 수리학(數理學)을 공부하기에 몰두했으므로,[174] 밤 한 시부터 다섯 시쯤까지밖에 잠을 자지 못했으며,[175] 따라서 과로가 겹쳐 평소에 튼튼치 못한 그의 건강을 크게 해친 것으로 보인다. 그러나 그는 일요일에도 집에서 쉬지 않고 남대문 안 상동 기독교청년회관에 국어강습원을 차리고 청년학생들을 모아 국어국문교육에 전념하였다.

그는 1908년 8월 31일에는 돈의문 밖 안현(鞍峴) 서쪽 기슭에 있는 봉원사(奉元寺)에서 하기국어강습소의 졸업생 및 동지들과 함께 국문연구회(國文研究會)를 설립하여 그 전문위원으로 활약하기도 하였다.[176]

그가 자기의 건강을 돌보지 않고 이렇게 교육운동에 헌신한 것은, 신진 청년들에게 그의 어문민족주의에 기초한 독립사상을 고취하고 국어국문교육과 자기 나라의 지리·역사교육을 하여 자기 나라의 언어와 문자를 지키고 닦고 펴면서 애국심과 실력을 배양하면, 신진 청년들에 의하여 독립 쟁취의 날이 반드시 오리라고 확신한 때문이었다. 그가 국어·지리·역사 를 교육하면서 독립사상을 고취한 하나의 실례를 들면, 그는 백두산에 대하여 강의 하면서 다음과 같이 예를 들었다.[177]

173 김윤경, 「주시경 선생 전기」, 『나라사랑』 제4집, p.216.
174 「周時經自筆履歷書」, 『전집』 하권, p.714 및 743 참조.
175 김윤경, 위의 책, p.225.
176 「周時經自筆履歷書」, 『전집』 하권, p.717 참조.
177 金世漢, 『周時經傳』, pp.176~177 참조.

「백두산의 산림을 베어 통나무로 뚝뚝 끊어 싣고서 동청(東淸)철도
로 달아날 때에 그때 차장(車掌)은 누구던가요?」
「백두산의 나무를 베어 조그마한 배를 모아 서해(西海)에 띄워 놓
고 두둥실 내려올 제, 바라보니 금수강산이로구나. 주인은 누구요.」

이것은 바로 일제침략을 규탄하면서, 자기 조국에 대한 사랑과 국권회
복·독립쟁취의 과제를 일깨워 주는 교육이었다고 볼 수 있다. 주시경은 국
권을 잃고 국망 직전의 절박한 시기에 만일 국문을 찾아서 체계화하고 보
급해 놓지 못한 채 한문 사용의 관습에 지배되어 영구히 국문을 잃어버리
고 다시 일본어문에 지배되면 이때에는 언어까지 잃어 독립을 쟁취할 수
없게 될 것임을 자각하고, 국권회복과 독립쟁취의 기초를 닦는 사명감으로
국어국문의 교육을 비롯한 교육구국운동에 헌신한 것이었다. 주시경의 제
자인 최현배는 주시경의 교육구국운동에 대하여 다음과 같이 회상하였다.

스승은 날마다 여러 학교를 돌아다니면서 수많은 학생들을 가르치
기에 끔찍한 노고를 하시고, 겨우 쉴 수 있는 하루의 일요일을 온전히
이 국어 교육에 바쳤다. 그때 배우는 사람들이 청강료를 내지 아니
하였으니, 스승의 수고가 순전히 겨레를 사랑하고 겨레의 문화, 겨레
의 말과 글을 사랑함에 있었음은 물론이다. 스승은 극히 가난한 생활
을 하시면서도 젊은이들에게 국어국문을 가르치기에 최대의 즐거움을
즐기셨던 것이다. 슬픔이 나라에 있고, 근심은 겨레에 있고, 정성은 배
달말의 연구에 있고, 즐거움은 오로지 청년 교육에 있었다.[178]

주시경은 이뿐만 아니라 학교설립운동에도 참가하여 이한선(李漢宣)을
그의 부친의 고향인 평산에 보내어 그의 아우 주시강(周時綱)과 함께 학교

---

178 최현배, 「나의 존경하는 교육자 주시경 스승」, 「나라 건지는 교육」, 『나라사랑』
제4집, p.18.

를 경영케 하고, 또 신원희(申元熙)를 평산읍에 보내어 학교를 설립 경영케 했으며, 그의 고향인 봉산군에는 이달원(李達元)을 보내 봉양원(鳳陽園)에서 청년학생들을 교육 양성케 하였다. 또한 그는 서울의 서북협성학교[西北協成學校, 후의 오성학교(五星學校)]의 설립에 박은식(朴殷植)·이종호(李鍾浩)·노백린(盧伯麟)·이갑(李甲) 등과 함께 참여했으며, 휘문의숙(徽文義塾)의 설립에도 참여했다고 한다.[179]

또한 그는 그의 동지들인 다른 애국계몽운동가들의 요청에 따라 지방의 학교에까지 가서 수많은 국어국문 강의와 계몽강연을 하였다. 예컨대 그는 정주(定州)의 오산학교(五山學校), 평양의 대성학교(大成學校)의 초청으로 계몽강의를 했으며, 재령의 정찬유·김구의 초청을 받아 국어강습회를 열기도 하였다.[180]

1910년 나라가 일제에 의하여 병탄당하여 식민지로 되자, 그는 다시 보성중학교에 다 매 일요일마다 '조선어강습원(朝鮮語講習院)'을 차리고 그 교수를 혼자 담당하였다. 이 강습원에는 한성사범학교 학생들을 비롯하여 서울 장안의 각 학교로부터 청년학생들이 모여들어 주시경으로부터 국어국문의 교육을 받았다. 이 시기의 주시경의 모습에 대해 최현배는 다음과 같이 쓰고 있다.

　건지려던 나라가 이미 없어지기는 하였으나, 그 백성인 내 겨레가 아직 여전히 남아 있으니, 교육에 던진 희망을 아주 포기할 수는 없었다. 눈앞에서 기울어져 가는 큰 집을 붙잡는 것도 교육에 몸 던지신 스승의 목적 아님은 아니었지마는, 이미 엎어진 큰 집을 미래에 다시 세우는 것이 더 깊고 먼 스승의 포부였으며, 더 간절하고 질긴 스승의 의지이었다. 눈물을 머금은 '주 보따리'는 예나 다름없이 동대문 연지

179 김윤경, 「주시경 선생 전기」, 『나라사랑』 제4집, pp.222~223 참조.
180 김윤경, 위의 책, p.223 참조.

동에서 서대문 정동으로, 정동에서 박동으로, 박동에서 동관으로 돌아다녔다. 스승은 교단에 서시매, 언제든지 용사가 전장에 다다른 것과 같은 태도로써 참되게, 정성스럽게, 뜨겁게, 두 눈을 부릅뜨고 학생을 응시하면서, 거품을 날리면서 강설을 하셨다. 스승의 교수는 말 가운데 겨레의 혼이 들었고, 또 말 밖에도 나라의 생각이 넘치었다.[181]

주시경의 조선어강습원은 크게 번창하였다. 그는 국어국문을 배울 의사가 있는 청소년 학생이면 누구든지 모아 청강료를 받음이 없이 매 일요일 한번도 빠짐이 없이 국어국문과 함께 독립 쟁취를 위한 애국심을 고취하였다.[182] 이 때문에 그후 민족문화운동에 종사한 많은 애국자들이 그의 문하에서 나오게 되었다.[183]

또한 주시경은 이 조선어강습원의 학생들이 그의 국어국문교육을 받은 다음 전국 각지로 나아가서 민중들에게 국어국문교육을 실행하도록 지도하였다. 이러한 그의 방침에 따라 많은 그의 문하생들이 여름방학과 겨울

---

181 최현배, 「나의 존경하는 교육자 주시경 스승」 「나라 건지는 교육」, 『나라사랑』 제4집. pp.178~189.

182 최현배, 「주시경 스승과 나」, 『한글의 투쟁』, 1947, pp.178~179에서 이 朝鮮語講習院에 대하여 다음과 같이 회고하고 있다. "당시 주 스승은 여러 군데의 사립중학교의 조선어뿐 아니라 지리·역사까지 맡아 가르치시기 때문에 앉은 자리가 더울 여지가 없어, 커다란 책보를 끼고서 동분서주하셨다. 이렇게 바쁜 교원 노릇을 할뿐더러, 집안 살림살이조차 어려웠으니, 말하자면 세고가 자심하였다. 그렇건마는, 스승님은 하루의 휴식이 허여된 일요일을 그대로 쉬어 버리지 않고, 조선말·조선글의 발달을 위하여, 조선 청년의 교육을 위하여, 날마다 끼고 돌아다니는 책보퉁이를 여전히 끼고 일요강습원에 나타나시어, 목을 축일 만한 차 한 잔도 없이, 수백 명의 학생을 놓고 부릅뜬 두 눈과 높은 목소리로 조선말·조선글을 가르치며, 조선 마음·조선 혼을 깨우쳤다. 청강생들은 청강료를 낼 필요가 없이, 누구든지 조선말·조선글을 배우고자 하거든 다 오라 하는 것이었다. 그때의 청강생은 여러 학교에서 왔지마는, 특히 임시교원양성소의 생도들이 많이 왔다. 일요일에서 일요일로, 이 달에서 저 달로, 금년에서 내년으로 이 강습원은 계속되어 갔다."

183 김윤경, 「주시경 선생 전기」, 『나라사랑』 제4집, p.216 참조.

방학에는 전국 각지의 향촌에 돌아가서 민중들에게 국어국문을 가르치고 독립 쟁취를 위한 애국심을 일깨웠다.[184] 이 때문에 국어국문의 교육보급은 더욱 빠르게 전국으로 퍼져나가게 되었다.

그러나 1910년 이후의 일제의 애국계몽운동에 대한 무력탄압은 갈수록 자심하여 주시경의 구국교육운동도 직접적인 탄압의 대상이 되었다. 주시경의 많은 동지들이 독립운동을 위하여 국외로 망명하였다. 국내에 남아 있던 동지들은 1911년 일제의 소위 '105인 사건(신민회 사건)'으로 인하여 구금되었다. 주시경은 국내에서의 애국계몽운동과 독립운동에 근본적 제약을 느끼고 해외에 나가서 독립운동을 하기 위해 망명하기로 결정한 다음 1914년 여름방학에 고향에 가서 부모형제들에게 하직을 고하고 서울로 돌아왔다. 주시경이 망명의 길을 떠나기 직전에 그는 뜻밖에 체증에 걸리어 두어 날 만인 1914년 7월 28일 갑자기 별세하게 되었다.[185] 그의 누적된 과로가 그를 극도로 쇠약하게 하여 체증이라는 조그마한 장애가 그의 생명을 앗아 간 것이었다. 그는 자신의 건강도 돌보지 않고 국권회복과 독립 쟁취를 위한 애국계몽운동에 헌신하다가 과로하여 39세라는 짧으나 장렬한 그의 생애를 마친 것이었다.

7. 맺음말

종래 주시경은 국어학자로서만 알려져 왔다. 이것은 주시경에 대한 연구를 전적으로 국어학자들만 해 왔고 역사가들이나 사회과학도들이 그에 관심을 별로 갖지 않았기 때문에 주시경의 다른 측면이 밝혀지지 않은 까

---

184 최현배, 「주시경 스승과 나」, 『한글의 투쟁』, 1947, pp.180~181 참조.
185 김윤경, 「주시경 선생 전기」, 『나라사랑』 제4집, pp.224~225 참조

닭인 것으로 보인다. 사회사적 관점에서 보면 주시경은 국어학자이기 이전에 애국계몽사상가이며 애국계몽운동가였다. 구한말에 국어국문의 재발견이라는 귀중하고 위대한 업적은 초기개화운동 및 주시경이 참가한 독립신문·독립협회운동과 특히 한말 애국계몽운동의 성과의 일환이었다고 볼 수 있다.

우리나라 개화기에 민족문화의 현대적 정립은 우선 제일차적으로 자기 나라 역사 및 언어의 재발견과 현대적 체계화를 요청하고 있었다. 이것은 그 시대 하나의 역사적 요청이었다. 이 가운데 특히 언어 문자의 재발견과 체계화는 고도의 과학적 분석과 연구가 요청되는 특수한 분야였다.

주시경은 그의 탁월한 탐구력과 독창력을 갖고 한자사용에 대한 회의와 국어국문에 대한 관심을 갖게 된 이래 제약된 조건 아래서도 광범위한 기초 공부를 하였다. 그는 지리와 역사와 종교에 깊은 관심을 갖고 이에 대한 깊은 공부를 했으며, 영어·중국어·일어 등 외국어를 공부하고, 해양학·측량학·수리학·위생학 등 자연과학을 공부하였다. 이러한 기초공부 위에서 그는 자기 시대의 민족적 과제에 대결하는 독자적인 사상체계를 수립하여 위대한 개화사상가가 되었다.

주시경은 민족이 본질적으로 언어공동체이며, 언어가 사회를 조직한다는 매우 사회과학적인 사상을 갖게 되었다. 그는 언어와 문자의 독립이 민족국가의 독립을 나타내는 것이라고 보았으며, 민족경쟁의 시대에 언어와 문자가 갖는 중요성을 정확히 인식하고 우리나라의 독립과 발전이 국어국문의 연구 발전 보급과 직결되어 있다고 보아 그의 독특한 어문민족주의 사상을 전개하게 되었다.

그는 민족에 대한 사랑을 국어에 대한 사랑으로 융합시켰다. 그는 국어 음운(國語音韻)과 국문자(國文字)에 대한 철저한 과학적 분석과 연구를 통하여 한글이 세계에서 과학적으로 가장 우수한 문자라는 결론에 도달하게 되었다. 그는 이러한 우수한 자기 나라의 문자를 두고 한문 사용에 집착하는 것은 사대사상에 젖은 까닭이라고 통박하고 이미 19세기 말부터 국문 전용을 강력하게 주장하였다.

주시경의 어문민족주의 사상 속에는 강렬한 자주독립사상· 자유민권사상·개화자강 사상이 포함되어 있었으며, 민족의 미래에 깊은 관심을 모은 진보적 특성이 뚜렷이 부각되어 있었다. 그는 19세기 말에 나라의 독립과 발전의 길이 민중의 개화자강에 있다고 생각하고 『독립신문』의 국문판 조필로 활동하면서 독립신문을 서재필과 함께 국문전용, 국문 띄어쓰기, 쉬운 국어 쓰기를 실행하여 발간함으로써 민중의 계몽과 민족문화의 발전에 지대한 공헌을 하였다.

1905년 국권을 빼앗기고 국망이 눈앞에 놓인 절박한 시기에 그는 자기의 어문민족주의 사상에 입각하여 헌신적으로 애국계몽운동에 참가하였다.

그는 이 위험한 시기에 만일 국어국문을 재발견하여 과학적으로 체계화하고 민중 사이에 널리 보급시켜 놓지 못한 채, 타성에 젖어서 한문 사용의 폐습에 지배되다가 다시 일본어문에 지배되어 국문과 국어를 잃어버리는 날에는 국권회복과 독립쟁취는 이루어질 수 없게 된다고 보았다. 반면에 만일 이 절박하고 위험한 시기에도 분발하여 나라사랑과 함께 자기나라의 언어와 문자를 사랑할 것을 청소년들에게 교육하고 국어국문을 연구하고 민중들에게 보급시켜 놓으면 신진 청년들에 의하여 반드시 국권회복과 독립쟁취의 날이 올 것이라고 확신하였다.

그는 이러한 사명감을 가지고 거의 침식을 잊다시피하면서 국어국문 연구에 몰두하여 선구적인 업적을 내었으며, 거의 무와 다름없는 상태에서 그의 독창력을 발휘하여 국문법을 만든 것을 비롯해서 국어국문을 현대적으로 재발견하고 체계화 하는 데 성공하였다. 그는 이를 다시 청소년들과 국민들에게 교육하기 위하여 수많은 학교에서 국어국문 보급을 하고 일요일에도 '국어강습소'를 설립해서 청소년들을 모아 무료강의를 계속하였다. 또한 그는 국권을 회복하고 독립을 쟁취하기 위하여 국어국문 이외에도 그가 아는 모든 분야에서 민중들을 계몽하기 위하여 계몽논설을 쓰고 계몽강연을 하면서 애국계몽운동에 헌신하였다.

오늘날의 학문의 눈으로 볼 때 주시경의 연구에 불충분한 것이 있다 하여도 이것은 사회사적으로 볼 때는 전혀 대수로운 것이 아니다. 학문은 한 사람에 의해서나 한 시대에 이루어지는 것이 아닌 반면에, 주시경이 자기의 생애를 다 바쳐 이루어 놓은 업적과 애국계몽운동은 그 후 일제의 가혹한 탄압 속에도 그에 기초하여 그의 제자들에 의해서 국어와 국문을 지키고 연구하고 발전시키는 민족문화 투쟁과 독립운동으로 발전되었기 때문이다.

오늘날 우리가 한글을 되찾고 다시 '한글'이 우수한 문자로서 우리나라 사회와 문화의 발전의 원동력이 된 것은 애국계몽운동의 성과로서 얻어진 것이며, 이것은 위대한 선각자 주시경과 같은 다수의 선구자들이 있었기 때문에 가능하게 된 것이었다.

(『한국사회학연구』 제1집, 1977)

IX. 신채호의 초기민족주의사관과 후기민족주의사관

-그의 민족주의와 「신역사」 -

1. 머리말

단재(丹齋) 신채호(申采浩, 1880~1936)는 널리 알려져 있는 바와 같이 근대한국이 낳은 위대한 애국계몽사상가이며 역사학자이고 언론인이며 독립운동가로서, 이들 분야에서 큰 업적을 낸 인물이다. 신채호의 여러 분야들에 걸친 많은 업적 중에서 그가 역사학자로 우리나라의 '신역사(新歷史)'로서의 근대역사학을 성립시킨 업적은 특히 획기적인 것이라고 생각된다.

신채호의 '신역사'로서의 근대역사학은 그의 민족주의 사상과 직접적으로 결합되어 있었다. 그 결과 그의 근대역사학의 성립은 바로 우리나라에서의 근대 민족주의사학의 성립을 의미하는 것이 되었다. 모든 나라에서 근대역사학이 민족주의 사학으로 성립된 사실을 고려하면, 우리나라에서 신채호에 의한 근대 민족주의사학의 성립이 근대사학의 성립이 된 것은 세계학문사에서의 보편적 현상의 한국의 경우라고도 볼 수 있는 측면이 있다고 할 것이다.

여기서 역사해석에까지 적용되는 신채호의 민족주의의 특징은 무엇인가? 그는 왜 자기 시대에 민족주의를 고양하고 고취하려 했는가? 신채호의 민족주의와 역사학과는 어떠한 관련이 있는가? 신채호의 민족주의적 역사관의 특징은 무엇인가? 신채호의 민족주의적 역사관에는 그의 일생을 통해 변화가 없었는가? 등의 여러 가지 의문이 당연히 나올 수 있다.

신채호는 한말 애국계몽운동 시기부터 그의 생애의 마지막까지 역사 연구를 하면서 그의 독특한 민족주의사관을 정립하여 이에 기초해서 우리나라의 근대민족주사학을 창립하였다. 따라서 그의 역사학을 깊이 이해하려면 반드시 그의 민족주의와 민족주의사관을 이해할 필요가 있다.

이 논문에서는 위에서 제기된 물음을 중심으로 하여 우리나라 근대 민족주의사학을 성립시킨 배경이 되는 신채호의 민족주의사관을 고찰해 보려고 한다. 그의 민족주의사관은 크게 나누어 보면, 1905~1910년 애국계몽운동기의 초기민족주의사관과, 그가 1910년 4월 국외에 망명한 후부터 『조선상고사(朝鮮上古史)』를 완성할 때까지의 후기민족주의사관으로 구분해 볼 수 있다. 여기서 는 신채호의 초기민족주의사관이 후기 민족주의사관에서 어떻게 변화·발전하는가의 문제도 아울러 고찰하면서 그것이 우리나라에서 '신역사'를 성립시킨 이론적 배경을 밝혀 보려고 한다.

2. 신채호의 민족주의의 개념과 이론

신채호의 사회사상은 무엇보다도 먼저 자기 시대를 제국주의의 시대라고 파악하는 세계관 에서 출발하고 있다. 그는 구한말에 자기 시대의 특징을 제국주의가 약소민족을 침략하는 것을 능사로 하는 '약육강식(弱肉强食)'의 시대라고 관찰했으며, 소위 6대 강국이니 8대 강국이니 하는 열강이 모두 앞을 다투어 약소민족에 대해서 제국주의 침략을 자행하기 때문에 '세계 무대가 일제국주의적(一帝國主義的) 활극장'[1]이 되었다고 개탄하였다.

신채호는 근대 이래로 구주열강(歐洲列强)의 제국주의가 전세계를 횡행하면서 동으로는 아시아를 침략하고, 남으로는 아프리카를 분할하며, 동남으로 대양주를 점령했다고 그 형세를 제국주의 국가별로 다음과 같이 설명하였다.[2]

① 먼저 英國은 남부 아프리카를 모두 점령하여 식민지로 만들고 남아프리카를 횡단하는 대철도를 부설했으며, 한편으로 남아시아를 식민지로 점령하고, 또한 大洋洲를 점령하였다.

② 프랑스는 아프리카의 사하라 일대를 빼앗고, 마다가스카르 등 아프리카 여러 지역을 식민지로 점령했으며, 대양주의 여러 群島를 점령했고, 印度支那 제국 을 식민지로 점령한 다음 淸國의 南部를 엿보고 있다.

③ 러시아는 東아시아에 침입하여 시베리아 철도를 太平洋 연안까지 부설했으며, 우로는 아프카니스탄과 이란을 굴복시키고, 좌로는 蒙古와 만주를 엿보고 있다.

④ 獨逸·포르투갈·네덜란드 등 여러 나라들은 각기 사방에 雄視하여 식민지 개척에 열중하고 있다.

⑤ 미국은 몬로주의를 버리고 홀연히 미·스페인 전쟁을 일으켜서 하와이를 병탄하고 필리핀을 식민지로 빼앗았다.

⑥ 일본은 수천년간 東洋孤島로 있다가 겨우 혁신을 이룩하여 帝國主義國家가 된 다음 청일전쟁에서 승리하여 대만을 빼앗고, 러·일전쟁에서 승리하여 韓國을 침략하면서, 만주에 그 세력을 뻗치고 있다.

신채호는 이러한 제국주의 시대에 한국은 일본 제국주의의 침략을 받아 국권을 박탈당하고 바야흐로 '식민지'로 병탄당할 위험에 처하여 있다고

---

1 申采浩,「帝國主義와 民族主義」,『改訂版 丹齋申采浩全集』(이하『전집』으로 약함), 단재 신채호 선생 기념사업회, 1977, 하권, p.108.
2 「二十世紀 新民族」,『전집』, 별집, p.212 참조.

〈그림 32〉 중국 망명기의 신채호

자기나라의 형편을 경고하였다.[3]

이러한 시대에 대한국민이 해야 할 가장 중대한 일과 이루어야 할 '금일 대한국민의 목석지'[4]는 무엇인가? 신채호에 의하면 자기 시대의 대한국민의 목적지는 제국주의의 침략을 막아 내어 '국권회복', '독립', '자유'를 쟁취하는 것이다. 그에 의하면, 제국주의의 목적이 침략이라고 한다면 대한국민의 목적은 바로 '국권회복'이다.

신채호는 대한국민의 목적이 국권회복으로 정립되면 방황하지 말고 이 목적을 달성하기 위하여 온 국민이 총력을 기울여야 한다고 주장하였다. 그는 당시 애국계몽운동의 여러 내용들인 교육구국운동, 민족실업발달운동, 단체조직운동, 사회개혁운동 등은 그 자체가 목적이 아니라 '국권회복'이라는 대한국민의 목적지에 도달하는 방법으로 간주되어야 할 것임을 강조하였다.[5]

그러면 제국주의에 대항하여 국권을 회복하는 방법은 무엇인가? 신채호에 의하면, '민족주의'를 일으켜 떨치게 하는 것이 가장 좋은 방법이다. 그에 의하면, 민족주의야말로 제국주의의 침략을 막아 내고 민족을 보전하는 실로 둘도 없는 가장 좋은 법문(法門)이다. 민족주의가 일어나 그 광휘를 떨치면 어떠한 극렬하고 괴악한 제국주의도 감히 침입하지 못한다. 제국주

---

3 「韓國倂合論者에게 告함」, 『전집』, 별집, p.207 참조.
4 「今日大韓國民의 目的地」, 『전집』, 별집, p.175.
5 「今日大韓國民의 目的地」, 『전집』, 별집, p.177 참조.

의는 오직 민족주의가 박약한 나라에만 침입하는 것이다.

> 연즉 此 帝國主義로 抵抗하는 방법은 何인가 曰 民族主義(타민족
> 의 간섭을 不受하는 주의)를 奮揮함이 是이니라. 此 민족주의는 民族
> 保全의 不二的 法門이라. 此 민족주의가 강건하면 拿破崙 같은 대영
> 웅으로도 露都殘熖에 窮塊를 作하고, 민족주의가 박약하면 亞剌飛 같
> 은 大傑男으로도 錫蘭孤島에 離黍를 哭하였나니, 오호라 民族을 보
> 전코자 하는 자가 此 민족주의를 捨하고 何를 當取하리오.
> 是故로 민족주의가 팽창적 雄壯的 堅忍的의 光輝를 揚하면 여하한
> 劇烈的 怪惡的의 제국주의라도 감히 參入하지 못하나니, 요컨대 제국
> 주의는 민족주의가 박약한 國에만 參入하나니라.[6]

신채호에 의하면, 한국이 일본 제국주의의 침략을 받고 국권(國權)을 빼
앗겨 신음하는 것도 한국의 민족주의가 강건하지 못했기 때문에 그렇게
된 것이었다. 따라서, 한국이 국권을 회복하고 민족을 보전할 수 있는 방법
도 바로 이 민족주의를 크게 분발시키는 방법밖에 없는 것이다.

> 錦 같고 花 같은 한반도가 금일에 至하여 黯黑然 披靡然히 魔屈에
> 함은 何故요. 즉 韓人의 민족주의가 강건치 못한 所以니,
> 惟 望컨대 한국동포는 민족주의를 대분발하여 「我族의 國은 我族
> 이 主張한다」 하는 一句로 護身符를 作하여 민족을 보전할지어다.[7]

신채호가 제국주의의 침략을 막아 내고 민족과 국가를 보전하는 유일의
방법이라고 이처럼 강조한 '민족주의'의 개념은 무엇인가? 그는 민족주의
의 개념을 정밀하게 정의한 독립논설을 쓴 적은 없고, 구체적인 특정 주제

---

6 「帝國主義와 民族主義」, 『전집』, 하권, p.108.
7 「帝國主義와 民族主義」, 『전집』, 하권, pp.108~109.

를 다루는 글 속에서 간결하게 그의 민족주의의 기본개념을 논급하고 있을 뿐이다. 그는 제국주의와 민족주의의 관계를 다루는 위의 글에서 '민족주의' 등의 개념을 다음과 같이 간결하게 정의하였다.[8]

① 민족주의=타민족의 간섭을 받지 않는 주의. 아민족(我民族)의 국가는 아민족이 주장한다는 주의.
② 제국주의=영토와 국가를 확장하는 주의.
③ 몬로(門羅)주의=아(我)가 타국을 간섭하지 아니하고 타국도 아(我)를 간섭치 못하는 주의

신채호의 이러한 민족주의의 개념은 ① 민족 자주독립 사상(타민족의 간섭을 받지 않는 주의)과 ② 민족국가의 자결(自決)주의(아민족의 국가는 아민족이 주장한다는 주의)를 골간으로 하고 있는 것이라고 말할 수 있다.

신채호의 이러한 간결한 민족주의의 개념 정의는 민족주의의 본질을 밝히고 있는 것이기는 하나, 민족주의의 복잡하고 풍부한 내용을 다 집약하고 있는 것은 물론 아니다. 심지어 오늘날의 민족주의를 전공하는 학자들조차도 민족주의의 복잡하고 풍부한 내용을 간단한 개념 정의 속에 집약시키지 못하고 있다. 그러므로 신채호의 민족주의의 개념을 보다 구체적으로 알기 위해서는 그가 밝힌 민족주의의 역할과 민족주의의 내용을 고찰하는 우회적 방법을 반드시 병행시킬 필요가 있을 것이다.

신채호는 그의 논설들 속에서 민족주의가 주로 다음과 같은 역할을 하는 것이라고 지적하였다.[9]

---

8 「帝國主義와 民族主義」, 『전집』, 하권, pp.108~109 참조.
9 「身·家·國 三觀念의 變遷」, 『전집』, 별집, pp.153~156 ; 「二十世紀 新國民」, 『전집』, 별집 pp.210~229 ; 「帝國主義와 民族主義」, 『전집』, 하권, pp.108~109 참조.

① 민족보전(民族保全)의 역할
② 국가보전(國家保全)의 역할
③ 민족국가 발전의 역할
④ 국권회복의 역할
⑤ 제국주의 침략 격퇴의 역할

신채호는 민족주의가 이와 같이 결정적으로 중요한 역할을 하는 것이기 때문에 한국의 민족주의를 크게 고양시켜 일본 제국주의의 침략을 막아내어서 국권을 회복하고 민족국가를 크게 발전시키려고 한 것이었다.

신채호의 민족주의는 이론적으로 당시 사회학의 사회진화론(社會進化論)과 깊이 관련되어 이었다. 그는 다윈의 진화론을 비롯하여 스펜서(Herbert Spencer)와 키드(Benjamin Kidd)의 사회진화론을 받아들여서 '생존경쟁(生存競爭)', '적자생존(適者生存)', '우승열패(優勝劣敗)', '약육강식(弱肉强食)', '사회진화(社會進化)'의 개념과 이론을 그의 사상에 흡수하였다. 그는 루소(Jean Jacques Rousseau)의 계몽사상(啓蒙思想)도 적극적으로 흡수했지만, 스펜서와 키드의 사회진화론도 적극적으로 수용하였다.

신채호의 민족주의 이론에서 사회진화론을 수용하여 발전시킨 특징적인 것이 ① 외경론(外競論)과 ② 자강론(自强論)이었다.

신채호는 사회진화론의 '경쟁의 원리'가 보편적 원리이기는 하지만 그것은 동일민족 내부에서 보다 다른 민족들 사이

〈그림 33〉 중국에서 신채호 선생의 결혼사진
(신부 박자혜 여사)
(출처: 국가보훈처)

에서 더 적나라하게 나타난다고 보았다. 그에 의하면, 민족은 동족(同族)이면 먼저 합(合)하고 이족(異族)이면 먼저 '외경(外競)'하면서 우자(優者)와 강자(强者)가 승(勝)하고 열자(劣者)와 약자(弱者)가 패(敗)한다고 보았다. 그는 이러한 관점에서 한 민족의 '외경력(外競力)'을 매우 중요시 하였다.

신채호는 한 민족의 외경력은 그 민족의 '자강(自强)'의 여하에 달려 있는 것이라고 보았다. 외경에서 '우(優)', '승(勝)'하는 길은 '강(强)'자가 되는 길밖에 없으며, 이「강」은 타(他)에 의뢰해서 얻어지는 것이 아니라 '스스로' 강해지는 '자강'이어야만 한다고 본 것이었다. 즉, 그는 외경력의 기초가 바로 '자강'이라고 본 것이었다.

신채호의 민족주의 이론에서 외경론과 자강론은 핵심이었을 뿐 아니라 본질적으로 밀접히 통합된 것이었다. 그는 일본 제국주의와 이민족의 침략에 대항하기 위해서는 외경력을 길러야 하며, 외경력을 기르기 위해서는 정신적으로 외경사상을 불러일으키고 실질적으로 '자강'을 실현해야 한다고 주장하였다. 그는 한국 민족주의의 일본 제국주의에 대한 항전에서 외경력의 궁극적 기초가 되는 것은 바로 '자강'이라고 강조하였다.

신채호의 민족주의 이론의 외경론과 자강론은 일반이론으로서의 스펜서와 키드 등의 사회진화론을 당시의 한국의 사회정치 형편에 응용하여 발전시킨 당시의 한국 민족주의 이론의 골간의 하나였다고 볼 수 있다. 신채호는 이 '외경론'과 '자강론'을 적용하여 한국민족의 성쇠를 역사적으로 설명하려고 하였다.[10] 그는 자기 시대에 한국이 일본 제국주의에게 국권을 박탈당하고 나라가 망하기 직전에 이른 것도 수백 년간 외경사상이 일어나지 않은 결과 자강을 실현하지 못해서 일본 제국주의 침략에 대항할 외경력을 상실했기 때문이라고 설명하였다.[11]

---

10 「韓國과 滿洲」, 『전집』, 별집, p.232 및 「滿洲問題에 就하여 再論함」, 『전집』, 별집, p.241 참조.

신채호가 1907년 10월에 양계초(梁啓超)의 『이태리건국삼걸전(伊太利建國三傑傳)』을 번역 간행하고, 뒤이어 한걸음 더 나아가서 한국역사상의 삼걸(三傑)로 을지문덕(乙支門德), 이순신(李舜臣), 최영(崔瑩)을 뽑아 『을지문덕전(乙支文德傳)』(1908년 5월 간행, 국문판 『을지문덕전은 1908년 7월 간행), 『수군제일위인 이순신전(水軍第一偉人 李舜臣傳)』(大韓每日申報 1908년 5월 2일~8월 18일 연재, 국문판 『리순신전』은 국문판 대한매일신보 1908년 6월 11일~10월 24일 연재), 『동국거걸 최도통전(東國巨傑 崔都統傳)』(大韓每日申報 1909년 12월 5일~1910년 5월 27일 연재) 등의 전기를 저술한 이유의 하나에는 이 외경사상과 자강사상을 고취하여 청소년들과 국민들을 국권회복을 위한 영웅적 투사로 교육·계몽하려는 목적이 중요한 동기를 이루고 있었다.

신채호는 그의 『을지문덕전』에서 동포들이 「을지문덕주의」의 자강사상과 외경사상을 배울 것을 촉구하였다.[12] 그가 한국 역사상의 수많은 영웅호걸들을 두고 하필 최영을 3걸 중의 하나로 뽑은 사실에서 그의 외경론을 중시하는 관점이 잘 드러나는데, 그는 이것을 발해 멸망 후 장기간 한국민족의 외경력이 약화된 속에서 최영이 특출하게 다시 외경사상을 발휘하여 고대의 자기 민족의 강토를 광복하려 했기 때문에 특히 높이 평가하는 것이라고 설명하였다.[13] 신채호는 『이순신전』에서도 한국민족의 외경력이 가장 약화된 시대에 외경력을 발휘한 곳에 이순신의 특이한 위대성이 있다고 지적하였다.[14]

신채호의 민족주의 이론의 외경론과 자강론은 그후 『조선상고사(朝鮮上古史)』 총론의 역사를 「아(我)와 비아(非我)의 투쟁의 기록」이라고 보는 견

---

11 「韓國合鮮論者에게 告함」, 『전집』, 별집, p.206 참조.
12 「乙支文德」, 『전집』, 중권. 별집, pp.29~31 참조.
13 「滿洲問題에 就하여 再論함」, 『전집』, 별집, p.241 참조.
14 「李舜臣傳」, 『전집』, 중권, p.410 참조.

해에서도 기본적으로 지속되고 있음을 볼 수 있다.

신채호의 애국계몽사상은 그의 민족주의 이론의 일부로서 한말(1905~
1910)에 그가 한국민족의 국권회복을 위해 외경력을 기르고 자강책을 제
시한 내용으로 되어 있다. 그는 동시대의 다른 애국계몽사상가들과 함께
교육구국, 실업구국, 무력양성, 사회관습개혁, 민족종교, 애국계몽문학 등
을 주창하였다. 이 시기의 신채호의 민족주의 이론에서 동시대의 다른 사
상가에게서는 드물게 보이는 바의 특이하게 강조되어 드러나는 것이 그의
민족문화보전론(民族文化保全論)과 「역사」의 중요성에 대한 통찰과 강조
였다.

신채호의 민족주의는 한편으로 낡은 중세문화를 통렬히 비판하고 그 극
복을 주장하면서도 다른 한편으로 민족문화의 보전을 또한 매우 강조하였
다. 그는 한말에 '민족문화의 보전'을 '국수보전(國粹保全)'이라고 표현했
는데, 이때의 '국수'는 현대용어의 '국수주의'의 '국수'와는 전혀 관련이 없
는 것으로서,[15] 그의 개념에 의하면 국수(國粹)란 '즉 그 국(國)에 역사적으
로 전래하는 풍속·관습·법률·제도 등의 정신'[16]을 말하는 것이며, '한 나
라 풍속·언어·습관·역사·종교·정치·풍토·기후 기타 모든 것의 특유(特有)
한 미점(美點)의 뽑음'이요 '국가의 미(美)'를 의미하는 것이었다. 그는 이
'국가의 미'를 모르고는 참 애국도 나오지 않는 것이라고 다음과 같이 강
조하였다.

---

15 신채호가 國粹保全論을 주장한 것은 1908년의 일이었고, 우리나라에서 파시즘
(Fascism)을 「國粹主義」라고 번역한 것은 1920년대 이후의 일이었다. 따라서 후세
의 일부 국수주의자들이나 또는 그 비판자들이 신채호의 용어 '國粹'의 개념을 오
해하여 파시즘류의 사상과 결부시키는 것은 신채호의 생각과는 전혀 다른 것이다.
신채호의 '國粹'를 구태여 현대용어로 번역하면 '民族文化의 精粹'와 가장 가까울
것이라고 본다.
16 「國粹保全論」, 『전집』, 별집, p.116.

국가에도 國家의 美가 있나니, 自國의 풍속이며, 언어며, 습관이며, 역사며, 종교며, 정치며, 풍토며, 기후며, 外他 온갖 것에 그 特有한 美點을 뽑아 이름한 바 國粹가 곧 國家의 美니, 이 美를 모르고 愛國한다 하면 빈 애국이라.[17]

신채호에 의하면, 파괴하라 하는 것은 미(美)와 추(醜)를 구분하지 않고 모두 파괴하라는 것이 아니라, 추한 것을 파괴하고 미한 것을 보전하라는 것이다. 그에 의하면, 조상으로부터 전래하는 풍속·습관·법률·제도 등에는 그 민족과 국가의 발달에 방해가 되지 않을 뿐 아니라 긍지와 창의를 낳아주는 미(美)한 것이 있으니, 이를 잘 보전하고 발전시켜야 한다고 하였다. 신채호는 이러한 민족문화(民族文化)의 정수(精粹, 國粹)를 국민정신과 애국심을 낳는 모태와 원천으로 보았으며, 잘못하여 이것까지 파괴하여 버리면 국민정신을 유지하고 애국심을 불러일으킬 '기초'와 '근거'를 파괴하여 버리게 된다고 지적하였다.[18]

신채호가 민족문화의 정수의 보전과 관련하여 특이하게 강조한 것이 '역사'였다. 신채호의 민족주의는 국권회복을 대한국민의 최고의 목적으로 확고히 정립했으나, 이를 달성할 대한국민의 실력이 일본 제국주의의 실력과 비교할 때 매우 약함을 절감하였다. 이때 '절망'하면 모든 것이 허사이다. 신채호에 의하면 '희망'의 맹아가 항상 고통시대에 존재하는 것이다. 지구상에 강국이라고 칭하는 나라가 한번 고통이 없고서 능히 흥한 나라가 있지 않았다.[19] 대한국민은 국권을 빼앗기고, 모든 자기의 권리들을 빼앗기고, 일제의 탄압을 받으면서 고통 속에 빈 손으로 있지만, 대한국민이 다시 일어서서 실력을 기르고 국권을 회복하여 부강한 독립국가를 건설하

---

17 「新敎育(情育)과 愛國」, 『전집』, 하권, pp.133~134.
18 「國粹保全論」, 『전집』, 별집, pp.116~118 참조.
19 「大韓의 希望」, 『전집』, 하권, pp.65~66 참조.

고 발전시킬 대희망이 있으니, 그 기초가 되는 것이 바로 '애국심(愛國心)'
이다. 대한국민이 '애국심'에 충만하여 모두 '애국자'가 되어서 성력(誠力)
을 다하면 국권은 곧 회복할 수 있다.[20] 그에 의하면, "나라의 흥함과 망함
은 국민의 애국심의 유와 무에 있을 뿐이다."[21] 국민에게 '애국심'만 견고
하게 배양할 수 있으면 여기서부터 출발하여 실력도 기르고 문화도 만들
며 단체도 만들고 무력도 길러서 국권을 회복할 수 있다.

신채호의 민족주의는 대한국민들이 애국심을 배양하여 국민의 힘으로
국권을 회복하고 새로운 '입헌공화국(立憲共和國)'을 건설하는 것을 최고
목표로 제시하였다.[22]

이러한 민족주의의 원대한 목표 달성의 기초가 되는 애국심은 어떻게
배양할 수 있는가? 신채호에 의하면, 애국심을 배양하는 가장 확실하고 정
확한 방법은 '역사'를 가르쳐 주는 것이다. 신채호에 의하면, '역사'야말로
바로 애국심의 원천이다. 대한국민이 역사를 알면 샘솟듯이 애국심이 배양
되고 분출될 수 있다. 여기에서 신채호의 민족주의는 '역사'를 특히 강조하
게 된 것이었다.

3. 역사민족주의와 애국계몽사학

신채호의 민족주의는 이상과 같이 '애국심'을 매우 중시하기 때문에 애
국심을 배양하는 부문으로 '역사', '교육'(특히 情育), '국문', '문학'(특히
소설과 전기)을 매우 중시했으며, 그중에서도 단연 '역사'의 절대적 중요성

---

20 「誠力과 功業」, 『전집』, 하권, pp.81~82 참조.
21 「西湖問答」, 『전집』, 별집, p.141.
22 신용하, 「신채호의 民族國家觀과 市民的 民族主義 사상」, 『申采浩의 社會思想
研究』, 1984, pp.346~348 참조.

을 특히 강조하였다. 널리 아는 바와 같이 신채호는 '역사'야말로 '애국심'을 배양하는 가장 좋은 길이라고 다음과 같이 강조하였다.

　　오호라. 若何하면 我 이천만의 耳에 항상 愛國이란 一字가 鏗鏘하게 할까, 曰 惟 歷史로 以할지니라.
　　오호라. 약하면 아 이천만의 眼에 항상 國이란 일자가 徘徊하게 할까, 왈 유 歷史로 以할지니라.
　　오호라 약하면 아 이천만의 手가 항상 國을 위하여 拮据하게 할까, 왈 유 歷史로 以할지니라.
　　오호라. 약하면 아 이천만의 脚이 항상 國을 위하여 踊躍하게 할까, 왈 유 歷史로 以할지니라.
　　오호라. 약하면 아 이천만의 腦가 항상 國을 위하여 沈想케 할까. 왈 유 歷史로 以할지니라.
　　오호라. 약하면 아 이천만의 血血涙涙가 항상 國을 위하여 熱滴케 할까, 왈 유 歷史로 以할지니라.[23]

　신채호는 역사를 '애국심의 원천'으로 보았으며, 따라서 '역사'가 강한가 약한가, 어떠한가에 따라 '민족'도 강해지거나 약해지거나, '역사'의 체계와 서술이 빚어 주는 방향으로 만들어진다고 보았다.

　　歷史는 愛國心의 원천이라. 고로 史筆이 강해야 民族이 강하며 史筆이 武하여야 民族이 武하는 배어늘 ……[24]

　신채호는 이처럼 '역사'가 애국심의 원천이며 한 민족을 강하게도 만들 수 있고 약하게도 만들 수 있는 특수한 능력을 가진 것으로 보았다. '역사'는 무한한 정신적 양식을 공급함으로써 국권을 잃고 지옥에 떨어진 한 민

---

23 「歷史와 愛國心의 關係」, 『전집』, 하권, p.72.
24 「許多古人之罪惡審判」, 『전집』, 별집, p.120.

족을 소생케 하여 국권을 회복케 하고 나라를 장려(壯麗)케 발전시킬 수 있는 것이라고 보았다.

> 聖哉라 歷史며, 偉哉라 역사여. 칠중팔중의 華嚴樓閣으로 一國山河를 壯麗케 하는 자 ㅣ 역사가 아닌가.
> 천회만회의 衆香天飯으로 一國民族을 소생케 하는 자 ㅣ 역사가 아닌가.[25]

국권회복을 목적으로 하는 당시의 신채호의 민족주의가 '역사'를 국권회복을 위한 애국주의의 궁극적 열쇠라고 본 것은 다른 사상가들에게서는 보기 드문 특징이라고 할 수 있다. 이러한 관점 때문에 신채호는 '역사'를 이례적으로 강조했을 뿐만 아니라 그 스스로 역사 연구에 몰두하여 위대한 업적을 낼 수 있었다. 한말 한국의 민족주의의 양상을 보면, 주시경(周時經)은 국권회복을 위한 애국주의의 열쇠를 '국어·국문'이라고 보는 사상체계를 수립하고 이의 연구에 몰두했는데, 우리는 주시경의 이 사상적 특징을 '어문민족주의(語文民族主義)'라고 부를 수 있다.[26] 한편, 동일한 시대에 동일한 과제를 놓고 신채호는 국권회복을 위한 애국주의의 열쇠를 '역사'라고 보는 사상체계를 수립하여 역사 연구에 몰두했는바, 우리는 신채호의 이 사상적 특징을 '역사민족주의(歷史民族主義)'라고 부를 수 있다.[27]

신채호의 역사민족주의는 한말 당시에는 그 실천적 목적에 집착한 나머지 '정치사'에만 집중되었다. 그에 의하면 외국사를 읽는 것은 지피지기(知彼知己)하여 경쟁에 도움을 얻을 뿐으로서 애국심을 방조(傍助)할 수는 있

---

25 「歷史와 愛國心의 關係」, 『전집』, 하권, p.73.
26 신용하, 「周時經의 愛國啓蒙思想」, 『韓國社會學研究』 제1집, 1977 참조.
27 신용하, 「申采浩의 愛國啓蒙思想」(상), 『韓國學報』 제19집, 1980, 『申采浩의 社會思想研究』, 1984, p.96 참조.

으나 애국심을 '주동(主動)'하는 것은 불가능하다. 그러므로 신채호가 여기서 '역사'라고 말한 것은 '본국사'만을 가리키는 것이다. 또한 그에 의하면, 역사에는 종교사·문학사 등 여러 분야가 있으나 이들 각 분야사는 애국심을 찬성할 수 있으나 애국심을 '잉조(孕助)'함은 불가능하다. 그러므로 신채호가 여기서 말하는 '역사'는 '본국정치사'만을 가리킨 것이다.[28]

신채호는 또한 '역사'를 정치적 목적을 갖지 않은 서재나 연구실 안에서의 일단 독립된 순수 학문으로서만이 아니라, 무엇보다도 자기 시대의 과제를 해결하는 데 실천적으로 참가하는 국민(또는 민중)에 대한 역사교육의 학문이 되어야 한다고 생각하였다. 따라서, 그의 관심은 역사가 국권회복을 위한 국민의 애국심 배양과 정신적 계발에 기여해야 한다는 계몽성에 크게 집중되어 있었다. 신채호가 한말에 역사를 국권회복을 위한 민중의 애국심 배양과 정신적 계몽의 학문으로 강조했다는 면에서 이 시기의 그의 사학을 우리는 '애국계몽사학(愛國啓蒙史學)'이라고 부를 수 있다.[29]

신채호의 역사민족주의와 애국계몽사학은 밀접히 통합되어 이 시기의 신채호의 역사관의 양대 기초가 된 사상적 특징이라고 볼 수 있다.

신채호의 애국계몽사학은 당연한 논리로 민중의 역사 학습을 매우 중시하였다. 그에 의하면, 애국심 배양을 위하여 민중이 역사를 읽도록 하되 ① 어릴 때부터 읽으며, ② 역사를 읽되 늙을 때까지 읽으며, ③ 역사를 읽되 남자뿐 아니라 여자도 읽게 하며, ④ 역사를 읽되 상층계급(상등사회) 뿐만 아니라 하층계급(하등사회)도 반드시 읽어야 한다. 여자라고 해서 역사를 읽지 않으면 국민의 절반을 잃어 버리는 것이다. 하층계급이라고 해서 역사를 읽지 않으면 민중 출신의 애국자와 인재를 양성하지 못할 뿐

---

28 「歷史와 愛國心의 關係」, 『전집』, 하권, p.73 참조.
29 신용하, 「申采浩의 愛國啓蒙思想」(상), 『韓國學報』 제19집, 1980, 『申采浩의 社會思想研究』, 1984, pp.96~100 참조.

아니라 이천만 민족의 최대다수를 차지하는 민중의 장부(丈夫)를 잃어 국민의 대부분을 잃게 되므로 우리가 나라를 사랑하고 구하려고 한들 더불어 사랑할 사람을 얻지 못하게 된다고 그는 강조하였다.[30]

신채호는 영국의 '대(大)'와 미국의 '부(富)'와 독일의 '웅(雄)'과 프랑스의 '복(福)'이 화포철함(火砲鐵艦)·삼림광산·상업·공예·법률·경제에서 나온 것이 아니라 단지 일편 '역사'에서 나온 것이니, 사람마다 '역사'를 읽으며 사람마다 나라를 사랑하면 어떤 나라가 그 나라에 미칠 수 있겠는가고 지적하였다. 그에 의하면 중국의 인구가 4억이 넘으니 그 100분의 1의 애국자만 있어도 일본과 경쟁할 수 있을 터인데, 그중에서 역사를 능히 읽는 자는 소수의 유생에 불과하니 4억이라 함이 허명이며, 인도의 인구가 2억에 이르니 그 중에 10분의 1만 애국자가 있어도 영국에 대항하련만 역사를 읽는 자는 겨우 소수의 승려에 불과하니 2억이라 함이 오직, 그 수만 채운 것에 불과한 것이다. 그는 역사를 모르는 허명충수(虛名充數)의 민중으로는 국가를 유지할 수 없는 것이라고 강조하였다.[31]

우리는 여기서 신채호의 역사민족주의와 애국계몽사학의 사상적 특징을 잘 볼 수 있다.

그러나 신채호에 의하면, 모든 역사가 애국심을 배양하는 것은 아니다. 주(主)와 객(客)을 서로 바꾸어, 예컨대 종래의 일부 유생들의 역사처럼 중국을 주(主)로 해서 '소중화(小中華)' '숭정기원(崇禎紀元)'이나 읊조리고 자기 나라를 도리어 객(客)으로 다루면 역사는 전혀 애국심을 배양하지 못한다. 그에 의하면, 도리어 "이러한 역사의 감화를 받으면 매국노(賣國奴)·망국적(亡國賊)만 낳을 뿐이며, 이러한 역사의 감화를 받으면 부외벽(附外癖)·배외열(拜外熱)만 일으킬 뿐"[32]이다.

---

30 「歷史와 愛國心의 關係」, 『전집』, 하권, p.73.
31 「歷史와 愛國心의 關係」, 『전집』, 하권, pp.77~78 참조.
32 「歷史와 愛國心의 關係」, 『전집』, 하권, p.79.

신채호의 역사민족주의와 애국계몽사학이 말하는 '역사'는 민중의 애국심을 낳아 기르는 역사이며, 그것은 "민족주의로 전국의 깊은 꿈을 소리쳐 깨우고 국가관념으로 청년의 새로운 사상을 빚어 만드는" 역사였다.

　　민족주의로 전국의 頑夢을 喚醒하며 國家관념으로 청년의 新腦를 陶鑄하여, 優存劣亡의 십자가두에 병려하여, 一線尙存의 國脈을 보유코자 할진대 歷史를 捨하고는 他術이 無할지나 ……[33]

신채호는 이러한 역사민족주의와 애국계몽사학의 관점에서 당시의 자기민족의 역사 문제에 대결 하였다.

4. 신역사와 초기 민족주의사관

신채호는 그의 역사이론의 전기에 속하는 한말에 그의 역사민족주의와 애국계몽사학의 관점에 입각한 그의 초기 민족주의사관의 일단을 다음과 같이 피력하였다.

　　연이나 年代나 記하며 人名·地名이나 列하면 此가 歷史며, 文華나 粧하며 街談巷說이나 附하면 此가 역사인가. 대저 역사란 자는 必也 向에 云한 바, 內를 尊하며 外를 岐하고 民賊을 축하며 公仇를 戮하는 등 一定主義·一貫精神을 伏하여 民族進化의 상태를 敍하며 國家治亂의 因果를 推하여 儒者ㅣ 立하며 頑者ㅣ 悟케 하여야 어시호 역사라 可稱할지니, 噫라 아국이 과연 此等 가치ㅣ 有한 역사가 유한가.[34]

---

33 『讀史新論』, 『전집』, 상권, p.472.
34 「歷史와 愛國心의 關係」, 『전집』, 하권, p.78.

신채호의 초기 민족주의사관은 여기서 다섯 가지 측면을 강조했음을 알수 있다.

첫째는 '일정주의(一定主義)', '일관정신(一貫精神)'이 관철하는 역사로서 그에게 있어서 이 것은 '민족주의'의 관철을 주장한 것이었다. 그는 도처에서 "민족주의로 전국의 완몽(頑夢)을 환성(喚醒)하며 국가관념(國家觀念)으로 청년의 신뇌(新腦)를 도주(陶鑄)하는" 역사를 주창한 것이었다.

둘째는 역사에서 '주(主)'와 '객(客)', '내(內)'와 '외(外)'를 엄격히 구분하여, "내(內)를 존(尊)하며 외(外)를 기(岐)하고", 자기 민족을 '주(主)'로 한 민족주체적 역사를 주장한 것이었다. 그가 '민적(民賊)' '공구(公仇)'를 필주(筆誅)할 것을 주장한 것도 자기민족을 주로 하여 민족과 민중에 반역한 무리를 철저히 비판하는 민족주체적 역사를 주장한 것이라고 볼 수 있다.

셋째는 '민족진화'의 상태를 서술할 것을 주장하고 있다. 그는 당시 사회학의 사회진화론의 영향을 받고 역사에서의 '진화사관(進化史觀)'을 갖고 있었으며, 민족도 민족의 기원과 그 진화·진보해 가는 과정을 서술해야 한다고 강조하였다.

한말의 신채호의 진화사관은 '본국정치사'를 중심 분야로 보는 그의 관점과 관련하여 국가생활의 발달을 ① 추장(酋長)시대 → ② 귀족시대 → ③ 전제시대 → ④입헌시대로 진화하는 것이라고 보았다. 그는 이 진화사관을 한국역사에 적용시켜 ① 추장시대=단군시대(부여시대 포함) → ② 귀족시대=삼국시대·고려시대 → ③ 전제시대=조선왕조시대 → ④입헌시대=한말의 자기시대로 민족사가 진화해 왔다고 관찰하였다.[35]

넷째는 국가치란(國家治亂)의 '인과'를 추론할 것을 주장하였다. 역사가 사실의 기술에 그치는 것을 반대하고 국가치란을 중심으로 하여 반드시 '인과'를 밝힐 것을 주장함으로써, 신채호가 역사의 '인과분석'을 강조한

---

35 「進化와 退化」, 『전집』, 별권, p.208 참조.

것은 동시대의 한국의 다른 역사가에게서는 볼 수 없는 그의 독특한 주장
이었다. 이것은 신채호의 초기 민족주의사관이 '인과분석'을 방법으로 한
역사의 과학화(또는 사회과학화)를 주장한 획기적 관점이라고 하지 않을
수 없다.

다섯째는 나약한 자가 일어서고 완매(頑昧)한 자가 깨우치는 역사를 주
장하였다. 즉 신채호의 초기민족주의사관은 민중을 계발하고 분발시키는
역사를 강조한 것이었다. 이것은 그가 바로 애국계몽사학을 주장한 것이었
다고 볼 수 있다.

신채호는 역사가 이러한 다섯 가지 조건을 다 갖출 때 비로소 '완전한
역사'[36]가 될 수 있는 것이라고 지적하였다.

신채호는 이러한 초기 민족주의사관에 입각하여 한말 당시까지 간행된
역사서들을 검토하고 이를 세 묶음으로 나누어 통렬하게 비판하였다.

첫째, 종래의 국내 구역사서들은 '존화(尊華)사관', '소중화(小中華)사
상',[37] '사대(事大)주의'[38]에 빠져서 중국(지나)을 주인으로 하고 자기 민족
을 객(客)으로 하여 주객을 거꾸로 전도시킨 역사를 서술함으로써 독립정
신을 말살하고 필경에는 정신적 노예세계를 짓는 계기를 조성하였다.[39]

둘째, 일본역사가들이 근대적 방식으로 쓴 한국역사서들은 한국역사의
사실 들을 왜곡하여 무설(誣說)을 지어서 퍼뜨리고 있다. 예컨대 ① 한반
도는 북으로는 북방 제민족의 세력, 서로는 중국의 세력, 남으로는 일본의
세력이 교충(交衝)하는 지점이어서 한국민족은 북·서·남의 강한 민족에
복속해 왔다는 무설이나, ② 소위 일본 '신공황후(神功皇后)'가 신라를 침
공하고 가야에 '임나일본부(任那日本府)'를 설치했다는 무설 ……등은 모

---

36 「歷史와 愛國心의 關係」, 『전집』, 하권, p.79.
37 「東洋伊太利」, 『전집』, 별집, p.184.
38 「國史의 逸事」, 『전집』, 별집, p.51.
39 「舊書蒐集의 必要」, 『전집』, 별권, pp.170~171 참조.

두 일본역사가들이 한국을 침략하기 위하여 한국을 자가소유물 같이 꾸미기 위해서 날조해 낸 주장들이다.[40]

셋째, 한국인이 지은 근대국사서 또는 '역사교과서'까지도 자기 민족의 기원과 진화과정을 밝히지 못하고, 어떤 역사교과서는 아직도 존화사관에 젖어 있거나 또는 일본역사가들의 날조해 낸 무설을 받아들여 자기 민족의 역사를 주체적으로 정립하지 못하고 있다.[41]

신채호는 한말의 민족주체성이 없는 역사교과서들을 다음과 같이 통렬히 비판하였다.

> 余가 현금 각 학교 교과용의 역사를 觀하건대, 유가치한 역사는 태무하도다. 제一장을 閱하면 我民族이 支那族의 일부인 듯하며, 제二장을 열하면 我民族이 鮮卑族의 일부분인 듯하며, 말내 全篇을 閱盡하면 有時乎 靺鞨族의 일부분인 듯하다가, 유시호 蒙古族의 일부분인 듯하며, 유시호 女眞族의 일부분인 듯하다가, 유시호 日本族의 일부분인 듯하니, 오호라 과연 여차할진대 我幾萬方里의 토지가 是 南蠻北狄의 수라장이며, 我 四千餘載의 산업이 是 朝梁暮楚의 경매물이라 할지니, 其然가. 豈 其然乎리요.[42]

신채호는 특히 일본 역사가들이 날조해 낸 '임나일본부'설을 통렬히 비판한 다음, 이 거짓 학설을 우리나라의 역사교과서 안에 넣은 일부 교과서들을 다음과 같이 통렬히 비판하였다.

> 噫라. 그 망설(任那日本府說—필자)의 대략이 如右하고 그외 細細

---

40 『讀史新論』, 『전집』, 상권, pp.474~495 ; 「東洋伊太利」, 『전집』, 별집, pp.185~186
　　및 「韓·日合併論者에게 告함」, 『전집』, 별집, p.205 참조.
41 『讀史新論』, 『전집』, 상권, p.496 참조.
42 『讀史新論』, 『전집』, 상권, pp.471~472.

錯誤는 매거키 難하도다.

혹자 此等 語를 교과서에 편입하니, 그 청년의 뇌를 迷亂함이 曷極이 有하리오. 아국의 중세 경에 역사가가 支那를 숭배할새, 지나인이 自尊自傲의 특성이 自尊貶外한 史蹟을 我史에 盲收하여 일반 비열역사를 편성한 고로 民氣를 타락케 하여 기백년 國恥를 釀하더니 근일역사가는 일본을 숭배하는 奴性이 又長하여 我 神聖歷史를 誣蔑하니, 오호 此國이 장차 何地에 脫駕할는지. 諸公제공이여, 역사를 편하는제공이여, 諸公이 此를 聞하면 必曰 日人이 雖妄이나 어찌 史記야 날조하리오 此必 實事가 有한 것인즉 불가불 我史에 收入하리라 하여彼를 妄信하며 我를 自欺함이로다.[43]

신채호는 그의 역사민족주의와 애국계몽사학에 의거한 초기민족주의사관의 관점에서 무엇보다도 새로운 역사교과서 '양교과서(良敎科書)'를 써야 할 긴급한 필요성을 절감하였다. 그는 '양교과서'가 없으면 국민적 교육이 퇴보하고 노예적 교육이 일어나서 나라가 망하게 된다고 다음과 같이지적하였다.

國史에 발분하는 자여, 長槍大包는 猶可無며 전선철도는 猶可無어니와 良敎科書는 不可無니, 양교과서의 無하는 그 日이 國亡하는 日이니라. 何故로 양교과서가 無하면 國亡하는 日이라 하느뇨. 국민적교육이 退하고, 노예적 교육이 興하는 故니라.[44]

신채호는 한말 당시에 존재하는 국사서들을 모두 검토한 후 이를 모두부정하고 '신역사(新歷史)'[45]를 쓸 것을 요청하였다. 그가 여기서 말한 '신역사'는 그가 강조한 민족주의사관에 의거하여 쓰여진, 바로 '민족주의사

---

43 『讀史新論』, 『전집』, 상권, pp.495~496.
44 「東洋伊太利」, 『전집, 별집, p.187.
45 『讀史新論』, 『전집』, 상권, p.472.

학'을 의미한 것이었다. 그는 당시 존재하던 모든 유해한 국사서들을 모두 추방해 버리고 읽으면 국권회복을 위하여 애국심이 저절로 우러나와서 용솟음치며 한국민족의 기원과 진화 과정을 당당하게 밝히는 신역사를 쓰는 것이 국권회복과 민족의 백년대계를 위하여 가장 지급하고 중요한 과제라고 인식하였다.

신채호는 '신역사'를 쓰는 이 과제를 스스로 수행하는 것을 자기의 사명으로 삼았다. 이 시기에 그의 초기민족주의사관에 의거하여 쓰여진 '신역사'의 저작들이 『독사신론(讀史新論)』(1908), 『대동사천년사(大東四千年史)』(1909~1910), 『을지문덕전(乙支文德傳)』(1908), 『수군제일위인 이순신전(水軍 第一偉人 李舜臣傳)』(1908), 『동국거걸 최도통전(東國巨傑 崔都統傳)』(1909) 등이다. 이중에서 『대동사천년사』는 오늘날 전해지지 않고,[46] 위인전들은 전기물로 저술한 것이었다. 이 시기의 신채호의 초기 민족주의사관이 가장 잘 반영된 대표작은 역시 『독사신론』이라고 볼 수 있다.

신채호의 『독사신론』은 『대한매일신보』에 1908년 8월 27일부터 12월 13일까지 연재된 저작으로 애국계몽운동기에 사학계뿐만 아니라 전문화계에 표현하기 어려울 만큼 큰 충격을 준 저작이었다. 이 저작의 내용과 해석은 그 이전의 국사서와 당시 역사교과서와 대비해 보면 가히 혁명적인 것이었다. 그것은 당시의 통념적 국사관에서 볼 때는 너무 '이단적'이고 너무 다른 참으로 '혁명'인 국사서 이었다. 신채호의 『독사신론』의 혁명적 성격은 무엇보다도 그의 일관된 민족주의사관을 역사해석에 처음부터 끝까지 철저하게 관철시킨 곳에서 나온 것임을 이 작품을 읽어 보면 바로 알수 있게 된다.

필자는 1975년부터 우리나라의 근대 민족주의사학은 신채호의 『독사신론』에서 시작되는 것임을 주장해 왔으며[47] 기회가 있을 때마다 그 이유를

---

46 최홍규, 『申采浩의 民族主義思想』, 1983, p.95 참조.

설명해 왔다.[48] 신채호의『독사신론』은 비록 미완성 작품이기는 하나 그는 여기서 단군 시대부터 발해 시대까지의 근대 민족주의 사학의 기본 골격을 명쾌하게 제시하여 우리나라 근대사학에 새로운 시대를 열었다.

신채호의『독사신론』의 내용과 그에 의한 근대 민족주의 사학의 성립에 대해서는 이미 독립 논문을 썼으므로 그에 대한 설명은 여기서는 생략하기로 한다.[49] 요컨대 신채호는 이 저작에서 그의 초기 민족주의사관을 확고하게 정립하여 역사해석에 응용했으며, 또한 다수의 신학설들을 제시하였다. 예컨대 ① 부여-고구려 주족(主族)설 ② 단군-추장시대론 ③ '기자조선설' 부정, ④ 기자일읍수위(箕子一邑守尉)설 ⑤ 만주영토설 ⑥ 초기 대일관계신론, ⑦ '임나일본부설' 부정, ⑧ 삼국문화의 일본에의 유입설, ⑨ 초기 대(對)북방민족관계신론, ⑩ 초기 대(對)중국관계신론, ⑪ 삼국흥망원인신론 ⑫ 삼국통일 및 김춘추(金春秋) 비판론, ⑬ 발해·신라 양국시대론, ⑭ 김부식(金富軾) 비판론 등과 그밖에 작은 주제들에 대한 다수의 신해석들이었다.

신채호의『독사신론』은 부여족(고조선족)을 중심으로 하여 안으로는 조선민족이 형성되어 가는 진화과정을 밝히고, 밖으로는 사린(四隣)의 타민족들과 어떻게 교섭과 투쟁을 전개해 왔는가를 밝히는 데 집중되어 있다. 따라서 그가 1924년의『조선상고사』「총론」에서 이론적으로 정식화한 「아(我)와 비아(非我)의 투쟁의 기록」으로서의 역사관은 이미『독사신론』에서 실제로는 서술되었다고 볼 수 있다.

---

47 이기백 외, 「우리 역사를 어떻게 볼 것인가」, 『三星文化文庫』, 1976, pp.121~122 참조.
48 신용하, 「신채호의 애국계몽사상」(상), 『한국학보』제19집(1980 여름호), 『申采浩의 社會思想研究』, pp.107~109 참조.
49 신용하, 「申采浩의 讀史新論 비교 분석 – 1908년 市民的 近代民族主義史學의 성립」, 『단재신채호선생탄신100주년기념논집』, pp.165-231 참조.

여기서 주목해야 할 것은 신채호에 의한 한말의 근대 민족주의사학의 성립이 한편으로는 존화사관에 젖은 춘추강목체(春秋綱目體)사학 중심의 '구역사'에 대한 철저한 비판·극복의 작업으로 이루어졌을 뿐 아니라, 또한 다른 한편으로 이때 이미 일본인 역사가 임태보(林泰輔, 하야시 다이스케)의 『조선사(朝鮮史)』(5책, 1892년 간행)를 비롯하여 일본 동경제국대학 사학과 연구실이 주동이 되어 조직적으로 정립해 나가던 한국사에 대한 일제의 초기 식민주의사관의 한국사왜곡에 대한 통렬한 비판과 학문적 투쟁의 작업을 포함하여 이루어졌다는 사실이다. 신채호에 의한 한국의 근대 민족주의 사학은 그 성립부터 일제의 초기 식민주의사관에 대한 비판과 투쟁을 전개하지 않으면 안 되었다.

5. 신채호의 후기 민족주의사관의 발전

신민회에 가입하여 그 이론적 대변인과 같은 역할을 해 오던 신채호는 신민회가 국외에 독립군기지를 창설하기 위해서 일부 간부의 망명을 결정하게 되자, 이에 포함되어 1910년 4월 국외로 망명하게 되었다. 그는 망명 후의 고난에 겨운 유랑생활 속에서도 꾸준히 민족주의사관과 역사 연구를 크게 발전시켰다.

신채호의 망명 후의 민족주의사관의 발전은 1924년에 쓴 『조선상고사』의 「총론」과 같은 무렵에 쓴 「조선사 정리에 대한 사의(私疑)」, 「조선사상 일천년래 제일대사건(朝鮮史上 一千 年來 第一大事件)」 등에서 잘 나타나고 있다. 특히 『조선상고사』의 「총론」, 은 신채호의 후기민족주의사관을 극명하게 설명하고 있다. 그의 글은 「총론」이 1924년에 쓰여진 것임을 다음과 같이 간접적으로 알려주고 있다.

距今 十六年前에 國恥에 발분하여 비로소「東國通鑑」을 열독하면서, 史評體에 가까운「讀史新論」을 지어「大韓每日申報」지상에 발포하며, 이어서 수십 학생의 청구에 의하여 支那式의 演義를 본받은 非歷史 非小說인「大東四千年史」란 것을 짓다가 兩役이 다 事故로 因하여 中止하고 말았었다.[50]

여기서 '국치(國恥)'는 1905년의 을사조약 의한 국권피탈을 의미하고『독사신론』을 쓴 해 (1908년)로부터 16년 후에「총론」을 썼음을 밝히고 있으므로 신채호의 후기 민족주의사관을 천명한『조선상고사』의「총론」은 명백하게 1924년에 쓰여진 것임을 알 수 있다.

신채호의「총론」은 신일철 교수의 연구에 의하여 밝혀진 바와 같이 양계초(梁啓超)의『중국역사연구법(中國歷史研究法)』(1922)의 커다란 영향하에 쓰여진 것이다.[51] 그러나 신채호의「총론」과 양계초의『중국역사연구법』사이에는 적어도 사관(史觀)의 측면에서는 현저한 차이가 있다. 양계초의『중국역사연구법』은 웰스(Herbert George Wells)의『세계사강(世界史綱)』(The Outline of History)을 비롯하여 서구 근대사학사상의 압도적 영향하에 이를 흡수 소화하여 중국사 연구에 응용한 것이었다.[52] 따라서 양계초의 사관은 본질적으로 문화사관의 특색을 갖고 있다. 이에 비하여 신채호의「총론」은 양계초를 통하여 서구 근대사상을 전폭적으로 수용하면서도 강렬한 투쟁적·전투적 민족주의사관을 일관하여 관철시키고 있으며, 문화사관을 수용하면서도 이를 부차적인 것으로 편입하고 여전히 강렬한 정치사관을 일차적인 것으로 강조하였다.

---

50 『朝鮮上古史』「總論」,『전집』, 상권, p.47.
51 申一徹,「申采浩의 民族史的 歷史理論」,『申采浩의 歷史思想研究』, 1981, pp.101~152.
52 申一徹,「전게논문」참조.

〈그림 34〉 상해에서의 신채호
(좌로부터 신채호, 신석우, 신규식)

1) 역사의 정의와 민족투쟁사관

신채호는 먼저 역사를 다음과 같이 정의하고 있다.

역사란 무엇이뇨. ① 인류사회의 「我」와 「非我」의 鬪爭이 ② 時間
부터 發展하며 ③ 空間부터 擴大하는 ④ 心的 活動의 狀態이니, ⑤
世界史라 하면 세계인류의 그리 되어 온 상태의 기록이니라.[53] (번호
… 필자)

---

53 『朝鮮上古史』「總論」, 『전집』, 상권, p.31.

신채호에 의하면 역사는 먼저 인류사회의 ① "아(我)와 비아(非我)의 투쟁(鬪爭)의 기록"이다. 역사를 '투쟁'의 기록으로 보는 신채호의 이러한 투쟁사관은 세 가지 조류의 큰 영향을 받은 것으로 보인다. 첫째는 한말의 초기 민족주의사관 때부터 심대한 영향을 받은 스펜서(Herbert Spencer), 키드(Benjamin Kidd) 등의 사회진화론의 영향이다. 사회의 진화를 생존투쟁 (struggle for existence)에서의 적자생존(survival of the fittest)의 결과로 보는 고전사회학의 사회진화론의 사회관과 역사관을 신채호는 이때에도 수정된 내용으로 갖고 있었다. 둘째는 마르크스주의의 유물사관의 계급투쟁의 역사관의 영향이다. 신채호 자신이 자기 시대의 사상을 "서구의 문화와 북구의 사상이 세계사의 중심이 된 바"[54]라고 썼는데, 여기서 '오늘 이후는 북구의 사상'이란 마르크스주의의 계급투쟁사관을 가리킨 것이었다. 신채호가 1924년에 「총론」을 쓰기에 앞서 마르크스주의와 무정부주의까지 일부 학습하고 1923년 1월에 유명한 「조선혁명선언(朝鮮革命宣言)」을 이미 집필한 이후인 것을 고려하면 이것은 충분히 이해될 수 있는 것이다.[55] 셋째, 신채호 자신이 당시 참가하고 있던 민족해방투쟁·독립투쟁의 영향이다. 제국주의 침략에 반대하는 민족해방투쟁을 전개하는 도중에 「총론」을 쓴 신채호에게는 역사가 '투쟁의 기록'임을 체험을 통해서도 깊이 인식했을 것임은 두말할 필요도 없는 일이다.

② 아와 비아의 "투쟁이 시간부터 발전하며"의 정의는 신채호가 아와 비아의 투쟁의 기록임을 본질로 하는 역사는 '시간'을 핵심적으로 중시하여 첫째는 그 기원을 철저히 밝히고, 둘째는 그 발전과정을 인과적으로 밝히는 것임을 지적한 것이라고 볼 수 있다.

---

54 『朝鮮上古史』「總論」, 『전집』, 상권, p.34.
55 신용하, 「신채호의 혁명적 민족주의사상」, 『신채호의 사회사상연구』, pp.235~266 참조.

③ 아와 비아의 투쟁이 "공간부터 확대"하는 기록이라고 한 것은 역사에 있어서의 주체의 활동의 공간적 무대 즉 지리와 영토의 확대·변동과정의 구명을 정확히 해야 함을 매우 강조하는 신채호의 역사관을 나타낸 것이다.

④ 역사를 "심적 활동의 상태"라고 한 것은 신채호가 역사를 「지(知)」「정(情)」「의(意)」를 3대 구성요소로 하는 인간의 의식적 활동의 역사라고 보는 관점을 설명한 것이었다. 이것은 두 가지 측면을 강조하는 역사관인 바, 첫째는 '인간'의 활동을 역사의 본질이라고 보는 견해를 나타내는 것이요, 둘째는 인간활동의 특징은 의식적 심적 활동에 있다고 보는 견해를 나타내는 것이다. 따라서 신채호의 후기 민족주의사관은 인간의 의식적 심적 활동을 매우 중시하는 당시의 민족주의사학의 관념론적 요소를 포함하고 있었다고 볼 수 있다. 또한 신채호의 후기 민족주의사관은 그가 마르크스와 크로포트킨의 학설을 읽은 후임에도 불구하고 유물사관과는 전혀 별개의 역사사상을 정립했다는 사실을 여기서 알 수 있게 된다.

⑤ "세계사라 하면 세계인류의 그리 되어 온 상태의 기록"이라고 한 것은 세계사의 주체를 세계 '인류'로 설정하여 그것이 서로 대립·투쟁하면서 시간적, 공간적으로 발전해 온 과정을 밝히는 역사임을 설명한 것이다.

⑥ "조선사라 하면 조선민족의 그리 되어 온 상태의 기록"이라고 한 것은 '아'와 '비아'의 투쟁이 시간부터 발전하여, 공간부터 확대하는 심적 활동상태의 기록으로서의 역사의 '아'에 '조선민족'을 대입하여 역사의 주체를 '조선민족'으로 정립한 것이다. 여기서 '아'에 조선인민이나 '조선인의 계급'을 대입하지 않고 '조선민족'을 대입하여 주체로 설정해서 조선민족과 '비아'와의 투쟁이 시간적 공간적으로 발전하는 과정의 기록을 추구한 곳에서 신채호의 민족주의 민족주의사관이 잘 드러나고 있다.

신채호는 그가 말하는 '아'와 '비아'의 개념과 그 관계에 대하여 좀 더 풀어서 다음과 같이 설명하였다.

무엇을 '我'라 하며, 무엇을 '非我'라 하느뇨. 깊이 팔 것 없이, 무릇 主觀的 위치를 선 자를 '我'라 하고, 그 외에는 '非我'라 하나니, 이를 테면 朝鮮人은 朝鮮을 我라 하고, 英·美·法·露 …… 등을 非我라 하 지만 英·美·法·露 …… 등은 각기 제 나라를 我라 하고, 朝鮮은 非我 라 하며, 無産階級은 無産階級을 我라 하고 地主나 資本家 등을 非我 라 하지만, 地主나 資本家 …… 등은 각기 제 붙이를 我라 하고 無産 階級을 非我라 하며, 이뿐 아니라 학문에나 기술에나 직업에나 의견 에나 그밖에 무엇이든지, 반드시 本位인 我가 있으면 따라서 我와 대 치한 非我가 있고, 我의 中에 我와 非我가 있으면 非我 中에도 또 我 와 非我가 있어, 그리하여 我에 한 非我의 접촉이 煩劇할수록 非我에 對한 我의 奮鬪가 더욱 맹렬하여, 人類社會의 活動이 휴식될 사이가 없으며 歷史의 前途가 完結될 날이 없나니, 그러므로 歷史는 我와 非 我의 鬪爭의 기록이니라.[56]

첫째로, 여기서 주목할 것은 신채호가 여기서 말하는 '아'는 주관적 위 치에 선 것, 즉 역사의 주체, 본위, 주인을 의미하는 것이라는 사실이다. '비아'란 '아'를 제외한 그 밖의 모든 것, 즉 역사의 객체, 상대, 객을 의미 한다.

아(我)=역사의 주체(主體)=본위(本位)=주(主)
비아(非我)=역사의 객체(客體)=상대(相對)=객(客)

신채호의 이러한 '아'와 '비아'의 설정은 그의 한말의 초기 민족주의사관 에서 '주'와 '객」을 분명히 구별하여 '조선'을 '주' '주인'으로 한 신역사를 쓰자는 주장을 한 단계 더 일반론으로서 발전시킨 것이라고 볼 수 있다.[57] 둘째로, 신채호는 '아'를 객관적으로 '상대아(相對我)'로서 설정하여 독

56 『朝鮮上古史』「總論」, 『전집』, 상권, p.31,
57 「許多古人之罪惡審判」, 『전집』, 별집, p.120 참조.

선적으로 '절대아(絶對我)'로 주장하지 않았다는 사실이다. 즉 그는 조선사는 조선민족을 '아'라고 하지만 다른 민족의 역사는 도리어 조선민족을 '비아'라고 하는 것을 당연한 것이라고 본 것이다. 이것은 역사를 세계사까지도 자기민족중심주의로 보려는 중화주의적사관이나 국수주의적 또는 나치즘적 사관과는 근본적으로 다른 것이다. 그에게 있어서는 그것이 조선사인 경우에 한하여 조선민족을 '아'로 설정하는 것이지 중국사의 경우에도 고정불변하게 조선민족을 '아'로 설정하자는 것이 아니며 중국사의 경우에는 중국민족이 '아'가 되고 조선민족은 도리어 '비아'가 되어야 함을 주장한 것이었다. 여기서 우리는 신채호가 말하는 '아'와 역사의 '주체성'의 보편주의적 특성을 볼 수 있다.

셋째로, 신채호는 '아'의 위치에 '계급'을 대입할 수 있음을 잘 알면서도 '민족'을 대입했다는 사실이다. 즉 무산계급은 자기를 '아'라 하고 지주계급이나 자본가계급을 '비아'라 하며, 그 반대도 가능함을 지적한 것이다. 그럼에도 불구하고, 신채호가 조선사의 '아'의 위치에 '계급'을 대입시키지 않고 '조선민족'을 대입시킨 것은 1924년경의 그의 역사관이 계급사관이 아니라 확고하게 민족주의사관을 전개한 것임을 나타내는 것이라고 할 수 있다.

넷째로, 신채호는 '아'와 '비아'를 각각 순연한 단일물로 보지 않고, '아'의 속에도 아와 비아가 있고 '비아'의 속에도 비아와 아가 있는 모순 구조를 갖고 있는 것으로 보고 있다는 사실이다.

「아(我)」의 구성=「아(我)」+「비아(非我)」
「비아(非我)」의 구성=「비아(非我)」+「아(我)」

신채호의 이러한 관점은 그의 초기 민족주의사관에서는 사실의 지적만 했을 뿐이지 이론적 정식화를 하지 못했던 것이며,[58] 그의 후기민족주의사관에서 크게 발전된 측면이라고 할 수 있다. 이 이론적 정식화에 의하면,

예컨대 낭가(郎家)를 대표하는 고려조(高麗朝)의 묘청(妙淸)과 윤인첨(尹鱗瞻)은 '아' 중의 '아'가 되고 유가(儒家)를 대표하는 김부식(金富軾)은 '아' 중의 '비아'가 되어 양자의 모순과 투쟁이 논리정연하게 설명되는 것이다.[59] 신채호는 예컨대 이 부분의 설명에서 '아(我)' 중의 '아(我)'와 '비아(非我)'의 모순과 투쟁을 응용하여 "조신(朝臣)의 정론자(廷論者)가 드디어 양파로 분(分)하였으니, 낭가는 매양 국체상에는 독립·자주·칭제(稱帝)·건원(建元)을 주장하며 정책상에는 흥병북벌(興兵北伐)하여 압록 이북의 구강(舊疆)을 회복함을 역창(力唱)했고, 유가는 반드시 존화주의(尊華主義)의 견지에서 국체는 중화(中華)의 속국됨을 주장하며 따라서 그 정책은 비사중폐(卑辭重幣)로 대국을 사(事)하여 평화로 일국을 보함을 역창하여 피차 반대의 지위에 서서 항쟁하였었다"[60]고 그 사례를 누누이 제시하면서, 다음과 같이 이 원리의 응용에 의한 설명을 결론지었다.

조선의 역사가 원래 郎家의 獨立思想과 儒家의 事大主義로 分立하여 오더니, 돌연히 妙淸이 佛敎徒로서 郎家의 理想을 실현하려다가 그 거동이 너무 狂妄하여 패망하고 드디어 事大主義派의 천하가 되어 郎家의 尹彦頤 등은 겨우 儒家의 壓道下에서 그 殘命을 保하게 되고, 그 뒤에 蒙古의 亂을 지나매 더욱 儒家의 事大主義가 득세하게 되고, 李朝는 創業이 곧 이 주의로 성취되매 郎家는 아주 멸망하여 버리었다.[61]

---

58 『讀史新論』, 『전집』, 상권, pp.511~512에서 金富軾을 통렬히 비판하고, 「許多古人罪之審判」, 『전집』, 별집, pp.119~121에서 金富軾, 崔致遠, 王皓(明宗), 王典(元宗), 薛仁貴를 비판한 것은 신채호가 구한말에 '非我'라는 용어는 사용치 않았지만 史實에서의 '非我'의 요소를 검출하여 '我'와 '非我'의 투쟁의 사고와 '非我'에 대한 철저한 비판의식을 개진했음을 나타내는 것이라고 볼 수 있다.
59 「朝鮮史 整理에 對한 私疑」, 『전집』, 중권, p.134 참조.
60 「朝鮮歷史上 一千年來 第一大事件」, 『전집』, 중권, p.107.
61 「朝鮮歷史上 一千年來 第一大事件」, 『전집』, 중권, p.123.

신채호가 '아(我)'중의 '아(我)'와 '비아(非我)'의 모순과 대립투쟁을 이론적으로 정식화한 조선사 연구에서의 계기는 그가 역사 연구의 기본 주제의 하나로 설정했던 "조선근세(조선왕조시대 – 필자)에 종교나 학술이나 정치나 풍속이 사대주의의 노예가 됨이 무슨 사건에 원인함인가"[62]의 의문에 대하여 '서경전역(西京戰役)'을 "독립당 대 사대당의 전(戰)이며 진취사상 대 보수사상의 전이니 묘청은 곧 전자의 대표요 김부식은 곧 후자의 대표"[63] 임을 발견하고 여기서부터 '아' 중의 '아'와 '비아'의 엄격한 구분과 그 대립·투쟁을 일반론으로 정식화할 필요를 절감한 데서 나온 것이 아닌가 한다.[64]

신채호에 있어서 '아'중의 '아'는 언제나 주체적·독립적·고유적·진보적·발전적인 것으로 검출되고, '아'중의 '비아'는 언제나 사대적·종속적·외래적·보수적·수구적인 것으로 검출되는 특성을 갖고 있었다. 그는 사대주의야말로 조선민족의 "진화와 순로(順路)를 막은"[65] 전형적 '비아'로 관찰하였다. 신채호의 '아'중의 '아'와 '비아'의 대립·투쟁의 관찰이야말로 신채호의 후기 민족주의사관이 조선민족 내부의 사회변동과 진화과정을 고찰할 때 일관되게 적용되고 있는 독특한 분석도식이었으며 관점이었다고 말할 수 있다.

신채호는 이러한 새로운 관점에 의하여 조선민족 안에 있어서의 '아'의 요소와 '비아'의 요소간의 모순과 투쟁을 논리정연하게 설명했을 뿐 아니라, 조선민족과 접촉·투쟁한 타민족의 내부 요소 중에서도 '비아'의 요소

---

62 「朝鮮歷史上 一千年來 第一大事件」, 『전집』, 중권, p.103.
63 「朝鮮歷史上 一千年來 第一大事件」, 『전집』, 중권, p.104.
64 申采浩가 '西京戰役'(妙淸의 役)을 高麗·朝鮮王朝를 통틀어 「一千年來의 第一大事件」이라고 본 것도 그가 얼마나 이 주제의 연구 결과에 영향을 받고 있는가를 단적으로 나타나고 있다고 할 것이다.
65 『朝鮮上古文化史』, 『전집』, 상권, p.374.

와 조선민족의 것이 발전되어 나가거나 조선민족의 것으로 섭취된 '아'의 요소를 검출하여 그 관계를 논리정연하게 설명할 수 있게 되었으며, 신채호의 민족주의사관은 더욱 풍부하고 동태적으로 발전하게 되었다.

신채호의 역사의 정의와 후기 민족주의사관은 헤겔(Georg Wilhelm Friedrich Hegel)과 마르크스(Karl Marx)의 변증법의 영향을 크게 받은 것이었다. 이것은 그의 초기 민족주의사관이 스펜서와 키드 등의 사회진화론의 영향을 크게 받은 사실과 좋은 대비가 된다. 역사를 모순된 대립물의 투쟁의 발전 과정으로 보는 견해는 본질적으로 변증법적 역사관인 것이다. 신채호의 후기 민족주의사관은 초기의 사회진화론의 기초 위에 다시 변증법적 역사관을 도입하여 종합해서 체계화한 것이었다고 볼 수 있다. 단지 신채호의 경우에는 그의 강렬한 민족주의와 민족해방투쟁의 실천의 영향으로 인하여 '민족' 투쟁을 언제나 상위에 놓고 마르크스의 사관을 읽었음에도 불구하고 '계급' 투쟁은 언제나 민족의 하위에 포함시키는 매우 동태적인 민족주의사관을 전개했던 것이라고 이해된다.

2) 역사성과 역사변동

(1) 상속성(相續性)과 보편성(普遍性)

신채호는 여기서 '역사적'인 것은 무엇이며, 그가 말하는 '아(我)'가 역사적 아(我)가 되려면 어떠한 특성을 갖추어야 하는가의 문제를 제기하였다. 그에 의하면 '아(我)'나 아에 상대되는 비아의 '아(我)'가 역사적인 '아(我)'가 되려면 두 개의 속성을 갖추어야 하는바 곧 ① 상속성(相續性)과 ② 보편성(普遍性)이다.[66]

상속성이란 시간적으로 생명이 끊어지지 않고 계승되고 축적되는 속성

---

66 『朝鮮上古史』「總論」, 『전집』, 상권, pp.31~32 참조.

을 말하는 것으로서, 넓은 의미의 시간적인 문화적 계승성을 가리키는 것이다.

보편성이란 공간적으로 타(他)에게 영향을 미쳐 파급되는 속성을 말하는 것으로서, 넓은 의미의 공간적인 사회성을 가리키는 것이다.

① 상속성(相續性) = 시간에 있어서 생명의 부절성(不絶性), 문화적 계승성.

② 보편성(普遍性) = 공간에 있어서 영향의 파급성(波及性), 영향력을 가진 사회성.

여기서 ① 상속성과 ② 보편성은 모두 시간 개념을 도입한 '사회성(社會性)'을 의미하는 것이다. 즉 한마디로 말하면 신채호에게 있어서는 "모든 역사적인 것은 사회적인 것이요, 사회적인 것만이 역사적인 것이다"라는 명제가 성립하는 것이다. 그는 실제로 역사의 정의를 다시 해설하여 역사란 "시간적 계속과 공간적 발전으로 되어 오는 사회활동상태의 기록"67이라고 하였다.

신채호에 의하면, 인류 이외의 동물도 '아(我)'와 '비아(非我)'의 투쟁이 있으나 '아'의 의식에 사회성(상속성과 보편성)이 미약하거나 없으므로 역사가 없고 오직 인류만이 역사를 갖게 되는 것이다. 또한 '사회'를 떠난 개인적인 '아'와 '비아'의 투쟁도 없지 않으나 그 '아'의 영향의 범위가 너무 약소하여 사회성(상속성과 보편성)을 갖지 못하므로 역사가 되지 않는다. 인류의 개인적 행동도 오직 사회성이 있는 사회적 행동이라야 '역사'가 되는 것이다. 또한 사회성이 있는 것도 그 사회성의 강약을 보아 역사의 비중을 달리 두는 것이다. 그에 의하면 예컨대, 정여립(鄭汝立)은 4백 년 전에 군신강상설(君臣綱常說)을 타파하려 한 동양의 위인이지만, 이를 『민약론(民約論)』을 저작한 루소와 동등한 역사적 인물로 역사에서 다루지 못함

---

67 『朝鮮上古史』「總論」, 『전집』, 상권, p.36.

은, 당시에 다소간 정여립의 학설의 영향을 받은 검계(劍稧)나 양반살육계(兩班殺戮稧) 등의 혁명적 거동이 없지는 않았으나, 이를 루소 이후의 거대한 프랑스혁명에 그 사회성에서 비길 수 없기 때문이다.[68]

(2) 선천적(先天的) 실질(實質)과 후천적(後天的) 형식(形式)

신채호에 의하면 역사변동의 원리는 당연히 '아'와 '비아'의 투쟁에서 승리자가 국가 역사의 상속성과 보편성을 이어나가며 패망자는 과거역사의 자취만 남기게 되는 것이다.

신채호는 후기 민족주의사관에서도 초기와 같이 진화사관을 갖고 있었으나, 이제 그것은 "조선민중 전체의 진화를 서술한 것이라야 참 조선사"[69]가 된다는 보다 발전된 것이었다.

그러나 그는 이러한 발전된 진화사관에 만족치 아니하고 여기서 그는 진화과정에서의 '아'와 '비아'의 투쟁에서 승리자가 되어 생존하는 원리와 패망자가 되는 내부 원리를 설명하려고 하였다. 이 목적으로 그가 만든 개념이 ① 선천적 실질과 ② 후천적 형식이다.[70]

신채호의 이 개념을 풀어서 설명하면, '선천적 실질'은 본래적 아·실질적 아·입체적 아·중심적 아·제일차적 아를 의미한다고 말할 수 있다. 한편 '후천적 형식'은 사후적 아·형식적 아·부용적(副用的) 아·외변적(外邊的) 아·제이차적 아를 의미한다고 말할 수 있다.

따라서, '선천적 실질'부터 말하면 '아'가 생긴 뒤에 '비아'가 생긴 것이지만, 후천적 형식부터 말하면 '비아'가 있은 뒤에 '아'가 있다고 말할 수 있다. 구 조선민족(我)이 출현한 후에 조선민족과 상대되는 묘족(苗族)·지

---

68 『朝鮮上古史』「總論」, 『전집』, 상권, p.32 참조.
69 「朝鮮史 整理에 對한 私疑」, 『전집』, 중권, p.132.
70 『朝鮮上古史』「總論」, 『전집』, 상권, pp.32~33 참조.

나족(支那族, 非我)이 있다고 말할 수 있으니, 이는 선천적 실질을 일컫는 것이다. 그러나 묘족·지나족(非我) 등의 상대자가 없었더라면 조선이란 국명을 세우고 삼경(三京)을 둔다, 오군(五軍)을 둔다 하는 등 '아'의 작용이 생기지 못하였을 것이니 이는 후천적 형식에 속하는 것이다.

신채호에 의하면, '선천적 실질'을 호위하는 가장 중요한 것은 '환경에의 순응'이다. 그에 의하면, 주체적 정신의 확립으로 선천적 실질을 호위하며 환경에의 순응으로 후천적 형식을 유지하되, 이 양자의 어느 하나라도 부족하면 그 '아'는 '비아'와의 투쟁에서 패망자가 되는 것이다. 그러므로 유대의 종교나 돌궐의 무력으로도 결국 패망한 것은 '후천적 형식'이 부족했기 때문이며, 남아메리카의 공화(共和)와 이집트 말기의 홍학(興學)으로도 결국 패망한 것은 '선천적 실질'이 부족했기 때문이었다.[71]

① 선천적 실질 = 본래적 아(我), 실질적 아, 입체적 아, 중심적 아, 제일차적 아, 아=정신의 확립으로 호위 가능.

② 후천적 형식 = 사후적 아, 형식적 아, 부용적(副用的) 아, 외변적(外邊的) 아, 제이차적 아, 아=환경에의 순응으로 유지 가능.

신채호의 이러한 이분법은 그가 한말의 초기 민족주의사관에서 민족국가를 ① 정신상 국가(추상적 국가)와 ② 형식상 국가(구체적 국가)로 구분하여 양자가 균형적으로 통합할 때 완전한 독립국가가 된다고 보았던 견해[72]를 더욱 일반화하여 한 단계 더 동태적으로 발전시킨 것이라고 볼 수 있다. 또한 이것은 박은식이 민족국가의 구성을 '국혼(國魂)'과 '국백(國魄)'으로 이분하여 양자가 통합될 때 완전한 독립국가가 되는 것이라고 본 관점과 유사한 착상이라고 할 수 있다.[73]

---

71 『朝鮮上古史』「總論」, 『전집』, 상권 p.33 참조.
72 「精神上 國家」, 『전집』, 별집, p.160 참조.
73 신용하, 「朴殷植의 歷史觀」(상·하), 『역사학보』 제90~91집 ; 1981, 『朴殷植의 社會思想研究』 1982, pp.211~227 참조.

여기서 주목할 것은 신채호가
아직도 ① 선천적 '실질'과 ② 후
천적 '형식'을 대비하여 이론적으
로는 여전히 전자가 더 본질적인
것임을 시사하면서도, 실제적으로
는 양자의 '균형'을 강조하여 양자
중의 어느 하나가 '부족'하면 '아'
와 '비아'와의 투쟁에서 패망자가
됨을 지적함으로써, 후기 민족주
의사관에서 '후천적 형식'의 중요
성을 대등하게 절실히 밝히고 있
는 것이 큰 변화이라고 볼 수 있
는 것이다. 그는 본질적으로 주체
성을 가리키는 '선천적 실질'을 강
조하면서도 동시에 다른 민족 및

〈그림 35〉 여순감옥 시기의 신채호

다른 문화와의 접촉을 통한 다른 문화의 취사선택의 흡수와 변화하는 환
경에의 적응을 가리키는 '후천적 형식'도 강조함으로써 '아'의 발전의 폭
을 후기 민족주의사관에서 더욱 넓힌 것이라고 볼 수 있다.

(3) '아(我)'의 자성(自性)

신채호는 '아'의 '선천적 실질'과 '후천적 형식'의 독특한 결합 성격을 '자
성(自性)'이라고 불렀다. 그의 '자성'은 번역하면 독자성·특수성·특성을 의
미하는 것이라고 할 수 있다. '아'에 '민족'을 대입하는 경우에는 그 자성
은 민족적 성격, 민족성이 되는 것이다.

신채호에 의하면, '자성'은 본래 ①풍토 ②생산방식 ③생활습속에 의하

여 만들어지는 것이지만 ① 환경과 ②시대에 따라 변화하는 것이다. 그에
의하면 변화하지 않는 자성은 없다. 그는 "환경과 시대에 따라서 변화하는
자성"의 개념을 정립하고 이를 밝히는 것이 역사 연구의 중요한 과제의 하
나라고 생각하였다. 따라서 그는 조선사는 조선민족의 민족성(자성)을 밝
혀야 한다고 보았으나, 그것은 조선시대가 고려시대와 다르고, 고려시대는
또 동북국시대(통일신라·발해시대)와 다르고, 동북국시대는 삼국시대와 다
르며, 삼국시대는 왕검·부루시대와는 다르다고 보았다. 특히 오늘날과 같
이 문명진보가 더욱 빠른 시대에는 민족성(자성)도 더욱 빠르게 변화하는
시대를 따라 성립하는 사회성이라고 그는 주장하였다.[74]

신채호의 후기 민족주의사관은 '조선민족의 변화하는 자성'의 탐구를
중요한 역사연구 과제의 하나로 제시한 것이 사실이다.

(4) 항성(恒性)과 변성(變性)

신채호는 개인이나 민족에게는 ①항성과 ②변성이 있다고 하였다. 그에
의하면 항성은 '제일자성(第一自性)'이고, 변성은 '제이자성(第二自性)'이
다. 그는 항성이 많고 변성이 적으면 환경에 순응하지 못하여 멸절하게 되
고, 반면에 변성이 더 많으면 우자(優者)의 정복을 받고 열패(劣敗)하게 된
다고 지적하였다. 한 민족이 장구하게 존속하기 위해서는 이 두 개의 자성
의 다과(多寡)를 조정하여 '균형'을 가져야 하며, 이에 대한 민족적 '반성'
이 역사에서 이루어져야 한다고 주장하였다.[75]

① 항성(恒性)=제일자성(自性)=제일차적 아(我)
② 변성(變性)=제이자성(自性)=제이차적 아(我)

신채호의 이 개념과 원리는 '아'와 '비아'의 투쟁에서 '아'가 승리하여

---

74 『朝鮮上古史』「總論」, 『전집』, 상권, pp.70~71 참조.
75 『朝鮮上古史』「總論」, 『전집』, 상권, p.71 참조.

역사에서 존속하고 역사를 변동시키는 원리를 또다른 개념으로 설명하는 것이다. 따라서 ① 항성과 ② 변성의 개념과 그 관계의 원리는 ① 선천적 실질(先天的 實質)과 ② 후천적 형식(後天的 形式)의 개념 및 원리와 상응하는 것이라고 볼 수 있다.

여기서 우리가 주의해야 할 것은 신채호는 '항성'도 환경과 시대에 따라 변화하는 것으로 보았다는 사실이다. 단지 그 변화하는 정도가 변성보다 작을 따름인 것이다. 그러므로 신채호가 '항성'의 개념을 정립했다고 해서 그것을 자의(字意)로만 해석하여 신채호가 조선민족의 변화하지 않는 어떤 고유성(固有性)을 추구했다고 보는 것은 그의 본의와는 전혀 다른 것이다. 그는 '항성'의 개념을 통하여 조선사에서는 조선민족이 만든 비교적 덜 변하고 천천히 변하는 주체적 민족문화(넓은 의미)의 상대적 고유성을 '항성'이라고 개념화하여,[76] '변성'과 함께 구명해서, '항성'과 '변성'의 '균형'이 민족의 장구한 존속과 발전을 결과한다는 역사변동의 원리를 설명한 것이었다고 해석해야 할 것이다.

3) 역사연구의 방법

(1) 역사의 3요소

신채호는 역사의 삼가다대원소를 '시(時)', '지(地)', '인(人)'으로 보았다.[77] 여기서 '시(時)'라고 한 것은 역사에서는 역사적 사건이 발생한 '시기'가

---

76 「新敎育(情育)과 愛國」, 『전집』, 하권 pp.133~134 및 「國粹保全說」, 『전집』, 별집, p.116 참조. 여기서 구한말에 신채호가 "한 나라의 風俗·言語·習慣·歷史·宗敎·政治·風土·氣候 기타 모든 것의 美點의 뽑음"이라는 의미의 '國粹'로 개념화한 것의 발전된 것이 바로 그의 第一自性으로서의 '恒性'과 대체로 일치하는 것이라고 말할 수 있다.
77 『朝鮮上古史』 「總論」, 『전집』, 상권, p.36 참조.

절대적 중요성을 가지며, 그것이 발생했던 '시간'을 떠나서 역사적 사실을 추상적인 초시간적인 것으로 설명해서는 역사가 되지 않음을 주장한 것이었다. 즉 이것은 '시(時)의 구속(拘束)'[78]의 조건하에서 역사적 사실을 고찰해야 함을 강조한 것이다. 이것은 현대 용어로 번역하면 역사적 사실을 반드시 그것이 일어난 '당시의 역사적 사회적 조건'에 의거하여 분석해서 역사주의적(歷史主義的) 고찰을 해야 역사가 됨을 밝힌 것이라고 할 수 있다.

여기서 '지(地)'라고 한 것은 신채호에서는 역사적 사실이 일어난 '지역의 조건'과 '지리의 정확한 고증'의 결정적 중요성을 가리킨 것이었다.[79]

여기서 '인(人)'이라고 한 것은 '주민(住民)'과 역사적 활동을 한 '역사적 인물'의 계통을 사실에 기초하여 정확히 밝히고 그에 대한 평가를 역시 사실에 기초하여 당시의 역사적·사회적 조건에 비추어서 적절하게 비중을 주어 내려야 함을 강조한 것이었다.[80]

신채호는 이러한 관점에 의거하여 '신역사'(역사의 개조)를 쓰려면 '구역사'의 형식을 '신역사'의 형식으로 고치는 것만으로는 불충분하다고 비판하였다. 즉 '신라사(新羅史)' 「고려사(高麗史)」라 하던 왕조사의 형식을 「상세(上世)」 「중세(中世)」 「근세(近世)」로 바꾸며, '권지일(卷之一)' '卷之二'하던 형식을 '제1편' '제2편'으로 바꾸고, '재기(才技)' '이단(異端)'이라 하던 용어를 '예술' '학술'이라고 바꾸며, '근왕(勤王)' '한외(捍外)'라 하던

---

78 『朝鮮上古史』「總論」, 『전집』, 상권, p.37.
79 『朝鮮上古史』「總論」, 『전집』, 상권, pp.36~37 참조.
80 『朝鮮上古史』「總論」, 『전집』, 상권, pp.68~71 참조. 여기서 신채호는 '人'은 사회적 人을 말하는 것임을 밝히고 역사를 만드는 개인과 사회의 관계에 대하여 상론하고 있다. 그는 "역사는 個人을 標準하는 것이 아니요 社會를 표준하는 것이다"라고 쓰면서, 개인과 사회의 관계에 대하여 결론적으로 ①사회의 한 국면에서는 개인이 힘쓰기 매우 곤란하고, ②사회의 未定한 국면에서는 개인이 힘쓰기 아주 쉽다고 기술하였다. 그러나 신채호는 궁극적으로 역사에서의 개인이란 사회의 表像일 때에만 의미가 있는 것이라고 생각한 것으로 해석된다.

것을 '애국' '민족적 자각'이라고 바꾸는 것만으로써는 전혀 불충분한 것이다. 이것은 직설적으로 표현하면 한장책(韓裝冊)을 양장책(洋裝冊)으로 고침에 불과한 것이다. 신채호에 의하면 신역사는 구역사와는 다른 새로운 방법론에 의거해야 한다. 그는 여기서 신역사의 방법으로서 몇 가지 기본원칙을 제시하였다.

(2) 계통(系統)과 인과관계(因果關係)의 구명

신채호에 의하면, 역사는 무엇보다도 계통과 인과관계를 밝혀야 한다. 그는 특히 인과관계의 구명을 강조하였다. 그에 의하면, 인과분석을 하지 않는다면 역사 연구를 할 필요가 없다.[81] 역사연구의 일차적 방법은 인과 관계의 구명이라는 그의 관점은 이미 그의 초기 민족주의사관에서부터 일관되게 갖고 있던 관점이었다.[82] 그에 의하면, 구역사에서는 주로 왕실의 계통만을 구명해 왔는데, 신역사는 모든 역사적 사실과 단위의 계통을 밝혀야 하며 모든 역사적 사건과 사실의 인과관계를 구명해야 한다는 것이다.

(3) 회통(會通)과 전체연관(全體聯關)의 구명

신채호에 의하면 '회통'은 전후와 피차의 관계를 유취(類聚)한다는 말이다. 이것은 현대 용어로 번역하면 종횡의 전체연관을 모아 밝힘을 의미하는 것이라고 할 수 있다. 그에 의하면, 구역사에서도 '회통'이라는 명칭은 있으나 불완전한 내용으로 오직 예지(禮志)·과목지(科目志)에만 적용해 왔다. 그러나 신역사는 모든 역사적 사건과 사실에 이 '회통'을 적용해야 그 내용과 위치와 성패의 인과까지 깊이 알 수 있게 된다. 그는 그 사례로서 '묘청의 봉기'의 예를 들어 자세히 설명하였다.[83] '묘청의 봉기'에 대한 그의

---

81 『朝鮮上古史』「總論」, 『전집』, 상권, p.61 참조.
82 「歷史와 愛國心의 關係」, 『전집』, 하권, p.78 참조.

논문은 '회통=전체연관의 구명'만이 역사적 진상을 밝힐 수 있음을 잘 나타낸 경우라고 할 것이다.[84]

(4) 심습(心習)과 고정관념(固定觀念)의 제거

신채호에 의하면, 역사가의 의식에는 기존의 역사서에서부터 내려오는 설명에 의하여 만들어진 '심습(心習)'이 있다. '심습'은 현대 용어로 번역하면 '고정관념'과 유사한 것이라고 할 수 있다. 그에 의하면 '심습'에는 사실에 기초하지 않은 것이 매우 많기 때문에 신역사에서는 이 '심습' '고정관념'을 제거하고 사실대로 역사를 기술해야 한다. 그 사례로서 이순신이 만든 '거북선'을 '철갑선'의 비조라고 설명하는 심습에 젖어온 것은 그것이 철선이 아니기 때문에 사실과 다른 것이며, 그것은 목선에 철판만을 덮은 것이기 때문에 심습의 설명을 제거하고 '장갑선(裝甲船)'의 비조라고 기술해야 한다고 그는 예를 들어 설명하였다.[85]

(5) 본색(本色)과 본질(本質)의 구명

신채호에 의하면, 구역사는 '모(某)왕 즉위', '모대신(某大臣) 졸(卒)' 등의 연월이나 쓰는 편년체 왕조사였지만, 신역사는 그 시대, 그 사회의 '본색'을 밝히고 기술해야 한다. 여기서 그가 말하는 '본색'은 '사회의 본모습'과 '본질'을 의미하며, 좀더 사회사적으로 표현하면 '사회구조적 특징'을 의미한 것이었다. 신채호에 의하면, "역사는 개인을 표준하는 것이 아니라 사회를 표준하는 것이다."[86]

---

83 『朝鮮上古史』「總論」, 『전집』, 상권, pp.62~64 참조.
84 「朝鮮歷史上 一千年來 第一大事件」, 『전집』, 중권, pp.103~124 참조.
85 『朝鮮上古史』「總論」, 『전집』, 상권, p.64 참조.
86 『朝鮮上古史』「總論」, 『전집』, 상권, p.68 참조.

그러므로 신채호에 의하면, 신역사는 고대·중세의 개인에 대한 간단한 기록에서도 그 개인이 아니라 그가 속했던 '사회의 본색'을 찾아내야 한다. 그는 이러한 사례로 『고려사』와 『동국통감(東國通鑑)』에서의 선랑(仙郞) 의 기록,[87] 『대동운옥(大東韻玉)』에서의 국선(國仙) 구산(瞿山)의 기록, 『삼국사기』 「고구려기(高句麗紀)」에서의 미천왕(美川王)의 기록, 『고려사』에서의 궁예(弓裔)의 기록과 우왕(禑王)의 기록들에서 본색을 왜곡시켜 기록한 당시의 권력자 및 역사가의 편견과 왜곡을 어떻게 제거하고 그 당시의 사회와 집단의 본색을 밝힐 수 있는가의 예를 제시하여 이를 설명하였다.[88]

(6) 다양한 실증방법의 응용

신채호에 의하면, 신역사는 구역사의 문헌자료들을 맹신하지 말고 다양한 실증 방법을 응용하여 철저한 증명을 해야함을 강조하였다. 그에 의하면 구문헌들은 중국사서들의 영향을 너무 크게 받아 역사적 사실이 변개되고 왜곡된 것이 매우 많은 것이 특징이다.[89] 따라서 문헌자료를 활용할 때는 단순한 인용을 하지 말고 사료비판(史料批判)을 철저히 한 후에,[90] ① 유증(類證), ② 입증(立證), ③ 추증(追證), ④ 반증(反證), ⑤ 변증(辨證) 등의 다양하고 철저한 실증을 추구해야 한다고 강조하였다.[91]

4) 학문성과 계몽성의 통합

신채호의 초기민족주의사관에 의거한 역사학은 물론 학문성을 중시했

---

87 「朝鮮歷史上 一千年來 第一大事件」, 『전집』, 중권, pp.106~107 참조.
88 『朝鮮上古史』「總論」, 『전집』, 상권, pp.65~68 참조.
89 『朝鮮上古文化史』, 『전집』, 상권, pp.369~373 참조.
90 『朝鮮上古史』「總論」, 『전집』, 상권, pp.47~58 참조.
91 『朝鮮上古文化史』, 『전집』, 상권, pp.374~377 참조.

음에도 불구하고 계몽성이 매우 강조되는 애국계몽사학의 특징을 갖고 있었다. 신채호의 후기 민족주의사관에 오면 계몽성은 그대로 강조되고 있으면서도 객관적 학문성이 그 이전보다 더욱 강조되어 양자가 잘 통합되는 특징을 갖고 있다. 그는 「총론」에서 다음과 같이 강조하였다.

> 역사는 역사를 위하여 역사를 지으란 것이요. 역사 이외에 무슨 딴 목적을 위하여 지으라는 것이 아니요, 詳言하자면 客觀的으로 社會의 流動狀態와 거기서 발생한 事實을 그대로 적은 것이 역사요, 저작자의 목적을 따라 그 事實을 좌우하거나 添附 혹 變改하라는 것이 아니니, 畫師가 人像을 畫할 새, 淵蓋蘇文을 그리려면 狀貌 魁傑 淵蓋蘇文을 그릴지며, 姜邯贊을 그리려면 形區 矮陋한 姜邯贊을 그릴지니, 만일 피차 抑揚의 心으로 毫釐라도 相換하면, 畫師의 직분에 어길 뿐더러 본인의 面目도 아니리니, 이와 같이 英國史를 지으면 영국사가 되며, 露國史를 지으면 로국사가 되며, 朝鮮史를 지으면 조선사가 되어야 하겠거늘, 由來 朝鮮에 조선사라 할 조선사가 있었더냐 하면 수긍하기 어렵다.[92]

이것은 물론 중세사가들이 유교 이데올로기의 존화사관에 젖어 조선사의 '진상(眞像)'[93]을 기록하지 않고 그들의 유교 이데올로기의 목적에 따라 역사를 지을 때, "기왕의 조선의 사가들은 매양 그 짓는바 역사를 자가목적의 희생에 공하여"[94] 조선사를 왜곡, 변조, 억단한 것을 비판한 것이었다. 그는 새로운 민족주의사관에 의거한 '신역사'가 다시 민족주의 이데올로기에 의거하여 그 목적에 역사를 맞추려고 하는 것이 전혀 아니고, 과거의 조선사가들이 유교 이데올로기의 목적에 맞추어 역사를 왜곡한 것을 "객

---

92 『朝鮮上古史』「總論」, 『전집』, 상권, p.35.
93 『朝鮮上古史』「總論」, 『전집』, 상권, p.38.
94 『朝鮮上古史』「總論」, 『전집』, 상권, p.36.

관적으로"[95] "다만 조선을 주체로 하고 충실히 적은 조선사를"[96] "사실을 그대로"[97] 밝혀서 바로잡아 조선사의 '진상(眞像)'을 정립하려는 것임을 명백히 하였다.

신채호의 이러한 설명은 그의 초기 민족주의사관의 역사민족주의와 애국계몽사학이 한편으로 중세적 역사가들의 존화사관과 다른 한편으로 일본사가들의 초기 식민주의사관의 역사 왜곡에 대항하여 싸우면서 국권회복을 위하여 애국심을 배양하고 민족주체성을 배양하는 민족주의사학을 성립케 하여 조선사의 '진상'을 객관적으로 밝히는 학문적 작업 위에 선 것이었음을 밝힌 것임과 동시에, 또한 그의 후기 민족주의사관에 의거한 방대한 그의 연구 작업이 조선사의 '진상'을 객관적으로 구명하는 학문적 작업임을 명백히 밝힌 것이었다고 볼 수 있다.

신채호의 이 설명은 그의 초기 민족주의사관이 계몽성과 학문성이 통합된 것이었음을 밝힌 것임과 동시에, 그의 후기 민족주의사관도 계몽성과 학문성이 통합된 것이고 특히 객관적 학문성에 충실한 것임을 밝힌 것이었다.

5) 조선사의 범위와 기본문제

신채호는 이상과 같은 후기 민족주의사관에 의거하여 '아와 비아의 투쟁' 의 기록에서 '조선민족을 '아'의 단위로 잡고'[98] '아'의 위치에 당연히 '조선민족'을 대입하였다.

신채호는 이러한 후기 민족주의사관에 의거하여 조선을 주체로 하고 충실히 사실대로 조선민중 전체의 진화를 서술한 참 조선의 조선사를 '신역

---

95 『朝鮮上古史』「總論」, 『전집』, 상권, p.35.
96 「朝鮮史 整理에 對한 私疑」, 『전집』, 중권, p.132.
97 『朝鮮上古史』「總論」, 『전집』, 상권, p.35.
98 『朝鮮上古史』「總論」, 『전집』, 상권, p.33.

사'로 서술해야 한다고 강조하였다. 그는 당시의 조건에서는 서양인도 중국인이나 일본인 사가들이 조선사를 왜곡한 것을 받아 조선사를 쓰고 있으므로, '신역사'로서의 주체적 조선사를 쓸 역사가는 조선인 역사가 중에서 나와야 한다고 생각하였다.

> 서양인이 아는바, 즉 중국인과 일본인이 적은 조선사는 중국이나 일본을 주체로 하고, 그 주체를 위하여 조선을 誣錄한 것이 많은 고로 참조선의 조선사가 아니라 하노라.[99]

신채호는 이러한 학문적 작업을 하기 위하여 중세사학의 전통에서 가장 타기해야 할 것은 김부식(金富軾)과 그 아류의 역사학이라 지적하였다.[100] 신채호는 중세사학에서 부분적으로 그 전통을 계승 발전시킬 수 있는 것은 구암(久庵) 한백겸(韓百謙), 순암(順庵) 안정복(安鼎福), 다산(茶山) 정약용(丁若鏞), 수산(修山) 이종휘(李種徽)의 역사학이고, 이중에서 이종휘의 사학이 참 조선사를 쓸 백력(魄力)이 있었으나 단편적 저술만 하고 큰 체계를 세우지 못했다고 아쉬워하였다.[101]

신채호는 그 스스로 참조선의 신조선사를 쓰는 것을 자기의 사명으로 확인하고, 그가 구명하고자 하는 조선민족의 역사의 범위와 기본 문제를 다음과 같은 틀에 의거하여 설정하였다.[102]

(ㄱ) 조선민족사의 기초
⑦ 제일요건=조선민족의 생장발달의 상태의 서술
⑭ 제이요건=조선민족의 사린(四隣) 각족과의 (투쟁)관계 서술

99 「朝鮮史 整理에 對한 私疑」, 『전집』, 중권, p.132.
100 『朝鮮上古文化史』, 『전집』, 상권, pp.371~373 참조.
101 「朝鮮史 整理에 對한 私疑」, 『전집』, 중권, p.133 및 p.136 참조.
102 『朝鮮上古史』 「總論」, 『전집』, 상권, pp.33~35 참조.

(ㄴ) 조선민족사의 요목

㈐ 조선민족의 언어·문자의 변화

㈑ 조선민족의 종교·신앙의 변동

㈒ 조선민족의 학술·기예(技藝)의 발전

㈓ 조선민족의 의식주의 정황, 농상공의 발달, 토지의 분배, 화폐제도
와 경제조직의 발전

㈔ 조선민족의 이동·번식·강토의 신축에 따른 인구의 증감

㈕ 조선민족의 정치제도의 변천

㈖ 조선민족의 북벌진취의 사상의 시대에 따른 진퇴

㈗ 조선민족의 사회계급과 압제와 대항의 사실 및 성쇠소장(消長)의
대세

㈘ 조선민족의 지방자치제의 발생과 변화의 인과(因果)[103]

㈙ 조선민족이 외력(外力)의 침입에서 받은 거대한 손실과 그 반면에
끼친 다소의 이익[104]

㈚ 흉노(匈奴)·여진(女眞) 등이 일차 조선민족과 분리한 뒤에 다시 합
하지 못한 의문

---

103 「韓國自治制의 略史」, 『전집』, 중권, pp.127~129 참조. 신채호가 『大韓每日申報』
에 1909년에 쓴 이 논문에서 밝혀지는 바와 같이 그의 조선민족의 地方自治制에
대한 관심은 1922년의 梁啓超의 『中國歷史硏究』를 읽기 이전부터 갖고 있었던
것이었다. 그는 이 논문에서 조선민족의 지방자치의 특징이 '族長自治'의 성격이
강하고 '市民自治'의 성격이 없는 것이었다고 밝히면서 그 변화의 因果를 구명하
였다.

104 신채호가 여기서 외세의 침략으로 받은 조선민족의 거대한 손실을 예리하게 지적
하면서 동시에 그로부터 받은 다소의 이익을 지적하는 것은 그의 민족주의사관의
한계를 나타내고 있다고 해석된다. 역사상 조선민족에 대한 외세의 침략은 조선
민족에게 거대한 손실을 주었고, 다소의 이익을 준 것이 거의 없다. 외세의 침략
이 혹 文化의 전파를 수반했다고 보는 견해가 있기도 하지만, 이것은 모두 조선
민족이 외세에 저항하는 과정에서 필요에 의하여 습득한 것이었다. 외세의 침략
이 아니라 平和的 交流였다면 더 폭넓은 外來文化의 주체적 수용과 소화가 있었
을 것이다. 신채호가 외세의 침략이 거대한 손실과 함께 다소의 이익을 수반했다
고 본 것은 그 내부의 動態를 아직은 충분히 고찰하지 않고 事後的 표면 현상을
피상적으로 외세의 침략과 결부시킨 靜態的 고찰의 결과라고 해석된다.

㉻ 조선민족의 문화상의 창작이 많음에도 매양 고립적 단편적이 되고 계직적이 되지 못한 원인

여기서 신채호가 '조선민족사의 기초'라고 설정한 것의 제1요건과 제2요건을 들어 보면 다음과 같다.[105]

(가) 조선민족의 생장발달의 상태의 서술=제1요건
  ① 최초의 문명의 기원이 어디서 된 것인가의 문제.
  ② 역대의 강역의 신축이 어떠했는가의 문제.
  ③ 각 시대 사상의 변천이 어떻게 되어 왔는가의 문제.
  ④ 민족적 의지가 어느 때에 가장 왕성하고 어느 때 가장 쇠퇴했는가의 문제
  ⑤ 여진(女眞)·선비(鮮卑)·몽고(蒙古)·흉노(匈奴) 등이 본래 조선민족의 동족(同族)이었는데 어느 때에 분리되며, 분리된 뒤의 영향이 어떠했는가의 문제.

(나) 조선민족의 상대국인 사린 각족의 관계의 서술=제2요건
  ① 조선민족에서 분리된 흉노·선비·몽고와, 조선민족의 문화의 강보(襁褓)에서 자라 온 일본이, 조선민족의 거실(巨室)이 되던 것이 지금은 아니 되어 있는 사실의 문제.
  ② 인도(印度)는 간접으로, 지나(支那)는 직접으로 조선민족이 그 문화를 수입했는데, 어찌하여 그 수입의 분량에 따라 민족의 활기가 여위어 강토의 범위가 줄어졌는가의 문제.
  ③ 오늘 이후는 서구의 문화와 북구의 사상이 세계사의 중심이 된바, 조선 민족은 그 문화사상의 노예가 되어 소멸되고 말 것인가? 또는 그를 저작(咀嚼, 씹어 새김)하며 소화하여 신문화를 건설할 것인가의 문제.

---

105 『朝鮮上古史』「總論」, 『전집』, 상권, pp.33~34 참조.

여기서 한눈에 알 수 있는 것은 신채호의 후기 민족주의사관에서 그의 '아와 비아의 투쟁'의 사관이 바로 직접적으로 「총론」의 「조선사의 범위」에서는 '조선민족사의 기초'의 제1요건과 제2요건에서 다루어지고 있다는 사실이다. 이것은 비단 1924년의 『조선상고사(朝鮮上古史)』에서의 제1차적 주제였을 뿐만 아니라, 또한 바로 1908년의 『독사신론(讀史新論)』의 전체의 주제였음을 알 수 있다. 즉 신채호의 "아와 비아의 투쟁이 시간부터 발전하며 공간부터 확대하는 심적 활동상태의 기록"이라는 역사관은 1924년에 『조선상고사』의 「총론」에서 명문으로 정식화된 것이기는 하지만, 사실은 이미 1908년의 『독사신론』에서 정립되어 일관되게 전작품 속에서 관철되어 있던 것임을 알 수 있다. 『독사신론』이야말로 전 저작이 모두 "아와 비아의 투쟁이 시간부터 발전하여 공간부터 확대하는 심적 활동의 기록"으로만 되어 있는 것이다.

신채호의 초기 민족주의사관 (및 『독사신론』)과 후기 민족주의사관 (및 『조선상고사』, 『조선상고문화사(朝鮮上古文化史)』, 『조선사연구초(朝鮮史硏究艸)』)의 근본적 차이는 위의 '조선민족사의 기초'에 있지 않고 그 하위의 '조선민족사의 요목'에 있다고 할 수 있다. 그는 초기 민족주의사관에서는 '본국정치사' 만을 극단적으로 중요시 하여 '아와 비아의 투쟁'의 역사에만 촛점을 두었었다. 그러나 후기 민족주의사관에서는 이를 '기본' '기초'로 하되 그에 하위의 요목으로 ① 언어·문자, ② 종교·신앙, ③ 학술·기예, ④ 경제·산업, ⑤ 인구, ⑥ 정치제도, ⑦ 사상 ⑧ 사회계급 ⑨ 지방자치제, ⑩ 외력침입의 영향, ⑪ 문화창조 등의 변천이 부차적인 필수의 역사서술의 대상 요목으로 구조화되었다.

신채호의 후기 민족주의사관은 초기 민족주의사관과는 달리 문화·사회·경제·사상의 체계적 고찰과 서술을 민족주의사학의 필수의 부문으로 '아와 비아의 투쟁'의 '정치사'안에 포용하게 된 것이다. 그에 따라 그의 후기 민족주의사관은 내용의 심층의 폭이 훨씬 넓어지고 깊이가 더욱 깊어진 것이라고 말할 수 있으며, 그 설명력의 강도와 객관적 과학성도 훨씬 증대하게 된 것이었다고 할 수 있다.

신채호의 망명 후에 쓴『조선사연구초』에 수록된 논문들,『조선상고문화사』,『조선상고사』는 이러한 후기 민족주의사관에 의거하여 쓰여진 것이다. 특히『조선상고사』는 매우 체계적으로 후기 민족주의사관을 반영한 저술이었고, 과학성을 일관하여 관철시킨 저술이었다. 고대사는 필자의 연구 분야가 아니어서 더 들어 가지는 않지만,『조선상고사』의 시작을 '조선민족의 구별'부터 시작하여 '언어'의 기원을 기준으로 해서 우랄어족의 양대족의 하나로서 조선족이 분화된 것을 설명하는 곳에서 그의 민족주의사학의 현대 과학적 접근이 처음부터 단적으로 나타나고 있다.

신채호의 초기 민족주의사관과 1908년의『독사신론』이 '신역사'로서의 한국의 근대 민족주의 사학을 성립시킨 것이라고 한다면, 그의 후기 민족주의사관과 1924년까지의『조선사연구초』,『조선상고문화사』,『조선상고사』는 신역사로서의 한국의 근대 민족주의사학을 확고부동한 것으로 확립하여 크게 발전시킨 것이라고 할 수 있다.

6. 맺음말

이상에서 간단히 고찰한 바와 같이, 신채호는 애국계몽운동기에 자기시대를 제국주의가 약소민족을 침략하여 식민지화하는 약육강식이 공례로 된 제국주의시대라고 보았으며, 약소민족이 제국주의의 침략을 막는 유일한 방법이 민족주의의 고양이라고 보아 민족주의사관을 정립하였다.

신채호는 자기시대의 한국민족의 최대의 과제는 국권회복이며, 국권회복의 목표를 성취하기 위해서는 역시 민족주의가 고양되어야 한다고 보고, 스펜서와 키드 등의 사회진화론을 적극적으로 흡수하여 ① 외경론과 ②

자강론을 중심으로 한 그의 민족주의 이론을 정립하여 발전시켰다. 그는 당시 국권회복을 위한 한국민족의 실력의 부족을 통감했으나 '절망'을 단호하게 거부하였다. 그는 한국민족이 최악의 고난과 위기에 처했어도 한국민족의 최대의 희망과 자원은 '애국심'의 배양과 분출로부터 나오게 됨을 주장했으며, 애국심을 배양하는 최선의 법문(法門)이 '역사'임을 주장하고 강조하였다.

신채호는 궁극적으로 "나라의 흥함과 망함은 국민의 애국심의 유(有)와 무(無)에 있을 뿐이다"라고 인식하고, 역사는 애국심의 원천이며, 한 민족을 강하게 만들 수도 있고 약하게 만들 수도 있는 특수한 능력을 가진 것으로서, '역사'야말로 국권을 잃은 민족을 소생케 하여 국권을 회복케 하고 그 민족을 크게 발전시킬 수 있는 능력을 가진 것이라고 주장하였다.

신채호의 이러한 관점은 당연히 국권회복을 목적으로 하는 그의 민족주의의 열쇠를 '역사'라고 보는 민족주의 사상체계를 수립하였는바, 우리는 신채호의 이 사상적 특징을 '역사민족주의'라고 부를 수 있다. 또한 신채호의 역사학이 학술 연구만이 아니라 국권회복을 위한 민중의 애국심 계몽과 정신적 계몽의 학문으로서 특히 강조되었다는 사실에서 그의 초기의 역사학의 특징을 '애국계몽사학'이라고 부를 수 있다.

신채호의 초기 민족주의사관의 큰 특징을 들면 ① 민족주의에 의한 일관된 역사해석의 재정립, ② 역사에서의 주(主, 조선민족)와 객(客, 사린각족)의 엄격한 구분과 조선민족을 주인으로 한 역사의 재정립, ③ 조선민족의 기원과 진화과정을 서술하는 역사, ④ 사회진화론의 진화사관에 의거한 역사해석, ⑤ 조선민족의 국가치란과 민족진화의 '인과관계'를 분석하는 역사, ⑥ 나약한 자가 일어서고 완매한 자가 깨우치게 되는 계몽적 역사를 특히 강조했다고 볼 수 있다.

일부의 연구자들 사이에서는 신채호의 초기사학에 발전사관이 결여되어 있다고 지적되기도 하나, 이것은 사실과 다른 것이다. 신채호의 초기 민족주의사관은 당시의 진보적 사회학 이론인 사회진화론을 적극적으로 흡수하여 진화사관의 형태로서 발전사관을 정립하고 있었다. 정치사를 가장 중시했던 그의 초기 민족주의사관은 인류의 국가생활의 발달이 ①추장시대(단군·부여 시대) → ②귀족시대(삼국·고려시대) → ③ 전제시대(조선왕조 시대) → ④ 입헌시대(신채호의 시대)로 진화·발전하는 것이라고 보았다.

신채호는 이러한 그의 초기 민족주의사관에서 당시의 역사서들을 검토해 볼 때 국민에게 읽힐 수 있는 역사서가 한 권도 없음을 통탄하였다. 그에 의하면 당시의 역사서와 역사교과서 들은 모두가 ① 존화사관에 젖어서 중국을 주(主)로 하고 한국민족을 객(客)으로 한 역사이거나, ② 일본사가들이 한국 민족의 역사는 고대부터 중국에 부속했고 '임나일본부(任那日本府)' 등 일본에 부속한 역사라고 초기 식민주의사관에 의하여 날조한 역사이거나, ③ 새 역사교과서들까지도 존화사관과 일제의 초기 식민주의사관에 중독된 것임을 신랄히 비판하고, 이러한 역사서의 감화를 받으면 애국심이 배양되기는커녕 도리어 노예정신이 배양된다고 통탄하였다. 신채호는 여기서 민족주의사관에 의한 '신역사'의 정립을 주장하고, 이 '신역사'를 쓰는 것을 스스로 자기의 사명으로 삼았다.

신채호가 갖고 그의 초기 민족주의사관에 의거하여 '신역사'를 쓴 작품이 『독사신론(讀史新論)』(1908), 『을지문덕전(乙支文德傳)』(1908), 『수군제일위인 이순신전(水軍第一偉人 李舜臣傳)』(1908), 『동국거걸 최도통전(東國巨傑 崔都統傳)』(1909), 『대동사천년사(大東四千年史)』(1909~10) 등이다. 이 중에서 『대동사천년사』는 오늘날 전해지지 않고, 위인전들은 전기물로 쓴 것이었다. 이 시기의 신채호의 대표작은 『독사신론』이었다. 신채호의 『독사신론』은 비록 사론체로 쓴 작품이지만 그 내용과 역사해석에서 그 이전의 역사서들과는 판이하게 근대 민족주의에 의거하여 역사를 새로 해석한 혁명적인 신역사서였다. 단순화해서 말하면, 신채호의 『독사신론』 등에 의하여 기본적으로 우리나라 근대 민족주의사학이 성립된 것이라고 볼 수 있다.

신채호는 1910년 4월 망명 후에도 집요하게 역사 연구를 계속함으로써 그의 민족주의사관을 더 한층 발전시켰다. 신채호의 후기 민족주의사관은 초기 민족주의사관을 계승하면서도 그 이론적 깊이와 폭을 크게 발전시킨 것이었다.

신채호의 후기 민족주의사관은 "역사란 인류사회의 <아>와 <비아>의 투쟁이 시간부터 발전하며 공간부터 화대하는 심적 활동상태의 기록"이라고 정의하면서 초기 민족주의사관보다 더 강렬한 투쟁사관을 정식화하였다. 신채호의 후기 민족주의사관에서 투쟁사관이 더 한층 강화된 것은 ① 초기 민족주의사관의 사회진화론의 투쟁사관이 지속된 위에, ② 마르크스의 사적 유물론의 계급투쟁사관의 일정한 영향이 중첩되고, ③ 그 자신이 참가한 민족해방투쟁의 경험이 첨가된 결과인 것으로 해석된다. 그러나 신채호는 '아'와 '비아'의 위치에 상호 적대하는 '계급'을 대입하는 것을 잘 알면서도 '민족'을 대입하고 계급투쟁은 민족투쟁의 하위 범주에 넣음으로써 그의 역사관이 민족주의의 투쟁사관임을 명백하게 천명하였다.

신채호의 '아와 비아의 투쟁'의 역사는 그의 초기 민족주의사관에서의 '주와 객의 투쟁'의 역사를 일반론으로서 더욱 발전시켜 이론화한 것이지만, 초기 민족주의사관에서 뚜렷하지 않던 것으로서 후기 민족주의사관에서 뚜렷하게 부각되어 이론적 정식화를 이룬 것이 바로 '아'와 '비아'의 내부의 모순구조와 변동의 원리에 대한 구명이었다.

신채호는 후기 민족주의사관에서 '아' 속에서도 '아'와 '비아'가 있고, '비아' 속에서도 '아'와 '비아'가 있어서 이 모순된 구성 요소의 내부 투쟁이 외부 투쟁과 함께 전개됨을 이론적으로 정식화하였다. 이것은 신채호의 후기 민족주의사관이 헤겔과 마르크스의 변증법의 영향을 크게 받은 측면을 나타내는 것이라고 할 수 있다. 신채호는 이러한 변증법적 관점을 도입함으로써 조선민족의 진화과정 내부에서의 '아'와 '비아'의 요소들의 모순과 투쟁을 논리정연하게 설명할 수 있게 되었을 뿐만 아니라, 조선민족과 접촉·투쟁한 타민족의 내부의 모순된 요소의 투쟁과 관련을 지을 수 있게 되어, 그의 민족주의사관은 내부에서 매우 동태적 성격을 가진 것으로 발전하게 되었다.

또한 신채호는 '아'와 '비아'가 역사적인 것이 되려면 그것이 ① 상속성과 ② 보편성을 특징으로 하는 '사회성'을 가져야 함을 밝혀서 역사를 "시간적 계속과 공간적 발전으로 되어 오는 사회활동상태의 기록"으로 파악하고, 그 변동의 원리를 밝힐 수 있는 이론틀을 정립하였다. 즉 '아'(민족)의 자성(독자성·특성)의 내부 구조를 ① 선천적 실질과 ② 후천적 형식으로 구분하고, 또 ① 항성(제1자성)과 ② 변성(제2자성)으로 구분하여, 두 요소가 균형을 이루어야 '아와 비아의 투쟁'에서 열패하지 않고 우승할 수 있는 것이지 어느 하나의 요소가 부족하면 그 투쟁 과정에서 패배하여 소멸됨을 이론적으로 정식화한 것이었다. 그는 항성(제1자성)까지도 시대와 환경에 따라 변화하는 것임을 밝히면서 그의 후기 민족주의사관의 내부구조를 매우 동태화하기에 이르렀다.

신채호의 후기 민족주의사관의 큰 특징을 들면 ① 투쟁적 역사관의 이론적 정식화, ② '아'와 '비아'의 내부의 모순 구조의 이론적 모형화, ③ '아'의 내부 구성의 정식화에 의한 역사변동의 원리의 설명, ④ 역사 연구의 새로운 방법론의 강조, ⑤ 계몽성과 학문성의 통합 등을 들 수 있다.

신채호의 후기 민족주의사관에서 강조된 새로운 역사 연구의 방법은 기본적으로 ① 계통과 인과관계의 구명, ② 회통과 전체연관의 구명, ③ 심습과 고정관념의 제거, ④ 사회적 본색과 본질의 구명, ⑤ 다양한 실증방법(유증, 호증, 추증, 반증, 변증)의 응용 등이라고 할 수 있다.

신채호의 이러한 특징을 가진 후기 민족주의사관에 의거하여 쓰여진 저작이 ①『조선사연구초』에 수록된 논문들, ② 그밖의 망명기에 쓰여진 논문들, ③『조선상고문화사』, ④『조선상고사』 등이었다. 이 저작들에 의하여 우리나라의 근대 민족주의사학은 더욱 튼튼히 확립되고 크게 발전하게 된 것이었다.

　신채호의 우리나라 근대사학을 성립시킨 불멸의 고전적 저작들은 반드시 그의 초기와 후기의 민족주의사관에 비추어 읽어야 그 진수를 이해할 수 있으며, 그의 민족주의사관이 '신역사'로서의 우리나라 근대 민족주의 사학을 창건한 위대한 업적을 낳은 동인임을 알 수 있게 되는 것이다.

(『亞細亞學報』 제18집, 1986)

찾아보기

자 ...

신용하 慎鏞廈

서울대학교 문리과대학 사회학과 졸업
서울대학교 대학원 경제학석사 사회학박사
서울대학교 사회과학대학 사회학과 교수
서울대학교 사회과학대학 학장
한국사회학회 회장
한국사회사학회 회장
독도학회 독도연구보전협회 회장
한양대학교 석좌교수
이화여자대학교 이화학술원 석좌교수
울산대학교 석좌교수
현재 서울대학교 명예교수
　　　대한민국학술원 회원

신판 한국근대사회사상사연구

A New Edition, Studies in the History of Social Thought of Modern Korea

개정판 1쇄 인쇄 2023년 01월 13일
개정판 1쇄 발행 2023년 01월 20일

지 은 이　신용하 Shin Yong-ha

발 행 인　한정희
발 행 처　경인문화사
편 집 부　김지선 유지혜 한주연 이다빈 김윤진
마 케 팅　전병관 하재일 유인순
출 판 신 고　제406-1973-000003호
주　　소　경기도 파주시 회동길 445-1 경인빌딩 B동 4층
대 표 전 화　031-955-9300　팩 스　031-955-9310
홈 페 이 지　http://www.kyunginp.co.kr
이 메 일　kyungin@kyunginp.co.kr

ISBN 978-89-499-6670-0 93910
값 46,000원